SURVEY OF ECONOMICS
PRINCIPLES, APPLICATIONS AND TOOLS

经济学究竟是什么

ARTHUR O'SULLIVAN　　STEVEN M. SHEFFRIN　　STEPHEN J. PEREZ

[美] 亚瑟·奥沙利文　史蒂文·谢弗林　斯蒂芬·佩雷斯　著

宋迎昌　翟　文　译

九州出版社
JIUZHOUPRESS

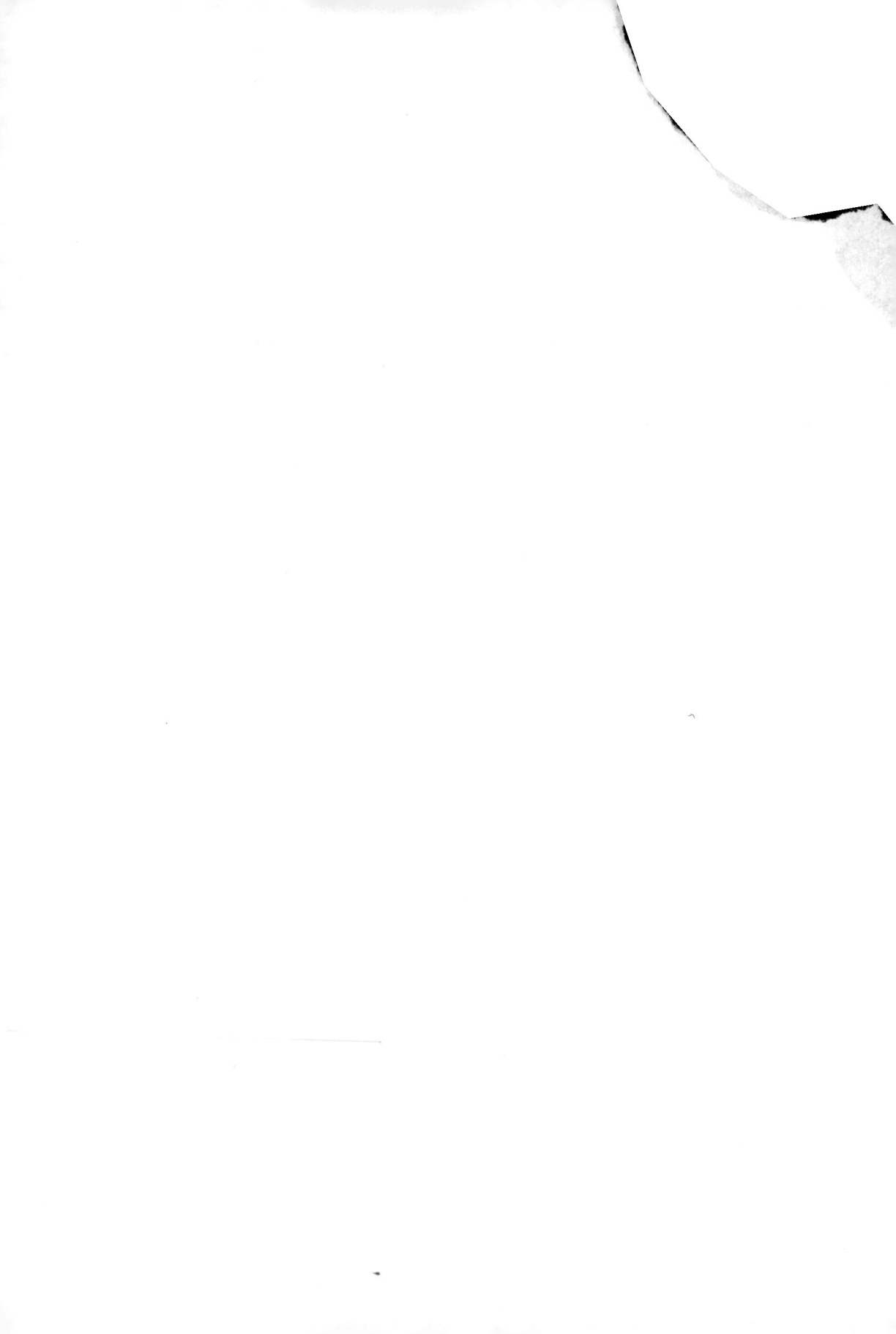

致我们的孩子：
康纳、莫拉、米拉、凯兰、戴维斯和泰特

目　录

经济学是什么

经济学是一门有关选择的科学，它的主要内容是研究个人和组织的选择。

在过去的几个世纪里，个人和组织的选择使得全世界范围内人们的生活水平有了显著的提升。在今天的美国，普通人的收入和购买力大约是 100 年前的 7 倍。人类社会的繁荣是各类人群所做选择的结果，这些人群包括投资者、劳动者、企业家，以及那些将存款借给其他人投资生产机器或其他工具的人。人类社会繁荣的一个重要原因是更高的效率，即人类发现了更加高效的方式来使用资源（原材料、时间和精力），生产对人类有价值的产品与服务。

为了举例说明社会的逐渐繁荣和生活水平的不断提升，让我们来比较一下今天人们听音乐的方式和 1891 年时有什么不同。你可以花 49 美元购买一个 iPod shuffle，再以每首歌 0.99 美元的价格下载 500 首歌到里面。假设你的工资是每小时 15 美元，那么装满一个 iPod 需要你工作 36 个小时。而在 1891 年，最先进的产品是托马斯·爱迪生的留声机，它播放的音乐录制在半径 4 英寸（1 英寸 = 2.54 厘米）长的唱片上。假想你生活在 1891 年，想要装在 iPod 里的 500 首歌曲，那么按照当时的工资和价格水平，购买留声机和唱片需要你工作大约 800 小时。而且如果想要随身带着音乐，你需要 14 个背包来装唱片。

尽管世界上很多地区如今都很繁荣和高效，但这并不是普遍的现象。有些地区的人仍生活在贫困当中。例如，撒哈拉沙漠以南非洲地区有 3.88 亿人，占该地区大约一半的人口，他们每天的生活支出不足 1.25 美元。同时，低效现象仍然存在于所有的国家中，有价值的资源仍然被人浪费。例如，美国一个普通的城市居民，每年因为上下班高峰的拥堵问题就要浪费超过 47 个小时和价值 84 美元的汽油。

学 习 目 标

列出经济学的三个关键问题。

从经济学的视角出发讨论一些现实的问题，例如拥堵。

列出经济学思维方式的四个要素。

列出三种使用宏观经济学的方式。

列出三种使用微观经济学的方式。

经济学提供了一个框架，用于诊断社会中的各类问题，并帮助人们设计和评估各种解决方案。经济学能使人们找到赶走贫困、迎来繁荣的方法；经济学能使人寻得遏止低效、创造高效的途径。在本章中，我们将解释经济学是什么，以及怎样使用经济分析来思考实际问题，并找到解决方法。

经济学是什么

经济学使用**稀缺性**（scarcity）这个概念传递了一个理念：尽管人们的欲望是无限的，但是资源——人们用来生产产品和服务的东西——是有限的。正如古话所说，你不可能永远得到你想要的。**经济学**（economics）研究的就是稀缺性之下人们的选择。它所涉及的内容离不开权衡二字。以下是一些有关稀缺性的例子，以及面临稀缺性时进行选择的各种权衡。

- 你拥有的时间是有限的。如果你找了一份兼职，那么在这份工作上多花 1 个小时，意味着学习或者娱乐的时间就要减少 1 个小时。
- 城市拥有的土地是有限的。如果城市多使用 1 英亩（1 英亩 = 4,046.86 平方米）的土地来建设公园，那么就要减少 1 英亩土地用于建设居住区、零售商业区或者工业区。
- 你拥有的收入是有限的。如果你花 17 美元购买唱片，那么你可以用来购买其他商品或者储蓄的钱就要减少 17 美元。

人们通过使用以下五个**生产要素**（factors of production）中的一个或多个来生产产品（唱片、房屋、公园）和服务（医生和律师的建议），我们也将这五个生产要素称作投入或者资源。

- **自然资源**（natural resource）由自然提供。包括肥沃的土地、矿藏、石油和天然气储量、水。有些经济学家将所有的自然资源都归为土地。
- **劳动**（labor）是指人们在生产产品和服务中付出的体力或者脑力。
- **物质资本**（physical capital）是指用于生产产品和服务的设备、机器、架构和基础设施。

- **人力资本（human capital）**是指劳动者通过教育和实践获得的知识和技能。每一份工作都需要一定的人力资本，要成为外科医生，你就要学习解剖学和外科手术技能；要成为会计师，你就要学习会计准则和电脑技能；要成为音乐家，你就要学会弹奏乐器。

- **企业家精神（entrepreneurship）**是指为了协调各生产要素（自然资源、劳动、物质资本和人力资本）所付出的努力。一个企业家要做的是提出一个产品想法，决定如何生产这个产品，并筹集必要的资金将产品投入市场。企业家的代表有微软的比尔·盖茨、苹果的史蒂夫·乔布斯、星巴克的霍华德·舒尔茨、麦当劳的雷·克罗克。

> **名词解释**
>
> **稀缺性：** 人们用于生产产品和服务的资源是有限的。
>
> **经济学：** 稀缺性存在时对个人和组织选择的研究。
>
> **生产要素：** 用于生产产品和服务的资源，也称作产品投入或资源。
>
> **自然资源：** 由自然提供的，用于生产产品和服务的资源。
>
> **劳动：** 人的努力，包括用于生产产品和服务的体力和脑力。
>
> **物质资本：** 用于生产产品和服务的设备、机器、架构和基础设施。
>
> **人力资本：** 劳动者通过教育和实践获得的知识和技能。
>
> **企业家精神：** 为了协调各生产要素（自然资源、劳动、物质资本和人力资本）所付出的努力。

给定有限的资源，我们要通过各种方式做出选择。有时候我们是作为个人进行选择，有时候我们要参与集体决策的制定，允许政府或其他组织来代表我们选择。我们的很多选择都发生在使我们可以进行买卖的市场、制度或协约中。例如，大多数人都要参与劳动市场，用时间交换金钱；我们还要参与消费市场，用金钱交换食物和衣服。但是，也有很多选择，从日常生活的个人选择到会影响社会整体的政治选择，是在市场之外进行的。将这些决定联系在一起的是稀缺性概念：我们不能拥有一切，我们避免不了权衡。

经济学家始终在提醒我们存在着稀缺性——凡事都要权衡取舍。假设你与一位经济学家分享了自己对即将发生的太空飞船发射的兴趣，这名经济学家也许会告诉你，你用来关注飞船发射的资源可以用来关注前往火星的无人探测器的任务。

他之所以引入稀缺性概念，只是为了提醒你，做出选择前需要权衡，你要明白，一旦把资源用来关注飞船任务，你就放弃了关注火星任务。想要更好地利用我们拥有的资源，第一步就是要考虑各种替代选择。例如，我们可以比较飞船任务与火星任务的科学收益，然后选择收益更大的那项。

实证分析与规范分析

经济学不会告诉我们是选择飞船任务还是火星任务，它只会帮助我们更好地理解其中的权衡关系。哈里·S.杜鲁门曾做出如下评价：

> 我所有的经济学家都这么说，"一方面怎样怎样，另一方面怎样怎样"，请给我只有一个答案的经济学家。

经济学家也许会说："一方面，我们可以利用飞船任务在绕地轨道的失重条件下进行各种科学实验；另一方面，我们可以利用火星任务来探索其他星球上是否存在生命。"凡事谈两面，并不意味着经济学家逃避问题，事实上经济学研究的就是资源的各种替代性使用方式。而如何使用资源的最终决定——是飞船任务还是火星任务——则是公民和他们选举出的官员的责任。

现代经济学很大程度上以**实证分析**（positive analysis）为基础，通过回答"是什么"或"将会怎样"来预测不同行为带来的后果。还有一种经济推理方式是规范性的。**规范分析**（normative analysis）回答的是"应该怎样"的问题。

在表 1-1 中，我们比较了实证分析和规范分析。规范性问题是政治争论的核心。经济学家对各种替代性方案的结果进行实证分析有助于解决政治争论。例如，经济学家可以预测增加最低工资对就业人数、最低工资劳动者的家庭以及消费者价格的影响。有了经济学家的实证分析结果，公民和政策制定者就能决定是否增加最低工资，这就是一个规范性决定。类似地，经济学家可以研究总值 10 亿美元规模的一系列对外援助项目，预测每个援助项目对非洲被援助国家人均收入的影响。有了这项实证分析结果之后，政策制定者就能决定支持哪些项目了。

经济学家并不总能在实证分析中达成共识。他们的分歧点经常落在某个特定效应的重要性上。例如，大多数经济学家都同意增加最低工资会导致失业，但对于究竟多少人会失去工作则意见不一。同样，经济学家都同意投入经费改善非洲教育系统会增加生产力和收入，但对于增加的收入规模则持不同意见。

> **名词解释**
>
> **实证分析**：回答是什么或将会怎样的问题。
>
> **规范分析**：回答应该怎样的问题。

表 1-1 比较实证性问题与规范性问题	
实证性问题	**规范性问题**
• 如果政府增加最低工资，多少劳动者会失业？	• 政府应该增加最低工资吗？
• 如果两家办公用品供应公司合并，办公用品的价格会上涨吗？	• 政府应该阻止这两家公司的合并吗？
• 大学教育会怎样影响一个人的生产力和收入水平？	• 政府应该补贴大学教育吗？
• 消费者对收入税的削减会做出怎样的反应？	• 政府应该削减税收来刺激经济吗？
• 如果一个国家限制鞋的进口，谁会受益，谁要承担成本？	• 政府应该限制进口吗？

三个关键的经济问题：什么、怎样、谁

人们在社会的各个层面做经济决定。个人要决定购买什么产品、追求什么职业、存多少钱。公司要决定生产什么产品和服务、怎么生产。政府要决定完成什么工程和项目，以及如何筹资。个人、公司和政府的选择回答了三个问题：

1. *我们生产什么产品？*回答这个问题的关键是权衡关系。举例来说，如果一家医院将资源更多地投入心脏移植手术，那么它能够用来治疗早产儿的资源就会减少。
2. *我们怎样生产产品？*回答这个问题的关键是各种可替代的生产方式。举例来说，电力公司可以用煤炭、天然气或风能来生产电力。老师的授课地点可以在大讲堂也可以在小教室。
3. *谁来消费产品？*回答这个问题的关键是我们必须决定如何分配社会的产品。举例来说，如果一些人比其他人更能赚钱，他们是否应该消费更多的产品？政府应该从富人那里拿多少钱来补贴穷人？

在本书中我们将要看到，大多数决定都是在市场中制定的。在市场中，决定生产什么产品，怎样生产以及谁获得产品时，价格发挥了关键的作用。

经济模型

经济学使用经济模型来研究人们做出的选择以及这些选择对应的结果。**经济模型**（economic model）是对经济环境的简化表达，它将经济环境的关键要素保留下来，剔除了其他要素。经济模型是对现实的抽象，使我们能将注意力放在那些真正重要的东西上。经济模型将贯穿本书全书，且大多数经济模型都使用图表来代表经济环境。

我们可以先来看看建筑模型，以便了解经济建模的基本原理。建筑师会构造一个新建筑的比例模型，来展示新建筑如何适应规划中的土地，以及它如何与周边建筑物相融合。这个模型展示的是建筑的外部特征，而不是内部特征。我们可以忽略内部特征，因为眼前的任务是确定新建筑如何融入局部环境中，建筑的内部特征此时无关紧要。

经济学构建模型是为了研究个人、公司和其他组织所做的决定。例如，我们可以使用利润最大化模型来预测一家公司会如何应对市场竞争的加剧。如果一家新的车载音响商店在镇上开张了，老店会选择消极应对，接受减少的市场份额，还是选择积极削减价格，把新对手赶出局？这个模型包括货币利润和商业成本，并假定公司追求尽可能多的利润。尽管商业世界中也存在其他动机，比如获得精神愉悦或者造福世界，但是经济模型选择忽略这些动机。模型将注意力集中于利润动机以及这一动机如何影响公司对竞争加剧的反应。

经济分析和现代问题

经济分析为现实世界中存在的问题提供了重要的视角。为了解释人们如何在解决问题中使用经济分析，我们列出了三个实例。你会在本书接下来的部分看到这些实例的更多细节。

经济学如何看待交通拥堵问题

让我们先考虑交通拥堵问题。得克萨斯州交通研究所的研究表明，一个美国普通民众每年因交通拥堵问题浪费在上下班途中的时间接近 47 个小时。[1] 在一些城市中，时间的浪费还要更严重：洛杉矶 93 个小时，旧金山 72 个小时，休斯敦 63 个小时。

除了时间损失，全美国每年要浪费 23 亿加仑（1 美制加仑 = 3.7854 升）汽油和柴油。

在经济学家看来，对拥堵病的诊断简明易懂。如果你在高峰期驶入繁忙的高速公路，你驾驶的汽车会占据一定的空间，从而减少道路上车辆之间的距离。司机对于车距减小的正常反应是减速行驶。因此当你驶入高速公路时，会导致其他司机减速并增加花费在道路上的时间。假设这条公路上已有 900 名司机，每人会因为你的加入在公路上多花 2 秒钟，那么增加的通勤时间总计将达到 30 分钟。在决定是否使用高速公路时，你很可能不会考虑你给其他人增加的时间成本。同样，这 900 名司机以及其他将要驶入公路的司机也会忽略他们给你增加的时间成本，因为没有哪个人会独自支付总的时间成本（30 分钟），但使用高速公路的人过多，就会浪费每个人的时间。

解决拥堵问题的一个可行方法，是让人们为使用公路付费，就像花钱买汽油和轮胎一样。政府可以在高峰期对司机征收每趟 8 美元的拥堵税，并使用借记卡系统来收税，即每当一辆车通过一处路卡时，通过一个转发器从司机的借记卡中扣除相应的费用。司机对此的反应包括：（a）改变出行时间，在非高峰时段出行；（b）改变出行方式，选择拼车或公共交通；（c）改变出行路线，选择不那么拥堵的路线。这些都有助于减少该公路高峰期的车流量。可以说，经济学家的工作就是计算恰当的拥堵税，并预测征收该税的结果。

经济学如何看待非洲贫困问题

接下来让我们思考非洲贫困问题。在 20 世纪的最后 20 年里，世界经济快速增长，世界人均收入增长了近 35%。相反，饱受贫困折磨的撒哈拉沙漠以南非洲地区的经济却衰退了，该地区的人均收入减少了近 6%。无论按照面积还是人口计算，非洲都是世界第二大洲，它拥有世界总人口数的近 12%。

经济学家发现，随着一国经济的增长，最贫穷的家庭可以从社会总体繁荣中分享收益。[2] 因此，减少撒哈拉沙漠以南非洲地区贫困的方法之一是促进经济增长。当一国扩充生产设施（机器和工厂）、改善公共基础设施（高速公路和供水系统）、增加教育机会并采用新科技时，经济增长就会发生。

撒哈拉沙漠以南非洲地区最近的经验有些令人困惑，因为在过去几十年里，这一地区的教育机会增加了，并获得了大量的国外援助，但是经济却衰退了。经济学家在增长源泉方面的一些最新成果表明，制度（如法律系统和监管环境）在经济增长中扮演了重要的角色。[3] 在撒哈拉沙漠以南非洲地区，一个简单的关于小额债务的法律纠纷要花 30 个月才能解决，在美国只需要 5 个月。在莫桑比克成立一家公司要花 174 天才能走完全部程序，在加拿大只需要 2 天。在许多情况下，制度会阻挠而不是鼓励投资和冒险行为，而正是这些我们称之为企业家精神的行为促进了经济增长并减少了贫困。因此，经济学家和政策制定者正在探索方法，想要改革这一区域的制度。他们还面临另一项重要的选择，即从所有的发展项目中选出在促进经济增长方面效率最高的项目。

经济学如何看待当前世界经济衰退

在过去几十年里，美国经济表现优异，提升了国民的生活水平。社会对此的普遍共识是我们的政策制定者学会了如何有效地管理经济。尽管经济有时出现衰退，政策制定者似乎知道如何恢复增长和繁荣。

这就是为什么起始于 2007 年的金融危机和经济衰退极大地动摇了美国和全世界人民的信心。这些问题缘起于非常简单的事情，即由金融机构宽松的信贷助推形成的繁荣的房地产市场。然而房屋和房产的购买者事实上无法负担相应的成本，这是后来才发现的，于是当许多房主无法支付房贷时，银行和其他金融机构的麻烦便接踵而至。最后的结果，就是企业借钱维持日常用度和投资，而且借钱愈发困难，世界范围内的经济活动便开始收缩。

世界上的主要国家都采取了激进的政策试图遏止这次衰退。政策制定者想要避免像 20 世纪 30 年代那样的灾难再次发生。幸运的是，他们依靠多年的经济政策经验，指导经济在这一困难时期正常运行。

经济学的思维方式

经济学家是如何思考问题并做出决定的呢？英国经济学家约翰·梅纳德·凯恩斯（1883—1946）对经济学的思维方式有过一段非常精辟的总结：[4]

> 经济学理论并不会形成一套一成不变并可以马上运用于政策的理论。它是一门方法而不是教条，它是一套思维的装备，是一项思考的技术，可以帮助使用它的人得到正确的结论。

下面让我们看一看经济学思维方式的四要素。

使用假设来简化

经济学家使用假设来让事情变得更简明，以便把注意力集中在真正重要的东西上。如果你利用地图来计划一次从西雅图到旧金山的汽车旅行，那你需要做出两个不符合现实的假设来简化你的计划工作：

- 地球是平的：平面的道路地图不会显示地球的曲度。
- 道路是平的：标准的道路地图不会显示山和峡谷。

你可以用地球仪而不是地图，前者会展示西雅图和旧金山之间所有的地形特征，但你并不需要那些细节来计划你的旅行。一张地图虽然有不符合现实的假设，但对你来说却足够了，因为地球的曲度和高速公路的地形特征与你的旅行并不相关。尽管你的分析是基于两个不符合现实的假设，却不意味着你的分析是无效的。同样，如果经济学分析建立在不符合现实的假设上，那也不意味着它的分析是错误的。

如果你决定骑自行车而不是汽车旅行呢？那么假设道路是水平的就有问题了，除非你已打算骑车翻山越岭。如果你使用一张标准地图，并因此假定在两个城市间没有山，你也许会不经意地选择一条山路而不是平地。如果是这样，简化的假设就有问题了。背后的道理是：我们必须认真思考简化的假设是不是真的无损于分析问题。

孤立变量——保持其他条件不变

经济分析经常涉及一系列变量及它们之间的相互关系。变量（variable）是对特定对象的度量，可以取不同的值，比如你的平均学分绩点。经济学家热衷于研究两两变量之间的关系，比如苹果的价格与消费者会购买的苹果数量之间的关系。当然，购买的苹果数量取决于许多其他变量，包括消费者的收入。为了研究苹果的价格和数量的关系，我们必须假定消费者的收入——以及其他任何会影响购买苹果数量的因素——在我们研究的时间段内保持不变。

阿尔弗雷德·马歇尔（1842—1924）是一名英国经济学家，他定义了供给需求的经济学模型，并给出了求解的一般范式。[5]他选取一个

> **名词解释**
>
> **变量**：对特定对象的度量，可以取不同的值。

会影响苹果购买数量的变量（价格），同时把另一个变量（收入）放入他称之为"畜栏"的东西中（在马歇尔的时代，"畜栏"是用于防止牲畜走失的围栏；今天，畜栏特用于防止狗走失）。当马歇尔检验前一个变量的影响时，另一个变量在"畜栏"中等待。马歇尔将畜栏称之为保持其他条件不变（ceteris paribus）。

> 我并不否认其他倾向的存在，只是暂时忽略他们的扰动效应。问题越是缩小，它越是能被准确地把握。

本书包含许多有关两两变量关系的陈述。例如，戴尔公司生产的电脑数量取决于电脑的价格、工人的工资以及芯片的成本。当我们说，"电脑价格的提高会引起电脑生产数量的增加"，我们其实是假定其他两个变量——工资和芯片的成本——没有变化。也就是说，我们使用了保持其他条件不变的假设。

在边际上思考问题

经济学经常要思考的一个问题是，某个变量的一个微小的变化如何影响其他变量和决策。换句话说，如果环境发生了轻微的改变，人们会如何反应？这里我们就要谈到**边际变化**（marginal change），它是指变量赋值的一个很小的单位或一个单位的变化。边际变化的关键特征是第一个变量只改变了一个单位。例如，你也许会问："如果我多学习 1 小时，我的测验分数可以增加多少？"经济学家将这个过程称作"在边际上思考问题"（thinking at the margin），这句话可以理解为在问题的边缘上思考。贯穿全书，边际思考随处可见。以下是其他一些边际问题的事例：

- 如果我的理发店多营业 1 小时，我的收入能增加多少？
- 如果我留在学校多获得 1 个学位，我一生的收入能增加多少？
- 如果汽车经销商多雇用 1 名销售员工，他能多卖出多少量车？

> **名词解释**
>
> **边际变化**：特定对象赋值的一个微小单位的变化。

在下一章中我们会看到，要决定是多做某事还是少做某事，经济学家首先需要回答的就是边际问题。例如，理发店是否应该增加 1 小时的营业时间。

理性人会对激励做出回应

大多数经济分析的关键假设之一是人的行为是理性的，这意味着人们根据自身利益决定行动。经济学的创始人，苏格兰哲学家亚当·斯密（1723—1790）在人类身上发现了一种普遍的现象[6]：

> 人类改善自身境遇的欲望，尽管是平静的、不带感情色彩的，却是与生俱来，伴随终老的。

斯密并不是说人只受私利驱使行动，而是说利己主义对人的行为的影响要强于利他主义。本书中，我们将假定人们根据自身利益行动。理性人会对激励做出回应。当做某事所需付出或所能得到的东西发生改变时，人们会改变行为去追求利益。

日常生活中的经济学

购买混合动力车的激励措施

对应的经济学问题：人们会对激励做出怎样的反应？

让我们来思考购买一辆混合动力汽车的激励因素，混合动力汽车与燃油驱动汽车相比更省油但更贵。在 2000 年至 2007 年间，混合动力汽车的数量从不到 10,000 辆增加到超过 340,000 辆。同一时间，汽油价格显著上涨，2007 年混合动力汽车的销量有三分之一要归功于更高的汽油价格。促进混合动力汽车销售的另外一个因素是联邦政府对每辆车高达 3,400 美元的补贴，可以说 2007 年销量的五分之一要归功于高额补贴。混合动力汽车数量的增加减少了温室气体二氧化碳的排放量。

混合动力汽车购买补贴在减少二氧化碳排放量上的效率如何呢？平均计算下来，通过补贴减少二氧化碳排放量的成本是每吨 177 美元。但是，我们还有其他成本更低的方式来减少二氧化碳排放量，比如建筑隔热、节能照明、人工造林和选择二氧化碳排放量更低的发电系统等。举例来说，从煤炭发电转变成天然气发电的减排成本还不到使用混合动力汽车的三分之一。详见练习 3.4。

资料来源：Arie Beresteanu and Shanjun Li, "Gasoline Prices, Government Support, and the Demand for Hybrid Vehicles in the United States," *International Economic Review* 52（2011），pp. 161-182.

案例：伦敦如何应对交通拥堵问题

为了阐明经济学的思维方式，让我们再来思考经济学家会如何解决交通拥堵问题。上文提到，高速公路上的每个司机都会减缓其他司机的行驶速度，但当决定是否使用高速公路时，每个司机又都会忽略这些时间成本。如果政府征收一项拥堵税来减少高峰时期的车流量，经济学家将面临一个问题：这项税的额度应该多高？

为了计算出适当的拥堵税，经济学家假定人们会对激励做出回应，并使用经济学思维方式的其他三个要素。

- 使用假设来简化。我们假定每辆车对其他车辆的通行时间的影响是一样的。当然这个假定不符合现实，因为人们开的车大小不一样，开车的方式也不一样。但是如果放弃这个假设，去仔细检验每辆车对通行速度的影响，又会使分析过度复杂化。
- 孤立变量——保持其他条件不变。为了将注意力集中于交通拥堵税对使用高速公路的车辆数量的影响，我们假设其他条件保持不变，即假定其他影响交通行为的因素——汽油价格、公交车费和消费者收入——保持不变。
- 在边际上思考问题。我们会估算在高速公路上增加一辆车的影响。要考虑的边际问题是：如果我们在高速公路上增加 1 辆车，所有出行者的总交通时间会增加多少？一旦我们回答了这个问题，我们就可以计算出新增 1 位司机增加的时间成本。如果新增的司机使得 900 名司机每人增加 2 秒的通行时间，增加的总通行时间就是 30 分钟。如果说时间的价值是，比方说每小时 16 美元，适当的拥堵税应该是 8 美元（16 美元乘以 0.5 小时）。

如果你认为因为使用道路向公民征税这件事很奇怪，那让我们看看伦敦的城市情况吧。过去几十年间，伦敦拥有整个欧洲最糟糕的交通拥堵问题。从 2003 年 2 月起，伦敦对在早 7 点至晚 6 点半之间使用公路的司机征收每天 8 美元的税。这项税减少了车流量，并将汽车和公交车的通行时间缩短了一半。因为该税减少了拥堵带来的浪费和低效，城市的经济繁荣起来。鉴于伦敦实施拥堵税的成功，包括多伦多、新加坡和圣地亚哥在内的其他城市也对拥堵实施了定价政策。

日常生活中的经济学

经济学如何解决垃圾邮件问题

对应的经济学问题：价格在配置资源上发挥了怎样的作用？

垃圾邮件，也就是未经许可发送的商业邮件，正折磨着全世界的人们，干扰了日常工作，并占用了电脑网络。更可恨的是，垃圾邮件扩散到了手机上，人们不断接到烦人的垃圾邮件收信提示音，有时还会对接收者收取 0.2 美元的费用。垃圾邮件制造者不需要支付任何成本就可以发送 100 万封垃圾邮件，而且如果一小部分人购买了其推荐的广告产品他还能赚钱。对垃圾邮件问题的第一反应是使用邮件过滤软件将垃圾邮件与合法的邮件分隔开。当这种办法不管用之后，许多国家通过立法取缔垃圾邮件，使其成为非法行为。尽管社会做了许多努力，垃圾邮件的问题始终存在。

解决垃圾邮件的经济学办法是为商业邮件定价。一种想法是，追寻蜗牛邮件[①]的源头，向每封商业邮件征收 0.01 美元的邮票钱。此时，100 万封邮件要花 10,000 美元，如果只有很少的人购买邮件中的商品，发送垃圾邮件就无利可图。第二种想法是，当接收者宣称在未经自己允许的情况下接收到邮件，要对发送者处以每封 1 美元的罚金。如果每个邮箱账户有一个 200 美元的信用上限，那么当该邮箱收到的投诉达到 200 封时，发送者的网络服务提供商将关闭该账户。这种方法会有效地解决病毒式垃圾邮件问题，因为如果你祖母的电脑遭受病毒入侵变成了一台垃圾邮件机器，她的邮箱账户就会在 200 次投诉之后被关闭，同时病毒的扩散也会停止。当然，网络服务提供商必须足够聪明，才能意识到你的祖母不是一个垃圾邮件制造者，然后将她重新连入服务器。详见练习 3.5。

文章来源："Make 'em Pay: The Fight against Spam," *Economist*, February 14, 2004, 58; Laura M. Holson, "Spam Moves to Cellphones and Gets More Invasive," *New York Times*, May 10, 2008.

宏观经济学预览

经济学分为两大领域：宏观经济学和微观经济学。**宏观经济学（Macroecon-**

[①]　蜗牛邮件（Snail mail）是一个返璞词，在电子信息时代之前，没有电子邮件的概念，所有的邮件都可以称之为蜗牛邮件。因为和电子邮件相比，传统邮件有着速度慢的特点。所有蜗牛邮件也可以叫纸质邮件、传统邮件或者普通邮件。

omics）是将一个国家的经济作为整体进行的研究，它专注于通货膨胀（价格水平的总体上涨）、失业和经济增长等问题。这些问题经常出现在网站、报纸和电视上。宏观经济学解释为什么经济会增长和发生变动、为什么经济增长有时会中断。让我们看看如何使用宏观经济学，主要有三种方式。

用宏观经济学理解为什么经济会增长

我们在本章中已经详述过，世界经济几十年来不断增长，世界人均收入每年增加约1.5%。收入的增加意味着消费者享受了更高的生活水平——更好的车、房子和着装，以及更多样化的食物、娱乐和旅行。在经济持续增长的国家中，人们可以消费更多的商品和服务，因为国家拥有更多的资源生产产品。宏观经济学解释了为什么资源随时间增多，以及这一现象对人们的生活水平会产生怎样的影响。让我们看一个有关经济增长的实际问题。

为什么有些国家比其他国家增长得更快更高？ 1960 年到 2001 年间，美国的年均经济增长率是 2.2%，同一时期，墨西哥和法国的年均经济增长率分别是 2.3% 和 2.7%。但是在一些国家，经济却在收缩，人均收入随之下降，比如塞拉利昂和海地。在高速增长的国家中，公民可以将他们收入的一大部分用来储蓄。公司便可以从储蓄的资金中借款，用来购买机器和设备，生产更多的产品。同时，高速增长的国家拥有受过良好教育的劳动力，使得公司可以迅速地使用新科技来增强工人的生产力。

用宏观经济学理解经济波动

所有的经济体，包括那些人均收入总体上不断增长的经济体，都无法避免经济波动，包括经济的暂时收缩。在经济衰退期，经济体的一些资源——自然资源、劳动力、物质资本、人力资本和企业家精神——会处于闲置状态。部分工人失业，工厂和商店关闭。相反，有时候经济增长过快，则会引起价格剧烈上涨。宏观经济学帮助我们理解为什么这些波动会发生——为什么经济忽冷忽热，以及政府应该如何缓和经济波动。让我们看一个有关经济波动的实际问题。

议会和总统应该采取措施减少失业率吗？ 例如，政府应该减税来释放收入用于购买更多的消费品吗？因为，这样一来公司会雇用更多的员工生产更多的产品。如果失业率已经非常高了，政府也许想要降低失业率。然而，政府也不能过度降低失业率，我们在后文中会看到，低失业率会导致通货膨胀。

用宏观经济学制定明智的商业决策

第三个学习宏观经济学的原因是为了做出明智的商业决策。后文中会提到，政府采取各种政策来影响利率（借钱的价格）和通货膨胀率。一个经理人如果要借钱建立新工厂，他可以用宏观经济学的知识来预测当前公共政策对利率的影响，然后再决定是现在还是以后借钱。同样，经理人应该关注通货膨胀率，以决定公司产品的售价和工人的工资。学习过宏观经济学，经理人能够更好地理解利率和通货膨胀率的复杂性，以及它们如何影响公司。

微观经济学预览

微观经济学研究的是家庭（个人或一群生活在一起的人）、公司和政府的选择，以及这些选择如何影响产品和服务市场。让我们看看使用微观经济学分析的三种方式。

用微观经济学理解市场并预测其变化

研究微观经济学的一个原因是为了更好地理解市场如何运行，并预测各种事件如何影响市场上产品的价格和数量。本书中，我们回答了许多有关市场的现实问题及其处理方式。让我们看一个现实问题，我们可以用一些简单的经济分析回答。

啤酒税会对高速公路事故中青壮年死亡人数产生怎样的影响？研究表明高速公路事故中青壮年死亡人数与这一人群消费的啤酒总数成一定比例。征税会使啤酒价格上升，而青壮年和其他饮酒者一样，会减少啤酒消费。因此，一项会减少啤酒消费量10% 的税，也能将高速公路事故中青壮年死亡人数降低 10%。

用微观经济学制定个人决定和管理决策

在个人层面上，我们使用经济分析去决定如何使用时间、追求什么职业，以及如何支出和储蓄。经理人使用经济分析决定如何生产产品和服务、生产多少和定价多高。让我们使用一些经济分析来研究创业者会遇到的现实问题。

如果你所在的城市已有的咖啡馆是赢利的，而你有足够的钱开一家咖啡馆，你应该开吗？当你进入这个市场时，咖啡馆之间对顾客的竞争将加剧，一些咖啡馆将降低价格。而你的成本也许比已有咖啡馆要高。只有当你预计价格只会略微降低，成本差异不大时，进入咖啡馆市场才是明智的。事实上，进入一个看上去有利可图的市场也许会变成一次失败的投资。

用微观经济学评估公共政策

尽管现代社会利用市场完成了大多数有关生产和消费的决定，政府仍然要履行几项重要的职责。我们使用经济分析来检验政府在市场经济中扮演的角色效果如何。我们也可以研究与各种公共政策相关的权衡关系。让我们看一个有关公共政策的现实问题。

像其他创新一样，处方药也受政府专利保护，开发者拥有在特定时间段内销售一项新药的排他性权利。一旦专利过期了，其他制药公司也能合法地生产和销售仿制药，这会使得该药的价格下降。处方药专利期限应该缩短吗？缩短专利期限要考虑一组权衡关系。积极的一面是，该药的仿制品能更早上市，价格也会更早下降，更多人能够使用该药改善他们的健康水平。消极的一面是开发新药的财务回报降低，制药公司也许不会开发那么多新药。因此我们需要面对的问题是缩短专利期限的收益（降低价格）是否高于其成本（新开发出的药数量减少）。

总　结

经济学研究的是在有限的选项中进行选择的问题。一个经济体中的选择是有限的，因为生产要素是有限的。我们可以使用经济分析来理解个人、组织和社会整体选择的结果。本章有以下六个要点：

1. 大多数现代经济学都建立在实证分析的基础上，即回答"是什么"和"将会怎样"的问题。通过对各种可替代行动的结果进行实证分析，经济学家帮助解决政治议题。

2. 规范分析回答"应该怎样"的问题。

3. 由个人、公司和政府做出的选择回答了三个问题：我们生产什么产品？如何生产这些产品？谁来购买这些产品？

4. 想要像一个经济学家那样思考问题，第一步是使用假设来简化，第二步是使用保持其他条件不变的概念来将注意力集中在两两变量的关系上，第三步是在边际条件下思考问题，最后一步是假定理性人会回应激励。

5. 我们使用宏观经济学是为了理解经济增长、研究经济波动问题，以及制定明智的商业决策。

6. 我们使用微观经济学是为了理解市场如何运行、做出个人决定和商业决策，以及评估公共政策的价值。

练　习

1. 经济学是什么

1.1　社会必须回答的三个基本的经济学问题是什么？

1.2　列出生产的五个要素。

1.3　以下哪项陈述是正确的？

　　a. 实证分析回答的问题是"如果怎样，会发生什么"；规范分析回答的问题是"什么应该发生在某人某物上"。

　　b. 规范分析回答的问题是"如果怎样，会发生什么"；实证分析回答的问题是"什么应该发生在某人某物上"。

　　c. 现代经济学主要建立在规范分析的基础上。

1.4　指出以下问题哪些是实证性的，哪些是规范性的。

　　a. 你的城市应该构筑足以抵御五级飓风的防洪堤吗？

　　b. 卡特里娜飓风怎样影响了新奥尔良和巴顿鲁日的房价？

　　c. 谁应该花钱建一个新的滑板公园？

　　d. 学区① 应该将教师的工资提升20% 吗？

　　e. 增加教师工资能够改善教师的平均质量吗？

2. 经济分析和现代问题

2.1　交通拥堵问题的经济学解决办法是什么？

　　a. 要求人们拼车出行。

　　b. 在高峰时期收取一定的费用。

　　c. 要求人们居住到离工作地点更近的地方。

　　d. 没有经济学家会建议以上任何一种办法。

2.2　在增长源泉方面，经济学家的最新研究成果表明制度，如____和____在经济增长中扮演了重要的角色。

3. 经济学的思维方式

3.1　一张道路地图包含两项不符合现实的假设：

　　（1）____和（2）____。

3.2　经济学思维方式的四个要素是：（1）使用____简化分析，（2）用____研究两两变量的关系，（3）在____上思考问题，（4）理性人会回应____。

3.3　以下哪项是表示保持其他条件不变的拉丁词组？

---

① 美国的学区（School District），是美国公立初等教育与中等教育体系里，地方政府对市、镇居民区的一种划分，以利于对各学校的管辖、拨款，并对哪些地区居民子女可以进入附近的公立学校做出规定。

a. Setiferous proboscis

b. Ceteris paribus

c. e pluribus unum

d. tres grand fromage

3.4 在 2007 年度混合动力汽车购买量中，有大约＿＿可以归功于联邦政府对混合动力汽车的补贴。

3.5 解决垃圾邮件的经济学方法是追寻＿＿的源头，为邮件制定＿＿。

3.6 判断下面这一表述是正确还是错误的：亚当·斯密指出人类只受自我利益驱动。

注 释

1. Texas Transportation Institute, *2005 Urban Mobility Study*, http://mobility.tamu.edu/ums/.

2. William Easterly, *The Elusive Quest for Growth* （Cambridge, MA: MIT Press, 2001）, Chapter 1.

3. William Easterly, *The Elusive Quest for Growth* （Cambridge, MA: MIT Press, 2001）; World Bank, *World Development Report 2000/2001: Attacking Poverty*（New York: Oxford University Press, 2000）.

4. John Maynard Keynes, *The Collected Writings of John Maynard Keynes, Volume 7*, ed. Donald Moggridge （London: Macmillan, 1973）, 856. Reproduced with permission of the publisher.

5. Alfred Marshall, *Principles of Economics*, 9th ed., ed. C.W. Guillebaud（1920; repr., London: Macmillan, 1961）, 366. Reproduced with permission of the publisher.

6. Adam Smith, *An Inquiry into the Nature and Causes of the Wealth of Nations*（1776）; Book 2, Chapter 3.

附　录

使用图表和百分数

经济学家使用多种图表来展示数据，表现变量之间的关系，并解释概念。本附录中，我们会学习用图表表示变量的方法。我们还会学习计算百分比变化，并利用百分数来计算变量变化的基础知识。

图　表

快速浏览本书你会发现图表在经济学中的重要性。每一章至少都有几张图表，许多章节还有更多图表。尽管没有图表也能做经济学研究，但是有了图表，研究会容易得多。

用图表表示单一变量

我们在第 1 章看到，变量是对特定对象的度量，可以取不同的值。图 1A-1 包括了两组不同类型的图表，每一张图表都展示了单一变量的数据。（A）图使用饼状图表示美国不同类型音乐的市场份额。某种音乐的市场份额越大，所占扇形区面积就越大。例如，最受欢迎的摇滚音乐占据了 24% 的市场份额；位居其后的分别是乡村音乐、说唱 / 嘻哈音乐和蓝调 / 都市音乐等。（B）图使用柱状图表示美国特定产业海外销售（出口）的收入。销售收入越多，柱子越高。例如，电脑软件产业出口收入达到近 600 亿美元，表示其收入的柱子比收入达 170 亿美元的电影、电视和视频产业的柱子要高两倍以上。

▼图 1A-1

单一变量的图表

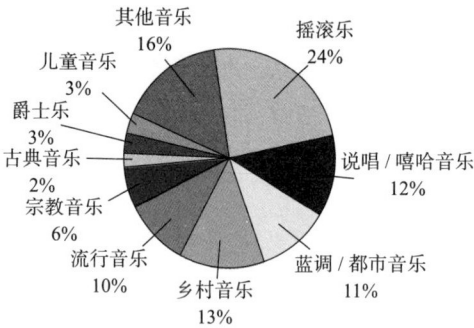

（A）美国不同类型音乐的唱片
销售份额的饼状图

资料来源：Author's calculations based on Recording Industry Association of America, *"2004 Consumer Profile."*

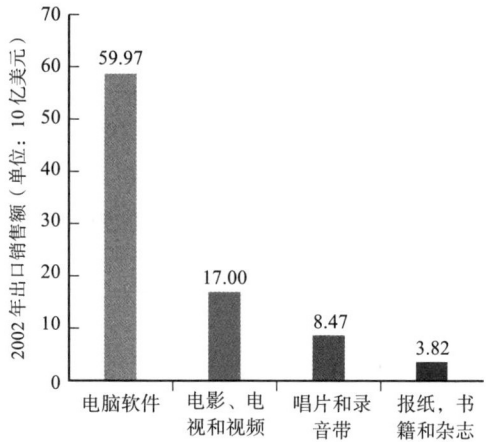

（B）美国版权产品出口销售额的柱状图

资料来源：Author's calculation based on International Intellectual Property Alliance, "Copyright Industries in the U.S. Economy, 2004 Report."

第三种单一变量图表展示的是变量数值随时间变化的过程。图 1A-2 的（A）图是一张时间序列图，它展示了一个假想行业从第一年到第十年的总销售额的变化。横轴表示的是时间，纵轴表示的是总销售额。特定年份的点的高度表示当年的销售额。例如，第一年销售额为 123.2 亿美元，并且销售额第五年达到峰值 145.9 亿美元后，在接下来的几年中不断下降。

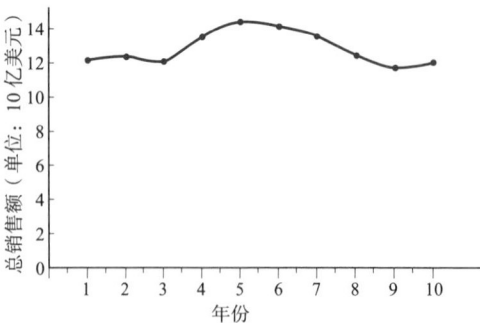

（A）产业总销售额

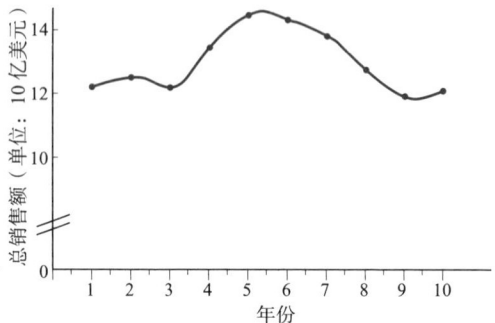

（B）截断的纵轴

▲图 1A - 2

时间序列图

（B）图是（A）图的一个截断图。纵轴底部的双斜杠表示纵轴并不起始于零点。对纵轴的截断放大了总销售额的波动。

用图表表示双变量

我们也可以使用图表来表示两个变量之间的关系。图 1A-3 展示了双变量图表的基本组成要素。横轴或 x 轴表示一个变量，纵轴或 y 轴表示另一个变量。起点是两条轴的交点，并且起点上两个变量值均为零。虚线显示了特定点上两个变量的数值。例如，在点 a 上，横轴值为 10，纵轴值为 13。

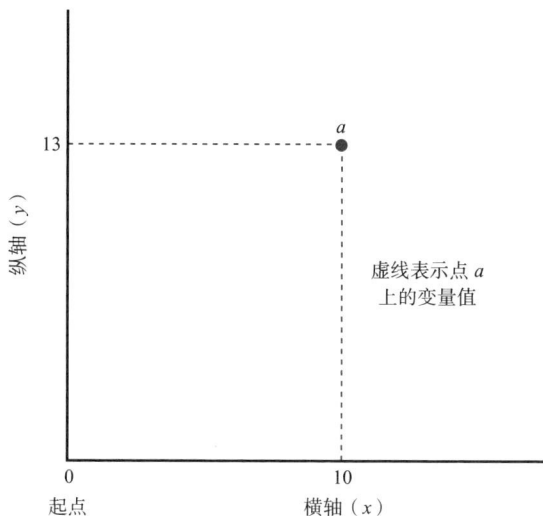

▲图 1A-3

双变量图表的基本组成要素

横轴或 x 轴表示一个变量，纵轴或 y 轴表示另一个变量。a 点是两条轴的交点，起点上两个变量值均为零。虚线显示了特定点上两个变量的数值。

下面我们来学习如何画双变量图表，假定你有一份兼职工作，并且你对每周工作的小时数和周收入之间的关系感兴趣。相关变量是每周工作的小时数和周收入。图 1A-4 显示了工作的小时数和收入之间的关系。假设你父母每周给你 40 美元的零花钱，你的兼职工作工资是每小时 8 美元。如果你一周工作 10 小时，那么每周收入就是 120 美元（40 美元来自你的父母，80 美元来自兼职），并且工作得越久，周收入就越高。如果你每周工作 20 小时，一周收入就是 200 美元；如果工作 30 小时，收入就会涨到 280 美元。

每周工作的小时数（小时）	每周的收入（美元）	图中所代表的点
0	40	*a*
10	120	*b*
20	200	*c*
30	280	*d*

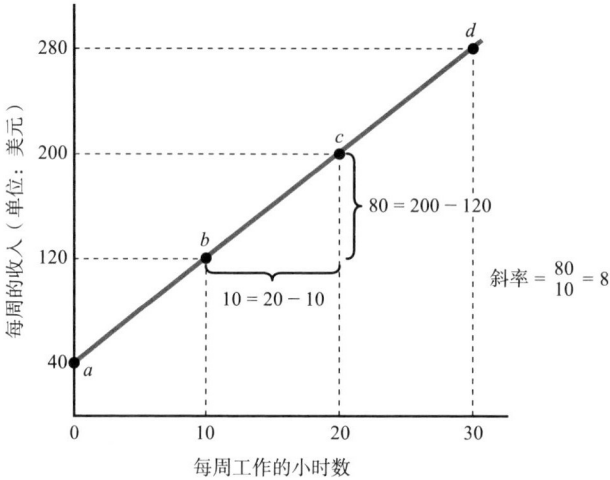

▲图 1A-4

工作的小时数和收入之间的关系

工作的小时数和收入之间呈正相关关系，因此收入曲线向上倾斜。该曲线斜率为 8，意味着每多工作 1 小时，收入就增长 8 美元。

尽管数值表有助于展现工作时间和收入之间的关系，但一张图可以使两者的关系更加明了。我们可以使用表中数据来画图。下面我们分五步来完成这个过程。

1. 画一条水平线来表示第一个变量。在图 1A-4 中，我们用横轴表示工作的小时数。横轴上的数值，从左至右，由 0 逐渐增大到 30 小时。

2. 画一条垂直线与第一条线垂直相交来表示第二个变量。在图 1A-4 中，我们用纵轴表示收入。纵轴上的数值，从下往上，由 0 逐渐增大到 280 美元。

3. 从表中第一行数值开始，该行数值表示工作 0 小时，收入为 40 美元。该点的横坐标为 0，纵坐标为 40 美元，据此我们将点 *a* 画入图中。点 *a* 的纵坐标是该线段的纵截距——线段与纵轴的交点高度。

4. 选择一个工作小时数为正的组合。例如，表中第二行，如果你工作 10 小时，你的收入是 120 美元。

（1）在横轴上找到工作小时为 10 小时的点，从该点处出发，向上画一条垂直的虚线。

（2）在纵轴上找到收入为 120 美元的点，从该点处出发，向右画一条水平的虚线。

（3）两条虚线的交点表示了工作时间和收入的一个组合。点 b 表示工作小时数为 10 小时，收入为 120 美元。

5. 重复步骤 4，在图中画出工作小时数和收入的其他组合。只要我们在图中画出了一系列点（a、b、c、d），我们就可以将这些点连成一条线段来表示工作小时数和收入之间的关系。

如果两个变量朝相同方向移动，那么它们就存在**正相关关系**（positive relationship）。当你增加工作时间时，收入会随之增加，因此两个变量正相关。在图 1A-4 中，随着工作时间增加，收入就会沿着线段向上移动到一个更高的水平。有些人将正相关关系称作同向关系（direct relationship）。

如果两个变量朝相反方向移动，那么它们就存在**负相关关系**（negative relationship）。例如，你的工作时间和你可以用在娱乐、学习、睡眠等其他活动上的时间负相关。有些人将负相关关系称作逆向关系（inverse relationship）。

计算斜率

一个变量对另一个变量的变化有多敏感？我们可以使用曲线的斜率来测量敏感度。为了计算曲线的斜率，我们选择了两个点，用纵坐标之差（高度）除以横坐标之差（宽度）：

$$斜率 = \frac{纵坐标之差}{横坐标之差} = \frac{高度}{宽度}$$

我们分四步计算曲线的斜率：

1. 在曲线上选两点，例如图表 1A-4 的点 b 和点 c。

2. 计算两点的纵坐标之差（高度）。对于点

名词解释

　　正相关关系：两个变量朝着相同方向移动的关系。

　　负相关关系：两个变量朝着相反方向移动的关系。

b 和点 c，纵坐标之差是 80 美元（200 美元−120 美元）。

3. 计算两点的横坐标之差（宽度）。对于点 b 和点 c，横坐标之差是 10 小时（20 小时−10 小时）。

4. 用纵坐标之差除以横坐标之差得到斜率。点 b 和点 c 之间的斜率是 8 美元 / 小时：

$$斜率 = \frac{纵坐标之差}{横坐标之差} = \frac{（200 美元−120 美元）}{（20 小时−10 小时）} = \frac{80 美元}{10 小时} = 8 美元 / 小时$$

在本案例中，工作时间增加 10 小时会使收入增加 80 美元，因此每增加 1 小时工作时间会使收入增加 8 美元。因为这条曲线是一条直线，所以曲线上所有点的斜率都是相同的。你可以通过计算点 c 和点 d 之间的斜率来检验这一结论。

我们可以使用简写来表示曲线的斜率。数学符号 Δ 代表变量的变化。因此我们可以将图 1A-4 中曲线的斜率写作：

$$斜率 = \frac{\Delta \ 收入}{\Delta \ 工作小时数}$$

一般来说，当纵坐标记作 y，横坐标记作 x，我们可以将斜率表示为：

$$斜率 = \frac{\Delta y}{\Delta x}$$

沿曲线移动和移动曲线

到目前为止，我们探讨了变量变化的影响，以及它所引起的点在曲线上的移动。在图 1A-4 中，我们可以看到工作时间（横轴）和收入（纵轴）之间的关系。除了时间，总收入还取决于零花钱和兼职工资，就图 1A-4 中的曲线，我们可以得出两个结论：

1. 要做出这条曲线，我们必须明确每周的零花钱（40 美元）和每小时的工资（8 美元）。

2. 这条曲线显示，保持其他条件不变，工作时间的增加会使学生的收入增加。本案例中，我们假定零花钱和工资都是固定不变的。

一周的收入如果发生改变，也会改变工作时间和收入关系曲线。在图 1A-5 中，当零花钱从 40 美元增加到 90 美元，曲线会向上移动 50 美元。也就是说，给定工作时间，收入会增加 50 美元。例如，工作时间 10 小时对应的收入由 120 美元（点 *b*）变为 170 美元（点 *f*）。曲线向上移动也表示，要保持总收入不变，就要减少工作时间。换句话说，曲线向上向左移动。

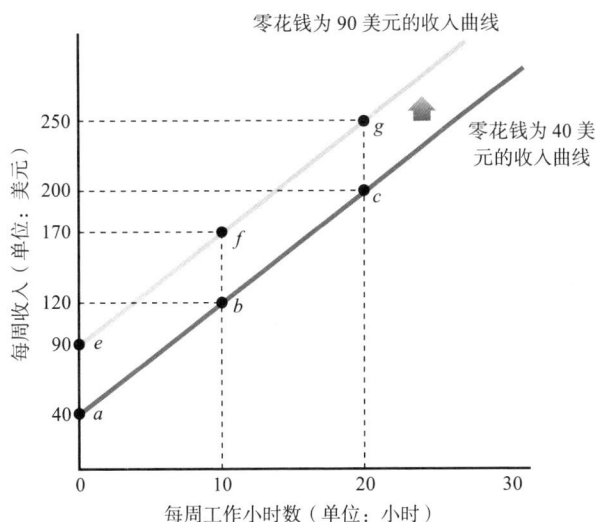

▲图 1A-5

沿曲线移动和移动曲线

为画出这条表示工作小时数和收入的关系的曲线，我们将每周的零花钱固定为 40 美元，工资为每小时 8 美元。工作小时数的变化会使得点沿曲线移动，比如从点 *b* 至点 *c*。其他变量的改变会移动整条曲线。例如，零花钱增加 50 美元（达到 90 美元）会使得整条曲线向上移动 50 美元。

我们能够区分点在曲线上的移动和整条曲线的移动。在图 1A-5 中，工作时间的增加会引起点沿着收入曲线移动。例如，当零花钱为 40 美元时，我们面对的是较低的那条曲线，此时当工作时间从 10 小时增加到 20 小时的时候，我们从点 *b* 移动至点 *c*。相反，工作时间以外的变量变化时，整条曲线就会发生移动，如零花钱增加时的情况。

本书使用了大量二维曲线，展现只有两个变量时，它们之间的关系。这种形式也存在缺点，它会使我们忘记一条曲线不能讲清楚全部的事实。在图 1A-5 中，我们需要两条曲线来研究三个变量变化的影响。当你使用二维图表时，要牢记以下规则。

1. 图中展示了两个变量，当其中一个变化时，会使得点沿曲线移动。在图 1A-5 中，工作时间的增加使得点 *a* 沿着曲线移动至点 *b*、点 *c* 等。

2. 由于我们画图时假定两个变量为固定值（比如上面案例中的零花钱和每小时的工资），图中也就无法展示这两个变量。当这两个变量中的一个发生变化时，整条曲线就会产生移动。在图 1A-5 中，零花钱的增加使得整条曲线向上移动。

用图表表示逆相关关系

我们可以使用一张图来表示两个变量之间的逆相关关系。想象一个在唱片产品上年预算为 360 美元的消费者，唱片的价格是每张 12 美元，下载歌曲的价格是每首 1 美元。图 1A-6 展示了唱片数量和下载歌曲数量之间的关系。如果消费者不买任何唱片，他就有 360 美元可以用来下载歌曲，最终他能够以每首 1 美元的价格获得 360 首歌曲。如果消费者以每张 12 美元的价格购买 10 张唱片，他就有 240 美元可以用来下载歌曲（点 b）。随着购买的唱片数量增加，下载的歌曲数量不断减少。

购买的唱片数量（张）	下载的歌曲数量（首）	图中所代表的点
0	360	a
10	240	b
20	120	c
30	0	d

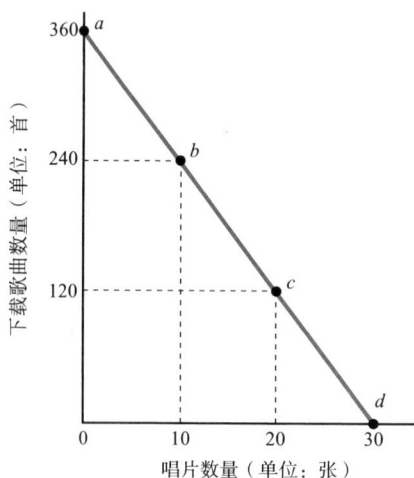

▲图 1A-6

购买的唱片数量和下载的歌曲数量之间的逆相关关系

对于一个预算为 360 美元的消费者而言，购买的唱片数量和下载的歌曲数量之间存在逆相关关系。曲线的斜率是 −12：每多购买一张唱片（价格为每张 12 美元）会减少 12 首下载的歌曲（价格为每首 1 美元）数量。

图 1A-6 展示了唱片数量和下载歌曲数量之间的逆相关关系。纵截点（点 a）显示，一个不购买任何唱片的消费者可以下载 360 首歌曲。因为两个变量之间存在逆相关关系，所以曲线斜率为负。我们可以使用点 b 和点 c 来计算曲线的斜率。

$$斜率 = \frac{纵坐标之差}{横坐标之差} = \frac{(120 - 240)}{(20 - 10)} = \frac{(-120)}{10} = -12$$

斜率等于每张唱片 12 首歌曲，这意味着消费者每多购买一张唱片，就要放弃下载 12 首歌曲。

用图表表示非线性关系

我们可以使用一张图来表示两个变量之间的非线性关系。图 1A-7 中的 A 图展现了备考时间和考试分数之间的关系。随着备考时间增加，分数不断提升，但是提升速度不断减小。换句话说，增加 1 小时的备考时间带来的分数提升越来越小。例如，第二个小时会使分数提升 4 分——从 6 分到 10 分，但是增加第九个小时只会使分数上升 1 分——从 24 分到 25 分。这是一种非线性关系：随着点沿曲线移动，曲线的斜率不断变化。在图 1A-7 中，随着点沿曲线向右移动，曲线斜率不断减少：点 a 和点 b 之间的斜率是 4 分 / 小时，而点 c 和点 d 之间的斜率只有 1 分 / 小时。

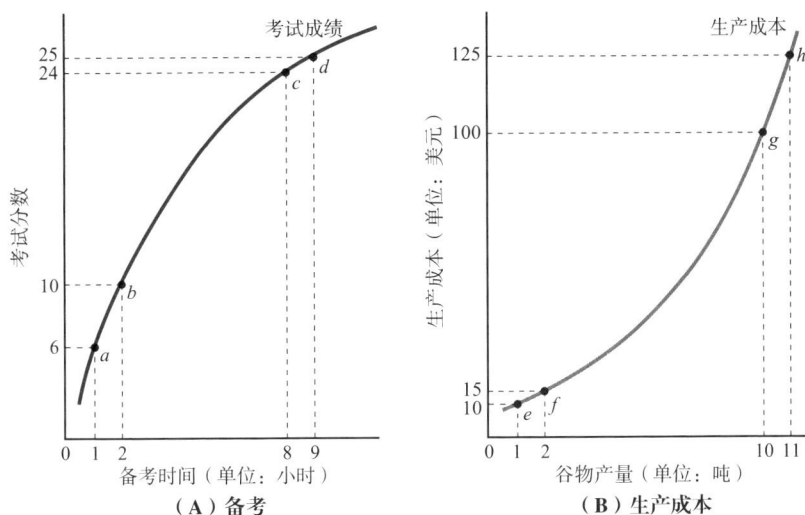

▲ 图 1A-7

另一种非线性曲线是，当点沿曲线向右移动时，斜率不断增加。在图 1A-7 的 （B）图中，横轴表示生产的谷物产量，纵轴表示生产成本，（B）图表示的就是谷物产量和成本之间的关系。随着谷物产量的增加，曲线斜率不断增加，这意味着生产成本增加的速度越来越快。在曲线下端，产量从 1 吨增加到 2 吨使生产成本增加了 5 美元，从 10 美元到 15 美元。在曲线上端，产量从 10 吨增加到 11 吨使生产成本增加了 25 美元，从 100 美元到 125 美元。

计算变化百分比和使用方程式

经济学家经常使用百分比来表示变量的变化。附录简要综述了计算变化百分比的方法，以及通过求解方程来找出未知值的一些简单规则。

计算变化百分比

很多情况下，经济学使用的方程式会包含变化百分比。本书中，我们使用一种简单的方法来计算变化百分比，用变量的变化除以变量初始值，然后乘以 100%：

$$变化百分比 = \frac{（新值 - 初始值）}{初始值} \times 100\%$$

例如，当书的价格从 20 美元增加到 22 美元，变化百分比是 10%：

$$变化百分比 = \frac{（22 - 20）}{20} \times 100\% = \frac{2}{20} \times 100\% = 10\%$$

换一个方向，假设价格从 20 美元下降到 19 美元。该情况下，变化百分比是 -5%：

$$变化百分比 = \frac{（19 - 20）}{20} \times 100\% = \frac{（-1）}{20} \times 100\% = -5\%$$

另一种计算变化百分比的方法是将分母换成平均值或中值[①]：

$$变化百分比 = \frac{（新值 - 初始值）}{平均值} \times 100\%$$

---

① 本书为了简化说明未严格区分平均值（average value）和中值（midpoint）。举例来说，数列 1、2、4、6、12，midpoint 是 4，而 average value 是 5。——译者注

例如，当书的价格从 20 美元增加到 22 美元，平均值方法计算出的变化百分比是 9.52%：

$$变化百分比 = \frac{22 - 20}{(22+20) \div 2} \times 100\% = \frac{2}{42 \div 2} \times 100\% = \frac{2}{21} \times 100\% = 9.52\%$$

如果变量的变化相对较小，就没有必要使用平均值法。简单的方法可以让我们把更多的时间花在经济分析上，而不是用来做枯燥的数学计算。我们在本书中将使用简单的方法计算变化百分比：当书的价格从 20 美元增加到 22 美元，百分比变化是 10%。

知道变化百分比时，我们可以求出绝对值变化。例如，当价格增加 10%，而初始价格为 20 美元，则我们将初始价格的 10%（2 美元是 20 美元的 10%）加上初始价格（20 美元），得到新价格 22 美元。如果价格减少 5%，我们就从初始价格（20 美元）中减去初始价格的 5%（1 美元是 20 美元的 5%），得到新价格 19 美元。

使用方程式计算未知值

我们经常要计算方程式中的分子或分母，计算方法是我们用简单的代数方法将未知值放在方程的左边。例如，对工作时间和收入的关系曲线来说，其斜率方程是：

$$斜率 = \frac{\Delta 收入}{\Delta 工作时间}$$

如果你要计算工作时间增加会促使收入增加多少，我们可以重新安排方程式，把方程两边同时乘以工作时间的变化：

$$\Delta 工作时间 \times 斜率 = \Delta 收入$$

通过调换方程式的两边，可以得到：

$$\Delta 收入 = \Delta 工作时间 \times 斜率$$

例如，当你多工作 7 个小时而斜率为 8 美元 / 小时，你的收入会增加 56 美元：

$$\Delta 收入 = \Delta 工作时间 \times 斜率 = 7 小时 \times 8 美元 / 小时 = 56 美元$$

我们可以用相同的方法来计算要获得目标收入所需改变的工作时间。这种情况下，我们将斜率方程式的两边同时乘以工作时间的变化，再同时除以斜率。结果是：

$$\Delta \text{工作时间} = \frac{\Delta \text{收入}}{\text{斜率}}$$

例如，为了使收入增加 56 美元，你需要工作 7 小时：

$$\Delta \text{工作时间} = \frac{\Delta \text{收入}}{\text{斜率}} = \frac{56 \text{ 美元}}{8 \text{ 美元} / \text{小时}} = 7 \text{ 小时}$$

日常生活中的经济学

使用百分数的危害

对应的经济学问题：如何计算变化百分比

20 世纪 70 年代，墨西哥政府重新绘制了高架桥上的高速公路分界线，将 4 条分界线改成了 6 条分界线。政府发布声明说，相比改动之前，高速公路通行能力增加了 50%（等于 2 除以 4）。不幸的是，改动之后，碰撞和交通意外造成的死亡人数上升了。于是，一年之后，政府又将高速公路改回 4 条分界线，并发布声明说，通行能力减少了 33%（等于 2 除以 6）。政府宣称，两次改变使得高速公路通行能力增加了 17%（等于 50% 减去 33%）。

这则趣事揭露了使用简单方法计算变化百分比的一个潜在问题。因为初始值（分母）变化了，百分比的增加和减少的计算是不对称的。相反，如果政府使用平均值方法，通行能力的增加则是 40%（等于 2 除以 5），而通行能力的减少也是 40%。使用这种方法后，我们可以得到更合理的结论：两次改变的净效应为零。详见练习 A8。

资料来源：Based on "The Perils of Percentages," *Economist*, April 18, 1998, 70.

练　习

A1. 假设你是一家网球俱乐部的会员，每月的会员费是 100 美元，打网球收费是每小时 5 美元。

    a. 以图 1A-4 作为模型，准备一张表格，并作一条曲线表示每月打网球时间（用横轴表示）与俱乐部消费金额（用纵轴表示）的关系。在表和图中，打网球的时间分别为 5、10、15、20 小时。

    b. 曲线的斜率是 ＿＿＿。

    c. 假设初始的打网球时间是 10 个小时，然后你决定增加 3 个小时。在你所作的曲线中，标注出初始点和新点。你每月的账单会增加多少？

    d. 假设最开始是 10 个小时的打网球时间，然后你决定在网球上多消费 30 美元。在你所作的曲线中，标注出初始点和新点。你能多得到的打网球时间是多少？

A2. 下图展现了飞盘生产数量和生产成本之间的关系。纵截距是 ＿＿＿ 美元，曲线的斜率是 ＿＿＿ 美元/个。点 b 显示生产 ＿＿＿ 个飞盘的成本是 ＿＿＿ 美元。生产 15 个飞盘的成本是 ＿＿＿ 美元。

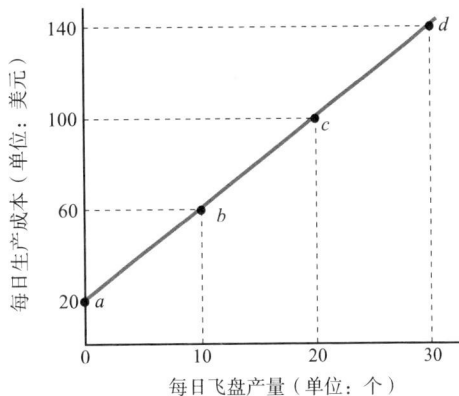

A3. 假设你可以在唱片和电影上花费 120 美元。一张唱片的价格是 12 美元，一场电影的价格是 6 美元。

    a. 以图 1A-6 作为模型，准备一张表格，作一条曲线表示在你的支付能力内，购买的 CD 数量（用横轴表示）和观影次数（用纵轴表示）之间的关系。

    b. 所作曲线的斜率是 ＿＿＿。

A4. 你经营着一家送货服务公司。你以每天 50 美元的价格租用了一辆卡车，每次送货要耗费 1 个小时的劳动时间，时薪是 8 美元。

    a. 作一条曲线表示送货次数（用横轴表示）和总成本（用纵轴表示）之间的关系。送货次数从 0 变化到 20。

    b. 成本曲线的斜率是 ＿＿＿ 每 ＿＿＿。

    c. 作这条曲线时，哪些变量保持不变？

d._____的变化会引起点沿曲线向上移动。

e._____的变化会使得整条曲线向上移动。

A5. 二维变量图中横轴表示的变量的变化会使点发生什么变化? 而图中未表示的变量的变化会使整条曲线发生什么变化?

A6. 计算下表中的变化百分比:

初始值	新值	百分比变化（%）
10	11	
100	98	
50	53	

A7. 计算下表中的新值:

初始值	百分比变化（%）	新值
100	12	
50	8	
20	15	

A8. 假设一个 MP3 播放器的价格从 60 美元降至 40 美元。使用平均值法计算，价格的变化百分比是 _____。使用初始值法计算，价格的变化百分比是 _____。

经济学的主要原理

为了保护热带雨林而禁止采矿和砍伐，我们需要付出什么？

圭亚那等热带国家的最新经验表明，在一些地区保护雨林，禁止采矿砍伐，我们需要付出的成本很少，仅为每年每公顷 1 美元。[1] 环境保护团体已经有了新的策略来保护热带雨林，即与伐木者和采矿者竞价购买土地的使用权。当开发热带雨林的收益相对较低时，环境保护团体出价只要在每公顷 1 美元以上，就能赢得竞拍。即使加上雇用当地人管理生态系统所需的支出，保护热带雨林的总成本也不过每年每公顷 2 美元而已。一家位于新罕布什尔州阿默斯特市的环境保护团体最初在圭亚那租借了 81,000 公顷的原始森林，随后这家团体又陆续在秘鲁、塞拉利昂、巴布亚新几内亚、斐济和墨西哥租借原始森林。

学 习 目 标

学会应用机会成本原理。

学会应用边际原理。

学会应用自愿交换原理。

学会应用边际报酬递减原理。

学会应用实际价值–名义价值原理。

在本章中，我们将介绍作为经济分析基础的五个主要原理。所谓原理，是指大多数人都能很容易地理解并欣然接受的显而易见的事实或真理。例如，大多数人都会接受重力原理。阅览本书或当你独立进行经济分析时，你会一次又一次地看到经济学的这五个主要原理。

机会成本原理

经济学的研究全面围绕选择。要做出明智的选择，我们就必须比较收益和成本。**机会成本（opportunity cost）**包含了稀缺性的概念：无论我们做什么，必然存在权衡关系。我们必须将一件事情和另一件事情进行权衡比较，因为资源是有限的，而且可以用在不同的事情上。为了追求某些东西，我们要消耗本可以用在其他东西上的资源。机会成本的概念使得我们可以衡量其中的利弊得失。

机会成本原理
某事物的机会成本是指你为了获取该事物而放弃的东西。

在大多数决策中，我们会从几个可替代的选项中进行选择。例如，假设你花 1 小时备考经济学测验，用于其他活动的时间就会减少 1 小时。为了测算一项活动的机会成本，我们需要看一看你最喜欢的其他活动。例如，假设备考经济学的替代活动包括备考历史学和做一份时薪 10 美元的工作，而你认为备考历史学比工作更重要，更值得你付出时间，那么备考经济学的机会成本就是你将时间用于备考历史学多获得的那 4 分成绩。相对地，如果工作是最好的替代活动，备考经济学的机会成本就是将时间用于工作能赚到的 10 美元。

我们也可以利用机会成本原理决定固定成本下如何消费的问题。假设你有一笔固定预算用于音乐，你可以在本地商店以每张 15 美元的价格购买唱片，也能以每首 1 美元的价格下载歌曲。一张唱片的机会成本是下载 15 首歌曲。拥有固定工资预算的医院，如果要多雇用医生，就必须裁减护士或医生助理。如果雇用医生的成本是雇用护士的 5 倍，那么雇用 1 名医生的机会成本是少雇用 5 名护士。

在某些案例中，看上去免费的产品实际上也有成本。这就是为什么经济学家喜欢说"世界上没有免费的午餐"。假设某人愿意请你吃午餐，前提条件是你同意去听一场度假公寓的产品宣传会，这件事情也存在机会成本，因为你本可以把时间用于其他活动，比如备考经济学或历史学。午餐不是免费的，因为你要耗费自己一个小时的时间。

上大学的成本

获得大学文凭的机会成本是什么？假设一名学生在学费和书本费上总共支付了 40,000 美元。如果不去上大学，这笔钱就可以花在其他各式各样的商品上，包括住房、电子产品和世界旅行。上大学的机会成本也就包括该名学生为了支付学费和书本费所放弃的价值 40,000 美元的其他商品。而且，如果不去上大学，该名学生本可以去做银行雇员，拿着每年 20,000 美元的薪水，他四年总计会赚到 80,000 美元。算上这笔收入，获得大学文凭的机会成本就是 120,000 美元。

支付学费和书本费的机会成本	40,000 美元
大学四年的时间成本（本可以以年薪 20,000 美元工作）	80,000 美元
总的机会成本或经济成本	120,000 美元

计算机会成本时，我们还没有包括食物和住宿的成本。因为一个学生无论他去不去上大学，都得吃饭、住宿。但是如果大学的食宿成本更高，我们在计算时就应该加入这笔额外的成本。

在决定是否上大学时，还有其他事情要考虑。后面我们会看到，大学文凭可以增加一个人的赚钱能力，因此获得大学文凭除了成本还有收益。另外，大学可以给人带来学习的动力和认识新朋友的机会。我们在上大学这件事情上做出明智的决定，有必要综合比较收益和机会成本。

军费开支的成本

我们可以用机会成本的概念研究军费开支的成本。[2] 1992 年，马来西亚购买了两艘军舰。如果国家把购买军舰的钱省下来，可以建设一个安全饮用水系统，这个系统覆盖 500 万缺少安全饮用水的居民。换句话说，购买军舰的机会成本是 500 万居民的安全饮用水。这里的政治问题是军舰带来的收益是否超过了其机会成本。

美国的经济学家估计，伊拉克战争的成本至少达到 10,000 亿美元。经济学家的计算超越了简单的预算成本，数量化了这场战争的机会成本。例如，用在战争中的资源本可以用在各项针对儿童的政府项目上：使更多的儿童接受学前教育，雇用更多的科学和数学老师以便减少班级规模，或为贫穷国家的儿童提供疫苗。例如，在这场战争上每多花 1,000 亿美元都可以用来支持以下这些项目：

- 可以为 1,300 万名学前教育儿童提供一年的抢步教育计划学习生活。
- 支付 180 万名教师一年的工资。
- 为欠发达国家的儿童提供足够使用 33 年的疫苗。

尽管这场战争的机会成本巨大，却不一定是一场不明智的战争。这也涉及政治问题，我们需要回答从战争中获得的收益是否超过了其机会成本。换另一个角度看，我们可以从它对国内安全的影响出发，来计算其机会成本。用于伊拉克战争的资源本可以用于提升国内安全，政府可以加强港口和货运设施的安保、雇用更多的警察、加强对航空乘客和行李的检查、强化消防部门和其他现场急救部门、升级海岸警备队舰队、加强铁路和高速公路系统的安保，等等。它们都包含了各类政府行动，而实施这类提升国内安全的提案，成本大约为 310 亿美元，这只占伊拉克战争支出的一小部分。政策制定者面临的问题是，把钱花在国内安全上是否能比花在战争上带来更多的收益。

机会成本和生产可能性曲线

个人面临着各种限制，整个经济体系也同样受到资源的约束。我们在第 1 章看到，一个经济体生产产品和服务的能力由其拥有的生产要素决定，生产要素包括劳动、自然资源、物质资本、人力资本和企业家精神。

图 2-1 是一个生产大麦和钢铁的经济体的生产可能性图。横轴表示大麦年产量，纵轴表示钢铁年产量。阴影部分显示了该经济体生产的两种商品的所有可能性组合。例如，该经济体在点 a 处生产 700 吨钢铁和 10 吨小麦，在点 e 处生产 300 吨钢铁和 20 吨小麦。在阴影部分和非阴影部分边界上的这一系列点，被称作**生产可能性曲线**（production possibilities curve），或生产可能性边界（production possibilities

名词解释

生产可能性曲线：表示一个经济体在充分高效利用其生产资源的情况下，能够生产的产品的组合。

frontier）。因为这条曲线区分了能够实现的生产组合与不可实现的生产组合。曲线内的阴影部分和曲线本身表示能够实现的生产组合。曲线外的非阴影部分表示不可实现的生产组合。曲线上的点表示当经济体的资源得到充分利用时的可能生产组合。

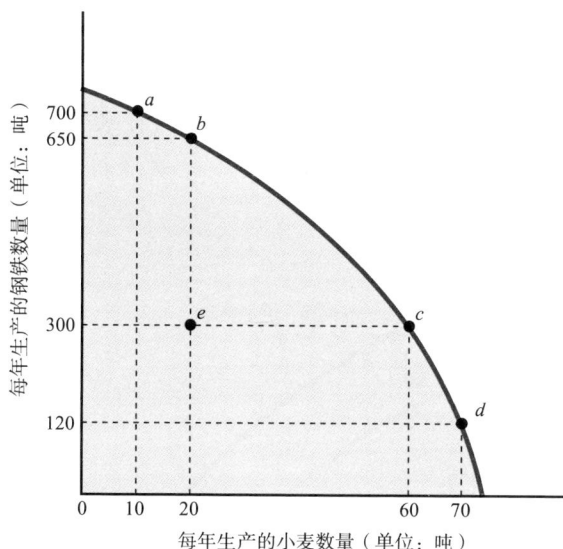

▲图 2-1

稀缺性和生产可能性曲线

生产可能性曲线阐明了机会成本原理对整个经济体的意义。一个经济体拥有固定数量的资源，如果这些资源被充分利用，增加小麦产量的机会成本就是减少的钢铁产量。

　　生产可能性曲线证明了机会成本的概念：一个经济体充分利用其拥有的资源时，它要增产一种产品，就必须减产另一种产品。例如，为了生产更多的小麦，我们必须从钢铁产业中拿走资源。当我们从钢铁产业中拿走资源，生产的钢铁数量就会减少。例如，如果沿着图 2-1 中的生产可能性曲线从点 a 移到点 b，我们要放弃 50 吨的钢铁（700 吨减少到 650 吨）来获得 10 吨小麦（10 吨增加到 20 吨）。沿着曲线继续向下，从点 c 移到点 d，我们要增加 10 吨小麦就要放弃 180 吨钢铁产量。为什么生产曲线是向外凸出的形状？为什么当我们沿着曲线向下移动时，生产小麦的机会成本不断增加呢？原因是同种资源对于生产两种产品的适用程度不一样。也就是说，有些资源更适合用来生产钢铁，还有一些则更适合用来生产小麦。从点 a 开始，该经济体用它最肥沃的土地来生产小麦。小麦产量增加 10 吨仅仅造成钢铁产量减少 50 吨，因为大量肥沃的土地可转换成小麦的种植用地。随着该经济体沿着生产可能性曲线向下移动，农民不得不使用相对贫瘠的土地，此时为了增产 10 吨小麦，就要从钢铁生产中调离更多资源。从点 c 移动到点 d 的过程中，转换成耕地的土地是如此贫瘠，以至于为了增产 10 吨小麦要使钢铁减产 180 吨。

生产可能性曲线体现的是在给定资源数量下的各种生产选择。图 2-2 表示的是增加经济体的可用资源数量会使生产可能性曲线向外移动。例如，如果我们从点 f 出发，当经济体的资源增加，我们就可以生产更多钢铁（点 g），更多小麦（点 h），或者同时增产两种产品（点 g 和点 h 之间的点）。当出现技术革新时，我们就可以用给定数量的资源生产更多产品，生产可能性曲线也会向外移动。

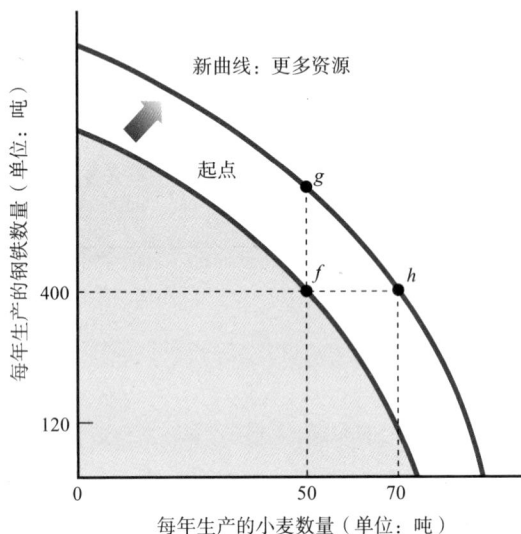

▲图 2-2

移动生产可能性曲线

可用资源数量的增加或技术革新都会使经济体的生产可能性曲线向外移动。从点 f 出发，一个经济体可以生产更多钢铁（点 g），更多小麦（点 h），或者同时增产两种产品（点 g 和点 h 之间的点）。

日常生活中的经济学

不要忘记时间和投入资金的成本

对应的经济学问题：做生意的机会成本有哪些？

假设你做修剪草坪的生意并使用太阳能设备（割草机、轧边机、鼓风机和卡车），你能以 5,000 美元的价格出售这些设备。如果不去修剪草坪，你可以做看门人，每周赚 300 美元。你有一个周利率为 0.2%（也就是 1 美元的周利息为 0.002 美元）的储蓄账户。你每周修剪草坪的成本是多少？

我们可以使用机会成本原理来计算修剪草坪生意的成本。你投资设备的 5,000 美元的机会成本就是你把 5,000 美元存入储蓄账户得到的每周 10 美元的利息，而修剪草坪付出的时间的机会成本就是你做看门人每周赚到的 300 美元，因此你做修剪草坪生意每周的机会成本是 310 美元。详见练习 1.7。

边际原理

经济学研究的都是关于选择的问题，但我们很少碰到"要么全有，要么全无"的选择。如果你坐下来读书，你不会一次就读完整本书，而是决定读多少页多少章。经济学家从边际角度考虑问题，思考某一变量一个单位的增加会如何影响另一个变量和人们的决定。当我们提及边际时，我们所说的是一个微小渐进的变化所产生的影响。

边际原理的基础是比较一项特定活动的边际收益和边际成本。一项活动的**边际收益**（Marginal benefit）是指小幅增加该活动产生的额外收益。例如，让书店多营业 1 小时的边际收益等于这 1 小时多销售图书增加的收益。同样，**边际成本**（marginal cost）是指小幅增加该活动产生的额外成本。例如，让书店多营业 1 小时的边际成本等于这 1 小时多支付的工人工资和设备成本。

应用边际原理思考书店经营问题，如果边际收益（增加的收益）大于等于边际成本（增加的成本），那么这家书店应该多营业 1 小时。例如，如果图书销售带来的边际收益等于 80 美元，而工人工资和设备使用引起的边际成本等于 30 美元，那么多营业 1 小时就能使书店利润增加 50 美元。

> **名词解释**
>
> **边际收益**：小幅增加某项活动产生的额外收入。
>
> **边际成本**：小幅增加某项活动产生的额外成本。

> **边际原理**
>
> 只要增加一项活动的边际收益大于边际成本，我们就应该不断增加该项活动，直到边际收益等于边际成本。

在边际上思考问题使我们可以调整优化自己的决策。我们可以使用边际原理来确定某变量的一个单位的增加是否会增加我们的福利。正如书店老板可以决定是否多营业 1 小时，你也可以决定是否多花 1 小时备考心理学中期考试。当我们到达边际收益等于边际成本的水平时，我们没有办法做得更好，优化调整也就结束了。

多少电影会拍续集

为了阐明边际原理，让我们来思考电影续拍的问题。一部电影获得成功，制片人自然会想要制作下一部电影，使用原班人马继续故事情节。如果第一部续集也获得了成功，制片人会思考再拍第二部、第三部，甚至更多续集。我们可以使用边际原理来研究应该制作多少部电影的决定。

图 2-3 展示了电影的边际收益和边际成本。从收益来看，电影续集比原电影产生的收益要少 30%，而且继续续拍，收益还会进一步下降。图 2-3 的数据表第二栏显示，第一部电影产生的收益为 3 亿美元，第二部为 2.1 亿美元，第三部只有 1.35 亿美元。这在图中表现为斜率为负的边际收益曲线，其边际收益从第一部电影（点 a）的 3 亿美元，下降到 2.1 亿美元（点 b），然后到 1.35 亿美元（点 c）。从成本来看，拍摄一部典型的美国电影需要的制作成本大约为 5,000 万美元，宣传成本大约为 7,500 万美元。[3] 数据表第三栏显示，第一部电影的成本为 1.25 亿美元，在图中表示为边际成本曲线上的点。随着电影续集数量的增加，边际成本不断上升，因为影星在制作续集时一般都会要求更高的工资。在图 2-3 中，边际成本到第二部电影（点 e）时增加到 1.5 亿美元，到第三部（点 f）时增加到 1.75 亿美元。

在本案例中，前两部电影是盈利的，但第三部却亏损了。对第一部电影而言，边际收益（点 a 为 3 亿美元）超过了边际成本（点 d 为 1.25 亿美元），产生了 1.75 亿美元的利润。第二部电影的成本更高而收益更低，但它仍然是盈利的，因为边际收益超过了边际成本（2.1 亿美元减去 1.5 亿美元），利润为 6,000 万美元。而到第三部电影，边际成本（1.75 亿美元）超过了边际收益（1.35 亿美元），亏损了 4,000 万美元。可见在本案例中，电影制片人应该只拍一部续集。

尽管这个案例显示只有两部电影可以盈利，但是在拍摄电影中，也可能存在其他情况。如果第三部电影的收益增加，其边际收益就会大于边际成本，那么拍第三部电影就是明智的。同样，如果第三部电影的边际成本减少，比如演员不要求那么高的片酬了，那么第三部电影也能盈利。许多电影都有多部续集，比如《哈利·波特与魔法石》和《星球大战》。相反，许多盈利的电影，比如《婚礼傲客》和《偷天情缘》，都没有续集。对于后面两部电影而言，拍摄续集预期的收益下降和成本上升过大都使得续集不可能盈利。

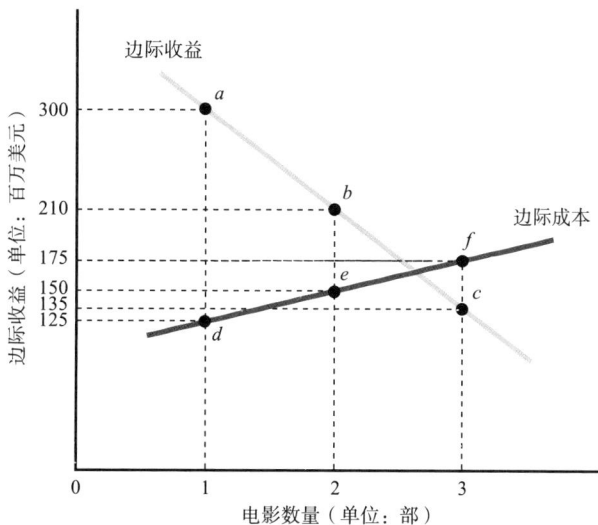

电影系列	边际收益（百万美元）	边际成本（百万美元）
1	300	125
2	210	150
3	135	170

▲图 2-3

边际原理和电影续拍问题

系列电影边际盈利递减，因为收益随续集数量增多而下降，同时成本随演员片酬上涨而不断上升。前两部电影的边际收益超过了边际成本，明智的做法是拍摄两部而不是三部电影。

租借学院设施

假设学生电影社团想要办一个全天的希区柯克电影活动，那就需要租借一间礼堂，并且社团最多愿意支付 200 美元。学院的新礼堂日租金为 450 美元，其中 300 美元用于支付建造礼堂的成本，50 美元用于购买保险，100 美元用于额外成本，包括支付电费和管理服务费。如果电影社团出价 150 美元租用这个礼堂，学院应该接受吗？学院可以使用边际原理来决定。

此时，学院要明确出租礼堂的边际成本。边际成本等于学院允许学生社团使用原本闲置的礼堂所产生的额外成本。本案例中，额外成本是用于支付电费和管理费的 100 美元。学院出租礼堂是明智的，因为边际收益（学生社团缴纳的 150 美元）超过了边际成本（100 美元）。事实上，只要出价高于 100 美元，学院都应该出租礼堂。社团愿意支付的最高价 200 美元和礼堂的边际成本 100 美元之间存在 100 美元的差额，而以 150 美元的租金达成协议，双方都能获得 50 美元的剩余价值。

然而，大多数学院都不会使用这样的逻辑。相反，他们会用复杂的公式来计算出租一座设施的感知成本。在大多数情况下，感知成本包括了一些即便不出租设施也要承担的成本。本案例中，设施管理者会将 300 美元的建筑成本和 50 美元的保险费纳入租金中，总成本会达到 450 美元，而不是 100 美元。许多学院都在租金中加入那些并不由使用设施本身产生的成本，他们往往会高估出租设施的实际成本，错过服务学生社团以及从中赚钱的机会。

汽车排放标准

我们也可以使用边际原理分析汽车的排放标准。美国政府规定了一辆新车每英里可以排放的一氧化碳数量，这里的边际问题是：标准是否应该更加严格，允许排放的一氧化碳数量是否应该减少？从收益来看，更严格的标准会减少由污染引起的医疗保健成本：如果空气更清洁，患有呼吸疾病的人去医院的次数就会减少，医疗成本随之降低，贻误的工作时间也会减少。从成本来看，更严格的排放标准要求在汽车上安装更昂贵的控制设备，这也许会降低燃油效能。使用边际原理进行分析，只要边际收益（医疗成本的降低和贻误工时的减少）超过边际成本（额外设备的成本和额外使用的燃油），那么政府就应该制定更加严格的排放标准。

行车速度和安全

下面我们来考虑在高速公路上应该以多快的速度行驶。行驶速度每小时提高 1 英里的边际收益是你节省的出行时间。从成本来看，提高行驶速度会增加你与其他车碰撞的概率，并加深由碰撞导致的危害程度。一个理性的人会选择特定的行驶速度，让加速的边际收益等于边际成本。

20 世纪六七十年代，联邦政府要求汽车制造商为汽车增加一系列安全特性，包括安全带和可折叠的转向柱。这些新的规定产生了两个令人困惑的效果。尽管汽车碰撞导致的死亡人数下降了，但是下降的幅度远低于预期。另外，骑自行车的人被汽车撞伤或撞死的人数增加了。

我们仍用边际原理来解释为什么安全带和其他安全特性使得骑自行车更危险了。强制的安全特性减少了加速的边际成本：因为那些系上安全带的人在碰撞事故中遭受的损伤减少了，所以新增加 1 单位速度的成本降低了。因为司机得到了更好的保护，所以他们感到更安全，也就更容易加速行驶。因此，汽车与自行车碰撞的事故便增加了。这意味着，司机安全环境的改善导致骑自行车的人的安全环境恶化了。

日常生活中的经济学

以多快的速度航行

对应的经济学问题：人们是如何考虑边际问题的？

下面我们来思考一下，一般远洋货船应该以多快的速度航行。随着航速加快，燃油消耗将会增加。例如，对一般 70,000 吨的货船来说，以 11 节的速度航行一天要消耗 16.5 吨燃油，相较而言，以 12 节的速度航行一天要消耗 21.4 吨燃油，速度提升至 13 节，耗油量为 27.2 吨，再提升至 14 节，耗油量为 33.9 吨。换句话说，提升速度的成本很高。从收益来看，速度的增加意味着该货船每年可以运送更多的货物。为了决定最佳速度，船长必须找到使边际成本（燃油成本增加）和边际收益（运送货物的收入增加）相等的速度。燃油价格的上升会增加速度的边际成本，货船就要放慢航速。详见练习 2.4。

资料来源：Based on Martin Stopard, *Maritime Economics*, 3rd edition（New York: Routledge, 2007）.

自愿交换原理

自愿交换原理基于的是人们根据自身利益来行动的观点。除非交易能增进福利，否则自利的人不会将一件东西与另一件东西交换。

> **自愿交换原理**
> 两人之间的自愿交换能够增进双方的福利。

以下是一些事例：

- 如果你为了一个大学文凭自愿付出金钱，你一定期望自己在接受大学教育后会变得更好。学院自愿提供大学教育来交换你的金钱，那么学院的境况也一定会得到改善。
- 当你从事一份工作，你自愿用时间交换金钱，同时你的雇主用金钱交换你的劳动服务，双方都会因为这样的交换而变得更好。

交换和市场

亚当·斯密强调，自愿交换作为人类的一个特性具有重要的意义。他提到：

> 存在于人性中的一种倾向……将一件东西运输、交易并用于交换另一件东西……对于所有的人来说这是一种常见行为，而且你绝不会在其他动物身上发现类似的行为……从来没有人见过一只狗公平且有目的地用一根骨头交换另一根骨头。[4]

市场是使人们可以交换物品和服务的一组制度或安排。如果参与市场是自愿的，且参与者是理智的，那么交易中的参与者——买方和卖方——的福利都会得到改善。当你见到市场交易时，听听买卖双方在金钱换手后会说什么。如果双方都说了"谢谢"，这次交易就是自愿交换原理的一个很好的例证：两声"谢谢"意味着双方福利都得到了改善。

与交换相对的概念是自给自足。每一个人都可以自己生产所需的所有东西，但是下一章我们会看到，理智的做法是专攻某项工作，做我们最擅长的事情，然后从其他人那里购买产品，反过来其他人也在做他们最擅长的事情。例如，如果你擅长数字却是一个糟糕的木匠，你可以专门从事会计工作，从一名木匠那里买家具，这名木匠专门制作家具，并雇用其他人帮他记账。总而言之，交换使我们能够利用人们天赋和技能上的差异。

网络游戏和市场交换

交换力量的另一个实例是，网络游戏的虚拟世界。像《魔兽世界》(*World of Warcraft*)和《无尽任务》(*Ever Quest*)之类的角色扮演类游戏，允许数以千计的玩家使用角色在充满生存挑战的地图上穿梭移动，相互沟通合作。每一个玩家都会创造一个角色——我们称之为化身——并为这个角色选择一些初始属性。玩家随后控制这个角色完成游戏中的挑战，在挑战中他会获得技能，积累财富，包括衣物、武器、盔甲以及魔法咒语。

这些角色扮演游戏的一个有趣之处在于，玩家可以使用真实世界中的交易网站来购买游戏中的物品，比如易贝和雅虎。[5]拜伦想要为他的角色购买一件盔甲（比如说，一条露比赛德腰带），他可以在易贝上以 50 美元的价格从塞尔玛那里购买。完成支付后，两个玩家进入游戏平台，塞尔玛的角色便将这件盔甲转交给拜伦的角色。玩家甚至可以购买其他玩家的角色，包括角色拥有的技能和装备。假定在游戏中获得某种物品，比如露比赛德腰带，所需的时间是一定的，在易贝上购买这些物品的价格也是一定的，那么一名普通网游玩家卖出装备的隐性工资就是每小时 3.42 美元：这是玩家先在游戏中获得装备，然后在易贝上出售所能获得的报酬。

日常生活中的经济学

贾斯佩·琼斯和房屋刷漆

对应的经济学问题：专业分工和交换的基本原理是什么？

贾斯佩·琼斯(Jasper Johns)是美国当代艺术家，他的画作《不成功的开端》(*False Start*)以 8,000 万美元的价格售出，创造了在世艺术家出售单价最高的纪录。据斯盖特艺术市场研究公司统计，按创作的艺术品的货币价值计算，琼斯先生是排名前三十的艺术家。琼斯先生曾作为客串明星在 1999 年的一集《辛普森一家》(*The Simpsons*)中出场，该集中霍默用一个损坏的烤架开启了当代艺术家的职业生涯。

琼斯先生是一位多产的艺术家，他的绘画技巧很可能被应用于房屋刷漆。如果琼斯先生在房屋方面的工作效率是一位专业漆工的 10 倍，他应该为自己的住宅喷漆吗？假设琼斯先生能够在一天内为房子刷完漆，而专业漆工则需要 10 天。他是应该用一天时间为房子刷漆，还是雇人花 10 天完成这项工作呢？

我们可以使用自愿交换原理来解释为什么琼斯先生应该雇用工作效率相对较低

的漆工来为房子刷漆。如果琼斯先生通过作画每天可以赚 5,000 美元，那么房屋刷漆的机会成本就是 5,000 美元，相当于他把本可用于作画的一天时间用来给房屋刷漆会损失 5,000 美元。如果漆工每天收费 150 美元，琼斯先生可以花 1,500 美元雇他来为房屋刷漆。通过将用于刷漆的一天时间作画，琼斯先生可以赚 5,000 美元而仅仅支付 1,500 美元的成本，他可以得到 3,500 美元的福利改善。琼斯先生应该专门做他最擅长的事情，然后从其他人那里购买商品和服务。详见练习 3.5。

边际报酬递减原理

琪娜有一家小型复印店，店里有一台机器和一名员工。复印店生意兴隆，订单越来越多，也就滞压堆积起来，琪娜决定再雇用一名员工，期望多雇一个人能让复印店的产出从每小时 500 页增加到 1,000 页。但是产出仅增加到 800 页，琪娜很惊讶。当然，如果她早知道边际报酬递减原理，就不会感到惊讶了。

> **边际报酬递减原理**
> 假设一种产品的生产需要两种或更多的投入要素，我们保持其他要素投入不变，只增加一种要素的投入，当这种要素的投入到达某个点（边际报酬递减点）之后，产品产量将会以递减的速度增加。

琪娜多雇用了一名员工（一种投入要素），同时保持复印机数量（另一种投入要素）不变。这样一来，两名员工必须共用一台复印机，每一名员工都得花一些时间等待机器空闲下来。因此，多雇用一个人会增加复印的页数，但不会使产量翻倍。拥有一名员工和一台复印机后，琪娜已经达到边际报酬递减点：当她增加员工的数量，产出会增加，但是增加的速度会不断降低。第一名员工可以增加 500 页产出（从 0 到 500 页），但是第二名员工只能增加 300 页产出（从 501 页到 800 页）。

生产设施（一座工厂、一家商店、一间办公室或一处农场）不变，当我们想要通过增加工人来提高产量时，也适用边际报酬递减原理。我们如果给设施多配备一名工人，所有工人的生产力都会降低，因为大家使用设施的程度降低了：更多的工人共用同样的机器、设备和工厂空间。当我们安排更多的工人进入工厂时，总产出增加了，但是增加的速度不断降低。

有必要强调一点，只有在生产过程中的一种投入要素保持不变时，强调边际报酬递减才具有重要意义。当一家公司可以改变全部的投入要素，包括改变生产设施的规模时，边际报酬递减原理便不适用了。如果一家公司将全部投入要素翻倍——建造一座新工厂并多雇用一倍的工人，公司总产出至少将翻倍。公司如果可以自由选择所有的投入要素，也不适用边际报酬递减原理。

日常生活中的经济学

化肥和农作物产量

对应的经济学问题：农民会经历边际报酬递减吗？

边际报酬递减规律适用于生产过程中的所有投入要素。在农业中，氮肥是玉米生产过程中的投入要素之一。假设一名农民拥有固定数量的土地，比如 1 英亩（1 英亩 = 0.004 平方千米），他必须决定使用多少化肥。第一袋重为 50 磅（1 磅 = 0.4536 千克）的化肥会大幅度地增加玉米产量，第二袋化肥只能以相对较小的幅度增加产量，第三袋化肥的增产效果就更微弱了。因为这个农民只改变了一种投入要素，产出虽然会增加，但增加速度会不断放缓。最终，过度的化肥使用会减少产量，因为过量的化肥会破坏土壤中的其他营养物质的作用机制。

表 2-1 显示了化肥数量与玉米产量之间的关系。一袋重为 50 磅的化肥可以使玉米产量从每英亩 85 蒲式耳（美制 1 蒲式耳 = 35.238 升）增加到 120 蒲式耳，增产 35 蒲式耳。第二袋化肥仅仅能使产量增加 15 蒲式耳（从 120 到 135），接下去的两袋化肥的增产效果分别为 9 蒲式耳（从 135 到 144）和 3 蒲式耳（从 144 到 147）。可见，只要生产过程中只改变一种投入要素，其他投入要素不变，农民也会经历边际报酬递减的现象。详见练习 4.5 和 4.6。

表 2-1　化肥和玉米产量

氮肥使用量（袋）	玉米产量（蒲式耳/英亩）
0	85
1	120
2	135
3	144
4	147

实际价值–名义价值原理

经济学的核心思想之一是人们感兴趣的不仅仅是他们拥有的金钱数量，还有他们拥有的金钱能买多少东西。

> **实际价值–名义价值原理**
> 对人们来说，真正重要的是金钱或收入的实际价值，即它的购买力，而不是它的表面价值。

为了进一步阐明这个原理，假设你为了赚点零花钱来买电影票和零食，于是去学院的书店工作。如果你的实得工资是每小时 10 美元，这份工资算高吗？答案取决于你购买的商品的价格。如果一场电影的价格是 4 美元，一份零食的价格是 1 美元，那么工作一小时你能看两场电影，买两份零食。这样看来，工资对你而言算高了。但是如果一场电影的价格是 8 美元，一份零食的价格是 2 美元，那么工作一小时只够支付一场电影和一份零食的价钱。此时，同样的 10 美元看上去就不算高工资了。这是实际价值–名义价值原理在起作用：真正重要的不是你赚多少钱，而是赚的钱能买多少东西。

经济学家通常使用一些特殊的术语来表示实际价值–名义价值背后的思想：

- 一笔钱的**名义价值**（nominal value）仅仅是它的账面价值。例如，书店支付的名义工资是每小时 10 美元。
- 一笔钱的**实际价值**（real value）是以它所能购买的产品数量来衡量的。例如，书店支付给你的工资的实际价值会随着电影和零食价格的上升而下降，尽管你的名义工资并没有变化。

实际价值–名义价值原理可以解释人们如何选择随时携带的现金数量。假设你一般每周从自动取款机取 40 美元用于日常开支。如果这周你购买的商品和服务的价格翻倍了，那么你就不得不每周取 80 美元用于购买同样的东西。人们随身携带的现金数量取决于他们购买的商品和服务的价格。

名词解释

名义价值：一笔钱的账面价值。
实际价值：根据所能购买的物品数量测算的一笔钱的价值。

公共项目的设计

政府官员在设计公共项目时会使用实际价值-名义价值原理。例如，社会保障金每年都会增加，以确保即使整体价格水平上升了，老年人和其他领取人拿到的钱也足够他们支付同样数量的商品和服务。政府在公布经济统计数据的时候也会使用这一原理。例如，政府在报告市场中实际工资的跨期变化时，会考虑劳动者购买的商品的价格。因此，实际工资不是根据其账面价值或名义价值表述的，而是根据其购买力表述的。

最低工资的价值

从 1974 年到 2011 年，美国的联邦每小时最低工资从 2 美元增加到了 7.25 美元。我们可以思考一下，2011 年与 1974 年相比，一名典型的最低工资工人的福利是改善了还是恶化了？

如表 2-2 第二行所示，一名拿最低工资的全职工人 1974 年和 2011 年的周薪分别为 80 美元和 290 美元。表 2-2 的第三行显示了标准的一揽子日用消费品（包括住房、食物、衣物和交通的一个标准组合）的成本。1974 年，日用消费品价格相对较低，购买一揽子商品的成本仅为 47 美元。从 1974 年到 2011 年，日用消费品价格不断上升，一揽子商品的价格成本增加到 225 美元。

表 2-2 的最后一行显示了最低工资的购买力。1974 年，每周 80 美元的收入可以购买 1.7 个一揽子商品。从 1974 年到 2011 年，每周的收入增加了 2 倍多，但是一揽子商品的价格增加了 4 倍多。因此在 2011 年，每周 290 美元的收入仅能购买 1.29 个一揽子商品。因为价格水平比名义工资增加得快，所以在此期间最低工资的实际价值下降了。

表 2-2 1974—2011 年最低工资的实际价值

	1974	2011
每小时最低工资（美元）	2.00	7.25
按最低工资计算的周收入（美元）	80	290
一揽子商品的成本（美元）	47	225
每周购买的一揽子商品数	1.7	1.29

日常生活中的经济学

偿还助学贷款

对应的经济学问题：通货膨胀会如何影响贷款人和借款人？

假设你借了 20,000 美元的助学贷款，并且刚从学校毕业，开始了一份年薪为 40,000 美元的工作。你必须在 10 年内偿还助学贷款。请问以下哪项情况你更希望出现：稳定的价格，上升的价格，还是下降的价格？

我们可以使用实际价值-名义价值原则来计算偿还助学贷款的实际成本。表 2-3 第一行是当市场中所有价格（包括劳动力价格和工资）保持稳定时偿还贷款的成本。本案例中，10 年内你的名义工资是每年 40,000 美元，偿还贷款的实际成本是 20,000 美元，相当于你工作半年的工资。但是，如果 10 年内所有价格翻倍，你的名义工资也会翻倍为 80,000 美元，此时如表 2-3 第二行所示，你只需工作一个季度就能偿还贷款。换句话说，价格水平的总体上升会降低你贷款的实际成本。相反，如果所有价格下降导致你的年薪降至 20,000 美元，你要工作一整年才能偿还贷款。总而言之，负债的人更希望出现通货膨胀（价格水平的整体上升）而不是通货紧缩（价格水平的整体下降）。详见练习 5.6 和 5.9。

表 2-3 通货膨胀和通货紧缩对偿还贷款的影响		
价格和工资水平的变化	年薪（美元）	偿还 20,000 美元贷款所需工作的年数
价格稳定	40,000	1/2
通货膨胀（工资翻倍）	80,000	1/4
通货紧缩（工资减半）	20,000	1

总　结

本章内容包含了经济学的五个关键原理，这些原理是大多数人都乐于接受的简单且显而易见的事实或真理。如果你理解了这些原理，就可以开始阅读本书剩下的内容，接下来你将学习如何独立进行经济分析。

1. 机会成本原理：某事物的机会成本是指你为了获取该事物而放弃的东西。

2. 边际原理：只要增加一项活动带来的边际收益大于边际成本，我们就应该不断增加该项活动，直到边际收益等于边际成本为止。

3. 自愿交换原理：两人之间的一次自愿交换会同时改善双方的福利。

4. 边际报酬递减原理：假设一种产品的生产需要两种或更多的投入要素，我们增加一种要素投入的同时保持其他要素投入不变，到达某些点（边际报酬递减点）之后，产品产量增速将不断降低。

5. 实际价值-名义价值原理：对人们真正重要的是金钱或收入的实际价值，即它的购买力，而不是它的表面价值。

练　习

1. 机会成本原理

1.1 回到图 2-1。从点 c 到点 d，增产 _____ 吨小麦的机会成本是 _____ 吨钢铁。

1.2 高中毕业生的薪酬上涨，会降低还是增加上大学的机会成本？

1.3 市场利率的提升，会使保存一件价值 500 美元的收藏品的经济成本上升还是下降？

1.4 你刚刚继承了一幢市值 300,000 美元的房子，而且其市场价值不会改变。每一年，你支付设施使用费和交税的开支分别为 1,000 美元和 3,000 美元。假设同期银行利率为 6%，那么你在这幢房子居住一年的成本是 _____ 美元。

1.5 马来西亚购买两艘军舰的成本是多少？

1.6 环境保护者保护热带雨林的新策略是什么？执行这一策略，他们每年每英亩只要支付 _____ 美元。

1.7 鲜花生意的成本。珍辞掉了年薪 40,000 美元的工作，在她自己的小屋里开了一间花店。这间小屋价值 200,000 美元。她每年要为鲜花和其他供应物支付 30,000 美元，她的银行账户的年利率是 8%。请计算，珍做生意每年的经济成本是 _____ 美元。（参考第 38 页"日常生活中的经济学"）

1.8 火星探索任务的机会成本。美国计划为火星探索任务投资数十亿美元。请列出这次任务可能存在的机会成本。哪些资源会被用于执行这次任务，使用这些资源我们要放弃什么？

1.9 利率和使用自动取款机的频率。卡洛斯居住在一个利率很高的国家，他每天都去自动取款机取 10 美元用于日常开支。雅特居住在一个利率相对较低的国家，他每个月都去自动取款机取 300 美元用于日常开支。为什么卡洛斯会更频繁地使用自动取款机？

1.10 纠正以下有关成本的表述。请认真阅读以下有关成本的表述。对于错误的陈述，请提出修改的意见或正确的陈述。

　　a. 一年以前，我借给朋友 100 美元，然后她刚刚把钱还给我了。这个过程中，我没有付出任何成本。

　　b. 一家炼油厂一个月前以每桶 75 美元的价格购买了 100 万桶石油，现在每桶石油的价格涨到了 120 美元。使用一桶石油生产汽油的成本是 75 美元。

　　c. 大学的新足球场建造在一个富有的校友捐给学校的土地上。这座足球场的成本就是建造成本 5,000 万美元。

　　d. 如果一位上班族乘公交车上班，车费是 2 美元，那么乘公交出行的成本就是 2 美元。

1.11 生产可能性曲线。让我们来考虑一个生产棒球手套和足球的国家的案例。下表显示了两种产品的可行组合。

棒球手套（百万只）	0	2	4	6	8
足球（百万个）	30	24	18	10	0

　　a. 作一条生产可能性曲线，用横轴表示棒球手套数量，用纵轴表示足球数量。

　　b. 假设生产棒球手套的科技进步了，生产每只手套所需的资源减少了。相比而言，生产足球的技术没有变化。作一条新的生产可能性曲线。

　　c. 生产最开始的 200 万只手套的机会成本是 ＿＿＿ 万个足球，而生产最后 200 万只手套的机会成本是 ＿＿＿ 万个足球。

1.12 古董家具的成本。柯琳十年前花 5,000 美元买了一套古董家具。计算柯琳继续收藏这套家具一年的成本。为了计算出结果，你需要两点信息：＿＿＿ 和 ＿＿＿。

2. 边际原理

2.1 一家出租车公司旗下现拥有 9 辆计程车，每日的运营成本为 4,000 美元。如果该公司再添加一辆车，运营成本将上升至 4,200 美元，也就是每辆车 420 美元。而增加的第十辆车将使每天的收入增加 300 美元。请问，该公司应该增加第十辆车吗？

2.2 在图 2-3 中，假设电影的边际成本保持在 1.25 亿美元不变。生产第三部电影是明智的行为吗？

2.3 假设更严格的碳排放标准可以使健康医疗成本降低 5,000 万美元，但会使燃油和碳排放设备的成本上升 3,000 万美元。制定更严格的碳排放标准是明智的行为吗？

2.4 应该以多快的速度驾驶一艘货船取决于 ＿＿＿ 收入和 ＿＿＿ 成本。（参考第 43 页"日常生活中的经济学"）

2.5 以多快的速度驾驶汽车？假设杜克正驾车前往附近的一座城镇参加一场舞会，他必须决定以多快的速度驾车。汽车行驶速度的边际收益是他在舞会上享受的时间，边际成本是发生碰撞事故的风险。边际收益曲线斜率为负，而边际成本曲线斜率为正。

a. 作两条曲线使杜克最终的驾车速度为每小时 40 英里。

b. 假设舞会上普通的乡村乐队换成了杜克最喜欢的两支朋克乐队——亚当·斯密和看不见的手，杜克跳碰碰舞的效用是跳两步舞的 2 倍。用你画的曲线表示杜克的驾车速度将如何变化。

c. 假设杜克最喜欢的舞伴黛西，因为化妆太浓被父母禁止出门。使用你的曲线表示杜克选择的驾车速度将如何变化。

d. 假设法定限速是每小时 35 英里，而且杜克超速被发现的概率是 50%。使用你的曲线表示杜克选择的驾车速度将如何变化。

2.6 使用边际原理帮助美国大陆航空公司做分析。20 世纪 60 年代，美国大陆航空运营的航班有多达一半的空位，这使业内观察员感到惊讶，也令公司股东失望。运营一趟航班的平均成本是 4,000 美元，这个数字包括了机场建设管理费和座位预定系统运营费等固定成本。一趟空座率达到 50% 的航班只能产生 3,100 美元的收入。

a. 使用边际原理解释为什么美国大陆航空公司会运营有一半座位都空置的航班？

b. 运营一半座位都空置的航班是明智的行为，当航班的边际 ＿＿＿ 比 ＿＿＿ 美元 ＿＿＿。

2.7 边际航班公司每天以 50,000 美元的成本运营 10 架航班，包括用于机场建设管理费和座位预定系统运营费的 30,000 美元固定成本，以及用于机组成员和食物服务的 20,000 美元的变动成本。

a. 如果增加一趟航班，该航班有 25 名乘客，每位乘客支付 100 美元，经营这趟航班明智吗？

b. 如果增加的这趟航班只有 15 名乘客，经营这趟航班明智吗？

2.8 需要多少警察？假设在你居住的城市里，每一名警察的年预算成本为 4 万美元。每起入室盗窃造成的财产损失是 4,000 美元。雇用第一名警察可以减少 40 起入室盗窃犯罪，每新增一名警察可以减少的入室盗窃数量是前一名的一半。这座城市应该雇用多少名警察？使用包含一条边际收益曲线和一条边际成本曲线在内的图来说明。

2.9 在理发店工作多长时间？你去自己的理发店为客户剪发的机会成本是每小时 20 美元。电费是每小时 6 美元，你每周的租金是 250 美元。平常你每天营业 9 小时。

a. 多营业 1 小时的边际成本是多少？

b. 如果你预计多营业的 1 小时可以为两名客户剪发，每次剪发收取 15 美元，那么多营业 1 小时划算吗？

2.10 采摘多少品脱（1 品脱 = 0.5506 升）的黑莓？你从采摘新鲜黑莓得到的愉悦感相当于每品脱 2 美元。开始时，采摘 1 品脱黑莓需要你耗费 12 分钟，接下来每多采摘 1 品脱黑莓需要你多花 2 分钟。（采摘 2 品脱黑莓需要 14 分钟，采摘 3 品脱需要 16 分钟，依此类推。）你的时间的机会成本是每分钟 0.10 美元。

a. 你应该采摘多少品脱的黑莓？作一张完整的图来说明。

b. 如果每多采摘 1 品脱黑莓，你从中获得的愉悦感就降低 0.20 美元（第二个 1 品脱是 1.8 美元，第三个 1 品脱是 1.6 美元，依此类推），那么你的答案会如何改变。作一张完整的图来说明。

3. 自愿交换原理

3.1 判断正误：当两个人参与了一次交易后，都对对方说了"谢谢"，他们仅仅是礼貌而已。

3.2 考虑消费者花 15 美元购买一本书。在这次交易中，书对于消费者的价值至少是 ＿＿＿ 美元，而生产这本书的价值不会超过 ＿＿＿ 美元。

3.3 增加还是减少：安迪每天都要买一个苹果吃，而且吃苹果的时候他喜欢吧唧嘴。对于交易越是满意，吧唧嘴的次数就越多。如果苹果的价格下降，吧唧嘴的次数会 ＿＿＿。

3.4 莎莉每天卖一个苹果给安迪，而且会说"接着"来表示她对于交易的满意。对于交易越是满意，她说"接着"的时候声音就越大。如果苹果的价格下降，她说"接着"的声音会 ＿＿＿（更响 / 更轻）。

3.5 一名心脏外科医生应该自己修水管吗？一名心脏外科医生可以熟练地

拔掉动脉血管，改变血液的流动，这些技能使她也能当一个熟练的水管工。她能在 6 分钟内清理一条阻塞的排水管，速度是城里最熟练的水管工的 10 倍。（参考第 45 页"日常生活中的经济学"）

a. 这名外科医生应该亲手清理自家阻塞的排水管吗？请解释。

b. 假设这名外科医生做心脏手术的收入是每分钟 20 美元，而城里最好的水管工每小时收费是 50 美元。这名外科医生通过雇用这名水管工来清理阻塞的排水管可以增加多少福利？

3.6 捕鱼还是造船？在一个以捕鱼为生的部落中，一半的部落民每天能抓 2 条鱼，另一半的部落民每天能抓 8 条鱼。一个 10 人组成的小组可以花一天时间为另一个部落造一艘船，换取 40 条鱼。

a. 假设造船者随机从部落中选人。从部落的角度出发，造一艘船的期望成本是多少？

b. 部落如何能降低造船的成本，从而使造船的收益更多。

3.7 解决砍树纠纷。考虑一个山上的居民区，山上的大树为居民提供了树荫，但也阻挡了风景。当一名居民宣布砍倒几棵树来改善她的风景时，她的邻居表示反对，并提出了阻挡砍树的计划。一周之后，这些树都被砍掉了，但是每个人都满意。使用自愿交换原理来解释发生了什么。

4. 边际报酬递减原理

4.1 考虑琪娜复印店的例子。多雇用一名员工可以增加 300 页的产量。如果增加 2 名员工，她增加的产出会少于 ＿＿＿＿ 页。

4.2 如果一家公司受边际报酬递减规律的影响，那么增加工人数量会使产量减少。＿＿＿＿（正确 / 错误）

4.3 在空白处填写"至少"或"不足以"：如果一家公司的某一项投入要素增加了一倍，但保持其他投入要素不变，正常情况下我们预计产出 ＿＿＿＿ 翻倍；如果一家公司加倍了所有的投入要素，我们预计产出 ＿＿＿＿ 翻倍。

4.4 在空白处填写"能自由"或"不能自由"：当一家公司 ＿＿＿＿ 选择投入要素时，边际报酬递减原理是适用的；但当一家公司 ＿＿＿＿ 选择投入要素时，该原理不适用。

4.5 增加还是降低：随着一名农民向土壤中使用越来越多的化肥，庄稼产量 ＿＿＿＿，但是以一个 ＿＿＿＿ 的速度。（参考第 47 页"日常生活中的经济学"）

4.6 靠一个花盆养活全世界？请对以下叙述做出评论：如果农业不必经历边际报酬递减规律，那么我们只需用一个小花盆的土壤就可以养活全世界了。（参考第47页"日常生活中的经济学"）

4.7 什么时候使用边际报酬递减原理？你是一家生产手机内存芯片的公司的经理。

a. 当你决定本周生产多少产出时，你会使用边际报酬递减原理吗？请解释。

b. 当你决定两年之后生产多少产出时，你会使用边际报酬递减原理吗？请解释。

4.8 微酿工艺中的边际报酬递减原理。你的微酿厂用一口缸，各种各样的材料和多名工人，生产精酿啤酒。

a. 如果你使工人和材料的数量加倍，但是不加一口缸，你认为产出（加仑/小时）会加倍吗？请解释。

b. 如果你使工人和材料的数量加倍，还增加一口缸，你认为产出（加仑/小时）会加倍吗？请解释。

4.9 边际报酬递减原理和边际原理。莫莉的浓咖啡店变得繁忙起来，泰德工作的时间越多，莫莉能售出的咖啡就越多。一杯浓咖啡的价格是2美元，而泰德的工资是每小时11美元。试填写下表：

泰德工作的小时数	卖出的咖啡杯数	增加1小时工作的边际收益（美元）	增加1小时工作的边际成本（美元）
0	100	—	—
1	130	60 = 2美元 × 30 杯多售出的浓咖啡	11
2	154		
3	172		
4	184		
5	190		
6	193		

如果莫莉使用边际原理分析，泰德应该工作多少小时？

5. 实际价值-名义价值原理

5.1 你的储蓄账户每年付息4%：存在银行里的100美元一年后就会增加为104美元。如果价格水平每年上涨3%，将100美元存放在银行里一年，你实际获得 _____ 美元。

5.2 你在金融市场账户中的资金每年会增长5%。如果日用消费品价格水平每年增长7%，那么你放在金融市场账户中的1,000美元能够给你带来的实际收益是每年 _____。

5.3 假设在一年的时间里，名义工资增

长了 2%，而日用消费品价格水平上升了 5%。填写以下空白处：实际工资 ＿＿＿ 百分之 ＿＿＿。

5.4　假设你现在生活和工作在克利夫兰市，年薪为 60,000 美元，而居住支出为 10,000 美元。你刚刚听说你会被调动至加利福尼亚州的一座城市，那里的住房成本要高 50%。在商量新工资时，你的目标是保持实际收入不变。你的目标工资是 ＿＿＿ 美元。

5.5　从 1974 到 2011 年，联邦最低工资从 2.00 美元上升到 7.25 美元。一名典型的最低工资工人的福利有改善吗？ ＿＿＿（有 / 没有）（参考表 2-2）

5.6　假设你背负 20,000 美元的助学贷款，毕业后要在 10 年内还清贷款。以下哪种情况对你更有利，通货膨胀（价格水平上升）或通货紧缩（价格水平下降）？ ＿＿＿（参考第 50 页 "日常生活中的经济学"）

5.7　福利金的变化。从 1970 年至 1988 年，发放给单身母亲的月均福利金从 160 美元涨到了 360 美元。同一时期，一揽子日用消费品（食物、住房和其他商品及服务的一个标准组合）的成本从 39 美元上涨至 118 美元。填写下表空白处。这一时期福利金的实际价值是上升了还是下降了？

	1970	1988
每月福利金（美元）	160	360
标准的一揽子商品的成本（美元）	39	118
每周购买的一揽子数		

5.8　工资和日用消费品价格水平的变化。下表显示了 1980 年和 2004 年两年的一揽子日用消费品（食物、住房和其他商品及服务的一个标准组合）的成本，和多个经济部门的工人平均名义工资（每小时收入）。

年份	一揽子日用消费品的成本	名义工资：制造业	名义工资：专业服务业	名义工资：休闲和酒店业	名义工资：信息业
1980	82	7.52	7.48	4.05	9.83
2004	189	16.34	17.69	9.01	21.70
变化百分比					

a. 计算一揽子日用消费品成本和名义工资的百分比变化，并填写上表。

b. 名义工资的百分比变化与一揽子日用消费品成本的百分比变化，相比较的结果如何？

c. 哪些部门的实际工资上涨了，哪些部门的实际工资下跌了？

5.9　偿还车贷。假设你贷款买车，五年内应偿还本息共计 20,000 美元。当前你每月的收入是 4,000 美元。（参考第 50 页 "日常生活中的经济学"）

a. 填写下表。

b. 以下哪种情况下偿还贷款的实际

成本最低？

价格水平和工资的变化	月薪 （美元）	偿还贷款所需 工作的月数
稳定	4,000	
通货膨胀：价格水平上 涨 25%		
通货紧缩：价格水平降 低 50%		

5.10 通货膨胀和利率。伦恩以每首 1 美元的价格购买 MP3 格式的音乐，而且他更喜欢现在而不是以后拥有音乐。除非一年后他可以获得 11 首歌曲，否则他不会放弃今天就可以获得的 10 首歌曲。当伦恩借给芭芭 50 美元，为期 1 年，他就要少购买 50 首歌曲。

a. 为了使伦恩的福利不因借款而改变，芭芭应该偿还他 _____ 首歌曲或者 _____ 美元。隐含的利率是百分之 _____。

b. 假设在钱借出的这一年里，所有的价格（包括 MP3 歌曲的价格）增加了 20%，而且伦恩和芭芭预期到了这一价格变化。为了使伦恩的福利不因借款而改变，芭芭应该偿还他 _____ 歌曲或者 _____ 美元。隐含的利率是百分之 _____。

经济学实验

不要忘记时间和投入资金的成本

下面我们花 15 分钟来做一个简单的经济学实验。老师在一张桌子上放一个订书机和一摞纸。学生折叠一张纸三次后在这张纸的两端订上订书针，就算完成了一个叫"折叠机"的产品。老师需安排一名学生检查做好的每个"折叠机"，保证产品是按照正确的方法制造的。这个实验的第一轮有一名学生或者工人，他有 1 分钟的时间来做尽可能多的"折叠机"。老师记录完第一轮生产的折叠机数量后，开始第二轮，这一轮有两名学生，他们要重复上述过程，如此循环往复，每轮的学生都比上一轮增加一人。请问，随着工人数量的增加，生产的"折叠机"的数量如何变化？

注　释

1. "Rent a Tree," *The Economist*, March, 2008.

2. United Nations Development Program, *Human Development Report 1994* (New York: Oxford University Press, 1994); Linda Bilmes and Joseph Stiglitz, "The Economic Costs of the Iraq War: An appraisal Three Years after the Beginning of the Conflict," *Faculty Research Working Papers*, Harvard University, January 2006; Center for American Progress, "The Opportunity Cost of the Iraq War," August 25, 2004; Scott Wallsten and Katrina Kosec, "The Economic Costs of the War in Iraq," AEI-Brookings Joint Center for Regulatory Studies, September 2005; Joseph Stiglitz and Linda Bilmes, *The Three Trillion Dollar War* (New York: WW Norton, 2008).

3. Colin Kennedy, "Lord of the Screens, " in *Economist: The World in 2003* (London, 2003), 29.

4. Adam Smith, *An Inquiry into the Nature and Causes of the Wealth of Nations* (1776), Book 1, Chapter 2.

5. Edward Castronova, *Synthetic Worlds: The Business and Culture of Online Games* (Chicago: University of Chicago Press, 2005).

近几年，数以千计的工人前往北达科他州的石油行业工作，那里的石油公司正在使用水力压裂技术，从成形于 3.6 亿年前的页岩床巴肯地质层开采石油。

2009 年至 2012 年，北达科他州的采矿业就业增加了 10,000 个工作机会，同期全州就业增加了超过 40,000 个工作机会。鉴于短期内增加住房存量的途径有限，住房需求的上升使得住房价格剧烈上涨。在威利斯顿镇，一间两居室公寓的租金从每月 350 美元上升到了 2,000 美元。

房地产业正使用多种方式把握房价上升的机会。在威利斯顿镇，签发给住宅和公寓综合体的建筑许可证达到了创纪录的水平，同时还有 5 座旅馆在建造中。该地还出现一种创新的建筑，被称作"男人营地"，该建筑是一种宿舍式居住区，可以满足 1,000 名男性的食宿要求。每日 100 美元的租金包括了每日三餐，很多情况下这笔租金由雇主支付。

学习目标

描述并解释需求定律。

描述并解释供给定律。

解释价格在实现市场均衡过程中的作用。

描述需求变化对均衡价格的影响。

描述供给变化对均衡价格的影响。

本章我们会使用需求供给模型这一最重要的经济分析工具，来研究市场运行的原理。我们将会看到商品和服务的价格是如何受市场中的各种变化影响的，这些变化包括糟糕的天气、更高的收入、技术创新、负面的宣传以及消费者偏好的改变。本章主要为后面的学习做好准备，因为全书很多地方都将用到需求和供给定律。

需求供给模型揭示了一个完全竞争市场是如何运行的。在一个完全竞争市场里，同一个产品有众多买家和卖家，所以任何单一的个体都无法影响市场价格。**完全竞争市场**（perfectly competitive market）的一个经典例子是一位种

> **名词解释**
>
> **完全竞争市场**：只有一种同质产品，拥有大量买方和卖方，且没有进入壁垒的市场。

植小麦的农民，他生产的小麦只占小麦总供给量的很小一部分。无论单个农民生产多少小麦，他都不可能改变小麦的市场价格。

需求曲线

在市场的需求方，消费者从公司购买产品。关于市场需求方的一个主要问题是：在特定时期内，消费者愿意购买多少数量的某种产品？我们要注意，将需求限定在特定时期内，比如一天、一个月或一年。

我们从单个的消费者出发讨论需求。对一名愿意购买特定产品的消费者来说，他愿意支付足够数量的金钱来购买一定数量的该产品。这名消费者不仅仅是想要买这件商品，而且他也愿意且有能力为获得这件商品交换出一些东西。单个人愿意购买多少数量的某种产品？这个问题取决于众多的变量。以下列出了影响单个消费者购买决定的主要变量，以比萨市场为例。

- 商品的价格（例如一块比萨的价格）。
- 消费者的收入。
- 替代商品的价格（例如墨西哥卷饼、三明治或其他可以用于替代比萨的产品）。
- 互补商品的价格（例如柠檬水或其他与比萨同时被购买的商品）。
- 该名消费者的偏好或口味，以及会影响偏好的广告宣传。
- 消费者对于未来价格的预期。

　　这些变量一起决定了单个消费者愿意且能购买的一种特定产品的数量——**需求量**（quantity demand）。我们将从价格和需求量的关系开始讨论需求，我们会用需求曲线表示这种关系。在本章中，我们将讨论影响消费者决定购买多少数量的某种特定产品的其他变量。

个人需求曲线和需求定律

　　我们从需求表出发讨论个人需求，**需求表**（demand schedule）表示的是某种商品的价格和消费者愿意购买的数量之间的相互关系。需求表显示了在保持其他条件不变的情况下，个人的需求量是如何随价格变化的。需求表中保持不变的变量是消费者的收入、替代商品和互补商品的价格、消费者的喜好以及消费者对未来价格水平的预期。

　　图3-1中的表格是阿尔对比萨的需求表。当每块比萨的价格为2美元时，阿尔每月购买13块比萨。随着价格上升，阿尔会减少购买比萨的数量：4美元时购买10块比萨，6美元时购买7块比萨，依此类推，直到10美元时只购买1块比萨。记住，在需求表中，需求量的任何变化都只是由价格变化引起的。

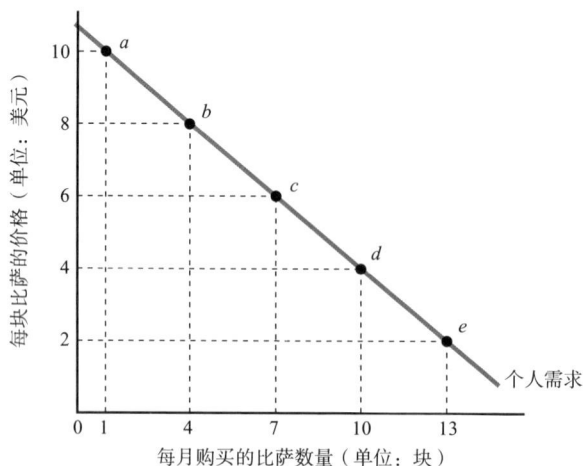

阿尔对比萨的需求表		
点	价格（美元）	每月购买的比萨数量（块）
a	10	1
b	8	4
c	6	7
d	4	10
e	2	13

▲图 3-1

个人需求曲线

根据需求定律，保持其他条件不变时，价格越高，需求量越少。因此，需求曲线斜率为负：当价格从 6 美元上升至 8 美元，需求量从每月 7 块比萨（点 *c*）减少至每月 4 块比萨（点 *b*）。

　　个人需求曲线（individual demand curve）是对需求表的图形表示。通过在图中标示阿尔的需求表，即价格和数量的各种组合，我们可以做出他对比萨的需求曲线。这条需求曲线显示，在保持其他条件不变的情况下，价格和个人消费者需求量之间的相互关系。我们仅改变比萨的价格，然后观察消费者对价格变化的反应，就可以得到一条需求曲线所需的数据。在图 3-1 中，阿尔的需求曲线显示了在每个价格下他愿意购买的比萨数量。

　　注意，阿尔的需求曲线的斜率为负，这反映了**需求定律**（law of demand）。该定律适用于所有消费者：

　　　　保持其他条件不变的情况下，价格和需求量之间存在逆相关关系。

　　"保持其他条件不变"这句话是在提醒我们，要准确辨析价格和需求量之间的关系，我们必须假定收入、相关商品（如替代商品和互补商品）的价格、消费者的偏好等保持不变。当比萨的价格上涨而其他条件不变时，阿尔会沿着他的需求曲线移动，减少购买比萨的数量。例如，如果价格从 8 美元上涨至 10 美元，那么阿尔会沿着他的需求曲线从点 *b* 向上移动至点 *a*，从每月购买 4 块比萨变成每月只购买 1 块比萨。一条单一的需求曲

名词解释

　　个人需求曲线：在保持其他条件不变的情况下，表示价格和个人消费者需求量之间的相互关系的一条曲线。

　　需求定律：保持其他条件不变的情况下，价格和需求量之间存在逆相关关系。

线上的点的移动被称作**需求量变化**（change in quantity demand），也就是当价格变化时，消费者愿意购买的商品数量的变化。

从个人需求到市场需求

　　市场需求曲线（market demand curve）显示了保持其他条件不变时，商品的价格和所有消费者的需求量之间的关系。和个人需求曲线一样，作市场需求曲线时，我们假定影响个人需求的其他变量（收入、替代商品和互补商品的价格、偏好和价格预期）保持不变。另外，我们假定消费者的数量是固定的。

　　图 3-2 显示了当市场中只有两名消费者时，我们如何推导出市场需求曲线。（A）图显示了阿尔对比萨的需求曲线，（B）图显示了碧儿的需求曲线。比萨价格为 8 美元时，阿尔会购买 4 块（点 a），碧儿会购买 2 块（点 b），所以该价格下总需求量是 6 块。（C）图中，我们可以看到，价格为 8 美元时，总需求量位于市场需求曲线上的点 c。该价格下市场需求量是 6 块比萨。如果价格下降至 4 美元，阿尔会购买 10 块（点 d），碧儿购买 6 块（点 e），总计 16 块（即市场需求曲线上的点 f）。市场需求曲线是个人需求曲线的水平加总。

　　市场需求曲线的斜率为负，反映了需求定律。这是合理的现象，因为每名消费者都要遵守需求定律，所有的消费者作为整体自然也要遵守该定律。当价格从 4 美元上升至 8 美元，需求量会发生什么变化，我们沿着需求曲线从点 f 移动至点 c。只有当比萨价格是唯一发生变化的变量时，移动才会发生。

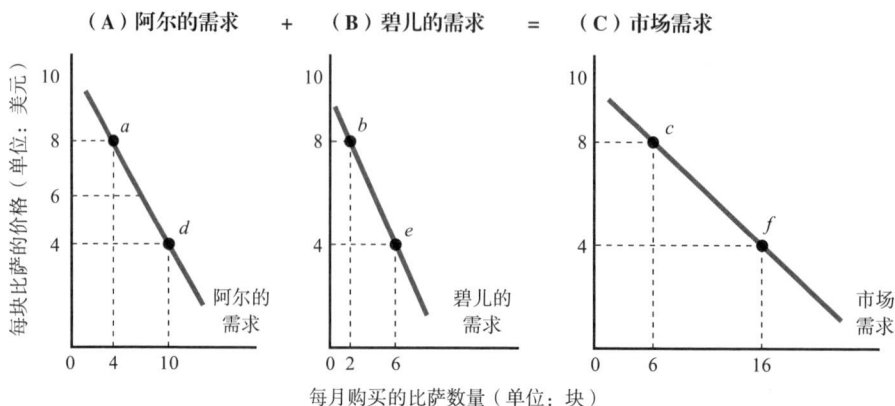

（A）阿尔的需求　　+　　（B）碧儿的需求　　=　　（C）市场需求

比萨的需求量			
价格（美元）	阿尔 +	碧儿 =	市场需求
8	4	2	6
6	7	4	11
4	10	6	16
2	13	8	21

▲图 3-2

从个人需求到市场需求

市场需求等于市场中所有消费者的需求的总和。本案例中，只有两位消费者，所以在每个价格上，市场需求量等于阿尔的需求量和碧儿的需求量的和。价格为 8 美元时，阿尔的需求量是 4 块比萨（点 a），而碧儿的需求量是 2 块比萨（点 b），所以市场需求量是 6 块比萨（点 c）。每一位消费者都要遵循需求定律，所以市场需求曲线斜率为负。

日常生活中的经济学

需求定律和香烟市场

对应的经济学问题：什么是需求定律？

当价格下降，我们沿着香烟的需求曲线向下移动，香烟需求量受两个效应的影响而上升。首先，吸烟者因为价格降低而增加吸烟量；其次，一些不吸烟的人也开始吸烟。

加拿大的一次烟税调整证明了第二个效应，即新吸烟者效应。1994 年，加拿大东部的几个省份减少了香烟税，以应对从美国走私香烟的问题（美国的烟税更低），这些省份的香烟价格下降了大约 50%。研究者跟踪了滑铁卢香烟保护项目中 591 名年轻人的选择，结论表明香烟价格降低使得吸烟率增加了大约 17%。详见练习 1.6 和 1.8。

资料来源：Based on Anindya Sen and Tony Wirjanto, "Estimating the impacts of cigarete taxes taxes on youth smoking participation, initiation, and persistence: empirical evidence from Canada," *Health Economics* 19（2010），pp. 1264-1280.

供给曲线

在市场的供给方，公司将自己的产品出售给消费者。假设你向一家公司的经理提出如下问题："您想要生产和销售多少产品？"答案很可能是："要视情况而定。"这名经理要决定生产多少产品取决于众多变量，我们以比萨市场为例，列举如下：

- 产品的价格（例如每张比萨的价格）。
- 支付给工人的工资。
- 原材料价格（例如生面团和奶酪的价格）。
- 生产技术水平（例如制作比萨所使用的知识）。
- 生产者对未来价格的期望。
- 向政府上缴的税收或补贴（政府用于鼓励生产某种产品的拨款）。

> **名词解释**
>
> **供给量**：公司愿意并能够销售的产品数量。
>
> **供给表**：保持其他条件不变时，显示一个产品的价格与供给量之间关系的表格。

这些变量共同决定了公司想要生产和销售的产品数量——**供给量**（quantity supplied）。接下来我们从产品的价格与供给量的关系出发（这种关系通常由供给曲线来表示），开始对市场供给的论述。在本章后面，我们会讨论是哪些变量影响了单个公司决定生产和销售多少产品。

个体供给曲线和供给定律

下面我们来考虑单个生产者的决定。讨论个体供给的起点是**供给表**（supply schedule），这张图表显示了特定产品价格与单个生产者愿意销售的产品数量之间的关系。供给表显示了在保持其他条件不变的情况下，单个生产者的供给量是如何随价格变化而变化的。在供给表中，保持不变的变量包括投入成本、科技水平、价格预期以及政府税收或补贴。

图 3-3 给出了罗拉比萨店的比萨供给表。当价格为 2 美元时，罗拉不会制作比萨，这表明她制作一块比萨的成本高于 2 美元。相反，当价格为 4 美元时，她会供应 100 块比萨。在本案例中，价格每增加 2 美元，比萨供给量便随之增加 100 块，价格由 4 美元增加为 6 美元时，供给量由 100 块增加到 200 块；价格达到 8 美元时，供给量便增加到 300 块，以此类推。记住，在供给表中，供给量因且只因价格的变化而变化。

个体供给

每块比萨的价格（单位：美元）

每月比萨的销售量（单位：块）

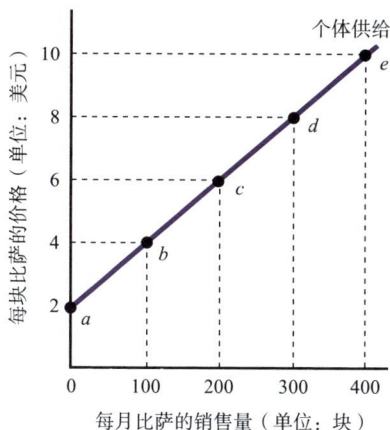

比萨的供给表		
点	价格（美元）	每月比萨的供给量（块）
a	2	0
b	4	100
c	6	200
d	8	300
e	10	400

▲ 图 3-3

个体供给曲线

单个生产者的供给曲线斜率为正，这符合需求定律的描述。如点 a 所示，供给量在 2 美元的价格下为 0，表明最低供应价格要高于 2 美元。价格每增加 2 美元会使供应量增加 100 块，故 4 美元价格下供应量为 100，6 美元价格下供应量为 200，以此类推。

个体供给曲线（individual supply curve）是供给表的图形表示。将罗拉比萨店供给表中的数字——即价格和数量的各种组合绘制在坐标系中，我们可以做出罗拉的比萨供给曲线。个体供给曲线显示了保持其他条件不变时，一个公司的某个产品的价格与供给量之间的关系。为了获得有效的数据做出供给曲线，我们只改变比萨的价格，然后观察生产者如何对价格变化做出反应。

图 3-3 是罗拉的比萨供给曲线，展示了在每一个价格水平下她愿意销售的比萨数量。个体供给曲线斜率为正，这符合供给定律的描述。**供给定律**（law of supply）是我们在生产者身

> **名词解释**
>
> **个体供给曲线**：保持其他条件不变时，显示一个产品的价格与单个公司的供给量之间关系的曲线。
>
> **供给定律**：保持其他条件不变时，供给量与价格之间存在正相关关系。

名词解释

　　供给量变化：当价格变化时，公司愿意且能够生产的产品数量，图形上表现为沿着供给曲线移动。

　　最低供给价格：生产者愿意供给产品的最低价格。

上观察到的一种行为模式：

　　保持其他条件不变时，价格与供给量正相关。

　　"保持其他条件不变"这句话提醒我们，为了看清价格与供给量之间的关系，我们需要假定影响生产者的其他因素不变。当比萨价格上涨而其他因素不变时，罗拉沿着她的个体供给曲线向上移动，即她会制作更多的比萨。例如，当价格从 6 美元上涨至 8 美元，罗拉会沿着供给曲线从点 c 移动至点 d，供给量从 200 增加至 300。沿着单个供给曲线的移动，被称作**供给量变化**（change in quantity supplied），即当价格改变时生产者愿意且能够销售的产品的数量变化。

　　最低供给价格（minumum supply price）是生产者能够接受的最低价格。只有当价格高于生产产品的边际成本时，公司才会生产该产品。如图 3-3 所示，2 美元的价格不足以支付第一块比萨的成本，所以罗拉在价格为 2 美元时的供给量为 0（点 a）。但是当价格上涨 2 美元时，她会开始制作比萨，这表明她的最低供给价格高于 2 美元。

为什么个体供给曲线斜率为正

　　个体供给曲线斜率为正，这是由供给定律决定的。为了解释这一现象，我们先考虑一下罗拉面对价格上涨会如何反应。当价格上涨时，公司会购买更多的原材料、雇用更多的工人，增加产出。为了增加劳动力，罗拉要么支付加班费，要么雇用更多的工人，这些工人比最初的工人成本更高，或者说生产力更低。无论如何，在更高的价格上，罗拉增加成本是值得的。

　　供给曲线显示了不同产量下的边际生产成本。我们可以使用边际原理来解释其中的关系。

边际原理

只要增加一项活动的边际收益大于其边际成本，我们就应该不断增加该项活动，直到边际收益等于边际成本。

对罗拉而言，生产比萨的边际收益是比萨的单价。当价格只有 2 美元时，她不会制作比萨，这说明第一块比萨的边际成本肯定高于 2 美元，否则她就会制作比萨。但是，当价格上涨至 2.01 美元时，她会制作第一块比萨，因为此时边际收益（2.01 美元）高于边际成本。这说明第一块比萨的边际成本低于 2.01 美元。总结一下我们可知，第一块比萨的边际成本在 2 美元和 2.01 美元之间，或者说略高于 2 美元。同样，图 3-3 的供给曲线上的点 b 显示，当价格为 3.99 美元时，罗拉不会制作第 100 块比萨，只有当价格为 4 美元时，她才会制作第 100 块，这说明她制作这块比萨的边际成本介于 3.99 美元与 4 美元之间，或者说，略低于 4 美元。也就是说，供给曲线显示了生产的边际成本。

从个体供给到市场供给

特定产品的**市场供给曲线**（market supply curve）显示了该商品的价格与所有生产者愿意销售的产品数量总和之间的关系。为了做出市场供给曲线，我们假定影响个体供给的其他变量保持不变，市场供给量就等于市场中所有公司的供给量之和。为了说明如何做出市场供给曲线，我们假定市场中只有两家公司。当然，完全竞争市场中的公司数量庞大，但是我们可以通过分析两家公司的情况总结推导出多公司的情况。

图 3-4 显示了如何从个体供给曲线推导出市场供给曲线。A 图中，罗拉的生产成本较低，对应的最低供给价格也较低（点 a 的 2 美元）。B 图中，海勒姆的生产成本较高，对应的最低供给价格也较高（点 f 的 6 美元）。因此，海勒姆的供给曲线位于罗拉的供给曲线上方。为了做出市场供给曲线，我们将两条个体供给曲线水平相加，得到市场供给曲线的两段。

- 价格在 2 美元至 6 美元之间时：供给显示为点 i 至点 k 间的部分。海勒姆的高成本公司不会供给任何产出，此时市场供给与罗拉的个体供给相同。例如，价格为 4 美元时，罗拉供给 100 块比萨（点 b），而海勒姆没有供给，市场供给就是 100 块比萨（点 j）。

- 价格高于 6 美元时：供给显示为点 k 以上的部分。在更高的价格水平上，高成

名词解释

　　市场供给曲线：保持其他条件不变的情况下，显示市场价格和市场中所有公司的供给量之和的相互关系的曲线。

本公司开始产出，此时市场供给等于两家公司的供给量之和。例如，价格为 8 美元时，罗拉生产 300 块比萨（点 *d*），而海勒姆生产 100 块比萨，市场供给量就是 400 块比萨（点 *m*）。

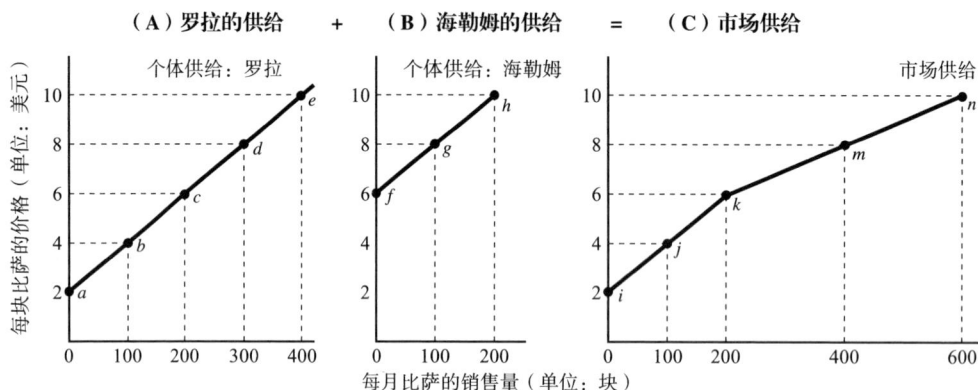

（A）罗拉的供给 ＋ （B）海勒姆的供给 ＝ （C）市场供给

每块比萨的价格（单位：美元）

个体供给：罗拉

个体供给：海勒姆

市场供给

每月比萨的销售量（单位：块）

比萨供给量			
价格	罗拉 +	海勒姆 =	市场供给
2	0	0	0
4	100	0	100
6	200	0	200
8	300	100	400
10	400	200	600

▲图 3-4

从个体供给到市场供给

市场供给是所有公司的供给之和。A 图中，罗拉是低成本生产者，如点 *a* 所示，当价格超过 2 美元时，她开始制作第一块比萨。B 图中，海勒姆是高成本生产者，如点 *f* 所示，当价格超过 6 美元时，他才会开始制作第一块比萨。当价格为 8 美元时，市场供给等于罗拉的 300 块比萨（点 *d*）加上海勒姆的 100 块比萨（点 *g*），合计 400 块比萨（点 *m*）。

完全竞争市场拥有的公司远不止两家，但是从个体供给曲线推导出市场供给曲线的过程是一样的。我们将个体供给曲线水平加总，即选定某个价格后加总该价格水平下市场中所有公司的供给量。在更接近现实的情况下，也就是有众多公司的情况下，供给曲线会变得光滑而不是扭折，如图 3-5 所示。我们假定有 100 家与罗拉的公司完全一致的公司。最低供给价格是 2 美元，价格每增加 2 美元，供给量便增加 10,000 块。

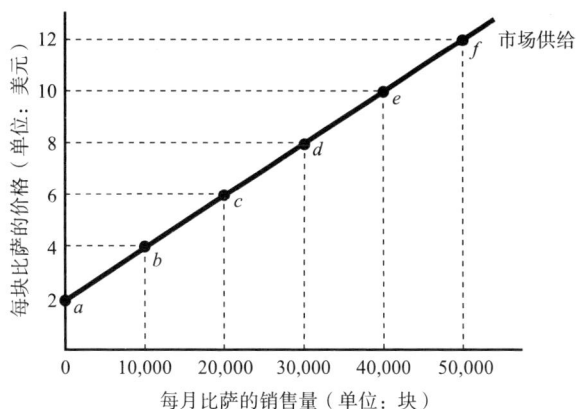

▲图 3-5

多公司情况下的市场供给曲线

市场供给量等于所有公司的供给量之和。最低供给价格是 2 美元（点 *a*），价格每增加 2 美元，供给量便增加 10,000 块，故价格为 4 美元时供给量为 10,000 块，价格为 6 美元时供给量为 20,000 块，以此类推。

为什么市场供给曲线的斜率为正？

按照供给定律，市场供给曲线斜率为正。为了进一步解释这种现象，让我们来考虑价格上升时公司会做出的两种反应。

- 个体公司。如之前看到的，更高的价格会鼓励公司购买原材料并雇用更多的工人来增加产量。
- 新公司。长期来看，新公司能够进入市场，而已有的公司能够通过扩张生产设施来增加产量。新公司的生产成本也许比已有的公司更高，但是更高的产出价格使得进入市场有利可图。

和个体供给曲线类似，市场供给曲线显示了不同供给量下的边际生产成本。在图 3-5 中，第一块比萨的边际成本等于成本最低的公司的最低供给价格（略高于 2 美元）。同样，供给曲线上的点 *d* 显示了价格为 7.99 美元时，市场不会供应第 30,000 块比萨，这块比萨要等到价格上升至 8 美元时才会生产。这表明，生产第 30,000 块比萨的边际成本略低于 8 美元。与个体供给曲线相似，市场供给曲线显示了边际生产成本。

日常生活中的经济学

供给定律和奥运会剪羊毛比赛

对应的经济学问题：什么是供给定律？

20世纪90年代世界羊毛价格下降了近30%，而且从那以后就保持在相对较低的水平。根据供给定律，我们可以预计新西兰和其他出口国供应的羊毛数量会下降，事实也确实如此。从前专为绵羊种植草料的土地逐渐用作其他用途，如奶制品、林业和鹿的驯养。

社会各界多次尝试通过刺激羊毛需求拉动价格来振兴羊绒业。联合国大会宣布2009年为国际天然纤维年，意在唤起人们的意识，刺激天然纤维的需求。2012年，新西兰农场主联盟提议将剪羊毛列入英联邦运动会和奥林匹克运动会的表演项目。如果这一提议实现的话，最有希望获得冠军的人将是现在的世界纪录保持者伊凡·斯科特（Ivan Scott），他在24小时内剪了744只羊的羊毛，以及克里-乔·特·胡亚（Kerry-Jo Te Huia），他在24小时内剪了507只。当然，举办奥运会剪羊毛比赛并不一定会增加羊毛需求，而且比赛产生的羊毛该如何处理呢？再办一场打毛衣大赛吗？详见练习2.6和2.10。

资料来源：Based on "Wait Wait Don't tell me." National Public Radio（January 21, 2012）.

市场均衡：将需求和供给联系在一起

市场是将买方和卖方联系在一起的一种制度安排。到目前为止，我们已经了解了市场的两个方面——需求和供给——分别是如何作用的。现在我们将需求和供给联系在一起，来说明价格和供给量是如何决定的。

当一种商品在现行市价水平下需求量等于供给量时，我们就说该商品达到了**市场均衡**（market equilibrium）。当一个市场达到均衡时，便没有动力来改变价格。如果比萨店制作

名词解释

市场均衡：在现行市场价格下需求量等于供给量的状态。

的比萨数量等于消费者愿意购买的数量，那么每一个消费者就会在现行价格下得到 1 块比萨，每一家厂商也会售出所有的比萨。图 3-6 中，均衡价格表示为需求曲线和供给曲线的交点。当价格为 8 美元时，供给曲线显示公司会生产 30,000 块比萨，这个数字正是消费者愿意在该价格下购买的比萨数量。

超额需求引起价格上升

当价格低于均衡价格时，就会产生对该商品的**超额需求**（excess supply）。在现行市场价格下，当需求量大于供给量时，超额需求（有时也称作短缺）便会发生，意味着消费者

> **名词解释**
>
> **超额需求**：在现行市场价格下需求量大于供给量的状态。

愿意购买的商品数量多于生产者愿意销售的数量。图 3-6 中，在 6 美元价格水平下，产生了 16,000 块比萨的超额需求：消费者愿意购买 36,000 块比萨（点 c），但是生产者仅愿意生产 20,000 块比萨（点 b），因为价格低于生产第 20,001 块及更多比萨的边际成本。需求和供给之间的不平衡会引起比萨价格上涨。公司会提高供应数量有限的比萨的价格，而焦虑的消费者为了得到一块有限的比萨愿意支付更高的价格。

通过改变需求量和供给量，价格的上升消除了超额需求。当市场价格上升时，有两个原因会使得超额需求缩减：

- 市场沿着需求曲线向上移动（从点 c 至点 a），需求量随之降低。
- 市场沿着供给曲线向上移动（从点 b 至点 a），供给量随之增加。

因为供给量增加的同时需求量减少，所以需求量与供给量之间的差距不断缩小。价格会持续上升，直到超额需求被消除。在图 3-6 中，在 8 美元的价格水平下，供给量等于需求量，如点 a 所示。

在某些情况下，政府会创造出对某一商品的超额需求，会给该商品设定一个最高价格（也称作价格上限）。当政府设定的最高价格低于均衡价格时，其结果就是市场对该商品永远存在超额需求。

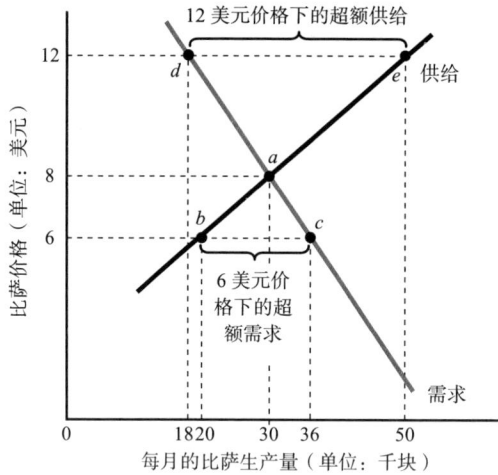

▲图 3-6

市场均衡

市场均衡水平下（即点 *a*，价格为 8 美元，商品数量为 30,000 块），供给量等于需求量。市场价格低于均衡价格时（即市场价格为 6 美元），会产生超额需求，表现为点 *c* 的需求量大于点 *b* 的供给量。市场价格高于均衡价格时（即市场价格为 12 美元），会产生超额供给，表现为点 *e* 的供给量大于点 *d* 的需求量。

超额供给导致价格下降

当市场价格高于均衡价格时，会发生什么呢？此时，供给量超过了需求量，产生了超额供给（也称作过剩产能），这说明生产者愿意销售的产品数量高于消费者愿意购买的数量。图 3-6 中的点 *d* 和点 *e* 反映了出现超额供给的情况。价格为 12 美元时，超额供给为 32,000 块比萨：生产者愿意销售 50,000 块比萨（点 *e*），而消费者只愿意购买 18,000 块比萨（点 *d*）。这样的错配会导致市场价格随着厂商降价促销而下降。当市场价格下降时，存在两个原因会使得超额供给缩减：

• 市场沿需求曲线向下移动（从点 *d* 至点 *a*），需求量随之增加。
• 市场沿供给曲线向下移动（从点 *e* 至点 *a*），供给量随之下降。

需求量增加的同时供给量也在减少，因此需求量与供给量之间的差距不断缩小，价格持续下降，直到超额供给被消除。图 3-6 中，在 8 美元的价格水平下，供给量等于需求量，如点 *a* 所示。

政府有时候为了使某一商品能够超额供给，会给该商品设定最低价格，也称作价格下限。当政府设定的最低价格高于均衡价格时，结果就是市场对该商品永远存在超额供给。

日常生活中的经济学

萎缩的酒湖

对应的经济学问题：市场价格高于均衡价格时会产生什么结果？

在共同农业政策（Common Agricultural Policy, 简称 CAP）框架下，欧盟施行了大量政策支持成员国的农业部门。在最低价格政策下，政府会设定一个高于市场均衡价格的最低价格。欧盟为谷物、乳制品、酒等农产品设定了最低价格，以保障农民的利益。该政策人为地导致了超额供给：当最低价格高于市场均衡价格时，供给量超过了需求量。为了支持最低价格政策，欧盟以设定的最低价格向农民购买他们销售不出去的产品，并将这些产品储存起来，这些设施被欧洲媒体称作"黄油山"和"酒湖"。最近几年欧盟改革了这项政策，减少并在某些情况下取消了一些产品的最低价格。因此，"黄油山"和"酒湖"开始萎缩。详见练习 3.6 和 3.8。

资料来源：Europa, "Reform of the Common Agricultural Policy," *Summaries of EU Legislation*（Europa.eu/legislation_summaries）.

需求变化的市场影响

我们已经知道，市场均衡发生于供给量等于需求量的时候，均衡状态在图形上表现为供给曲线和需求曲线的交点。接下来，我们将看到市场的需求侧变化如何影响均衡价格和均衡产量。

需求量变化与需求变化

前面我们列举了有哪些因素决定了消费者对一种商品的需求量。第一个因素是产品的价格。需求曲线显示，保持其他条件不变时，价格与需求量之间呈负相关关系。在图 3-7 的（A）图中，当价格从 8 美元下降到 6 美元，需求曲线从点 *a* 向下移动到点 *b*，需求量随之减少，我们在前文将这种情况称作需求量变化。除价格以外，还有其他因素会影响需求，包括收入、相关产品的价格、偏好、广告以及消费者数量。接下来，我们将进一步观察这些因素的变化如何影响产品的需求量和市场均衡。

产品价格和数量之间的关系在数据上表示为需求表，在图形上表示为需求曲线，而其他变量如果发生变化，也会使产品价格和数量之间的关系发生变化。此时我们将得到完全不同的需求表和需求曲线。在图 3-7 的（B）图中，我们将变化的结果表示为整条需求曲线从 D_1 移动至 D_2。这次移动意味着，在任何价格下，消费者愿意购买的商品数量都更多了。例如，在 8 美元的价格下，消费者愿意购买的数量从原需求曲线的 30,000 块比萨（点 a）增加至 46,000 块比萨（点 c）。当价格以外的其他变量的变化引起需求表和需求曲线发生变化时，我们将这种情况称作**需求变化**（change in demand）。

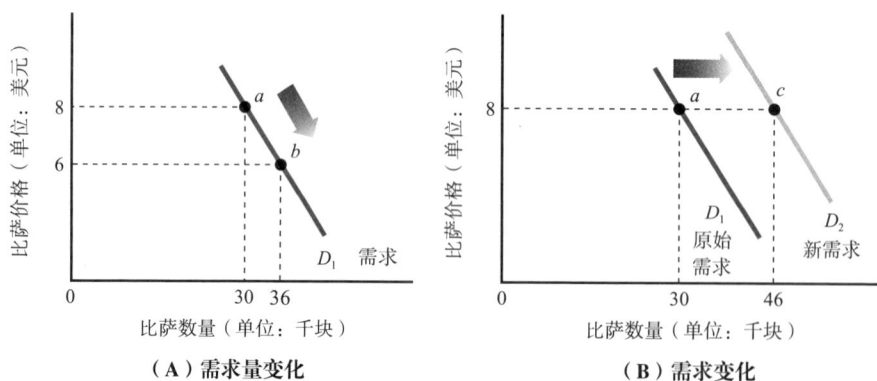

▲图 3-7

需求量变化和需求变化

（A）价格变化会引起需求量变化，表现为沿着单一需求曲线的移动。例如，价格下降导致从点 a 至点 b 的移动，需求量增加。

（B）价格以外的变量变化时，表现为整条需求曲线的移动。例如，需求增加会使需求曲线从 D_1 移动至 D_2。

需求增加时需求曲线的移动

什么样的变化会增加需求，并使需求曲线如图 3-7 的（B）图所示那样向右移动呢？引起需求增加的原因有许多种，列举在表 3-1 中：

表 3-1　需求增加使需求曲线向右移动		
变量	**增加或减少**	**需求曲线移动的方向**
收入（正常商品）	↑	
收入（次等商品）	↓	
替代商品价格	↑	
互补商品价格	↓	
人口	↑	
消费者对商品的偏好	↑	
未来预期价格	↑	

D_2 新需求
D_1 原始需求
价格
需求量

- 收入增长。消费者用收入购买商品，收入越高，花在商品上的钱就越多。对于**正常商品（normal good）**，消费者的收入和购买量呈正相关关系。当收入增加，消费者会购买更多的正常商品。大多数商品都属于正常商品，包括新衣服、电影和比萨。

- 收入减少。与正常商品对应的是**劣等商品（inferior good）**。当收入减少，消费者会购买更多的劣等商品。例如，如果你失业了，你也许会自己冲泡咖啡而不是去咖啡店，租 DVD 而不是去影院，常见的劣等商品有通心粉和奶酪。

- 替代商品价格上升。当两种商品互为**替代商品（substitutes）**，第一种商品的价格上升会使部分消费者转而选择第二种商品。墨西哥卷饼和比萨互为替代商品，因此墨西哥卷饼的价格上升会抬升消费者对比萨的需求。

- 互补商品价格下降。如果两种商品为**互补商品（complements）**，消费者会将两者作为一个组合整体进行购买，其中一种商品价格下降会使整个组合价格下降，从而使消费者购买的两种商品的数量都增多。比萨和柠檬汽水互为互补商品，因此柠檬汽水的价格下降会降低比萨和

名词解释

　正常商品：对某种商品而言，如果当收入上升时其需求增加，我们就将这种商品称为正常商品。

　劣等商品：对某种商品而言，如果当收入上升时其需求减少，我们就将这种商品称为劣等商品。

　替代商品：对两种商品而言，如果当其中一种商品的价格上升时另一种商品的需求增加，我们就将这两种商品称为替代商品。

　互补商品：对两种商品而言，如果当其中一种商品的价格下降时另一种商品的需求增加，我们就将这两种商品称为互补商品。

柠檬汽水套餐的价格，对比萨的需求也会随之增加。

- 人口增多。人口数量增多意味着更多的潜在比萨购买者，即有更多的个人需求曲线加总形成市场需求曲线，从而使市场需求增加。

- 消费者偏好转变。消费者偏好或口味会随时间转变。如果消费者对比萨的偏好增加，那么对比萨的需求就会增加。广告的目的之一就是改变消费者的偏好，一次成功的比萨广告活动可以增加潜在消费者的需求。

- 预期未来价格会上升。如果消费者认为次月比萨的价格会比他们原本期望的更高，那么他们本月会增加比萨的购买量，而次月会减少比萨的购买量。这意味着本月比萨的需求会增加。

我们可以用图 3-8 来表示需求增加对均衡价格和均衡产量的影响。表 3-1 中所列因素的一项或多项因素导致的比萨需求的增加，会使需求曲线从 D_1 向右移动至 D_2。在初始价格 8 美元下，存在超额需求，如点 a 和点 b 所示：消费者愿意购买 46,000 块比萨（点 b），但是厂商只愿意生产 30,000 块比萨（点 a）。消费者愿意购买的比萨数量比厂商愿意生产的比萨数量多 16,000 块，此时超额需求会使价格上升。

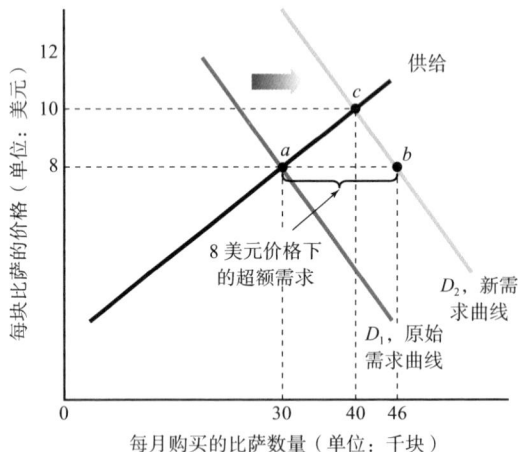

▲ 图 3-8

需求增加使均衡价格上升

需求增加使需求曲线向右移动：在每一个价格水平下的需求量都随之增加。在初始价格（8 美元）下，存在超额需求，即需求量（点 b）超过供给量（点 a）。超额需求导致价格上升，直到新的均衡点 c 出现。总结而言，需求增加使均衡价格增加至 10 美元，使均衡产量增加至 40,000 块比萨。

当价格上升时，需求量降低，供给量增加，超额需求减少。供给曲线与新的需求曲线相交于点 c，此时新的均衡价格为 10 美元，新的均衡产量为 40,000 块比萨。

需求减少时需求曲线的移动

比萨市场的哪些变化会使比萨需求减少？需求减少意味着，在任意价格水平下，消费者愿意购买的比萨数量会减少。在图 3-9 中，需求的减少使市场需求曲线从 D_1 移动至 D_0。在初始价格 8 美元下，需求量从 30,000 块比萨（点 a）减少至 14,000 块比萨（点 b）。导致需求减少的原因有多种，列举在表 3-2 中：

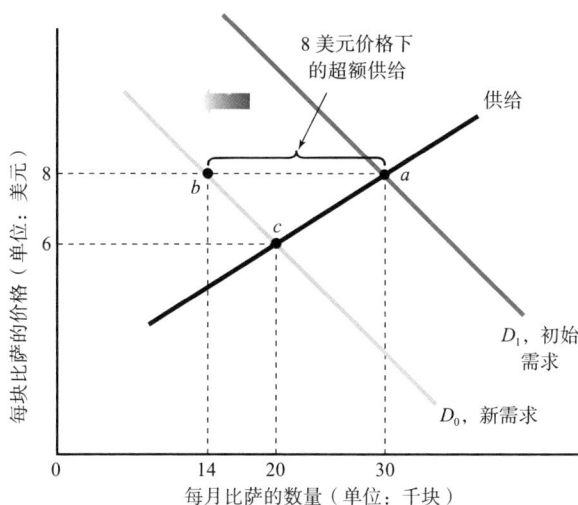

▲图 3-9

需求减少使均衡价格下降

需求减少使需求曲线向左移动：在任意价格水平下，需求量都减少。在初始价格 8 美元下，存在超额供给，供给量（点 a）大于需求量（点 b）。超额供给使价格下降，新的均衡出现在点 c。总结而言，需求减少使均衡价格下降至 6 美元，使均衡数量下降至 20,000 块比萨。

- 收入减少。收入减少意味着消费者可以花费在商品上的预算减少了，此时消费者会减少购买所有正常商品。
- 收入增长。此时消费者会减少购买所有劣等商品。
- 替代商品价格下降。如墨西哥卷饼这样的替代商品价格下降时，比萨相对于墨西哥卷饼的价格便上升了，消费者将减少对比萨的需求。

- 补充商品价格上升。如柠檬汽水这样的互补商品价格上升时，比萨和柠檬汽水套餐的价格便上升了，消费者将减少对比萨的需求。
- 人口缩减。人口数量缩减意味着潜在的比萨消费者减少了，因此对比萨的市场需求随之减少。
- 消费者偏好转变。当消费者对比萨的兴趣转移到其他商品时，比萨的需求会减少。
- 消费者预期未来价格会下降。如果消费者认为次月比萨的价格会比他们初始估计的价格更低，他们会减少本月的比萨购买量，也就意味着本月对比萨的需求会减少。

表 3-2　需求减少使需求曲线向左移动

变量	增加或减少	需求曲线移动的方向
收入（正常商品）	↓	
收入（次等商品）	↑	
替代商品价格	↓	
补充商品价格	↑	
人数	↓	
消费者对商品的偏好	↓	
未来预期价格	↓	

需求减少使均衡价格下降

我们可以使用图 3-9 来表示需求减少如何影响均衡价格和均衡产量。对比萨的需求减少使需求曲线从 D_1 向左移动至 D_0。在初始价格 8 美元下，如点 a 和点 b 所示，存在超额供给：厂商愿生产 30,000 块比萨（点 a），而消费者只愿意购买 14,000 块比萨（点 b）。厂商愿意生产的比萨数量比消费者愿意购买的数量多出了 16,000 块，由此产生的超额供给促使价格下降。随着价格下降，需求量将增加，供给量将减少，从而使超额供给缩减。供给曲线与新的需求曲线相交于点 c，新的均衡价格为 6 美元，新的均衡产量为 20,000 块比萨。

日常生活中的经济学

中国需求和山胡桃价格

对应的经济学问题：需求变化如何影响均衡价格？

从 2006 年到 2009 年，中国从美国进口的山胡桃从每年 900 万磅增加至每年 8,800 万磅，占美国山胡桃年产量的 30%。中国需求增加的部分原因是中国媒体广泛宣传山胡桃有利于大脑发育和心血管健康。由于需求增加，山胡桃的均衡价格上升了约 50%，同时还使得节日里常见的一种甜品山胡桃派的价格也随之上升。详见练习 4.6 和 4.10。

供给变化的市场影响

我们已经看到需求变化使需求曲线移动，并使均衡价格和均衡产量发生变化。接下来的部分，我们将看到市场供给侧的变化如何影响均衡价格和均衡产量。

供给量变化和供给变化

前面我们列举了有哪些变量决定了厂商愿意生产的某种产品的数量，其中的一个变量就是产品价格。供给曲线表示了保持其他条件不变的情况下，价格与产量之间的正相关关系。在图 3-10 中的（A）图中，当价格从 6 美元上升至 8 美元，我们会沿着供给曲线从点 a 移动至点 b，同时该商品的产量也随之增加，即本章前面提到的需求量变化。现在我们要进一步观察其他影响供给的变量（包括工资、原材料价格和技术）的变化如何影响供给曲线和市场均衡。

这些变量中任何一个或几个发生变化，由供给表和供给曲线表示的价格和产量之间的关系便会随之变化。这意味着将会有完全不同的供给表和供给曲线。在图 3-10 的（B）图中，整条供给曲线从 S_1 向下向右移动至 S_2。

- 供给曲线向右移动意味着在任意价格下（如 6 美元），供给量都会增加（从点 a 的 20,000 块比萨增加至点 c 的 25,000 块比萨）。

- 供给曲线向下移动意味着生产任意产量所需付出的价格都降低了。例如，新

供给变化：除价格以外的其他变量变动时，供给曲线会发生变化

的最低供给价格从原来的略高于 2 美元（点 e）下降为略高于 1 美元（点 f）。相似地，达到 20,000 块比萨的产量所需的价格从原来的 6 美元（点 a）下降为 5 美元（点 d）。

除价格以外的其他变量变动时，需求曲线会发生变化，我们将这种变化称作**供给变化**（change in supply）。

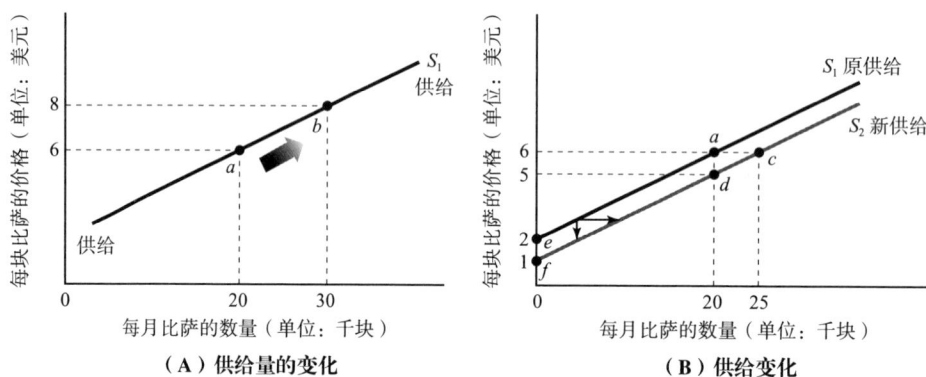

（A）供给量的变化　　　　**（B）供给变化**

▲图 3-10

供给量的变化和供给变化

（A）图表示价格变化导致的供给量的变化，表现为沿供给曲线的运动。比如，价格上升导致点 a 移到点 b。
（B）图表示供给变化，它是由价格以外的因素引起的，表现为整条供给曲线的移动。比如，供给的变化使供给曲线从 S_1 移动到 S_2。这样一来，在任意给定的价格下（比如 6 美元），供给量都更大了（在新的供给曲线下，即为点 c 的 25,000，而不是点 a 的 20,000）。而在给定的供给量下，价格都降低了。比如供给 20,000 块比萨的价格从点 a 的 6 美元下降到了点 b 的 5 美元。

供给增加使供给曲线移动

什么样的变化会引起一个产品的供给增加，并使供给曲线向下向右移动呢？我们首先考虑的情况是降低工人的工资。工资降低会减少生产比萨的成本，从而使供给曲线发生如下移动：

- 向下移动。当生产成本降低时，生产同样数量比萨的成本也会降低。通常情况下，更低的工资意味着更低的边际生产成本，此时厂商即便降低商品价格也能支付生产成本。换句话说，供给曲线向下移动。

- *向右移动*。当生产成本降低时，在同样价格水平下，比萨的生产利润更加丰厚，此时厂商在任意价格水平下都会增加供给。换句话说，供给曲线向右移动。

工资降低只是使供给曲线向下向右移动的诸多情况之一。其他情况在表 3-3 中列举。原材料（生面团、奶酪）成本或资本（比萨烤炉）成本的降低会使生产成本降低，从而生产相同数量的产品所需的价格降低（向下移动），并使相同价格水平下的产量提升（向右移动）。技术进步可以使厂商节约劳动力或原材料的投入，使供给曲线朝相同的方向移动。所谓的技术进步可以指新机器的发明、新商业模式的引入，也可以指对工厂或商店的重新布置、更高效的物流和订单系统。最后，如果政府依据厂商的产量给予一定数量的补贴，此时厂商的净成本会降低，供给曲线向下向右移动。

另外两种增加供给的因素也可以在表 3-3 中看到。一种情况是，如果厂商认为次月商品的价格将低于原来预期的水平，他们将会趁本月价格尚未下降时销售更多的产出，即增加本月的供给。另一种情况是，因为市场供给是所有厂商的供给数量之和，所以厂商数量的增加将增加市场供给。

从表 3-3 中总结的内容可以看出，描述供给改变的语言确实有些费解。供给增加的图形表示是供给曲线向右移动（同样价格下获得更大的产量）和向下移动（生产同样数量的产量所需价格下降）。要记住这个定义，最佳的方法是认识到，"供给增加"中的"增加"指的是相同价格下供给量的增加，即供给曲线水平向右移动。

表 3-3　供给变化使供给曲线向下向右移动

变量	增加或减少	需求曲线移动的方向
工资	↓	
原材料或资本价格	↓	
技术进步	↑	
政府补贴	↑	
预期未来价格	↓	
厂商数量	↑	

供给增加使均衡价格下降

我们可以使用图 3-11 来表示供给增加对均衡价格和均衡产量的影响。比萨供给的增加使供给曲线从 S_1 向右移动至 S_2。在初始价格 8 美元下，供给量从 30,000 块比萨（点 a）增加至 46,000 块比萨（点 b）。

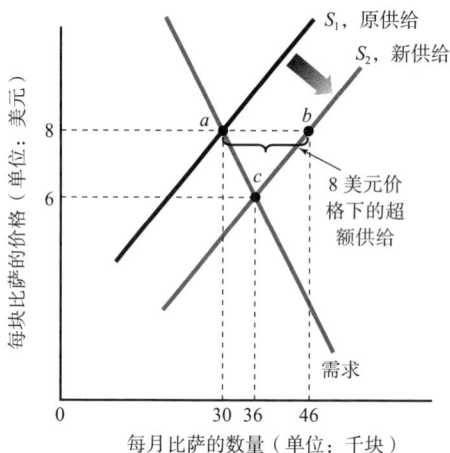

▲图 3-11

供给增加使均衡价格下降

供给增加使供给曲线向右移动：任意价格水平下的供给量都增加。在初始价格 8 美元下，存在超额供给，供给量（点 b）大于需求量（点 a）。超额供给使得价格下降，新的均衡出现在点 c。总结而言，供给增加使均衡价格下降至 6 美元，并使均衡产量增加至 36,000 块比萨。

供给曲线的移动引起超额供给，进而使均衡价格下降。在初始价格 8 美元下（原供给曲线下的均衡价格），存在超额供给，由点 a 和点 b 表示：厂商愿意供给 46,000 块比萨（点 b），而消费者愿意购买 30,000 块比萨（点 a）。两者相差 16,000 块比萨，这一超额供给使得价格下降。随着价格下降，超额供给缩减，因为供给量减少了而需求量增加了。新供给曲线与需求曲线相交于点 c，所以新均衡价格是 6 美元，而新均衡产量是 36,000 块比萨。

供给减少使供给曲线移动

接下来让我们考虑导致供给减少的情况。如表 3-4 所示，任何增加厂商生产成本的变化都会减少供给。生产成本增加，生产相同数量的产品所需付出的价格将增加（供给曲线向上移动），并且所有价格水平下的供给量都将减少（向左移动）。工资上涨、原材料和资本价格上升或对每一件产品征税，都会导致生产成本增加。我们已经知道，用于表述供给变化与对应的供给曲线变化的语言是难于掌握的。当出现"供给减少"的情况时，"减少"意味着任意相同价格水平下供给量的减少，即供给曲线水平向左移动。

表 3-4 供给变化使供给曲线向上向左移动		
变量	增加或减少	需求曲线移动的方向
工资	↑	
原材料或资本价格	↑	
税收	↑	
预期未来价格	↑	
厂商数量	↓	

除了表 3-4 所归纳的内容，还有两种情况会使供给减少。第一种情况是，如果厂商认为次月比萨的价格会比他们预期的高，他们会在本月减少产量，在次月增加产量。这意味着本月的比萨供给将减少。第二种情况是，当市场供给是所有厂商的供给量之和时，厂商数量的减少会使市场供给减少，使供给曲线向左移动。

供给减少使均衡价格上升

我们可以用图 3-12 来表示供给减少对均衡价格和均衡产量的影响。比萨供给的减少使供给曲线从 S_1 向左移动至 S_0。在初始价格 8 美元下（原始供给曲线上的均衡价格），存在超额需求，由点 a 和点 b 表示：消费者愿意购买 30,000 块比萨（点 a），但是厂商只愿意生产 14,000 块比萨（点 b）。两者相差 16,000 块比萨，超额需求使得价格上升。随着价格上升，超额需求会逐渐缩减，因为需求量减少了，而供给量增加了。新的供给曲线与需求曲线相交于点 c，此时新的均衡价格为 10 美元，而新的均衡产量为 24,000 块比萨。

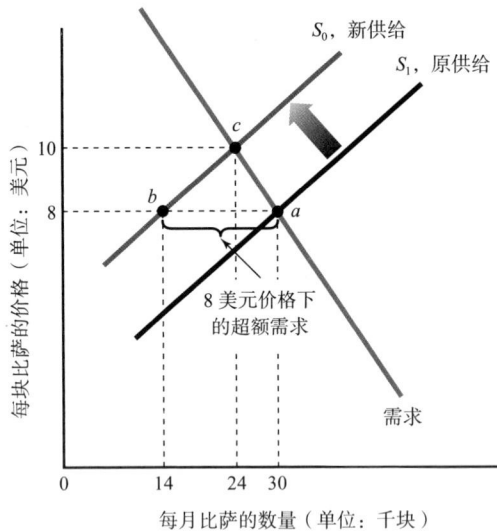

▲图 3-12

供给减少使均衡价格上升

供给减少使供给曲线向左移动。所有价格水平下的供给量都减少了。在初始价格下（8美元），存在超额需求，需求量（点 a）大于供给量（点 b）。超额需求使得价格开始上升，直到新的均衡出现在点 c。最终，供给减少使均衡价格增加至 10 美元，并使均衡产量减少至 24,000 块比萨。

需求和供给同时变动

当需求和供给同时增加时，均衡价格和均衡产量会发生怎样的变化呢？答案取决于需求和供给的变化哪一个更大。在图 3-13 的（A）图中，需求增加的幅度大于供给增加的幅度，这意味着需求曲线移动的幅度大于供给曲线移动的幅度。市场均衡从点 a 移动至点 b，均衡价格从 8 美元增加至 9 美元。出现这种情况是合理的，因为需求增加使得价格上升，而供给增加使得价格下降，此时如果需求增加的幅度更大，那么向上拉升的力量就强于向下挤压的力量，均衡价格就会上升。

我们可以确定的是，当供给和需求同时增加时，均衡产量将会增加。这是因为两种变化都会使均衡产量增加。在图 3-13 的（A）图中，均衡产量从 30,000 块比萨增加至 44,000 块比萨。

图 3-13 的（B）图显示了供给增加的幅度大于需求增加的幅度时的情况。均衡点从点 a 移动至点 c，均衡价格从 8 美元下降至 7 美元。此时向下挤压价格的力量强于向上拉升价格的力量。同时，如我们预期的那样，均衡产量从 30,000 块比萨增加至 45,000 块比萨。

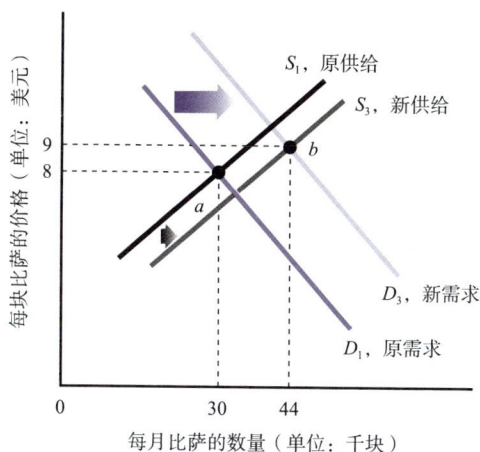

（A）需求增加幅度大于供给增加的幅度

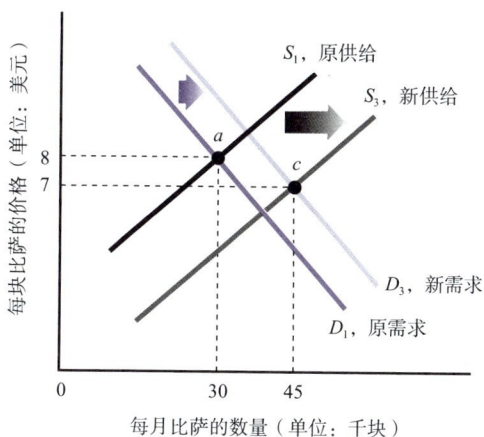

（B）需求增加幅度小于供给增加的幅度

▲ 图 3-13

需求和供给同时变化时的市场影响

（A）需求增加幅度更大。如果需求增加的幅度大于供给增加的幅度，或者说需求曲线移动的距离大于供给曲线移动的距离，那么均衡价格和均衡产量都会上升。（B）供给增加幅度更大。如果供给增加的幅度大于需求增加的幅度，或者说供给曲线移动的距离大于需求曲线移动的距离，那么均衡产量上升而均衡价格下降。

　　那么当需求和供给同时减少会有什么影响呢？在这种情况下，均衡产量必然会下降，因为两种变化都会降低均衡产量。而对均衡价格的影响则取决于哪种变化的程度更大，是需求减少得多（挤压价格）还是供给减少得多（拉升价格）。如果需求减少得更多，那么价格将会下降，因为此时挤压价格的力量将强于拉升价格的力量。相对地，如果供给减少得多，那么价格将会上升，因为此时拉升价格的力量将强于挤压价格的力量。

日常生活中的经济学

蜜蜂和冰激凌的价格

对应的经济学问题：供给变化如何影响均衡价格？

　　过去几年里，受蜂群崩坏失调症影响，数以千计的蜂巢消失了。美国大约三分之一的食物供给，包括许多种类的水果、蔬菜和坚果，都要依靠蜜蜂的授粉。蜜蜂数量的下降直接威胁着美国国内市值达 150 亿美元的农作物产业。蜜蜂授粉行为的减少已经影响了草莓、覆盆子和杏仁的供给，并使它们的价格明显上升。以这些农作物为重要原料的食品（如冰激凌）的价格也上升了。

　　蜂群的崩坏至今仍是未解之谜。冰激凌制造商哈根达斯公司向宾夕法尼亚州立大学和加利福尼亚大学戴维斯分校捐款，支持他们研究探索蜂群崩坏失调症的原因和可行的应对方法。为了增加消费者对这个问题的认识和理解，哈根达斯推出了一款名为香草蜜蜂的冰激凌。详见练习 5.8 和 5.15。

资料来源：Based on Parija Kavilanz, "Disappearing Bees Threaten Ice Cream Sellers," CNNMoney.com, Feburuary 20, 2008.

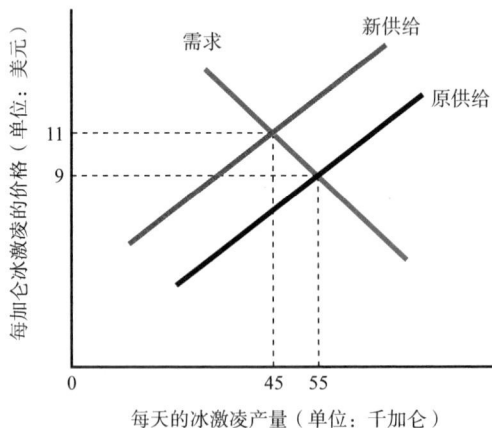

▲图 3-14

蜜蜂和冰激凌价格

蜜蜂授粉行为的减少降低了水果和坚果的产量，增加了冰激凌的部分原料的价格，导致冰激凌的生产成本上涨，并使得供给曲线向上移动，增加了均衡价格，同时降低了均衡产量。

预测和解释市场变化

我们已经使用需求和供给模型展示了均衡价格是如何决定的，以及需求和供给的变化是如何影响均衡价格和均衡产量的。表 3-5 总结了前文的相关内容：

- 当需求变化和需求曲线移动时，价格和产量朝相同方向变化。当需求增加时，价格和产量同时增加；当需求减少时，价格和产量同时减少。
- 当供给变化和供给曲线移动时，价格和产量朝相反方向变化。当供给增加时，价格下降但产量增加；当供给减少时，价格上升但供给减少。

我们可以利用有关需求和供给的规律去预测各种因素对特定产品的均衡价格和均衡产量的影响。我们也可以利用这些规律解释价格或产量变化的原因。

假设我们观察到一个特定产品的价格和产量发生了变化，但是我们并不知道究竟是什么引起了这些变化：也许是需求发生了变化，也可能是供给发生了变化。此时，我们可以利用表 3-5 中的信息来反向推理：

- 如果均衡价格和均衡产量朝相同方向移动，那么这些变化是由需求变化引起的。
- 如果均衡价格和均衡产量朝相反方向移动，那么这些变化是由供给变化引起的。

表 3-5　需求或供给变化的市场影响

需求或供给变化	均衡价格如何变化	均衡产量如何变化
增加需求	↑	↑
减少需求	↓	↓
增加供给	↓	↑
减少供给	↑	↓

日常生活中的经济学

为什么毒品价格下降了？

对应的经济学问题：价格下降的原因是什么？

ABC 夜间新闻节目主持人泰德·卡波（Ted Koppel）曾经说过："你知道美国本土毒品价格怎么了吗？可卡因的价格下跌了，大麻的价格下跌了。即便不是经济学专家，也能知道价格下跌意味着供给增加了。简单的供给和需求原理。"卡波声称，毒品价格下跌是因为政府没能有效控制非法毒品的供应。换句话说，价格下跌的原因是供给增加。

卡波的经济推断合理吗？在表3-5中，卡波对价格下跌的解释是第三种情况——供给增加。这种解释只有当价格下跌伴随着产量增加时才成立。但是据美国司法部的数据，在价格下跌的这段时间内，毒品消费量实际上减少了。因此，价格下跌的正确解释是第二种情况——需求减少。在本案例中，导致毒品价格下跌的原因不是政府在毒品管控政策上的失败，而是需求减少。详见练习 6.5 和 6.13。

资料来源：Kenneth R. Clark, "Legalize Drugs. A Case for Koppel," *Chicago Tribune*, August 30, 1988, sec. 5, p. 8; U. S. Department of Justice, "Drugs, Crime, and the Justice System"（Washington, DC: U.S. Government Printing Office, 1992），p. 30.

总 结

在本章中，我们看到需求和供给是如何决定价格的，我们也了解到如何预测需求或供给的变化对价格的影响。以下是本章要点：

1. 市场需求曲线表明了保持其他条件不变时需求量与价格之间的关系。

2. 市场供给曲线表明了保持其他条件不变时供给量与价格之间的关系。

3. 市场均衡在图形上表示为需求曲线与供给曲线的交点。当市场达到均衡时，也就没有动力去改变价格。

4. 需求变化使价格和产量朝相同方向变化：需求增加时，均衡价格和均衡产量同时增加；需求减少时，均衡价格和均衡产量同时减少。

5. 供给变化使价格和产量朝相反方向变化：供给增加时，价格降低而产量增加；供给减少时，价格上升而产量降低。

练　习

1.需求曲线

1.1　上升还是下降：按照需求定律，价格上升会使需求量 _____。

1.2　从下列选项中选出在市场需求曲线中保持不变的变量：
- 产品价格
- 消费者收入
- 其他相关产品的价格
- 消费者对未来价格的期望
- 购买的产品数量

1.3　从下列选项中选出在市场需求曲线中会发生变化的变量：
- 产品价格
- 消费者收入
- 其他相关产品的价格
- 消费者对未来价格的期望
- 购买的产品数量

1.4　市场需求曲线是对个体需求曲线的水平加总还是垂直加总？

1.5　价格变化会引起需求曲线的移动和 _____ 的变化。

1.6　当加拿大东部的多个省份削减了香烟税后，香烟的价格下降了约 50%，而年轻人的吸烟率增加了约 _____%。（参见第65页"日常生活中的经济学"）

1.7　作一条需求曲线。某个州决定向车主出售虚荣车牌，州政府想预测不同价格水平下虚荣车牌的销售情况。

该州的普通车牌售价是每年 20 美元，州内居民年人均收入是 30,000 美元。最近对其他 4 个人口数量相当（300 万）的州的调查得到了包括收入、虚荣车牌销售量和虚荣车牌价格的数据，结果如下表：

州	B	C	D	E
虚荣车牌价格（美元）	60	55	50	40
普通车牌价格（美元）	20	20	35	20
收入（美元）	30,000	25,000	30,000	30,000
虚荣车牌销售量	6,000	6,000	16,000	16,000

a. 使用以上数据在坐标系内标注对应坐标所在的点，将这些点连接起来形成需求曲线。请记住保持其他条件不变。

b. 假定需求曲线是线性的。如果该州设定价格为 50 美元，那么可以销售多少数量的虚荣车牌？

1.8　年轻人的吸烟问题。用年轻烟民的需求曲线和供给曲线来显示加拿大东部削减香烟税的影响。假定初始价格是 6 美元，初始产量是 100 个单位，每个年轻人每天消费 5 根烟。（参见第 65 页"日常生活中的经济学"）

2. 供给曲线

2.1 增加还是减少：根据供给定律，价格上升将使供给量 ＿＿＿＿。

2.2 从下列选项中选出在市场供给曲线中保持不变的变量：
- 产品价格
- 工人工资
- 原材料价格
- 税收
- 购买的产品数量

2.3 什么是最低供给价格？

2.4 市场供给曲线是对个体供给曲线的水平加总还是垂直加总？

2.5 价格变化会引起沿供给曲线的移动和 ＿＿＿＿ 的变化。

2.6 上世纪 90 年代，世界羊毛价格 ＿＿＿＿（上升/下降），羊毛供应量 ＿＿＿＿（增加/减少）。（参见第 72 页"日常生活中的经济学"）

2.7 边际住房成本。当一个标准的三居室房子的价格从 150,000 美元上升至 160,000 万美元时，一家建筑公司的年产出从 20 间房子增加到了 21 间房子。房屋数量的上升揭示了有关建造房屋成本的什么信息？

2.8 进口和市场供给。两个国家向世界市场供应糖。低地国家最低供给价格为每磅 10 美分，高地国家为每磅 24 美分。两个国家供给曲线的斜率都是每一百万磅 1 美分。

a. 作两条个体供给曲线和对应的市场供给曲线。市场供给曲线在什么价格和产量下发生弯折。

b. 15 美分价格下市场供给量为 ＿＿＿＿ 百万磅；30 美分价格下市场供给量为 ＿＿＿＿ 百万磅。

2.9 应对大豆价格上升。假设在大豆市场的初始均衡水平下，1,000 个农民每人生产 50 单位的产量，总产量达 50,000 个单位。假设大豆价格上升，而且每个人都预期大豆价格会多年停留在较高的水平。

a. 在未来几年里，我们预期随着农民数量 ＿＿＿＿（增加/减少）和每位农民的产出 ＿＿＿＿（增加/减少），大豆供给量会 ＿＿＿＿（增加/减少）。

b. 新进入到大豆市场的农民的边际生产成本较原有的农民 ＿＿＿＿（高/低）。

2.10 应对羊毛价格降低。使用羊毛市场的需求曲线和供给曲线来显示羊毛价格降低对新西兰的羊毛供给量的影响。假设初始价格是每单位 20 美元，初始产量是 100 个单位。再假设价格每下降 1%，供给量便减少 1%。（参见第 72 页"日常生活中的经济学"）

3. 市场均衡：将需求和供给联系在一起

3.1 市场均衡图形表示为 ＿＿＿＿ 曲线和

_____ 曲线的交点。

3.2 当价格比均衡价格 _____（低/高）时，超额需求就会发生；当价格比均衡价格 _____（低/高）时，超额供给就会发生。

3.3 一个产品的超额需求会使得价格 ___（上升/下降）。由于价格的变化，需求量会 _____（增加/减少），供给量会 _____（增加/减少）。

3.4 一个产品的超额供给会使得价格 ___（上升/下降）。由于价格的变化，需求量会 _____（增加/减少），供给量会 _____（增加/减少）。

3.5 最低限价高于均衡价格时会产生超额 _____（供给/需求）。（详见第75页"日常生活中的经济学"）

3.6 解释下图。下图显示了 CD 播放器的需求和供给曲线。填写以下空白处。

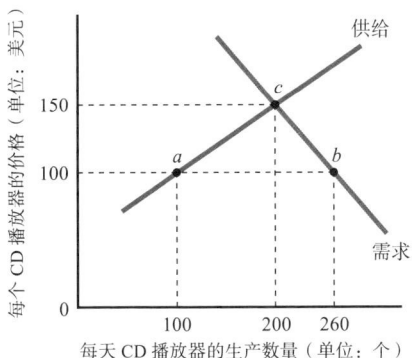

a. 市场均衡水平下（由点 _____ 表示），CD 播放器的价格是 _____，CD 播放器的产量是 _____。

b. 在 100 美元价格下，会存在超额 _____，此时我们可以预期价格会 _____。

c. 当价格高于均衡价格时，会存在超额 _____，此时我们可以预期价格会 _____。

3.7 找出市场均衡并在图形中表示出来。下表显示了不同价格下玉米的供给数量和需求数量。

每吨玉米的价格（美元）	供给量	需求量
80	600	1,200
90	800	1,100
100	1,000	1,000
110	1,200	900

a. 做出需求曲线和供给曲线。

b. 玉米的均衡价格为 _____，均衡产量为 _____。

c. 在 110 美元的价格下，存在超额 _____（供给/需求），其值为 _____。

3.8 放松价格管控。使用需求和供给曲线证明放松最低价格政策（通过允许价格下跌并缩小受控制产品的价格与均衡价格的水平）的影响。（参见第75页"日常生活中的经济学"）

4. 需求变化的市场影响

4.1 需求变化会引起 _____（需求曲线的移动/需求曲线上的移动）。需求量变化会引起 _____（需求曲线的移动/需求曲线上的移动）。

4.2 当我们沿着铅笔的需求曲线移动时，以下变量哪些发生了变化，哪些保持不变？

- 铅笔需求量
- 消费者数量
- 铅笔价格
- 钢笔价格
- 消费者收入

4.3 考虑在线电影市场对 DVD 市场的影响。在线电影价格的下降会使 DVD 的需求向 ____（左 / 右）移动。电影下载时间的减少将使 DVD 需求向 ____（左 / 右）移动。

4.4 对某种商品而言，当一种替代商品的价格 ____（上升 / 下降）时，或当一种互补商品的价格 ____（上升 / 下降）时，又或当人口 ____（增多 / 缩减）时，其市场需求曲线会向右移动。

4.5 某商品的需求增加会产生如下影响：该商品的均衡价格 ____（上升 / 下降），均衡产量 ____（增加 / 减少）。

4.6 在 2006 年至 2009 年之间，山胡桃的价格增加了约 ____（15%/50%/70%），原因是来自中国的 ____（需求 / 供给）的增加。（参见第 81 页"日常生活中的经济学"）

4.7 收入增加的市场影响。考虑餐馆用餐的市场。使用需求和供给曲线来预测消费者收入增加的影响：餐馆用餐的均衡价格会 ____（上升 / 下降），餐馆用餐的均衡产量会 ____（增加 / 减少）。

4.8 公立大学和私立大学。考虑私立大学的教育市场。使用需求曲线和供给曲线预测公立大学学费上升的市场影响：私立大学教育的均衡价格会 ____（上升 / 下降），私立大学教育的均衡产量会 ____（增加 / 减少）。

4.9 汽油价格和高耗油汽车。使用需求曲线和供给曲线预测天然气价格上升对大型 SUV 的影响。大型 SUV 均衡价格会 ____（上升 / 下降），大型 SUV 的均衡产量会 ____（增加 / 减少）。

4.10 山胡桃价格。使用需求曲线和供给曲线预测中国消费者对山胡桃需求增加的市场影响。假设初始均衡价格是每单位 6 美元。（参见第 81 页"日常生活中的经济学"）

5. 供给变化的市场影响

5.1 供给变化会引起 ____（供给曲线的移动 / 供给曲线上的移动）。供给量变化会引起 ____（供给曲线的移动 / 供给曲线上的移动）。

5.2 当我们沿着铅笔的供给曲线移动时，在以下变量中，哪些发生变化，哪些保持不变？

- 铅笔的供给量
- 木材价格
- 铅笔价格

• 生产技术

5.3 木材价格的增加使得铅笔的供给曲线向 _____（左 / 右）移动，铅笔生产技术的进步使得铅笔供给曲线向 _____（左 / 右）移动，对铅笔生产新增税收使得铅笔供给曲线向 _____（左 / 右）移动。

5.4 某商品的供给增加会产生如下影响，该商品的均衡价格 _____（上升 / 下降），均衡产量 _____（增加 / 减少）。

5.5 需求和供给同时增加，当 ____（需求 / 供给）的变化更大时，均衡价格会上升。

5.6 如果供给增加而需求减少，此时均衡价格会 _____（上升 / 下降）。

5.7 供给增加而需求减少，当 ____（需求 / 供给）的变化更大时，均衡产量会减少。

5.8 当蜂群数量减少时，水果和浆果的供给量会 _____（增加 / 减少），冰激凌的生产成本会 _____（上升 / 下降），冰激凌的均衡价格会 _____（上升 / 下降）。（参见第 88 页"日常生活中的经济学"）

5.9 天气对价格的影响。受严寒天气冲击，佛罗里达州的橘子产量下降了20%。这会对佛罗里达橘子的均衡价格和均衡产量产生什么影响？用图表阐明你的答案。

5.10 移民管控和价格。思考对覆盆子市场的影响。假设一项新的法律出台，取缔了覆盆子农场雇用外国农业工人的行为，此举使得覆盆子农场的工人工资上涨。请使用需求和供给曲线来预测上涨的工资对覆盆子的均衡价格和均衡产量的影响。覆盆子的均衡价格会 _____（上升 / 下降），覆盆子的均衡产量会 _____（增加 / 减少）。

5.11 进口禁令的市场影响。思考这样一个国家的市场，最初该国鞋子消费的50% 依靠进口。请使用需求和供给曲线来预测禁止进口鞋子带来的市场影响。均衡价格会 _____（上升 / 下降），均衡产量会 _____（增加 / 减少）。

5.12 税收的市场影响。思考鱼的市场。对厂商征收每磅鱼 1 美元的税收，请用需求和供给曲线来预测其市场影响，鱼的均衡价格会 _____（上升 / 下降），均衡产量会 _____（增加 / 减少）。

5.13 创新和手机价格。假设某种手机的初始价格是 100 美元，初始需求量是每天 500 台。假设某一项技术创新将减少手机的生产成本，请使用需求和供给曲线来预测其影响。初始点标记为点 a，新均衡点标记为点 b。

5.14 高耗油汽车和低耗油汽车。考虑二手车市场。2008 年，当油价上升时，二手的大型 SUV 的价格下降了，二手中小型轿车的价格上升了。

a. 使用供给需求图说明油价上升对二手大型 SUV 市场的影响。

b. 使用供给需求图说明油价上升对二手中小型轿车市场的影响。

5.15 蜜蜂和冰激凌。假设蜂群数量的减少会增加生产冰激凌所需的某些原料的价格。考虑两种口味的冰激凌，草莓和香草。生产草莓冰激凌的成本增加了约 20%，而生产香草的成本增加了约 5%。使用供给和需求曲线说明蜂群数量减少对两种口味的冰激凌的均衡价格和均衡产量的影响。（参见第 88 页"日常生活中的经济学"）

6. 预测和解释市场变化

6.1 在下表空白处填写适当内容。请注意相较于书中内容第一列的顺序打乱了。

需求或 供给变化	均衡价格 如何变化	均衡产量 如何变化
供给增加		
需求减少		
供给减少		
需求增加		

6.2 当 ＿＿＿（供给 / 需求）变化时，均衡价格和均衡产量朝相同方向变化。当 ＿＿＿（供给 / 需求）变化时，均衡价格和均衡产量朝相反方向变化。

6.3 假设最近手风琴的均衡价格上升而其均衡产量下降了。这些变化的原因是 ＿＿＿（供给 / 需求）的 ＿＿＿（增加 / 减少）。

6.4 假设最近住房的均衡价格上升，同时其均衡产量也增加了。这些变化的原因是 ＿＿＿（供给 / 需求）的 ＿＿＿（增加 / 减少）。

6.5 如果毒品价格的下降伴随着其产量的下降，那么这些变化的原因是 ＿＿＿（供给 / 需求）的 ＿＿＿（增加 / 减少）。

6.6 是什么导致了油价上涨？上个月，油价上涨了 20%。你的工作是找出油价上涨的原因：需求变化还是供给变化。信息员拥有与石油市场相关的所有数据，她能回答一个是与不是的问题（她不能回答"高油价是由需求变化还是由供给变化引起的？"之类的问题）。

a. 你应该问什么问题？

b. 假设根据给你的回答可以推导出油价上升是由需求变化引起的。请用完整的图形进行说明。

c. 假设根据给你的回答可以推导出油价上升是由供给变化引起的。请用完整的图形进行说明。

6.7 牛奶价格的上升。2007 年，牛奶的价格上升了约 10%，而其产量下降了。请使用供给需求曲线说明价格和产量发生的变化。

6.8 移植器官价格的上升。过去几年里，移植人造器官（肝脏、肾脏、心脏）的价格剧烈上升。为什么呢？你需要了解哪些额外的信息以证明你的解释?

6.9 夏日度假小屋的价格。随着夏日临近，租用小屋的均衡价格增加了，供给量也增加了。请作需求供给曲线解释这些变化。

6.10 最简单也是最可能的曲线。思考橙汁的市场。利用以下观测数据做出最简单也是最可能的需求曲线和供给曲线。你所作的曲线不应超过 4 条。给每条曲线标记上需求或供给，并标注上年份。

年份	1	2	3
价格	5 美元	7 美元	4 美元
数量	100	80	110

6.11 废旧报纸 0 价格。在 1987 年，你可以以 60 美元的价格售出 1 吨废旧报纸。5 年之后，无论价格多低，你都卖不出去。换句话说，废旧报纸的价格在 5 年内从每吨 60 美元下降到了 0。在这段时期内，购买和销售废旧报纸的数量都增加了。是什么导致价格下降的? 使用完整的图表证明你的结论。

6.12 卡波和毒品价格。使用需求供给曲线说明卡波给出的有关毒品价格下降的解释是错误的。(参见第 90 页"日常生活中的经济学")

经济学实验

市场均衡

这个简单的实验只需要 20 分钟。我们先将班内同学分为人数相等的两组：消费者组和厂商组。

- 授课教师给每位消费者一个数字，该数字代表他愿意为 1 蒲式耳苹果支付的最高价格（WTP），WTP 在 1~100 美元之间浮动。每个交易期内，每名消费者都有权利购买 1 蒲式耳苹果。每个交易期内消费者的得分等于他支付的价格和 WTP

的价格之差。例如，如果该消费者的 WTP 是 80 美元，而他只支付了 30 美元，那么该消费者的得分就是 50 美元。消费者有权不购买苹果。这个设定不难理解，因为销售价格可能超过 WTP。当消费者不购买苹果时，其得分为 0。

- 授课教师给每位厂商一个数字，该数字表示生产 1 蒲式耳苹果的成本，在 1~100 美元之间浮动。每个交易期内，每名厂商都有权利销售 1 蒲式耳苹果。每个交易期内厂商的得分等于他的销售价格和生产成本之差。例如，如果一名厂商以 20 美元的价格销售了苹果，而成本为 15 美元，那么该厂商的得分为 5 美元。厂商有权不销售苹果。这个设定是合理的，因为销售价格可能低于成本。如果厂商没有销售苹果，其得分为 0。

当每个人都了解规则后，所有的消费者和厂商在一个交易区内安排交易。消费者可以公布他愿意为苹果支付的价格，并等待愿意出售的厂商卖出苹果。

相对地，厂商也可以公布他愿意接受的苹果售价，并等待愿意支付这一售价的消费者买入苹果。一旦交易完成，完成交易的消费者和厂商告知授课教师交易结果，记录该次交易，并离开交易区。

可以安排多个交易期，每个交易期持续几分钟。一个交易期结束后，授课教师公布所有苹果出售的价格。然后下一个交易期开始，提供给消费者和厂商再一次购买或销售苹果的机会。在所有交易期结束后，每位参加者通过加总所有交易期内的得分，得出最终得分。

亚利桑那州菲尼克斯的汽油来自两条输油管，一条来自得克萨斯州，还有一条来自西海岸。

2003 年夏天，来自得克萨斯州的输油管破裂，菲尼克斯的汽油供应因此减少了 30%。

对于汽油的一项可靠研究表明，汽油价格每增加 5%，汽油需求量就会降低 1%。基于该研究，为了抵消供应减少 30% 的影响，价格将增长 150%（30% 乘以 5）。但实际上，价格只上涨了 40%。如何解释价格上升幅度远低于预期的现象？

学 习 目 标

列举需求价格弹性的决定因素。

使用需求价格弹性预测需求量和总收入的变化。

解释需求价格弹性在线性需求曲线上如何变化。

定义需求收入弹性和需求交叉价格弹性。

理解供给价格弹性的决定因素。

使用需求弹性和价格弹性预测均衡价格的变化。

在第 3 章中，我们讨论了需求定律，该定律表明在保持其他条件不变的情况下，价格上升将使需求量减少。需求定律对于我们预测和解释一系列经济现象很有帮助，但有时候我们需要明确知道隐藏在需求定律之下的变化的数据。也就是说，我们需要知道当价格上升时，需求量究竟会减少多少。本章我们将定量化需求定律，探究消费者对价格变化的敏感性。假设你是电影院的老板，你决定将电影票的价格从 10 美元提升至 11 美元。根据需求定律你可以预计售票量将会减少，但问题是究竟会减少多少。接下来我们将看到，你可以使用弹性来预测售票量以及总的售票收入。

我们再将视线转向市场的供给侧，供给定律表明在保持其他条件不变的情况下，价格上升将使供给量增加。本章的问题是究竟增加了多少。我们将定量化供给定律，说明当价格上升时如何预测供给量上升的数量。例如，如果世界原油价格从每桶 70 美元增加至 80 美元，从供给定律可以知道国内石油厂商将增加供给量，但问题是增加多少。我们可以使用弹性来预测石油供给量的变化。

需求价格弹性

需求价格弹性（price elasticity of demand）简称需求弹性（E_d），衡量的是需求量对价格变化的敏感性。为了计算需求价格弹性，我们用需求量的变化百分比除以价格的变化百分比，再对该比例取绝对值：

$$E_d = \left| \frac{需求量的变化百分比}{价格的变化百分比} \right|$$

之所以对该比例取绝对值，是为了保证弹性为正数。例如，假设牛奶的价格增加了 10%，而产量减少了 15%，其需求价格弹性为 1.5：

$$E_d = \left| \frac{需求量的变化百分比}{价格的变化百分比} = \frac{-15\%}{10\%} = 1.50 \right|$$

名词解释

需求价格弹性（E_d）：需求量对价格变化的敏感性的衡量值，等于需求量的变化百分比与价格的变化百分比的比值的绝对值。

需求定律告诉我们价格和需求量朝相反方向变化。因此，需求量的变化百分比和价格的变化百分比符号相反。在牛奶的例子中，价格变化 10% 引起的需求量变化为 −15%。两个百分比变化的比值是 −1.50，取绝对值之后，得到的需求弹性为 1.50。尽管通常的方法是使用绝对值计算价格弹性，但并不代表只有这一种方法。有时你也会遇到负的价格弹性，这表明该弹性是以实际数值而非绝对值表示的。

价格弹性表示为正数，可以有助于我们解释弹性。弹性值大，意味着该商品的需求弹性大，或者说需求对价格变化很敏感；相反，弹性值小，意味着该商品的需求缺乏弹性。

计算变化百分比和弹性

正如我们在第 1 章的附录中看到的，我们以两种方式计算变化百分比。一种是用初始值法，我们将一个变量值的变化除以该变量的初始值。例如，如果价格从 20 美元上升至 22 美元，变化百分比就是 2 美元除以 20 美元，得到 10%：

$$\text{以初始值计算的变化百分比} = \frac{22 - 20}{20} \times 100\% = \frac{2}{20} \times 100\% = 10\%$$

另一种是使用中间值法。我们将变量值的变化除以该变量的平均值，平均值即初始变量和最终变量的中间值。例如，如果价格从 20 美元上升至 22 美元，其中间值即 21 美元，变化百分比等于 2 美元除以 21 美元，得到 9.52%：

$$\text{以中间值计算的变化百分比} = \frac{2}{\dfrac{20+22}{2}} \times 100\% = \frac{2}{21} \times 100\% = 9.52\%$$

如果使用中间值法，无论是以 22 变化到 20 来计算，还是以 20 变化到 22 来计算，它产生的都是相同的绝对值变化。因为分母在两种情况下都是一样的。相反，以初始值计算百分比变化时，我们的答案取决于变化的方向。

表 4-1 显示了以两种方法计算需求价格弹性的结果。当价格从 20 美元上升至 22 美元，需求量从 100 个单位减少至 80 个单位。使用初始值法，我们得到弹性值为 2.0。如该表末行所示，使用中间值计算的弹性值为 2.33。

表 4-1 使用初始值法和中间值法计算价格弹性			
		价格（美元）	需求量
数值	初始值	20	100
	最终值	22	80
		价格（美元）	需求量
初始值计算法	百分比变化	$10\% = \frac{2}{20} \times 100\%$	$-20\% = -\frac{20}{100} \times 100\%$
	需求价格弹性	$2.0 = \left\| \frac{-20\%}{10\%} \right\|$	
		价格（美元）	需求量
中间值计算法	百分比变化	$9.52\% = \frac{2}{21} \times 100\%$	$-22.22\% = -\frac{20}{90} \times 100\%$
	需求价格弹性	$2.33 = \left\| \frac{-22.22\%}{9.52\%} \right\|$	

两种方法为什么会产生不同的弹性值？中间值法计算的百分比变化更加精确。在本案例中，变化百分比相对较小，因此两个弹性值的差距不大。如果变化百分比增大，由两种方法计算的弹性值将非常不同，此时应该使用中间值法。我们在本书中使用初始值法，因为它容易凑出整数结果，有助于我们将注意力集中于经济学，而不是算术。但是当你想要更加精确时，你应该使用中间值法。

价格弹性和需求曲线

图 4-1 显示了 5 条不同的需求曲线，它们的弹性都不同。我们可以根据需求价格弹性的不同将产品分为 5 种类型。

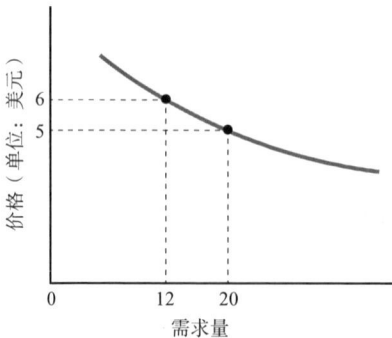

（A）弹性需求：$E_d = \left| \frac{-40\%}{20\%} \right| = 2.0 > 1$ 　　（B）缺乏弹性需求：$E_d = \left| \frac{-10\%}{20\%} \right| = 0.50 < 1$

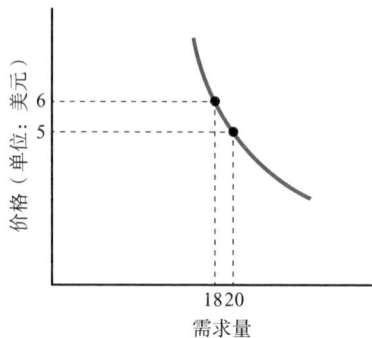

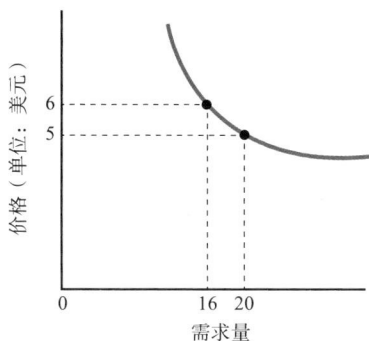

（C）单位弹性需求：$E_d = \left| \dfrac{-20\%}{20\%} \right| = 1$

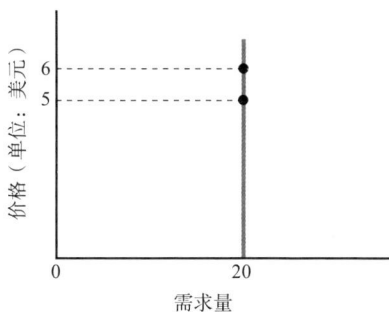

（D）完全无弹性需求：$E_d = \left| \dfrac{0\%}{20\%} \right| = 0$

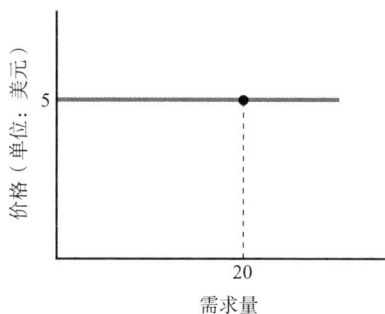

（E）完全弹性需求：$E_d = \infty$

▲图 4-1

弹性和需求曲线

- **弹性需求**（elastic demand）。如（A）图所示，价格的变化百分比 20% 除需求量的变化百分比 40%，得到需求价格弹性为 2.0。当价格弹性大于 1.0 时，我们称该需求具有弹性。餐馆用餐、乘飞机出行和电影属于弹性需求商品。

- **缺乏弹性需求**（inelastic demand）。如（B）图所示，价格的变化百分比 20% 除需求量的变化百分比 10%，得到需求价格弹性为 0.5。当价格弹性小于 1.0 时，我们称该需求缺乏弹性。盐、鸡蛋、咖啡、香烟属于缺乏弹性需求商品。

- **单位弹性需求**（unit elastic demand）。

名词解释

　弹性需求：需求价格弹性大于 1，此时需求量的变化百分比大于价格的变化百分比。

　缺乏弹性需求：需求价格弹性小于 1，此时需求量的变化百分比小于价格的变化百分比。

　单位弹性需求：需求价格弹性等于 1，此时需求量的变化百分比等于价格的变化百分比。

如（C）图所示，价格的变化百分比 20% 除需求量的变化百分比 20%，得到需求价格弹性为 1.0。住房和果汁属于单位弹性需求。

- **完全无弹性需求**（perfectly inelastic demand）。如（D）图所示，当需求完全无弹性时，需求量不随价格变化而变化，此时需求曲线垂直相交于固定的需求量处，需求价格弹性为 0。这种极端情况极为罕见，因为对大多数商品来说，消费者都可以选择替代商品，或干脆不买。尽管房屋内供水没有直接替代品，但是随着水价上升，人们可以选择安装低流量的喷头，并减少清洗草坪和汽车的频率。药品就是一种完全无弹性商品，如用于治疗糖尿病的胰岛素，它没有替代商品。

- **完全弹性需求**（perfectly elastic demand）。如（E）图所示，当需求完全弹性时，价格弹性无穷，此时需求曲线为水平直线，意味着只有一个价格。在该价格水平下，需求量可以是任意值，从 1 到几百万个单位。即使价格只增加一分，需求量也会直接减少为 0。正如我们在本书后面会看到的，完全竞争市场中的公司面临的就是这种类型的需求曲线。例如，麦农可以用市场价格出售任意数量的小麦，但是当售价高于市场价时，便没有任何人购买其小麦。

> **名词解释**
>
> **完全无弹性需求**：需求价格弹性等于 0。
>
> **完全弹性需求**：需求价格弹性无穷大。

弹性和替代商品

计算特定商品的价格弹性，关键因素是替代商品的易获得性。思考胰岛素和脆玉米片的替代商品的情况。实际上，没有商品可以替代胰岛素，因此糖尿病人在胰岛素的价格发生变化时束手无策。当胰岛素价格上升时，病人无法选择其他药品，因此胰岛素的需求是无弹性的。相反，脆玉米片有很多替代商品，包括其他种类的玉米杂粮，还有用小麦、大米和燕麦制成的杂粮。脆玉米片价格上升时，消费者可以轻易地选择替代商品，因此对脆玉米片的需求弹性很大。

表 4-2 显示了多种商品的需求价格弹性。不同的弹性值表明替代商品对于决定需求价格弹性的重要性。水或者盐都没有好的替代品，所以两者的弹性非常小。例如，水的需求价格弹性是 0.20，意味着价格上升 10% 会使需求量减少 2%。咖啡的需求缺乏弹性（0.30），因为尽管存在替代饮料和咖啡因摄入渠道（茶叶、混入咖啡的软饮料、运动饮料和药剂），咖啡提供的是口味和咖啡因的独一无二的组合。尽管鸡

蛋有人工替代品（针对那些关心膳食胆固醇的人），但是没有天然的替代品，所以鸡蛋的需求缺乏弹性（0.30）。

表 4-2 所选商品的需求价格弹性[1]		
	商品	**需求价格弹性**
缺乏弹性	盐	0.1
	食物（富裕国家）	0.15
	独木舟旅行	0.19
	水	0.2
	咖啡	0.3
	医疗	0.25
	游钓	0.28
	汽油（短期）	0.25
	鸡蛋	0.3
	香烟	0.3
	食物（贫穷国家）	0.34
	鞋子	0.7
	汽油（长期）	0.6
单位弹性	住房	1.0
	果汁	1.0
有弹性	汽车	1.2
	出国旅行	1.8
	汽艇	2.2
	餐馆用餐	2.3
	乘飞机出行	2.4
	电影	3.7
	特定品牌的咖啡	5.6

一种商品可能有多个品牌，他们互为替代商品。因此特定品牌的某种商品需求弹性较大。例如，特定品牌咖啡的需求弹性是 5.6，而咖啡整体的需求弹性是 0.30。这意味着咖啡总体价格上升 10% 会使咖啡需求量降低 3%，但是特定品牌的咖啡价格上升 10% 会使该品牌咖啡的销量降低 56%。每一种品牌的咖啡对其他品牌的咖啡而言都是一种替代商品，所以消费者对特定品牌咖啡的价格变动非常敏感。相似地，特定品牌轮胎的需求弹性比轮胎整体的需求弹性要大。

随着时间流逝，消费者能够更容易地找到替代商品，因此消费者对价格变化的反应时间越长，需求弹性越强。因为消费者需要花时间对价格变化做出反应，所以短期需求价格弹性比长期需求价格弹性小。例如，当汽油价格上升时，消费者可以马上减少驾驶当前车辆的里程数或选择公共交通。如表 4-2 所示，石油的短期需求价格弹性是 0.25。在长期中，消费者可以购买低耗油汽车，甚至搬至离工作地点更近的住宅区。随着时间推移，消费者可用于削减汽油消费的选择不断增加，意味着消费者有更多的替代性选择，所以需求变得更有弹性了。在表 4-2 中，汽油的长期需求价格弹性是 0.60，比短期弹性的 2 倍还多。

需求价格弹性的其他决定因素

商品的需求价格弹性还受两种因素影响。首先，如果商品占消费者预算比例较高，其弹性一般较大；如果一个商品只占消费者预算的一小部分，那么它的需求相对就缺乏弹性。例如，假设铅笔的价格是 20 美分，上涨了 10%（2 美分），价格的变化对于一般的消费者而言微不足道，所以我们预计铅笔需求量只少量下降。相反，如果汽车的价格是 20,000 美元，上涨了 10%（2,000 美元），我们预计消费者的反应将大得多，因为这个价格变化对于一般的消费者而言比较大。

对食物需求价格弹性进行国际间比较，我们发现，当一种商品占消费者的预算比例较高时，其需求更富有弹性。如表 4-2 所示，在富裕国家中，食物的需求价格弹性约为 0.15。在贫穷国家，人们花费在食物上的预算比例更高，因此他们对食物价格变化的反应更强烈。在这些贫穷国家，食物需求价格弹性达到近 0.34。

另一个决定需求弹性的因素是所选商品是必需品还是奢侈品。如表 4-2 所示，无论在富裕国家还是贫穷国家，作为必需品的食物的需求弹性都不高。同样，医疗的需求是缺乏弹性的（弹性为 0.25）。相反，作为奢侈品的餐馆用餐、出国旅行、汽艇的需求弹性较强。当然，不是所有认定为奢侈品的商品都是弹性需求商品。例如，周末独木舟旅行的需求价格弹性是 0.19，游钓的需求弹性是 0.25。这些弹性值表明，对一个人来说是奢侈品的商品对其他人而言可能是必需品。

表 4-3 总结了我们对需求价格弹性的决定因素的相关讨论。需求弹性较强的情况有许多种，如存在许多替代商品、消费者对价格反应时间较长、对商品的支出占消费者预算比例较高和所选商品是奢侈品而不是必需品等。

表 4-3 弹性的决定因素		
因素	需求弹性较强的情况	需求缺乏弹性的情况
替代选择的可得性	存在许多替代商品	替代商品不多
时间跨度	长时间跨度	短时间跨度
占消费者预算的比例	较大	较小
必要性	该商品是奢侈品	该商品是必需品

日常生活中的经济学

进一步观察汽油的需求价格弹性

对应的经济学问题：需求价格弹性如何随时间变化？

我们已经看到，当消费者在长期中有更多机会应对价格变化时，汽油的需求弹性更强。一项最新的研究成果探究了消费者对更高汽油价格的两种反应。首先，当价格上升时，人们会减少行驶的里程数，因此路上的汽车减少了。如下表所示，在一年内，交通量的弹性是 0.10，而在五年后，则升高至 0.30。换言之，在短期内，汽油价格上升 10% 会使道路上的汽车数量下降 1%，而在长期内，下降的比例则升高至 3%。另一种对油价上升的反应是选择低能耗的汽车。如下表所示，燃油效率的弹性在短期是 0.15，在长期是 0.40。详见练习 1.6 和 1.7。

表 4-4 汽油价格，交通量和燃油效率		
弹性	短期（1 年）	长期（5 年）
交通量	0.10	0.30
燃油效率	0.15	0.40

来源：Based on Phil Goodwin, Joyce Dargey, and Mark Hanly, "Elasticities of Road Traffic and Fuel Consumption with Respect to Price and Income: A Review," *Transport Review* 24, no. 3（2004）: 275-292.

如何使用需求价格弹性

需求价格弹性是经济学分析非常有用的一件工具。只要知道一种商品的需求价格弹性，我们就可以量化需求定律，预测由价格变化引起的需求量的变化。另外，我们也可以使用需求价格弹性的估计值来预测价格的变化如何影响一家公司的总收入。

预测需求量变化

如果我们知道弹性公式三个变量中的两个，就可以计算出第三个变量的值。这三个变量是：（1）需求价格弹性本身，（2）需求量的变化百分比，（3）价格的变化百分比。因此，如果我们知道了价格弹性的值和价格的变化百分比，就能计算出需求量的变化百分比。具体来说，我们可以重新调整弹性计算公式：

$$需求量的变化百分比 = 价格的变化百分比 \times E_d$$

例如，假设你要上映一个校园电影系列，你决定将电影票价格提升 15%。如果你知道了这些电影的需求弹性，你就可以使用该值来预测提升价格后电影票销售量会减少多少。如果需求弹性是 2.0，那么当你将电影票价格提升 15% 后，我们可以预测电影票需求量会减少 30%。

$$
\begin{aligned}
需求量的变化百分比 &= 价格的变化百分比 \times E_d \\
&= 15\% \times 2.0 = 30\%
\end{aligned}
$$

我们可以使用价格弹性来预测啤酒价格变化对高速公路上年轻人死亡率的影响。年轻人对啤酒的需求弹性大约是 1.30。[2] 如果某个州宣布征收一种啤酒税，使得啤酒价格上升 10%，我们可以预测啤酒消费会减少 13%：

$$
\begin{aligned}
需求量的变化百分比 &= 价格的变化百分比 \times E_d \\
&= 10\% \times 1.30 = 13\%
\end{aligned}
$$

高速公路上年轻人的死亡人数与他们的啤酒消费粗略成正比，因此死亡人数也会减少约 13%。根据最近的一项调查，当啤酒税从每六罐 0.16 美元翻倍至 0.32 美元[①]，18～20 岁年轻人在高速公路上的死亡人数会减少约 12%。如果啤酒税恢复到 1951 年的水平，死亡人数将减少 32%。

还有一项政治目标正在推进中，那就是减少青少年的吸烟行为。根据 1997 年联邦烟草决议，每包香烟的价格上升了约 62 美分，上升比例约 25%。青少年对香烟的需求是有弹性的，弹性值约为 1.3。[3] 因此，价格上升 25% 会使吸烟量减少 32.5%。

---

① 美国啤酒通常都是六罐装。

$$需求量的变化百分比 = 25\% \times 1.30 = 32.5\%$$

烟草消费减少，有一半要归功于青少年烟民的减少，另一半则要归功于青少年吸烟量的减少。

价格弹性和总收入

企业使用价格弹性来预测价格变化的影响。一家企业生产商品用于销售，其总收入等于销售收入。如果一家企业以相同的价格将产品销售给每一位消费者，那么总收入就等于产品价格乘以销售量：

$$总收入 = 价格 \times 销售量$$

假设一家企业提升了商品的价格。它的总销售收入是增加还是减少呢？答案取决于对该商品的需求价格弹性。只要知道了需求价格弹性，我们就可以确定价格上升会导致总销售收入增加还是减少。

让我们回到系列校园电影的案例。假设你想将电影票价格从 10 美元提升 10% 至 11 美元。电影票价格的上升对总收入有正负两种作用：

- 正面作用：每张票的销售所得增加。
- 负面作用：电影票的销售数量减少。

当正面作用弱于负面作用时，总收入将减少。需求的弹性越强，销售量减少得就越多。

表 4-5 的上半部分给出了一个弹性商品价格上升的例子。在该案例中，需求价格弹性为 2.0，即 10% 的价格上升会使需求量从 100 张票减少 20% 至 80 张票。因为需求量减少的百分比（负面作用）大于价格上升的百分比（正面作用），总收入从 1,000 美元减少至 880 美元。总的来说，弹性需求意味着需求量的变化百分比（负面作用）会大于价格的变化百分比（正面作用），因此价格上升会减少总收入。

表 4-5　具有不同需求弹性的商品的价格和总收入		
需求弹性：$E_d = 2.0$		
价格（美元）	销售量	总收入（美元）
10	100	1,000
11	80	880
需求弹性：$E_d = 0.5$		
价格（美元）	销售量	总收入（美元）
100	10	1,000
120	9	1,080

　　当商品缺乏弹性时，我们将得到相反的结果：价格上升将使总收入增加。表 4-5 的下半部分给出了一个缺乏弹性的商品价格上升的例子。假设校园书店的教科书价格是 100 美元，此时每分钟可以销售 10 本书。如果该书店将价格从 100 美元提升 20% 至 120 美元，那么教科书的销售量将从每分钟 10 本减少 10% 至每分钟 9 本。因此，书店总收入将会从每分钟 1,000 美元增加至 1,080 美元。总的来说，缺乏弹性的需求意味着销售量变化百分比小于价格变化百分比，因此价格上升将增加总收入。

　　表 4-6 显示了不同类型商品的价格变化对总收入的影响。

表 4-6　价格弹性和总收入		
需求弹性：$E_d > 1.0$		
价格	总收入	需求量变化百分比与价格变化百分比的比值
↑	↓	>1.0
↓	↑	>1.0
需求弹性：$E_d < 1.0$		
价格	总收入	需求量变化百分比与价格变化百分比的比值
↑	↑	<1.0
↓	↓	<1.0

- 弹性需求。价格和总收入呈负相关关系。价格上升时总收入减少，价格减少时总收入增加。
- 缺乏弹性需求。价格和总收入呈正相关关系。价格上升时总收入增加，价格减少时总收入减少。

● 单位弹性需求。总收入不随价格变化而变化。

我们可以使用表4-6总结的关系反向推导。只要观察一个商品的价格与总收入的正负相关关系，我们就可以确定该商品的需求是富有弹性的还是缺乏弹性的。假设一间音乐商店的CD价格上涨，导致该商店CD销售收入下降，那么价格和总收入之间的这种负相关关系表明该商店CD的需求是富有弹性的：总收入减少是因为消费者对价格上涨非常敏感，减少了CD消费量。相反，假设一个城市提高水费，总收入却增加了，那么价格和总收入之间的这种正相关关系表明，该城市的水的需求是缺乏弹性的：总收入增加是因为消费者对价格上升不敏感。

使用弹性预测价格变化对收入的影响

只要我们知道一种产品的需求是富有弹性还是缺乏弹性，我们就能预测价格变化对该商品的销售收入的影响。以下是价格变化影响收入的四个例证。

1. 市场弹性和品牌弹性。对一种商品的特定品牌的需求弹性比对该商品整体的需求弹性更强。尽管对咖啡的需求是缺乏弹性的（需求价格弹性值为0.3），但对特定品牌的咖啡的需求是富有弹性的（价格弹性为3.0）。因此，特定品牌咖啡降价会增加该品牌咖啡的总销售收入。

2. 公交费和赤字。美国大城市的公交系统都处于赤字状态，即运营成本高于公交费收入。对于一般的美国城市来说，乘坐公交车的需求是缺乏弹性的，弹性约为0.33。[4] 因此，公交费上涨的正面作用（对每位乘客收费增加）强于负面作用（乘客数量减少），此时总收入将增加，公交赤字将减少。

3. 丰收对农民是个坏消息。农民面对大豆的丰收喜忧参半。好消息是农民能够销售更多的大豆。坏消息是增加的供给会使大豆的价格下降，从而降低农民销售每单位大豆的收入。不幸的是，对大豆以及许多其他农作物的需求是缺乏弹性的。坏消息胜过了好消息，所以丰收意味着农民收入的降低。

4. 反毒品政策和财产犯罪。反毒品政策和抢劫、扒窃、汽车偷盗等财产犯罪有什么关联？当政府采用各种政策限制毒品供给时，毒品供给的减少会增加均衡价格。因为对非法毒品的需求是缺乏弹性的，价格的上升会增加吸毒者耗费在非法毒品上的支出。[5] 而吸毒者为了应对毒品价格上升，将实施财产犯罪获取毒资。换句话说，反毒品政策存在一组权衡关系：一方面该政策会拉升毒品价格从而减少毒品消费，另一方面该政策会增加吸毒者的财产犯罪。

虚荣车牌及其需求弹性

对应的经济学问题：价格上升如何影响总支出？

　　广播智力竞赛节目《别告诉我答案》（*Wait Wait，Don't Tell Me!*）最近提问了以下这个问题：哪个州的虚荣车牌数量最多？正确答案是弗吉尼亚州，该州约10%的车辆都有如10SNE1和GLBLWRMR之类的虚荣车牌。经济学家可能会进一步提问：为什么弗吉尼亚州的虚荣车牌这么多？尽管有一种离谱的说法认为弗吉尼亚州人都特别虚荣，但更合理的解释是弗吉尼亚州的虚荣车牌价格只要10美元，仅为美国平均价格的三分之一。

　　从该州政府的利益出发，采取低价格策略合理吗？假设该州的目标是最大化来自虚荣车牌的收入，根据最新的一项研究，弗吉尼亚州的虚荣车牌需求是缺乏弹性的，其需求价格弹性为0.26。因此，如果该州提升价格，来自虚荣车牌的总收入将增加。详见练习2.4和2.14。

资料来源：Based on Erik Craft, "The Demand for Vanity（Plates）: Elasticities, Net Revenue Maximization, and Deadweight Loss." *Contemporary Economic Policy* 20（2002）: 133-144.

线性需求曲线的弹性和总收入

　　我们通常使用线性需求曲线表示消费者对一个商品的需求。直线的线性需求曲线斜率不变，不代表它的需求弹性恒定不变。当我们沿着线性需求曲线向下移动时，价格需求弹性逐渐减小。在线性需求曲线的上半部分，需求是富有弹性的；在曲线的下半部分，需求是缺乏弹性的。在需求曲线的中间点上，需求是单位弹性的。

线性需求曲线的价格弹性

　　我们可以使用图4-2的（A）图来表示价格弹性沿着线性需求曲线变化的过程。

该需求曲线的斜率是每单位 −2 美元。我们只需在该曲线上任意选取两点，用两点间的垂直距离除以水平距离即可得斜率值。例如，在点 e 和点 u 之间，垂直距离是−30 美元，水平距离是 15，所以斜率等于 −30 美元 /15 = −2 美元。这意味着价格每减少 2 美元，需求量就增加 1 个单位。

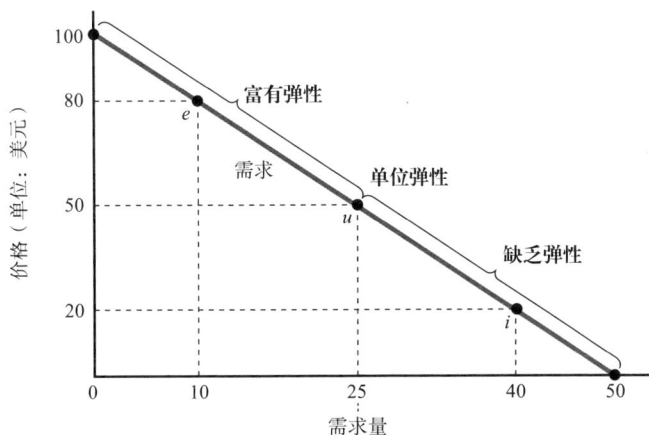

（A）需求曲线

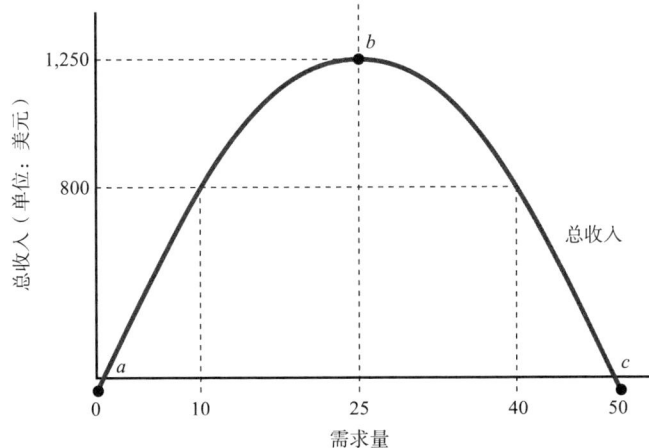

（B）总收入曲线

▲图 4-2

线性需求曲线上各点的弹性和总收入

线性需求曲线上半部分的需求是富有弹性的，所以价格下降时，需求量增加，总收入增加（表示为点 a 到点 b 的移动）。线性需求曲线下半部分的需求是缺乏弹性的，所以价格下降时，需求量增加，总收入减少（由点 b 到点 c 的移动表示）。总收入于该线性需求曲线的中间（点 u）达到最大值，点 u 处需求是单位弹性的。

表 4-7 说明了计算 e、u、i 三个点的需求价格弹性的步骤。如 B 列和 D 列所示，价格降低 2 美元会使需求量增加 1 个单位。

表 4-7　线性需求曲线上各点的需求价格弹性

A 位置	B 价格变化 （美元）	C 价格变化百分比	D 需求量变化	E 需求量变化的 百分比	F 需求弹性
e：富有弹性	−2	$-\dfrac{2}{80}=-2.5\%$	+1	$\dfrac{1}{10}=10\%$	$\left\|\dfrac{10\%}{-2.5\%}\right\|=4$
u：单位弹性	−2	$-\dfrac{2}{50}=-4\%$	+1	$\dfrac{1}{25}=4\%$	$\left\|\dfrac{4\%}{-4\%}\right\|=1$
i：无弹性	−2	$-\dfrac{2}{20}=-10\%$	+1	$\dfrac{1}{40}=2.5\%$	$\left\|\dfrac{2.5\%}{-10\%}\right\|=0.25$

- C 列：价格的变化百分比。在点 e 上，我们将 80 美元的价格降低 2 美元，导致价格下降 2.5%。同样 2 美元的价格削减，沿着需求曲线向下，引起的价格变化百分比逐渐增加。在点 u 上，价格的变化百分比是 −4%，而在点 i 上，价格的百分比变化是 −10%。

- E 列：需求量的变化百分比。在点 e 上，需求量是 10 个单位，此时需求量增加一个单位会导致需求量增加 10%。同样 1 个单位的需求量减少，沿着需求曲线向下时，引起的需求量的变化百分比逐渐减小。在点 u 上，需求的变化百分比是 4%，而在点 i 上，需求的百分比变化是 2.5%。

- F 列：需求价格弹性。在点 e 上，需求价格弹性为 4.0，因为需求量的变化百分比是 10%，价格的变化百分比是 2.5%。在点 u 上，需求是单位价格弹性的，因为需求量的变化百分比等于价格的变化百分比。在点 i 上，需求是缺乏弹性的（0.25），因为需求量的变化百分比是价格的变化百分比的四分之一。

为什么沿着线性需求曲线移动时，需求价格弹性会发生变化？认为弹性恒定不变是因为将它假定为一条斜率不变的直线，但实际上这是不对的。因为我们是通过变化百分比，而不是绝对值变化来衡量弹性的。当我们沿着需求曲线向下移动时，需求量逐渐增加，相同的需求量的绝对值变化引起的需求量的变化百分比逐渐减小。因此，沿着需求曲线向下移动时，弹性值递减。

线性需求曲线的弹性和总收入

图 4-2 的（B）图表示了线性需求曲线上销售量和总收入之间的关系。在线性需求曲线的上半部分，需求是富有弹性的，这意味着价格的降低引起的销售量增加的百分比更高。因此，总收入会增加，如总收入曲线上斜率为正的部分点 a 到点 b 所示。相反，在线性需求曲线的下半部分，需求是缺乏弹性的，这意味着价格的降低引起的销售量增加的百分比更小。因此，总收入会减少，如总收入曲线上斜率为负的部分点 b 到点 c 所示。总收入在线性需求曲线的中间点达到最大值，该点的需求是单一弹性的。在图 4-2 中，需求曲线上的点 u 是单位弹性的，所以在总收入曲线的点 b 上达到最大值 1,250 美元。

日常生活中的经济学

蹦床和线性需求曲线的下半部分

对应的经济学问题：公司会选择线性需求曲线下半部分的价格和需求量组合吗？

假设一家蹦床生产公司的线性需求曲线纵截距为 800 美元。该公司目前的销售价格是 300 美元。你想对这家公司提出什么建议？

你的建议应该是提升价格。300 美元的价格显然太低了，此时对该产品的需求是缺乏弹性的，因为它低于该需求曲线的中间值价格 400 美元。如果该公司将价格提升至 400 美元，它的总收入将会增加。因为需求是缺乏弹性的（需求量减少的百分比要小于价格提高的百分比）。同时，价格的提高会降低蹦床的需求量（需求定律），公司将减少蹦床的生产，总成本也将降低。由于价格的提高导致总收入增加和总成本的减少，公司的利润将增加。价格在 400 美元以下时，情况相同。

那么价格可以提高到多高呢？（超过 400 美元多少？）在本书后面的部分我们会看到，这取决于生产产品的成本。虽然此处我们不具备相关的信息来计算具体的价格，但我们可以确定这个价格一定不低于 400 美元，因为公司不会在低于现行需求曲线中值的地方运营。参见练习 3.5 和 3.9。

需求的其他弹性

我们已经看到需求价格弹性可以衡量消费者需求对特定商品价格变化的敏感性。当然，还有其他因素会影响消费者对特定商品的需求，如消费者的收入和相关商品（替代商品和互补商品）的价格。我们可以使用另外两种弹性来衡量消费者对这两个变量的敏感性：需求收入弹性和需求交叉价格弹性。

需求收入弹性

正如第3章所述，对特定商品的需求，部分地决定于消费者的收入。**需求收入弹性**（income elasticity of demand）衡量的是消费者需求对收入变化的敏感性，即当收入变化时，消费者对特定商品的购买量会增加多少或减少多少。需求收入弹性定义为需求量的变化百分比除以收入的变化百分比：

> **名词解释**
>
> **需求收入弹性**：衡量需求对消费者收入变化的敏感性；等于需求量的变化百分比除以收入的变化百分比。
>
> **需求交叉价格弹性**：衡量一种商品需求对另一种商品价格的变化的敏感性；等于一种商品 X 的需求量变化百分比除以另一种商品 Y 的价格变化百分比。

$$E_t = \frac{\text{需求量的变化百分比}}{\text{收入的变化百分比}}$$

例如，如果收入上升 10% 会带动图书需求增加 15%，那么图书的需求收入弹性就是 1.5（等于 15% 除以 10%）。

我们可以依据需求收入弹性来分类各种商品。回顾第3章的内容我们知道，当消费者的收入增加时，他会购买更多的正常商品。如果收入弹性为正，表明收入和需求存在正相关关系，我们就说该商品是正常商品。新车和新衣服的需求收入弹性都是正数，它们都属于正常商品。相反，如果收入弹性为负，表明收入和需求存在负相关关系，我们就说该商品是劣等商品。劣等商品包括乘市内公交出行、二手衣服和二手车。

需求交叉价格弹性

在第3章，我们也看到，相关商品（替代商品和互补商品）也影响了特定商品的需求。**需求交叉价格弹性**（cross-price elasticity of demand）衡量了需求对其他商品的价格变化的敏感性，即当其他商品的价格发生变化时，消费者对特定商品的购买量的增减。交叉价格弹性定义为一种商品 X 的需求量变化百分比与另一种商品 Y 的价格变化百分比的比值：

$$E_{xy} = \frac{\text{商品 X 的需求量变化百分比}}{\text{商品 Y 的价格变化百分比}}$$

正如我们在第 3 章看到的，如果一种商品的需求量与另一种商品的价格呈正相关关系，这两种商品就互为替代商品。例如，香蕉价格的上升会使苹果的需求增加，因为消费者会购买更多的苹果，以替代价格上升的香蕉。对于替代商品，交叉价格弹性是正数。相反，如果一种商品的需求量与另一种商品的价格呈负相关关系，两种商品就是互补商品。例如，冰激凌价格的上升会提高苹果派冰激凌的价格，使得消费者减少对苹果的需求。对于互补商品，交叉价格弹性是负数。表 4-8 总结了不同类型商品的正负关系。

表 4-8 不同类型商品的收入和交叉价格弹性		
弹性	正数	负数
收入弹性	正常商品	劣等商品
交叉价格弹性	替代商品	补充商品

零售商在决定定价时通常要使用需求交叉价格弹性的估计值。例如，当一家食品杂货店的花生酱降价 10%，花生酱的销售量就会上升，而且花生酱的替代商品果冻和面包也会卖得更好。如果果冻的需求交叉价格弹性是 0.5，那么花生酱降价 10% 将使果冻需求增加 5%。零售商可以使用一种商品优惠券来促进该商品及其互补商品的销量。只要知道了相关商品的交叉价格弹性，零售商就能预测消费者会多购买多少互补商品。

日常生活中的经济学

只需 4 步就能找到弹性

对应的经济学问题：需求弹性估计值在哪里可以找到？

假设你在找消费者对橘子汁需求的各种弹性（自身价格、收入和交叉价格弹性）的估计值。美国农业部的一个网站提供了相关数据，覆盖了从阿尔巴尼亚到津巴布韦的数十个国家，包含了从苹果到酸奶的数百种食品。登陆 https://www.ers.usda.gov/data-products/commodity-and-food-elasticities/，你只需 4 步就能找到美国市场对橘子汁的各种需求弹性估计值：收入弹性为 2.212，自身价格弹性为 −1.391，交叉价格弹性为 −0.908。查询方法如下：（1）点击需求弹性值；（2）选择国家；（3）选择相关商品；（4）提交。

有关这些弹性值有两点需要注意。第一点，网站查询的需求价格弹性一般都是负数的"自身价格弹性"（own price elasticity），标注为"马歇尔需求"（Marshallian Demand）。第二点，查询到"支出弹性"（expenditure elasticity）类似于收入弹性，不同处在于支出弹性的分母是消费者对该商品的支出占总支出的变化百分比，而不是消费者收入的变化百分比。详见练习 4.9。

⬤ 供给价格弹性

我们已经使用弹性衡量了消费者对价格变化的敏感性，现在我们要观察市场供给侧的弹性。**供给价格弹性（price elasticity of supply）**，简称供给弹性（E_s），衡量的是供给量对价格变化的敏感性。该弹性值等于供给量的变化百分比除以价格的变化百分比：

$$E_s = \frac{供给量的变化百分比}{价格的变化百分比}$$

我们可以使用图 4-3 中的数据计算牛奶供给的价格弹性。（A）图的供给曲线相对陡峭。牛奶的价格从 1.00 美元上升至 1.20 美元，供给量从 1 亿加仑（点 a）增加至 1.02 亿加仑（点 b）。供给量的变化百分比等于变化量（2）除以初始值（100）：

$$供给量的变化百分比 = \frac{2}{100} = 2\%$$

价格的变化百分比等于变化量（0.20 美元）除以初始值（1.00 美元）：

$$供给量的变化百分比 = \frac{0.20}{1.00} = 20\%$$

> **名词解释**
>
> **供给价格弹性**：衡量供给量对价格变化的敏感性；等于供给量的变化百分比除以价格的变化百分比。

将供给量的百分比变化除以价格的百分比变化，得到供给价格弹性为 0.10：

$$E_s = \frac{\text{供给量的变化百分比}}{\text{价格的变化百分比}} = \frac{2\%}{20\%} = 0.10$$

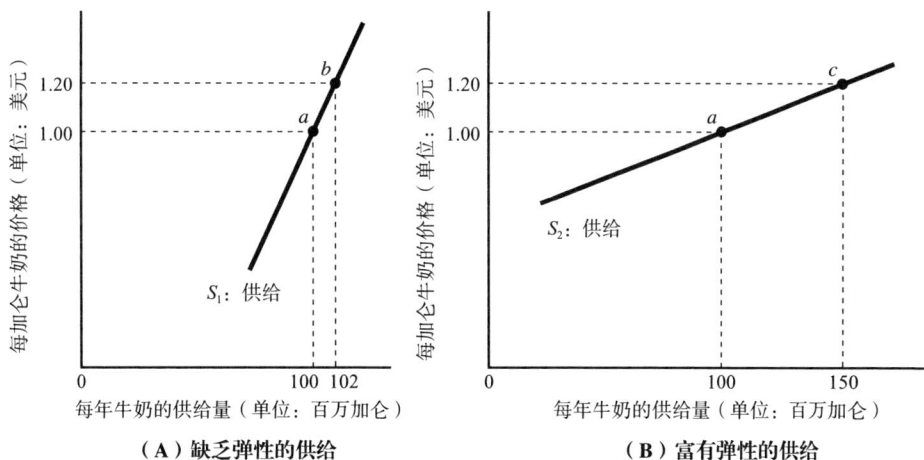

▲ 图 4-3

供给曲线的斜率和供给弹性

（A）供给曲线相对陡峭。20% 的价格上升会使供给量增加 2%，表示供给弹性为 0.10。（B）供给曲线相对平坦。20% 的价格上升会使供给量增加 50%，表示供给弹性为 2.5。

供给价格弹性由什么决定

　　供给曲线斜率和供给价格弹性的联系是什么？对于陡峭的供给曲线，相同价格增量（弹性公式的分母）引起的供给量增加（弹性公式的分子）相对较少。图 4-3 的（A）图中，价格从 1.00 美元上升至 1.20 美元，使供给量从 100 增加至 102，得出供给价格弹性为 0.10。相比之下，对于平坦的供给曲线，相同价格增量引起的供给量增加相对较多。图 4-3 的（B）图中，价格从 1.00 美元上升至 1.20 美元，使供给量从 100 增加至 150，得出供给价格弹性为 2.50。

　　为什么市场供给曲线斜率为正？正如我们在第 3 章中看到的，市场供给曲线显示的是生产的边际成本。供给曲线斜率为正表明边际生产成本随工业总产出的增加而上升。换句话说，如果你要在一个产业中得到更多的产出，价格必须提高，以支付更高产量下的更高生产成本。例如，随着汽油产业总产出增加，世界原油需求增加，推动了原油价格上升。为了获得更多汽油，汽油的价格必须上升才能支付更高的原油成本。原油价格上升越快，汽油价格上涨就越多，汽油供给曲线就越陡峭。

　　总产出增加时，边际生产成本上升的速度决定了供给价格弹性。如果边际成本快速上升，供给曲线就相对陡峭，供给价格弹性值也较低。例如，如果原油价格随汽油总产出增加而快速上升，那么汽油的供给曲线就会相对陡峭，汽油的供给价格弹性就相对较低。相反，铅笔产业产出增加时，木材和其他用于生产铅笔的原料价格不会上升很多，所以供给曲线相对平坦，供给价格弹性较高。

时间的作用：短期供给弹性和长期供给弹性

时间是决定商品供给价格弹性的一个重要因素。第 3 章提到过，市场供给曲线斜率为正是因为供给对价格上升会产生两种反应：

- 短期。上升的价格促使现有公司购买更多原材料、雇用更多工人，增加产出。
- 长期。新公司进入市场，现有公司通过增加生产设施来增加产出。

受边际回报递减原理影响，短期内供给对价格的反应是有限的。

短期来看，固定投入是指公司的生产设施。尽管价格上升会促使企业增加产出，但是受有限的生产设施影响，增加产出的手段和程度是有限的。因此，短期内的供给曲线相对陡峭，而短期内供给弹性相对较小。图 4-3 的（A）图就说明了这种情况。

长期供给对价格上升的反应不受边际报酬递减原理限制，因为生产设施不再固定不变。时间充足的条件下，新公司会进入市场，带入新的生产设施，旧公司也会建造新设施。因此，同样水平的价格上升在长期内会引起供给量大幅度增长。长期供给曲线相对平坦，长期供给弹性相对较大。图 4-3 的（B）图说明了这种情况。

> **边际报酬递减原理**
> 假设一种产品的生产需要两种或更多的投入要素，我们保持其他要素投入不变，只增加一种要素的投入，当这种要素的投入到达某个点（边际报酬递减点）之后，产品产量将会以递减的速度增加。

极端情况：完全无弹性供给和完全弹性供给

图 4-4 展示了供给弹性的两个极端情况。（A）图中的供给曲线是条垂直线，表

明无论价格如何变化，供给量始终保持在 50 个单位不变。它表示的就是**完全无弹性供给**（perfectly inelastic supply），此时供给价格弹性等于 0。无论价格的百分比变化多少，弹性公式中的分子（供给量的变化百分比）都等于 0。完全无弹性供给的一个例子是土地，美国幽

名词解释

　完全无弹性供给：供给价格弹性等于零的供给。

　完全弹性供给：供给价格弹性无穷大的供给。

默大师，作家威尔·罗杰斯（Will Rogers）说过："企业最头疼的土地问题是，土地是生产不出来的。"[①]

　　在图 4-4 的（B）图中，供给曲线是一条水平线，表明供给量对任何价格变化的反应都无限大。这就是**完全弹性供给**（perfectly elastic supply），供给价格弹性无限大。无论价格的变化百分比是多少，弹性公式中的分子（供给量的变化百分比）都无限大。这条供给曲线的含义之一是，如果价格降低到 4 美元以下，供给量会降低至 0。

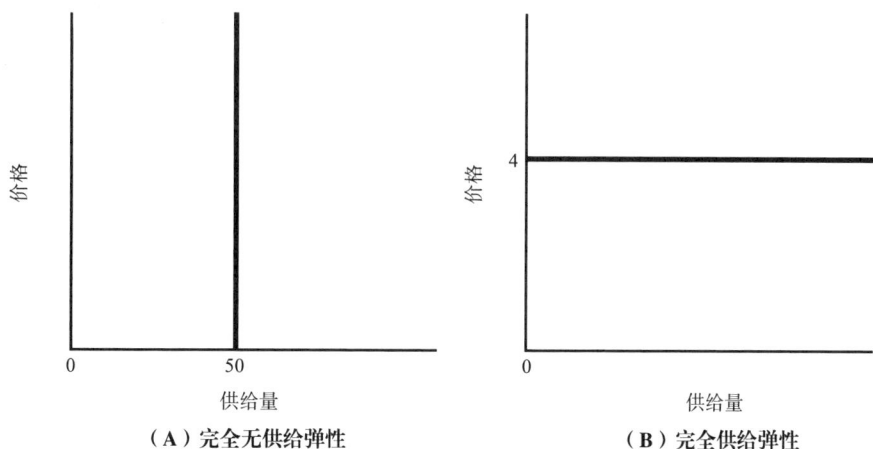

（A）完全无供给弹性　　　　　　　　　　（B）完全供给弹性

▲图 4-4

完全无弹性供给和完全弹性供给

（A）图中，任意价格水平下供给量都不变，此时供给价格弹性为 0。（B）图中，任意价格变化引起的供给量变化都无限大，此时供给价格弹性无限大。

　　水平供给曲线背后的经济含义是什么？我们在前面提到供给曲线表示生产的边际

---

① 原文为 "The trouble with land is that they're not making it any more"。另一位更为中国读者熟知的幽默大师和作家马克·吐温曾引用过该话，改编成 "Buy land, they're not making it any more"。这句话后来成了投资界的箴言。——译者注

成本。水平供给曲线表示边际成本不随总产出的增加而变化。例如，无论铅笔厂商产出多少铅笔，每支铅笔的生产成本都保持在 0.20 美元不变，那么铅笔厂的供给曲线就是一条价格为 0.20 美元的水平直线。

预测供给量的变化

我们可以用供给价格弹性去预测价格变化对供给量的影响。例如，假设供给弹性是 0.80，价格上升了 5%。重新调整弹性公式，我们可以预测供给量会增加 4%：

$$供给量变化百分比 = E_s \times 价格变化百分比$$
$$= 0.80 \times 5\% = 4\%$$

第 3 章提到，许多政府都为农业产品设立了价格下限。按照供给定律，价格下限越高，供给量就越大。只要知道供给价格弹性，我们就可以预测价格下限提高时供给量会增加多少。如果奶酪的价格下限提高了 10%，价格弹性是 0.60，那么奶酪的供给量就会增加 6%。

日常生活中的经济学

牛奶的短期供给弹性和长期供给弹性

对应的经济学问题：为什么供给在长期中更富有弹性？

牛奶行业为我们了解短期供给弹性和长期供给弹性的差异提供了一扇明亮的观察窗口。一年期的牛奶供给价格弹性为 0.10：即如果牛奶价格上升 20%，并保持该价位一年的时间，那么牛奶供给量仅增加 2%。短期内，奶农只能在既有的产能下增加一点产出。长期内，奶农可以扩大既有设施、建造新的设施，从而对价格上升更具反应能力：供给曲线变得更平坦，供给弹性也更大。牛奶的长期供给价格弹性是 2.5，它表示价格同样上升 20% 时，供给量将增加 50%。详见练习 5.5 和 5.6。

资料来源：Based on Richard Klemme and Jean-Paul Chavas, "The Effects of Changing Milk Price on Milk Supply and National Dairy Herd Size," *Economic Issues* 92（June 1985）.

使用各类弹性预测均衡价格的变化

当需求或供给变化时，也就是当需求曲线或供给曲线移动时，我们可以作图预测均衡价格会上升还是下降。在许多情况下，要了解需求或供给的变化对价格的影响，作一张简单的图表就足够了。但是，如果我们想要预测价格会上升或下降多少呢？我们就要用到一些简单的公式。

需求变化对价格的影响

在图 4-5 中，需求增加使得需求曲线向右移动，均衡价格上升。我们在第 3 章解释过，需求曲线发生移动是因为价格以外的变量发生了变化，比如收入、口味或相关商品的价格的变化。当需求增加时，立刻产生的影响是超额需求：在初始价格（1.00 美元）下，需求量比供给量多 35 万加仑（135 万减去 100 万）。随着价格上涨，消费者和厂商会共同消除超额需求：消费者减少购买量（需求定律），公司增加产量（供给定律）。

在什么条件下，需求增加会导致价格上升呢？

- 需求小幅增加。如果需求曲线移动的幅度不大，新需求和旧供给之间的差距就比较小，此时小幅的价格上升将消除超额需求。
- 富有弹性的需求。如果消费者对价格变化非常敏感，那么由超额需求引起的价格上升将使需求量大幅减少。此时，小幅的价格上升将消除超额需求。
- 富有弹性的供给。如果厂商对价格变化非常敏感，那么超额需求引起的价格上升将使得供给量大幅增加。此时，小幅的价格上升会将超额需求消除。

我们可以使用以下价格变化公式，预测需求变化导致的均衡价格变化。我们将需求的变化百分比除以供给价格弹性与需求价格弹性之和：

$$均衡价格的变化百分比 = \frac{需求的变化百分比}{E_s + E_d}$$

分子是需求曲线向右移动的百分比幅度。在图 4-5 中，价格 1.00 美元下的初始需求量是 1 亿加仑，如原需求曲线所示；而同样价格下的新需求量是 1.35 亿加仑，如新需求曲线所示。需求变化的百分比幅度达到了 35%。需求变化是价格变化公式的分子，表明需求增加越多（需求曲线向右移动的幅度越大），均衡价格上升得就越多。分母是供给价格弹性与需求价格弹性之和，图 4-5 显示消费者和厂商对价格变化都非常敏感，故较小幅度的价格上升就能消除超额需求。

我们可以用一个简单的例子说明价格变化公式。假设需求增加了 35%（需求曲线向右移动了 35%）。供给弹性是 2.5，需求弹性是 1.0，此时我们预测均衡价格将增加 10%：

$$均衡价格的百分比变化 = \frac{35\%}{2.5 + 1.0} = 10\%$$

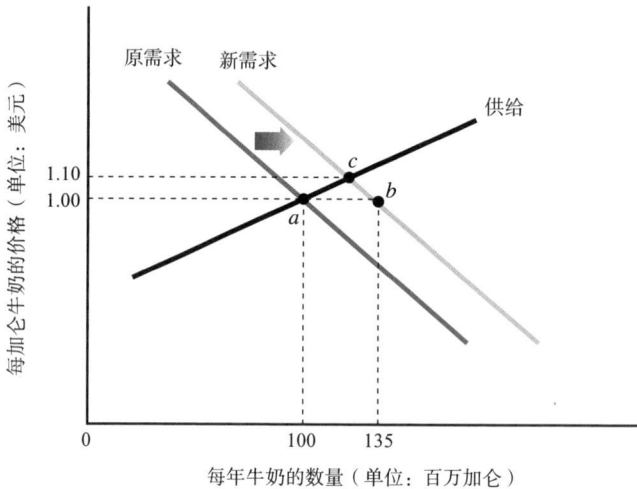

▲图 4-5

需求增加使均衡价格上升

需求增加使需求曲线向右移动，均衡价格上升。在该情况下，需求增加 35% 使得均衡价格上升 10%。

在图 4-5 中，均衡价格从 1.00 美元上升 10% 至 1.10 美元。如果需求或价格变得缺乏弹性一些（弹性值变小），那么预估的价格变化将更大。例如，如果供给弹性由 2.5 变为 0.75，那么价格将上升 20%（35% 除以 1.75）。

价格变化的方向呢？从第 3 章我们知道，需求增加时，均衡价格上升，需求减少时，均衡价格下降。因此，当需求变化是正的（需求增加，需求曲线向右移动），价格的变化百分比将是正数；当需求变化是负的（需求减少，需求曲线向左移动），价格的变化百分比将是负数。例如，假设某种商品的需求降低了 12%（需求曲线向左移动了 12%），供给弹性是 1.6，需求弹性是 0.40，那么根据价格变化公式可知均衡价格将下降 6%。

$$均衡价格的变化百分比 = \frac{-12\%}{1.6 + 0.4} = \frac{-12\%}{2.0} = -6\%$$

为了说明如何应用价格变化公式，让我们来考虑人口增长对住房价格的影响。波特兰大都市区的人口预计未来十年将增长 12%。假设规划者想要预测人口增长对住房价格的影响。大都市区这一层级，供给价格弹性约为 5.0，需求价格弹性约为 1.0。如果住房需求与人口成正比，那么人口增长 12% 将使住房的均衡价格上升 2%：

$$均衡价格的百分比变化 = \frac{12\%}{5.0 + 1.0} = \frac{12\%}{6.0} = 2\%$$

供给变化对价格的影响

接下来我们来考虑供给变化对均衡价格的影响。在图 4-6 中，供给减少，供给曲线向左移动，均衡价格上升。我们在第 3 章解释过，供给变化是由价格以外的变量的变化引起的，比如劳动成本、原材料价格和生产技术的变化。当供给减少时，立刻产生的影响是超额需求：在初始价格下，需求量大于供给量。受超额需求影响，价格上升。面对价格上升，消费者减少购买量，厂商增加产出，需求量和供给量之间的差距开始缩减。

在什么条件下供给减少会导致价格小幅上升？

- 供给小幅减少。当供给曲线的移动幅度不大，新供给和原需求的差距就相对较小，小幅价格上升将消除超额需求。
- 富有弹性的需求。如果消费者对价格变化非常敏感，那么由超额需求引起的价格上升将使需求量大幅下降。因此小幅价格上升将消除超额需求。
- 富有弹性的供给。如果厂商对价格变化非常敏感，那么由超额需求引起的价格上升将使供给量大幅增加。因此小幅价格上升将消除超额需求。

我们可以使用价格变化公式来预测供给变化对价格的影响。我们将公式的分子由需求的变化百分比替换成供给的变化百分比，再在分子式前加上负号。负号表明供给和均衡价格之间的负相关关系。供给减少（供给曲线向左移动），价格上升；供给增加，价格下降：

$$均衡价格的变化百分比 = -\frac{供给的变化百分比}{E_s + E_d}$$

为了说明如何应用价格变化公式，让我们来考虑进口限制对均衡价格的影响。假设进口限制使鞋子的供给减少了 30%。如图 4-6 所示，该政策使供给曲线向左移动了 30%：在初始价格 40 美元下，供给量从 1 亿双（点 a）减少至 7,000 万双（点 b）。供给的减少使均衡价格上升，通过价格变化公式我们可以知道，价格究竟会上升多少。

假设供给弹性是 2.3，需求弹性是 0.7，将这些值代入公式计算，得出结论，价格将上升 10%：

$$均衡价格的变化百分比 = -\frac{-30\%}{2.3 + 0.70} = \frac{30\%}{3.0} = 10\%$$

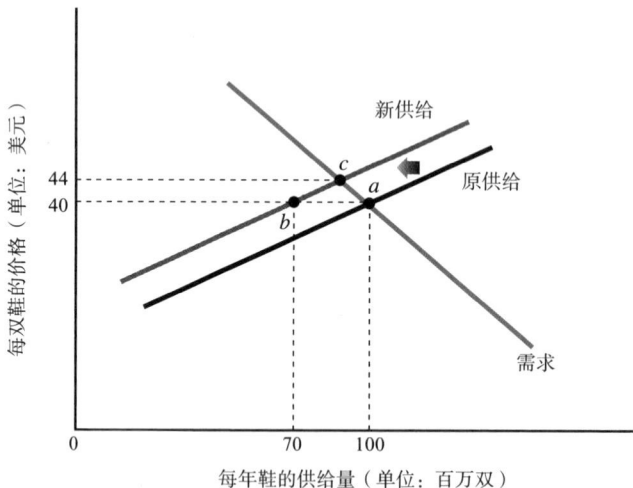

▲ 图 4-6

供给减少使均衡价格上升

对鞋子的进口限制使鞋子的供给减少，供给曲线向左移动，均衡价格从 40 美元上升至 44 美元。在这种情况下，供给减少 30% 将使价格上升 10%。

日常生活中的经济学

破裂的管道和汽油价格

对应的经济学问题：供给减少如何影响均衡价格？

　　本章已经介绍过，输油管道破裂使菲尼克斯的石油供给减少了30%，价格上升了40%。给定汽油的短期需求价格弹性是0.20，要使需求量下降30%，价格得上升150%。然而为什么价格只上升了40%？

　　为了准确预测均衡价格的变化，我们必须考虑市场的供需两侧。得克萨斯州的输油管破裂后，菲尼克斯的汽油销售商转而使用西海岸的输油管。菲尼克斯汽油零售价格上升，让该城的销售商愿意用高于其他城市的价格购买西海岸输油管的汽油。这时供给定律在发挥作用：菲尼克斯油价的上升，吸引了输往其他城市的汽油，它们转而输往菲尼克斯，同时也减轻了输油管破裂的影响。因此，均衡价格只上升了40%，而不是150%。（如果西海岸炼油厂无法增加供给，那么均衡价格将上升150%）

　　我们可以使用价格变化公式来解释这个情况。假设供给价格弹性是0.55，需求价格弹性是0.20，那么供给减少30%将使均衡价格上升40%。

　　详见练习6.5和6.9。

资料来源：Based on Federal Trade Commission, Gasoline Price Changes: The Dynamic of Supply, Demand, and Competition（Washington, DC: 2005）.

总　结

　　本章探讨了需求定律和供给定律背后隐藏的数据。需求定律告诉我们，保持其他条件不变的情况下，价格上升将使需求量下降。如果知道了特定商品的需求价格弹性，我们就能确定价格变化时该商品需求量的变化。类似地，如果知道特定商品的供给价格弹性，我们就能确定价格变化时该商品供给量的变化。本章要点如下：

　　1. 需求价格弹性定义为需求量的变化百分比除以价格的变化百分比，它衡量了消费者对价格变化的敏感性。

　　2. 如果存在正常的替代商品，需求将更富有弹性。

　　3. 如果需求是富有弹性的，那么价格和总收入之间将呈负相关关系。如果需求是缺乏弹性的，那么价格和总收入将呈正相关关系。

4.供给价格弹性定义为供给量的变化百分比除以价格的变化百分比，它衡量了厂商对价格变化的敏感性。

5.如果知道了需求弹性和供给弹性，我们就能预测需求或供给发生变化时价格的变化百分比。

练 习

1.需求价格弹性

1.1 为了计算需求价格弹性，我们将 _____ 的变化百分比除以 _____ 的变化百分比，然后对该比例取绝对值。

1.2 如果价格上升 10% 使需求量减少 12%，那么需求价格弹性等于 _____。

1.3 当 CD 的价格从 10 美元上升至 11 美元，CD 的需求量从 100 减少至 80。CD 的需求价格弹性等于 _____，该需求是 _____（富有弹性的 / 缺乏弹性的）。

1.4 如果需求是富有弹性的，那么 _____ 的变化百分比大于 _____ 的变化百分比。

1.5 当一种商品的替代品的数量增加时，该商品的需求价格弹性 _____（增加 / 减少）。

1.6 随着时间推移，汽油的需求价格弹性 _____（增加 / 减少）。（参见第 107 页"日常生活中的经济学"）

1.7 长期来看，价格上升 20% 会使交通量减少 _____，使燃油效率增加 _____。

（参见第 107 页"日常生活中的经济学"）

1.8 出现以下情况时，需求更富有弹性：该商品的替代品 _____（多 / 少），消费者反应的时间跨度 _____（长 / 短），消费者在该商品上的支出占总预算的比例 _____（大 / 小）。

2.如何使用需求价格弹性

2.1 回顾本章中啤酒价格与高速公路死亡人数的案例：将啤酒税翻倍将会使高速公路上年轻人的死亡人数减少 _____%。

2.2 回顾本章中香烟价格和青少年的案例：香烟价格上升 20% 将会使青少年吸烟量减少 _____%。

2.3 当需求价格弹性等于 0.6 时，10% 的价格上升将使需求量 _____（增加 / 减少）_____%。

2.4 在弗吉尼亚州，虚荣车牌的需求是 _____（富有弹性的 / 缺乏弹性的），因此提升价格将 _____（增加 / 减少）虚荣车牌销售的总收入。（参见第 112 页"日常生活中的经济学"）

2.5 限制非法毒品供应的政策将使偷窃和抢劫案件的数量增加，因为 _____。

2.6 当需求富有弹性时，价格上升会 _____（增加 / 减少）总收入；当需求缺乏弹性时，价格上升会 _____（增加 / 减少）总收入。

2.7 假设目前对校园电影系列的需求价格弹性是 2.0。如果影院降低价格，那么总收入会 _____（增加 / 减少）。

2.8 MADD[①] 啤酒税。回顾啤酒价格和高速公路死亡人数的案例。MADD 组织的目标是使高速公路上年轻人的死亡人数下降 39%。假设高速公路上年轻人的死亡人数与他们的啤酒消费量成正比。啤酒价格税要增加多少才能实现 MADD 的目标。

2.9 实现减少青少年吸烟量的目标。回顾香烟价格和青少年的案例。1997 年联邦烟草决议中声明的目标之一就是将青少年吸烟量降低 60%，那么香烟价格上升 _____% 才能实现该目标。

2.10 使用正确的弹性。公司目前每年销售 50 单位的盐，决定将价格由 1.00 美元提升至 1.20 美元。在会议当中，一名员工提到，"如表 4-2 所示，盐的需求价格弹性是 0.10，因此如果我们将盐的价格提升 20%，需求量将降低 2%"。这种说法有什么问题？

2.11 预估交通系统的客流量。作为一名交通系统规划师，你的任务是预测客流量与总票价收入之间的关系。假设对通勤火车的短期（一个月内）需求价格弹性等于 0.6，长期（两年内）需求价格弹性等于 1.60。目前的客流量是每天 100,000 人。假设交通系统部门决定将交通费由 2.00 美元提升至 2.20 美元。

a. 分别预测一个月内（短期）和两年内（长期）的火车交通客流量变化。

b. 一个月内，总票价收入会增加还是减少？两年内呢？

2.12 收入和医疗需求的价格弹性。像许多发展中国家一样，秘鲁对居民医疗消费进行补贴，只按医疗服务（如门诊）成本的很小比例向居民收取一定的费用。对贫穷家庭来说，医疗的需求价格弹性是 0.67，而对富裕家庭来说，只有 0.03。假设政府决定减少医疗补贴，将价格提升 10%。请分别预测贫穷家庭和富裕家庭的医疗需求量（本题中使用去门诊就医的次数）的变化。

2.13 丰收对农民收入的影响。你的工作是预测美国玉米作物产生的总收入。去年玉米产量是 1 亿蒲式耳，价格是每蒲式耳 5 美元。今年全国的气候都有利于玉米作物的生长，玉米产量将增加至 1.1 亿蒲式耳，较去年增加 10%。玉米的需求价格弹性是 0.50。

a. 请预测丰收对玉米价格的影响，并作图说明。假设所有的玉米都销售出去了，这意味着玉米的供给价格弹性是 0。

b. 请预测今年玉米作物产生的总收入。

c. 有利的天气会增加还是减少玉米产生的总收入？为什么？

2.14 虚荣车牌的弹性。假设你所在州的虚荣车牌的需求价格弹性是 0.60。初始价格是 20 美元，初始产量是每周 1,000 个。假设州政府将价格提升了 10%。（参见第 112 页 "日常生活中的经济学"）

a. 预测提价后车牌的每周销量和每周收入。

b. 价格上升使总收入 ____（增加 / 减少），因为 _____。

2.15 海洛因价格和财产犯罪。海洛因的需求价格弹性是 0.27。假设一半的海洛因吸食者都通过财产犯罪来购买海洛因，海洛因吸食者实施财产犯罪造成的损失就等于海洛因总收入的一半。假设政府决定减少海洛因供给量，使得均衡价格上升了 20%。请填写下表空白处。

价格（美元）	海洛因供给量	海洛因的总收入	财产犯罪
10	1,000	10,000	5,000
12			

2.16 手机的总收入。考虑对手机的需求。假设对手机市场整体的需求价格弹性等于 0.8。

a. 如果所有的手机公司同时提高价格，该行业的总收入会增加还是减少？

b. 如果一家公司提高价格，你认为该公司的总收入会增加还是减少？请解释？

2.17 价格上涨和有线电视收入。四年前你所在城市的有线电视公司将价格提升了 20%，公司的总收入增加了。去年，一家新公司提供卫星电视服务。今年，有线电视公司又将价格提升了 20%，这次它的总收入减少了。请解释两次提价后对收入的不同影响结果。

3. 线性需求曲线的弹性和总收入

3.1 在线性需求曲线的上半部分，需求

_____（富有弹性 / 缺乏弹性）；在
线性需求曲线的下半部分，需求
_____（富有弹性 / 缺乏弹性）。

3.2　假设我们在一条线性需求曲线的上
半部分。如果价格上升了 10%，那
么需求量会减少 _____（多于 / 少于）
10%，总收入会 _____（增加 / 减少）。

3.3　在该线性需求曲线的中间点上，需
求价格弹性等于 ____。

3.4　假设我们在一条线性需求曲线的下
半部分。如果价格下降了，那么总
收入将 _____（增加 / 减少）。

3.5　一家公司永远不会在需求曲线中间
点 ____（上方 / 下方）运行，需求
曲线的该段 _____（富有弹性 / 缺乏
弹性）。（参见第 115 页"日常生活
中的经济学"）

3.6　最大化荒野旅游的总收入。你所在
的州向喜欢攀岩、骑自行车和滑雪
的游客开放了荒野区域的旅游路径。
这一举措的目标是最大化这些路径
产生的总收入。目前的价格是 30 美
元，对荒野路径的需求是线性的，
当价格上升至 90 美元以上时，需求
为 0。要最大化荒野旅游的总收入，
价格应定为多少？请作图解释。

3.7　你所在公司的产品的需求曲线是线
性的。基于最近的销售数据，你确
定了当前价格下，需求价格弹性是
0.80。

a. 当前价格位于需求曲线的上半部
分还是下半部分？

b. 如果想增加总收入，你应该提高
还是降低价格？

c. 你会沿着需求曲线向上移动还是
向下移动？

3.8　双赢局面。一位经济咨询师建议：
"对你的公司来说，提高价格会达到
双赢局面。你的总收入将增加，你
的总成本将下降。因此，你会得到
更多利润。"

a. 考虑价格上升对收入的影响，这
位咨询师对你的公司和顾客做出
了什么判断？

b. 考虑价格上升对成本的影响，这
位咨询师对你的公司和顾客做出
了什么判断？

3.9　向公司提建议。假设一家公司生产
小丑假发，该公司面对的是一条线
性需求曲线，纵截距为 6 美元。如
果该公司目前定价为 1 美元，你会
向该公司提出什么建议？（参见第
115 页"日常生活中的经济学"）

4. 需求的其他弹性

4.1　正常商品的需求收入弹性是 _____（正
数 / 负数），劣等商品的需求收入弹
性是 _____（正数 / 负数）。

4.2　如果收入增加 20% 使得消费者对
iPod 的需求量增加了 30%，那么需

求收入弹性等于 ____。

4.3 替代商品的需求交叉价格弹性是 ____（正数/负数），互补商品的需求交叉价格弹性是 ____（正数/负数）。

4.4 如果天然气价格上升 10% 使得居民用电需求量增加了 18%，那么需求交叉价格弹性等于 ____。

4.5 如果网球拍价格上升 10% 使得网球需求量减少了 15%，那么需求交叉价格弹性等于 ____。

4.6 收入和星巴克咖啡店。星巴克雇用你去确定你所在的城市是否能够再开一家星巴克咖啡店。目前城里已经有 4 家星巴克，而且每一家都刚好有足够的顾客，能够实现盈亏平衡。接下来的几年，预计城市居民收入将以每年 10% 的速度增长。假设对星巴克的咖啡产品的需求收入弹性是 1.25，城市人口保持不变。

a. 求消费者对咖啡需求的年增长速度。

b. 多长时间以后你所在的城市可以支持第五家星巴克？

4.7 汽油价格和公共交通客流量。考虑汽油价格上升对公共交通系统客流量的影响。公共交通的初始价格是每次 2.00 美元，初始客流量是每天 100,000 人。假设客流量对汽油价格的弹性是 0.667（或 2/3），汽油价格上升了 30%。

a. 假设公共交通价格保持在 2 美元不变。作图说明汽油价格上升对公共交通客流量的影响。

b. 假设交通部门针对汽油价格的上升，将公交费增加了 30%。居民对公交的需求价格弹性是 0.333（或 1/3）。作图说明汽油价格上升和公交费增加对客流量的合并影响。

c. 公共交通乘客量的净变化是正还是负？为什么？

4.8 iPod 和 iTunes。假如你要预测 iTunes 歌曲价格从每首 0.99 美元提升 10% 至 1.09 美元时，会对市场产生什么影响。假设你感兴趣的问题包括：价格上升对 iTunes 歌曲下载量的影响，对从其他合法渠道下载歌曲数量的影响，对 iPod 播放器的销售量的影响和对音像制品商店里的 CD 销售量的影响。给定下表中的一系列弹性值，请将空白处填写完整。请记住，使用需求价格弹性时一般取绝对值。

商品	价格弹性或交叉价格弹性	预估的需求量的百分比变化
iTunes 歌曲	1.50（绝对值）	
其他在线网站下载的歌曲	+2.00	
iPod 播放器	−0.70	
CD	+1.80	

4.9 从 USDA 网站上找出以下弹性值。（参见第 117 页"日常生活中的经济学"）

a. 美国有机西兰花：自身价格弹性为 ____；支出（类似于收入）弹

性为 _____；对传统西兰花的交叉价格弹性为 _____。如果技术进步使得有机西兰花的均衡价格下降了 10%，那么有机西兰花的产量将增加 _____%，传统西兰花的产量将减少 _____%。

b. 美国软饮料：自身价格弹性为 _____；如果对软饮料增税使得均衡价格上升了 10%，那么软饮料的产量将减少 _____%。

c. 坦桑尼亚的鱼：自身价格弹性为 _____；收入价格弹性为 _____。如果鱼的价格上升了 8.37%，那么需求量将减少 _____%。如果人均收入增加 20%，鱼的需求量将增加大约 _____%。

5. 供给价格弹性

5.1 当纸的价格从每吨 100 美元上升至 104 美元后，供给量从每天 100 吨增加至 220 吨。供给价格弹性为 _____。

5.2 假设奶酪的供给价格弹性等于 0.8。如果奶酪价格上升 20%，那么奶酪供给量将增加 _____%。

5.3 因为边际报酬递减原理只适用于 _____（短期/长期），所以 _____（短期/长期）供给弹性小于 _____（短期/长期）供给弹性。

5.4 供给曲线越平坦，供给价格弹性越 _____（大/小）。

5.5 一年期牛奶的供给价格弹性等于 _____（0.10，0.70，1.0，2.5），十年期牛奶的供给价格弹性等于 _____（0.10，0.70，1.0，2.5）。（参见第 122 页 "日常生活中的经济学"）

5.6 梨的短期市场和长期市场。假设梨的短期供给弹性等于 0.20，长期供给弹性等于 3.5。分别预测 15% 的价格上升在短期和长期对梨的供给量的影响。（参见第 122 页 "日常生活中的经济学"）

6. 使用各类弹性预测均衡价格的变化

6.1 假设对咀嚼烟草的需求弹性是 0.70，而供给弹性是 2.30。假设一项反咀嚼烟草运动使得咀嚼烟草的需求减少了 18%。均衡价格将会 _____（增加/减少）_____%。

6.2 假设汽车旅馆的需求弹性是 1.0，供给弹性是 0.5。如果对汽车旅馆的需求增加了 15%，那么汽车旅馆的均衡价格将会 _____（减少/增加）_____%。

6.3 假设西红柿的需求价格弹性是 1.0，供给弹性是 3.0。如果对沙门氏菌爆发事件的报道使得需求下降了 12%，那么均衡价格将会 _____（减少/增加）_____%。

6.4 假设手风琴的需求价格弹性是 2.0，供给弹性是 3.0。如果给予手风琴厂商的补贴使得供给增加了 20%，那

么均衡价格将会 ＿＿＿（减少 / 增加）
＿＿＿%。

6.5 在输油管道破裂的案例中，供给的
减少和由此导致的价格上升引起了
＿＿＿的减少和 ＿＿＿ 的增加。（参
见第 127 页"日常生活中的经济学"）

6.6 大学入学人数和公寓价格。大学城出
租公寓的初始价格是 400 美元，初始
数量是 1,000 套。需求价格弹性等于
1.0，供给价格弹性等于 0.5。（参见
第 117 页"日常生活中的经济学"）

a. 使用需求供给曲线说明初始均衡
的状态，初始均衡点标注为点 a。

b. 假设大学入学人数的增加预计将
使公寓需求增加 15%。作图说明
需求增加对公寓市场的影响，新
均衡点标注为点 b。

c. 预测需求增加对公寓均衡价格的
影响。

6.7 管制和住房价格。假设本地建筑管
制增加了建造新房屋的成本，使供

给减少了 12%。建造新房屋的初始
价格是 200,000 美元，需求价格弹
性是 1.0，供给价格弹性是 3.0。预
测建筑管制对新住房的均衡价格的
影响。请作图说明，初始均衡点标注为
点 a，新均衡点标注为点 b。（参见第
117 页"日常生活中的经济学"）

6.8 进口限制和钢铁价格。假设对钢铁
的进口限制使钢铁供给下降了 24%。
钢铁初始价格是每单位 100 美元，
需求弹性是 0.70，供给弹性是 2.3。
预测进口限制对钢铁的均衡价格的
影响。请作图说明，初始均衡点标
注为点 a，新均衡点标注为点 b。

6.9 输气管破裂的价格影响。考虑一个城
市从两条输油管道获取天然气，每条
管道各占该城市天然气供应的一半。
假设供给价格弹性是 0.70，需求价格
弹性是 0.55。如果一条输气管发生破
裂，天然气价格将上升多少？（参见
第 127 页"日常生活中的经济学"）

注 释

1. Frank Chaloupka, "Rational Addictive Behavior and Cigarette Smoking," *Journal of Political Economy* (August 1991): 722–742; Gregory Chow, *Demand for Automobiles in the United States* (Amsterdam: North-Holland, 1957); David Ellwood and Mitchell Polinski, "An Empirical Reconciliation of Micro and Grouped Estimates of the Demand for Housing," *Review of Economics and Statistics* 61 (1979): 199–205; H. F. Houthakker and Lester B. Taylor, *Consumer Demand in the United States: Analysis and Projections*, 2nd ed. (Cambridge, MA: Harvard University Press, 1970); John R. Nevin, "Laboratory Experiments for Estimating Consumer Demand: A Validation Study," *Journal of Marketing Research* 11 (August 1974): 261–268; Herbert Scarf and John Shoven, *Applied General Equilibrium Analysis* (New York: Cambridge University Press, 1984); Phil Goodwin, "Review of New Demand Elasticities with Special Reference to Short and Long Run Effects of Price Changes," *Journal of Transport Economics* 26 (1992): 155–171; Chin-Fun Cling and James Peale, Jr., "Income and Price Elasticities," in *Advances in Econometrics Supplement*, ed. Henri Theil (Greenwich, CT: JAI Press, 1989); R. L. Adams, R. C. Lewis, and B. H. Drake, "Estimated Price Elasticity of Demand for Selected Outdoor Recreation Activities, United States," *Recreation Economic Decisions*, 2nd ed., ed. J. B. Loomis and R. G. Walsh (State College, PA: Venture Publishing, Inc., 1973), 20; U.S. Army Corps of Engineers, Walla Walla District, "Sport Fishery Use and Value on the Lower Snake River Reservoirs," May 1999; Rand Health, "The Elasticity of Demand for Health Care: A Review of the Literature and Its Application to the Military Health System" (Santa Monica, CA, 2001).

2. Henry Saffer and Michael Grossman, "Beer Taxes, the Legal Drinking Age, and Youth Motor Vehicle Fatalities," *Journal of Legal Studies* 16 (June 1987): 351–374; Frank Chaloupka, Henry Saffer, and Michael Grossman, "Alcohol Control Policies and Motor Vehicle Fatalities," *Journal of Legal Studies* 22 (January 1993): 161–183.

3. Michael M. Phillips and Suein L. Hwang, "Why Tobacco Pact Won't Hurt Industry," *Wall Street Journal*, September 12, 1997; Frank J. Chaloupka and Michael Grossman, "Price, Tobacco Control Policies, and Smoking Among Young Adults," *Journal of Health Economics* 16 (1997): 359–373.

4. Kenneth A. Small, *Urban Transportation Economics* (Philadelphia, PA: Harwood Academic Publishers, 1992).

5. L. P. Silverman and N. L. Sprull, "Urban Crime and the Price of Heroin," *Journal of Urban Economics* 4 (1977): 80–103.

考虑为欠发达国家的农村地区提供安全用水的问题。

在印度农村获取安全用水的传统方法是每户安装一个活性炭过滤器，成本是每月 2 美元。Byrraju 基金开发了一种新的方法，其理念是发挥过滤的规模经济效益。一座建设成本为 15,000 美元的自来水过滤厂能够以每月 1 美元的价格为 1,500 户居民提供清洁用水。自来水过滤厂的另一个优势是，居民只需根据用水量支付成本即可，不需要每家都花大量的现金购买滤水器和更换滤芯。[1]

学 习 目 标

定义经济成本和经济利润。

作短期边际成本曲线和平均成本曲线。

作长期边际成本曲线和平均成本曲线。

提供生产成本的案例。

本章主要介绍产量与生产成本之间的关系。后面我们会看到，公司的生产成本由生产技术（公司生产产品时组合资本、劳动力和原材料的方式）决定。在解释生产技术与生产成本之间的关系后，我们会仔细观察几种商品的生产成本曲线，包括铝、医疗服务、风能、卡车运输和飞机。

经济学家经常需要辨别区分长期和短期。长期是指一段足够长的时间，在这段时间内公司能够自由选择各种投入要素，包括生产设施。相反，当一家公司无法调整自己的生产设施时，我们就说该公司在短期内运营。在本章中，我们将分别研究短期成本和长期成本。本章最后，我们会说明公司如何将短期和长期成本曲线运用于重要的经济决策，包括是否进入一个新市场和生产多少产品的决策。

经济成本和经济利润

从本章开始，我们将用几个章节重点说明公司决策的原理、实践和工具。公司的目标是最大化其**经济利润**（economic profit）：

经济利润 ＝ 总收入 － 经济成本

> **名词解释**
>
> **经济利润**：总收入减去经济成本。
>
> **经济成本**：一家公司的经济成本等于其在生产过程中使用的所有投入要素的成本总和。
>
> **显性成本**：用于获取投入要素的直接货币支出。

本书前面提到，一家公司的总收入等于它销售产品的所得。如果一家公司向每位顾客收取相同的价格，那么该公司的总收入就等于单位产品的价格乘以销售量。

本章将讨论公司的生产成本。一家公司的**经济成本**（economic cost）等于其在生产过程中使用的所有投入要素的成本总和；我们也可以将经济成本看作投入要素的机会成本。为了计算一家公司的经济成本，我们必须知道这家公司为了将投入要素用于生产过程，它牺牲了什么。在这里，经济成本就是机会成本。

> **机会成本原理**
> 某事物的机会成本是指你为了获取该事物而放弃的东西。

如表 5-1 第一列的数据所示，一家公司的经济成本可以分为两类。一类是**显性成本**（explicit cost），它是公司获取投入要素的货币成本。例如，如果一家公司每月在劳动力、资本和原材料上花费 10,000 美元，那么它的显性成本就等于 10,000 美元。

名词解释

隐性成本：不需要货币支出的投入要素的机会成本。

会计成本：生产的显性成本。

会计利润：总收入减去会计成本。

这是一种机会成本，因为花在这些投入要素上的钱不能再用来购买其他东西了。另一类是**隐性成本（implicit cost）**，它是指不需要货币成本就能得到的投入要素的机会成本。以下是隐性成本的两个例子：

表 5-1　经济成本和会计成本		
	经济成本（美元）	会计成本（美元）
显性成本：花费在劳动力、资本和原材料上的货币成本	10,000	10,000
隐性成本：企业家时间的机会成本	5,000	
隐性成本：自有资金的机会成本	2,000	
总计	17,000	10,000

- 企业家时间的机会成本：如果一名企业家可以得到一份月薪 5,000 美元的工作，那么企业家时间的机会成本就是每月 5,000 美元。
- 企业家自有资金的成本：许多企业家使用自有资金成立和运营自己的公司。如果一名企业家用自己的 20,000 美元存款创立了公司，那么这 20,000 美元的机会成本就等于将它存在银行中可以得到的利息，比如，每月获得 2,000 美元的利息。

经济成本等于显性成本加上隐性成本：

$$经济成本 = 显性成本 + 隐性成本$$

如表 5-1 第一列所示，该公司经济成本是 17,000 美元，等于 10,000 美元的显性成本加上 7,000 美元的隐性成本。

会计师计算成本时只考虑显性成本：

$$会计成本 = 显性成本$$

换句话说，**会计成本（accounting cost）**只包括用于购买投入要素的货币支出，不考虑不需要货币支出的投入要素的机会成本。如表 5-1 第二列所示，会计成本等于用于劳动力、资本和原材料的 10,000 美元货币支出。**会计利润（accounting profit）**等于总收入减去会计成本：

$$会计利润 = 总收入 - 会计成本$$

公司的会计成本总是小于经济成本，因此会计利润总是大于经济利润。为方便讨论，本书后面提到的成本和利润，分别指经济成本和经济利润。

日常生活中的经济学

机会成本和企业家精神

对应的经济学问题：企业家的机会成本是什么？

对于很多企业家来说，创业意味着放弃收入稳定的工作。一项对加拿大劳动者的研究表明，劳动者的工资越低，其创业的可能性越大。换句话说，很多新企业都是由低工资的人创立的。在控制性别、年龄、教育，以及是否服过兵役和地区因素后，那些后来成为企业家的劳动者和留在原工作上的劳动者的工资差距是 12%。这很好理解，因为工资越低，放弃工作创业的机会成本就越低。详见练习 1.8。

资料来源：Based on Rafael Amit, Eitan Mullar, Iain Cckburn, "Opportunity Costs and Entrepreneurial Activity," *Journal of Business Venturing* 10（1995），pp. 95-106.

生产设施保持不变的公司：短期成本

首先让我们来考虑生产设施保持不变的情况。假设你决定开办一家小公司，生产橡皮艇的船桨。生产船桨需要一个车间，在这个车间里，工人使用模具将塑料材料加工成船桨。在我们讨论生产成本前，需要了解生产的基本过程。

生产和边际产品

图 5-1 中的表格显示了船桨生产量随工人数量变化的过程。车间里只有 1 名工人时，每天的产量是 1 支船桨。增加 1 名工人后，产量上升至 5 支。**劳动边际产品（marginal product of labor）**等于新增一个单位的劳动力后产量的变化。第一名工人的边际产品是 1 支

> **名词解释**
>
> **劳动边际产量**：增加一个单位的劳动力引起的产量变化。

名词解释
边际报酬递减：保持其他要素投入不变，随着厂商不断增加一种要素的投入，产量将以递减的速度增加。

总产品曲线：展示保持其他条件不变时劳动力数量和产量之间的关系的曲线。

船桨，而第二名工人的边际产品是 4 支船桨。

为什么边际产品随产量增加而增加？本书前面提到，当一家公司增加劳动力时，工人可以专门化，各自从事不同的生产任务。由此带来的工作的连续性就是生产力提升的原因之一，每一名工人都不必花大量时间在不同的工作任务之间转换了。另一个原因是专业化，每一名工人在各自负责的工作任务上将更加熟练。两名工人合作的产量是一个人单独生产时的 5 倍，一名工人负责准备塑料，另一名工人负责处理模具。

从第三名工人开始，生产过程遵从**边际报酬递减规律**（diminishing returns）——经济学的重要原理之一。

> **边际报酬递减原理**
> 假设一种产品的生产需要两种或更多的投入要素，我们保持其他要素投入不变，只增加一种要素的投入，当这种要素的投入到达某个点（边际报酬递减点）之后，产品产量将会以递减的速度增加。

第三名工人的边际产品是 3 支船桨，比第二名工人少了一支。当公司继续雇用更多的工人，边际产品持续下降，第四名工人的边际产品是 2 支船桨，第五名工人是 1 支船桨。前面提到，当每名工人对生产设施的使用程度降低时，边际报酬递减原理就会开始发挥作用。在船桨的例子中，工人们共用一个模具，随着工人数量增加，他们排队等待使用该模具的时间不断延长。

图 5-1 显示了公司的**总产品曲线**（total-product curve），该曲线展示了保持其他条件不变时劳动力数量（横轴）和产出（纵轴）之间的关系。总产品曲线的特征体现了劳动专业化和边际报酬递减的影响。雇用头两名工人时，产出以递增的速率增加，因为劳动专业化增加了劳动边际产品。从第三名工人开始，受边际报酬递减规律影响，总产出以递减的速度增加。

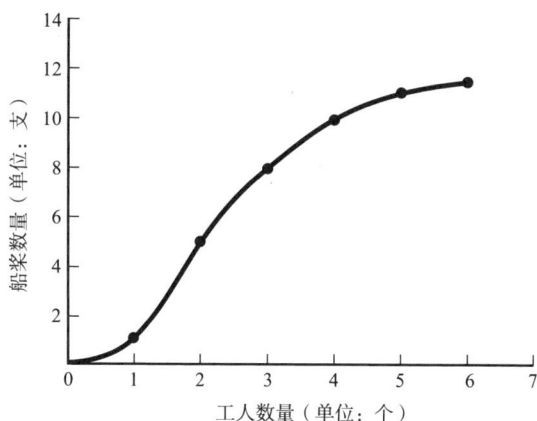

纵轴：船桨数量（单位：支）　横轴：工人数量（单位：个）

劳动力	产量	劳动边际产品
1	1	1
2	5	4
3	8	3
4	10	2
5	11	1
6	11.5	0.5

▲图 5-1

总产品曲线

总产品曲线展示了保持生产设施不变时劳动力数量与产量之间的关系。雇用头两名工人时，产出以递增的速率增加，因为劳动专业化增加了劳动边际产品。从第三名工人开始，受边际报酬递减规律影响，总产出以递减的速度增加。

短期总成本

我们已经了解了劳动力投入和产量之间的生产关系，接下来我们将学习产量和生产成本之间的关系。假设时间的机会成本是每天 50 美元，工人工资是每天 50 美元。你可以自己出资购买整个车间，包括建筑和船桨模型，成本是 365,000 美元。如果银行年利率是 10%，那么投入 365,000 美元用于购买车间的机会成本是每年 36,500 美元，相当于每天 100 美元。

在分析短期总成本时，我们将成本分为两类，固定成本和变动成本。

- **固定成本**（fixed cost，简称 *FC*）是指不随产量变化而变动的成本。本例中，购买车间的成本就是固定成本，包括建筑和模具的成本。如表 5-2 第三列所示，无论产量是多少，固定成本是每天 100 美元。

- **变动成本**（variable cost，简称 *VC*）是指随产量变化而变动的成本。本例中，为了增加船桨产量，你必须雇用更多工人。如果每名工人的成本是每天 50 美元，那么你每天的变动成本就等于 50 美元乘以工人数量（包括你自己）。如表 5-2 第四列所示，一名工人的变动成本是 50 美元，两名工人的变动成本是 100 美元，依此类推。

表 5-2 长期和短期成本（成本单位：美元）

劳动力	产量	固定成本（*FC*）	变动成本（*VC*）	总成本（*TC*）	平均固定成本（*AFC*）	平均变动成本（*AVC*）	平均总成本（*ATC*）	边际成本（*MC*）
0	0	100	0	100	—	—	—	—
1	1	100	50	150	100.00	50.00	150.00	50.00
2	5	100	100	200	20.00	20.00	40.00	12.50
3	8	100	150	250	12.50	18.75	31.25	16.67
4	10	100	200	300	10.00	20.00	30.00	25.00
5	11	100	250	350	9.09	22.73	31.82	50.00
6	11.5	100	300	400	8.70	26.09	34.78	100.00

公司的**短期总成本**（short-run total cost，简称 *TC*）等于固定成本加上变动成本：

$$TC = FC + VC$$

表 5-2 第五列显示的是不同产量下的总成本。例如，一名工人生产船桨时，总成本等于 100 美元的固定成本加上 50 美元的变动成本，合计 150 美元。雇用第二名工人后，产量增加至 5 支船桨，总成本增加至 200 美元，等于 100 美元的固定成本加上 100 美元的变动成本。依此类推，产量为 8 支船桨时，总成本上升至 250 美元，产量为 10 支船桨时，总成本为 300 美元，等等。

根据表 5-2 第三、四、五列的数据，做出

名词解释

固定成本：不随产量变化而变动的成本。

变动成本：随产量变化而变动的成本。

短期总成本：至少一种投入要素保持不变时的生产总成本，等于固定成本与变动成本之和。

短期成本曲线，如图 5-2 所示。图中水平线表示固定成本 100 美元，两条正斜率曲线中，较低的那条表示的是变动成本（ VC ），较高的那条表示的是总成本（ TC ）。总成本等于固定成本与变动成本之和，因此总成本曲线和变动成本曲线之间的距离等于该公司的固定成本（注意，在任意产量下，该距离不变）。

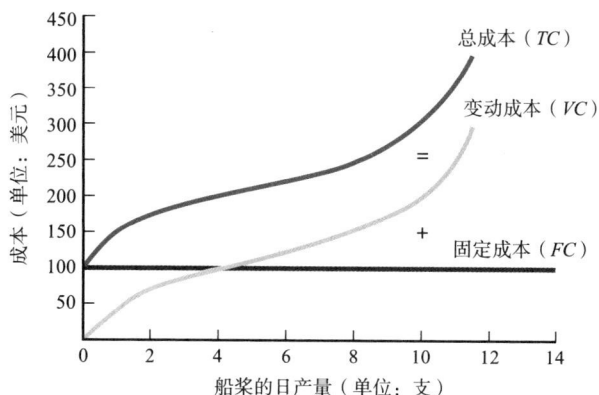

▲图 5-2

短期成本：固定成本、变动成本和总成本

短期总成本曲线展示了生产设施不变时产量和生产成本之间的关系。短期总成本等于固定成本与变动成本之和。

短期平均成本

平均成本可以分为平均固定成本、平均变动成本和平均总成本。**平均固定成本**（ average fixed cost，简称 AFC ）等于固定成本除以产量：

$$AFC = \frac{FC}{Q}$$

船桨公司的平均固定成本等于固定成本 100 美元除以船桨的产量。在表 5-2 中，我们将第三列的数值除以第二列的数值得到平均固定成本的数值，显示在第六列中。例如，第二行的产量是 1 支船桨，因此平均固定成本等于 100 美元除以 1，得 100 美元。第三行的

> **名词解释**
>
> **平均固定成本**：固定成本除以产量。

产量是 5 支船桨，因此平均固定成本等于 100 美元除以 5，得 20 美元。随着产量增加，100 美元固定成本分摊到更多产品中，平均固定成本逐渐减少。

平均变动成本（average variable cost，简称*AVC*）等于变动成本除以产量：

$$AVC = \frac{VC}{Q}$$

要计算船桨公司的平均变动成本，我们只需将表5-2第四列的数值除以第二列的数值，计算结果显示在第七列中。例如，第三行中，产量是5支船桨，变动成本是100美元，所以平均变动成本等于100美元除以5，得20美元。注意，产量较小时，平均变动成本随产量增加而减少，1支船桨时，平均变动成本为

50美元，5支船桨时，平均变动成本为20美元。劳动专业化是平均变动成本减少的原因。工人数量较少时，雇用新工人可以使工人的平均生产力提升，从而拉低平均变动成本。相反，产量较高时，平均变动成本随产量增加而增加。边际报酬递减是平均变动成本增加的原因。工人数量较多时，雇用新工人会使工人的平均生产力降低，从而拉升平均变动成本。图5-3中，平均变动成本曲线的斜率在低产量的情况下为负，在高产量的情况下为正。

公司的总成本是固定成本与变动成本之和，因此**短期平均总成本**（short-run average total cost，简称*ATC*），简称平均成本，等于平均固定成本与平均变动成本之和。

$$ATC = \frac{TC}{Q} = \frac{FC}{Q} + \frac{VC}{Q} = AFC + AVC$$

图5-3中，我们在平均变动成本曲线的基础上加上平均固定成本，得到平均总成本。例如，产量为5支船桨时，平均固定成本和平均变动成本都等于20美元，因此平均总成本等于40美元。产量为10支船桨时，平均固定成本较低，只有10美元，而平均变动成本为20美元，因此平均总成本等于30美元。在图5-3中，平均变动成本曲线和平均总成本曲线之间的差距就是平均固定成本。

当产量低于10支船桨时，图5-3中的*ATC*曲线斜率为负。导致负斜率的原因有两个：

- 固定成本的分摊。产量较少时，每增加一个单位的产量会分摊很大一部分平均固定成本，因为此时的固定成本非常"厚"（thick），仅在几个单位的产量上分散。例如，产量从1支船桨增加到5支船桨后，平均固定成本从每支船桨100

美元减少至 20 美元。

- **劳动专业化**。产量较少时，平均变动成本随产量增加而减少，因为劳动专业化会提升工人的生产力。

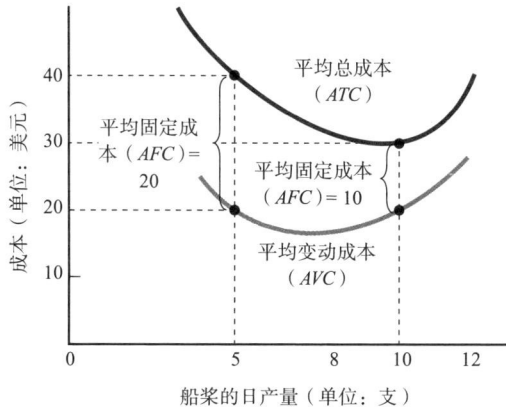

▲图 5-3

短期平均成本

短期平均总成本曲线（ATC）呈 U 型，随着产量增加，固定成本不断被分摊到越来越多的产品中，降低了单位固定成本。相反，随着产量增加，规模报酬递减会使平均变动成本上升。ATC 和 AVC 两条曲线之间的是平均固定成本（AFC）。

　　这两个原因共同推动 ATC 随产量增加而降低，因此产量较小时，ATC 曲线斜率为负。

　　如果产量继续增加，劳动专业化带来的红利将逐渐减少，直至消失。那么红利消失后公司会发生怎样的变化呢？此时，受边际报酬递减规律影响，平均变动成本开始随产量增加而增加。两股力量在进行角逐：固定成本的分摊继续拉低 ATC，同时边际报酬递减和上升的平均变动成本开始拉升 ATC。两股力量角逐的结果随产量变化而不同，使得 ATC 曲线呈现 U 型的特征：

- 产量处于中间水平时，比如在 3 支船桨到 10 支船桨之间。固定成本的分摊赢得角逐，因为固定成本相对较厚，而边际报酬递减的作用较弱。因此，ATC 随着产量增加而减少。例如，产量为 5 支船桨时，ATC 是 40 美元，当产量增加至 10 支船桨时，ATC 是 30 美元。
- 产量处于高水平时，比如 11 支船桨及以上。边际报酬递减赢得角逐。因为固定成本相对变薄了，而边际报酬递减的作用较强。因此，*ATC* 随着产量增加而增加。例如，产量为 10 支船桨时 *ATC* 是 30 美元，当产量增加至 11.5 支船桨时，*ATC* 跃升至 34.78 美元。

名词解释

短期边际成本：增加一个单位的产量时，短期总成本的变化。

短期边际成本

短期边际成本（short-run marginal cost，简称 *MC*）是产量增加一个单位时短期总成本的变化。短期边际成本等于总成本（*TC*）的变化除以产量（*Q*）的变化：

$$MC = \frac{\Delta TC}{\Delta Q} = \frac{总成本变化}{产量变化}$$

生产第一支船桨的边际成本等于公司生产第一支船桨时增加的成本。为了生产第一个单位的产品，公司以 50 美元的价格雇用了 1 名工人。如表 5-2 第九列所示，第一支船桨的边际成本是 50 美元。以 50 美元的成本雇用第二名工人后，产量增加至 5 支船桨。总成本增加 50 美元使产量增加了 4 支船桨，故生产第二支船桨的边际成本是 12.50 美元：

$$MC = \frac{\Delta TC}{\Delta Q} = \frac{总成本变化}{产量变化} = \frac{50\ 美元}{4} = 12.50\ 美元$$

产量较小时，在劳动专业化和工人生产率提升的作用下，边际成本随产量增加而减少。第一名工人每天仅能生产 1 支船桨，但是增加第二名工人后，产量就增加了 4 支船桨。增加第二名工人的 50 美元成本可以理解为新增的 4 支船桨每支成本为 12.50 美元。前面我们看到，专业化能够提高边际生产力。现在我们知道，专业化也能降低边际成本。图 5-4 中，产量小于等于 5 时，短期边际成本曲线斜率为负。

产量较大时，边际成本曲线斜率为正的原因是边际报酬递减规律。雇用第三名工人使产量从 5 支船桨增加至 8 支，也可以理解为新增加的 3 支船桨每支成本为 16.67 美元。边际报酬递减规律开始发挥作用，因此边际成本随产量增加而增加。产量从 8 支到 10 支船桨时，边际成本为 25 美元；产量为 10 支到 11 支船桨时，边际成本为 50 美元，以此类推。总结而言，边际报酬递减会降低劳动生产力并提升边际成本。

边际成本和平均成本之间的关系

图 5-4 展示了短期边际成本和短期平均总成本之间的关系。当边际成本小于平均成本时，平均成本不断降低。相反，当边际成本大于平均成本时，平均成本不断上升。最后，当边际成本等于平均成本时，平均成本既不下降也不上升。因此，边际成本曲线与短期平均成本曲线相交于后者的最低点。

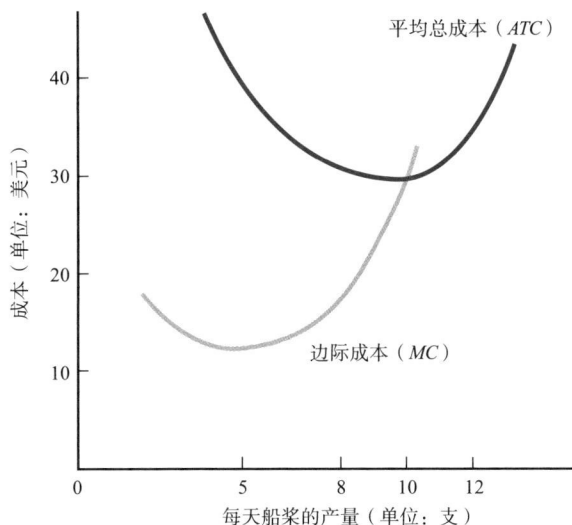

▲图 5-4

短期边际和平均成本

产量较小时，受劳动专业化红利的影响，边际成本曲线（*MC*）斜率为负；产量较大时，受边际报酬递减的影响，斜率为正。*MC* 曲线与 *ATC* 曲线相交于后者的最低点。在该点上，*ATC* 既不下降也不上升。

我们可以使用一个简单的例子解释平均成本和边际成本之间的关系。假设开始这学期的课程时，你已经修完了 9 门课，平均每门课 3.0 个学分绩点。表 5-3 第一列中显示，你累计拥有 27 个学分绩点（A 是 4 分，B 是 3 分，C 是 2 分，D 是 1 分），所以你的平均学分绩点（GPA）是 3.0。这学期你新选了一门课程——历史课。你的新 GPA 将取决于历史课的学分绩点——边际学分绩点，现在我们分以下三种情况讨论：

- 边际学分绩点小于平均学分绩点。表 5-3 第二行显示，如果你的历史课成绩是 D，那么你的总学分绩点将从 27 上升至 28。将新的总学分绩点除以 10，得新 GPA 为 2.80。新 GPA 小于原 GPA，因为边际学分绩点 1.0 低于原平均学分绩点 3.0。

- 边际学分绩点等于平均学分绩点。表5-3第三行显示，如果你的历史课成绩是B，那么你的总学分绩点将从27上升至30。将新的总学分绩点除以10，得新GPA为3.0。新GPA等于原GPA，因为边际学分绩点3.0等于原平均学分绩点3.0。
- 边际学分绩点大于平均学分绩点。表5-3第四行显示，如果你的历史课成绩是A，那么你的总学分绩点将从27上升至31。将新的总学分绩点除以10，得新GPA为3.1。新GPA大于原GPA，因为边际学分绩点4.0大于原平均学分绩点3.0。

总而言之，当边际学分绩点小于平均学分绩点时，平均学分绩点将下降；当边际学分绩点等于平均学分绩点时，平均学分绩点将保持不变；当边际学分绩点大于平均学分绩点时，平均学分绩点将上升。

表 5-3　边际学分绩点和平均学分绩点				
	边际学分绩点	课程数量	总学分绩点	平均学分绩点
起始点	－	9	27	3.0 = 27/9
边际学分绩点 < GPA	D	10	28 = 27+1	2.8 = 28/10
边际学分绩点 = GPA	B	10	30 = 27+3	3.0 = 30/10
边际学分绩点 > GPA	A	10	31 = 27+4	3.1 = 31/10

日常生活中的经济学

闲置资本和短期边际成本

对应的经济学问题：为什么边际成本曲线斜率为正？

考虑一个简单的生产过程。一家专门挖坑的公司拥有一定数量的固定资本（10把标准的铲子），并可以雇用任意数量的工人。1名工人使用1把标准的铲子，挖1个坑需要2个小时。为了每天挖1个坑，该公司只需要雇用1名工人，并使用10把铲子中的1把。如果工资是每小时12美元，挖第一个坑的边际成本是24美元。该公司雇用更多的工人并使用更多的铲子，产量随之增加，前10个坑的边际成本都是24美元。前10个坑的边际成本保持不变是因为该公司暂时不受边际报酬递减影响。一般来说，边际报酬递减发生作用是因为工人数量增加导致每名工人对生产设施的使用程度降低了。在本例中，每名工人都有一把铲子，所以公司不受边际报酬递减影响，边际成本保持不变。当然，当产量超过 10，公司将受边际报酬递减规律影响，边际成本开始上升。

同样的逻辑适用于那些可以调整资本使用情况的公司。例如，一家公司可以改变工厂的运营时间，选择单班制、双班制，甚至三班制。从单班制转变为双班制时，公司可以增加工人的数量和设备的使用时间，却不受边际报酬递减规律影响，因为每名工人使用设备的程度没有变化。总而言之，对于还有闲置资本或可以开发闲置资本的公司来说，在一定的产量区间内，边际成本保持不变。当然，一旦资本被充分利用，边际报酬递减规律就开始发挥影响，比如一家 24 小时运营的公司。详见练习 2.8。

资料来源：Based on Richard Miller, "Ten Cheaper Spades: Production Theory and Cost Curves in the Short Run", *Journal of Economic Education*（2000），pp. 119-130.

长期内的生产和成本

到目前为止，我们一直在讨论短期成本曲线，短期成本曲线表示的是在生产设施不可变的情况下产量和成本之间的关系。接下来，我们要讨论长期成本曲线。长期是指公司能够完全自由地选择所有投入要素的一段时期。在长期内，公司可以建造新的生产设施，包括工厂、商店、办公室和旅馆等，当然公司也可以调整和改进现有的生产设施。

短期和长期的最大差别在于长期内公司的生产不受边际报酬递减规律影响。前面提到，边际报酬递减规律发生作用是因为生产设施是固定的，工人需要共用这些设施，所以工人数量越多，每名工人使用生产设施的程度就越低。在长期内，公司可以根据工人数量扩大生产设施，因此也就不存在边际报酬递减的问题。

扩张和复制

继续讨论船桨生产的例子，目前你每天可以生产 10 支船桨，每支船桨的平均成本是 30 美元，总成本为 300 美元。假设一家赞助皮划艇冒险运动的公司向你订购了一批船桨，你决定建造一个新车间，将日产量提升到现有水平的两倍。你该怎么做？

一种选择是复制现有的生产模式。你可以新建两个与原车间一模一样的车间，并多雇用两组工人，每一组的能力都和现在的工人相当。如图 5-5 中的表格所示，你的公司从第三行的数值（4 名工人，100 美元的资本，日产量为 10 支船桨）提升至第四行，数值、劳动力、资本和产量都是原来的两倍。

一家公司的**长期总成本**（long-run total cost，简称*LTC*）是公司可以自由选择包括生产设施在内的所有投入要素时的总生产成本。如图5-5中的表格所示，当你的公司将产量由10支船桨翻倍至20支船桨时，长期总成本也由300美元翻倍至600美元。

公司的**长期平均成本**（long-run average cost，简称*LAC*）等于长期成本除以产量。如图5-5中表格第六列所示，产量从10支船桨上升至20支船桨的过程中，因为长期成本和产量一样翻倍了，所以长期平均成本保持不变，该产量区间下的长期平均成本曲线是一条直线。我们把这种情况称作**规模报酬不变**（constant returns to scale）：当公司扩大经营水平时[①]，成本与产量同比例增加，此时平均成本保持不变。

同样的逻辑适用于产量更高的情况。你的公司可以建造与之前两个车间完全一样的第三个车间，此时公司的生产成本会从600美元按比例增长至900美元。图5-5的表格中，30支船桨的平均成本是30美元，与产量为10支和20支的情况一样。一般来说，复制意味着长期总成本与产量同比例增长，所以平均成本保持不变。图5-5显示，产量大于10时，长期平均成本曲线是一条水平直线。也就是说，产量大于10时，规模报酬不变。

我们已经看到，当一家公司想要在长期内将产量翻倍，复制是一种可行的选择。通过直接复制已有的经营模式，一家公司的产量和成本会同时翻倍，而此时平均成本保持不变。另一种选择是建造一个更大的车间，替代原来的车间。如果新车间能够以更低的成本使产量翻倍，那么生产20支船桨或者30支船桨的长期平均成本将小于每支船桨30美元。

一家公司的**长期边际成本**（long-run marginal cost，简称*LMC*）等于新增一个单位产量时长期成本的变化。请记住，在长期内，公司能够自由选择所有投入要素，包括劳动力和资本。

名词解释

长期总成本：公司可以自由选择包括生产设施在内的所有投入要素时的总生产成本。

长期平均成本：长期总成本除以产量。

规模报酬不变：长期总成本与产量同比例增加，此时平均成本保持不变。

长期边际成本（*LMC*）：新增一个单位产量带来的长期成本的变化。

---

① 准确地说，公司按照相同比例增加所有投入要素时，如果产量与成本同比例增加，那么我们就将这种情况称作规模报酬不变。原书虽然没有"公司按照相同比例增加所有投入要素"的表述，但也强调了复制（replication）和相同（identical）的概念。——译者注

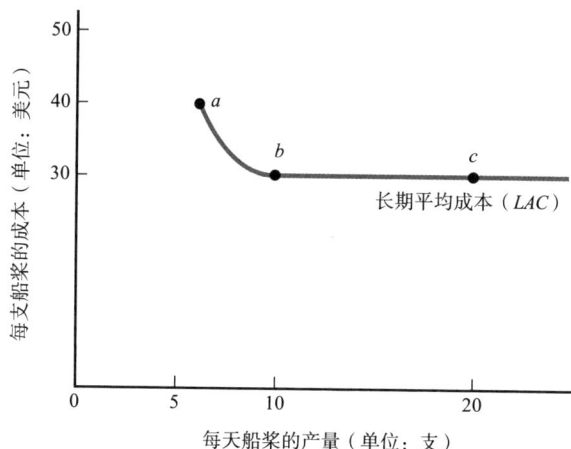

长期平均成本（LAC）

劳动力	资本（美元）	产量	劳动成本（美元）	LTC（美元）	LAC（美元）
1	100	1	50	150	150
2	100	5	100	200	40
4	100	10	200	300	30
8	200	20	400	600	30
12	300	30	600	900	30

▲ 图 5-5

长期平均成本曲线和规模经济

当产量小于 10 支时，受不可分的投入要素和劳动专业化的影响，长期成本曲线（LAC）斜率为负。如果该公司复制产量为 10 支船桨时的经营模式，那么当产量大于 10 支时，LAC 变为一条直线。

减少产量时，不可分的投入要素对成本变化的影响

如果你决定将产量从每天 10 支船桨减少至 5 支，总成本会发生什么变化呢？不要以为总成本只是对应减半，实际情况未必如此。你的公司使用一个模具每天生产 10 支船桨，即便将产量减半，你仍然需要这个模具，所以资本成本不会发生变化。另外，如果一个模具需要占用一定的空间，那么这块空间也省不了。因此，将产量减半完全不会减少生产设施的成本，模具和车间每天仍然会消耗 100 美元的成本。总结而言，将产量减半不会使资本成本减半，所以生产 5 支船桨的平均成本将大于生产 10 支船桨的平均成本。

模具是一种不可分的投入要素，所谓**不可分的投入要素（indivisible input）**是指即使降低产量也无法缩减其数量的投入要素。当一个

名词解释

不可分的投入要素：降低产量时无法缩减其数量的投入要素。

生产过程需要使用不可分的投入要素时，平均生产成本将随产量减少而增加，因为不可分的投入要素的成本不变，而产量减少了。大多数公司生产运营时都会使用不可分的投入要素，以下是一些典型的例子：

- 一家铁路公司使用轨道提供两个城市间的货运服务，该公司不可能通过拆除铁轨来缩减经营规模。
- 一家船运公司用一艘大型轮船将电视机从日本运往美国，该公司不可能通过把轮船换成小舟来缩减经营规模。
- 一家钢铁企业要使用高炉，该企业不可能将高炉换成烤箱来缩减钢铁生产规模。
- 一家医院购置了成像仪，用于 X 光扫描、脑部断层扫描（CAT）和核磁共振（MRIs）扫描，该医院不可能用微型核磁共振仪代替成像仪来缩减经营规模。

图 5-5 第二行显示了产量减少时的劳动力和资本成本。产量为 5 支船桨时，你需要包括自己在内的两名工人。此时，你的劳动力成本是 100 美元，加上不可分的成本，每天生产 5 支船桨的总成本为 200 美元，平均成本为每支船桨 40 美元。该平均成本数值大于产量为 10 支船桨时的平均成本，因为尽管产量减少了，你仍然需要相同数量的资本。图 5-5 中的点 a 显示了每天生产 5 支船桨的平均成本大于产量更高时的平均成本。

减少产量时，劳动专业化对成本变化的影响

产量较小时，长期平均成本更高，第二个原因是此时劳动专业化无法发挥优势。本章已经提到，增加劳动力时，劳动专业化——每一名工人专门从事一道工序——加强了生产的连续性和熟练度，从而提高了工人的生产率。相反，如果减少劳动力，每名工人的劳动专业化程度就会降低，劳动生产率也会随之降低，导致长期平均成本上升。

图 5-5 的表格第一行的数据显示了劳动专业化的作用。产量为 1 支船桨时，公司需要雇用 1 名工人。该名工人要独自完成所有的工序，所以生产率低于经营规模扩大后的工人。受此影响，产量为 1 时，平均生产成本较高。平均生产成本较高的另一个原因是固定要素投入的成本只能在很小的产量上分摊。

规模经济

当一家公司的长期平均成本随产量增加而减少时，我们就说该公司**规模经济**

（economics of scale），此时长期平均成本曲线斜率为负。如图 5-5 所示，在点 a 到点 b 的区间内，船桨厂商规模经济。点 a 的长期平均成本是 40 美元，而点 b 及点 b 右侧的长期平均成本是 30 美元。产量从 5 支船桨增加至 10 支船桨时，长期平均生产成本减少了，因为不可分的投入要素的成本能分摊到更多的产量中。换句话说，通过扩大经营规模，实现了经营上的节约（节省成本）。

> **名词解释**
>
> 　**规模经济**：长期平均成本随产量增加而减少的情况。
>
> 　**最小有效规模**：不存在规模经济的最小产量。
>
> 　**规模不经济**：长期平均成本随产量增加而增加的情况。

就生产某种产品而言，要对其规模经济的程度进行定量化，方法之一就是计算生产该产品的最小有效规模。当该产品达到一定产量时，如果无法通过继续增加产量减少平均成本（或者说不存在规模经济），我们就将该产量称为**最小有效规模**（minimum efficient scale）。在图 5-5 中，长期平均成本曲线从点 b 开始成为一条水平直线，所以最小有效规模是 10 支船桨。如果公司的初始产量低于最小有效规模，增加产量能够降低平均成本。一旦产量达到最小有效规模，平均成本就不会随产量增加而减少。

规模不经济

如果一家公司的长期平均成本曲线斜率为正，我们就说该公司**规模不经济**（diseconomies of scale）。此时，平均成本随产量增加而增加。规模不经济的原因有两点：

- 协调问题。大组织经常遇到的问题之一，是需要多层级的管理体系来协调组织内各部门的运行。大组织需要大量的会议、报告和管理工作，也就会产生更高的平均成本。如果需要通过建立更多层的管理部门来增加公司产出，那么长期平均成本曲线的斜率很可能为正。

- 投入要素成本上升。当一家公司增加产出时，需要更多的投入要素，根据需求定律，该公司很可能要为其中一些投入要素支付更高的价格。

例如，扩张中的建筑企业也许要支付更高的工资才能吸引更多的工人。另外，扩张中的企业也可能要雇用不如现有工人熟练的工人。工资的增加或生产力的降低都会增加平均生产成本，从而使长期平均成本曲线斜率为正。

许多公司意识到了规模不经济，因而采取各种措施来避免该情况。通过调整组织经营来避免规模不经济的例子有 3M 公司。3M 公司是一家混业跨国公司，经营范围宽广，包括但不限于便利贴、药物和远程通信系统。该公司有意识地保持每个生产单位尽可能精简，以保证各个生产单位的经营灵活性。当一个生产单位规模过大时，总公司就会将其分割。

实际长期平均成本曲线

图 5-6 展示了三种产品的实际长期平均成本曲线：铝产品、卡车运输和医院服务。[2]

在三个例子中，产量较小时，长期平均成本曲线斜率为负；产量升高时，曲线变得更加平坦，直至几乎水平。也就是说，这些曲线是 L 型。其他研究表明，许多产品和服务的长期成本曲线都是 L 型曲线。

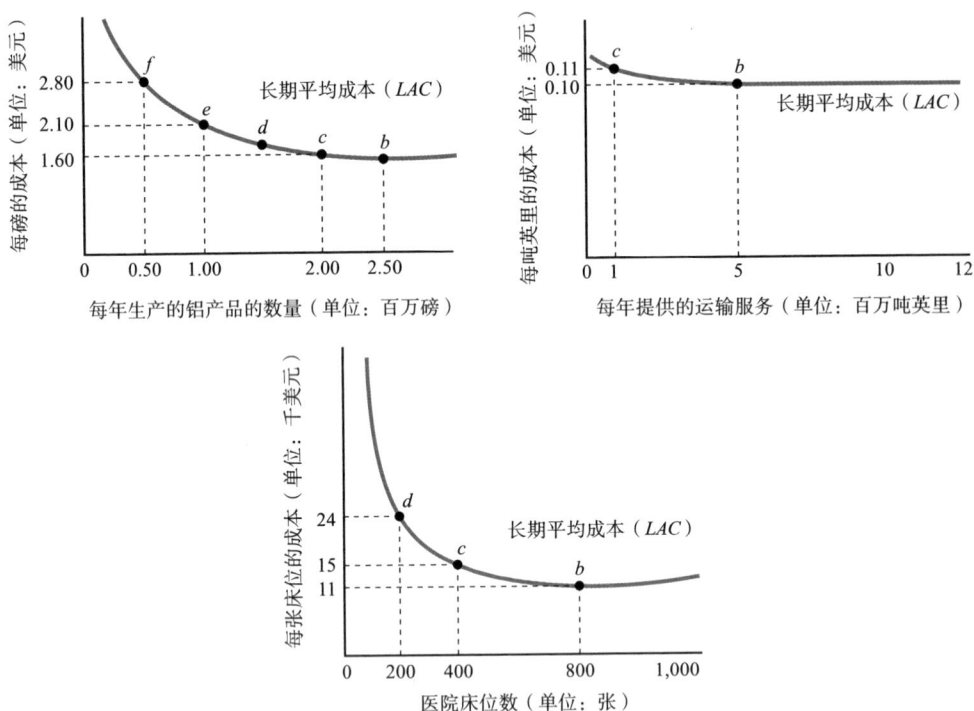

▲图 5-6

铝产品、卡车运输和医院服务的实际长期平均成本

为什么典型的长期平均成本曲线是 L 型？产量较小时，受不可分的投入要素和劳动专业化的影响，存在规模经济的空间，所以长期平均成本曲线斜率为负。随着产量增加，平均成本曲线最终成为水平直线。在成本曲线的水平部分，投入要素的增

加导致产量对应比例的增加，所以平均成本不会变化。也就是说，长期平均总成本（*LAC*）保持不变，产品的规模报酬不变。

短期平均成本和长期平均成本

为什么公司的短期平均成本曲线是 U 型，而长期平均成本曲线是 L 型？产量较大时，受边际报酬递减规律的影响，劳动生产率降低，边际成本上升，所以短期平均成本曲线斜率为正。在保持至少一种投入要素不变的情况下，如果一家公司要增加产量，边际报酬递减规律就会发挥作用，拉升平均成本。

短期和长期的区别在于公司在投入要素上的灵活性不同。长期内，公司可以增加所有的投入要素，通过建造更大的生产设施来扩大经营规模。此时，公司不受边际报酬递减规律的影响。大多数情况下，长期平均成本曲线斜率为负或水平。某些情况下，公司规模不经济，此时长期平均成本曲线在高产量水平上斜率为正。尽管如此，因为短期存在规模报酬递减问题，所以短期成本曲线比长期平均成本曲线陡峭。

日常生活中的经济学

不可分的投入要素和仿真虎鲸

对应的经济学问题：不可分的投入要素如何影响生产成本？

华盛顿海岸附近的海狮大量捕食鳟鱼和其他鱼类，不仅使某些鱼类面临灭绝的威胁，也降低了渔业的收益。Rick Funk 公司是一家塑料制造商，它提出制造一种由玻璃纤维制成的仿真虎鲸，将其安装在类似云霄飞车的轨道上，并将这些仿真虎鲸放入水中，用于驱散海狮（虎鲸是海狮的天敌）。该公司声称，制造第一头仿真虎鲸需要耗费 16,000 美元，其中 11,000 美元用于模具，5,000 美元用于劳动力和原材料。一旦模具制成，新造一头仿真虎鲸只需要 5,000 美元。换句话说，制造第一头仿真虎鲸的成本是制造第二头的 3 倍多。计算成本可知，生产两头仿真虎鲸需要花费 21,000 美元，生产三头仿真虎鲸需要花费 26,000 美元，以此类推。

这个小故事说明了不可分的投入要素对公司成本曲线的影响。模具属于不可分的投入要素，公司如果缩减了模具支出，生产就不能持续。如果 Rick Funk 公司想要将产量从 2 头减少至 1 头，该公司仍然需要保留模具；该公司不可能将模具分成两半或者用一半大小的模具来生产。生产第一头仿真虎鲸的成本是 16,000 美元，包括不可分的投入要素模具的成本。一旦公司拥有了模具，生产一头仿真虎鲸的边际成本就维持在 5,000 美元不变，此时平均成本随产量增加而减少。详见练习 3.4 和 3.9。

资料来源：Based on Sandi Doughton, "Killer Whale Latest Idea on Sea Lions," *Oregonian*, January 7, 1995.

▇▇ 生产成本的案例

到目前为止，我们讨论了生产技术与生产成本之间的关系。我们了解了公司的短期成本曲线，该曲线展示了至少一种投入要素变化时，产量和生产成本之间的关系。我们也了解了长期平均成本曲线，该曲线展示了公司可以自由选择所有投入要素时，产量和平均成本之间的关系。接下来，我们来看一些产品的实际生产成本。

风能发电中存在的规模经济

风能发电中存在规模经济的空间，因为可以通过不同功率的涡轮机来发电。尽管大型涡轮机比小型涡轮机昂贵，但是使用大型涡轮机增加的发电功率比增加的成本多。也就是说，购买、安装和保养大型风能涡轮机产生的成本增加百分比小于发电功率增加的百分比。表5-4显示了一台小型涡轮机（150千瓦）和一台大型涡轮机（600千瓦）的成本，两台涡轮机的使用寿命都是20年。

表 5-4　风能涡轮机和电力平均成本（单位：美元）	小型涡轮机（150 千瓦）	大型涡轮机（600 千瓦）
涡轮机的购买价格	150,000	420,000
安装成本	100,000	100,000
运行和保养成本	75,000	126,000
总成本	325,000	646,000
发电功率（千瓦时）	5,000,000	20,000,000
平均成本（每千瓦时）	0.065	0.032

资料来源：Based on Danish Wind Turbine Manufacturers Association, "Guided Tour Wind Energy"（2003），www.windpower.dk（accessed June 27, 2006）.

大型涡轮机的发电功率是小型涡轮机的 4 倍。但是安装成本相同，而且前者的购买价格不到后者的 3 倍，运行和保养成本不到后者的 2 倍。将各项成本相加，前者的总成本不到后者的 2 倍。表 5-4 第六行数据显示，大型涡轮机每度电的平均成本是

0.032 美元，小型涡轮机每度电的平均成本是 0.065 美元。

音乐视频的平均成本

音乐视频是一种信息商品，而信息商品实际上就是打包的信息。生产一件信息商品的大多数成本来自收集信息和制作原始拷贝。一旦信息经过了组织和数字化，复制的边际成本非常小。也就是说，信息商品的固定成本（原始拷贝制作成本）占比很大，边际成本占比很小。

对一个音乐视频而言，原始拷贝制作成本是指将影像和声音组织转化为数字形式的成本。通常制作一个音乐视频的原始拷贝成本为 223,000 美元，包括付给编剧的 28,000 美元，摄影两天所需的 81,000 美元，后期制作所需的 81,000 美元，还有其他杂项成本 33,000 美元。一旦影像和声音完成了数字化，制作拷贝的边际成本很小，如果该视频是通过网络传播，那么边际成本实际上就是零。

音乐视频的平均成本取决于发行了多少拷贝。假设该音乐视频以零边际成本在网络上发行。发行 1,000 个拷贝的平均成本是 223 美元，而发行 100 万个拷贝的平均成本只有 0.23 美元。在图 5-7 中，平均成本曲线斜率为负，而且随着发行数量上升，该曲线越来越接近于 X 轴。随着固定生产成本在越来越多的拷贝中分摊，曲线与 X 轴的距离越来越小。如果消费者以 1 美元的价格下载音乐视频，那么盈亏平衡产量就是 223,000 个拷贝。

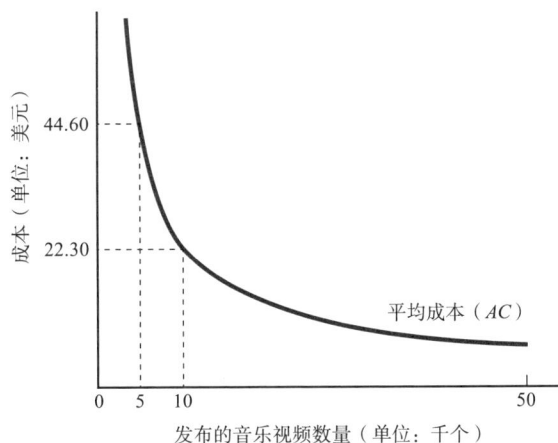

▲ 图 5-7

信息商品的平均成本曲线

对于像音乐视频这样的信息商品，制作原始拷贝的成本非常高，但是复制的边际成本很低，而且对于通过网络发行的音乐视频，其边际成本等于零。

太阳能与核能

1998 年，太阳能发电的成本是每千瓦时 0.32 美元，核能发电的成本是每千瓦时 0.07 美元。[3] 近些年，光电技术的创新不断降低太阳能发电的单位成本，2005 年为每千瓦时 0.21 美元，2010 年为每千瓦时 0.16 美元。同一时期，核反应堆的建设成本上升，2002 年是 30 亿美元，2010 年是 100 亿美元，这导致核能发电的单位成本不断增加。对于一个新的核电站，预期的单位发电成本是每千瓦时 0.16 美元。换句话说，太阳能发电和核能发电之间的成本差距消除了，太阳能发电和核能发电的平均成本几乎相同。

总　结

本章讨论了公司的成本问题，解释了短期成本曲线和长期成本曲线。表 5-5 总结了各种类型成本的定义。以下是本章要点：

1. 短期边际成本曲线（MC）斜率为负的部分是因为投入要素专业化使得边际报酬增加。

2. MC 斜率为正的部分的原因是边际报酬递减规律的作用。

3. 短期平均总成本曲线（ATC）是一条 U 型曲线，因为随着产量增加，固定成本分摊到更多的产量上，使得 ATC 减小，而边际报酬递减使得 ATC 增加，两股力量此强彼弱，使 ATC 曲线呈 U 型特征。

4. 长期平均成本曲线（LAC）在一定范围的产量区间上是水平直线，因为厂商通过复制原有经营模式来扩大产量，总成本与总产量同比例增加。

5. 产量较小时，LAC 斜率为负，因为（1）存在不可分的投入要素，（2）经营规模较小时劳动专业化的优势无法发挥。

6. 如果生产组织规模扩大、投入要素增加后，存在组织协调上的困难（管理成本增加），那么就会产生规模不经济。

表 5-5 各种类型成本的定义和计算公式

成本类型	定义	符号或计算公式
经济成本	在生产过程中使用的所有投入要素的成本总和，等于显性成本与隐性成本之和	—
显性成本	用于获取投入要素的直接货币支出	—
隐性成本	不需要货币支出的投入要素的机会成本	—
会计成本	显性成本	—
各种短期成本		
固定成本	不随产量变化而变动的成本	FC
变动成本	随产量变化而变动的成本	VC
短期总成本	至少一种投入要素保持不变时的生产总成本，等于固定成本与变动成本之和	$TC = FC + VC$
短期边际成本	增加一个单位产量时短期总成本的变化	$MC = \Delta TC/\Delta Q$
平均固定成本	固定成本除以产量	$AFC = FC/Q$
平均变动成本	变动成本除以产量	$AVC = VC/Q$
短期平均总成本	短期总成本除以产量	$ATC = AFC + AVC$
各种长期成本		
长期总成本	公司可以自由选择包括生产设施在内的所有投入要素时的总生产成本	LTC
长期平均成本	长期总成本除以产量	$LAC = LTC/Q$
长期边际成本	新增一个单位产量时长期成本的变化	$LMC = \Delta LTC/\Delta Q$

练习

1. 经济成本和经济利润

1.1 计算经济成本的基础是 _____ 原理。

1.2 一家公司的隐性成本定义为无须用货币购买的投入要素的 _____ 成本，比如企业家的 _____ 和 _____。

1.3 经济利润等于 _____ 减去 _____。

1.4 因为 _____（经济/会计）成本一般大于 _____（经济/会计）成本，所以 _____（经济/会计）利润通常大于 _____（经济/会计）利润。

1.5 假设一个人放弃年薪 40,000 美元的工作，用自己的 100,000 美元存款开设了一家公司，银行年利率 8%。开设新公司的隐性成本等于企业家时间的 _____ 成本加上企业家资金的 _____ 成本。

1.6 _____（长期/短期）定义为公司无法改变生产设施的一段时期。

1.7 当公司可以自由选择所有的投入要素时，公司是在 _____（长期/短期）

运营。

1.8 那些成为企业家的工人的收入比那些留在原工作上的工人的收入_____（多／少）_____%。（参见第 139 页就"日常生活中的经济学"）

1.9 计算成本。企业家爱德华每两小时可以修剪一块草坪，每年修剪 1,000 块草坪。他使用的卡车和割草机都是太阳能驱动的设备，可以持续使用，这两件设备可以在任何时候以 20,000 美元出售。如果不做老板，爱德华可以做修脚师，该工作时薪 12 美元。银行利率是 10%。

a. 给定现在的产出水平，计算割草的边际成本和平均成本。

b. 假设爱德华决定将割草数量减少一半，至每年 500 块草坪。计算新的边际成本和平均成本。

2. 生产设施保持不变的公司：短期成本

2.1 短期边际成本曲线是_____型曲线，而长期边际成本曲线是_____型曲线。

2.2 短期边际成本曲线的一部分是负斜率的原因是_____，另一部分是正斜率的原因是_____。

2.3 在短期平均成本曲线斜率为正的部分，_____的作用大于_____的作用。

2.4 目前的产出水平下，MP3 播放器的边际成本大于平均成本。如果增加产出，平均成本会_____（增加／减少）。

2.5 如果边际成本等于平均成本，那么我们处在_____成本曲线的最低点。

2.6 当边际成本小于平均成本时，产量增加会使平均成本_____（上升／下降）。当边际成本大于平均成本时，产量增加会使平均成本_____（上升／下降）。

2.7 短期平均生产成本曲线上每一个成本水平都对应两个产量水平。_____（正确／错误）

2.8 一家公司多雇用了一倍的工人，增加一个生产班次，此时生产_____（受／不受）边际报酬递减影响，边际成本_____。（参见第 148 页"日常生活中的经济学"）

2.9 计算成本。假设一家公司固定成本是 60 美元。填写下表空白处。（单位：美元）

产量	FC	VC	TC	MC	AFC	AVC	ATC
1		10					
2		18					
3		30					
4		45					
5		65					

2.10 改变成本。回顾表 5-2 所示的船桨生产的案例。产量为 10 支船桨，分别计算以下三种情况的短期平均成本。

a. 你工作时间的机会成本是原来的 3 倍，从 50 美元上升至 150 美元。

b. 银行利率减半，从 10% 下降至 5%。

c. 劳动生产率，也就是每名工人的产

量翻倍了。

2.11 计算各种短期成本。思考一下，一家公司的短期成本。（单位：美元）

a. 公司的固定成本是多少？

b. 计算不同产量下的短期边际成本（MC）、短期平均成本（AVC）和短期平均总成本（ATC）。

c. 做出 MC、AVC 和 ATC 三条曲线。解释 MC 曲线和 ATC 曲线之间的关系，以及 AVC 曲线和 ATC 曲线之间的关系。

产量	VC	TC	MC	AVC	ATC
1	30	90			
2	50	110			
3	90	150			
4	140	200			
5	200	260			

2.12 不同的产量，但是平均成本相同？假设存在两家铅笔厂商，它们的生产设施完全一致，工厂和设备都一样。两个公司支付相同的工资，购买相同价格的原材料。第一家公司工人数量较小，每分钟生产 1,000 支铅笔；第二家公司工人数量较多，每分钟生产 2,000 支铅笔。两家公司的平均生产成本同为每支铅笔 10 美分。假设你建造与这两家公司一样的生产设施，雇用足够数量的工人，购买足够数量的原材料，使你每分钟的产量达到 2,500 支铅笔。你的平均成本也会是每支铅笔 10 美分吗？

3. 长期内的生产和成本

3.1 长期成本曲线的一部分斜率为负的原因是 _____，长期成本曲线的一部分为水平直线的原因是 _____。

3.2 考虑图 5-6 提供的信息。假设一家大型铝制品厂商的产量从每年 200 万磅减少至每年 100 万磅。生产铝制品的长期平均成本将从 _____ 变为 _____。

3.3 典型的短期平均成本曲线呈 U 型，而典型的长期平均成本曲线呈 L 型的原因是 _____ 规律不适用于 _____（长期 / 短期）。

3.4 生产第一头仿真虎鲸的成本是生产第二头的 3 倍，因为该公司使用了 _____ 投入要素。（参见第 155 页"日常生活中的经济学"）

3.5 放松监管和卡车货运的成本。假设政府最初限定了可以从事卡车货运业务的公司数量。卡车货运服务由一家公司提供，该公司每年的产量是 500 万吨英里（1 吨英里是指载 1 吨的货物运送 1 英里）。新上任的州长提议让其他公司进入该市场。在消除进入限制的公开听证会上，现有公司的经理发出严厉的警告："如果你放开限制，也许会有四五家公司将进入市场，但单位卡车货运成本至少将上升至原来的 3 倍。卡车货运服务存在巨大的规模经济效益，所以一家大公司比几家小公司要更有效率。"你对该观点持怎样的意见?

3.6 做出长期成本曲线。考虑衬衫的长期生产成本。使用在衬衫生产中的不可分的投入要素的成本是每天400美元。为了每天生产一件衬衫,公司必须再花费5美元在其他投入要素上,如劳动力、原材料和其他资本,也就是说每生产一件衬衫会产生相同的5美元的成本。

a. 分别计算产量为40件、100件、200件和400件时的平均成本。

b. 作每天生产40~400件的产量区间上的长期平均成本曲线。

3.7 边际报酬递减和规模不经济。利用本章学到的成本曲线的知识,解释边际报酬递减规律和规模不经济之间的差别,这两种情况哪种更可能发生?

3.8 边际成本不变。考虑一家在长期内运营的公司,该公司不可分的投入要素的成本是120美元。生产的边际成本是每单位3美元不变。做出1~12个单位的产量区间上的平均成本曲线。长期平均成本曲线从第1个单位的_____下降至第12个单位的_____。

3.9 更好的仿真虎鲸模具?假设公司开发了一个新的用于生产仿真虎鲸的模具。新模具的成本是旧模具的2倍,但是利用新模具生产仿真虎鲸的边际成本则降低至1,000美元。(参见第155页"日常生活中的经济学")

a. 计算分别使用两种模具生产一头仿真虎鲸的总成本。

b. 在什么产量区间上使用新模具会比旧模具更节省成本?

4. 生产成本的案例

4.1 随着风能涡轮发电机的型号增大,发电的平均成本_____(增加/减少)。

4.2 对于像通过网络发布的音乐视频这样的信息商品,生产第一个拷贝的成本非常_____(高/低),但是边际成本很_____(高/低)。

4.3 超大型涡轮机的平均成本。假设公司使用了一款超大型涡轮机(1,000千瓦)。请填写下表空白处。

	超大型涡轮机
涡轮机的购买价格(美元)	5,00,000
安装成本(美元)	100,000
运行和保养成本(美元)	200,000
总成本(美元)	
发电功率(千瓦时)	40,000,000
平均成本(每千瓦时)	

4.4 音乐视频的平均成本。考虑图5-7所示的案例,假设受服装师和化妆师罢工影响,服装和化妆的成本上升了17,000美元。请做出制作并通过网络发布音乐视频的平均成本,产量区间是0~50,000个拷贝。

4.5 戏剧DVD的平均成本。一所高中

的戏剧协会聘请你为学生演出的一部戏剧制作 DVD。制作原始拷贝需要耗费你 50 个小时。你的时间机会成本是每小时 20 美元。制作拷贝 DVD 的边际成本是每张 2 美元不变。请做出制作 DVD 的平均成本曲线，产量区间是 0 ~ 100 张。

注　释

1. Ashish Karamchandani, Michael Kubzansky, and Paul Franano, "Emerging Markets, Emerging Models: Market-Based Solutions to the Challenges of Global Poverty," Monitor Company Group L.P., 2009.

2. Laurits Christensen and William H. Greene, "Economies of Scale in U.S. Electric Power Generation," *Journal of Political Economy* 84（1976）: 655–676. Reprinted by permission of The University of Chicago Press; Joel P. Clark and Merton C. Flemings, "Advanced Materials and the Economy," *Scientific American* 255（October 1986）: 51–60. Copyright 1986 by Scientific American, Inc. All rights reserved; Roger Koenker, "Optimal Scale and the Size Distribution of American Trucking Firms," *Journal of Transport Economics and Policy*（January 1977）: 62; Harold A. Cohen, "Hospital Cost Curves with Emphasis on Measuring Patient Care Output," in *Empirical Studies in Health Economics*, ed. Herbert E. Klarman（Baltimore, MD: Johns Hopkins University Press, 1970）; John Johnson, *Statistical Cost Analysis*（New York: McGraw-Hill, 1960）.

3. Diana Powers, Nuclear Energy Loses Cost Advantage, *The New York Times* July 26, 2010; John Blackburn and Sam Cunningham, "Solar and Nuclear Costs—The Historic Crossover"（July 2010）.

完全竞争

在 2004 年屡次获奖的电影《杯酒人生》(*Sideways*）中，男主角对黑皮诺葡萄酒情有独钟。他指出黑皮诺葡萄只能在世界少数几个地方种植，而且需要复杂、专业的照料。尽管种植和酿造过程艰辛，但是成功酿造的黑皮诺葡萄酒口味细致入微、高雅灵动，是世界上品质最佳的葡萄酒之一。[1]

电影中热情洋溢的赞誉使得产自俄勒冈州维拉米特山谷的黑皮诺葡萄酒风靡一时，销售价格猛涨，某些品牌的价格甚至翻了两番。然而数年后，种植者为了竞争消费者开始降低价格，使得市场价格退回到《杯酒人生》上映之前的水平。我们在本章中会看到，对于经历需求增加的市场来说，价格上升后又回落是一种定式；即便更高的需求长期持续，也不会改变这种定式。

学 习 目 标

区分四种类型的市场。

解释厂商决定短期产量的规则和盈亏平衡价格。

解释厂商决定是否停工的规则。

解释为什么短期供给曲线斜率为正。

解释为什么短期行业供给曲线斜率为正。

第 6 章到第 8 章我们主要讨论公司在不同类型的市场中是如何决策的。不同类型市场的重要区别之一就是公司数量不同。本章我们先讨论完全竞争市场。在**完全竞争市场**（perfectly competitive market）中，成百上千家公司销售一种同质的商品。每一家公司都只占据市场份额很小的一部分，任谁都只能接受既定的价格，

> **名词解释**
>
> **完全竞争市场**：拥有大量厂商和消费者、销售一种同质商品且没有进入障碍的一种市场。
>
> **价格接受者**：只能接受既定价格的厂商或消费者。

也就是说每一家公司都是**价格接受者**（price taker）。例如，种植大豆的农民是价格接受者，没有一位农民会降低价格，因为在既定市场价格下他可以销售任意数量的大豆。也没有一位农民会提升价格，因为一旦提升价格，他就会失去所有的客户。

完全竞争市场还有另外两个特征。首先，市场的需求侧有成百上千的消费者，他们也是价格接受者。其次，没有进入或退出市场的障碍，每一家公司都可以自由进入或退出。总结而言，完全竞争市场有 5 个特征：

1. 市场拥有大量的厂商。
2. 市场拥有大量的消费者。
3. 产品是同质的。
4. 不存在进入市场的障碍。
5. 厂商和消费者都是价格接受者。

如果你觉得这样的市场不可能存在，那么你是正确的。大多数公司都有一定的自由设定自己的价格。例如，塔吉特公司提高了 DVD 的销售价格，尽管 DVD 的销售量必然会下降，但也绝不会下降至零。尽管完全竞争市场是罕见的，但是这种类型的市场是分析公司决策的起点，因为作为价格接受者的公司的决策更易于理解。完全竞争市场中的公司不需要选择价格，它只需要决定在既定的价格下生产多少就行。一旦理解了简单的情况，我们就可以开始处理更复杂的问题，即当公司是价格制定者时（公司可以影响价格），它会如何做出生产决策。我们将在后面几章讨论这种情况。

本章中我们先讨论，价格接受者公司如何利用收入和成本的信息决定产量。价格接受者公司的产量决策是市场供给曲线和供给定律的现实基础。换句话说，本章将揭示市场供给曲线和供给定律背后的经济逻辑。

四种不同类型的市场结构

我们先来区分市场需求曲线和单个公司的需求曲线。前面提到，市场需求曲线表示的是假定所有公司收取相同价格时市场总销售量与价格之间的关系。相反，**单个公司的需求曲线**（firm-specific demand curve）展示了单个公司的销售量与其收取的价格之间的关系。在垄断市场中，单个公司为整个市场服务，此时单个公司的需求曲线就是市场需求曲线。如图 6-1 的（A）图所示，垄断公司可以选择需求曲线上的任意点。

> **名词解释**
>
> **单个公司的需求曲线：**展示单个公司的销售量与其收取的价格之间的关系的曲线。

如图 6-1 的（B）图所示，完全竞争市场的情况大不相同。单个公司的需求曲线是水平的。完全竞争公司可以在既定的市场价格 12 美元下销售任意数量的产品，但如果它将价格提升哪怕一分钱，它的销售量就会下降至零。

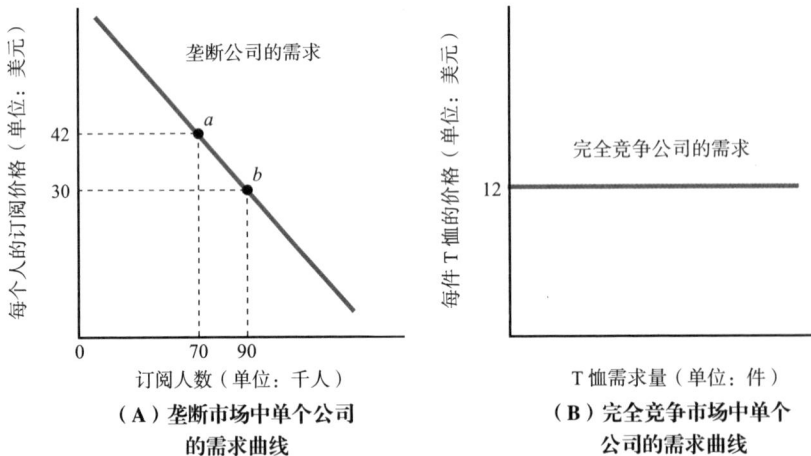

（A）垄断市场中单个公司的需求曲线

（B）完全竞争市场中单个公司的需求曲线

▲图 6-1

垄断和完全竞争

（A）图中，垄断公司的需求曲线就是市场需求曲线。（B）图中，完全竞争公司是价格接受者，此时单个公司的需求曲线是水平的；公司可以在既定的市场价格下销售任何数量的产品，但是一旦它提升销售价格，销售量就会将为零。

大多数市场都处于完全竞争市场和垄断市场这两个极端之间。表 6-1 将完全竞争市场与其他三种市场进行了比较，这三种市场分别是：

- **垄断市场**：单个公司服务整个市场。此时，进入市场的障碍非常大，原因可能是巨大的规模经济，也可能是限定公司数量的政府政策。本地电话服务、有线电视和电力传输的垄断是巨大的规模经济效应造成的；专利药品，在国家公园销售柴火以及美国邮政服务属于政府政策造成的垄断。

- **垄断竞争市场**：没有进入市场的障碍，市场上有大量的公司，每家公司的产品都稍有差别。例如，本地众多的咖啡店提供稍有差别的咖啡给消费者。本地杂货店销售各种品牌的牙刷，这些牙刷在大小、形状、颜色、样式上略有不同。

- **寡头市场**：由于规模经济或政府限定公司数量的政策，市场上只有几家公司。汽车、计算机处理芯片、航空旅行以及早餐谷物食品都属于寡头市场产品。汽车制造的巨大规模经济效应源于建造工厂所需的数十亿美元的启动成本。同样，建造计算机处理器芯片的加工厂也要耗费数十亿美元。

表 6-1　四种市场结构的特征

特征	完全竞争	垄断竞争	寡头	垄断
公司数量	大量	大量	很少	一家
产品差异程度	同质	有差异	同质或有差异	独一无二
单个公司的需求曲线	完全弹性需求	富有弹性的需求	不如垄断竞争公司的需求弹性强	单个公司的需求曲线就是市场需求曲线
进入条件	没有障碍	没有障碍	巨大的障碍	巨大的障碍
典型代表	玉米、普通的 T 恤	牙刷、音像制品商店、杂货店	航空旅行、汽车、饮料、香烟、移动电话服务	本地电话服务、专利药品

日常生活中的经济学

巴基斯坦的"无线电话女士"

对应的经济学问题：进入成本如何影响市场中的公司数量？

竞争性市场的另一个实例是发展中国家的电话服务，过去巴基斯坦的民众主要使用公共付费电话，最近几年移动电话的发展改变了这一格局，并创造了一个新的竞争性行业。现在，只要投资 310 美元，购买一套无线电话设备（无线收发器、电池、充电器）、一个广告牌、一个计算器和一支计时秒表就可以成为无线电话服务的个体户，巴基斯坦的民众将这些个体户形象地称为"无线电话女士"。他们向周边邻居提供电话服务，并按照使用时间收费。平均来说，他们每天能够净赚 2 美元，这大约是巴基斯坦人均收入的 3 倍。电话服务市场拥有完全竞争市场的特征：低进入门槛、标准的产品、大量接受既定价格的厂商。相反，如果你在美国，要进入电话服务行业，前期的投资会达到数百万甚至数亿美元，所以美国的电话服务行业不是完全竞争市场。详见练习 1.5。

文章来源：Based on TeleCommons Development Group, "Grameen Telecom's Village Phone Programme: A Multi-Media Case Study," 2000, www.telecommons.com/villagephone（accessed June27,2006）.

公司的短期产量决策

要理解完全竞争市场的运行机制，应该从讨论公司的产量决策开始。公司的目标是最大化经济利润，它等于总收入减去经济成本。回顾前面学习的内容，我们知道，经济成本是指生产中的所有机会成本，包括显性成本（货币支出）和隐性成本（企业家的机会成本），经济成本随产量变化而变动。本章我们将讨论经济利润如何随产量变化而变动，以及公司如何决定产量以使经济利润最大化。

需要强调的是，经济利润与经常使用的会计利润不同。会计师的关注点在于流进和流出企业的资金流，因此他们会忽视不涉及实际交易的成本。会计利润等于总收入减去会计成本。会计师会忽略隐性成本，所以会计利润通常大于经济利润。

我们以普通 T 恤市场为例来说明完全竞争市场的运行机制。普通 T 恤中的一部分直接销售给消费者，还有一部分则销售给公司，这些公司在 T 恤上印上文字和图像，最后将加工过的 T 恤卖给消费者。全世界大量国家和大量厂商都生产普通 T 恤。

通过计算经济利润决定产量

公司在决定产量时使用的方法之一，是计算不同产量下的经济利润，然后选择利润最高时的产量。经济利润等于总收入减去经济成本。其中，总收入等于产品价格乘以销售量。例如，一家公司的销售价格是 12 美元，销售量是 8 件，总收入就是 96 美元。如果经济成本等于 63 美元，那么该公司的经济利润就是 33 美元。

表 6-2 显示了不同产量下，一家棉 T 恤公司的总收入和总成本。如第二列和第三列所示，固定成本等于 17 美元，变动成本随产量增加而增加。第四列显示总成本，第五列显示总收入，第六列显示经济利润。

产量 （件/分）	固定成本 （FC）	变动成本 （VC）	总成本 （TC）	总收入 （TR）	利润 （TR-TC）	边际收入 （价格）	边际成本 （MC）
0	17	0	17	0	−17	—	—
1	17	5	22	12	−10	12	5
2	17	6	23	24	1	12	1
3	17	9	26	36	10	12	3
4	17	13	30	48	18	12	4
5	17	18	35	60	25	12	5
6	17	25	42	72	30	12	7
7	17	34	51	84	33	12	9
8	17	46	63	96	33	12	12
9	17	62	79	108	29	12	16
10	17	83	100	120	20	12	21

表 6-2　当价格为 12 美元时的 T 恤产量（单位：美元）

图 6-2 展示的就是如何决定产量以实现最大化利润的的一种方法。现在我们来找出利润最大的那一行。例如，产量为 5 时，总收入（TR）是 60 美元，总成本（TC）是 35 美元，经济利润是 25 美元。逐行查找核对数据，产量为 6 时，经济利润是 30 美元。产量为 7 或 8 时，经济利润达到最大值 33 美元。

当存在两个产量水平使利润最大化时，我们假定公司选择更高的那个产量。本例中，公司会选择生产 8 件 T 恤，此时总收入是 96 美元，总成本是 63 美元，产生的经济利润为 33 美元。

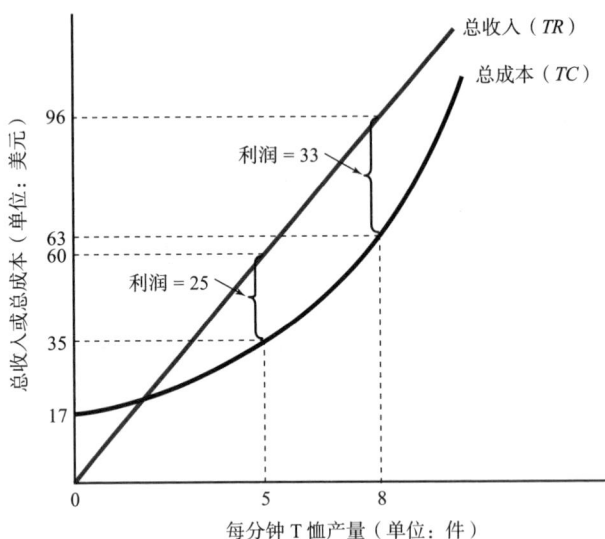

▲图 6-2

通过计算经济利润决定产量水平

总收入曲线和总成本曲线之间的垂直距离表示经济利润。为了最大化利润，公司会选择使两条曲线垂直距离最大的产量水平。

利用边际原理决定产量

公司决定产量的另一种方法是使用经济学的主要原理之一：边际原理。

> **边际原理**
> 只要增加一项活动的边际收益大于边际成本，我们就应该不断增加该项活动，直到边际收益等于边际成本。

公司经营的目的是盈利，从生产 T 恤中得到的收益就是收入。边际收益或者说**边际收入（marginal revenue）**是指多销售一件衬衫带来的总收入的变化。完全竞争公司是价格接受者，所以边际收入就是价格：

$$边际收入 = 价格$$

名词解释

边际收入：多销售一个单位产量带来的总收入的变化。

边际原理告诉我们，公司会选择使边际收入等于边际成本的产量水平，以最大化利润，也就是说，利润最大化时：

价格 = 边际成本

图 6-3 中，水平线表示 T 恤的市场价格，T 恤厂商是价格接受者。价格线与边际成本曲线相交于产量水平为 8 的点，根据边际原理，选择该产量可使利润最大化。

为了进一步理解产量为 8 时，公司利润实现了最大化，让我们想象公司的初始产量为 5 的情况。此时公司可以增加一个单位的产量来增加利润吗？也就是说，公司应该生产第 6 件 T 恤吗？

- 从表 6-2 第七行的数据和图 6-3 的点 *c* 可以看出，生产第 6 件 T 恤的边际成本是 7 美元。
- T 恤价格是 12 美元，所以生产第 6 件 T 恤的边际收入等于 12 美元。

生产第 6 件 T 恤所增加的收入（12 美元）大于增加的成本（边际成本等于 7 美元），所以生产和销售第 6 件 T 恤会使公司总利润增加 5 美元（12 美元 − 7 美元）。因此，公司应该生产第 6 件 T 恤。同样的推导适用于第 7 件 T 恤，只是边际成本不同。生产第 8 件 T 恤时，边际收入等于边际成本，此时公司的利润不变。根据边际原理，

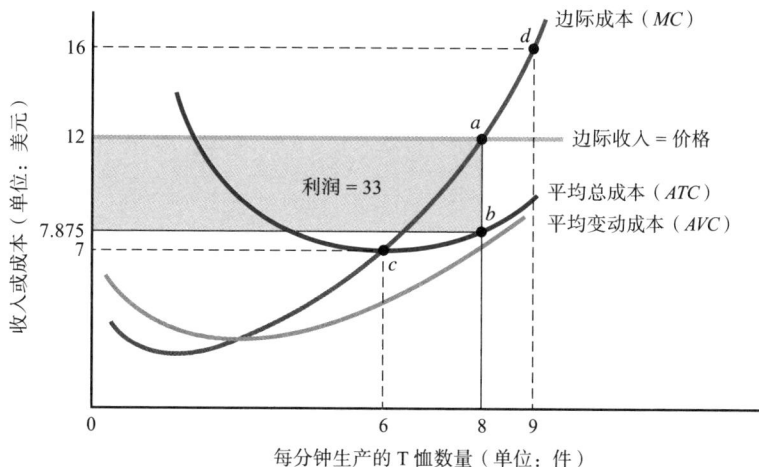

▲图 6-3

利用边际原理决定产量水平

完全竞争公司接受既定的价格，所以边际收益或边际收入等于价格。根据边际原理，典型的公司在点 *a* 实现利润最大化，该点处市场价格等于边际成本。经济利润等于价格与平均成本之差（4.125 = 12 − 7.875）乘以产量（每分钟 8 件），得每分钟 33 美元。

我们相信公司会一直增加产量，直到边际收入等于边际成本。本例中，该公司应该选择点 *a*，生产 8 件 T 恤。

如果公司生产少于 8 件 T 恤，就无法实现利润最大化。假设公司初始产量是 9，从表 6-2 和图 6-3 的边际成本曲线可知，第 9 件 T 恤的边际成本是 16 美元（点 *d*），大于 12 美元的边际收入（市场价格）。生产第 9 件 T 恤增加的成本（16 美元）大于增加的收入（12 美元），使利润减少 4 美元。边际原理表明，该公司应该选择点 *a*，生产 8 件 T 恤。无论公司计算经济利润还是使用边际原理，决定的产量都一样。

边际原理方法的优势在于容易使用。如果计算经济利润，那么公司需要知道所有可能产量水平下的总收入和总成本信息。相反，如果使用边际原理，公司可以逐个增加产量，计算对应的边际收入（价格）和边际成本。如果价格大于边际成本就增加产量，如果价格小于边际成本就减少产量。公司可以使用边际原理来调整产量水平，直到价格等于边际成本。

经济利润和盈亏平衡价格

我们已经知道，完全竞争公司通过生产使边际收入（价格）等于边际成本的产量，来获取最大利润。那么公司究竟得到多少利润呢？公司的经济利润等于总收入减去总成本，一种计算经济利润的方法是将平均利润（价格与平均成本之差）乘以产量。

$$经济利润 =（价格 － 平均成本）\times 产量$$

在图 6-3 中，生产 8 件 T 恤的平均成本是 7.875 美元（点 *b*），经济利润等于 33 美元：

$$经济利润 =（12 － 7.875）\times 8 = 4.125 \times 8 = 33$$

在图 6-3 中，公司的经济利润由一个包含点 *a* 和点 *b* 的长方形区域表示。该长方形的长度等于 8，宽度等于 4.125（12 － 7.875），利润即为其面积 33 美元。

价格下降会如何影响公司的产量决策？价格下降会使边际收入曲线下移，并与边际成本曲线相交于较低的产量处。如图 6-3，假设价格下降至 7 美元。此时边际收入曲线下移，并与边际成本曲线相交于点 *c*，所以公司产量下降至每分钟 6 件。这时供给定律开始发挥作用：价格越低，供给量越小。

价格在 7 美元时，公司的经济利润等于多少呢？在点 *c* 处，平均总成本是 7 美元，与价格相等。因此，经济利润等于 0。我们已经发现了**盈亏平衡价格**（break-even price），也就是经济利润为零时的价格。盈亏平衡价格由平均总成本曲线（ATC）的最低点表示，在

> **名词解释**
>
> 　　**盈亏平衡价格**：使经济利润为零的价格，盈亏平衡价格等于平均总成本。

该点处，边际成本等于平均总成本。记住，经济利润为零意味着公司赚取的收入刚刚足够支付所有成本，包括企业家的机会成本。

日常生活中的经济学

生物燃料原料柳枝稷 [①] 的盈亏平衡价格

对应的经济学问题：什么是盈亏平衡价格？

　　在化石燃料的替代物中，柳枝稷具有较高的竞争力，它是美国本土的一种多年生植物，广泛分布于东部平原地区。柳枝稷和其他生物燃料的纤维质原料的主要优点在于它们的碳足迹 [②] 很小。柳枝稷价格达到多少时，农民会选择种植该作物呢？

　　最近一项研究估算了在北达科他州种植柳枝稷的盈亏平衡价格。结果显示，每吨柳枝稷的价格随土地的肥沃程度不同而变化，最贫瘠的土地上产出的柳枝稷价格是 56 美元，最肥沃的土地产出的柳枝稷价格可以达到 95 美元，全州平均价格是 76 美元。为了计算盈亏平衡价格，研究人员先计算了各项显性成本，包括资本（机器和设备）、劳动力和原材料的成本；他们接着计算了使用土地种植柳枝稷而不是其他作物（比如苜蓿、小麦或大豆）的机会成本。

　　我们可以用一个简单的例子来说明他们的计算过程。假设柳枝稷的替代作物中利润最高的是苜蓿，将土地用于种植苜蓿的隐性地租是每英亩 120 美元，这是农民可以通过种植苜蓿获得的收入。如果柳枝稷的产量是每英亩 3 吨，那么生产柳枝稷的机会成本就是每吨 40 美元（等于 120÷3）。生产柳枝稷的显性成本（包括资本、劳动力和原材料的成本）是每吨 36 美元，那么柳枝稷的盈亏平衡价格就是 76 美元（等于 40+36）。

　　这一结果对于以柳枝稷为原料的生物燃料企业的含义是什么呢？为了让北达科他州的农民种植柳枝稷，收购价格最少要达到每吨 56 美元。收购价格越高，转而种植

---

①　美国本土的一种多年生植物，可用于提炼乙醇燃料。

②　碳足迹指个人、团体以及某个产品或某项活动所造成的温室气体排放量，计量单位为 $KgCO_2$。

柳枝稷的土地就越多。为了让北达科他州最肥沃的土地种上柳枝稷，收购价格一定要高于 95 美元。详见练习 2.9 和 2.10。

资料来源：Based on Dean A. Bangsund, Eric A. DeVuyst, and F. Larry Leistriz, "Evaluation of Breakdown Farm-gate Switchgrass Prices in South Central North Dakota," *Agribusiness and Applied Economics Report 632*, North Dakota State University（2008）。

公司的停产决策

接下来我们要讨论亏损公司需要面临的决策。假设 T 恤价格下降至 4 美元，此时公司的总收入低于总成本，开始亏损。在下面的表 6-3 中，根据边际原理可知，在 4 美元的价格下公司应该生产 4 件 T 恤，可是公司的总成本 30 美元大于总收入 16 美元，所以公司每分钟仍要损失 14 美元。该公司应该亏本经营还是停产止损呢？

表格 6-3　当价格为 4 美元时如何决定 T 恤产量（单位：美元）

产量 （件 / 分）	固定成本 （FC）	变动成本 （VC）	总成本 （TC）	总收入 （TR）	利润 （TR−TC）	边际收入 （价格）	边际成本 （MC）
0	17	0	17	0	−17	—	—
1	17	5	22	4	−18	4	5
2	17	6	23	8	−15	4	1
3	17	9	26	12	−14	4	3
4	17	13	30	16	−14	4	4
5	17	18	35	20	−15	4	5
6	17	25	42	24	−18	4	7

总收入、变动成本和停产决策

选择开工还是停产是公司每天都要面临的短期决策，这种决策是企业应对市场环境变化的重要手段。假设 T 恤工厂按天雇用工人，每天早晨做决策，决策规则是：

如果总收入 > 变动成本，开工

如果总收入 < 变动成本，停产

我们从上一章了解到，公司的变动成本包括所有随产量变化而变动的成本。对于

T 恤公司，变动成本包括工人、原材料（如棉布）和供暖供电的成本。变动成本不包括 17 美元的生产设施成本（如购置机器和建造工厂的成本），因为这些成本不受公司开工或停产决定的影响。

尽管公司在每天早晨做出决策，但是我们可以比较每分钟的总收入和变动成本。从表 6-3 可知，当价格为 4 美元时，最佳产量是 4 件 T 恤，变动成本是 13 美元。销售 4 件 T 恤的总收入是 16 美元，总收入大于变动成本。如果开工，公司将付出 13 美元的变动成本，并得到 16 美元的总收入。此时开工的收入大于变动成本，所以理智的决策是每分钟生产 4 件 T 恤。

图 6-4 显示了价格为 4 美元时公司的产量决策。点 a 满足边际原理的条件，该点处价格等于边际成本。如点 b 所示，生产 4 件 T 恤的平均成本是 7.50 美元，此时每件 T 恤的损失是 3.50 美元。长方形阴影区域表示公司的总损失是 14 美元。该长方形的宽是每件 T 恤 3.5 美元的损失，长是生产的 4 件 T 恤。

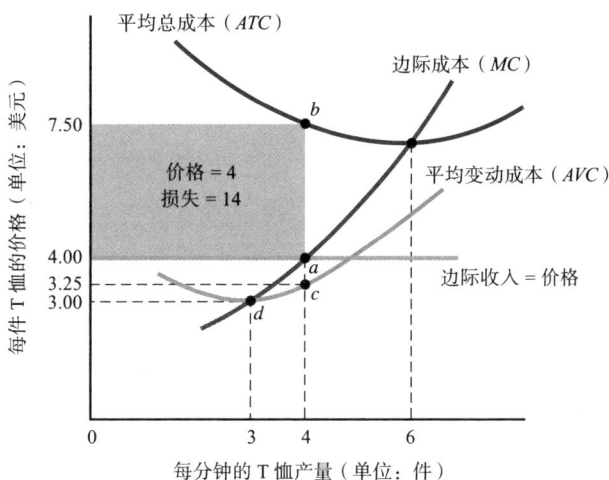

▲图 6-4

停产决策和停产价格

当价格等于 4 美元时，边际收入和边际成本在产量为 4 件 T 恤时相等（点 a 处）。在该产量下，平均成本等于 7.50 美元，公司在每件 T 恤上损失 3.50 美元，总共损失 14 美元。总收入等于 16 美元，总变动成本等于 13 美元，所以公司应该选择开工生产而不是停产。如 AVC 曲线的最低点所示，停产价格等于 3.00 美元。

当然，当价格下降过多，公司将选择停产。假设价格下降至 1 美元，在边际原理的作用下，公司每天将生产 2 件 T 恤。在该产量下，变动成本是 6 美元（表 6-3 的第三列），大于变动收入（1 美元 × 2 = 2 美元）。此时，低价格下的公司总收入不足以支付开工生产带来的变动成本，所以公司应选择停产。

停产价格

要决定企业是否应该开工生产，一个简单的办法是比较价格和平均变动成本。总收入等于价格乘以产量，变动成本等于平均变动成本乘以产量。因此，当价格大于平均成本时，总收入将大于变动成本，此时公司应该选择开工。否则，公司应该选择停产。

如果价格 > 平均变动成本，开工

如果价格 < 平均变动成本，停产

停产价格（shut-down price）是指开工或停产对公司收益的影响没有差别时的市场价格。平均变动成本曲线（AVC）最低点处的价格就是停产价格。在图 6-4 中，AVC 曲线最低点的价格为 3 美元，产量是每分钟 3 件 T 恤，所以停产价格是 3 美元（点 d）。平均变动成本不会降至 3 美元以下，所以如果市场价格降至 3 美元以下，公司的收入将不足以支付变动成本。当市场价格等于停产价格时，公司产生的收入刚好可以支付变动成本，此时开工或停产对公司收益的影响没有差别。

在亏损状态下，公司会持续经营多久？让我们先分情况讨论公司如何决定是否建造新的生产设施。只有当 T 恤价格大于平均生产成本时，公司才会建造新的生产设施，并继续经营。换句话说，只有当市场价格大于等于盈亏平衡价格，公司的总收入才足以支付所有的生产成本，包括建造新的生产设施的成本，这时候公司才会继续经营。一家公司如果短期内处于亏损经营，它不会随意更新或建造新的生产设施，除非这样做能使公司扭亏为盈。

固定成本和沉没成本

注意，目前我们有关停产决策的讨论并没有考虑生产设施的固定成本。如果我们假定，公司的生产设施在闲置时也无法出租给其他公司，那么生产设施的固定成本就是**沉没成本**（sunk cost）。它是指公司已经支付或承诺支付，即便关闭工厂也无法收回的成本。因此在考虑停产决策时，我们可以忽略固定成本。

> **名词解释**
>
> **停产价格**：是指开工或停产对公司收益的影响没有差别时的市场价格。
>
> **沉没成本**：是指公司已经支付或承诺支付，无法收回的成本。

沉没成本与停产决策无关的例子有很多，出租只是其中一例。边际原理告诉我们，停产决策应当基于我们可以改变的成本，而不是我们无法改变的成本。假设一名奶农运送 300 加仑牛奶去冰激凌厂，但是他在路上洒掉了三分之二。这位奶农应该返回农场还是继续运送剩余的 100 加仑？只要运送牛奶的边际成本——奶农时间的机会成本和汽油的成本——小于奶农运送 100 加仑牛奶的收入，理智的选择就是继续运送。洒掉的牛奶是沉没成本，不会影响是否运送的收益，所以奶农在考虑是否运送时，不要为眼前的损失所迷惑。

日常生活中的经济学

跨越采掘锌矿的成本曲线

对应的经济学问题：什么是停产价格？

锌是钢铁生产中的一种重要原料。不同矿井采掘锌矿的成本不同，因此停产价格也不同。国际锌价格从 2010～2011 年度的每吨约 2,300 美元下跌至 2012 年初的 1,900 美元。下跌后的价格低于美国铝业在意大利和西班牙的矿井的停产价格：锌价为 1,900 美元时，矿井的总收入小于开工的变动成本。美国铝业的矿井停产使铝产量降低了 531,000 吨。尽管生产成本较低的矿井在 1,900 美元的价格下选择继续采掘，但是大量矿井的停产价格在 1,500～1,900 美元之间，所以如果国际锌价继续下跌，将有更多矿井停产。详见练习 3.5。

资料来源：Based on Metal Bulletin, "No widespread shutdowns in zinc unless LME prices fall below \$1900," January 10, 2012; London Metal Exchange, LME Price Graph（lme.com/zinc_graph; accessed Februray 23, 2012）.

各种短期供给曲线

理解了价格接受者公司的产量决策机制后，我们接下来讨论公司如何应对市场价格的变化。我们将使用两条短期供给曲线来说明价格和供给量之间的关系，一条曲线代表单个公司，另一条曲线代表整个市场。

公司的短期供给曲线

公司的**短期供给曲线**（short-run supply curve）展示了短期内市场价格与公司产量之间的关系，所谓短期是指投入要素之一的生产设施不可变化的一段时期。在 T 恤生产的例子中，公司的供给曲线回答了这样一个问题：给定 T 恤的市场价格，公司将生产多少件 T 恤？在图 6-3 和图 6-4 中，我们使用边际原理逐一给出不同价格水平下的产量：价格为 3 美元时，产量是 3 件；价格为 7 美元时，产量是 6 件；价格为 12 美元时，产量是 8 件。

在公司短期边际成本曲线上，位于停产价格线之上的那部分就是公司的短期供给曲线。公司的停产价格是 3 美元，所以如图 6-5 中点 a 所示，短期供给曲线是边际成本曲线中价格大于 3 美元的那一部分。当市场价格高于停产价格时，公司会选择使市场价格等于边际成本的产量，所以我们可以直接从边际成本曲线得知公司的产量。例如，如果市场价格等于 7 美元，那么公司每分钟生产 6 件 T 恤（点 b）。当价格上升，公司会供给更多的 T 恤：价格 12 美元时，供给 8 件 T 恤（点 c）；价格在 21 美元时，供给 10 件 T 恤（点 d）。

当市场价格低于停产价格时又会怎样呢？如果市场价格低于停产价格，此时公司的总收入不足以支付变动成本，公司会选择停产。在图 6-5 的 A 图中，公司的供给曲线从点 a 开始，这表明当市场价格低于 3 美元时，公司产量为零。

短期市场供给曲线

短期市场供给曲线（short-run market supply curve）展示了短期内市场价格和所有公司的供给量之和的关系。图 6-5 的（B）图表示的就是市场中有 100 家同质的 T 恤公司时，市场的供给曲线。在任意价格水平下，通过将一家典型公司的供给量乘以公司数量（100 家），我们就能够得到整个市场的供给量。价格为 7 美元时，每家公司生产 6 件 T 恤即（A）图中的点 b，市场供给量是 600 件 T 恤即（B）图中的点 f。如果价格上升至 12 美元，每家公司的产量将增加至 8 件即（A）图中的点 c，此时市场供给量是 800 件 T 恤即（B）图中的点 g。

如果市场上的公司不是同质的，而是各自

> **名词解释**
>
> **短期供给曲线**：表示短期内一个产品的市场价格与生产该产品的一家公司的供给量之间关系的曲线。
>
> **短期市场供给曲线**：表示短期内市场价格与市场供给量之间关系的曲线。

拥有不同的供给曲线，会对市场供给产生什么影响呢？为了计算这种情况下的市场供给量，我们需要将 100 家公司的供给量一一加总。市场上的公司是同质的这一假设是无害的（harmless）：该假设是为了方便我们从一家典型公司中推导出整个市场的供给曲线，它并不影响分析结果。

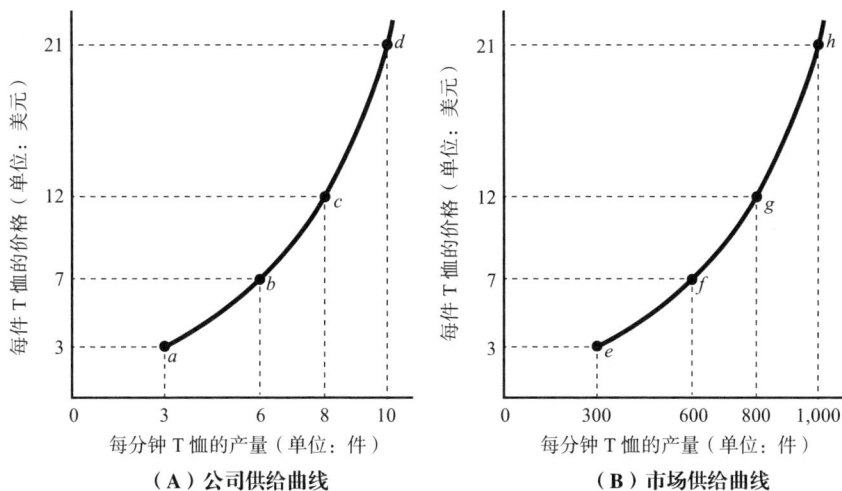

▲图 6-5

短期供给曲线

（A）图中，公司的短期供给曲线是停产价格之上的那部分短期边际成本曲线。（B）图中，市场中有 100 家公司，所以给定市场价格时市场供给量等于 100 乘以一个典型公司的供给量。例如，价格为 7 美元时，每家公司供给量为每分钟 6 件 T 恤（点 b），所以市场供给量为每分钟 600 件 T 恤（点 f）。

市场均衡

图 6-6 展示了一个达到均衡状态的完全竞争市场。要实现短期均衡，需要满足两个条件：

1. 在市场层面，供给量等于需求量。需求曲线与短期市场供给曲线相交于（A）图的点 a（价格为 7 美元，产量为每分钟 600 件 T 恤）。

2. 在公司层面，典型公司在给定市场价格下通过调整产量，最大化自己的利润。给定市场价格为 7 美元，每家公司都能通过每分钟生产 6 件 T 恤最大化自己的利润，（B）图的点 b。

在图 6-6 中，市场实现短期均衡，因为在 7 美元的价格水平下，市场产量达到每分钟 600 件，与消费者在该价格下的需求量相等。

长期内，公司可以进入或离开市场，已有的公司可以改进生产设施，也可以购入新的生产设施。市场要实现长期均衡，除了要满足短期均衡的两个条件外，还要满足另一个条件：

3. 市场中每家公司的经济利润都为零，此时已有公司没有动力离开市场，其他公司也不会进入市场。

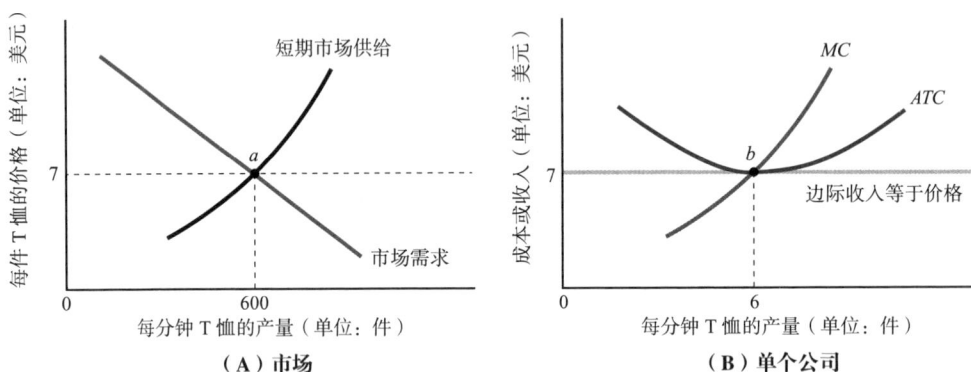

▲ 图 6-6

市场均衡

（A）图中，市场需求曲线与短期市场供给曲线相交于价格为 7 美元的点 a 处。（B）图中，给定市场价格为 7 美元，典型的公司在点 b 处满足边际原理的条件，每分钟生产 6 件 T 恤。7 美元的价格等于均衡产量下的平均成本，所以经济利润为零，没有其他的公司会进入市场。

日常生活中的经济学

船运服务的短期供给曲线

对应的经济学问题：为什么短期供给曲线斜率为正？

考虑船运服务的供给。根据供给定律，当航运价格上升时，船运供给量将增加。船运价格水平相对较低时，比如每吨 2 美元，只有燃油效率最高的货船会运货，而且这些货船需要通过降低行驶速度来节省燃油。因此，船运服务的年供给量只有 70 个单位。船运价格水平适中时，比如每吨 3 美元，燃油效率稍低的货船也会开始运货，并且所有货船都提升了行驶速度，消耗更多的燃油。更多的货船和更高的行驶速度使得船运服务年供给量增加至 85 个单位。船运价格较高时，也就是每吨 7 美元时，燃油效率最低的货船也开始运货，所有的货船都以最大速度行驶。因此，船运服务年供给量增加至 96 个单位。详见练习 4.6。

资料来源：Based on Martin Stopard, *Maritime Economics*, 3rd edition（New York: Routledge, 2007）．

成本递增行业的长期供给曲线

让我们看一看**长期市场供给曲线**（long-run market supply curve），该曲线展示了长期内市场价格和所有公司的供给量之和的关系，长期是指公司能够进入或离开市场的足够长的一段时期。假设一家典型的公司使用一套标准的投入要素（包括一间工厂、一些工人、线和棉布）每分钟生产 6 件 T 恤。在一个完全竞争行业中，没有进入市场的障碍，也就是说，任何人都可以使用一套标准的投入要素每分钟生产 6 件 T 恤。

我们从成本递增行业开始讨论长期市场供给曲线。**成本递增行业**（increasing-cost industry）表现为平均生产成本随总产量递增，原因有两点：

- 递增的投入要素价格。当一个行业增长时，它要与其他行业竞争数量有限的各种投入要素，这种竞争促使投入要素的价格上升。例如，假设 T 恤行业与其他行业竞争数量有限的棉花。为了得到更多的棉花来生产更多的 T 恤，T 恤行业的公司必须以高于其他行业的价格获取有限的棉花，这就会抬升棉花价格。

- 生产效率较低的投入要素。一个小规模的行业只会使用生产效率最高的投入要素，但是随着行业增长，公司也许要被迫使用生产效率较低的投入要素。例如，一个小规模的 T 恤行业只会雇用最熟练的工人，但是随着行业规模扩大，它将雇用熟练度较低的工人。当行业劳动力的平均熟练度（技能水平）降低时，平均成本将增加：公司生产一件 T 恤所需的劳动时间将

> **名词解释**
>
> **长期市场供给曲线：**表示长期内市场价格和所有公司的供给量之和的关系的曲线。
>
> **成本递增行业：**平均生产成本随总产量递增的行业，该行业长期供给曲线斜率为正。

增加，所以公司的劳动力成本将增加。

另一个使用生产效率较低的投入要素的例子是农产品（如糖）的生产。受气候和土壤条件的影响，生产糖的成本存在地区差异，有些地方成本低，有些地方成本高。当糖的产量增加，生产者将被迫在气候和土壤条件相对较差的地方生产糖，这就导致行业平均成本上升。

生产成本和行业规模

表6-4假定了三组有关T恤生产成本的数据。表格第一行显示公司数量为100时，市场供给量是600件，每家公司供给量6件。要计算一家典型公司的总成本，我们需要加总生产设施成本（工厂和设备）、劳动成本和原材料成本。在第一行我们可以看到，一家每分钟生产6件T恤的典型公司的成本是42美元，平均成本是每件T恤7美元（42除以6）。第二行公司数量增加为200家，每家供给量仍为6件，市场总供给量增加至1,200件。之前提到的两个原因（递增的投入要素价格和生产效率较低的投入要素）使得每家公司的总成本增加至60美元，此时每件T恤的平均成本增加至10美元。在第三行中，当市场总供给量增加至每分钟1,800件后，每件T恤的平均成本增加至13美元。

表 6-4　市场供给量和平均生产成本

公司数量	市场供给量	单个公司供给量	典型公司的总成本	每件 T 恤的平均成本
100	600	6	42	7
200	1,200	6	60	10
300	1,800	6	78	13

本例中的T恤行业属于成本递增行业。在表6-4中，随着公司数量和市场供给量增加，平均生产成本从7美元增加至10美元，再增加至13美元。平均成本增加的原因是规模扩张行业中的公司要为投入要素支付更高的价格，同时被迫使用生产效率较低的生产要素。

长期市场供给曲线

长期市场供给曲线表示的是长期内市场在任意价格水平下的供给量，这里的长期是指市场中的公司数量能够发生变化的一段时期。回顾之前学习的内容，在长期均衡下，每家公司的经济利润都为零，这意味着价格等于生产的平均成本。

表 6-4 中的数据显示了长期供给曲线中的 3 个点。在 7 美元的价格下，公司数量为 100，每家公司每分钟生产 6 件 T 恤。这个组合代表的点（价格为 7 美元，产量为 600 件）位于长期供给曲线上，因为价格等于平均成本。此时每家公司的经济利润都是零，谁也没有动力离开或进入市场。一旦价格上升，生产 T 恤将有利可图，就会有新公司进入市场，使市场供给量增加，并且新公司会持续进入市场，直到经济利润再次变为零。从表 6-4 可知，当价格由 7 美元上升至 10 美元时，新公司持续进入，直到公司数量达到 200 家，此时市场供给量为 1,200 件 T 恤，每件 T 恤的平均成本是 10 美元，如图 6-7 点 b 所示。类似地，点 c 也位于长期供给曲线上，点 c 处的价格为 13 美元，市场供给量为 1,800 件。

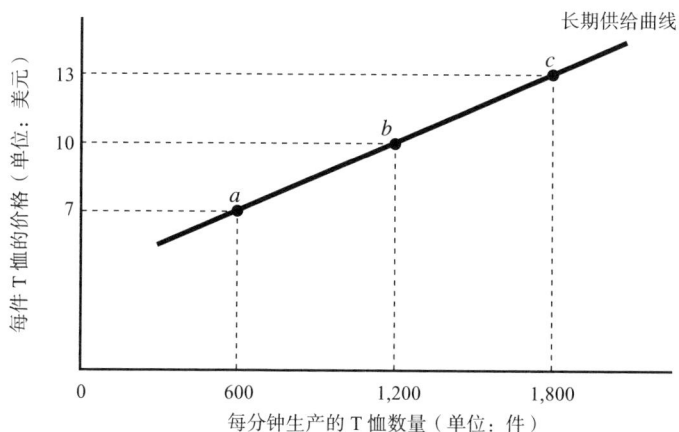

▲图 6-7

长期市场供给曲线

长期市场供给曲线显示了某行业长期内（公司可以进入或退出该行业）价格和供给量之间的关系。在公司供给曲线的每个点上，市场价格等于长期平均生产成本。本例中的 T 恤行业就是一个成本递增行业，其长期市场供给曲线斜率为正。

在图 6-7 中，和所有成本递增行业一样，T 恤行业的长期供给曲线斜率为正。这种特征主要可以由供给定律解释。T 恤价格的上升使得 T 恤生产的经济利润大于零，吸引新公司进入市场并生产更多的 T 恤。随着市场供给量增加，对棉布和劳动力的需求增加，使得这两种投入要素的价格上升，进而拉升了生产 T 恤的平均成本。新公司会持续进入市场，直到平均成本增加至与 T 恤价格相等的水平。斜率为正的供给曲线说明，除非价格上升至足以支付由行业规模扩大引起的更高成本，否则市场不会增加供给量。

成本递增行业的典型：糖业和公寓市场

糖业是成本递增行业的一个典型。如果糖价只有每磅 11 美分，那么只有在生产成本较低的区域制糖才能盈利，包括加勒比海地区、拉丁美洲、澳大利亚和南非。因此价格为 11 美分时，世界糖供给量等于这几个区域的糖供给量之和。如果价格上升，在生产成本较高的区域制糖也能盈利，随着新的区域进入世界糖市场，糖供给量开始增加。例如，价格为每磅 14 美分时，在一些欧盟国家制糖也能盈利。价格上升至 24 美分时，在美国制糖可以达到盈亏平衡。

公寓市场是成本递增行业的另一个典型。大多数社区根据区划法①限制用于建造公寓的土地面积。当公寓行业规模扩张时，房地产公司要相互竞争有限的公寓规划用地，从而推高土地价格，使建造公寓的成本上升。建造公寓的公司为了支付增加的成本，只能向租客收取更高的租金。换句话说，公寓的供给曲线斜率为正，是因为土地价格随行业总产量增加而递增，从而拉升平均成本，并迫使公司为了实现盈亏平衡而收取更高的租金。

日常生活中的经济学

中国咖啡种植者也要遵守供给定律

对应的经济学问题：厂商如何应对价格上升？

普洱市是位于中国南方的一座城市，它虽因茶叶闻名于世，但近年来该地出产的咖啡也声誉渐隆。在 2009～2012 年间，世界咖啡豆的价格翻了近一倍。普洱市的农民抓住价格上涨的机会，将种植咖啡豆的土地面积扩大了一倍，他们甚至还将覆盖植被的小山坡清理出来，进一步扩大种植面积。当世界咖啡豆价格居高不下，1 公顷土

---

① 区划法（zoning）是地方政府控制土地使用的地方法规和进行规划管理的技术手段。区划法的产生先于规划体系的形成，强调其法律效力，其发展过程是独断寻求"规划"与"法律"的结合过程。美国"区划法"的制定管理程序最为严密，表现为由主管机构、规划委员会、调解和上诉委员会以及规划管理部门分别负责区划法的制定、咨询、解释、执行等不同方面的事务。——译者注

地用于种植咖啡豆每年可以盈利 10,000 美元，是种植茶叶的 3 倍，种植水稻的 5 倍。当地农民的反应验证了供给定律：价格上升使供给量增加。详见练习 5.7。

资料来源：Based on "For all the coffee in China," *The Economist*, January 28, 2012, pp. 44-45.

需求变化的短期影响和长期影响

我们可以使用之前学过的有关短期供给曲线和长期供给曲线的知识，进一步认识完全竞争市场。让我们用两条供给曲线来探讨，完全竞争市场中需求变化的短期影响和长期影响。

市场对需求增加的短期反应

图 6-8 显示了 T 恤需求增加的短期影响。（A）图表示市场层面的变化。初始均衡如点 a 所示：初始需求曲线与短期市场供给曲线相交于点 a（价格为 7 美元，均衡产量为 600 件）。当需求增加，新需求曲线与供给曲线相交于点 b（价格为 12 美元，均衡产量为 800 件）。在（B）图中，价格从 7 美元上升至 12 美元，每家公司的产量从 6 件

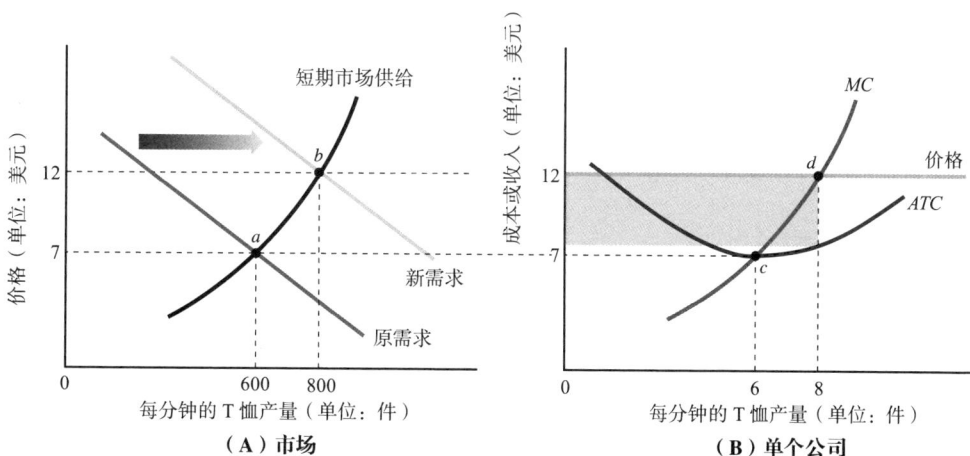

▲图 6-8

需求增加的短期影响

T 恤需求的增加使市场价格上升至 12 美元，导致典型公司的产量从 6 件增加至 8 件。价格大于产量为 8 时的平均总成本，所以经济利润为正。新公司将进入有盈利空间的市场。

T恤增加至8件T恤。在该产量水平下，12美元的价格大于平均总成本，此时典型的公司能够盈利，如长方形阴影区域所示。

市场在点b处未实现长期均衡，因为每家公司都有正的经济利润。此时新公司将进入市场争夺消费者，T恤价格随之下降。新公司会持续进入市场，直到价格降低至经济利润为零的水平。价格将下降多少呢？

市场对需求增加的长期反应

我们可以使用长期供给曲线来确定需求增加后的长期价格。在图6-9中，需求增加的短期影响由点a和点b表示：价格从7美元上升至12美元，产量从600件增加至800件。此时经济利润为正，所以新公司会进入市场。如长期供给曲线所示，新公司会持续进入，直到价格下降至10美元，此时产量增加至1,200件。新的长期均衡由点c表示，新需求曲线与长期供给曲线相交于该点。在点c处，市场中有200家公司，每家每分钟生产6件T恤并保持盈亏平衡。

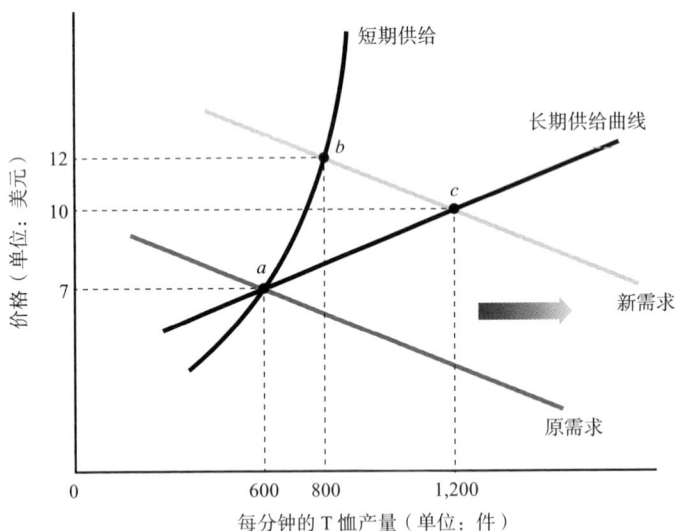

▲图6-9

需求增加的短期影响和长期影响

短期供给曲线比长期供给曲线更陡峭，因为短期内存在边际报酬递减。在短期内，需求增加使价格从7美元（点a）上升至12美元（点b）。但在长期内，新公司可以进入该行业并建造更多生产设施，所以价格最终会下降至10美元（点c）。需求增加后，价格经历了一次大幅的跃升，随后便滑落至新的长期均衡水平。

图 6-9 显示了 T 恤价格如何随时间变化。需求增加使得价格在短期内从 7 美元大幅跃升至 12 美元，随后又滑落至新的长期均衡价格 10 美元。在短期内，公司为应对价格上升，会利用已有的生产设施挤压出更多的产量。受边际报酬递减影响，短期内增加产量的成本很高，所以价格必须增加很多才能支付更高的生产成本。同时，更高的价格使得新公司进入市场，价格逐渐下降，直到每家公司都只能获取零利润。长期供给曲线相对平坦是因为新公司进入 T 恤行业并建造新的工厂，此时不存在边际报酬递减使生产成本上升的情况。

日常生活中的经济学

葡萄酒价格的跃升和下滑

对应的经济学问题：需求增加后市场价格的变化路径是怎样的？

本章开始的故事提到，电影中热情洋溢的赞誉使得产自俄勒冈州维拉米特山谷的黑皮诺葡萄酒一时间受人追捧。在短期内，葡萄酒供给的灵活性不强，所以渴求该产品的消费者必须为有限的产量展开竞争，这使得黑皮诺葡萄酒的价格猛涨，某些品牌的价格甚至翻了两番。生产者回应价格上涨的行动是，扩大黑皮诺葡萄的种植面积。数年后，新的葡萄园开始出产，黑皮诺葡萄酒的产量随之增加。急于出售葡萄的种植者削价竞争，使得市场上大多数品牌的黑皮诺葡萄酒的价格回落到电影上映前的水平。我们在本章中会看到，如果需求增加而短期供给缺乏灵活性，价格就会在短期内上升。但最终厂商将抓住需求增加的机会，价格会回落。

● 成本不变行业的长期供给

到目前为止，我们已经考察了成本递增行业（平均成本随行业规模扩大而增加）的产品。接下来我们来考察**成本不变行业**（constant-cost industry），该行业的平均成本保持不变，即不随行业规模扩大而变化。也就是说，劳动力和原材料等投入要素的价格不随

> **名词解释**
>
> **成本不变行业：**平均生产成本保持不变的行业，该行业的供给曲线是水平的。

行业总产出增加而变化。出现这种情况是因为该行业只使用数量较少的劳动力和原材料，这意味着该行业的变化——产量增加或减少——不会影响投入要素的价格。因此，一个典型公司的平均生产成本不随行业扩张而变化。如果无论 T 恤产量多少，T 恤的平均成本都不变，此时我们就说 T 恤行业是成本不变行业。

成本不变行业的长期供给曲线

生日蛋糕蜡烛行业是成本不变行业的一个典型。当该行业规模扩张时，需要雇用更多的工人、使用更多的灯芯和蜡，但是由于该行业的规模对于劳动力和原材料市场而言微不足道，所以这些投入要素的价格不会发生变化。因此，该行业的平均生产成本不随行业规模扩张而变化。

成本不变行业的长期供给曲线是一条位于不变的平均生产成本处的水平直线。如果生日蛋糕蜡烛的平均生产成本是每支 0.05 美元，那么其长期供给曲线就是一条价格等于 0.05 美元的水平直线，如图 6-10 所示。在低于 0.05 美元的价格下，蜡烛的供给量会变为零，因为长期中，理性的公司不会以低于平均生产成本的价格供应产品。在高于 0.05 美元的价格下，新公司会持续涌入蜡烛行业，直到价格降至蜡烛的不变平均生产成本 0.05 美元。

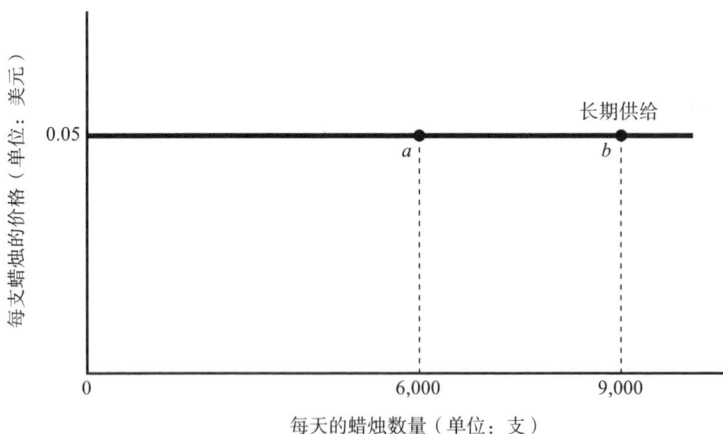

▲图 6-10

成本不变行业的长期供给曲线

在成本不变行业中，投入要素价格不随行业规模扩张而变化。因此，平均生产成本不变，同时长期供给曲线是水平直线。对于蜡烛行业，每支蜡烛的成本保持在 0.05 美元不变，因此该行业的供给曲线是一条价格等于 0.05 美元的水平直线。

安德鲁飓风和冰价

接下来我们要讨论一场飓风的短期影响和长期影响，用于说明需求增加对成本不变行业的影响。在 1992 年，安德鲁飓风袭击了美国东南部，使得几百万居民的电力供应中断了数天之久。图 6-11 展示了飓风对冰价的短期影响和长期影响，停电时人们用冰来冷却保存食物。在这场飓风前，市场均衡位于点 *a*，价格为每袋冰 1 美元。长期供给曲线是水平的，说明该行业是成本不变行业。

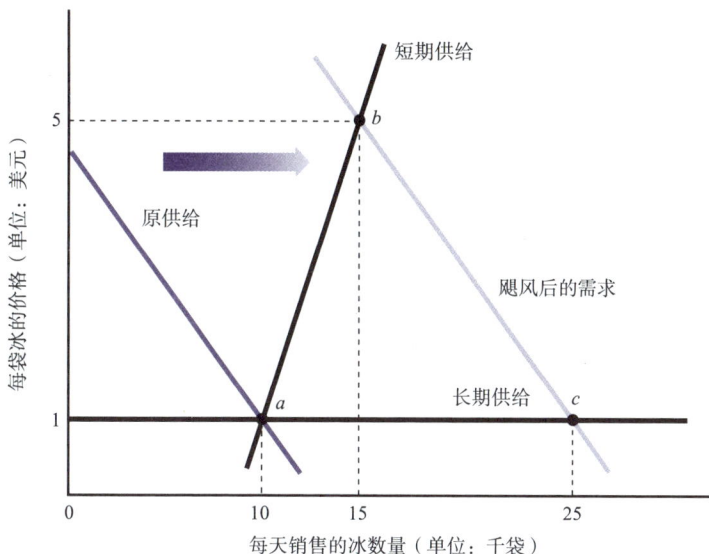

▲图 6-11

安德鲁飓风和冰价

飓风增加了市场对冰的需求，使需求曲线向右移动。短期内，供给曲线相对陡峭，因此价格从 1 美元大幅上升至 5 美元。长期内，新公司进入市场，使价格回落。因为冰行业是成本不变行业，所以其供给曲线是水平的，同时价格大幅度跃升后逐渐回落到原始水平。

在短期内（一天或者两天），冰块供应商的数量是固定的。由飓风引起的需求增加使市场均衡从点 *a* 移动至点 *b*，价格上升至 5 美元。在长期内，新公司抓住价格上涨的机会，涌入市场。许多人从遥远的地区用卡车运来冰块，在街道和公路上贩卖。飓风发生几天后，这些人进入市场，冰块价格逐渐下降，市场均衡最终移动至新需求曲线和长期供给曲线的交点（点 *c*），价格随之回落到飓风前的水平。在冰块零售行业的例子中，短期仅仅只有几天（飓风几天后供应商的数量就变化了）。

飓风后，一些其他行业也出现了类似的价格波动模式。链锯的价格从 200 美元上升至 900 美元，不过随着灾区附近的公司进入市场，链锯的价格稳步回落。瓶装水、沥青纸和胶合板也出现了类似的情况。以上各种价格波动的基本模式都是价格大幅度跃升后逐渐回落到长期平均价格水平。

日常生活中的经济学

经济侦探和人造黄油事件

对应的经济学问题：需求永久减少会如何影响成本不变行业的均衡价格？

在 2000 至 2009 年间，反式脂肪酸可能对健康产生的危害引发了公众的担忧，使人造黄油的需求减少。尽管美国的总消费量减少了近一半，但是扣除物价因素后，2009 年人造黄油的价格与 2000 年的价格相比没有变化。为什么需求减少没有降低均衡价格呢？

人造黄油行业是典型的成本不变行业。当该行业的产量变化时，主要投入要素的价格并没有变化，所以单位生产成本不受总产量变化的影响。当然，需求减少在短期内会使均衡价格降低。但是部分公司从这个亏损的行业退出，使得价格开始上升，并在新的长期均衡下恢复到与不变的长期边际成本相等的原始价格。详见练习 7.3 和 7.5。

资料来源：Based on USDA/Economic Research Service, Food Availability Data Sets（http://www.ers.usda.gov/data/foodconsumption/FoodAvaiDoc.htm）. Accessed February 25, 2012.

总　结

在本章中，我们探究了完全竞争公司的决策机制，以及其决策对市场供给侧的影响。在短期内，公司遵循边际原理决定产量水平。在长期内，当市场价格大于平均生产成本，新公司开始进入市场。本章要点如下：

1. 价格接受者公司应生产使边际收入（价格）等于边际成本的产量。

2. 如果总收入大于总变动成本，亏损的公司应继续运营。

3. 如果平均生产成本随行业规模扩大而增加，那么长期供给曲线斜率为正。

4. 长期供给曲线比短期供给曲线更平坦，因为短期内存在边际报酬递减，而长期内不存在。

5. 需求增加会使价格大幅跃升，但价格随后会回落至新的长期均衡价格水平。

练 习

1. 四种不同类型的市场结构

1.1 单个公司的需求曲线表示了公司收取的 _____ 和公司能够销售的 _____ 之间的关系。

1.2 完全竞争市场中,单个公司的需求曲线是 _____ (水平的 / 负斜率的);垄断市场中,单个公司的需求曲线是 _____ (水平的 / 负斜率的)。

1.3 对于一家垄断公司,单个公司的需求曲线与 _____ 需求曲线相同。

1.4 完全竞争公司是 _____ (价格接受者 / 价格决定者),而垄断公司是 _____ (价格接受者 / 价格决定者)。

1.5 在巴基斯坦,电话服务的市场是 _____ (竞争性市场 / 垄断市场),因为任何人都能以较小的初始投资(仅 310 美元)进入市场。(参见第 167 页"日常生活中的经济学")

2. 公司的短期产量决策

2.1 经济利润等于 _____ 减去 _____。

2.2 经济成本等于 _____ 加上 _____。

2.3 对于完全竞争公司,边际收入等于 _____,而为了最大化利润,公司生产使 _____ 等于 _____ 的产量。

2.4 小麦的市场价格是 5 美元。如果农民的边际成本是 7 美元,那么应该生产 _____ (更多 / 更少)的产量。

2.5 在目前的产量水平下,农民生产糖的边际成本是 0.30 美元。如果糖的价格是每磅 0.22 美元,那么这个农民应该 _____ (增加 / 减少)产量。如果糖的价格是每磅 0.32 美元,那么这个农民应该 _____ (增加 / 减少)产量。

2.6 在 5 美元的市场价格下,一家公司生产 20 个单位的产量,平均成本是 3 美元。该公司的经济利润是 _____ 美元,该公司 _____ (实现 / 未实现)利润最大化。

2.7 当市场价格等于一家公司的盈亏平衡价格时,该公司获得的经济利润为 _____,因为 _____ 等于 _____。

2.8 价格下降会 _____ (增加 / 减少)公司的边际收入,从而 _____ (增加 / 减少)供给量。这满足 _____ 定律。

2.9 柳枝稷的盈亏平衡价格随 _____ 变化,其平均水平是每吨 _____。(参见第 173 页"日常生活中的经济学")

2.10 盈亏平衡价格的变化。考虑一个种植柳枝稷的农民,其初始盈亏平衡价格等于 36 美元的显性成本加上土地的机会成本 40 美元,合计为 76 美元。分别说明以下两种变化对这个农民的生产成本和盈亏平衡价格的影响。(参见第 173 页"日常生活中的经济学"）

a. 肥料的成本增加。

b. 苜蓿的市场价格上升。

2.11 货运服务增加还是减少？考虑一家
用自行车送包裹的货运公司，该公
司每件包裹收取 13 美元，并给予每
名员工 12 美元的时薪。一天，一名
员工上班迟到了两个小时，当天寄
送的包裹数量比平常减少了一件。

a. 这名工人的迟到使公司利润增加
还是减少了？

b. 基于这次经验提供的信息，这家
公司是应该增加劳动力以提供更
多货运服务，还是应该减少劳动
力以缩减货运服务？使用边际原
理解释。

2.12 为一家公司提供建议。一家生产围
巾的价格接受者公司聘请你为经济
咨询师。该公司已经有一间工厂，
并在短期内运营（无法改变生产设
施）。围巾的价格是 9 美元，员工的
时薪是 24 美元，每条围巾需要耗费
1 美元的原材料成本。下表显示了员
工数量和围巾产量之间的关系（货
币单位：美元）。

a. 填写表格空白处。

b. 利润最大化产量是多少？

工人数量	10	11	12	13	14	15
产量	5	29	41	47	50	52
劳动力成本						

原材料成本						
固定成本	2	2	2	2	2	2
总成本						
边际成本						

3. 公司的停产决策

3.1 当 ＿＿＿ 大于 ＿＿＿ 成本，公司会继
续经营亏损的生意。

3.2 一家公司的总收入是 500 美元，总成
本是 700 美元，变动成本是 600 美元。
该公司应该 ＿＿＿（开工 / 停产），因
为 ＿＿＿ 大于 ＿＿＿。

3.3 当市场价格大于 ＿＿＿ 时，正在亏损
中的公司短期内应该继续经营。

3.4 一家公司的产品价格是 5 美元，平均
总成本是 7 美元，平均变动成本是 4
美元。在短期内，你应该 ＿＿＿（开
工 / 停产），因为 ＿＿＿ 大于 ＿＿＿。
在长期内，你应该 ＿＿＿（留在市
场内 / 退出市场），因为 ＿＿＿ 大于
＿＿＿。

3.5 当锌价降至 1,900 美元以下时，该价
格低于美国铝业的 ＿＿＿ 价格，该公
司选择 ＿＿＿（停产 / 开工）。（参见
第 177 页"日常生活中的经济学"）

3.6 一家生产棒球帽的价格接受者公司
聘请你为经济咨询师。该公司已经
有一间工厂，并在短期内运营（无
法改变生产设施）。棒球帽的价格是
5 美元，员工的时薪是 12 美元，每

顶棒球帽需要耗费 1 美元的原材料成本。下表显示了员工数量和棒球帽产量之间的关系（货币单位：美元）。

a. 填写表格的空白处。

b. 雇用 14 名员工在亏损状态下经营合理吗？

c. 雇用 15 名员工经营会改善赢利情况吗？试用边际原理解释。

工人数量	产量	劳动力成本	原材料成本	变动成本	总收入	边际成本
14	56					
15	60					

3.7 农场主是在唬人吗？一名小麦农场主向农场工人声明："今年小麦价格非常低，我能得到的收入只有 35,000 美元。三个月前，我已经在种子和肥料上花费了 20,000 美元，如果我支付给你们和去年一样的报酬（30,000 美元），那我就会陷入亏损。花 50,000 美元，却只能拿到 35,000 美元的收入，只有疯子才会做这种买卖。除非你们愿意以去年一半的报酬（15,000 美元）为我工作，使我的总成本降至 35,000 美元，否则我无法实现盈亏平衡。如果你们不接受减薪，今年我只好放弃种植小麦。"请问，这名农场主是在唬人吗，或者说农场工人如果拒绝减薪，他们真的会丢掉工作吗？

3.8 开工还是停产？图 6-4 中，假设 T 恤的市场价格降至 2 美元。在该价格下，边际原理的条件在低于边际成本曲线的点 ＿＿＿ 处满足。价格 ＿＿＿（小于 / 大于）AVC，所以公司应该 ＿＿＿（开工 / 停产）。

4. 各种短期供给曲线

4.1 公司的短期供给曲线展示了纵轴上的 ＿＿＿ 和横轴上的 ＿＿＿ 之间的关系。

4.2 要作一家公司的短期供给曲线，你需要该公司的 ＿＿＿ 曲线和 ＿＿＿ 价格。

4.3 一个完全竞争行业有 100 家相同的公司。在 8 美元的价格下，典型的公司生产 7 个单位的产品，所以市场供给量是 ＿＿＿ 单位的产品。

4.4 图 6-6 显示了一个长期均衡状态，因为（1）＿＿＿ 数量等于 ＿＿＿ 数量；（2）典型的公司选择使 ＿＿＿ 与 ＿＿＿ 相等的产量水平；（3）每家公司的经济利润为 ＿＿＿，因为 ＿＿＿ 等于 ＿＿＿。

4.5 一家经济利润为零的公司留在市场中，是因为总收入足以支付公司的全部成本，包括企业家的 ＿＿＿ 和 ＿＿＿ 的机会成本。

4.6 当船运服务的价格上升，公司会使用 ＿＿＿（高油耗 / 低油耗）船只并（提升 / 降低）＿＿＿ 每艘船的行驶

速度，船运服务的供给量随之 _____
（增加 / 减少）。（参见第 180 页"日
常生活中的经济学"）

4.7 大豆和计算机处理器芯片。为什么
大豆市场是完全竞争市场，拥有数
以千计的种植大豆的农场主，而计
算机处理器芯片市场却由少数几家
大型公司垄断？（参见第 173 页"日
常生活中的经济学"）

4.8 作供给曲线。下表显示了一个完全
竞争公司的短期边际成本：

产量	100	200	300	400	500
边际成本（美元）	5	10	20	40	70

a. 使用表格中的信息做出该公司的
边际成本曲线。

b. 假设停产价格是 10 美元，做出公
司的短期供给曲线。

c. 假设市场中存在 100 家相同的公
司，每家公司的边际成本曲线都
相同，做出市场的短期供给曲线。

4.9 均衡和盈亏平衡价格。解释为什么完
全竞争市场的均衡价格与盈亏平衡价
格相比，有时高，有时相等，有时低？

4.10 最大化边际利润？根据边际原理，
要使利润最大化，公司应该选择使
价格等于边际成本的产量。另一种
方法是最大化公司的边际利润，边
际利润是指价格和短期平均总成本
之差。请使用公司的短期成本曲线

评估这种方法。做出公司的短期成
本曲线，并与短期供给曲线比较。

4.11 边际利润大于零能扩大生产规模
吗？一家公司遵循以下规则来决定
产量。边际利润（价格减去短期平
均总成本）大于零的时候，公司将
选择增加产量。请使用公司的短期
成本曲线评估这种方法。做出公司
的短期成本曲线，并与短期供给曲
线比较。

5. 成本递增行业的长期供给曲线

5.1 长期供给曲线表示了纵轴上的 _____
和横轴上的 _____ 之间的关系。

5.2 当一个成本递增行业的总产量增加
时，平均生产成本 _____（增加 / 减
少），因为投入要素价格 _____（上升
/ 降低），投入要素的生产效率 _____
（增加 / 减少）。

5.3 当一个成本递增行业的总产量增加
时，平均生产成本 _____（增加 / 减
少），因此供给曲线是 _____（水平
的 / 正斜率的 / 负斜率的）。

5.4 在表 6-4 中，假设一家典型公司的
行业产量和总成本之间的关系是线
性的，每家公司生产 6 件 T 恤。如
果行业内有 400 家公司，一家典型
公司的总成本是 _____，平均成本是
_____。该供给曲线上另一个点的价

格是 _____ ，供给量是 _____ 。

5.5 T恤价格上升会导致公司 _____ （进入/退出）该行业，并且当产量增加，_____ 成本会增加。公司会持续进入直到 _____ 等于 _____ 。

5.6 社区利用区划法限制用于建造公寓的土地面积，使住宅的供给曲线 _____ （更陡峭/更平坦），此时公寓需求的增加会导致价格上升 _____ （更多/更少）。

5.7 咖啡价格的上升使农民把用于种植 _____ 的土地转作种植咖啡，从而增加了供给量。（参见第 184 页 "日常生活中的经济学"）

5.8 铜的供给价格弹性。假设铜的价格从每吨 1,500 美元增加至 2,500 美元，随后供给量从 900 万吨增加至 1,100 万吨。使用中间值公式计算铜的供给价格弹性。

5.9 糖的进口禁令。假设最初美国对糖没有进口限制，所以美国市场的糖价格等于国际价格。

a. 如果国际价格是 13 美分每磅，哪些地区会向世界市场和美国供应糖？

b. 假设美国颁布对糖的进口禁令。糖的新价格至少会达到 _____ 。

5.10 台灯的长期供给曲线。假设每家台灯制造商每小时生产 10 个台灯。请补充完整下面的表格，再使用表格中的数据做出台灯的长期供给曲线。

公司数量	行业产量	典型公司的总成本	台灯的平均成本
40		300	
80		360	
120		420	

5.11 供给曲线有多陡峭？假设有两个城市，一个城市位于小岛，另一个位于大平原。

a. 分别做出两个城市的住宅的长期供给曲线，辨析两条供给曲线之间的差别。

b. 如果两个城市的住宅需求增加了相同的数量，哪个城市的房价将上涨得更多？

6. 需求变化的短期影响和长期影响

6.1 受 _____ 原理影响，短期供给曲线比长期供给曲线更陡峭。

6.2 假如 T恤需求增加了。在短期内，价格会较大幅度地 _____ （上升/下降）。当新公司进入市场，价格开始 _____ （上升/下降）。新的长期均衡下的价格 _____ （大于/小于/等于）原长期均衡下的价格。

6.3 需求增加会使价格在短期内大幅 _____ （上升/下降），随后价格 _____ （上升/下降）至新的长期均衡价格水平。

6.4 比较美国与英国住宅需求增加的影响。假设美国和英国住宅的初始均衡价格都是 200,000 美元。英国在短期内对住宅开发的限制更加严格。假设两个国家的住宅需求增加了相同的数量。

a. 作一系列供给和需求曲线，描述短期内需求增加对房价的影响。

b. _____（美国/英国）的房价上涨得更多，因为该国的供给曲线更加 _____（平坦/陡峭）。

c. 假设两个国家的长期供给曲线的斜率相同，试描述需求增加的长期影响。

d. 在长期内，英国的房价与美国的房价相比 _____（更高/更低/相同）。

7. 成本不变行业的长期供给

7.1 如果一个成本不变行业的总产量增加了，其 _____ 成本不会变化，所以长期供给曲线是 _____（水平的/正斜率的/负斜率的）。

7.2 一个成本不变行业消耗的劳动力和原材料等投入要素的数量 _____（较小/较大），所以当行业产量增加时，这些投入要素的价格 _____（增加/减少/不变）。

7.3 在成本不变行业中，当需求增加，长期均衡价格 _____（上升/降低/不变）。（参见第 190 页"日常生活中的经济学"）

7.4 理发的价格。假设你所在城市的理发业只使用市场中很小一部分的电、

剪刀和商业空间。另外，该行业只从 50,000 名理发师中雇用了 100 人。

a. 做出理发业的长期供给曲线。

b. 假设理发的初始均衡价格是 12 美元。做出供给需求曲线，描述人口增长的短期影响和长期影响。人口增长会影响理发的长期均衡价格吗？

7.5 人造黄油的价格。几年前，公众开始担心食用人造黄油的健康危害，于是人造黄油的需求减少了，价格也降低了。但是一段时间后，尽管需求没有变化，人造黄油的价格开始稳步上升。经过了几个月的价格上升，人造黄油的价格恢复到需求减少之前的价格水平。一名博客撰稿人指出，价格上升是部分人造黄油制造商的阴谋。请针对价格恢复到原始水平的现象，给出另外一种解释。（参见第 190 页"日常生活中的经济学"）

7.6 文身的价格。据一名市场专家分析，你所在城市的文身业是一个成本不变行业，其初始均衡价格是 24 美元。

a. 在长期内，文身师的工资随行业产量增加而 _____（增加/减少/不变）。

b. 如果文身需求翻倍，并在新的需求水平上停留了 3 年，那么 3 年后文身的价格将会是 _____。

c. 试用需求供给曲线描述（b）中的变化。

注　释

1. *Sideways*, 2004 Twentieth Century Fox; written by Alexander Payne and Jim Taylor. Based on the novel *Sideways* by Rex Pickett; New York, St. Martin's Press, 2004.

在全美的各所大学校园里，可口可乐和百事等饮料公司采用支付现金的方式换取垄断权力 —— 独家销售饮料的资格。

例如，2011 年以前，根据与加州大学伯克利分校的协议，可口可乐公司每年平均投入 615,000 美元用于支持校内休闲运动、校际运动赛事和各类学生活动。这项专卖协议禁止在学校内销售其他公司的同类产品，同时要求校方 "最大化可口可乐的产品在校园内的销售量和普及程度，包括各项体育赛事中摆售可口可乐的产品"。本章我们将看到，公司之所以愿意购买垄断权力，是因为排除竞争对手后，公司可以提高产品的销售价格。

近些年，校园饮料专卖权的竞争日趋激烈，专卖权的价格也不断上升。2011 年，与可口可乐的专卖协议到期后，伯克利校方考虑了学生对可口可乐公司商业行为的反对意见，与百事公司签订了专卖协议。根据这项新的协议，百事公司每年将向校方支付 160 万美元。

学习目标

描述并说明垄断者的产量决策。

说明垄断的消极影响。

描述并说明与专利权相关的权衡关系。

描述价格歧视的具体做法。

上一章我们探讨了公司在完全竞争市场条件下的决策行为。本章要面对的是**垄断市场（monopoly）**。完全竞争市场中有许多公司，而垄断市场中只有一家公司，而且涉及的产品没有任何替代品；完全竞争公司是价格接受者，而垄断公司可以控制产品的价格，是价格制定者。垄断公司拥有**市场影响力（market power）**，即影响产品价格的能力。不过，在垄断市场中，消费者仍然遵守需求定律，垄断公司制定的产品价格越高，消费者的需求量越小。

当一个存在利润的市场受**进入壁垒（barrier to entry）**影响，只允许一家公司存在时，垄断市场就会产生。进入壁垒包括专利权、网络外部性、政府许可、关键资源被一家公司拥有或控制，以及生产上拥有巨大的规模经济。

- **专利权（patent）**是指发明者在一定时间内（当前的国际惯例是 20 年）独家销售一种新产品的权利。

- 当某个产品对于一个消费者的价值随着使用这个产品的消费者数量的增加而递增时，我们就认为这个产品存在**网络外部性（network externalities）**。比如，一个网络社交平台上的用户数量越多，相互作用的机会就越大。同样，使用一种文字处理软件的用户越多，分享文档的机会就越大。网络外部性使现有公司拥有巨大优势，这可能会阻止新公司的进入。

- 在政府许可政策下，政府指定单一一家公司销售一种特定产品，比如广播站、电视台、路边停车和公园里的摊位。

- 如果产品生产所需的一种关键资源被一家公司所有或控制，那么这家公司就可以通过拒绝对外销售该资源来阻止其他公司进入市场。典型的例子是戴比尔斯公司，这家南非公司控制了全世界 80% 的钻石生产。在 20 世纪 40 年代以前，美国铝业公司拥有全世界大多数铝土矿的长期交易合同，而铝土矿是生产铝的关键资源。

- 当生产上存在巨大的规模经济，只有一家大型公司可以盈利时，**自然垄断市场**

名词解释

垄断市场：只有一家公司，且销售的产品没有替代品的市场。

市场影响力：一家公司影响所生产的产品价格的能力。

进入壁垒：阻止新公司进入一个有利润的市场的障碍。

专利权：在一定时期内销售特定产品的专有权利。

网络外部性：当某个产品对于一个消费者的价值随着使用这个产品的消费者数量的增加而递增时，我们就认为这个产品存在网络外部性。

自然垄断：当生产上存在巨大的规模经济，以致只有一家大型公司可以盈利时，自然垄断市场就会产生。

（natural monopoly）就会产生。市场只能容纳一家公司，任何一家新公司进入市场，两家公司都会亏损。典型的例子包括有线电视服务、电力传输和供水系统。

本章我们先讨论非自然垄断市场，即由人为的进入壁垒产生的垄断市场。本书后面，我们将讨论自然垄断市场的成因以及控制这种市场的各种公共政策。本章主要考察垄断市场的生产定价决策及其对社会整体的影响。我们将发现，从社会角度看，垄断市场存在弊端，因为它的产量太低。我们会讨论与专利权相关的权衡关系，专利权会导致垄断市场的形成和更高的产品价格，但能鼓励创新。我们还会讨论价格歧视的问题，航空公司和电影院向不同的销售者收取不同的价格就是典型的价格歧视现象。尽管本章我们讨论的是垄断市场的价格歧视问题，但这个问题也会在拥有更多公司的市场中发生，包括寡头市场和垄断竞争市场。

垄断公司的产量决策

假设公司目标是最大化自身的利润，那么垄断公司和其他公司一样，也要决定自己的产量。在前面的章节里，我们学习了生产成本的相关知识，现在来看看一家垄断公司是如何决定产量并使利润最大化的。

总收入和边际收入

一家公司的总收入等于产品的价格乘以销售量。我们假定垄断厂商向每位顾客收取相同的价格。图 7-1 中我们会看到如何利用需求表计算一家公司的总收入。在 16 美元的价格下，公司的销量为 0，所以总收入为 0；公司需将价格降至 14 美元，才能卖出 1 个产品，此时总收入为 14 美元；将价格降至 12 美元，才能卖出 2 个产品，此时总收入为 24 美元。随着价格持续下降和销售量不断增加，总收入先是保持增长然后开始下降。为了将销售量从 4 个增加至 5 个，公司需要将价格从 8 美元降至 6 美元，总收入随之从 32 美元降至 30 美元。销售 6 个产品时，总收入就更低了，只有 24 美元。

公司的边际收入定义为新增 1 单位销售量时总收入的变化。图 7-1 的表格第四列显示了公司的边际收入。例如，第三个产品的边际收入是 6 美元，等于销售 3 个产

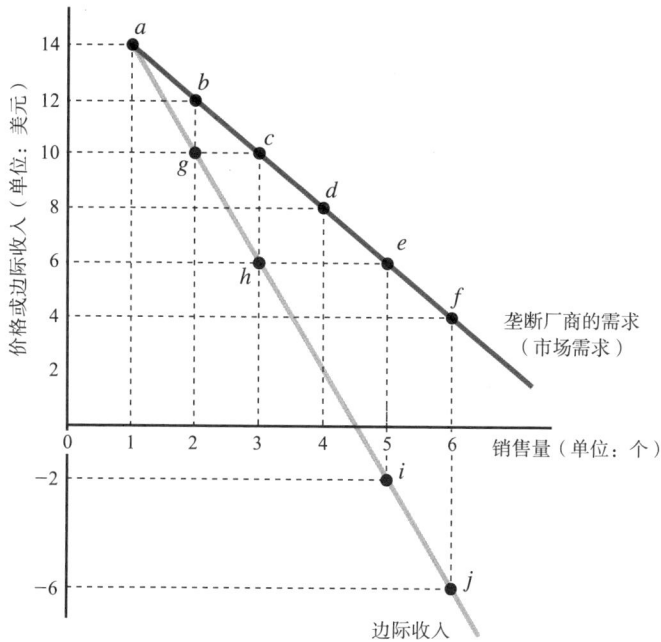

价格或边际收入（单位：美元）

垄断厂商的需求
（市场需求）

销售量（单位：个）

边际收入

价格（P）	销售量（Q）	总收入（TR = P × Q）	边际收入（MR = △TR/△Q）
16	0	0	—
14	1	14	14
12	2	24	10
10	3	30	6
8	4	32	2
6	5	30	−2
4	6	24	−6

▲图 7-1

需求曲线和边际收入曲线

为了多销售 1 单位的产品，公司会降低价格。产量在 1~4 之间时，边际收入为正；产量大于 4 时，边际收入为负。

品的总收入 30 美元减去销售 2 个产品的总收入 24 美元。如表格所示，产量小于等于 4 时，边际收入为正。产量大于 4 时，继续增加产量会使总收入降低，边际收入为负。例如，第五个产品的边际收入是 −2 美元，第六个产品的边际收入是 −6 美元。

图 7-1 的表格说明了垄断公司在降价促销时面临的权衡关系。当公司将价格从 12 美元降至 10 美元时，既有正面作用也有反面作用：

- 正面作用：公司从新售出的 1 单位产品中获利 10 美元，使总收入也增加了 10 美元。
- 反面作用：公司降价后，原本愿意支付 12 美元购买产品的消费者只需要支付 10 美元，公司从每一个产品中获得的收入减少了 2 美元，使总收入减少了 4 美元。

正反作用相抵后，总收入最终增加 6 美元。

我们对正反作用的讨论揭示了垄断市场的一个重要特征：边际收入小于价格。而在完全竞争市场中，公司的边际收入永远等于价格。

边际收入公式

我们可以用一个简单的公式计算边际收入。该公式量化了多销售 1 个单位产品时的正面作用和反面作用：

$$边际收入 = 新价格 + 需求曲线的斜率 \times 原销售量$$

等式右边的第一项新价格表示正面作用，即多销售 1 单位产品所增加的收入。第二项乘法部分表示反面作用，即多销售 1 单位产品所减少的收入。

举一个简单的例子来说明这个公式。假设垄断公司想要将销售量从 2 增加至 3，那么它需要将价格从 12 美元降至 10 美元。此时新价格是 10 美元，需求曲线的斜率是 −2 美元 / 个，旧销售量是 2 个，代入公式得：

$$边际收入 = 10 美元 + （−2 美元 / 个 \times 2 个）= 6 美元$$

图 7-1 表示的就是需求曲线和边际收入曲线。因为公司要增加销售量必须降低价格，所以边际收入曲线位于需求曲线下方。

利用边际原理

垄断公司可以利用边际原理决定生产多少产品。假设一家叫作万应良药的公司拥有一种新感冒药的专利权，该公司需要决定生产多少产品。

> **边际原理**
>
> 只要增加一项活动的边际收益大于边际成本，我们就应该不断增加该项活动，直到边际收益等于边际成本。

此时该公司要做的是确定一个产量，使得多销售 1 单位药剂的边际收入等于边际成本。

图 7-2 的表格前两列显示了感冒药的价格与需求量的关系。我们可以利用这些数据做出市场需求曲线，如图 7-2 所示。因为万应良药是垄断公司，所以市场需求曲线

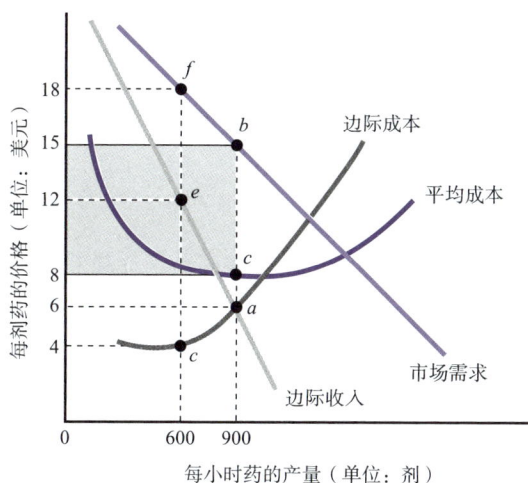

价格（P）	销售量（Q）	边际收入	边际成本	总收入（$TR = P \times Q$）	总成本（TC）	利润（$TR - TC$）
18	600	12	4.00	10,800	5,710	5,090
17	700	10	4.60	11,900	6,140	5,760
16	800	8	5.30	12,800	6,635	6,165
15	900	6	6.00	13,500	7,200	6,300
14	1,000	4	6.70	14,000	7,835	6,165
13	1,100	2	7.80	14,300	8,560	5,740
12	1,200	0	9.00	14,400	9,400	5,000

▲图 7-2

垄断公司的产量和价格

为了最大化利润，垄断公司选择点 a，该点处边际收入等于边际成本。垄断公司在 15 美元的价格水平下每小时生产 900 剂药（点 b）。平均成本是 8 美元（点 c），所以每剂药的利润是 7 美元，总利润是 6,300 美元。

就是公司需求曲线。该需求曲线斜率为正，符合需求定律。例如，在 18 美元的价格下，需求量是 600，而在 15 美元的价格下，需求量是 900。

和其他垄断公司一样，万应良药公司必须降低价格才能增加销售量，所以边际收入小于价格，如图 7-2 的表格第三列所示。我们可以用前面给出的边际收入公式计算不同产量水平下的边际收入：

$$边际收入 = 新价格 + 需求曲线的斜率 \times 原销售量$$

需求曲线的斜率等于 −0.01 美元 / 剂。此时新增 1 单位产量带来的价格变动非常小，为了简化计算过程，可以使用原来的价格代替新价格。例如，在 18 美元的价格下，销售量为 600 剂，此时边际收入等于 12 美元：

$$边际收入 = 18 - (0.01 \times 600) = 12 \text{ 美元}$$

同样，在 15 美元的价格下，销售量为 900，此时边际收入等于 6 美元：

$$边际收入 = 15 - (0.01 \times 900) = 6 \text{ 美元}$$

掌握了以上知识，我们就可以开始学习垄断公司如何利用边际原理确定产量了。为了最大化利润，公司确定的产量应当使边际收入等于边际成本。如图 7-2 的表格第四行所示，产量为 900 时满足这一条件。又如图 7-2 所示，边际收入曲线与边际成本曲线相交于点 a，此时产量为 900，此时公司利润最大。为了让消费者购买 900 剂药，价格必须是 15 美元（点 b），此时平均成本是每剂药 8 美元（点 c）。

我们可以用两种方法计算公司利润。

第一种方法，利润等于总收入减去总成本：

$$利润 = 15 \times 900 - 8 \times 900 = 6,300 \text{ 美元}$$

第二种方法，利润等于每剂药的利润乘以销售量：

$$利润 = (15 - 8) \times 900 = 6,300 \text{ 美元}$$

我们可以计算其他产量水平下的利润，来检验产量为 900 时公司的利润是否达到最大。假设公司决定生产 599 剂药，并把价格定为略高于 18 美元（略高于需求曲线的点 f）。此时公司如果降低价格并多销售一剂药，可以增加利润吗？公司应当回答以下两个问题：

- 生产 600 剂药的新增成本是多少？如边际成本曲线的点 d 所示，600 剂药的边际成本是 4 美元。
- 生产 600 剂药的新增收入是多少？如边际收入曲线的点 e 所示，600 剂药的边际收入是 12 美元。

如果要最大化利润，公司应当生产第 600 剂药，因为新增收入 12 美元大于新增成本 4 美元，即新增利润为 8 美元。按照这个规则递推计算，生产第 601 剂药、第 602 剂药直至生产第 900 剂药都是有利润的。公司应当持续增加产量，直至边际收入等于边际成本。边际原理在产量为 900 时得到满足。

为什么公司在 900 剂药时应该停止增加产量呢？产量大于 900 时，边际收入小于边际成本，尽管公司可以降低价格并继续增加产量，但是额外增加的产量带来的收入小于成本，公司的利润会减少。如图 7-2 的表格第五行所示，公司可以在 14 美元的价格下销售 1,000 剂药，但是此时边际收入只有 4 美元，边际成本却达到 6.70 美元。生产第 1,000 剂药将使公司利润减少 2.70 美元。高于 900 的任何产量水平，边际收入都小于边际成本。因此公司应当将产量确定为 900。

垄断公司确定产量以及计算利润的方法可以总结为三个步骤：

- 找出满足边际原理的产量，也就是使边际收入等于边际成本的产量。如图 7-2 所示，在点 a 处边际收入等于边际成本，点 a 对应的产量是 900，所以垄断公司的产量应确定为 900。
- 利用需求曲线，找出该产量水平对应的价格。如图 7-2 的图所示，产量 900 对应的价格是 15 美元（点 b）。
- 计算垄断公司的利润。每单位产量的利润等于价格减去平均成本，总利润等于单位产量的利润乘以销售量。如图 7-2 所示，总利润等于 7 乘以 900，得 6,300 美元。

日常生活中的经济学

棒球迷的边际收入

对应的经济学问题：垄断公司如何最大化利润？

现在职业棒球大联盟的一支球队的老板要确定产量（球迷数量），使边际收入等于边际成本（$MR = MC$）。增加一名球迷的边际成本接近于零，为了简化计算，我们将 MR 记作 0。但是对于一支典型的球队，边际收入似乎小于零，也就是说，通过销售更多的球票来增加球迷数量，会减少球票收入。如何解释这种现象呢？

举一个简单的例子。假设一张票的价格是 24 美元，球队总共销售了 20,000 张票。如果需求曲线斜率是 -0.002，那么边际收入是 -16 美元：

$$MR = 24 - 0.002 \times 20,000 = -16 \text{ 美元}$$

在这个例子中，降低价格增加销售量的正面作用（新增球迷每人贡献 24 美元）小于负面作用（20,000 名球迷本来愿意支付更高的价格 40 美元）。边际收入为负也意味着球队可以提升价格增加总收入，为什么球队老板没有这么做呢？

解决这个问题的办法是销售优惠票。假设每个球迷每场比赛花费 20 美元购买成本为 4 美元的商品。此时，每张票会新增 16 美元的收入，刚好弥补票价本身损失的 16 美元。将优惠票的净收入也纳入边际收入的范围，球队老板的选择便符合最大化行为了。看上去偏低的优惠票实际上是明智的选择。详见练习 1.8 和 1.9。

资料来源：Based on Anthony Krautmann and David Berri, "Can we find it at the concession? Understanding price elasticity in professional sports," *Journal of Sports Economics* 8（2007），pp. 183-191.

垄断市场的危害

为什么社会要担心垄断市场？对于垄断公司利用市场影响力提高价格的行为，大多数人都习以为常。如果垄断市场仅仅如此，那确实没有什么可担心的。但是，这一节我们会看到，垄断市场造成的社会危害不仅包括价格的上升，还包括产量的减少。

垄断市场产生的社会净损失

垄断市场与完全竞争市场有哪些不同点？举例来说，治疗关节炎的药可以由一个垄断市场生产，也可以由一个完全竞争市场生产。我们采取长期视角来看待这个问题，即时间足够长，公司能够自由选择投入要素和进出市场。

先来看垄断市场的情况。假设生产关节炎药的平均成本固定为每剂 8 美元不变。在生产和成本一章中，我们了解到，如果平均成本固定不变，那么边际成本等于平均成本。在图 7-3 的（A）图中，长期边际成本曲线就是长期平均成本曲线。给定市场需求曲线和边际收入曲线，垄断公司可以在点 a 处实现利润最大化，即在 18 美元的价格下每小时生产 200 剂药，此时垄断公司的利润是每小时 2,000 美元。

再来看完全竞争市场的情况。我们假设生产关节炎药的行业是一个成本不变行业：投入要素价格不随行业规模扩张而变化，此时长期市场供给曲线是与纵轴相交于 8 美元的一条水平直线。在图 7-3 的（B）图中，长期供给曲线与市场需求曲线相交于点 c，市场均衡价格为 8 美元，均衡产量为每小时 400 剂。与垄断市场相比，完全竞争市场下产品价格更低（8 美元而不是 18 美元），产量更高（400 剂而不是 200 剂）。

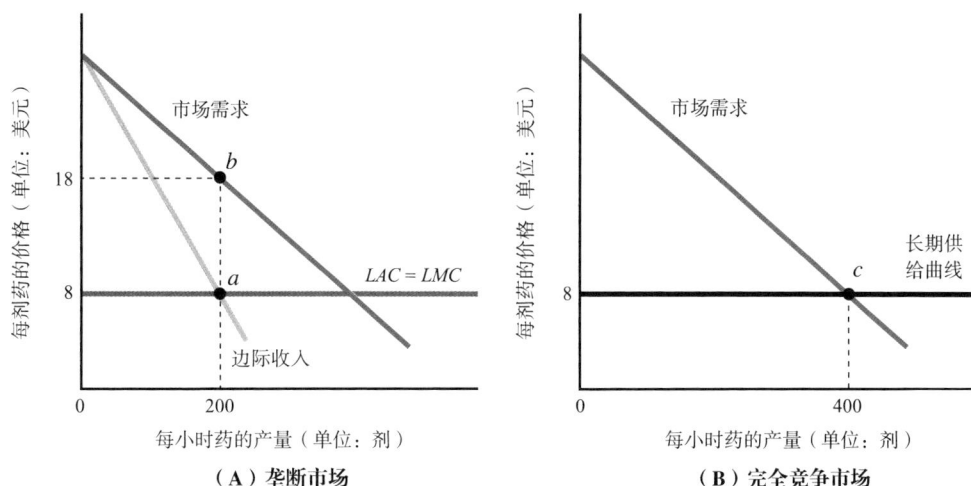

▲ 图 7-3

垄断市场和完全竞争市场的比较：价格和产量的差异

（A）垄断公司选择使长期边际成本等于边际收入的产量，每小时 200 剂，如点 a 所示。此时，如需求曲线的点 b 所示，价格是 18 美元。（B）完全竞争市场下，长期供给曲线与需求曲线相交于点 c。此时均衡价格是 8 美元，均衡产量是每小时 400 剂。

寻租：使用资源换取垄断地位

垄断市场的另一个危害是公司会动用资源获取垄断地位。因为通过垄断可以赚取高额利润，所以公司不惜重金游说政府以营业执照、特许经营权或关税的形式设立市场的进入壁垒，让公司获得垄断权力。比如在上面的案例中，一家公司愿意以每小时 2,000 美元的成本获取关节炎药的垄断经营权，该公司聘请了游说政客去劝说立法者和政策制定者赋予公司垄断经营权。我们通常把这称作**寻租**（rent seeking），即利用公共政策获取经济利润的行为。

寻租是无效率的，它使用的资源本可以用在有益于社会的其他方面。例如，从事游说行业的人可以转而从事生产制造业和服务业。经济学家理查德·波斯纳（Richard Posner）研究发现，一些行业用于获取垄断权力的成本达到了其总收入的30%。[1]

本章开篇的故事就是一个典型的寻租案例。一家饮料公司向大学支付数百万美元，获取在校园内销售饮料的垄断权力。与所有的垄断公司一样，该饮料公司将利用垄断权力收取更高的价格，最终承担寻租成本的是学生，学生间接支付了饮料公司资助休闲运动和校际运动赛事的成本。

治理垄断市场的公共政策

为了避免垄断市场造成的危害，政府采取了一系列政策，干预已经形成或即将形成的垄断市场。本书后面的章节会具体梳理和分析这些政策。在自然垄断的情况下，政府干预市场的方式是调控公司产品的价格。在其他垄断情况下，政府利用反垄断法将垄断公司分割为多个公司，并阻止可能形成垄断公司的商业合并。这些政策的目的是促进竞争、降低价格并提高产量。

日常生活中的经济学

俄勒冈州克雷斯维尔的一家垄断赌场

对应的经济学问题：垄断市场的价值是什么？

一个开发公司有意在俄勒冈州克雷斯维尔建造一家赌场，该公司在当地报纸上刊登了一份声明：如果克雷斯维尔的居民对建造赌场的议案投赞成票，该公司每年将向全体居民支付 200 万美元。克雷斯维尔约有 1,600 名成年居民，据此计算，每人每年将得到 1,250 美元。这家开发公司为什么会如此慷慨？答案很简单，寻租。该公司希望获取赌场的垄断经营权，而垄断经营预计增加的收入高于 200 万美元。

资料来源：Based on Sherri Buri, "Creswell Casino Wins Few Friends," *Eugene Register Guard*, April, 1996, 1.

专利和垄断权力

垄断权力的来源之一是专利，它给予一家公司在 20 年内独家生产特定产品的权利。下文我们将看到，专利可以鼓励创新，因为创新者可以通过专利赋予的垄断权力增加产品的利润。从社会的角度看，通过专利授予公司垄断权力是有益的，因为垄断增加的利润使得原本因为研发成本较高而无法生产的产品得以面世。

专利和创新

下面以关节炎药为例，具体说明专利是如何鼓励创新的。假设一家公司准备研发关节炎药，预计潜在的收入和成本如下：

- 研发的经济成本为 1,400 万美元，包括机会成本。
- 垄断可以带来的收入为每年 200 万美元。
- 从研发到投入生产关节炎药需要 3 年时间，这意味着如果没有专利的保护，该公司的垄断期只能保持 3 年。

根据以上数据计算，除非可以获得保护期 7 年以上的的专利，否则该公司不会研发关节炎药。在 7 年的时间里，该公司通过垄断可以获得 1,400 万美元的收入，刚好足以弥补研发成本。

如果没有专利，该公司将在 3 年后失去垄断权力，获得的垄断收入仅为 600 万美元，低于研发成本。相对地，如果有保护期为 20 年的专利，该公司可以赚取 4,000 万美元，远高于研发成本。

专利背后的权衡关系

从社会的角度看，给予公司专利有益吗？专利使公司获得垄断权力，垄断市场与完全竞争市场相比，产品的价格更高，产量更低。如图 7-3 所示，垄断市场的产量为 200 剂，低于完全竞争市场的产量 400 剂。从社会的角度看，完全竞争市场更有益，但现实不允许。除非通过专利赋予公司 7 年以上的垄断权力，否则公司不会生产药品。因此，留给社会的选择是 200 剂药品或者零。因为 200 剂药品肯定比没有强，所以从社会的角度看，专利是有效率的。

在没有专利保护的情况下，公司的研发行为会受到怎样的影响呢？假设公司的研发成本不是 1,400 万美元，而是 500 万美元，竞争对手需要 3 年的时间研发出替代药品，产品的利润仍然是每年 200 万美元。计算可知，公司在 3 年的垄断期内总利润为 600 万美元，高于研发成本，公司会选择研发新药。此时，给予公司专利只会延长垄断期，从社会的角度看是无效率的。

对于专利制度的价值，我们可以形成一些基本的结论。对于那些没有专利就不会出现的产品，政府给予专利是合理的；对于无论是否有专利都会出现的产品，政府给予专利是不合理的。专利有时可以鼓励一些新产品的研发，有时只是延长了新产品的垄断期。

日常生活中的经济学

贿赂仿制药的厂商

对应的经济学问题：专利到期后原药品的厂商该怎么办？

一项专利到期后，新的公司就会开始进入市场，由此引起的竞争将导致产品价格下降，产量上升。在制药市场中，当一种药的专利到期时，其他公司就会引入仿制药。仿制药与原药品几乎没有区别，价格却低得多。原药品的厂商有动机去延缓仿制药的上市，有时甚至不惜采取非法的手段。

最近几年，美国联邦贸易委员会（FTC）调查了多起原药品的厂商勾结仿制药的厂商阻止仿制药上市的案件。涉嫌违法的行为包括现金贿赂和原药品的新版本的独家销售许可。2003 年 FTC 判决两家制药企业串谋阻止仿制药上市，先灵葆雅公司（Schering-Plough）向 Upsher-Smith 实验室支付了 6,000 万美元，延缓 K-Dur 的低价仿制药上市。K-Dur 是一种治疗低钾人群的药品。

原药品的厂商经常采取的另一种手段，是宣称仿制药的质量不如原药品。杜邦公司宣称市场上对华法林（一种血液稀释剂）的仿制药无法产生同等的药效，而且会给使用者造成风险。因为仿制药与原药品几乎完全一致，所以这些论断没有科学依据。详见练习 3.4 和 3.5。

资料来源：Based on Federal Trade Commission, "Commission Rules Schering-Plough, Upsher, AHP Illegally Delayed Entry of Lower-Cost Generic Drug," www.ftc.gov/opa2003/12/schering.htm（accessed July 9, 2006）.

价格歧视

我们在本书中假定公司向所有消费者收取同等的价格。但是，在本章接下来的部分，我们将看到，公司可能会将消费者分为多组，并向每一组收取不同的价格，我们将这种行为称作**价格歧视**（price discrimination）。例如，对于行程自由的旅行者，航空公司提供了折扣机票，电影院也为老年人提供低价电影票。对于价格歧视唯一的法律限制，是一家公司不能利用价格歧视将竞争对手逐出市场。

尽管价格歧视普遍存在，但必须满足三个条件，一家公司才有机会进行价格歧视：

> **名词解释**
>
> **价格歧视**：以不同的价格向不同的消费者销售相同的商品。

1. 公司拥有市场影响力。面对斜率为负的产品需求曲线，公司必须拥有一定程度的控制价格的能力。尽管我们现在讨论的是垄断公司，但是产品需求曲线斜率为负的公司都可以向不同消费者收取不同价格。实际上，唯一不能进行价格歧视的公司是完全竞争公司。完全竞争公司是价格接受者，其产品需求曲线是一条水平直线。垄断公司、寡头公司、垄断竞争公司都可以进行价格歧视。

2. 市场中存在不同的消费者群体。消费者对产品的支付意愿，以及消费者对价格变化的反应（通过需求价格弹性测量）必须有区别。同时，公司必须有能力识别不同的消费者群体。例如，一家航空公司必须有能力区分商务旅客和观光旅客，一家电影院必须有能力区分老年人和年轻人。

3. 消费者之间不能转手产品。一名消费者不能将已经购买的产品转手给另一名消费者。航空公司禁止消费者转手机票。如果航空公司允许消费者向另一名消费者销售折扣机票，那么任何人都可以提前一个月购买折扣机票然后销售给临时有需要的旅客。一般来说，允许转手交易会导致价格歧视失效。

实行价格歧视的一种方式是识别出不愿意支付正常价格的消费者，然后提供折扣给他们。下面是一些具体的例子。

- 折扣机票。航空公司向周六晚上离家的旅客提供折扣机票，因为这些游客更有可能是观光旅客而不是商务旅客。一般的观光旅客不愿意支付和商务旅客同样高的价格。航空公司还向提前数周购买的旅客提供折扣机票，因为观光旅客一般会比商务旅客提前购买机票。
- 杂货店和餐馆的优惠券。喜欢用优惠券的顾客不愿意支付和一般顾客同样高的价格。
- 厂商设备回扣。不怕麻烦去填写回扣申请文件的买家不愿意支付和一般买家同样高的价格。
- 机票、餐厅美食、药品和娱乐活动的老年人折扣。老年人有更多的时间讨价还价，因而对价格更加敏感。老年人收入较低，不愿意支付和一般消费者同样高的价格。
- 电影院和剧院的学生优惠。学生比普通消费者收入低，不愿意支付和一般消费者一样的价格。

想进行价格歧视的公司面临的主要挑战是识别出哪些消费者群体应该得到折扣。公司可以用不同的价格进行测试，找出对价格最敏感的消费者群体。2000 年 9 月，亚马逊公司开始向不同消费者群体收取不同的价格。例如，使用 Netscape 浏览器的消费者为《人猿星球》影碟支付 65 美元，而使用 Internet Explorer 的消费者要为同样的影碟支付 75 美元。[2] 消费者选择的网络服务供应商不同，或在亚马逊上累计购物数量不同，他们也会面临不同的价格。据亚马逊公司的一位女新闻发言人称，该公司针对不同人群的价格变动是完全随机的，目的是测试消费者对价格变化的反应。换句话说，亚马逊是在测算不同消费者群体的支付意愿。理论上，亚马逊公司可以利用收集的数据开发价格歧视系统。但是，在受到社会各界的广泛抗议后，亚马逊公司停止了价格试验，并向近 7,000 名支付了较高价格的消费者返还了多付的款额。

餐厅的老年人折扣

考虑一家顾客可以分为老年人和其他人的餐厅。图 7-4 中，老年人的需求曲线比其他人的需求曲线低，这表明老年人不愿意支付和其他人一样高的价格。更低的支付意愿可能是因为收入更低或者是讨价还价的时间更多。

餐厅在实行价格歧视时对两类人群各应用一次边际原理。餐厅的这种方法是合理的，因为两类人群对餐厅美食的需求不同，所以餐厅应该区别对待他们。对于老年人，点 a 满足边际原理，即每天给 280 名老年人提供美食。此时，餐厅向老年人收取的价格是 3 美元，如老年人需求曲线的点 b 所示。在图 7-4 的（B）图中，点 c 满足边际原理，即每天给 260 名非老年人提供美食，对应价格是 6 美元。

我们知道，应用边际原理可以最大化市场所有单位的利润。因此，向老年人和非老年人分别收取 3 美元和 6 美元的价格歧视可以最大化餐厅的总利润。如果餐厅没有这样定价，而是向每类人群都收取 5 美元，那么从两类人群中赚取的利润都将下降，餐厅的总利润也将下降。

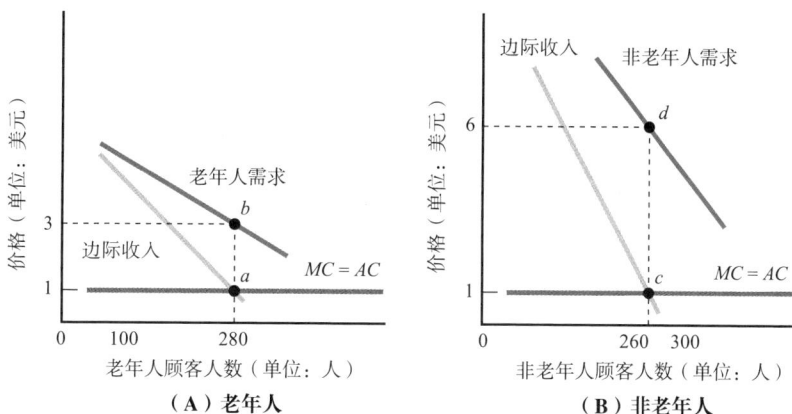

▲ 图 7-4

边际原理和价格歧视

为了进行价格歧视，公司将潜在顾客分为两类人群，并对每类人群应用一次边际原理。根据边际原理，对老年人和非老年人来说，利润最大化的价格分别是 3 美元（点 b）和 6 美元（点 d）。

价格歧视和需求弹性

我们可以利用需求价格弹性的概念解释为什么价格歧视会增加餐厅的利润。回顾弹性一章所学的知识，我们知道，当需求富有弹性时（$E_d > 1$），价格和总收入之间存在负相关关系：价格下降，总收入将增加，因为需求量的增加百分比大于价格的下降百分比。

假设餐厅最初的定价是老年人和非老年人都收取 5 美元。与非老年人相比，老年人对餐厅美食的需求更富有弹性，部分原因是老年人的收入更低而且有更多时间讨价还价。对老年人降低价格会引起正反两种作用。

- 正面作用：需求弹性较高，此时总收入会大幅增加。
- 反面作用：供应的美食增加，导致总成本增加。

如果老年人对美食的需求弹性较高，也就是说，E_d 明显大于 1.0，那么正面作用将强于反面作用：收入的增加可以弥补成本的增加，此时降价能增加公司的利润。

对于非老年人，公司有动机提升价格。假设非老年人对美食略微富有弹性，也就是说，E_d 略大于 1.0。提价会起到正反两种作用。

- 反面作用：需求略微富有弹性，此时总收入会小幅减少。
- 正面作用：供应的美食减少，导致总成本减少。

如果非老年人对美食略微富有弹性，那么正面作用将强于反面作用：成本的减少可以弥补收入的减少，此时提价将增加公司的利润。

案例：电影票与爆米花，精装书与平装书

为什么老年人买电影票比其他人便宜，可是买爆米花却没有折扣？我们已经知道，电影院给老年人折扣不是出于慷慨，而是为了最大化利润。老年人愿意为电影票支付的价格一般比其他人低，所以电影院将顾客分为两类人群——老年人和其他人，并提供折扣给老年人。这种有利于老年人的价格歧视行为可以增加电影院的利润。为什么电影院不向老年人提供爆米花的折扣呢？与电影票不同，不同顾客之间可以轻松地转卖爆米花。如果老年人能够以半价购买爆米花，那么许多顾客会让老年人帮自己购买，此时电影院能够以原价格售出的爆米花数量将大幅减少，总利润将减少。相反，只要检票员尽职检查顾客的电影票，电影票就无法转卖。

为什么精装书比平装书贵得多？大多数书以两种形式出版——精装和平装。尽

管制作精装书的成本比平装书高出近 20%，但精装书的价格是平装书的 3 倍。一般来说，精装书先上市，平装书要晚几个月甚至几年上市。图书销售商用精装书和平装书区分两类人群：愿意支付更高价格的人和愿意支付更低价格的人。有些人急于阅读新书，出版商就为他们提供高价的精装书。有些人则不在乎，他们愿意等待低价的平装书。精装书和平装书的定价也是一个典型的价格歧视案例，在该案例中，需求弹性较低的消费者愿意支付更高的价格。

日常生活中的经济学

为什么电影院的爆米花这么贵？

对应的经济学问题：公司什么情况下可以向不同消费者收取不同价格？

电影院销售的爆米花 4 美元一桶，但是它的生产成本不到 0.10 美元。如何解释这 4,000 倍的差价呢？经济学家就这个问题困扰了很多年，现在终于得出了答案。电影观众对观看电影的支付意愿各不相同，所以电影院有动机识别愿意支付更多的消费者，然后向他们收取更高的价格。结果显示，预测一个消费者支付意愿的有效方法，是看这个消费者是否会购买爆米花：购买大量爆米花的人往往是支付意愿最高的消费者。所以对于电影院而言，向这类消费者收取更高价格的一种简便方法就是提升爆米花的价格。此时，支付意愿较低的消费者只购买电影票，而支付意愿较高的消费者会同时购买电影票和涨价的爆米花。

我们可以用一个简单的例子具体说明。假设一名支付意愿较低的消费者愿意为一场电影支付 11 美元，而一名支付意愿较高的消费者愿意为电影和爆米花支付 15 美元。如果电影院将电影票和爆米花的价格分别定为 10 美元和 4 美元，那么这两名消费者都可以得到 1 美元的消费者剩余，他们会选择去看电影。相反，如果电影院将电影票和爆米花的价格分别定为 12 美元和 0.10 美元，支付意愿较高的消费者会去看电影，而支付意愿较低的消费者不会去。电影院的定价策略应当使支付意愿较低的消费者以 10 美元的价格观看电影，因为新增一名电影观众所增加的成本接近于零，所以电影院的利润会增加。详见练习 4.3。

资料来源：Based on Richard Gil and Wesley Hartman, "Why Does Popcorn Cost So Much At the Movies? An Empirical Analysis of Meeting Price Discrimination"（Research Paper 1983, Stanford Graduate School of Business, 2008）.

总　结

本章中，我们看到各类垄断的细微差别，以及它们的定价政策。与完全竞争市场相比，垄断市场中的价格更高，产量更小，垄断企业在追求垄断权力的时候会造成资源浪费。另一方面，如果没有专利制度及其附带的垄断权力，我们如今使用的有些商品将永远也不可能出现。具有市场支配权力的企业往往会使用价格歧视来增加利润。本章的主要内容有以下几点：

1. 与完全竞争市场相比，具有垄断者的市场，产品价格会更高，产量更低，给社会造成无谓损失（deadweight loss）。

2. 公司利用资源取得垄断权力，这个过程被称为寻租。

3. 专利有助于保护创新免受竞争，使得新产品的价格更高，但是有助于激励新产品的开发。

4. 实施价格歧视的公司将消费者分成两个或更多的群体，并且对需求富有弹性的群体收取更低的价格。

5. 价格歧视不是因为慷慨，而是利润最大化的一个措施。

练　习

1. 垄断公司的产量决策

1.1 对垄断公司来说，边际收入比价格＿＿＿＿（高 / 低）。

1.2 对垄断公司来说，降低价格能够从＿＿＿＿顾客那里获得收入，但是会损失来自＿＿＿＿＿顾客的收入。

1.3 每张 CD 的价格是 18 美元，公司销售了 60 张 CD。如果需求曲线的斜率是 −0.10 美元，卖出第 61 张 CD 的边际收入是＿＿＿＿＿（美元）。如果边际成本小于＿＿＿＿＿（美元），公司应该降价销售 CD。

1.4 当垄断公司增加产量时，边际收入曲线和需求曲线之间的间隔将＿＿＿＿＿（加大 / 缩小）。

1.5 为了最大化利润，垄断者生产的产量是当＿＿＿＿等于＿＿＿＿时的产量。

1.6 每张 CD 等于 18 美元，销售 CD 的边际收入是 12 美元，如果 CD 的边际成本是 9 美元，企业应该＿＿＿＿（增加 / 降低）价格以＿＿＿＿（增加 / 降低）产量。

1.7 你要为一个垄断公司确定利润最大化的产量。你可以询问公司的会计，做出公司的收入和成本曲线，但是每条曲线要花费你 1,000 美元。下面列出的曲线，哪一个是你需要的：平均总成本曲线、平均固定成本曲线、平均变动成本曲线、边际成本曲线、需求曲线、边际收入曲线。

1.8 新增一个棒球迷的成本是 0，因此利润最大化的条件可以简化为 ＿＿＿。（参见第 206 页 "日常生活中的经济学"）

1.9 门票和商品。思考一下，一个棒球队在票价为 45 美元时销售了 30,000 张票。需求曲线的斜率是 −0.002 美元 / 张。普通粉丝购买的 25 美元的商品，供应成本是 5 美元。（参见第 206 页 "日常生活中的经济学"）

  a. 门票销售的边际收入是 ＿＿＿（美元）。

  b. 门票和商品销售，每新增一个粉丝对球队总收入的贡献是 ＿＿＿＿（美元）。

1.10 图书定价：出版商和作者。思考图书定价的问题。每本书的边际生产成本稳定为 20 美元。出版商根据经验知道需求曲线的斜率为每本书 −0.20 美元：起始价格是 44 美元，价格每降低 0.20 美元，会增加 1 本书。下面列出一张价格和产量表：

每本书的价格（美元）	44	40	36	32	30
数量	80	100	120	140	150

  a. 出版商会选择哪个价格？

  b. 假设作者获得的版税收入是图书销售总收入的 10%。如果作者能选择价格，应该选择哪个价格。

  c. 出版社和作者对于图书价格会产生什么分歧。

  d. 当作者和出版商选择相同的价格时，设计一个作者报酬方案。

1.11 餐馆定价。思考一下，一家餐馆收费 10 美元，在这个价格上有 30 位顾客。需求曲线的斜率是 −0.10 美元 / 餐，每餐的边际成本是 3 美元。计算利润最大化的价格和数量，并作图说明。

1.12 空座位。思考一下，一个冰球队在体育场比赛，体育场里有 8,000 个座位。举办冰球比赛唯一的成本是固定成本 6,000 美元，不论有多少观众，球队都需要支出这部分成本。冰球门票的需求曲线斜率为 −0.001 美元 / 张：价格每提高 1 美元将使门票销售减少 1,000 张。下面列举了价格数量表格：

每张票的价格（美元）	4	5	6	7
门票数量	8,000	7,000	6,000	5,000

  球队所有者的目的是最大化每一场冰球比赛的利润（总收入减去 6,000 美元）

  a. 在哪个价格下，利润会达到最大？

  b. 所有者选择能使利润最大化的价格，此时体育场中有多少座位是空置的？为什么空置一些座位是理性的？

  c. 假设所有者可以实施价格歧视，空座位少了还是多了？请解释。

1.13 负的边际收入。你所在公司的管理者碰到了一个难题：销售的产品越多，总收入越低。管理者拿到的周报表上有两列数据：销售的数量和总收入。你计算后增加了另两列数据，管理者看了新表格后说道："现在我明白，为什么销售越多，总收入越少了。"

a. 第三列数据是关于 _____ 的数据，第四列数据是关于 _____ 的数据。

b. 新添加的两列数据是如何说明销售数量和总收入关系的？

2. 垄断市场的危害

2.1 垄断会造成问题，因为垄断企业从消费者的损失中获得利润。_____（对 / 错）

2.2 为了反映垄断对产量的影响，我们比较垄断产出和 _____ 时的产出。

2.3 路边停车业务的平均成本是每天每个车位 30 美元，如果成为垄断企业，可以对 200 个停车位收取每个车位每天 35 美元。你最多愿意花费 _____（美元）来获得垄断地位。

2.4 开发者想要在俄勒冈州克雷斯维尔修建赌场，这是一个 _____ 的例子。

2.5 结束赌场的垄断。思考一下，在某个州，刚开始只有一家赌场。假设允许第二家赌场进入市场，请思考第二家赌场的进入会如何影响（a）赌场中赌博方式的变化，以及（b）顾客每 1 美元花销的彩头。

2.6 垄断规则。在桌游《地产大亨》中，

当某个玩家获得了某类产业的第三个产权证时（比如橙色区域产业中的第三个产权证），他就能够向在这类产业上停留的其他玩家收取双倍的租金。同样，某个玩家如果有一条铁路的产权，他收取的租金是 25 美元，当这个玩家拥有全部四条铁路的产权后，他可以对每条铁路收取 400 美元。

a. 这些定价规则与本章介绍的关于垄断的分析一致吗？

b. 在这个游戏中，垄断会造成无谓损失吗？为什么会或为什么不会？

3. 专利和垄断权力

3.1 专利有助于激发人们开发新产品，因为他能够 _____ 产品的价格，产生更丰厚的利润，使公司能够覆盖 _____ 的成本。

3.2 在有些案例里，专利会造成社会无效率，因为它只是 _____；在其他案例中，专利则能够带来社会效率，因为它 _____。

3.3 思考一下本章提到的关节炎药物的例子。如果研究和开发成本是 2,000 万美元，当专利权至少为 _____ 年时，企业会开发这款药物。

3.4 为了延长垄断权力，品牌药物的生产商会向 _____ 支付巨款。（参见第 210 页 "日常生活中的经济学"）

3.5 付费让仿制药出局。假设你的公司生产一种品牌药物，平均成本为每一剂药物 2 美元。如果仿制药被研发出来，你的日常收入将会下降到 400 剂。你愿意为了阻止仿制药进入市场每天花费多少钱？（参见第 210 页"日常生活中的经济学"）

3.6 一种潜在的新药叫 NoSmak，能够治愈哑嘴，但是研究和开发的成本为 8,000 万美元。垄断利润每年为 1,000 万美元，在专利期终止时，药品的最初开发者将获得足够的品牌忠诚度，使它能够在未来 10 年中每年获得 300 万的收入。

a. 该企业要收回研发药物的成本，最短需要多长的专利期？

b. 如果忽略专利期终止之后的利润收入，（a）中的答案又是什么？

4. 价格歧视

4.1 价格歧视公司会向需求 _____（富有弹性／低弹性）的消费者收取高价，向需求 _____（富有弹性／低弹性）的消费者收取低价。

4.2 机场卖的阿司匹林比杂货店卖的贵，因为机场里需要阿司匹林的顾客相对来说需求 _____。

4.3 要预测一个消费者对电影的支付意愿，最好的预测工具是 _____ 的消费

情况。（参见第 215 页"日常生活中的经济学"）

4.4 老年公民在电影票上的花费最少，但是在饮料上的花费和其他人一样，因为饮料是 _____，而门票不是。

4.5 精装版畅销书的价格往往是平装书的 3 倍，因为买精装书的忠实读者往往需求 _____（富有弹性／低弹性）。

4.6 电影院向每张电影票收取 6 美元。每新增一位观众的边际成本是 1 美元。最新的市场调查显示老年公民和非老年公民对电影票的需求状况。

	价格 （美元）	观众 数量	需求曲线的斜率 （美元／人）
老年公民	6	100	−0.01
非老年公民	6	80	−0.10

a. 老年公民的边际收益是 _____ 美元，非老年公民的边际收益是 _____ 美元。

b. 如果电影院的目标是最大化利润，根据边际原则可知，应该 _____ 老年观众的票价，_____ 非老年观众的票价。

4.7 图书定价和需求弹性。一家出版商刚开始给精装书和平装书都定价为 20 美元。精装书先上市，平装书在两个月后上市。出版商刚开始卖掉的精装书和平装书数量相同（都是 100 本），每本书的成本是 2 美元。

a. 完成下列表格：

	价格 （美元）	数量	总收入 （美元）	总成本 （美元）	利润 （美元）
精装书	20	100			
平装书	20	200			
总计		300			

b. 精装书（忠实）读者的需求价格弹性是 0.5，平装书（耐心）读者的需求价格弹性是 2.00。假设出版社将精装书的价格提高 10%，将平装书的价格降低 10%，完成下列表格：

	价格 （美元）	数量	总收入 （美元）	总成本 （美元）	利润 （美元）
精装书	22				
平装书	18				
总计					

c. 价格歧视能提高出版商的利润吗，还是减少了利润？

4.8 M 镇只有一个理发师，剪头发的边际成本不论男女都一样，为 10 美元，剪头发的数量是男性 100 次，女性 100 次。要使利润最大化，女性剪发应定价 35 元，男性 15 元。

a. 如何解释这种价格差异？

b. 作图说明。

4.9 市议会的一名成员这样说："我们这座城市中的有些商人，给年老的公民提供折扣，这些折扣明显降低了他们自己的利润，因此我们必须降低对这些商人的税收，弥补他们的损失。"思考一下这席话，你同意还是不同意这种说法？为什么？

4.10 航班定价。一条航线刚开始的时候为单一定价，每名乘客 300 美元。在这一价格下，有 120 名商务乘客和 80 名观光乘客。航班的边际成本是 100 美元。商务乘客的需求斜率是 −2 美元 / 名乘客，而观光乘客的需求斜率是 −1 美元 / 名乘客。这种单一定价能够实现航班的利润最大化吗？如果不能，它应该怎样改变价格？

经济学实验

价格歧视

实验显示了垄断企业——一家博物馆——如何对不同的消费者群体收取不同价格的。这个实验过程如下：

- 教师选取三到五人一组的学生代表博物馆。
- 其他的学生则作为潜在的参观者，其中一半的学生扮演老年公民，拿着老年卡。每个人会拿到一个数字，代表他愿意为参观博物馆支付的价格。

- 每一轮实验，博物馆给出两个价格：一个针对老年公民，一个针对非老年公民。每个参观者决定是否购买门票。
- 每一轮实验中参观者的得分等于他的支付意愿和实际支付的差额。
- 博物馆的得分等于其利润，或其总收入减去总成本。总成本等于 2 美元乘以销售的门票数量。
- 实验共进行 5 轮。在第五轮后，每个参观者加总每一轮的得分，计算总得分。博物馆加总每一轮的利润，计算其总得分。

注　释

1. Richard A. Posner, "The Social Costs of Monopoly and Regulation," *Journal of Political Economy*, 83（1975）: 807–827.

2. Linda Rosencrance, "Amazon Charging Different Prices on Some DVDs," *Computerworld*, September 5, 2000, 23.

市场进入、垄断竞争市场和寡头市场

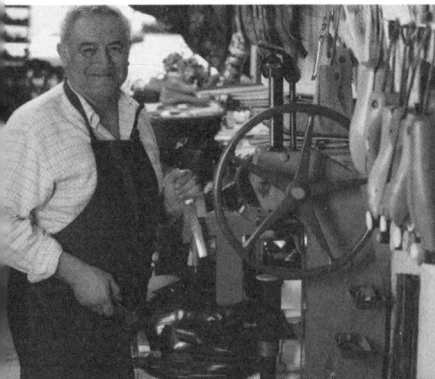

在起始于 2008 年的金融危机中，一些行业逆势而上，经历了需求的增加和市场进入——新公司进入市场。[1]

当社会总就业率和收入下降时，许多消费者从购买新鞋转而选择修理旧鞋。2008 年成人鞋类销售量下降了约 3%，而鞋的修理量却急剧增加，多家报纸反应，有些鞋店的销售量增加了 40% 到 50%。一些消费者去二手店购买旧鞋，然后让修鞋匠翻新和修理。旧鞋销售量的剧增带动修鞋店的利润上涨，吸引个人通过开设新店进入市场。

美国修鞋市场经历了长期的萧条，修鞋店的数量从大萧条时期的 120,000 家下降到 2008 年的 7,000 家，金融危机使得修鞋市场出现了短暂的复苏。随着美国经济走出危机，现在的问题是修鞋市场将继续长期维持衰落的趋势，还是新的消费者节俭行为使得更多的修鞋匠可以保住生计。

学习目标

描述并解释市场进入的影响。

列出垄断竞争市场的均衡条件。

比较垄断竞争市场和完全竞争市场的异同点。

解释广告在垄断竞争市场中的角色。

解释为什么定价卡特尔组织很难维持。

解释低价保证对价格的影响。

解释没有安全感的垄断公司的行为。

定义自然垄断并解释平均成本定价政策。

列出反垄断政策的三个特点。

本章我们将讨论公司进入市场的决策，以及进入市场后，这些新进入的公司如何影响市场价格及已有公司的利润。只要可以获得经济利润，公司就会进入市场。下面我们会看到，

> **名词解释**
>
> **垄断竞争市场**：公司数量较多，且销售的产品略有差别的一种市场。

新公司在进入市场的过程中以三种方式挤出利润：价格下降、平均生产成本上升，以及所有公司的销售量下降。最终进入过程停止，然后我们可以计算出市场可以承载的公司数量。如果只有一家公司进入市场，就会出现我们之前讨论过的自然垄断的情况。如果有许多公司进入市场，就会出现垄断竞争市场的情况，本章主要讨论这种情况。

垄断竞争市场（monopolistic competition）是一种混合市场结构，兼具垄断市场和完全竞争市场的特征。这个术语看上去像一个矛盾混合体，由两个相互矛盾的词组成，类似于"虚拟现实"和"磁带书"。这个术语实际上表达了这种市场的两个重要特征。

- 市场中每家公司生产的商品与其他公司稍有不同，因此这些公司都可以狭隘地定义为垄断公司。
- 不同公司生产的商品相互之间可以近似替代，因此这些公司存在对消费者的激烈竞争。例如，你家附近的杂货店有几种品牌的牙刷，每种牙刷都具有不同的设计特征。如果一种品牌的牙刷价格上升，一些忠诚的顾客会继续购买该品牌，还有一些顾客会转而购买其他品牌的牙刷，因为所有的牙刷都可以近似替代。

垄断竞争市场的例子还有很多，比如面包、服装、美食和汽油。对于这些产品，不同公司可以销售近似但不完全相同的替代品。

本章后面会讨论寡头市场的情况，这种市场中只有很少的几家公司。鉴于寡头市场中的公司数量较少，其中一家公司的行为对剩下的公司会产生显著的影响。因此，寡头市场的公司在行动时更需要策略。公司在采取特定行动前，需要考虑竞争对手所有可能的反应。我们将使用研究战略行动的博弈论来讨论市场价格限制（合谋定价）问题和市场进入阻挠（阻止其他公司进入市场）问题。

本章最后两个部分将讨论针对由少数公司控制的市场的公共政策。首先我们将讨论自然垄断市场，即生产的规模经济大到只能承载一家大型公司的市场。在这种市

中，政府可以对自然垄断公司收取的价格进行管制，以此来干预市场。其次我们将讨论其他垄断市场。在这些市场中，政府通过使用各种政策影响市场中的公司数量，以促进竞争。具体来说，政府利用反垄断政策将垄断公司拆分为几家公司，或禁止会减少竞争的公司合并行为，或规制会减少竞争的经营行为。

市场进入的影响

考虑由单个盈利的公司控制的市场——垄断市场。本书前面提到，任何市场中的公司都可以使用边际原理决定产量。

> **边际原理**
> 只要增加一项活动的边际收益大于其边际成本，我们就应该不断增加该活动，直至边际收益等于边际成本。

思考一家牙刷生产公司的案例。从成本侧看，该公司拥有传统的成本曲线：产量较低时，平均成本曲线斜率为负，边际成本小于平均成本。从收益侧看，生产牙刷的边际收益等于多销售一支牙刷所增加的收入。图 8-1 的（A）图显示，当只有一家公司生产牙刷时，公司需求曲线就是市场需求曲线。如我们在介绍垄断市场的章节中看到的，该公司的边际收入曲线位于需求曲线下方，因为垄断公司必须削价以增加销量。

如上一章所说，垄断公司通过使边际收入等于边际成本的产量实现利润最大化。在图 8-1 中，公司利润最大化发生在点 a，此时产量为 300 支。从需求曲线的点 b 可以看出，该产量对应的价格是 2.00 美元。从平均成本曲线的点 c 可以看出，对应的平均成本是 0.90 美元。计算得出该公司的利润是 330 美元：

$$利润 =（价格 - 平均成本）\times 产量 = 330 \ 美元$$

鉴于牙刷市场的巨大利润，是否会有第二家公司进入市场呢？

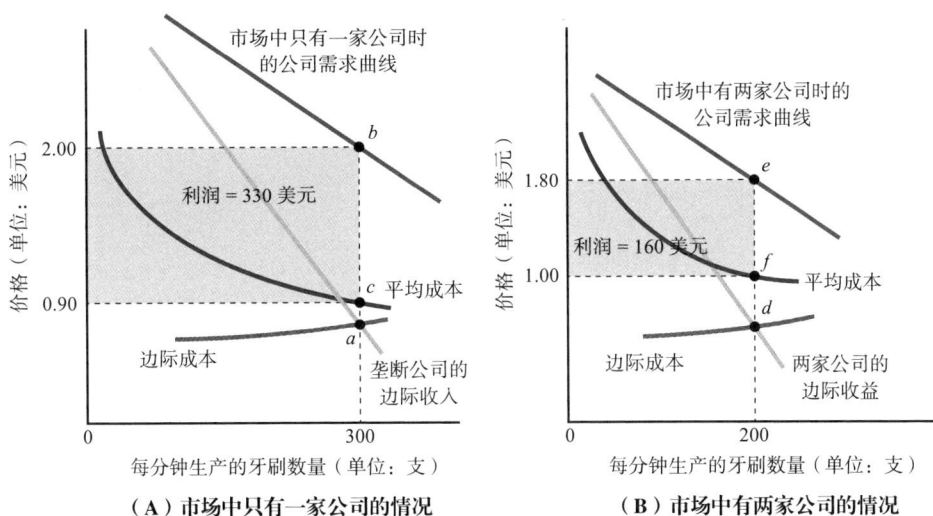

▲ 图 8-1

市场进入使原公司价格降低，利润减少

（A）垄断公司 A 在点 a 处最大化利润，该点处边际收入等于边际成本。该公司以 2.00 美元的价格（点 b）和 0.90 美元的成本（点 c）销售出 300 支牙刷，所得利润为 330 美元。（B）第二家公司的进入使第一家公司的需求曲线向左移动。公司以更低的价格 1.80 美元（点 e）和更高的成本 1.00 美元（点 f）销售 200 支牙刷，所得利润为 160 美元。

市场进入从三个方面挤出利润

假设生产略微不同的牙刷的第二家公司进入市场。当第二家公司进入后，第一家公司的需求曲线向左移动。在任意价格水平下，一些顾客会选择光顾新公司，此时第一家公司的顾客数量将减少：第一家公司在任意价格水平下销售的牙刷数量将减少。图 8-1 的（B）图中，第一家公司的需求曲线向左移动，利润因三个原因减少：

1. 市场价格降低。边际原理于点 d 处满足，此时第一家公司以 1.80 美元（点 e）生产 200 支牙刷。两家公司的竞争使得价格从 2.00 美元降至 1.80 美元。
2. 第一家公司的产量减少。第一家公司的产量从 300 支减至 200 支。
3. 第一家公司的平均成本上升。产量的减少使公司沿着斜率为负的平均成本曲线向上移动，平均成本从 0.90 美元升至 1.00 美元（点 f）。

三个方面共同作用，使第一家公司的利润从 330 美元减少至 160 美元。
第二家公司的生产情况怎样呢？我们假设第二家公司的生产技术和投入要素的价

格与第一家公司一样，那么第二家公司的成本曲线将与第一家公司相同。如果第二家公司的产品与第一家公司接近一致，那么两家公司的需求曲线也将接近一致。因此，我们可以使用图 8-1 的（B）图同时表示两家公司：两家公司都以 1.80 美元的价格和 1.00 美元的成本生产 200 支牙刷。

市场进入的案例：汽车音响、卡车货运和轮胎

为了进一步阐明市场进入对价格和利润的影响，假设你刚刚开始经营汽车音响，市场中已有的一家公司以 230 美元的价格和 200 美元的成本每天销售 10 台音响。当你进入市场，竞争将使价格降低，如果你销售的音响数量少于 10 台（垄断数量），那么你的平均成本将大于 200 美元，因为你的固定成本将在更少的产量上分摊。换句话说，你的进入将使原有公司的利润减少。例如，如果市场价格降至 215 美元，平均成本升至 205 美元，原有公司的单位利润将从 30 美元降低至 10 美元。

另一个案例是当政府取消市场进入限制的情况。1980 年出台的《汽车运输业法》（Motor Carrier Act of 1980）取消了政府对卡车货运行业的进入限制，原有的限制从 20 世纪 30 年代开始存在了近 50 年。新的公司开始进入市场，货运价格降低了近 22%。卡车货运经营证的市场价值可以表明市场中公司的盈利水平。该法规的出台加剧了市场竞争，使价格和利润下降，卡车货运经营证的价格从 1977 年的 579,000 美元降至 1982 年的不足 15,000 美元。[2]

卡车货运的案例表明市场进入会使市场价格和公司利润下降，对轮胎零售价格的一项实证研究提供了相似的证据。随着市场中轮胎商店的数量增加，零售价格不断下降：市场中有两家商店时，价格为 55 美元；有三家商店时降低至 53 美元；有四家商店时为 51 美元；有五家商店时为 50 美元。[3]

日常生活中的经济学

卫星电视和有线电视

对应的经济学问题：市场进入如何影响价格？

思考一下：向居民提供电视信号的市场。市场中已有的有线电视供应商面对新进入的卫星电视供应商会做何反应？大多数情况下，后者的进入会导致有线电视公司改

进服务质量，降低价格，增加消费者剩余。有的情况下，有线电视公司会改进服务质量，提升价格。因为服务的改进相对于价格上升更明显，消费者剩余仍然会增加。平均来看，卫星电视公司的进入会使每个消费者每月的消费者剩余从 3.96 美元增至 5.22 美元，增长幅度达 32%。详见练习 1.6 和 1.8。

资料来源：Based on Chenghuan Chu, "The effect of satellite on cable television prices and product quality," *RAND Journal of Economics* 41（2010），pp. 730-764.

垄断竞争市场

我们已经看到，新的公司进入一个盈利的市场会使市场价格和已有公司的利润下降。在垄断竞争市场条件下，新公司会持续进入市场直到经济利润为零。以下是垄断竞争市场的基本特征：

- 市场中公司众多。因为市场的规模经济较小，小公司和大公司的平均成本相近。例如，小店制作甜甜圈和咖啡的成本和大规模的店相差无几。由于小公司也能承受生产成本，所以市场可以承载众多公司。
- 不同公司的产品存在差异。公司致力于**产品差异化**（product differentiation），也就是让自己的产品和竞争公司区分开来。一种做法是提供不同性能水平或外观的产品。例如，汽车的马力和燃油效率不同，牙膏的气味和清洁能力会有差别。另一种做法是，提供不同的附加服务。例如，有的商店配有有见识又能提供服务的销售员，有的商店则让消费者自己挑选商品。有的比萨公司提供送货上门的服务，有的软件公司提供免费的技术支持。本章后面我们会看到，有的产品在不同的销售地点提供差异化的功能。
- 没有人为的市场进入壁垒。不存在专利或法规去阻止新公司进入市场。

这些特征解释了垄断竞争背后的逻辑。产品差异化使每家公司都是特定细分产品的唯一提供商。例如，牙刷市场中所有公司的产品都有独特的设计，这使得每家公司都是特定细分

> **名词解释**
>
> **产品差异化**：公司使自己的产品与其他公司的产品区别开的做法。

产品的垄断公司。但是因为不同公司生产的产品都可以近似替代，对消费者的竞争也非常激烈。当一家牙刷厂商提升产品价格，许多原有的顾客将转向其他公司生产的类似产品。换句话说，垄断竞争公司的产品的需求价格弹性很高：价格的上升会使产品的需求大幅下降，因为消费者可以轻易地从其他公司找到相似产品。

当市场进入停止：长期均衡

我们将使用牙刷的例子具体说明垄断竞争市场的特征。牙刷厂商使各自的产品在颜色、牙刷毛、手柄大小、形状和耐用性上有所差别。如我们前面看到的，第二家公司进入牙刷市场后，两家公司仍然盈利。此时会有第三家公司进入这个盈利的市场吗？第三家公司的进入将使公司需求曲线进一步向左移动。如前面看到的，公司需求曲线向左移动，将使市场价格降低，每家公司的产量降低，平均生产成本上升。如果第三家公司进入后，市场中的公司仍然盈利，就会有第四家公司进入。

由于进入牙刷市场不存在壁垒，新公司会持续进入，直到市场利润为零。图 8-2 从典型公司的视角出发，展示了市场长期均衡的过程。假设牙刷市场中存在 6 家公司。给定每家公司的需求曲线，典型公司在点 a 处满足边际原理，此时公司以 1.40 美元

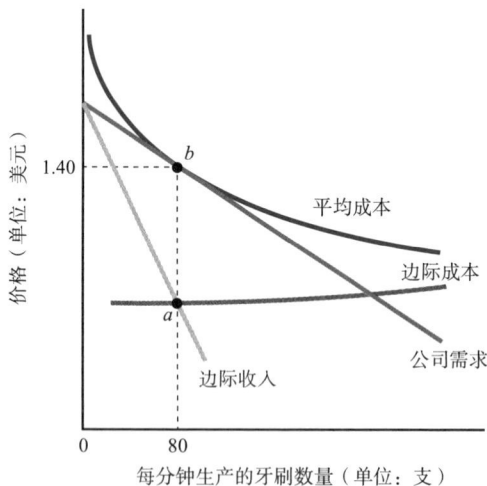

▲图 8-2

垄断竞争市场的长期均衡

在垄断竞争市场条件下，新公司持续进入市场直到市场中所有公司的经济利润为零。市场进入使公司需求曲线向左移动。典型公司在点 a 处实现利润最大化，该点处边际收入等于边际成本。在 80 支的产量水平下，价格等于平均成本（如点 b 所示），此时公司经济利润为零。

的价格（点 b）和 1.40 美元的平均成本每分钟生产 80 支牙刷。因为价格等于平均成本，所以典型公司的经济利润为零。每家公司的收入刚好足够支付所有成本，包括所有投入要素的机会成本，但不足以吸引另一家公司进入市场。换句话说，每家公司所得收入仅足以维持经营。

公司进入对于市场整体的影响如何？图 8-2 中，6 家公司均以 1.40 美元的价格每分钟生产 80 支牙刷，所以市场总产量为 480 支。与此相比，垄断市场条件下，市场以 2.00 美元的价格生产 300 支牙刷。换句话说，市场进入使市场价格从 2.00 美元降至 1.40 美元，使总需求量从 300 支升至 480 支，符合需求定律。

产品因销售地点不同而差异化

在一些垄断竞争市场中，公司会在不同销售地点对产品进行差异化。具体的例子包括加油站、音乐商店、书店、杂货店、电影院和冷饮室。在这些市场中，许多公司在不同地点销售相同的产品。一个城市通常有多家书店，每家书店都以相同的价格销售特定种类的书。假设所有书店销售的书没有任何差异，消费者会选择离自己最近的书店，但是如果较远的一家书店提供购书折扣，那么消费者可能会改变选择。换句话说，每家书店在其附近的街区中是垄断公司，但仍然要与同一城市里的其他书店竞争。

图 8-3 显示了书店市场的长期均衡过程。由于没有进入市场的壁垒，新书店会持

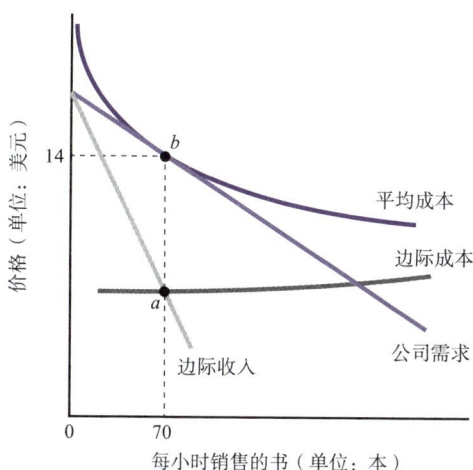

▲图 8-3

区位竞争下的长期均衡

包括书店在内的零售商通过在不同地点销售使产品差异化。典型书店会选择使边际收入等于边际成本的产量（点 a）。经济利润等于零，因为价格等于平均成本（点 b）。

续进入市场，直到书店的经济利润为零。典型书店在点 *a* 处满足边际原理，以 14 美元的价格（点 *b*）和 14 美元的平均成本每小时销售 70 本书。价格等于书店的平均成本，因此典型书店的经济利润为零。每家书店的收入刚好足以支付所有成本，包括所有投入要素的机会成本，但是不足以吸引新书店进入市场。换句话说，每家书店所得收入刚好足以维持经营。

日常生活中的经济学

开设唐恩都乐甜甜圈店

对应的经济学问题：垄断竞争公司有盈利吗？

要进入一个垄断竞争市场，一种方法是从大品牌商处获得特许经营权。如果你想进入甜甜圈市场，你可以向唐恩都乐甜甜圈的母公司联合多美公司支付 40,000 美元的加盟费。获得特许经营权后，你就能够以唐恩都乐甜甜圈的品牌模式销售甜甜圈了。在开店经营前，你将前往位于马萨诸塞州的总部实习数周，学习开店的经营知识。一旦你的店开始盈利，你每年要向母公司支付销售额的 5.9% 作为品牌使用费。

你希望从甜甜圈店中获得多少利润？你将与面包店、杂货店、咖啡店还有其他甜甜圈店竞争顾客。鉴于进入甜甜圈行业的壁垒较小，你将面临激烈的竞争。尽管大品牌可以使你比竞争对手更有优势，但是要记住，你还要支付加盟费和品牌使用费。在甜甜圈的垄断竞争市场中，你可以期望的经济利润为零，即总收入等于总成本。总成本包括加盟费和品牌使用费，以及你投入的时间和资金的机会成本。

表 8-1 列出了几种特许经营权的加盟费和品牌使用费。这些费用显示了创业者愿意为获取大品牌特许经营权支付的金额。详见练习 2.4 和 2.5。

表 8-1　加盟费和品牌使用费

品牌和产品	加盟费（美元）	品牌使用费
唐恩都乐甜甜圈：咖啡和甜甜圈	40,000	5.9%
卓越美发：理发	20,000	6%
玻璃专家：汽车挡风玻璃维修	24,000	4%～7%
妈妈花店：鲜花，植物和礼品	35,000	5%

资料来源：Based on data from *www.entreprenueur.com*（accessed October 8, 2010）.

市场进入的权衡关系和垄断竞争

我们已经知道，市场进入会使市场价格下降，产量增加。同时，市场进入会减少每家公司的产出并增加平均生产成本。如图 8-2 和图 8-3 所示，垄断竞争公司处在平均成本曲线斜率为负的部分上，因此平均成本比最低成本高。换句话说，如果市场中只有一家牙刷公司提供一种牙刷，那么平均生产成本将会降低。下面我们将了解市场进入和垄断竞争还有哪些其他影响。

平均成本和多样性

垄断竞争中存在一定的权衡关系。尽管平均生产成本高于最低成本，但产品多样性将增强。在拥有许多牙刷公司的市场中，消费者可以从许多不同款型的牙刷中进行选择，因此平均成本的提升将由产品多样性的增强弥补。以下是产品多样性的两个例子：

- 餐厅美食：大都市一般都拥有大量的意大利餐厅，每家餐厅的菜谱和食物的烹调方法千差万别。消费者可以自由选择喜欢的餐厅用餐，享受各种不同的美食。如果只有一家意大利餐厅，那么餐厅的平均成本将下降，但消费者可以享受的美食多样性也会降低。
- 鞋子衣服：鞋子通过款型和功能实现差异化。如果人们都穿同一款鞋子，那么制鞋的平均成本将降低，但是消费者将无法根据自己的偏好匹配到合适的鞋子。同样，如果我们都穿同样的衣服，那么制衣的平均成本将降低，但是可以选择的衣服就减少了。

在不同的地点进行产品差异化的时候，垄断竞争市场存在怎样的权衡关系呢？当公司在不同地点销售相同产品时，公司数量越多，平均生产成本越高。但是当公司数量众多时，消费者在很近的距离内就可以买到产品。因此，购物距离的缩短可以补偿平均生产成本的上升。如果一个大都市中只有一家书店，那么售书的平均成本将降低，但是消费者将花更多的时间在购书路上。

垄断竞争市场和完全竞争市场的比较

产品差异化是垄断竞争市场与完全竞争市场的不同之处。完全竞争市场中所有公司生产同样的产品，而垄断竞争市场中各家公司生产不同的产品。图 8-4 的（A）图显示了一家完全竞争公司的均衡，所有价格接受者公司都有一条水平的需求曲线。点 a 显示的长期均衡是因为典型的公司（1）满足边际原理而选择了边际收入与边际成本相等的产量水平，（2）获取的经济利润为零，因为价格等于平均成本：

$$价格 = 边际成本 = 平均成本$$

使价格同时等于边际成本和平均成本的点是平均成本曲线的最低点，由点 a 表示。

图 8-4 的（B）图显示了一家垄断竞争公司的均衡。该公司生产一种差异化的产品，因此其需求曲线斜率为负，边际收入小于价格。在斜率为负的需求曲线下，零利润条件——价格等于平均成本——将在平均成本曲线斜率为负的部分得到满足。换句话说，切点位于平均成本曲线斜率为负的部分。与完全竞争公司相比，垄断竞争公司以更高的平均成本生产更少的产量。图 8-4 中，垄断竞争公司的平均成本是 P_2，完全竞争公司的平均成本是 P_1。

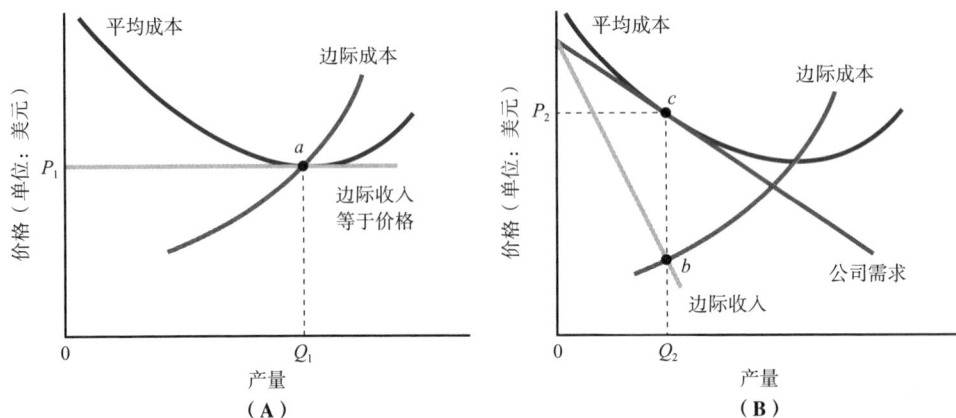

▲图 8-4

垄断竞争市场与完全竞争市场的比较

（A）在完全竞争市场中，公司需求曲线是一条水平直线，价格恒定为市场给定的价格，边际收入等于价格。在均衡水平下，均衡产生于平均成本曲线的最低点（点 a）。（B）在垄断竞争市场中，公司需求曲线斜率为负，边际收入小于价格。在均衡水平下，边际收入等于边际成本（点 b），价格等于平均成本（点 c）。

为了进一步说明两种市场结构的不同，想象产品差异化逐渐消失的过程。假设消费者认为牙刷的差异化特性——颜色、性状和刷毛设计不再重要。此时，相互竞争的公司的产品之间的替代性增强，公司产品的需求更具有弹性。图 8-4 的（B）图中，公司需求曲线将更加平坦，并在更高的产量水平上与平均成本曲线相切，更接近于完全竞争水平下的产量 Q_2。随着差异化逐渐消失，公司的需求曲线越来越平坦，市场条件越来越接近完全竞争市场条件，均衡条件下的平均成本最终达到平均成本曲线的最低点。

日常生活中的经济学

限时优惠

对应的经济学问题：垄断竞争市场与完全竞争市场有什么不同？

思考一下限时优惠的现象。写字楼附近的许多酒吧和餐厅在下午 5 点左右都会经历需求的增加，它们中的大多数都会在这个时间段降低价格。根据完全竞争市场模型，需求增加应当导致价格上升而不是下降。如何解释限时优惠现象？

酒吧面临的是垄断竞争市场。每家酒吧在一定范围内都拥有一定的垄断地位，但同时要面临临近区域内其他酒吧的竞争。对于单个消费者而言，对食物和饮料的需求越高，他就越有动力去考虑各种可供选择的酒吧。如果你想购买大量的食物和饮料，那么去低价酒吧就能节省一笔可观的钱。换句话说，当个体需求增加，每家酒吧的产品面临的需求将更具有弹性。在一个垄断竞争市场中，酒吧面对高弹性需求，理性选择是降低价格。用图形表示，每家酒吧的需求曲线将更加平坦，需求曲线与平均成本曲线切点的产量将增加，价格和平均成本将降低。详见练习 3.6。

资料来源：Based on Mark Fisher, "Happy Hour Economics, or How an Increase in Demand Can Produce a Decrease in Price," *Economic Review, Federal Reserve Bank of Alanta*（Second Quarter 2005），pp. 25-34.

为了实现产品差异化做广告

我们注意到产品差异化是垄断竞争市场的一个重要特征。企业可以通过广告使消费者了解产品的特点，从而将本企业的产品与其他企业区分开来。另外，广告可以使消费者了解产品价格。眼镜市场中的一家著名眼镜公司发现，广告可以促进企业之间的竞争，并使眼镜价格下降约 20%。[4]

有些广告不会提供有关产品的任何实际信息和价格。在这些广告中你会看到，饮酒者在吧台前嬉戏，周围簇拥着俊男靓女，吸烟者骑行在原野上，跑车车主在高中聚会上大出风头，运动饮料的饮用者在比赛中有如神助。这种类型的广告旨在为产品创造一种形象，而不是提供产品的信息。

事实上，这些没有提供任何信息的广告会显著影响消费者的决定。许多企业会花费数百万美元邀请德鲁·布利斯（Drew Brees）和克里斯汀·斯图尔特（Kristen Strewart）这样的名人为自己的产品代言。当知名的运动员或演员出现在产品广告中时，每个人都知道他们代言是为了钱，而不是因为真的对广告中的产品有热情。但实际上，这些广告真的可以增加销量。背后的原因是什么呢？

通过花巨资邀请名人代言，企业向消费者释放了一个信号，广告产品具有吸引力而且很有可能流行起来。为了说明这种信号效应，考虑一家企业开发出一款能量棒，并邀请一位名人代言。名人广告的目的是让消费者能够尝试购买一次产品。只要吃过一次，消费者就可以基于已有的体验重复购买。假设一个投入 1,000 万美元的广告可以使 1,000 万名消费者尝试购买能量棒。如表 8-2 第一行所示，能量棒 A 具有吸引力，试吃的消费者中有一半会重复消费。如果企业可以从每位重复购买的消费者身上获得 4 美元的利润，那么企业将获得总计 2,000 万美元的利润，超过了广告的成本，因此企业会选择投放广告。

表 8-2 广告的盈利性和信号效应

产品	试吃人数	重复购买人数	每位重复购买的消费者带来的利润（美元）	重复购买的消费者带来的利润之和（美元）	广告成本（美元）
能量棒 A	1,000 万	500 万	4	2,000 万	1,000 万
能量棒 B	1,000 万	100 万	4	400 万	1,000 万

那么不具有吸引力的产品的情况如何呢？表 8-2 第二行显示了广告对能量棒 B 的影响。每 10 名试吃的消费者中，只有 1 人会重复购买，因此企业从重复购买的消费者身上总计只能获得 400 万美元。这远不足以补偿 1,000 万美元的广告成本，因此企业不会为这款产品投放广告。我们注意到名人代言可以为两款产品带来同等数量的试吃消费者，但是重复购买的消费者数量差距较大。不具有吸引力的产品无法吸引同等数量的重复购买消费者，因此它不值得企业为其投放广告。

名人代言和其他昂贵的广告向消费者释放了一个明确的信号，广告产品会吸引众多重复购买的消费者。公司常常会进行市场调研以预计产品的销售量，当调研表明产品将受到欢迎，公司就有动力投放广告吸引消费者。信号使消费者知道哪些新产品最可能流行起来。

日常生活中的经济学

男性照片和女性照片的不同影响

对应的经济学问题：广告如何影响消费者选择？

南非的一家消费信贷公司决定发出 53,000 封贷款邀约邮件，测试消费者对贷款利率和其他变化的敏感度。邀约邮件中贷款利率从每月 3.75% 到 11.75% 不等。如预期的那样，接受低利率贷款邀约的人群占比更高。接受邀约的比例相对于利率的弹性是 −0.34：利率每降低 10%（比如说从 7.0% 降低至 6.3%），接受邀约率将提升 3.4%。

令人惊奇的是，在分析男性人群接受邀约的比例时，公司发现包含女性照片的邀约被接受的比例高于包含男性照片的邀约。用女性照片替换男性照片相当于将利率降低了 25%，比如说，从 7.0% 降至 5.25%。相对来看，女性接受邀约不受照片影响。详见练习 4.4 和 4.5。

资料来源：Based on Mark Fisher, "Happy Hour Economics, or How an Increase in Demand Can Produce a Decrease in Price," *Economic Review, Federal Reserve Bank of Alanta*（Second Quarter 2005），pp. 25-34.

Based on Marianne Bertrand, Dean Karlan, Sendhil Mullainathan, Eddar Shafir, Jonathan Zinman, "What's Advertising Content Worth?" Evidence from a Consumer Credit Marketing Field Experiment," *Quarterly Journal of Economics* 125（2010），pp. 263-306.

寡头市场及其定价

在**寡头市场**（oligopoly）中，少数几家企业拥有市场控制力——控制价格的能力。经济学家使用**集中度**（concentration ratio）来衡量一个市场的集中程度，集中度是指最大的几家企业的产出占市场总产出的比例。比如，四企业集中度等于最大的四家企业的产出之和占市场总产出的比例。如表 8-3 所示，

> **名词解释**
>
> **寡头市场**：只有少数几家企业的市场。
> **集中度**：最大的几家企业的产出之和占市场总产出的比例。

室内拖鞋市场的四企业集中度是97%，这表明最大的四家室内拖鞋企业的产出之和占市场总产出的比例为97%。

另一种衡量市场集中度的指标是赫芬达尔-赫希曼指数（Herfindahl-Hirschman Index，简称HHI）。HHI指数等于所有企业的市场份额的平方和。比如，在拥有两家企业的市场中，一家企业市场份额是60%，另一家企业是40%，此时HHI指数等于5,200：

$$HHI = 60^2 + 40^2 = 3,600 + 1,600 = 5,200$$

而在一个拥有10家公司，每家公司市场份额均为10%的市场中，HHI指数等于1,000：

$$HHI = 10 \times 10^2 = 1,000$$

根据美国司法部在1992年设定的标准，当HHI指数低于1,000时，市场属于低度聚集，当HHI指数高于1,800时，市场属于高度聚集。比如，一个拥有5家公司，每家市场份额均为20%的市场中，HHI指数等于2,000，属于高度聚集：

$$HHI = 5 \times 20^2 = 2,000$$

表 8-3　部分制造行业的集中度

行业	四企业集中度（%）	八企业集中度（%）
铜冶炼	99	无
室内拖鞋	97	99
导弹和航天器	96	99
卷烟	95	99
大豆加工	95	99
家用洗衣机	93	无
酿酒	91	94
电灯泡	89	90
军用车辆	88	93
主电池制造	87	99
甜菜加工	85	98
家用冰箱和冰柜	85	95
轻武器	84	90
早餐谷物	82	93
机动车和车身	81	91
基料糖浆	无	89

数据来源：Bureau of Census, 2002 Economic Census, Manufacturing, *Concentration Ratios: 2002*（Washington, D. C: U.S. Government Pricing Office, 2006）.

寡头市场——只拥有少数几家公司的市场——出现的原因有三个：

1. 政府设定的进入壁垒。政府可以通过发放专利或控制营业执照数量的方式限制市场中的公司数量。
2. 生产的规模效应。当生产上存在较大的规模经济时，就会出现自然垄断市场，即单个公司占据整个市场。在某些情况下，规模经济没有大到产生自然垄断市场，但已经大到产生自然寡头市场，即少数几家公司占据整个市场。
3. 广告竞争。在某些市场中，一家公司要进入市场，必须要投放大量的广告。比如，早餐燕麦市场之所以成为寡头垄断市场，就是因为要在该市场站稳脚跟必须在广告上投入巨额资金。与存在较大的规模经济的情况一样，此时只有少数几家公司控制着整个市场。

卡特尔定价和双寡头困局

竞争性市场的一个优点是企业为了消费者相互竞争，使价格降低、产量提升。18世纪经济学家亚当·斯密承认存在企业串谋拉升价格的情况："同一行当的人即便是娱乐消遣也很少见面，企业之间的价格串谋总是以非常隐蔽的协商或一些意想不到的方式完成。"[5] 我们将看到，拉升价格绝不是企业集中在一起同意提价这么简单。想要巩固拉升价格的协议，必须设定严厉惩罚措施对违反协议的企业进行处罚。

我们将使用**双寡头垄断（duopoly）**市场（市场中只有两家企业）来说明垄断市场的特点。双寡头垄断市场的特点同样适用于拥有更多企业的寡头市场。考虑一个航空业的双寡头市场，经营两个假想的城市之间的航线。两家企业可以通过价格争夺顾客，也可以合作串谋拉升价格。为了简化问题，让我们假设提供航运的平均成本是每位乘客 100 美元。如图 8-5 所示，平均成本不变意味着边际成本等于平均成本。

卡特尔（cartel）是一个行动一致的企业团体，团体内的企业协商确定各自的价格和产出。在航空业的案例中，两家航空公司可以形成一个卡特尔，将价格提升至垄断价格的水平。在图 8-5 中，垄断企业的需求曲线就是市场需求

> **名词解释**
>
> **双寡头垄断**：市场上只有两家企业。
> **卡特尔**：一致行动的公司形成的团体，在该团体内公司共同确定价格和产出。

曲线，此时边际收入曲线与边际成本曲线在点 *a* 处相交，市场产出为 60 名乘客。如果两家航空公司串谋行动，他们会选择垄断价格 400 美元，并平分垄断产出，即每家公司产出 30 名乘客。每名乘客的平均成本是 100 美元，因此每家公司每天的利润为 9,000 美元：

利润 =（价格 − 平均成本）× 每家公司的产出 =（400 − 100）× 30 = 9,000

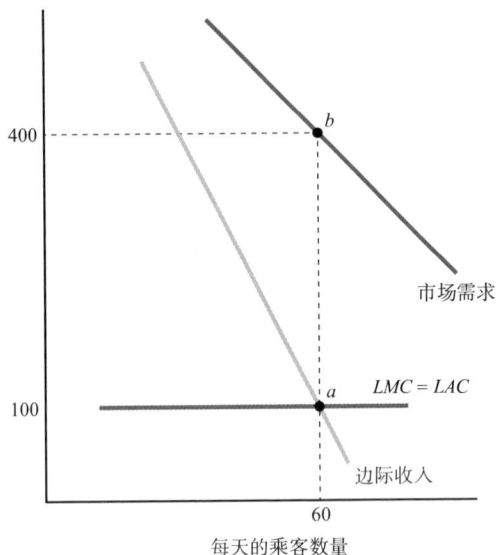

▲ 图 8-5

卡特尔组织确定垄断产量和垄断价格的过程

垄断产出如点 *a* 所示，在该点上边际收入等于边际成本。垄断产量是 60 名乘客，垄断价格是 400 美元。如果两家公司形成卡特尔组织，价格将是 400 美元，每家公司拥有 30 名乘客。每名乘客的利润是 300 美元，所以每家公司的利润是 9,000 美元。

以上案例中两家企业通过密谋合作的形式固定价格，是典型的**串谋定价**（price fixing）行为。本章后面我们将看到，根据美国反垄断法的规定，卡特尔和串谋定价属于非法行为。

如果两家企业相互竞争而不选择串谋定价呢？此时，每家企业遵循各自的需求规律。如前面章节提到的，典型企业的需求曲线位于市

名词解释

串谋定价：公司通过秘密协议的方式确定价格。

场需求曲线的左侧，因为消费者可以在两家企业之间选择，所以每家企业只能占有部分的市场。如图 8-6 所示，在典型的双寡头市场中，企业的需求曲线在市场需求曲线的下侧。例如，当价格水平为 300 美元时，点 b 显示市场产出是 80 名乘客，点 d 显示每家企业各有 40 名乘客。

图 8-6 的（A）图显示了单个公司的产出和价格选择。给定公司需求曲线和边际收入曲线，边际原理在点 a 处得到满足，此时边际收入等于边际成本。两家公司均以 300 美元的价格提供 40 名乘客的产出（点 b），此时每家公司的利润等于 8,000 美元：

$$利润 = （价格 - 平均成本）\times 每家公司的产量 = （300 - 100）\times 40 = 8,000$$

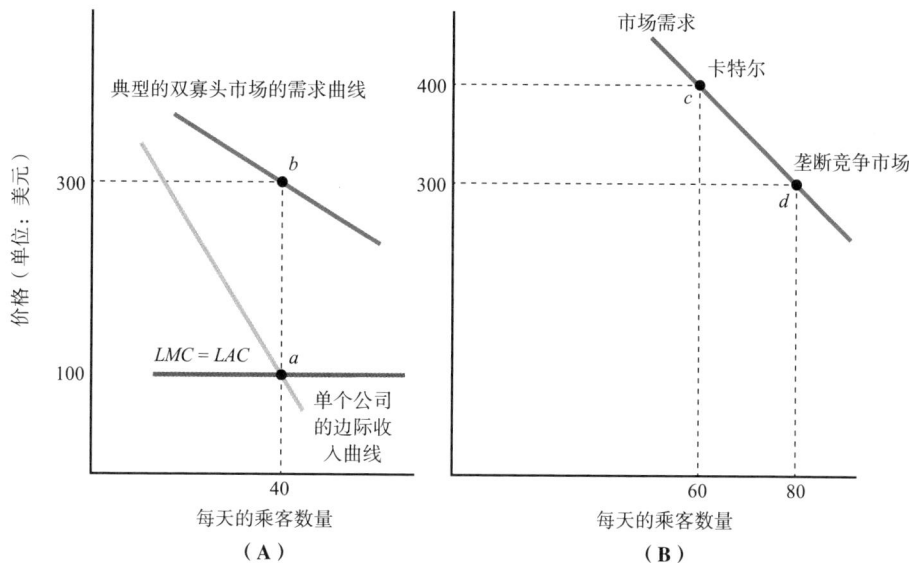

▲图 8-6

相互竞争的两家寡头公司选择较低的价格水平

（A）典型的公司在点 a 处实现利润最大化，此时边际收入等于边际成本，每家公司提供 40 名乘客的产出。
（B）在市场整体层面，垄断竞争产出如点 d 所示，价格为 300 美元，产出为 80 名乘客。卡特尔产出如点 c 所示，价格更高，产出更低。

串谋定价和博弈树

很明显，在卡特尔串谋定价的情况下，各家企业可以获得的利润更多，但问题是卡特尔可以持续吗？或者说会有企业违反卡特尔协议吗？我们将利用博弈树回答这个问题。**博弈树**（game tree）是用图形表示给定战略集下不同行动的结果。两家企业必须选定一个价格，要么选择卡特尔价格 400 美元，要么选择寡头竞争价格 300 美元。

图 8-7 展示了串谋定价的博弈树。两家航空公司的经理分别叫杰克和吉尔。博弈树有三个组成要素：

- 方块表示决策节点。每个方块表示一个博弈主体的一系列可能的行动。例如，博弈从方块 A 开始，此时吉尔有两个选择：高价或低价。
- 箭头表示博弈从左到右可能的路径。吉尔先选择价格，然后我们从方块 A 移动至杰克的决策节点 B 或者 C。如果吉尔选择高价，我们将从方块 A 移动至方块 B。我们到达杰克的决策节点，他也可以选择高价或者低价，接下来我们会移动到长方块。例如，如果杰克也选择了高价，我们将从方块 B 移动到长方块 1。
- 长方块表示了两家公司的利润。当我们到达一个长方块时，博弈结束，所有博弈主体获得长方块显示的利润。双寡头垄断下串谋定价博弈的 4 种可能结果各有一个对应的表示双方利润的长方块。

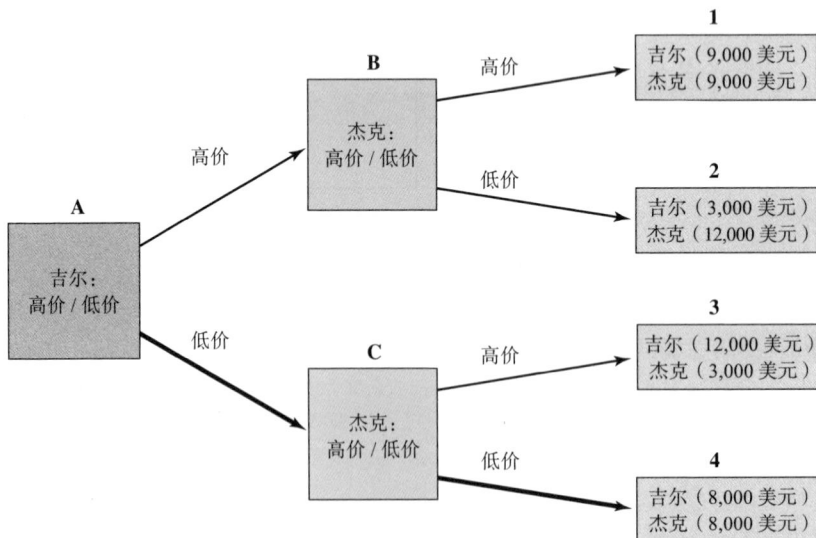

▲图 8-7

串谋定价的博弈树

博弈的均衡路径是从方块 A 到方块 C 到长方块 4：两家企业都选择低价并赚取 8,000 美元。双寡头垄断的困局是指两家企业如果都选择高价将赚取更多的利润，但结果是都选择了低价。

我们已经计算出两个长方块表示的利润。长方块 1 显示了两家企业都选择高价格时的结果。这是卡特尔或者说串谋定价的结果，此时两家企业各赚取 9,000 美元。长方块 4 显示了两家企业都选择低价格的结果。这是双寡头垄断的结果，此时两家企业相互竞争，各赚取 8,000 美元。

如果两家企业选择不同的价格将会出现什么情况？当吉尔选择高价而杰克选择低价时，杰克将占据市场的大多数份额。表 8-4 第一列显示，吉尔以 400 美元的价格拥有 10 名乘客，此时他的利润是 3,000 美元：

利润 =（价格 − 平均成本）× 公司产出 =（400 − 100）× 100 = 3,000

表格第二列显示，杰克以 300 美元的价格拥有 60 名乘客，利润为 12,000 美元：

利润 =（价格 − 平均成本）× 公司产出 =（300 − 100）× 60 = 12,000

如图 8-7 的长方块 2 显示，博弈的这条路径是从方块 A 到方块 B 到长方块 2。另一个差别定价情况的产出如长方块 3 所示，此时吉尔选择低价，而杰克选择高价，吉尔将占据市场的大部分份额。两家公司的角色调换，利润也相应调换。

表 8-4 当两家企业选择不同价格时的利润

	吉尔：高价	杰克：低价
价格（美元）	400	300
平均成本（美元）	100	100
每位乘客的利润（美元）	300	200
乘客数量（人）	10	60
利润（美元）	3,000	12,000

串谋定价博弈的均衡

我们可以通过排除法预测串谋定价博弈的均衡。我们将排除那些一家或两家企业不合理决策的长方块，从而得到代表博弈均衡的长方块。

- 如果吉尔选择高价，我们将沿着博弈树的上半部分移动，并最终到达长方块 1 或 2，具体结果取决于杰克的选择。尽管吉尔也希望杰克选择高价，但这对于杰克是非理性行为。相比于选择高价赚取 9,000 美元，杰克可以选择低价赚取 12,000 美元。因此，我们可以排除长方块 1。

- 如果吉尔选择低价，我们将沿着博弈树的下半部分移动，并最终到达长方块 3 或 4，具体结果取决于杰克的选择。杰克不会选择高价，因为选择低价时他可以赚取 8,000 美元，高于 3,000 美元。因此，我们可以排除长方块 3。

我们已经排除了杰克选择高价的两个长方块 1 和 3。对于杰克，低价是**占优策略**（dominant strategy）：无论吉尔选择什么，杰克的最优选择都是低价。

现在还剩下两个长方块 2 和 4，吉尔的选择将决定哪个方块是均衡。吉尔知道无论自己选择什么杰克都将选择低价。如果吉尔选择高价，杰克将获得市场的大部分利润，吉尔只能赚取长方块 2 的 3,000 美元。吉尔理性的选择是低价，赚取长方块 4 的 8,000 美元，所以博弈的均衡是长方块 4：两家企业都选择低价。粗箭头显示了博弈的均衡路径，从方块 A 到方块 C 到长方块 4。

两家企业都不会满意这个均衡，因为他们在长方块 1 的情况下都可以赚取更多利润。实现这一情况就要求两家企业同时选择高价。**双寡头垄断的困境**（duopolists' dilemma）指尽管两家企业在同时选择高价的情况下利润都会增加，但是他们仍然选择低价。出现困局的原因是当两家企业协定共同选择高价时，一家企业可以用低价获得更多的利润，保持高价的企业能获得的利润将急剧下降。我们在本章后面将看到，为了逃出困局，两家企业需要采取措施防止过低定价的出现。

纳什均衡

我们已经使用一组博弈树找出了串谋定价博弈的均衡。在这个均衡中，给定对手企业的选择，每家企业都做出了使自身利润最大化的选择。我们将这个均衡称为**纳什均衡**（Nash equilibrium）。这个概念以 1994 年诺贝尔经济学奖获得者约翰·纳什命名，他发明这个均衡概念时，还只是普林斯顿大学的一名研究生，年仅 21 岁。[6]

> **名词解释**
>
> **占优策略**：与竞争对手的可能选择无关的一个博弈主体的最优选择。
>
> **双寡头垄断困境**：两家公司如果都选择高价利润将增加，但实际都却都选择低价的情况。
>
> **纳什均衡**：每个博弈主体都在针对对手的行动制定最优策略的博弈结果。

在串谋定价的纳什均衡中，两家企业都选择低价，每家公司都在针对对手企业的行动制定最优策略：

- 当吉尔选择低价，杰克的最优行动是选择低价。
- 当杰克选择低价，吉尔的最优行动是选择低价。

是否存在其他纳什均衡呢？让我们先考虑两家企业都选择高价的可能性。这种情况不是纳什均衡，因为两家企业都没有针对对手企业的行动制定最优策略。

- 当吉尔选择高价，杰克的最优行动不是选择高价。
- 当杰克选择高价，吉尔的最优行动不是选择高价。

再考虑吉尔选择低价、杰克选择高价的情况。这也不是纳什均衡，因为杰克没有针对吉尔的行动制定最优策略：

- 当吉尔选择低价，杰克的最优行动是低价。

纳什均衡概念被广泛运用于各个领域的决策，包括核武器竞赛、恐怖主义、进化生物学、艺术品拍卖、环境政策和城市开发等。在本书后面，我们将利用这个概念预测进入威慑和广告的博弈结果。

日常生活中的经济学

盐业卡特尔的失败

对应的经济学问题：为什么卡特尔会出现无法保持高价的情况？

19 世纪初，高昂的陆运成本使盐商免于相互竞争，产生了一个个局部垄断市场。随着时间的推移，陆运成本逐渐降低，使得盐商之间的竞争不断加剧，盐价持续下跌。为了应对这些问题，盐商密谋形成了叫作盐池的企业组织，由盐池设定统一的价格并分配组织内盐商所生产的盐。一些盐池设定产出配额或者付款给盐商要求他们停产一年，这种行为被称作死租熔盐炉。盐池这种卡特尔组织并不长久，从形成到消失通常只有一到两年。有时是个别公司欺瞒组织，在卡特尔之外售盐。有时是卡特尔造成的高盐价吸引了新企业以低于盐池的价格进入市场。详见练习 5.9。

资料来源：Based on Margaret Levenstein, "Mass Production Conquers the Pool: Firm Organization and the Nature of Competition in the Nineteenth Century," *The Journal of Economic History* 55（1995），pp. 575-611.

克服双寡头垄断竞争困境

双寡头垄断竞争困境的出现，是因为两家企业无法协调定价决策一致行动。两家企业都存在选择低价的动机，因为低价企业可以占据更大的市场份额并赚取更多的利润。企业要克服这一困境有两种途径：低价保证和对低价进行惩罚的重复定价博弈。

低价保证

在双寡头垄断竞争困境中，设定更低的价格可以给企业带来丰厚的回报。为了消除低价行为，一家企业可以向消费者保证自己的价格比竞争对手更低。假设吉尔在本地报纸上刊登了下面的一则广告：

> 如果您在我这里购买机票后发现杰克以更低的价格销售同一旅途的机票，我将无条件支付价差。也就是说，如果我向您收取了 400 美元，而杰克的价格是 300 美元，我将退还给您 100 美元。

吉尔的**低价保证**（low-price guarantee）是可信的承诺，因为他登报公开了这一承诺。

假设杰克做出了相似的承诺，保证自己的价格不低于吉尔。图 8-8 显示了双方的低价保证对博弈树的影响。吉尔现在有两个决策节点。和之前一样，他从方块 A 开始博弈。如果吉尔选择了高价，杰克也选择了高价，我们将到达长方块 1。但是如果吉尔选择了高价而杰克选择了低价，我们将到达方块 D。此时吉尔要向每位消费者返款 100 美元。

> **名词解释**
>
> **低价保证**：保证价格低于竞争对手的承诺。

实际上，他被动地选择了低价，长方块 2 是博弈的结果，两家企业都选择低价。在博弈树的下半部分，杰克承诺开出比吉尔低的价格，此时原有的支付长方块 3 消失，剩下了长方块 4，两家企业都选择低价并获得垄断竞争的利润。

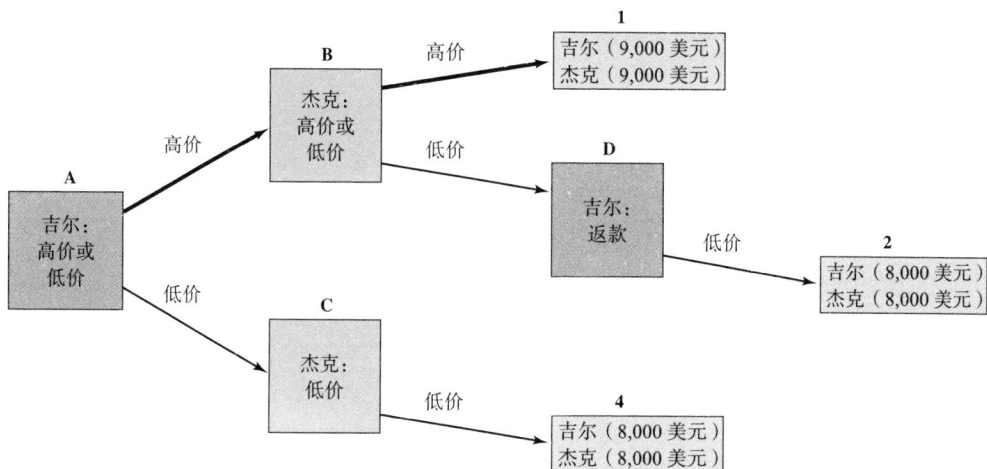

▲ 图 8-8

低价保证使价格上升

当两家企业都做出低价保证，双方将无法相互压价。此时可能出现的结果是一对高价（长方块 1）或者一对低价（长方块 2 或 4）。博弈的均衡路径是从方块 A 到方块 B 到长方块 1。两家公司都选择高价并赚取 9,000 美元。

粗箭头显示了在低价保证条件下的博弈均衡路径。我们先来考虑杰克的选择：

- 当吉尔选择高价，杰克要在支付长方块 1 和 2 之间选择，同时高价或同时低价。杰克的利润在高价时更高（长方块 1），所以当吉尔选择高价，杰克也将选择高价。
- 当吉尔选择低价，杰克也将选择低价。

再来考虑吉尔的选择。吉尔知道杰克也做出了低价保证，这意味着吉尔要在长方块 1 和 4 之间选择，长方块 1 的利润更高，所以吉尔将选择高价。

低价保证消除了削价竞争的可能性，也就克服了双寡头垄断竞争的困境，并促进了卡特尔定价。低价竞争的箴言是"一人低价，全部低价"，所以两家公司都会收取高价。一旦削价竞争的可能性被消除，双寡头垄断市场将由一个非正式的卡特尔取代，两家公司将像一家垄断公司一样制定价格。

对于大多数人来说，利用低价保证促成高价的理念难于理解。毕竟，如果吉尔承诺当他的价格高于杰克的价格时他将退还差价，我们预计吉尔将保持低价以避免返款。实际上，吉尔不用担心返款，因为杰克也会选择高价。换句话说，低价保证是一个不会实现的承诺。尽管消费者期望低价保证可以使自己获得低价，但实际上他们将支付高价。

对削价竞争进行惩罚的重复定价博弈

到目前为止，我们一直假设定价博弈只进行一次，即每家公司选定价格后将一直保持自己的价格不变。如果两家公司重复博弈，在长时间内不断重新定价，将会出现怎样的变化呢？我们将看到，重复博弈使得价格更可能固定下来，因为违反定价协议的公司将受到惩罚。

1. 双寡头定价策略。吉尔选择低价。他放弃卡特尔定价策略，接受双寡头定价，此时他的收益虽然低于卡特尔定价的收益，但是高于遭遇杰克削价竞争时的收益。

2. 冷酷触发策略。当杰克对吉尔进行削价竞争时，吉尔将把价格降至使两家公司经济利润为零的水平。这一策略被称为**冷酷触发策略**（grim-trigger strategy），因为冷酷的结果是由杰克的削价竞争触发的。

3. 针锋相对策略。从第二个月开始，吉尔选择杰克上个月选择的价格。这一策略被称为**针锋相对策略**（tit-to-tat strategy）——一家公司选择另一家公司上一期选择的价格。只要杰克选择卡特尔价格，卡特尔协议将维持下去。但是如果杰克对吉尔采取削价竞争策略，卡特尔组织将解体。

图 8-9 显示了针锋相对策略运作的具体过程。杰克在第二个月选择了低价，因此吉尔在第三个月选择了低价，导致了双寡头垄断的结果。为了恢复卡特尔组织，杰克必须在第四个月选择高价，并允许吉尔的价格比自己的低一个月的时间，随后卡特尔组织将在第五个月恢复。尽管杰克可以在第二个月以牺牲吉尔的利益为代价获取更多的利润，但是为了

名词解释

冷酷触发策略：是指一家公司面对削价竞争时将选择使两家公司经济利润均为零的价格的策略

针锋相对策略：是指一家公司当期选择另一家公司上一期选择的价格的策略。

恢复卡特尔组织，杰克必须允许吉尔在未来的某个月对自己采取相同的行动。在针锋相对策略下，双寡头垄断竞争公司选择其竞争对手上一轮选择的价格。这有助于鼓励公司合作而不是竞争。多项研究表明，针锋相对策略是促进合作最有效的策略。[7]

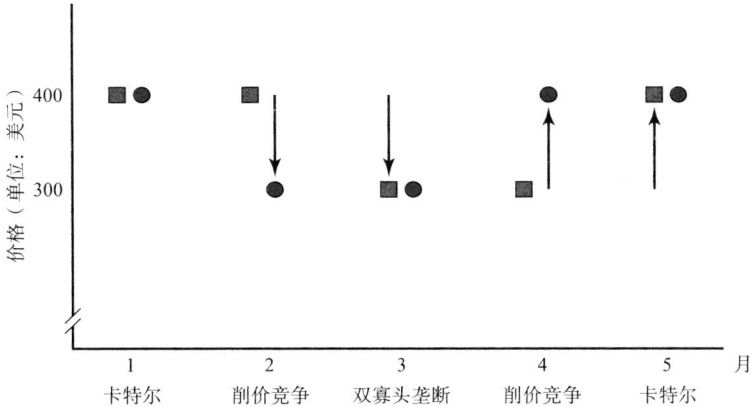

▲图 8-9

针锋相对策略

在针锋相对策略下，一家公司（吉尔，用方块表示）选择另一家公司（杰克，用圆表示）上个月选择的价格。

　　三种策略都对削价竞争的公司进行惩罚，以促进卡特尔定价的形成。在决定是否削价竞争之前，杰克必须权衡短期收益和长期成本：

- 短期收益是指当期增加的利润。如果杰克选择低价，他所获得的利润将由 9,000 美元增加至 12,000 美元。因此，削价竞争的短期收益是 3,000 美元。
- 长期成本是指剩余时期内损失的利润。面对杰克的削价竞争，吉尔将降低自己的价格，从而使杰克的利润减少。例如，如果吉尔采取双寡头定价策略，杰克未来的利润将从每天 9,000 美元减至 8,000 美元。削价竞争的长期成本是每天 1,000 美元。

　　如果两家公司将长期共享市场，那么削价竞争的长期成本将大于短期收益，此时削价竞争发生的可能性将降低。惩罚措施可以有效阻止背叛卡特尔定价协议的行为。

价格垄断及相关法律

根据 1890 年颁布的《谢尔曼反托拉斯法》（Sherman Antitrust Act of 1890）及后续法规，串谋定价属于违法行为。公司之间不得商讨定价策略，也不能对选择低价的公司采取惩罚措施。在一个早期的价格垄断案件中（1899 年阿迪斯顿管道案），六家铸铁管道制造商会面协定价格。美国最高法院判定他们的卡特尔定价行为属于违法行为，但是判决生效几个月后，六家公司竟合并成一家公司，他们从名义上的垄断公司变成了真正的垄断公司。以下是价格垄断的另一些案例：

1. 1961 年发电机公司案。通用电气公司和西屋电气公司的高管被判串谋协定发电机的价格，导致两家公司缴纳 200 多万美元罚款，30 多名公司高管被判监禁或缓刑。

2. 1994 年欧洲纸板业串谋定价案。欧盟委员会对 19 家纸板制造商处以总计 1.32 亿欧元的罚款，因为这些公司在苏黎世的多家豪华酒店会面，试图建立卡特尔组织。

3. 1996 年食品添加剂案。大型食品公司阿彻丹尼尔斯米德兰公司（ADM）的一名员工提供音频和视频资料证明该公司高管串谋定价。针对相关指控，ADM 公司认罪并缴纳了 1 亿欧元罚款。

4. 2000 年音乐发行案。为了获得广告补贴，音乐零售商同意遵守发行商指定的最低广告价格（minimum advertised prices，简称 MAP）。只要零售商为任意一张唱片投入的广告费低于 MAP，它将失去来自发行商的所有合作广告经费。2000 年 5 月，联邦贸易委员会与音乐发行商达成协议结束 MAP 制度。联邦贸易委员会估计 MAP 制度使美国音乐消费者每年多支出 1.6 亿美元。[8]

5. 2004 年工业钻石案。世界最大的钻石厂商戴比尔斯公司承认与通用电气串谋协定工业钻石的价格，并缴纳了 1,000 万美元罚款。

价格领先机制

名词解释

价格领先：寡头垄断公司中的一家率先设定价格，然后其他公司跟随定价的一种机制。

因为明显的串谋定价是违法行为，所以公司有时会采用隐性串谋定价协议，使价格固定在垄断水平上。在**价格领先**（price leadership）机制下，寡头垄断公司中的一家将扮演价格领先者的角色。价格领先者先选择价格，然后其他公司再选择价格。这种协议使得公司之间可以在不讨论定价策略的情况下实现串谋定价。

　　隐性定价协议的缺陷是依赖间接的信号，这些信号经常会被误解。假设两家公司已经合作了几年，都维持卡特尔价格。假设一家公司突然降价，另一家公司对此可能有两种解读。

- 市场条件的变化。也许第一家公司观察到了生产成本或需求的变化，认为两家公司都可以通过降价获利。
- 削价竞争。也许第一家公司要在损害第二家公司利益的前提下增加市场份额和利润。

　　在第一种解读下，第二家公司可能会选择跟随第一家公司降价，协定价格将固定在更低的水平上。第二种解读则可能引发价格战争，彻底破坏价格协议。

日常生活中的经济学

低价保证使轮胎价格上升

对应的经济学问题：低价保证会导致价格上升还是下降？

　　连续两个月（11 月和 12 月），一家佛罗里达州的轮胎零售商在报纸广告中刊登了 35 种轮胎的价格。11 月轮胎平均价格是 45 美元，12 月是 55 美元。12 月的广告有一处不同，该月的广告上刊登了一条低价保证：该公司承诺如果出现更低的广告价格，该公司将向消费者支付价格差额的一定百分比。实际上，这 35 种轮胎在 12 月的价格均高于或等于 11 月的价格。本案例中，低价保证导致价格上升。

　　低价保证和价格之间存在明显的关联关系吗？对零售轮胎市场的一项研究表明，当市场中有公司提出低价保证时，该市场的价格一般比其他市场更高。平均来看，低价保证可以使每个轮胎的价格上升 4 美元，上升比例约为 10%。详见练习 6.5。

资料来源：Maria Arbatskaya, Morten Hviid, Greg Shaffer, "Promises to Match or Beat the Competition," *Advances in Applied Microeconomics* 8（1999），pp. 123-138.

不稳定的垄断公司和市场进入遏制

前面讨论了双寡头垄断市场中两家公司试图串谋定价的情况，接下来考虑一家垄断公司试图阻止另一家公司进入市场的情况。我们将用到航空公司的案例，但是观察的是另一个城市的不同市场主体。

假设莫纳的公司在两个城市间的航空市场上居于垄断地位。不存在市场进入的威胁时，莫纳使用边际原理决定产量和价格。图 8-10 中，我们从市场需求曲线的点 c 开始，此时产量为每天 60 名乘客，价格为每名乘客 400 美元，成本为每名乘客 100 美元。莫纳的利润是 18,000 美元：

$$利润 = （价格 - 平均成本）× 产量 = （400 - 100）× 60 = 18,000$$

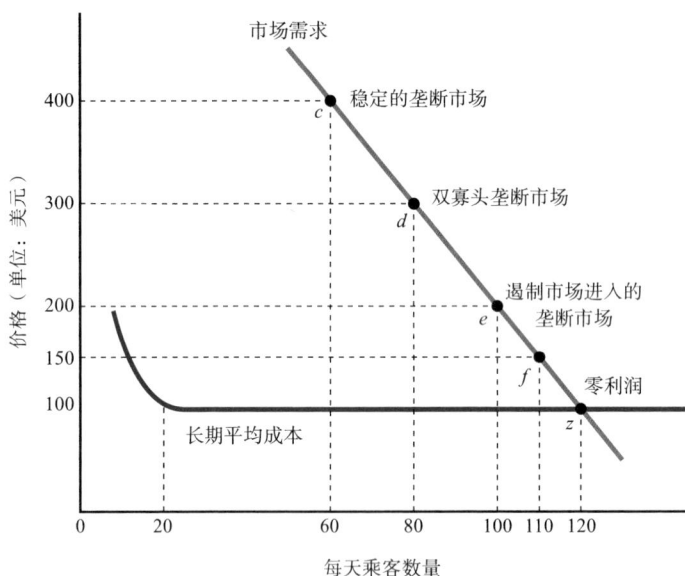

▲图 8-10

通过限制定价遏制市场进入

点 c 表示稳定的垄断市场，点 d 表示双寡头垄断市场，点 z 表示零利润的结果。最低市场进入产量是 20 名乘客，因此市场进入遏制产出是 100 名乘客（等于 120 - 20），如点 e 所示，限制价格为 200 美元。

如果莫纳发现有新的航空公司考虑进入市场，她将怎样应对呢？莫纳有两种选择，要么消极应对，允许新公司进入市场，要么试图阻止。

消极应对将导致双寡头垄断市场的结果。图 8-10 中，如果新公司进入市场，我们将沿着市场需求曲线从点 *c* 移动至点 *d*。在双寡头垄断市场中，两家公司均以 300 美元的价格服务 40 名乘客，每家公司的利润为每天 8,000 美元：

$$利润 =（价格 - 平均成本）× 产量 =（300 - 100）× 40 = 8,000 \ 美元$$

市场进入遏制和限制定价

第二个选择是采取行动阻止新公司进入市场。要决定是否采取行动，莫纳必须先回答两个问题：

- 为阻止新公司进入市场她要做什么？
- 已知阻止新公司进入所需采取的行动，阻止新公司进入是否可以比允许新公司进入带来更高的收益？

要阻止新公司进入市场，莫纳需要服务更多的乘客，这样一来，剩下的乘客数量就不足以让新公司盈利。假设航空业存在规模经济，最低市场进入产量是每天 20 名乘客，即新公司要实现盈利，就需要服务超过 20 名乘客。在图 8-10 中，当产量较低时，长期平均成本曲线斜率为负，产量为最低市场进入产量（20 名乘客）时，平均成本略高于 100 美元。

莫纳必须计算出她的公司为了阻止新公司进入市场所需提供的产量。图 8-10 中，点 *z* 表示市场中经济利润为零的情况：如果两家公司平分市场，每天均服务 60 名乘客，价格将等于成本，此时两家公司的经济利润均为零。阻止新公司进入所需的产量计算如下：

$$市场进入遏制产量 = 零经济利润产量 - 最低进入产量$$
$$100 = 120 - 20$$

如果莫纳的公司和新进入市场的公司分别服务 100 名和 20 名乘客，价格将降至 100 美元。莫纳的公司因为平均成本是 100 美元可以实现收支平衡，而新公司因为平均成本略高于 100 美元将会亏损。具体来说，如果服务 20 名乘客的平均成本是 101 美元，新公司将总计亏损 20 美元。

也就是说，只要莫纳执行市场进入遏制的策略，服务 100 名乘客，新公司将不会进入市场，此时莫纳的利润如图 8-10 点 e 所示：

$$利润 =（价格 - 平均成本）\times 产量$$
$$=（200 - 100）\times 100$$
$$= 10,000$$

市场进入遏制策略带来的利润为 10,000 美元，比消极应对带来的利润 8,000 美元多，所以市场进入遏制是最优战略。

图 8-11 使用博弈树来表示市场进入遏制博弈。莫纳先行动，她要考虑两个选择的结果：

- 如果莫纳消极应对，仅服务 40 名乘客，我们将到达博弈树的上半部分。新公司的经理道格的最优选择是进入市场，赚取 8,000 美元的利润，如长方块 1 所示。
- 如果莫纳服务 100 名乘客，我们将到达博弈树的下半部分。如果道格以最低进入产量进入市场，他的平均成本将为 101 美元，高于市场价格 100 美元。因此，道格的最优选择是不进入市场。

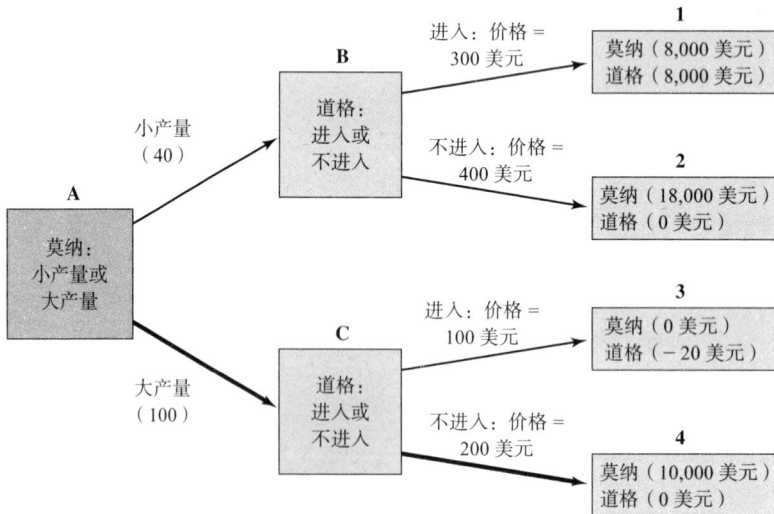

▲图 8-11

市场进入遏制博弈的博弈树

该博弈的路径是从方块 A 到方块 C 到长方块 4。莫纳提供市场进入遏制产量（100 名乘客），此时道格将不会进入市场。莫纳的利润 10,000 美元低于垄断利润但是高于双寡头垄断利润 8,000 美元。

> **边际原理**
> 只要增加一项活动的边际收益大于边际成本，我们就应该不断增加该项活动，直到边际收益等于边际成本。

莫纳可以在长方块 1 和 4 之间选择。长方块 4 的利润更高，因此莫纳会选择长方块 4。该博弈的均衡路径是从方块 A 到方块 C 到长方块 4。

> **名词解释**
> **限制定价策略**：通过降低价格阻止新公司进入市场的策略。
> **限制性价格**：刚好低到可以阻止新公司进入市场的价格。

在莫纳的市场进入遏制策略下，市场价格为 200 美元，低于稳定的垄断公司收取的 400 美元和双寡头垄断公司收取的 300 美元。莫纳能够阻止新公司进入市场，但必须以相对较低的价格服务较多数量的乘客。莫纳的这种策略被称为**限制定价策略**（limit pricing）。为了阻止新公司进入市场，在位公司降低了价格，这个足以阻止新公司进入的价格被称为**限制性价格**（limit price）。

案例：铝业和校园书店

我们来看一下美国铝业公司的限制性定价策略。1893 年到 1940 年，美国铝业公司在美国铝行业中居于垄断地位，这一时期美国铝业通过较低的价格和高产量阻止其他公司进入市场。尽管提升价格可以在短期内增加利润，但是其他公司的进入最终将使美国铝业的利润减少。

我们可以将类似的市场进入遏制策略应用于校园书店。在大多数高校，外来机构被禁止在校园里销售教科书。互联网给了学生另一个选择：在网上订购教科书，并通过快递寄送。多家网上书店的价格都低于校园书店，网络图书的销售因此威胁到校园书店的垄断地位。如果你所在学校的校园书店感到自己的垄断地位即将不保，它可以降价，防止网络书店抢走顾客，以此来降低因客户数量减少造成的损失。如果校园书店选择降价，那么你即使不通过网络也能享受到更低的价格。

市场进入遏制和可竞争市场

我们已经知道一家不稳定的垄断公司可能会通过降价阻止新公司进入市场。这一逻辑同样适用于目前仅有数家公司但可以接纳更多公司的市场。垄断市场或者双寡头垄断市场并不一定会造成高价格和高利润。为了守住市场份额，一家寡头公司的行为会像市场中有很多公司时的行为一样，从而使价格更低。

　　一家不稳定的垄断公司面临新公司的进入威胁，这就构成了可竞争市场理论的基础。**可竞争市场**（contestable market）是指进入和退出成本较低的市场。可竞争市场中的少量在位公司会持续受到新公司进入的威胁，因此价格和利润较低。在完全可竞争的情况下，公司进入和退出市场的成本为零，此时价格将与完全竞争市场的价格一致。尽管现实中不存在完全可竞争的市场，但是大多数市场都不同程度地具有可竞争性，市场进入的威胁会使价格和利润降低。

什么情况下消极应对是更好的选择？

　　尽管前面的案例表示莫纳的最优策略是阻止市场进入，但这不是所有不稳定垄断公司的最优策略。决定最优策略的关键变量是最低进入产量。假设航空业的规模经济较小，新公司只要服务 10 名乘客就可以进入市场，此时莫纳的公司仅服务 100 名乘客不足以阻止市场进入。当最低进入产量为 10 名乘客时，市场进入遏制产量为 110 名乘客：

$$市场进入遏制产量 = 零利润产量 - 最低进入产量$$
$$110 = 120 - 10$$

　　莫纳可以选择服务 110 名乘客，以阻止新公司进入市场，但这是最优策略吗？如图 8-10 点 f 所示，市场进入遏制产量对应的限制性价格是 150 美元。经计算，莫纳的利润等于 5,500 美元：

$$利润 = （价格 - 平均成本）× 每家公司的产量$$
$$= （150 - 100）× 110 = 5,500$$

　　这比消极应对时的利润 8,000 美元要低。因此，允许新公司进入比阻止进入的利润更高。

　　另一个应采取消极应对策略的案例来自圆珠笔行业。1945 年雷诺国际笔业公司[9]研发出圆珠笔这一革命性产品，每支圆珠笔的售价达到 12.50 美元，但是成本仅为 0.80 美元，雷诺公司连续三年高额盈利。但是到 1948 年，雷诺公司停止了圆珠笔生产，完全退出了相关市场。背后的缘由是什么呢？其他厂商可以轻易地模仿圆珠笔的生产工艺，限制性价格很低，雷诺与其长期以低价格销售，不如把握短暂的垄断时期以高价销售赚取尽可能多的利润。到 1948 年，已有总计 100 家公司进入圆珠笔市场，价格已降至平均生产成本，此时所有公司的经济利润均为零。

日常生活中的经济学

不稳定的垄断公司微软

对应的经济学问题：垄断公司如何应对市场进入威胁？

微软在个人电脑操作系统和商业软件市场上近似于垄断地位。但是始终存在可发布竞争产品的潜在对手，因此微软采取限制定价策略，阻止新公司进入市场。最近一项研究揭示了微软的不稳定垄断地位的一些具体信息。

Windows 操作系统的软件包和 Office 办公软件套装的纯垄断价格为 354 美元，但是实际价格（限制性价格）为 143 美元。新公司要开发、维护并运营一套替代软件的预估成本为 380 亿美元，微软销售产品的实际价格刚好低到足以使这种投资无法盈利。

纯垄断利润约为 1,910 亿美元，而在限制性价格下的利润约为 1,530 亿美元。尽管限制性定价策略下的利润小于纯垄断条件下的利润，但是高于允许新公司进入市场的利润（1,480 亿美元）。换句话说，市场进入遏制是最优策略。详见练习 7.8。

资料来源：Based on Robert E. Hall, "Potential Competition, Limit Pricing, and Price Elevation from Exclusionary Conduct," Chapter18 in *Issues in Competition Law and Policy* 1（2008, ABA Publishing Chicago），pp.433-448.

自然垄断

在前面的章节，我们讨论过由专利和政府许可证等人为设置的障碍导致的垄断情况。本章我们将了解自然垄断，在自然垄断情况下，生产一种产品的规模经济非常大，以至于只有一家企业可以生存。典型的自然垄断行业有供水、天然气输送、电力传输和有线电视服务等。对于城市来说，有效的做法是设立一家供水服务公司，这样能够避免重复安装供水管道系统。同样，也只能建设一套电力传输线缆和一套有线电视线缆。

确定产量

图 8-12 显示了某个城市供水服务的长期平均成本曲线。曲线斜率为负且比较陡峭，反映了供水服务的规模经济较大，原因是供水服务需要铺设昂贵的管道系统。无论是供应 70 立方米的水还是 70 万立方米的水，都需要付出同样的成本用于建设管道系统。随着水的供应量增加，每单位供水的平均成本减少，管道系统的成本分摊到更大量的水上。

一旦管道系统建成，长期边际成本 —— 每增加 1 立方米供水所增加的成本 —— 会出现怎样的变化呢？每增加 1 立方米供水，供水公司要花费的成本是将这 1 立方米水从水源运至客户所需的费用。运水的成本取决于水源到客户的距离（水平距离加上垂直距离）。为了简化问题，我们假定边际成本是每立方米 0.80 美元不变。

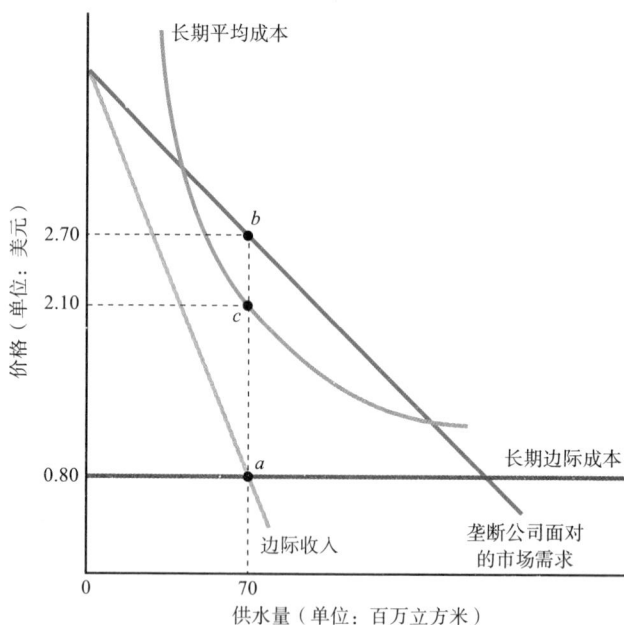

▲图 8-12

自然垄断公司使用边际原理确定产量和价格

由于存在不可分的投入（管道系统），长期平均成本曲线斜率为负。垄断公司选择点 a，该点处边际收入等于边际成本。公司销售 7,000 万立方米水，价格为 2.70 美元（点 b），平均成本为 2.10 美元（点 c），每立方米水的利润是 0.6 美元。

图 8-12 显示了如何使用成本曲线和收入曲线确定最大化利润的产出水平。和其

会有第二家公司进入市场吗？在两家公司市场中，单个公司的需求曲线完全位于长期平均成本曲线的下方，因此无论产量多少，价格都低于生产的平均成本，公司必定亏损。公司的需求曲线位于平均成本曲线之下，而平均成本曲线比较陡峭也反映出供水服务的规模经济较大。第二家公司的平均成本较高，甚至无法补偿建造管道的成本。因此，第二家公司不会进入市场，市场上只会存在一家公司。

自然垄断市场的价格控制

当自然垄断无法避免时，政府通常会设定垄断公司可以收取的最高价格。受到价格控制的自然垄断市场有很多例子。地方政府通过价格控制来规制供水公司、电力公司、有线电视公司和电话服务公司。许多州政府通过公共设施委员会（public utility commissions，简称 PUCs）来规制电力公司。

我们以供水为例解释政府规制对自然垄断行业的影响。假设政府规定供水服务的最高价格，要求供水公司必须向所有愿意支付最高价格的顾客提供服务。在平均成本定价政策下，政府选择市场需求曲线与垄断公司的长期平均成本曲线的交点处的价格。如图 8-14 所示，平均成本曲线与需求曲线相交于点 e，此时供水价格为

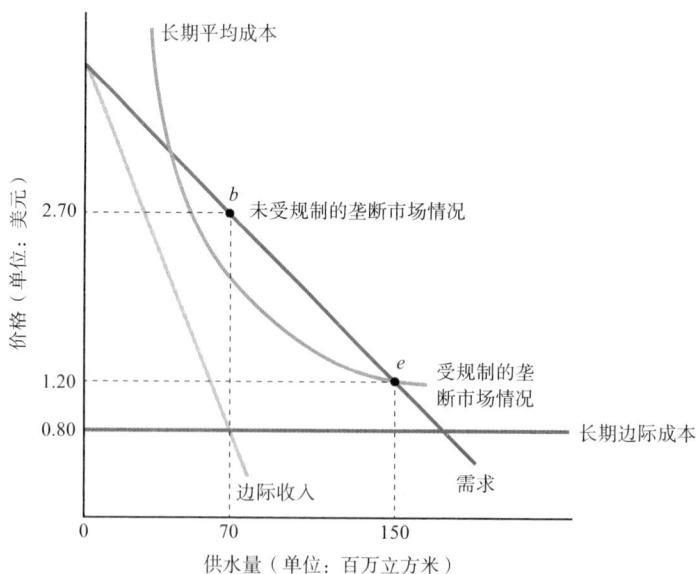

▲ 图 8-14

政府使用平均成本定价政策确定垄断公司的产量和价格

在平均成本定价政策下，政府选择需求曲线与长期平均成本曲线交点处的价格。规制使价格降低，产量增加。

1.20 美元，供水需求量从无规制下的 7,000 万立方米增加至 1.5 亿立方米。平均成本定价政策可以使消费者获得更低廉的价格和更多的产品或服务，同时保证企业不会亏损。

规制政策会对垄断公司的生产成本造成怎样的影响？在平均成本定价政策下，垄断公司生产成本的变化不会影响公司利润，因为政府会相应调整规制价格，使该价格与平均成本一致。垄断公司没有动机削减成本，而且不会因为高成本受到处罚，所以它的成本很可能会逐渐上升。随着平均成本上升，规制价格也会逐渐上升。

日常生活中的经济学

国有水厂与私有水厂比较

对应的经济学问题：规制自然垄断行业的理由是什么？

在 19 世纪初的英国，水取自地方河流，储藏在水池中，然后通过木头管道运送给顾客。在大多数城市，供水事业最初由地方政府经营。工业革命使得城市快速发展，地方政府缺少明确的权力为供水系统扩张融资。到 19 世纪中期，英国议会开始推动私人企业进入公共服务领域，议会的政策促使许多城镇与私人合作，提供供水服务。到 1851 年，约五分之三的城市人口依赖私人水厂供水。然而，私人水厂供水存在很多问题，包括水压不足导致无法有效地灭火，水硬度过高使得工业锅炉受损和纺织品质量下降。供水服务逐渐回归到地方政府手中。到 1891 年，只有六分之一的城市人口由私人水厂供水。除了提升水压和降低水硬度，供水服务的回归还增加了水的消费并降低了供水的单位成本。

我们从英国的经验中可以学到什么？供水业是一个自然垄断行业，意味着市场上只有一家公司时可以盈利，多一家就会亏损。议会推动建设的私有水厂是不受规制的自然垄断企业。从社会的角度出发，一个不受规制的垄断企业是无效率的，这种无效率会导致产品低质量（硬水）、服务低质量（低水压）、产量降低（人均供水少）和高单位成本。如果私有垄断水厂受到了合理的规制，那么水供给的私有化历程也许会大为改观。详见练习 8.5 和 8.9。

资料来源：J.S. Hassan, "The Growth and Impact of the British Water Industry in the Nineteenth Century," *The Economic History Review* 38（1985）: 531-547.

反托拉斯政策

托拉斯（trust）是垄断组织的一种形式，它是指几家公司的所有者联合起来，将决策权转移给一小群受托人。反托拉斯政策的目的是促进公司之间的竞争，增加消费者的福利。

司法部反垄断局和联邦贸易委员会负责对可能违反反托拉斯法的公司和个人采取法律行动。法院负责对违反法律的公司管理人员实施惩罚，具体的措施包括罚款和监禁。有些情况下，政府不会采取惩罚措施，而是命令涉事公司停止违法行为，并采取行动促进竞争。下面我将讨论三种反垄断政策：拆分垄断公司、阻止公司合并和规制商业行为。

拆分垄断公司

拆分垄断公司是指将一家垄断公司拆分成多个公司。经典的案例包括洛克菲勒的标准石油托拉斯，该托拉斯于1882年成立，40家石油公司授权9名受托人替所有40家公司决策。该托拉斯控制了美国精炼石油产品市场90%的份额，受托人完全将其经营成了一个垄断组织。1911年，美国政府下令对标准石油托拉斯进行拆分。美国最高法院发现洛克菲勒为保持垄断地位和驱逐竞争对手，使用了非自然手段。除了组织形成托拉斯，洛克菲勒还胁迫铁路公司为其公司的货运提供特别折扣，同时以非法手段探听竞争对手的商业秘密。美国政府将标准石油托拉斯拆分成了34家独立的公司，包括埃克森公司、莫比尔公司、雪弗龙公司和美国国际石油公司的前身。

美国烟草公司由多家烟草公司于1890年合并成立，到1907年，它兼并了超过200家竞争公司，控制了美国烟草行业95%的份额。最高法院发现，美国烟草公司为了保持垄断地位和驱逐竞争对手，与批发商签订排他性合同，禁止批发商购买其他公司的烟草。美国政府将美国烟草公司拆分为多家公司，其中包括目前全美最大的四家烟草公司：雷诺兹公司、利格特公司、迈耶斯公司和罗瑞拉德公司。

1982年，美国政府将美国电话电报公司拆分成7家区域性电话公司。美国电话电报公司利用其在区域电话服务上的垄断权力，组织远距离服务市场和通信设备的竞争。经过8年的诉讼，美国电话电报公司同意将公司拆分为7

名词解释

托拉斯：垄断组织的一种形式，它是指几家公司的所有者联合起来，将决策权转移给一小群受托人。

家区域性贝尔运营公司，将"贝尔大妈"变成了 7 个"小贝尔"。新的贝尔公司在远距离服务市场中面临新进入市场的 MCI 公司和斯普林特公司的竞争，在通讯设备市场则面临新进入市场的敏迪通信公司和北方电讯公司的竞争。

阻止公司合并

公司合并（merger）是指两家公司或多家公司合并为一家公司的行为，公司合并又分为横向合并和纵向合并。横向合并是指生产相近产品的公司合并，比如两家同样生产宠物食品

的公司合并。纵向合并是指处于一项产品的生产过程的不同阶段的两家公司的合并，比如炼糖厂和糖果厂。阻止公司合并的政策目的是阻止那些削弱竞争并导致产品价格上升的公司合并。在前面的章节我们了解到，随着公司数量增加，公司间的竞争使得价格下降，而公司合并会减少市场中的公司数量，可能导致产品价格上升。1994 年，微软试图收购其在个人财务软件市场上的竞争对手财捷公司，如果合并成功，个人财务软件市场的竞争将减少，因此政府阻止了该合并计划。

政府不会反对所有的公司合并行为。合并的益处之一是新公司可以整合生产、营销和管理资源，以更低的成本生产产品。这样一来，消费者便可以享受更低的价格。1997 年，司法部和联邦贸易委员会发布了有关公司合并的新规定。新规定允许合并议案的相关公司提交证据，证明合并有利于降低成本和价格并提升产品或服务的质量，如果相关证据具有信服力，政府将不会反对合并行为。联邦贸易委员会主席对新规定进行了解释："新规定发布后，会有一些合并议案通过审核，但大多数合并议案的审核结果不会改变，只有反竞争影响微弱，同时市场促进作用明显的议案才有可能通过审核。"[10] 新规定使美国的反垄断法向加拿大和欧洲的相关法律靠近，有利于提升美国公司在这些地区的竞争力。

最近几年，合并议案分析的重点已经从市场内公司数量的变化转向预测合并可能对产品价格产生的影响。自从有了零售付款扫描仪，我们获得了商品销售量和价格的大量数据，有了这些数据，经济学家就可以测算出一家公司的价格政策变化对本公司和其他公司的影响，也可以预测合并对产品价格产生的影响。

1997 年，联邦贸易委员会使用价格数据，做出了阻止史泰博公司和欧迪办公合并的决定。数据显示，当一个城市中同时存在史泰博公司与欧迪办公的商店，产品

的价格更低。图 8-15 显示了史泰博公司文件夹产品的收入和成本曲线。（A）图显示了在没有欧迪办公竞争的情况下史泰博公司的销售情况，（B）图显示了存在竞争的情况下的销售情况。在（B）图中，史泰博公司的需求曲线比（A）图的需求曲线低，因为两家公司要分享市场。使用边际原理计算，史泰博公司会选择使边际收入等于边际成本的产量和价格。有竞争和没有竞争的利润最大化价格分别是 14 美元和 12 美元。

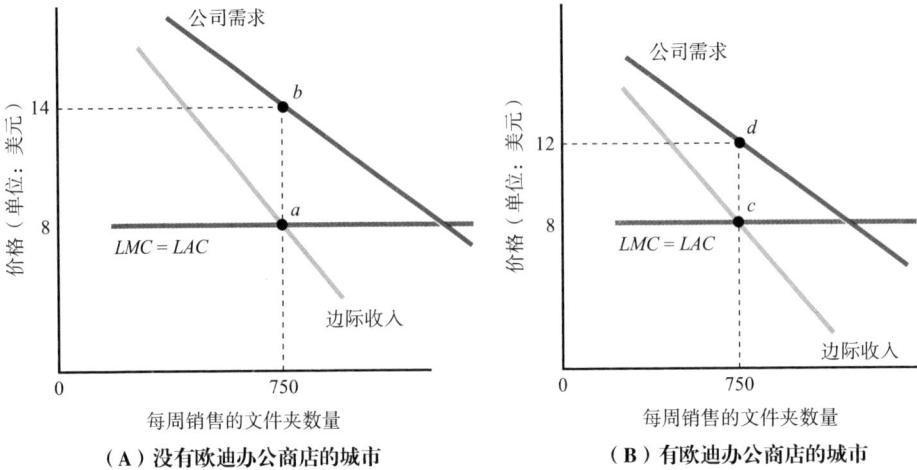

（A）没有欧迪办公商店的城市　　　　（B）有欧迪办公商店的城市

▲图 8-15

有竞争和没有竞争两种情况下史泰博公司的定价情况

使用边际原理计算，史泰博公司会选择使边际收入等于边际成本的产量和价格。在没有竞争的城市，史泰博将价格定为 14 美元；在有竞争的城市，需求降低，史泰博将价格定为 12 美元。

　　联邦贸易委员会使用这套推理让法庭相信两家公司的合并将会使产品价格上升。该案的法官评论说："直接的证据显示，通过消除史泰博公司在许多市场中最重要且唯一的竞争对手，此次合并将使史泰博公司可以增加价格或将价格维持在反竞争的水平上。"来自双方公司的数据显示，合并将使史泰博公司的产品价格提升 13%，根据 FTC 的研究估计，阻止合并可以在五年时间里为消费者节省 11 亿美元。

改进公司合并

　　有些情况下，政府会同意合并案，但是要对新公司施加一些限制。1995 年，美国第三大面包零售商州际面包公司决定收购旺德面包的生产者大陆面包公司。根据零售商店付款扫描仪的数据，政府认定旺德面包是州际面包公司产品的近似替代品：当州际面包公司的面包价格上升时，旺德面包的需求增加，反之亦然。[11] 付款扫描仪的数据显示，当州际面包公司提升价格时，许多消费者会转而购买旺德面包。两家公司面包的可替代性使州际面包公司很难提升价格。

表 8-5 显示的就是一次导致价格上升、产量下降的合并案例。我们假定一块面包的平均成本是 1.50 美元，该成本不会因合并而发生变化。合并之前的情况如第一列和第三列所示：两家公司的面包价格均为每块 2.00 美元，产量均为 100 块，利润均为 50 美元。

表 8-5　合并使价格上升（货币单位：美元）						
	旺德面包		州际面包		总计	
	1	2	3	4	5	6
	合并前	合并后	合并前	合并后	合并前	合并后
>0	1.50	1.50	1.50	1.50		
价格	2.00	2.00	2.00	2.20		
产量	100	110	100	70	200	180
利润	50	55	50	49	100	104

合并会如何影响提价的意愿呢？合并之后，一家公司可以通过两个品牌的面包获利（旺德和州际）并选择两个价格。假设新公司将州际面包的价格提升至 2.20 美元，保持旺德面包的价格为 2.00 美元不变。这样做对新公司的影响要从正反两面来看：

- 负面影响：州际面包利润减少。如第三列和第四列所示，价格上升使州际面包销量从 100 块下降至 70 块。尽管每块面包的利润从 0.50 美元上升至 0.70 美元，但是利润从 50 美元降至 49 美元。负面影响是州际面包利润下降 1 美元。
- 正面影响：旺德面包利润增加。如第一列和第二列所示，州际面包价格上升使旺德面包销售量从 100 块增加至 110 块，由于每块面包的利润是 0.50 美元，所以利润从 50 美元升至 55 美元。正面影响是旺德面包利润上升 5 美元。

此时，正面影响大于负面影响，因此价格上升使合并后的公司总利润上升了，如第五列和第六列所示。结论是公司合并可以增加利润。

该案例说明两家销售相近替代品的公司进行合并会导致产品价格上升。政府最后同意了两家公司的合并议案，附加的条件是要求州际面包公司出售部分面包和面包店品牌。例如，州际将韦伯牌面包的经营权出售给 4S 面包公司。政府这样判决的目的是确保合并后，市场中仍然存在其他公司可以与合并后的公司进行竞争。

规制商业行为

前面我们已经了解了两种反垄断政策：拆分垄断公司和阻止公司合并，接下来我们要认识第三种反垄断政策——规制商业行为。当一项商业行为会使已经比较集聚的市场集中度进一步上升时，政府很可能会采取干预措施。比如捆绑销售就会使市场集中度上升，**捆绑销售**（tie-in sale）是指一家公司强迫消费者在购买一种产品的同时必须购买另一种产品的行为。联邦贸易委员会曾控告一家制药企业将治疗精神病的药物氯氮平与测试监控血压的装置进行捆绑销售。合谋限制广告也是法律禁止的行为，联邦贸易委员会曾控告一伙汽车销售商合谋限制比较广告和折扣广告。

> **名词解释**
>
> **捆绑销售**：指一家公司强迫消费者在购买一种产品的同时必须购买另一种产品的行为。
>
> **掠夺式定价**：以低于成本的价格销售产品使竞争对手退出市场，以达到事后提升价格目的的商业行为。

《罗宾森–帕特曼法》（Robinson-Patman Act of 1936）禁止意在减少竞争的不合理低价销售产品的行为，这种行为被称为**掠夺式定价**（predatory pricing）。采取掠夺式定价的公司会以低于生产成本的价格销售产品，目的是将竞争对手驱逐出市场。一旦竞争对手退出市场，该公司将收取远高于生产成本的垄断价格。当收取垄断价格的时间长到足以弥补低价销售的损失时，该公司将从这项策略中获利。

现实中掠夺式定价是否可行呢？考虑一个有两家公司的市场，其中一家公司决定独占市场。通过将销售价格降低至成本以下，该公司可以将竞争对手赶出市场，在这个过程中该公司将损失 1,000 万美元。如果该公司在第二年提升价格，将无法阻止新公司进入市场。一旦有新公司进入市场，该公司不得不再次降价以驱逐新公司。掠夺式定价的问题是如果有新公司持续进入市场，该公司将持续亏损。

美国反垄断政策简史

表 8-6 对美国反垄断政策做了一个简单的总结。反垄断的第一部法规是 1890 年颁布的《谢尔曼反托拉斯法》（Sherman Antitrust Act of 1890），该法规将垄断市场或限制贸易的商业行为认定为违法行为。由于该法规没有明确哪些商业行为属于非法行

为，导致了一系列有争议的法庭判决。

1914 年，《克莱顿法》（Clayton Act of 1914）颁布，它对《谢尔曼反托拉斯法》中许多模棱两可的地方给出了明确的定义。《克莱顿法》宣布，包括捆绑销售合同和价格歧视在内的抑制竞争行为不合法，该方案进一步取缔了通过购买竞争公司股票进行公司收购的行为，因为这种行为会严重抑制竞争。

随后的立法逐渐明晰并扩展了反垄断法，1936 年颁布的《罗宾森–帕特曼法》禁止了掠夺式定价行为。1950 年颁布的《塞勒–凯弗维尔法》（Celler-Kefauver Act of 1950）填补了《克莱顿法》的一处漏洞，该法规禁止会严重抑制竞争的购买竞争公司的建筑和设备等实体资产的行为。1980 年颁布的《哈特–斯科特–罗蒂诺法》（Hart-Scott-Rodino Act of 1980）将反垄断法的适用范围扩展至独资公司和合伙制公司，在此之前反垄断法仅适用于股份公司。

表 8-6　主要的反垄断法规

法规	颁布时间	主要内容
《谢尔曼法》	1890	将垄断市场或限制贸易的商业行为认定为违法行为
《克莱顿法》	1914	宣布包括捆绑销售合同和会减少竞争的价格歧视行为在内的抑制竞争的行为不合法，该方案进一步取缔了会严重抑制竞争的，通过购买竞争公司股票进行公司收购的行为
《联邦贸易委员会法》	1914	建立了专门实施反垄断法的机构
《罗宾森–帕特曼法》	1936	禁止意在减少竞争的以不合理低价销售产品的行为
《塞勒–凯弗维尔法》	1950	禁止会严重抑制竞争的购买竞争公司的建筑和设备的实体资产的行为
《哈特–斯科特–罗蒂诺法》	1980	将反垄断法的适用范围从股份公司扩展至独资公司和合伙制公司

日常生活中的经济学

彭泽尔机油公司和宾州机油公司合并案

对应的经济学问题：合并会如何影响价格？

1998 年，彭泽尔机油公司以 10 亿美元收购了宾州机油公司。这一合并使五大优质机油品牌中的两个融合在一起，新公司的市场份额达到 38%（彭泽尔机油公司占 29%，宾州机油公司占 9%）。反垄断机构没有做任何修改就同意了该合并案。有关该合并案的一项研究得出结论认为，新公司将宾州机油公司的产品价格提升了近 5%，但没有变动彭泽尔机油公司的产品价格。彭泽尔机油公司的市场份额增加，同时宾州机油公司的市场份额减少。

该研究还调查了另外 4 项合并案的价格影响，其中 3 项使产品价格上升，上升的幅度在 3%～7% 之间。微弱的价格影响可能使两类人感到意外：（1）第一类人认为，公司合并之后可以利用更强的市场控制力，会大幅提升价格，（2）第二类人认为，公司合并之后效率更高，会使价格下降。详见练习 9.6。

资料来源: Based on Orley Ashenfelter and Daniel Hosken, "The effects of mergers on consumer prices: Evidence from five selected studies," NBER Working Paper（2008）.

总 结

本章讨论了市场进入、垄断竞争市场和寡头市场。在垄断竞争市场中，各公司使各自的产品差异化，新公司持续进入市场直到市场中所有公司的经济利润变为零。在寡头市场中，少数几家公司服务市场，各公司遵循一定策略行动：他们有时会合作定价，有时会按照一定策略定价迫使竞争公司退出市场。对于公司数量较少的市场，政府会制定公共政策规制垄断竞争公司的行为，促进市场竞争。本章要点如下：

1. 一家新公司进入会使市场价格下降，各公司产量下降，平均生产成本上升。

2. 当垄断竞争市场处于长期均衡时，边际收入等于边际成本，价格等于平均成本，此时经济利润为零。

3. 一家公司可以利用名人背书等成本高昂的广告向消费者释放一种信号：广告产品将流行起来。

4. 寡头市场中的所有公司都有动机制定比其他公司低的价格。因此，除非设计一定的机制保证串谋定价协议得到遵守，否则串谋定价不可能成功。

5. 为了阻止新公司进入市场，一个不稳定的垄断公司可能会坚持以较低的价格生产较高产量的产品。

6. 在平均成本定价政策下，政府为垄断公司规定的价格等于平均生产成本。

7. 政府经常使用的反垄断政策包括：拆分垄断公司、阻止公司合并，以及规制商业行为。

练　习

1. 市场进入的影响

1.1　一家追求利润最大化的公司会选择_____等于_____的产量水平。

1.2　在当前的产量水平下，公司的边际收入大于边际成本。该公司应当____（增加／减少）产量并_____（提高／降低）价格。

1.3　新公司进入市场使在位公司的需求曲线向_____（左／右）移动。

1.4　市场中已有两家公司，当第三家公司进入后，市场价格_____（上升／降低），平均生产成本_____（上升／降低），各公司产量_____（增加／减少），在位的两家公司利润_____（增加／减少）。

1.5　20 世纪 80 年代的规制政策变化使卡车货运服务的价格_____（上升／降低），使卡车货运公司的利润_____（增加／减少）。

1.6　一家新的卫星电视公司进入市场会使消费者剩余_____（增加／减少），部分是因为有线电视公司会_____（提升／降低）服务质量，同时仅小幅提升或降低价格。（参见第 226 页"日常生活中的经济学"）

1.7　竞标书店经营许可。佩吉拥有在 A 城市经营书店的唯一一张许可证。她每本书收费 9 美元，平均成本是每本书 4 美元，销量是每年 1,001 本书。当佩吉的许可证到期后，A 城市决定重新招标，发放两张书店经营许可证。假设价格、平均成本和产量只取整数值，请回答以下问题。

a. 假设佩吉对两公司市场持最乐观的估计，此时她最多愿意为两张许可证中的一张支付多少钱？

b. 假设佩吉对两公司市场持最悲观的估计，此时她最多愿意为两张许可证中的一张支付多少钱？

1.8　作图说明。分析卫星电视公司和有线电视公司竞争的案例，请作图说明卫星电视公司进入，使有线电视公司的利润最大化价格从 40 美元降至 35 美元的过程。（参见第 226 页"日常生活中的经济学"）

1.9　计算比萨店的均衡数量。你所在城市的政府最初规定本地区只能有一家比萨店。在位的比萨店每天售出 3,000 块比萨。当产量达到每天 1,000 块后，比萨店就到达了其长期平均成本曲线的水平部分。假设政府消除了市场进入限制，请预测比萨店的均衡数量。

1.10 计算均衡结果。你所在的城市目前有三家公司提供更换机油的服务。对于单个公司来说，固定成本是每天 80 美元，边际成本是每次换油 12 美元。各家公司通过每天提供 10 次换油服务实现利润最大化。请补充下面空白处。

a. 对于单个公司，边际收入 = _____ 美元。

b. 当 _____ 等于 _____ 美元时，该垄断竞争市场实现了均衡。

2. 垄断竞争市场

2.1 判断以下市场是不是垄断竞争市场。一群司机用同一款轻型卡车运送煤渣的市场。_____（是 / 不是）

2.2 完全竞争公司销售 _____（相同 / 略有差异）的产品，垄断竞争公司销售 _____（相同 / 略有差异）的产品。

2.3 垄断竞争市场实现长期均衡时要满足两个条件：（1）_____ 等于 _____。（2）_____ 等于 _____。

2.4 要加盟唐恩都乐甜甜圈店，你需要一次性缴纳加盟费 _____ 美元，同时每年缴纳销售额的 _____。（参见第 230 页 "日常生活中的经济学"）

2.5 加盟费的支付意愿。你经营着一家唐恩都乐甜甜圈店加盟店。每年你要向母公司支付销售额的 6%。你的利润最大化产量是每天 10,000 个甜甜圈，此时价格是每个 1.00 美元，平均成本（包括所有机会成本，不包括 6% 的品牌使用费）是 0.44 美元。（参见第 230 页 "日常生活中的经济学"）

a. 作一张包含收入曲线和成本曲线的图说明利润最大化的决策过程。

b. 你每年最多愿意支付多少加盟费？

2.6 书店的均衡数量。A 城市政府规定只能有一家书店，该书店平均成本是 11 美元，价格是 20 美元。假设政府消除了市场进入限制，允许其他书店进入该城市。据一位专家计算，"每新进入一家书店，每本书的价格将下降 2 美元，平均成本将上升 1 美元"。请预测书店的均衡数量。

2.7 草坪修剪市场的均衡结果。考虑草坪修剪市场。每家公司为设备付出的固定成本是每天 18 美元，修剪一次草坪的边际成本是 4 美元。假设一家公司最多可以修剪 3 块草坪。草坪修剪市场的需求曲线是线性的，纵截距是 70 美元，斜率是 −1。

a. 如果市场中所有的公司每天都修剪 3 块草坪，每次修剪的平均成本是多少？

b. 垄断竞争市场条件的均衡价格是多少？

c. 市场中总共有多少家公司，每天总计要修剪多少块草坪？

2.8 无人愿意购买的许可证。假设一个城市最初发放了 5 张宠物美容师许可证，并禁止许可证的买卖。一名经济学家进入市政府许可证管理处后，政府决定允许许可证在公开市场交易。令政府困惑的是，许可证的价格是零：没有人愿意花钱购买许可证。

a. 请解释许可证价格为零的原因。

b. 作图说明你的理由。

2.9 商业许可证拍卖。下表显示了市场中的公司数量、市场价格、单个公司的产量和平均生产成本之间的关系。

公司数量	价格	单个公司产量	平均成本
1	20	38	9
2	18	35	10
3	16	32	11
4	14	29	12
5	12	26	13
6	10	23	14
7	8	20	15

每张商业许可证允许 1 家公司营业 1 天。政府准备公开拍卖 7 张许可证，许可证拍卖将一直持续，直到没有人愿意为许可证给出正的价格。假设每家公司只能购买 1 张许可证。你最多愿意为 1 张许可证支付多少钱？

3. 市场进入的权衡关系和垄断竞争

3.1 市场进入的权衡关系是指公司数量的增加会导致 _____ 上升，但也会使 _____ 增加。

3.2 当产品根据销售地点的不同进行差异化时，新公司的进入会以 _____ 的形式给消费者带来益处。

3.3 一家完全竞争公司有一条 _____ 的需求曲线，一家垄断竞争公司有一条 _____ 的需求曲线。

3.4 完全竞争市场处于长期均衡时，价格同时等于 _____ 和 _____。

3.5 当产品差异化减弱时，对于一家垄断竞争公司而言，产品的需求价格弹性 _____（增加 / 减少），平均生产成本 _____（上升 / 降低）。

3.6 限时优惠现象（当需求较高时，_____ 价格）的原因是需求弹性 _____（较高 / 较低）。（参见第 233 页 "日常生活中的经济学"）

3.7 服装的权衡关系。改革开放以前，蓝色是新中国居民主要的制服颜色。

a. 解释制服使用背后的权衡关系。收益是什么？成本是什么？

b. 假设人们可以在五种颜色的制服之间选择，你预计蓝色制服的需求会减少一点还是更多？

4. 为了实现产品差异化做广告

4.1 为眼镜打广告会使眼镜价格 _____（上升 / 降低），因为广告会促进 _____。

4.2 一个成功的广告有两个条件，可以吸引消费者试买，_____ 的消费者数量大。

4.3 本章表 8-2 显示，当重复购买的消费者数量达到 _____ 时，重复购买的消费者带来的利润等于广告成本。

4.4　在南非消费者贷款的案例中，当利率降低时，贷款邀约接受率会＿＿＿（增加／减少），当邀约对象从男性转为女性时，贷款邀约接受率会＿＿＿（增加／减少）。

4.5　贷款广告。假设一家贷款公司收取10%的利率，并在广告中使用男性模特。该公司希望增加男性人群的邀约接受率。假设该公司的广告换为女性模特。此时男性邀约接受率会增加百分之＿＿＿（1，3，8，25）。（参见第236页"日常生活中的经济学"）

4.6　名人成本。考虑一家公司准备聘请一位明星为公司产品代言。该公司是否应该阻止消费者知道它向明星支付的报酬数额？

4.7　口碑营销。考虑一个出版商的案例，该出版商每卖出一本书可以赚取2美元的利润。一个花费320,000美元的广告可以直接售出100,000本书。为了收回广告成本，出版商需要最初的这100,000名消费者至少每人说服多少人买书？

5. 寡头市场及其定价

5.1　当赫芬达尔-赫希曼指数（HHI）小于＿＿＿，市场属于低度聚集，当HHI大于等于＿＿＿，市场属于高度聚集。

5.2　对于一个有四家公司的市场，每家公司各占有25%的市场份额，HHI等于＿＿＿。

5.3　当市场结构从卡特尔转变为双寡头垄断市场，价格＿＿＿（上升／降低），单个公司产量＿＿＿（增加／减少），单个公司利润＿＿＿（上升／降低）。

5.4　占优策略是指让一家公司占有整个市场的策略。＿＿＿（正确／错误）

5.5　双寡头垄断竞争困境是指如果两家公司均选择＿＿＿价格，两家公司都能收益，但实际情况是都选择＿＿＿价格。

5.6　在纳什均衡中，每个博弈主体都在针对＿＿＿制定最优策略。

5.7　在图8-7中，长方块3不是纳什均衡，因为如果＿＿＿选择＿＿＿价格，＿＿＿的最优策略是选择＿＿＿价格。

5.8　在图8-7中，假设杰克向吉尔承诺，如果吉尔选择高价格，他也会选高价格。这个承诺可信吗？请解释。

5.9　19世纪的盐业卡特尔组织持续时间＿＿＿（长／短），部分的原因是单个公司＿＿＿卡特尔组织。（参见第243页"日常生活中的经济学"）

5.10　巴茨和阿萌是草坪修剪市场中的双寡头公司。下图的博弈树表示了可能的定价选择和支付结果。定价博弈实现纳什均衡时，巴茨选择＿＿＿价格，阿萌选择＿＿＿价格。

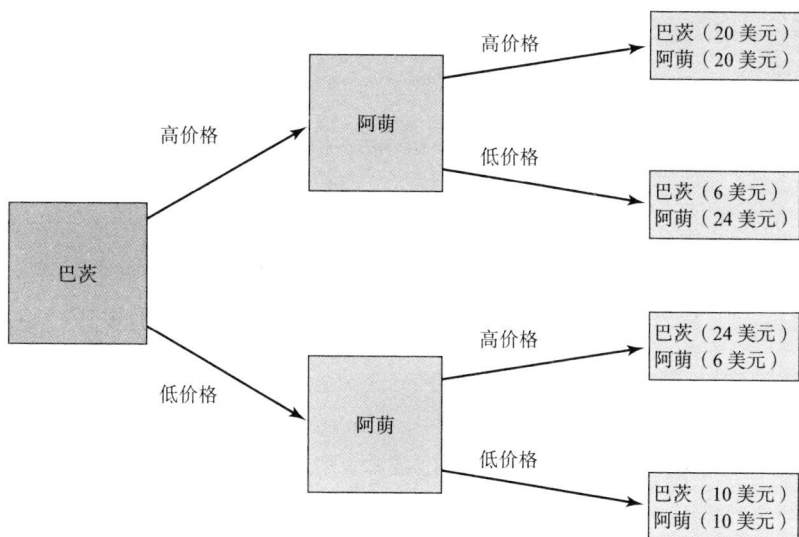

5.11 维生素市场。贝塔和伽马均以不变的平均成本每单位 5 美元生产维生素 A。假设低价保证是违法行为。下面是可能的结果：

- 串谋定价（卡特尔组织）。每家公司以每单位 20 美元的价格销售 30 个单位。

- 双寡头垄断（无串谋定价）。每家公司以每单位 12 美元的价格销售 40 个单位。

- 削价竞争（一家公司价格为 20 美元，另一家公司价格为 12 美元）。低价格公司销售 70 个单位，高价格公司销售 5 个单位。

a. 假设贝塔先于伽马选择价格。作串谋定价博弈的博弈树，并预测博弈结果。

b. 假设两家公司同意共同选择高价。一旦贝塔选择高价格，伽马可以通过背叛多赚取多少利润？

c. 假设两家公司将市场分为两个相等的区域，每家各占据一块区域。如果两家公司同意只在各自的区域内销售产品。他们的协议会产生一个成功的卡特尔组织吗？

5.12 机场大巴串谋定价。H 公司和 S 公司提供从市中心到机场的大巴客运服务。假定低价保证是违法行为。每个乘客的平均成本是 10 美元。下面是可能的结果。

- 串谋定价（卡特尔组织）。两家公司均以 25 美元的价格运送 15 名乘客。

- 双寡头垄断市场（无串谋定价）。两

家公司均以 20 美元的价格运送 20 名乘客。

- 削价竞争（一家公司价格为 20 美元，另一家公司价格为 25 美元）。低价公司运送 28 名乘客，高价公司运送 5 名乘客。

H 公司先于 S 公司选择。作串谋定价博弈的博弈树，并预测博弈结果。

5.13 酒店串谋定价。怀基海滩有 J 酒店和 H 酒店两家酒店。提供住房服务的成本是每天 30 美元不变。假定低价保证是违法行为。下面是可能的结果。

- 串谋定价（卡特尔组织）。两家公司均以 40 美元的价格接纳 30 名顾客。
- 双寡头垄断市场（无串谋定价）。两家公司均以 37 美元的价格接纳 40 名顾客。
- 削价竞争（一家公司价格为 40 美元，另一家公司价格为 37 美元）。低价公司有 50 名顾客，高价公司有 10 名顾客。

J 酒店先于 T 酒店选择。作串谋定价博弈的博弈树，并预测博弈结果。

6. 克服双寡头垄断竞争困境

6.1 当一家公司做出低价保证时，它的保证 _____（会 / 不会）实现，因为所有的公司都会选择 _____（低价 / 高价）。

6.2 假设杰克和吉尔使用针锋相对策略维持卡特尔定价。吉尔连续两个月选择低价，到第三个月转而选择高价。这两家公司会偏离卡特尔协议 _____ 个月。

6.3 如果两家公司预计将在市场中共存很长一段时间，那么削价竞争的成本将 _____（大于 / 小于）收益。

6.4 一家销售商承诺，如果他的销售价格高于竞争对手的销售价格，他将向消费者补偿这个价格差额。销售商的这种做法会使价格 _____（上升 / 降低）。

6.5 对零售轮胎市场的一项研究表明，低价保证会使价格 _____（上升 / 降低）约百分之 _____（1，10，25，37）。（参见第 349 页"日常生活中的经济学"）

6.6 树顶旅游的低价保证。A 公司和 B 公司提供热带雨林的树顶旅游服务。每名游客的平均成本是 10 美元。以下是可能的结果：

- 串谋定价（卡特尔组织）。两家公司均以 20 美元的价格服务 6 名游客。
- 双寡头垄断市场（无串谋定价）。两家公司均以 15 美元的价格服务 8 名游客。
- 削价竞争（一家公司价格为 20 美元，另一家公司价格为 15 美元）。低价公司有 13 名游客，高价公司有 2 名游客。

A 公司先于 B 公司选择价格。

a. 假设没有公司提供低价保证。作博

弈树，并预测串谋定价博弈的结果。

b. 假设两家公司提供低价保证。作博弈树，并预测串谋定价博弈的结果。

c. 低价保证的承诺会实际有效吗？

6.7 停业甩卖。许多公司会进行停业甩卖，所售商品折扣非常低。经过本章的学习，你怎么看待这种销售行为。

6.8 在价格领先机制模式下，领先者的价格突然下降，此时如果其他公司认为价格下降是由 ____ 提升引起时，将不会引发价格战。

7. 不稳定的垄断公司和市场进入遏制

7.1 A 公司在豪华轿车服务市场中居于垄断地位，B 公司在考虑进入该市场。下图是豪华汽车服务市场的进入遏制博弈的博弈树，该博弈的结果是 A 公司选择 ____ 产量，B 公司 ____ 市场。

7.2 续 7.1 题。如果最低市场进入产量增加，其中一个长方块的数字将会 ____（上升/降低）。如果最低市场进入产量减少 50%，市场进入遏制博弈的结果将变为 A 公司选择 ____ 产量，B 公司 ____ 市场。

7.3 考虑一个不稳定的垄断公司。零利润产量是 60 个单位，最低进入产量是 5 个单位。那么市场进入遏制产量是 ____ 个单位。零利润价格是 80 美元，市场需求曲线斜率为 −2，那么限制价格是 ____。

7.4 要阻止第二家公司进入市场，垄断公司只需要威胁将价格降低至平均成本即可。____（正确/错误）

7.5 当最低市场进入产量减少，市场进入遏制产量会 ____（增加/减少），限制价格和市场进入遏制策略下的

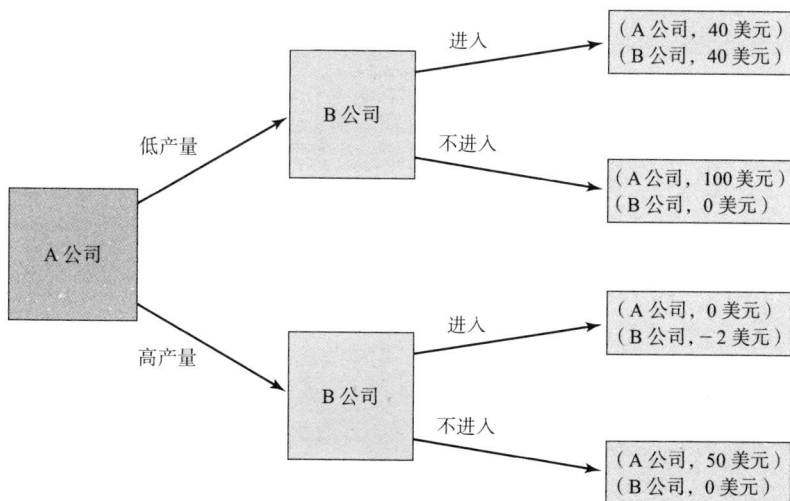

利润会 _____（上升 / 降低）。

7.6 图 8-11 中，长方块 2 不是纳什均衡，因为如果 _____ 选择小产量，_____ 的最优反应是 _____。

7.7 可竞争市场的 _____ 成本 _____（高 / 低）。

7.8 微软是一家 _____（稳定的 / 不稳定的）垄断公司，限制价格约为纯垄断价格的百分之 _____（10，20，40，60，90，100）。（参见第 255 页"日常生活中的经济学"）

7.9 忍者神龟和太极仙蛙。对两栖动物的漫画玩具需求是线性的，斜率是每个玩具 −0.01 美元。生产的平均成本固定为 3 美元。需求曲线与水平的平均成本曲线交点在产量为 600 个的位置。A 公司销售忍者神龟玩具，目前居于垄断地位，以 4 美元的价格销售 300 个玩具。B 公司准备进入市场销售太极仙蛙玩具，最低市场进入产量是 100 个。如果 A 公司消极应对，让 B 公司进入市场，两家公司均将以 5 美元的价格销售 200 个玩具。

　a. 模仿图 8-10 作一张类似的图。

　b. 模仿图 8-11 作一个博弈树，并预测博弈结果。A 公司将如何应对市场进入的威胁？B 公司会进入市场吗？

　c. 如果最低市场进入产量降低至 50

个，重新作 a 题的图。

7.10 雷诺国际笔业公司。考虑雷诺国际笔业公司和圆珠笔的案例。假设圆珠笔的单位成本是 1.00 美元。雷诺有两个选择：

· 允许进入。选择 13 美元的垄断价格。第一年，雷诺将销售 100,000 支钢笔。其他公司开始以更低的价格进入市场，雷诺的产量每年将减少 20,000 支。第二年，雷诺的产量降至 80,000 支，依次类推，直到第六年降至 0。

· 阻止进入。选择以 1.05 美元的价格每年生产 1,000,000 支钢笔，以阻止其他公司进入。

　a. 在策略 1 下，第一年的利润是 _____ 美元，第二年是 _____ 美元，依次类推，直到第六年 0 美元。6 年的总利润为 _____ 美元。

　b. 在策略 2 下，每年的利润是 _____ 美元。20 年的时间里，总利润将达到 _____ 美元。

　c. 如果从 20 年的时间来看，哪项策略利润更高？

　d. 如果限制价格是 1.50 美元，而不是 1.05 美元，你对 c 的回答会如何变化？

7.11 航空业的市场进入遏制。考虑波士顿和纽约之间的航空市场。长期平均成本是每名乘客 100 美元不变，需求曲线是线性的，斜率是每名乘客 −2 美元。需求曲线与水平的平均成本曲线的交点的产量为 120 名乘客。最低市场进入产量是 20 名乘客。A 公司目前居于垄断地位，以 220 美元的价格服务 60 名乘客。B 公司考虑进入该市场。如果 A 公司消极应对，让 B 公司进入市场，两家公司均将以 180 美元的价格服务 40 名乘客。

a. 模仿图 8-10 作一张类似的图。

b. 模仿图 8-11 作博弈树，并预测博弈结果。A 公司将如何应对市场进入的威胁？B 公司会进入市场吗？

c. 如果最低市场进入产量降至 10 名乘客。a 小题的图会怎样变化？

7.12 专利到期。一种品牌药物厂商的专利马上要到期了，即将与仿制药的厂商竞争。生产的平均成本是每剂药 8 美元。一种方案是厂商通过将销售价格定为 10 美元来阻止市场进入。在 10 美元的价格下，该公司每天将销售 100 剂药。另一种方案是厂商将价格定为 12 美元，允许市场进入。该品牌药的需求价格弹性是 2.0。

a. 在价格为 12 美元的方案下，品牌药的需求量是 _____，公司的利润是 _____。

b. 在价格为 10 美元的方案下，公司的利润是 _____。

c. 公司的最优策略是 _____（允许进

入 / 阻止进入）。

d. 如果品牌药的需求价格弹性从 2.0 变为 3.0，12 美元的方案下公司的利润将是 _____，此时公司的最优策略是 _____（允许进入 / 阻止进入）。

8. 自然垄断

8.1 一家自然垄断公司在当前的垄断水平下，边际成本大于边际收入。公司将 _____（增加 / 减少）产量，并 _____（提升 / 降低）价格。

8.2 新公司进入市场将使在位公司的需求曲线向 _____ 移动。此时在任意价格水平下，在位公司的产量将 _____（高于 / 低于）原产量。

8.3 当长期成本曲线完全位于两公司市场中单个公司的长期需求曲线 _____（之下 / 之上），将产生自然垄断。

8.4 在平均成本定价策略下，最优价格由 _____ 曲线和 _____ 曲线的交点显示。

8.5 当英国由私人供水变为公共供水后，水的质量 _____，人均水消费量和单位产量成本 _____。（参见第 259 页"日常生活中的经济学"）

8.6 有线电视服务需求减少。考虑一家有线电视公司，该公司固定成本为 4,800 万美元，边际成本为每名用户 5 美元。该公司受平均成本定价政策规制。

a. 下表的前两列显示了初始需求曲线的三个点。例如，在 15 美元的价格水平下，需求量是 600 万用户。价格每下降 2 美元，用户将增加 100 万。填写下表空白处。规制价格是 _____。

价格（美元）	用户数	平均成本
15	600 万	
13	700 万	
11	800 万	

b. 假设产品需求减少，需求曲线向左移动了 100 万用户的距离。新的规制价格是 _____ 美元。

价格（美元）	用户数	平均成本
15		
13		
11		

8.7 受规制的垄断公司的环境成本。博纳维尔电力局（BPA）是美国西北部的一家受规制的垄断公司，该公司拥有数十座水坝用于发电。不幸的是，BPA 的水坝阻挡了鱼类的迁徙通道，导致多个物种的数量减少。假设 BPA 花费 1 亿美元减少水坝对鱼类迁徙的影响。谁将承受该项目的成本？

8.8 从私人到公共水供给。考虑英国供水的案例。假设一家不守规制的私人垄断企业的价格是每单位 3 美元，产量是 1,000 万单位，平均成本是每单位 2 美元，边际成本为 1 美元不

变。（参见第 259 页 "日常生活中的经济学"）

a. 作图表示利润最大化情况下的价格、产量和平均成本。

b. 作图表示平均成本定价政策对价格、产量和平均成本的影响。

c. 卫星广播公司合并。假设两家卫星广播公司最初均有 950 万名用户，经济利润均为负，平均成本大于 13 美元的价格。假设边际成本为每名用户 2 美元不变。

d. 作图表示平均成本曲线和单个公司需求曲线。

e. 假设两家公司合并。利润最大化价格是 13 美元，平均成本是 12 美元。作图解释。

9. 反托拉斯政策

9.1 反垄断政策的目的是促进 _____，降低 _____。

9.2 反垄断政策主要有三种：（1）_____，（2）_____，（3）_____。

9.3 在史泰博公司的案件中，数据显示，与欧迪办公公司的竞争会使价格 _____，这表明合并会损害 _____。

9.4 在州际面包公司的案件中，付款扫描仪的数据显示州际公司的产品和大陆面包公司的产品是 _____，因此合并会导致更高的 _____。

9.5 掠夺式定价策略是获取和保持垄断

地位的一种实用有效的方法。＿＿＿

（正确／错误）

9.6 彭泽尔机油公司和宾州机油公司的合并案使一种品牌的石油价格上升了约百分之＿＿＿（1，5，20，50）。（参见第 265 页"日常生活中的经济学"）

9.7 设定比竞争对手的成本低的价格的行为是＿＿＿（合法的／违法的）。当目标是＿＿＿和＿＿＿价格时，设定比本公司成本低的价格的行为是违法的。

9.8 合并后提升价格的动力。假设 A、B 公司的合并会使两家公司的产品的需求价格弹性从 3.0 降至 1.5。两家公司的平均生产成本均为每单位 5 美元。假设 A 公司最初的价格是 10 美元，正在考虑将价格提升至 11 美元。

a. 填写下表空白处，分别展示在合并之前和合并之后提升价格的支付结果。（货币单位：美元）

价格	产量	总收入	总成本	利润
最初价格 10 美元	100	1,000	500	500
新价格：11 美元，合并前，需求价格弹性等于 3.0				
新价格：11 美元，合并后，需求价格弹性等于 1.50				

b. 在合并前，提升价格将使公司利润＿＿＿。合并后，提升价格将使公

司利润＿＿＿。

c. 为什么合并会使产品的需求价格弹性上升这一假设是合理的。

9.9 收回企业收购的成本。长期平均生产成本是每单位 6 美元不变。假设 X 公司以 2,400 万美元的价格收购了 Y 公司。在新价格下，X 公司每年销售 150 万个单位的产品。

a. 收购会怎样影响 X 公司每年的利润？

b. X 公司需要多少年收回收购 Y 公司的成本？

9.10 搜索 YellowPages.com。叶琳是刚刚入职联邦贸易委员会（FTC）的经济学家，她被分配到审核美国第二大和第四大的五金连锁店的合并案工作组。她的工作是预测这项合并案是否会使硬件价格上升？上司给了她一些 CD，里面有第二大的连锁店的销售数据。每张 CD 分别是一个小城的销售数据，包括锤子、扳手、螺母、螺栓、耙、胶水、电钻等数百种五金产品的价格、产量。上司还给了她一个网址 YellowPages.com。她如何使用硬盘和网址的信息才能准确预测合并对价格的影响？

9.11 合并案的成本效应。考虑一家提出合并案的公司的陈述："通过合并生产，营销和管理运营资源，两家公司可以节省约 5,000 万美元。换句

他行业的公司一样，供水公司可以使用边际原理。如果一家垄断公司供水，公司需求曲线将和市场需求曲线一致：市场需求曲线显示了垄断公司的价格和水销售量的关系。边际原理在点 a 处满足，此时水的销售量为 7,000 万立方米，价格为 2.70 美元（点 b），平均成本为 2.10 美元（点 c），每立方米水的利润是 0.6 美元。价格大于平均成本，所以供水公司可以盈利。

会有第二家公司进入市场吗？

如果没有人为设置的障碍，其他公司可以进入供水市场。如果有第二家公司进入市场，会发生什么情况？第二家公司的进入会使第一家公司的需求曲线从 D_1 向左移动至 D_2：在任意价格下，第一家公司的销售量降低，因为它要与第二家公司分享市场。例如，在 2.70 美元的价格下，市场总计销售出 7,000 万立方米的水，假设两家公司平分市场，那么第一家公司的销售量将从点 b 的 7,000 万立方米变为点 d 的 3,500 万立方米。总之，公司数量越多，每家公司的需求曲线越低。

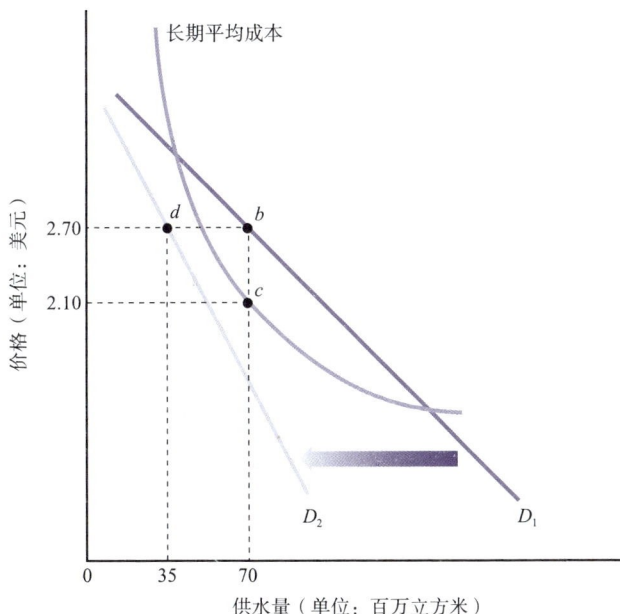

▲图 8-13

会有第二家公司进入市场吗？

第二家公司的进入使单个公司的需求曲线向左移动。进入之后，公司需求曲线完全位于长期平均成本曲线的下方。无论公司收取怎样的价格都会亏损。因此，不会有第二家公司进入市场。

话说，我们将实现巨大的规模经济。因此，政府应该同意这项合并案。"

根据有关合并的新规定，你怎么看待该公司的陈述？

经济学实验

固定成本和市场进入

下面的实验展示了市场进入对价格和利润的影响。学生扮演企业家的角色，决定是否进入草坪修剪市场。如果他们决定进入市场，他们需要确定修剪草坪的价格。

- 潜在的草坪修剪公司有 8 家，每家公司由 1 到 3 名学生代表。每家公司有两类成本：每天的固定成本和每次修剪草坪的边际成本。每家公司每天最多可以修剪 2 次草坪。
- 潜在的消费者有 16 家。每名消费者的支付意愿都不相同。
- 本次实验分两个阶段。第一个阶段，每家公司决定是否进入市场。进入决定按照一定的顺序进行，老师依次询问潜在的公司是否进入市场。进入的决定必须公开。当一家公司决定进入市场，将产生一项 14 美元的固定成本，每次修剪草坪的边际成本是 3 美元。
- 决定进入市场的公司均要设定自己

的服务价格，然后消费者可以咨询所有的公司，最后决定是否要购买服务。

- 每个交易期持续 5 分钟，每家公司每个交易期中最多可以改变 3 次价格。
- 消费者得分等于每个交易期的意愿支付价格和实际支付价格之差的加总。
- 公司的得分等于利润，即总收入与总成本之差。

串谋定价

下面是一个串谋定价博弈实验。你有机会在一个假想的市场中与 5 家公司串谋定价。老师将学生分为 5 组。每组各代表生产类似产品的 5 家公司。每组必须为自己的公司设定一个定价策略。只有两个定价选择：高价或低价。一家公司的利润取决于它选择的价格和其他公司选择的价格。利润矩阵如下表所示。

高价公司数量	低价公司数量	高价公司利润	低价公司利润
0	5	—	5
1	4	2	7
2	3	4	9
3	2	6	11
4	1	8	13
5	0	10	—

以第二行为例，如果 5 家公司中有一家选择高价，而其他公司选择低价，则高价公司利润为 2 美元，低价公司利润为 7 美元。其他各行以此类推。博弈将持续数轮。在前三回合，各公司独立选择价格，不能相互交流。从第四回合开始，各公司先协商，再决定。各组的得分等于所赚的利润。

注 释

1. Sarah Needleman, "In a Sole Revival, the Recession Gives Beleaguered Cobblers New Traction," *New York Times,* February 2, 2009, 1; Franco Capaldo, "Timpson Enjoys Shoe Repair Boom," *Financial Mail,* October 2008; Eric Apalategui, "Cobblers Step Up to Fill Need for Repair, Reuse," *The Oregonian,* January 8, 2010, B1.

2. Theodore E. Relate, "Deregulation and Scale Economies in the U.S. Trucking Industry: An Econometric Extension of the Survivor Principle," *Journal of Law and Economics* 32（October 1989）: 229–253; Thomas Gale Moore, "Rail and Truck Reform—The Record So Far," *Regulation*（November– December 1988）: 57–62; Leonard W. Weiss, ed., *Concentration and Price*（Cambridge, MA: MIT Press, 1989）.

3. Timothy F. Bresnahan and Peter C. Reiss, "Entry and Competition in Concentrated Markets," *Journal of Political Economy* 99（October 1991）: 977–1009.

4. Lee Benham, "The Effect of Advertising on the Price of Glasses," *Journal of Law and Economics* 15, no. 2（1972）: 337–352.

5. Adam Smith, *An Inquiry into the Nature and Causes of the Wealth of Nations*（1776）; Book 1, Chapter 10.

6. Sylvia Nassar, *A Beautiful Mind*（New York: Simon & Schuster, 1998）.

7. Robert Axelrod, *The Evolution of Cooperation*（New York: Basic Books, 1984）.

8. Federal Trade Commission, "Record Companies Settle FTC Charges of Restraining Competition in CD Music Market," Press Release, May 10, 2000.

9. Thomas Whiteside, "Where Are They Now?" *New Yorker*, February 17, 1951, 39–58.

10. John R. Wilke, "New Antitrust Rules May Ease Path to Mergers," *Wall Street Journal*, April 9, 1997.

11. "The Economics of Antitrust: The Trustbuster's New Tools," *Economist*, May 2, 1998, 62–64.

"能告诉我你为什么要卖掉这辆车吗？"

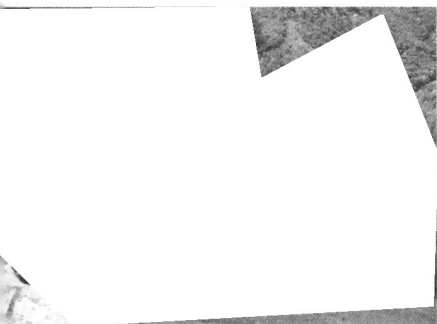

在二手车交易中，买方经常会问这个问题，而且他们会认真听卖方的回答。假设卖方是诚实的，那么买方希望听到的答案是"因为新工作的需求，我需要一辆不同的车"，或"我每三年就换一辆新车"。买方最不希望出现的情况是卖方正试图摆脱一个"柠檬商品"——一辆经常出故障，需要花大量修理费的车。在其他市场中，人们不会问这种问题。例如，没有人会问："能告诉我你为什么要卖这块比萨吗？"

"保险的保障内容包括因蹦极运动导致的意外死亡吗？"

生活总是充满风险，人们通常会购买保险来减少偷窃、生病、受伤和死亡导致的经济损失。这名潜在的蹦极玩家提出的问题揭示了一个重要事实：保险会使人们冒更大的风险，因为人们知道保险会支付由意外导致的部分损失。

学 习 目 标

解释买方逆向选择的概念。

讨论针对买方逆向选择的可行应对措施。

解释道德风险的概念。

定义公共物品和搭便车问题。

使用边际原理说明污染的最优水平。

描述税收在推进有效的环境政策中的作用。

阐明税收相对于传统管制政策的优势。

描述可交易的排污权的优点和决定其价格的因素。

在本书前面的章节中，我们使用需求供给模型，展示了市场中个体的决定和行为是如何形成均衡价格和产量的。亚当·斯密形象地使用"看不见的手"这一比喻，解释市场中的个体基于自身的利益采取行动，最终增加了整个社会的利益：

> 为了获得丰盛的晚餐，我们要依靠的绝不是屠夫、酿酒师或面包师的仁爱之心，而是他们对于自身利益的关心。我们要解决自身的需求，可以依靠的不是他人的博爱而是自爱；因此我们与他人交谈时，要强调的不是我们的需要而是他人的利益……（人）被一只看不见的手引导着，去促成一个并非出自他本意的结果……由于追逐他个人的利益，他经常促进了社会利益，其效果也往往比他真正想促进社会效益时所得到的效果更好……除了乞丐，没有人会完全依靠他人的博爱去生存。

本章我们将探究那些有损于社会利益的个体决策环境：

- 不完全信息：买方或卖方中的一方，没有或不能充分了解产品的信息，从而无法正确做出是否交易的决定。在一个买卖双方都充分知情的市场中，市场可以平稳运行，每一个商品都可以达到均衡价格和均衡产量。而在一个不完全信息市场中，一些商品销售量很小甚至为零；另外，买方和卖方会使用资源以获取更多信息，从而帮助自己做出更有利的决定。
- 外部收益：一个商品的收益不限于购买者自身。例如，如果一个农场主建造了一座防洪堤坝，其他处于洪涝区的农场主也能从中受益。存在外部收益时，集体决策会提升效率。
- 外部成本：一个商品的成本不限于厂商自身。例如，燃煤发电会污染空气，并使电厂周边居民容易患上哮喘。解决外部成本的经济方法是将该成本内部化，强制污染企业像支付原材料和劳动力的成本那样，为污染买单。

买家面临的逆向选择：柠檬市场问题

不完全信息市场的一个经典案例是二手车市场。[1]假设有两种车，低质量的和高质量的。低质量的车也称作"柠檬商品"（lemon），经常故障、维修成本较高。高质量的车也称作"李子商品"（plum），性能可靠、维修成本较低。假设买方无法区分柠檬商品和李子商品。尽管买方可以通过观察和试驾获取意向汽车的一些信息，但

是这种程度的检查不足以确认汽车的质量。相
反，卖方拥有该车有一段时间了，可以从经验
判断该车是柠檬商品还是李子商品。如果市场
中的一方，无论买方或卖方，比另一方掌握更
多的信息，我们就说这个市场存在**信息不对称**
（asymmetric information）。因为买方无法区分

> **名词解释**
>
> *信息不对称：如果市场中的一方，无论买方或卖方，比另一方掌握更多的信息，我们就说这个市场存在信息不对称。*
>
> *混合市场：不同质量的商品以相同价格销售的市场。*

柠檬商品和李子商品，所以将出现二手车的一个单一市场：两种车在这个**混合市场**（mixed market）中以相同价格共同销售。

信息匮乏的买方和信息充分的卖方

消费者愿意为一辆既可能是柠檬商品也可能是李子商品的二手车支付多少钱？为了确定消费者在一个同时拥有柠檬商品和李子商品的混合市场中的支付意愿，我们需要回答三个问题：

1. 消费者愿意为李子商品支付多少钱？
2. 消费者愿意为柠檬商品支付多少钱？
3. 在混合市场中购买的二手车有多大概率是低质量商品？

假设典型的买方愿意为一件李子商品支付4,000美元，为一件柠檬商品支付2,000美元。买方愿意为柠檬商品支付的金额低，因为柠檬商品的性能不可靠而且维修成本高。对于愿意忍受麻烦和维修成本的人来说，柠檬商品是一个合理的选择。这就是为什么典型的买方愿意为一辆贴上柠檬商品标签的低质量汽车支付2,000美元，而不是0美元。那些支付2,000美元得到柠檬商品的人和那些支付4,000美元得到李子商品的人一样满意。

当存在信息不对称时，市场产出很大程度上取决于消费者的预期。假设上路的二手车中有一半是柠檬商品，而且消费者知道这个信息，那么消费者的一个合理预期就是，二手车市场里的车有一半是柠檬商品。换句话说，买方预期买到两种车的概率是五五开。一个合理的假设是，混合市场中的买方愿意为这两种车支付的平均价值为3,000美元。也就是说，买方愿意支付3,000美元，他可能会买到柠檬商品，也可能买到李子商品，这是一次五五开的机会。

一辆二手车的车主可以从经验判断自己的车是柠檬商品还是李子商品。给定所有二手车的单一市场价格，对于车主的问题是"我应该卖车吗？"这个问题的答案体现在图 9-1 中的两条供给曲线中，一条是柠檬商品，一条是李子商品。

- 柠檬商品供给。如位于下方的曲线所示，柠檬商品的最低供给价格是 500 美元。价格低于 500 美元时，没有人会供给柠檬商品。柠檬商品的最低供给价格较低，因为它们对于当前车主的价值较低。柠檬商品的供给量随价格上升而增加。例如，价格为 3,000 美元时，供给量达到 80 辆（点 b）。
- 李子商品供给。如位于下方的曲线所示，李子商品的最低供给价格是 2,500 美元。价格低于 2500 美元时，没有人会供给李子商品。根据供给定律，二手车价格越高，李子商品的供给量越大。例如，价格为 3,000 美元时，供给量达到 20 辆（点 a）。

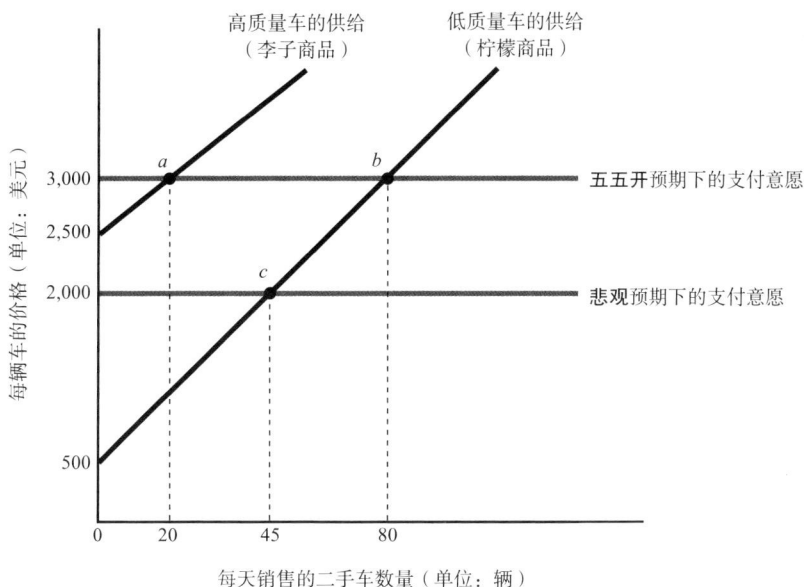

▲图 9-1

市场上所有的二手车都是柠檬商品

如果买方认为得到柠檬商品或李子商品的概率是五五开，那么他们愿意为一辆二手车支付 3,000 美元。在该价格下，李子商品的供给量是 20 辆（点 a），柠檬商品的供给量是 80 辆（点 b）。这不是均衡状态，因为消费者的五五开的预期还未实现。如果消费者变得悲观，认为市场上都是柠檬商品，他们将只愿意为一辆二手车支付 2,000 美元。在该价格下，市场只会供给柠檬商品（点 c）。消费者的预期实现了，所以均衡状态如点 c 所示，均衡价格是 2,000 美元。

市场中只有低质量商品时的均衡

基于图 9-1 中的曲线，表 9-1 展示了二手车市场的两种情景。表格第一列中，我们假定买方对二手车质量的预期是五五开。前面提到，如果买方预期买到柠檬商品和李子商品的概率是五五开，那么买方愿意为一辆二手车支付 3,000 美元。从图 9-1 中供给曲线可知，在 3,000 美元的价格下，柠檬商品和李子商品的供给量分别为 80 辆和 20 辆，此时 80% 的二手车是柠檬商品。在这种情况下，消费者对于二手车的质量的预期过于乐观，低估了买到柠檬商品的概率。

基于 100 名消费者的经验显示，买到柠檬商品的实际概率是 80%，而不是初始预期的 50%。一旦未来的买方意识到这点，他们对二手车市场将持更悲观的预期。假设他们认为市场上所有二手车都是柠檬商品。在这个假设下，典型的买方仅愿意为一辆二手车支付 2,000 美元（即柠檬商品的价值）。如图 9-1 所示，这个价格比李子商品的最低供给价格小，所以李子商品将从二手车市场中消失。在 2,000 美元的价格下，李子商品的供给量为零，柠檬商品的供给量是 45（点 c）。换句话说，所有的二手车都会是柠檬商品，此时消费者的悲观预期被证明是正确的。因为消费者的预期与他们在市场中的实际经验一致，所以市场达到均衡，二手车的均衡价格为 2,000 美元。二手车市场的均衡状态如表 9-1 第二列所示。

表 9-1　市场中只有低质量商品时的均衡（货币单位：美元）		
	买方的初始预期是五五开	均衡：悲观预期
市场的需求侧		
买方愿意为柠檬商品支付的价格	2,000	2,000
买方愿意为李子商品支付的价格	4,000	4,000
买到柠檬商品的概率	50%	100%
买到李子商品的概率	50%	0%
买方愿意为混合市场中的二手车支付的价格	3,000	2,000
市场的供给侧		
柠檬商品的供给量	80	45
李子商品的供给量	20	0
二手车的总供给量	100	45
买到柠檬商品的实际概率	80%	100%

在均衡状态下，没有人出售或购买李子商品，所以每个买方都只能买到柠檬商品。人们得到的正是他们想要的：人们愿意为一辆能用但低质量的车支付 2,000 美元，

而他们得到的也正是这样的商品。二手车市场被柠檬商品完全支配是**逆向选择问题**（adverse-selection problem）的一个经典案例。市场中信息匮乏的一方（本例中是买方）不得不选择劣质的二手车。市场中的信息不对称问题导致价格和质量呈螺旋式下降：

名词解释

逆向选择问题：市场中信息匮乏的一方不得不选择劣质或逆向选择的商品。

- 市场中存在低质量商品使消费者愿意支付的价格降低。
- 价格的降低使高质量商品的供给量减少，拉低了市场中商品的平均质量。
- 商品平均质量的降低进一步拉低了消费者愿意支付的价格。

在本例这种极端情况下，螺旋式下降的趋势一直持续，直到市场中的二手车全部都是柠檬商品。

交易清淡的市场：市场中有一些高质量商品时的均衡

李子商品从我们设想的二手车市场中消失是一种极端情况。李子商品消失是因为商品所有者愿意把车留在手里，不愿意以较低的价格卖到二手车市场。如果李子商品的最低供给价格降至 2,000 美元以下，结果将会发生变化。在这种情况下，市场中不再只有柠檬商品，一些幸运的买家可以买到李子商品，此时信息不对称产生的是一个**清淡市场**（thin market）：市场中有一些高质量商品出售，但是数量比完全信息条件下少。

图 9-2 显示了交易清淡市场的情况。李子商品的最低供给价格是 1,833 美元，且供给量随二手车价格上升而增加。假设消费者最初是悲观的，他们认为所有待售的二手车都是柠檬商品。这意味着消费者只愿意为一辆二手车支付 2,000 美元。现在李子商品的最低供给价格（1,833 美元）低于消费者愿意为柠檬商品支付的价格，所以市场开始供给李子商品。图 9-2 中，在 2,000 美元价格下，李子商品和柠檬商品的供给量分别为 5 辆和 45 辆，所以每 10 位买家中就有 1 位可以得到李子商品。在这种情况下，悲观的预期不会实现均衡，因为部分买家会买到李子商品，尽管他们预期买到的是柠檬商品。这种情

名词解释

清淡市场：在交易清淡的市场内，有一些高质量的商品出售，但是与拥有完全信息的市场相比，高质量商品的销售量要少。

况如表 9-2 第一列所示。

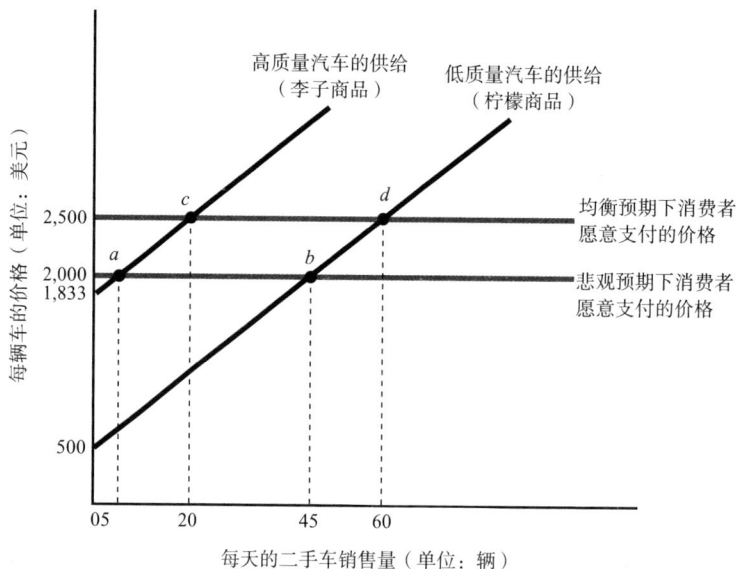

▲图 9-2

高质量汽车的市场交易清淡

如果买家持悲观预期，认为市场上只有柠檬商品出售，那么他们愿意为一辆二手车支付 2,000 美元。在这个价格下，李子商品和柠檬商品的供给量分别为 5 件（点 a）和 45 件（点 b）。但此时还未达到市场均衡，因为 10% 的消费者买到李子商品，与初始的悲观预期不符。如果消费者认为买到李子商品的概率是 25%，那么他们愿意为一辆二手车支付 2,500 美元。在新的价格下，李子商品和柠檬商品的供给量分别为 20 件（点 c）和 60 件（点 d）。此时实现市场均衡，因为 25% 的消费者买到李子商品，与新的预期一致。消费者预期实现，此时市场均衡如点 c 和点 d 所示。

　　在均衡状态下，消费者对买到两种商品的机会的预期与实际情况一致。假设消费者预期 4 辆车中有 1 辆是李子商品。假设在这种情况下，每名消费者愿意为一辆二手车支付 2,500 美元。消费者愿意支付的价格之所以略高于柠檬商品的价格，是因为存在买到李子商品的一个小概率。图 9-2 中，在 2,500 美元的价格下，李子商品和柠檬商品的供给量分别为 20 辆（点 c）和 60 辆（点 d），所以实际上每 4 名消费者可以买到 1 件李子商品。此时市场达到均衡，因为实际情况与消费者的预期一致。这种情况如表 9-2 第二列所示。

表 9-2　拥有部分高质量商品的交易清淡的市场（货币单位：美元）	买方的初始预期是五五开	均衡：悲观预期
市场的需求侧		
买方愿意为柠檬商品支付的价格	2,000	2,000
买方愿意为李子商品支付的价格	4,000	4,000
买到柠檬商品的概率	100%	75%
买到李子商品的概率	0%	25%
买方愿意为混合市场中的二手车支付的价格	2,000	2,500
市场的供给侧		
柠檬商品的供给量	45	60
李子商品的供给量	5	20
二手车的总供给量	50	80
买到柠檬商品的实际概率	90%	75%

柠檬商品问题的证据

关于信息不对称市场，柠檬商品模型做出了两个预测。第一，市场中存在低质量商品时，至少会使高质量商品的供给量减少，甚至会使高质量商品消失。第二，为了应对柠檬商品问题，买方和卖方会通过购买信息或其他方式来区分高质量商品和低质量商品。柠檬商品模型做出这两个预测的证据是什么呢？

对于二手小型货车市场的大量研究，研究人员得出了有关柠檬商品问题的多项结果。[2] 从数据看，那些使用时间在 10 年以内的二手货车的平均性能，与那些留在当前车主手中的货车的平均性能一样可靠。这些研究支持了柠檬商品理论的第二个结论，即人们会通过获取信息或其他有效方式来解决信息不对称问题。相反，使用时间在 10 年以上的二手车占整个二手小型货车交易量的三分之一，这类二手车的交易确实存在柠檬商品问题。与那些留在当前车主手中的货车相比，二手车的维修成本要高45%，且维修时更换发动机和变速器的概率要高得多。

日常生活中的经济学

棒球投手和二手车相似吗？

对应的经济学问题：买家面临的逆向选择是什么？

职业棒球队之间要为优秀的球员展开激烈的竞争。在大联盟服役满 6 年后，球员有权利成为自由球员并为出价最高的球队效力。如果新球队开出的条件比原球队优厚，那么球员就有可能转会。自由球员市场有一个令人费解的特点，那就是转会的投手比留在原队的投手更容易受伤。数据统计显示，转会的投手平均留在伤病名单上的天数为 28 天，而留在原队的投手只有 5 天。这并不意味着所有转会的投手都是柠檬商品；他们中的许多人都没有伤病困扰，并且成为新球队的重要力量。但是平均来看，转会的投手花在伤病恢复上的时间要多 5 天。

自由球员市场的这一令人费解的特征，可以用信息不对称和逆向选择解释。因为原球队的教练、队医和训练员与球员相处多年，他们可以凭借经验判断球员是否有可能受伤甚至无法比赛。相反，新球队的信息就少得多了，他们可以让队医检查投手，还可以通过联盟记录查询投手留在伤病名单上的时间，但是这些措施不足以消除信息不对称。原队伍日复一日地与投手相处多年，所以对投手的身体健康掌握了更多的信息。

现在来考虑一支球队比另一支球队为一名投手出价更高的激励因素。假设投手的市场价格是每年 100 万美元，有一支球队向底特律老虎队的一名投手开出了这个报价。如果老虎队认为这名投手下个赛季有可能要花很长时间用于恢复伤病，那么他们不会报更高的价格；言下之意，他们会让这名投手转会。但是如果老虎队认为这名投手不会受伤，而且可以保持很好的竞技状态，也就是说他们认为这名投手的价格超过 100 万美元，那么他们为了留下这名投手会比其他球队报出更高的价格。这就是为什么容易受伤的球员更可能转会。和二手车市场类似，转会投手市场上存在许多柠檬商品。其他位置的球员的转会市场没有受逆向选择影响，这也许是因为影响他们表现的伤病更容易被其他球队发现。

你也许认为，将棒球投手与二手车比较是古怪离奇的，但是棒球界的人却不这么认为。他们意识到了这两个市场之间的相似性。杰克·摩尔管理着一家自由球员营地，在那里球队可以寻找球员并观察球员的实际表现，这听上去像是二手车销售员的工作。"我们的目标是帮助球员离开营地，帮助球队达成协议。在这里，你可以观察心仪的球员并把他带回家，这样的营地真的很难得。"详见练习 1.7，1.8，1.16。

资料来源：Based on Kenneth Lehn, "Information Asymmetries in Baseball's Free Agent Market," *Economic Inquiry* 22（January 1984）：37-44; Associated Press, "Free Agents at End of Baseball's Earth," *Corvallis Gazette-Times*, April 15, 1995.

柠檬商品问题的解决办法

在信息不对称市场中，买卖双方都希望解决柠檬商品问题。在清淡市场的例子中，一辆二手车的价格是 2,500 美元，消费者愿意为一件李子商品支付 4,000 美元。消费者愿意为李子商品支付的价格与混合市场的价格之间相差 1,500 美元，给买卖双方提供了互利交换的机会。一个拥有高质量汽车的车主也许不愿意以 2,500 美元出售，但是他可能会接受 4,000 美元左右的价格，而且只要消费者愿意支付这个价格，交易就能实现。整个问题的关键是如何在混合市场中识别出高质量的车。

买方在信息上的投资

在清淡市场的模型中，四分之一的买家可以支付 2,500 美元，买到一件价值 4,000 美元的李子商品。买家拥有的信息越多，从混合市场中买到李子商品的概率就越高。假设一名买家得到的信息使他能够识别出李子商品，这名买家就能够以当前的市场价格 2,500 美元买到一件价值 4,000 美元的商品，多产生 1,500 美元的利润。买家可以聘请机械师仔细检查汽车来获取更多的信息。另外，买家也可以通过杂志和网络获取有关汽车性能的信息。《消费者报告》（*Consumer Reports*）定期发布各种车型的维修记录信息，并计算出一个"麻烦指数"，同时根据"麻烦指数"的高低将各种车型按照 1 ~ 5 分进行排名。通过查询这些信息资源，买家可以提升买到高质量汽车的概率。还有一个信息资源是 Carfx.com，该网站提供个人车辆的信息以及这些车辆的事故记录。

易贝和 ValueStar 的消费者满意度评分

二手车市场中的信息不对称问题也存在于其他一些消费服务中。大多数消费者都难以确定汽车维修店、景观设计师或水管工的服务质量。高质量的服务提供商如何将自己与低质量的服务提供商区分开来呢？

一些机构会提供有关景观设计公司、汽车维修店和家居装修公司的服务信息。ValueSar 兼具消费者指南和商业目录的功能，它使用消费者满意度调查来确定同行业中各个公司的服务水平。如果要获得 ValueStar 颁发的消费者评价之星（Customer-Rated）的印章，申请公司必须证明自己拥有必要的营业执照和保险，同时还要付费做客户调查。ValueStar 使用消费者调查来为每家公司的消费者满意度评分。任何得分在 85 ~ 100 分之间的公司有权在接下来的一年时间里展示消费者评价之星的印章。在纽约市，servicemagic.com 根据消费者提供的报告，给各种各样的承包商和家庭服务提供商评分。

线上消费者通过对网店评价来互相帮助。在易贝上，买家只能相信卖家会诚信发布拍卖品的信息，并在收款后立刻发货。买家通过给卖家评星来帮助其他消费者区分卖家的信用和服务质量。二手书买家也会提供类似的信息。

保证和柠檬商品法规

二手车卖家也有动力解决柠檬商品问题。如果李子商品的所有者使买家相信自己的商品是高质量的，然后以 4,000 美元的价格售出该商品，那么这名卖家就可以多得到 1,500 美元的利润。卖家可以通过提供以下保证条款，来证明自己的商品是李子商品：

- 退款保证。卖家可以承诺，如果买家得到的商品事后证明是柠檬商品，那么卖家将全额退款。因为如果这辆车确实是一件李子商品——卖家知道这个事实——买家将不会要求退款，所以买卖双方都会满意这笔交易。
- 消费者保障和维修保证。卖家可以承诺，一年内承担所有超出常规的维修成本。因为这辆车确实是一件李子商品，不会产生任何超常规的维修成本，所以买卖双方都会满意这笔交易。

许多州都立法，要求汽车制造商回购投入使用第一年就经常出现问题的汽车。例如，加利福尼亚州的《宋–贝弗利消费者保障法》（California's Song-Beverly Consumer Warranty Act），也被称为《柠檬法》（Lemons Law），要求汽车经销商收回因为同一问题返修 4 次以上的汽车，以及使用第一年内在汽车维修店维修时间超过 30 天的汽车。另外，根据《柠檬法》收回的汽车必须完全修复，才能再次销售；而且经销商必须在所有权证书上盖上印戳和在车身上贴上标签表明该车是"柠檬法回购商品"（lemons law buyback）。保障实施这些法规的一个问题是，柠檬商品不需要任何记录文件就可以跨越州界。州际间柠檬商品的商业活动，促使一些州出台新的法规，要求标记这些车辆的所有权证书，以便在柠檬商品跨越州界后继续跟踪。

加利福尼亚州对奇异果市场的管制

对应的经济学问题：政府如何解决逆向选择问题？

奇异果受不完全信息影响，因为买家无法通过简单的检查确定奇异果的甜度——质量水平。奇异果出售时的甜度是由其成熟度——收获时的糖分含量——决定的。采摘后的奇异果会继续将淀粉转换为糖分，但是采摘过早的奇异果糖分含量很低，而且味道永远不会甜。奇异果市场中存在信息不对称。收获之前，厂商可以确定奇异果的成熟程度，但是在收获之后购买奇异果的水果零售商和杂货店，不可能知道它最终是甜还是酸涩。

1987 年以前，加利福尼亚州（简称加州）产出的奇异果饱受柠檬商品问题困扰。不同厂商产出的果实的成熟度差异较大。平均来看，收获时的糖分含量低于行业标准，该行业标准由来自新西兰的奇异果确定。鉴于加州产出的奇异果中存在大量柠檬商品，零售商和杂货店不愿意为其支付行业标准的价格。换句话说，由于混合市场中存在低质量（不成熟）的果实，加州产出的奇异果的价格被拉低了。成熟的奇异果的生产成本比不成熟的更高，低市场价格又进一步减少了成熟奇异果的产量。这类似于低质量的二手车使得高质量的二手车的数量减少。总结而言，逆向选择导致了加州奇异果的低价格和很高比例的低品质果实。

1987 年，加州厂商为了解决柠檬奇异果问题，实施了一项联邦市场法令。该联邦法令明确了最低成熟度标准，法令颁布后，加州奇异果的平均质量开始改善，价格逐步上升。几年之内，加州和新西兰的奇异果价格差就明显缩小了。详见练习 2.3 和 2.6。

资料来源：Based on Christopher Ferguson and Hoy Carman, "Kiwifruit and the 'Lemon' Problem: Do Minimum Quality Standards Work?"（working paper, International Food and Agribusiness Management Association, 1999）.

保险和道德风险

保险会影响人的冒险行为吗？答案是肯定的。保险会导致人们冒更大的风险，因为他们知道发生损失时保险公司会赔付一部分。以下是购买了保险的人冒更大风险的几个例子：

伊尔马会给自己的厨房买一个灭火器吗？如果她必须全额支付由火灾引起的财产损失，那么她肯定会买灭火器。但是她的房东的保险保障范围包括由火灾导致的财产损失，所以她没有购买灭火器。

哈瑞会小心开车吗？如果他必须自掏腰包，支付由碰撞导致的维修成本，那么他肯定会小心开车。但是因为他购买的车险保障了部分维修成本，所以他开车很快，而且比较鲁莽。

弗洛是选择商业航班还是搭乘飞行员朋友的四座飞机？乘坐小型飞机旅行要危险得多。如果弗洛死于坠机，她的家庭会损失她本来可以挣到的收入。如果她没有购买人身保险来保障这些收入损失，那么她搭乘小型飞机的概率肯定会大大降低。但是因为她知道家人给她投保了一份保额为 100 万美元的人身险，所以她愿意冒险。

由保险引起的冒险行为是一个典型的道德风险问题。当经济关系中的一方采取高成本或不符合利益的行为，而另一方又无法观察到时，就会产生**道德风险**（moral hazard）。例如，伊尔马的保险公司不知道她是否有灭火器。如果发生火灾，伊尔马隐藏的行为——没有购买灭火器——就会给保险公司带来巨大的成本。同样，哈瑞的保险公司不知道他开车有多快、多粗心，而且保险会导致他粗心驾驶。他隐藏的粗心驾驶的行为增加了产生高额损失事故的概率。正如车险导致危险驾驶，人身险会激发人们采取更冒险的行为，如乘坐小型飞机、跳伞和蹦极等。与此类似，健康险会助长有害健康的行为，如吸烟、饮酒和不健康的饮食等。

> **名词解释**
>
> **道德风险**：当经济关系中的一方采取高成本或不符合利益的行为，而另一方又无法观察到时，就会产生道德风险。

保险公司和道德风险

保险公司采取各种措施应对道德风险问题。许多保险条款中都包含免赔额——被保险人在从保险公司获得赔付前必须支付一定数量的金额。例如，如果你的汽车保险条款中包含 500 美元的免赔额，而撞车的损失是 900 美元，那么保险公司只需要支付给你 400 美元，你自己需要支付 500 美元的免赔额。免赔额的设定减少了道德风险，因为它将申请赔付的成本中的一部分转移给了被保险人。与免赔额类似，保险自付额将冒险行为的成本一部分转移给了被保险人，从而减少了道德风险。

精明的保险公司会参与道德风险。举例来说，假设 2008 年你学校的自行车中有十分之一丢失了。如果你决定做第一个提供自行车失窃险的人，那你也许会天真地认为失窃的比例不会变化。但是道德风险问题告诉我们，购买保险的人会冒更大的风险，所以我们预计在保险覆盖率较高的校园里失窃率会增加。购买了失窃险的学生更可能疏于保护自己的自行车，学生们也许会使用低质量的锁或根本不锁，又或者他们会把自行车留在学校一整晚。精明的保险公司会认为失窃率将高于 10%，并据此提高保险价格。

储蓄贷款账户的存款保险

　　道德风险的另一个例子，是银行的存款保险。当你将钱存入储蓄贷款银行（Savings and Loan，简称 S&L），你的存款不是存入金库中不动。储蓄贷款银行会用你的钱投资，投资的方式就是把钱借贷出去，并期望在连本带息收回时获得一定的利润。不幸的是，一些贷款没有得到偿还，此时储蓄贷款银行会发生亏损，无法归还你的存款。为了保护那些将钱存入储蓄贷款银行或其他银行的消费者，美国联邦存款保险公司（FDIC）为每个人提供了 250,000 美元的保险保障，所以如果储蓄贷款银行破产了，联邦政府会赔偿存款人。意识到可能存在的道德风险问题，联邦政府长期以来一直将储蓄贷款银行的投资业务限定在相对安全的范围内。

　　20 世纪 80 年代，联邦政府放松了对储蓄贷款银行投资行为的限制，银行经理们开始投资波动更大的证券产品，包括高风险的商业抵押贷款和垃圾债。当这些高风险的投资失败后，大量储蓄贷款银行破产。政府不得不赎回这些破产的银行，总共耗费了纳税人近 2,000 亿美元。

日常生活中的经济学

车险和危险驾驶

对应的经济学问题：车险中存在什么道德风险？

　　道德风险理论指出，购买了车险的司机因为发生碰撞时无须承担全部损失，所以开车会比没有车险的司机要粗心。最近一项研究表明，车险中的道德风险巨大。当一个州强制车主缴纳车险并因此减少没有车险的司机的数量时，该州的道路会变得更加危险：碰撞的次数和交通事故死亡人数都上升了。道路变得更加危险，是因为原来没有车险的司机在强制购买车险后开车更加粗心。该研究估计，没有车险的司机占总司机的比例每降低1个百分点，交通事故死亡人数就增加2个百分点。当然，强制购买车险有其积极的作用，但是从经济效率的角度出发，我们必须充分比较其收益与成本，包括更危险的道路和增加的事故死亡人数。详见练习3.5和3.11。

资料来源：Based on Alma Cohen and Rajeev Dehejia, "The Effect of Automobile Insurance and Accident Liability Laws on Traffic Fatalities," *Journal of Law and Economics* XL Ⅶ（2004）: 357-393.

外部收益和公共物品

对于大多数商品，消费带来的收益仅限于买家自身。买家得到的收益称作私人收益。相反，当买家之外的人从这件商品中受益时，我们就说该商品产生了**外部收益**（external benefit）。为了解释外部收益和无效率的概念，让我们来考虑一个防洪水坝的例子。水坝如果建成，可以保护1,000个居民，每个居民可以

> **名词解释**
>
> **外部收益**：一个人付费购买了一件物品，其他人尽管没有付费，也从这件物品中得到的收益被称作外部收益。

得到50美元的收益。如果一个人独自建造这个水坝，那么私人收益是50美元，外部收益是49,950美元或者说剩余999个居民每人收益50美元。假设建造水坝的成本是20,000美元，没有人会愿意独自承担，因为其成本远大于50美元的私人收益。换句话说，如果依靠供给和需求的力量，每个人都只会考虑私人收益和水坝的成本，那么水坝根本无法建成。

当一件商品存在外部收益时，集体决策会产生更有效率的结果。在水坝的例子中，50,000美元的总收益大于20,000美元的成本，所以水坝是有效率的，如果水坝建成，作为一个整体，将改善社会的福利。政府要解决这个问题，可以通过征收足够的税来支付水坝的建造费用。假设政府提议向1,000名居民每人征税20美元来为水坝建设筹资。该项税收可以筹集20,000美元的资金（20美元/人×1,000人），刚好用来支付水坝的建造费用。大多数居民会支持政府的提议，因为每人的税收20美元小于每人的私人收益50美元。本例中，政府可以通过征税来提供一个私人不愿提供的商品。

公共物品和搭便车问题

　　大坝是公共物品的一个典型。一件**公共物品**（public good）可以供所有人使用，无论使用者是否为该物品付费。更准确地说，一件公共物品具有消费的非竞争性：一个人从一件公共物品中获利，并不能阻止其他人从中获利。例如，个人从防洪水坝中获利，并不能阻止他人也从中获利。公共物品还具有非排他性：无法阻止不付费的人使用公共物品。国防、执法、

名词解释

　　公共物品：是指可以供所有人使用的一种物品，无论使用者是否为该物品付费；公共物品具有非排他性和消费的非竞争性。

　　私人物品：是指只能被一个人或一个家庭使用的物品；私人物品具有排他性和消费的竞争性。

　　搭便车者：一个人从一件物品中获利，却不为该物品付费。

太空探索、保护濒危物种和保护臭氧层等都是典型的公共物品。即便某个人拒绝为一件公共物品付费，也没有办法阻止这个人消费这件物品并从中获益。

　　与公共物品相比，每个单位的**私人物品**（private good）只能被一个人或一个家庭使用。例如，一根热狗只能被一个人食用，所以它是一件私人物品。如果政府发放免费的奶酪，那么发放的奶酪是公共物品还是私人物品呢？尽管任何人都可以排队争取，但实际上每份奶酪只能供一个人食用，所以发放的奶酪是私人物品，免费的特点并不会影响这个结论。同样，公共住房项目中的每间公寓只能供一个家庭居住，所以它是由政府提供的一件私人物品。

　　大多数公共物品都是由税收资金支持的。如果政府取消强制性的税收，改为引导公民为国防、水坝、城市街道和警察部门捐款，结果会如何呢？公民会捐献足够数量的资金来有效地支撑这些项目吗？利用自愿性的捐款来支持公共物品的问题被称作搭便车问题。**搭便车者**（free rider）是指从一件商品中获利但没有付费的人。每个人都有经济动机去使用公共物品却不付费。也就是说，一些人为公共物品付费，另一些人却总想着搭便车。当然，如果每个人都想搭便车，那就没有资金支持公共物品，也就不会有公共物品供应。

　　搭便车问题最棘手的一点是"大头问题"：没有人想充大头——自己辛辛苦苦搞建设，结果让别人搭便车，所以没有人会为生产公共物品捐款。搭便车问题表明，如果将强制性的税收改为自愿性的捐款，政府将被迫缩减甚至取消大量公共项目。

克服搭便车问题

　　许多组织，包括公共广播电视、宗教团体和慈善组织等，通过自愿捐款来筹集资

金。所以看上去好像有些人克服了搭便车的诱惑，自愿为提供公共物品的组织捐款。成功的组织使用很多措施和技巧来鼓励人们捐款：

- 给捐赠者赠送私人物品。包括咖啡杯、书籍、音乐 CD 和订阅的杂志等。如果能得到一些物品的话，人们会更愿意捐款。
- 安排匹配捐款（matching contributions）。如果你知道自己每捐赠 30 美元就会有人捐赠相同数量的金额，你会更愿意捐赠。公共广播电台经常使用这种方法筹资，尽管典型的电台只能从不到四分之一的听众那里获得捐款，但是已经很成功了。

外部收益和边际原理

家长通常要考虑，究竟在孩子的教育上投入多少时间和金钱。假设一位家长通过比较自己的成本和孩子的私人收益（孩子成年后的潜在收入的增加值）做出决定。具体而言，假设家长要决定给孩子买多少书。图 9-3 中，边际私人收益曲线显示了新增一本书给孩子带来的额外收益（以未来收入的增加值来衡量）。假设书籍的边际收益是每本书 8 美元不变。根据边际原理，家长应该选择点 a 并购买 9 本书，该点处边际收益等于边际成本。

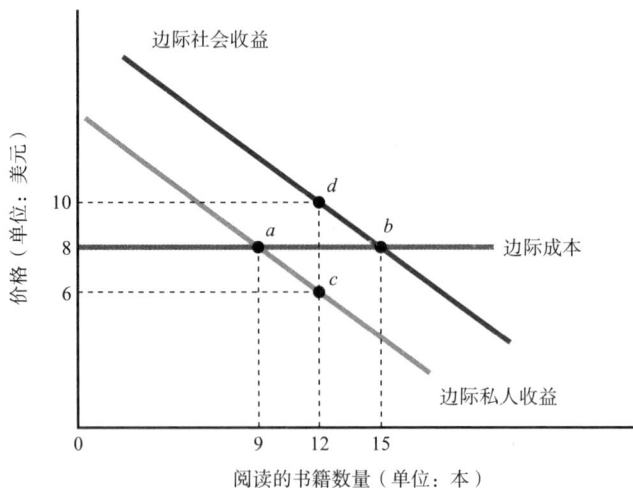

▲图 9-3

外部收益和边际原理

教育（在本例中由阅读的书籍数量来表示）产生了外部收益，所以边际社会收益大于边际私人收益。个人会选择点 a，该点处边际私人收益等于边际成本。点 b 是社会效益最大的点，该点处边际社会收益等于边际成本。

> **边际原理**
>
> 只要增加一项活动的边际收益大于边际成本，我们就应该不断增加该项活动，直到边际收益等于边际成本。

日常生活中的经济学

搭便车者和三面钟塔

对应的经济学问题：如何解决搭便车者的问题？

在便宜的腕表普及之前，大多数人没有办法随身携带计时工具。许多城镇因此建造钟塔，以帮助居民查询时间，而建造钟塔的资金通常来自居民的自愿捐赠。美国东北部有一个城镇建造了一个四面钟塔，但是只给三面安装了钟盘。大多数人都会觉得这很古怪吧，如果你建造了一个钟塔，为什么不给四面都装上钟盘？故事的原委是这样的，当时镇上最富裕的居民之一拒绝为钟塔捐款，所以镇子的管理者决定，不给朝向这位居民的住所那面安装钟盘。换句话说，这位居民尝试搭便车，但是失败了。问题是，其他住在相同方向的居民也受到这个决定的影响。在这个故事中，为了阻止一位居民搭便车，给其他一些居民造成了问题。这样的决定在经济上是无效率的，因为第四面钟塔的建造成本比被排除在外的居民本应该获得的收益小得多。详见练习 4.4 和 4.5。

污染的最优水平

我们应该完全消除污染吗？尽管充满洁净的水和空气的原始环境听上去十分诱人，但是完全消除污染也有严重的负面作用。为了减少空气污染，我们可以禁止使用卡车，用马车来运货，但这会导致运输成本和大多数商品的价格上升，还会引起新的污染。为了减少水污染，我们可以关闭所有的造纸厂，但是使用羊皮纸和石板写字就明智吗？考虑到消除污染的种种结果，理智的做法是允许适当的污染存在。接下来考虑的问题的是，污染的最优水平是多少？

使用边际原理

讨论污染政策最便捷的方法是从治理污染出发，所谓治理污染，是指在一定的初始水平下减少污染。我们可以使用边际原理确定治理污染的最优水平。

根据边际原理，我们应当将污染量减少至使治理污染的边际收益等于其边际成本的水平。

边际原理将我们的注意力聚焦于污染的权衡关系——污染的成本和收益。从全社会的角度出发，治理污染可以产生许多收益：

- 改善健康水平。清洁的水意味着由水中污染物引起的疾病减少，清洁的空气意味着呼吸问题的减轻，两者会共同降低医疗成本，并减少劳动者的病假时间。
- 增加自然环境的舒适度。提升空气质量可以改善可见度和树木的健康，提升水的质量可以便利娱乐活动，如游泳、划船和钓鱼等。
- 降低生产成本。一些公司的生存依赖于清洁的水，农场主需要将水用于灌溉，工厂需要在生产过程中使用清洁的水，更加清洁的水对这些公司意味着更低的生产成本。

另一方面，治理污染成本很高，因为治污过程中需要使用大量资源，包括劳动力、资本和土地。根据边际原理，我们要寻找使边际收益等于边际成本的治污水平。

案例：水污染的最优水平

为了说明污染的最优水平是如何决定的，让我们来思考一个案例。在这个案例中，一家钢厂和一个渔场共享一个湖泊。钢厂向湖中倾倒废物，恶化了鱼的栖息环境，从而减少了捕鱼量和捕鱼收入。图 9-4 显示了治理污染的边际收益和边际成本。渔场有动机治理污染，图中正斜率的曲线表示治污的边际成本（每减少 1 吨污染物钢厂承担的损失），该边际成本从第一吨污染物减少量的 3 美元（点 b），逐渐增加至最后一吨污染物减少量的 13 美元（点 f）。负斜率的曲线表示治污的边际收益，用每减少 1 吨污染物所增加的捕鱼收入表示。边际收益随污染物减少量提升而减少，从第一吨污染物减少量的 21 美元（点 a），减少至最后一吨污染物减少量的 1 美元（点 g）。

我们可以应用边际原理确定使社会收益最高的污染物减少量。有效污染物减少量由点 e 表示，该点处治污的边际收益等于边际成本，污染物减少量 300 吨，污染物为 200 吨。当污染物减少量低于 300 吨时，边际收益大于边际成本，应当继续治污。例如，在 100 吨的污染物减少量（此时污染物为 400 吨）水平下，边际收益是 17 美元，边际成本是 5 美元。此时增加 1 吨污染物减少量，可以使捕鱼收益提升 17 美元，同时只会使钢厂成本增加 5 美元，所以继续治污是有效的。在极端的情况下，我们可以恢复原始的湖泊，意味着 0 吨污染物和 500 吨污染物减少量（点 f 和点 g）。这是无效的，因为最后一个单位的污染物减少量（从 1 吨污染物减少至 0）的边际成本是 13 美元（点 f），而边际收益仅为 1 美元（点 g）。换句话说，第一个单位污染物的边际成本（1 美元）小于其边际收益（13 美元），所以增加污染是有效的。同样的逻辑适用于 301 ～ 500 吨污染物减少量的区间：在该区间上，治污的边际收益小于边际成本。

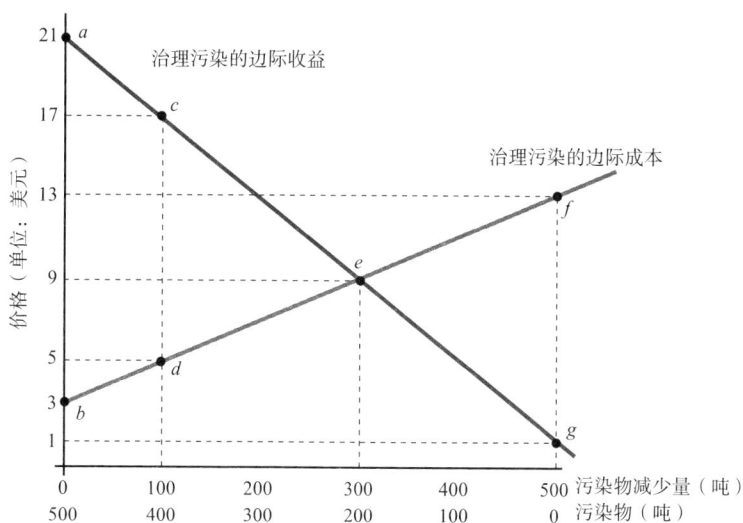

▲图 9-4

有效治理污染和科斯协商

当污染物减少量为 300 吨（排放的污染物为 200 吨）的时候，治理污染达到了有效水平，此时边际收益等于边际成本。如果湖泊的产权属于污染者（钢厂），我们从污染物减少量为 0 吨开始，由另一方（渔场）购买污染物减少量，直至污染物减少 300 吨。如果湖泊的产权属于渔场，我们从污染物为 0 吨开始，污染者（钢厂）就需要付钱给渔场，以获得排污的权利，直至污染物达到 200 吨。

科斯协商

在某些情况下，外部成本问题可以通过相关方之间的协商解决。科斯协商（Coase Bargaining）是以经济学家罗纳德·科斯（Ronald Coase）之名命名，适用于相关方数量较少和协商成本较低时解决外部成本问题。

我们可以继续使用上面的例子，一家钢厂和一家渔场共享一个湖泊，来说明科斯协商的原理。当钢厂拥有湖泊的产权，它可以向湖中倾倒废物。渔场可以从治理污染中获益，所以它愿意向钢厂购买治污的权利。为了第一吨污染物减少量，渔场愿意支付 21 美元，而治污的边际成本只有 3 美元，所以双方可以达成协议。收益和成本之差将产生利润，如果双方分摊这部本分利润，那么渔场将向钢厂支付 12 美元，以减少 1 吨污染物，此时双方都可以得利。渔场支付 12 美元得到了 21 美元的捕鱼收入，同时钢厂得到了 12 美元，而只要花 3 美元的成本去减少 1 吨污染物。同样的逻辑适用于减少第二吨污染物：边际收益（稍稍低于 21 美元）大于边际成本（稍稍高于 3 美元），此时双方也可以达成协议。如点 c 和点 d 所示，第一百吨污染物减少量的边际收益超其边际成本 12 美元，所以仍然有机会达成减排协议。减排协议会一直持续直到点 e，该点处渔场享受的边际收益等于钢厂付出的边际成本。在该点之后，污染物减少量的边际收益小于边际成本，即渔场愿意为减少额外的 1 吨污染物支付的金额低于钢厂需要付出的减排成本。

如果我们将产权判定给渔业公司，事情会发生怎样的变化？此时，我们将从湖泊的原始状态开始讨论，0 吨污染物和 500 吨污染物减少量。在图 9-4 中，我们从点 f 和点 g 出发。如点 g 所示，最后一个单位的污染物减少量（从 1 吨污染物降至 0 吨）的边际收益（捕鱼增加的收入）是 1 美元。如点 f 所示，最后一个单位的污染物减少量的边际成本（钢厂增加的成本）是 13 美元。换句话说，允许排放 1 吨污染物时，渔场收入仅减少 1 美元，而钢厂可以省去 13 美元的成本，所以双方存在协商的空间。如果双方分摊收益和成本之差，那么钢厂向渔场支付 7 美元，就能获取排放 1 吨污染物的权利，此时双方都可以得利。渔场将得到 7 美元，忍受 1 美元的捕鱼收入损失，同时钢厂支付 7 美元，避免 13 美元的治污成本。同样的逻辑适用于第二吨污染物的情况：渔场损失的收入（稍稍高于 1 美元）小于钢厂节省的成本（稍稍低于 13 美元），此时双方也可以达成协议。排污协议会一直持续，直到实现社会收益最大化（点 e）。

在该点处，排放的污染物为 200 吨，减少排放的污染物为 300 吨，新增 1 吨污染物使钢厂节省的成本等于使渔场减少的收入。

通过以上分析我们发现，无论是将湖泊的产权判定给钢厂还是渔场，都能实现社会效率。一旦明晰了产权，通过协商和补偿性支付（side payment）可以使双方持续调整污染水平，直至达到使社会收益最高的污染水平。从社会效率的角度出发，谁拥有湖泊的产权不重要，关键是要有人拥有。当然，判定产权会影响社会公平。任何一方拥有了湖泊，就可以从另一方获取补偿性支付。

在什么条件下，我们可以通过科斯协商来最大化社会收益？在本例中，协商能够实现是因为只有两个相关方。相反，如果存在多家渔场和多家污染企业，多方协商可能会举步维艰。总结而言，科斯协商适用于相关方数量较少和交易成本（协商和安排补偿性支付的成本）较小的情况。当相关方数量较多时，协商恐怕很难成功，此时要解决溢出效应的问题，就需要由政府实施集中性政策，包括污染税、管制和可交易的排污权等。

日常生活中的经济学

减少甲烷排放量

对应的经济学问题：如何确定最优污染水平？

甲烷是导致全球变暖的温室气体之一。甲烷的释放来源包括废物填埋场、天然气系统、煤炭采掘和畜牧业等。减少甲烷排放的一个重要手段是回收利用：在甲烷释放至大气之前进行捕捉，回收后用于供热和发电。减排量低于 3,600 万吨时，减排边际成本每吨不到 10 美元；减排边际成本随减排量增加而递增，减排量为 6,900 万吨时，减排边际成本达到每吨 150 美元。从废物填埋场和煤炭采掘厂回收甲烷，或减少天然气系统的泄漏量，通过这样的方式来减少甲烷排放量时，如果减排量适中，那么减排成本会比较低。然而，当减排量继续增加，减排成本会越来越高。例如，通过维护输气管等地表设施来减少天然气泄漏，成本相对低廉，但是减少生产地点的排气量，成本就比较高昂了。

甲烷减排的最优水平是多少？答案取决于减排的边际收益。例如，当边际收益是 10 美元时，减排最优水平是 3,600 万吨。但是当边际收益是 150 亿美元时，减排最优水平就会上升至 6,900 万吨。详见练习 5.3 和 5.4。

资料来源：Based on U.S. Environment Protection Agency, "U.S. Methane Emissions 1990-2020: Inventories, Projections and Opportunities for Reductions," EPA 430-R-99-013（September 1999）.

污染税

用经济学的方法解决污染问题，就要让生产者像为劳动力、资本和原材料付费那样，为他们产生的废物付费。劳动力、资本和原材料的成本属于**私人生产成本**（private cost of production），该成本是指由产品的生产者承担的成本。**外部生产成本**（external cost of production）是指由生产者以外的人承担的成本，如排放的二氧化硫废气引起的健康问题和早逝。**社会生产成本**（social cost of production）是私人成本和外部成本之和。**污染税**（pollution tax）的原理是通过向生产者征收与每单位污染物的外部生产成本等额的税，来使外部性内部化（internalize the externality），即让生产者支付外部生产成本。在二氧化硫排放问题上，当污染税等于外部成本（每吨 3,500 美元）时，外部性就实现了内部化。

企业如何应对污染税

污染企业应对污染税的方式，类似于应对劳动力和原材料价格的方式。公司会使用边际原理决定产生多少废物和减少多少废物。只要减少废物的边际收益大于边际成本，公司就会不断减少废物，直到边际收益等于边际成本。

图 9-5 显示了一家电力生产企业减少二氧化硫排放量的边际收益和边际成本。减少第一吨污染物的边际成本是每吨 2,200 美元（点 a），边际成本随污染物减少量的增加而递增，第六吨是 3,500 美元（点 c），第七吨是 4,500 美元（点 d）。边际成本递增的原因是，当污染物减少量达到一定水平时，公司要进一步治污必须

> **名词解释**
>
> **私人生产成本**：是指由产品的生产者承担的成本，一般包括劳动力、资本和原材料的成本。
>
> **外部生产成本**：是指由生产者以外的人承担的成本。
>
> **社会生产成本**：私人成本和外部成本之和。
>
> **污染税**：与每单位污染物的外部成本等额的一项税。

使用成本高昂的方式。从公司的角度看，减少污染物的动机是避免缴纳污染税，公司减少污染量的边际收益等于减少 1 吨排放量时节省的污染税。

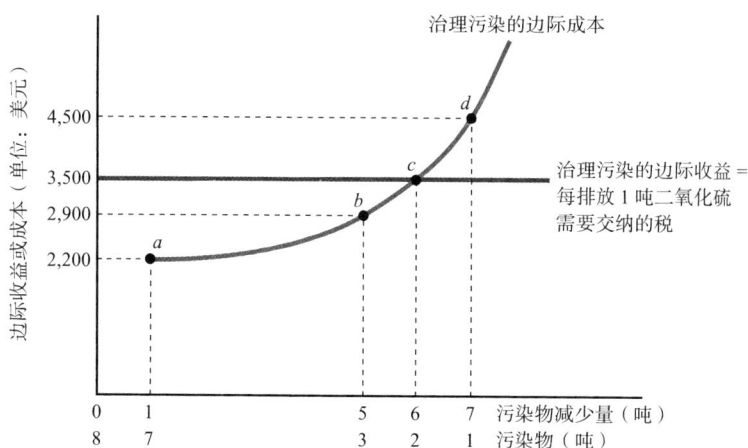

▲图 9-5

企业对二氧化硫税的反应

从公司的角度看，要交纳二氧化硫税，减少排污的边际收益是 3,500 美元，也就是减少排放 1 吨二氧化硫能够避免的税收。在点 c 处，企业符合边际原理，此时减少的污染物为 6 吨，排放的二氧化硫为 2 吨。

污染税的市场影响

我们接下来考虑污染税对污染企业产品的市场影响。例如，对二氧化硫征税会增加电力生产的成本，因为公司要为减少二氧化硫排放量支付成本，还要支付剩余二氧化硫排放量的污染税。前面章节讨论市场效率时提到过，税收会使供给曲线按照税额大小向上移动，使均衡产量减少、均衡价格上升。

考虑污染税对电力市场的影响。生产电力主要产生两种污染物：

- 二氧化硫。电力企业贡献了全美二氧化硫排放量的三分之二。本章前面提到，排放二氧化硫在企业外部造成的边际损失（外部成本）是每吨 3,500 美元，所以合理的污染税是每吨 3,500 美元。

- 氮氧化物（NOx）。电力企业还贡献了全美氮氧化物排放量的近四分之一，氮氧化物是形成酸雨和光化学烟雾的重要原因。一项研究表明，针对氮氧化物的污染税的合理水平是每吨 1,100 美元。

　　图 9-6 显示了污染税对电力市场的影响。污染税使电力生产的成本上升，使供给曲线向上移动。均衡从点 a 移动至需求曲线与新供给曲线的相交处点 b。对电力市场的研究表明，污染税会使电力价格从每兆瓦时 64.90 美元上升至 67.60 美元，上升幅度达 4%。对电力的需求价格弹性是 0.28，所以价格上升 4% 将使需求量从 4,294 兆瓦时减少 1.1% 至 4,247 兆瓦时。与其他税收一样，污染税使价格上升，而消费者会通过减少对污染产品的消费来应对上升的价格。当消费者承受的是电力的全部成本时，他们会减少电力消费。

　　污染税还会迫使公司研发和使用清洁科技。图 9-7 显示了污染税对生产电力所使用的能源的影响。生产者通过使用低硫煤来应对污染税，低硫煤相对高硫煤价格更高，但是可以减少生产者支付的二氧化硫税。电力产量中使用低硫煤的比例从 0.43 上升至 0.53。另外，污染税增加了燃煤发电的成本，所以核能发电量和天然气发电量的比例增加了，燃煤发电量的比例减少了。电力市场转向清洁能源，单位发电量的二氧化硫和氮氧化物排放量减少。

　　总结而言，污染税从两个方面减少了空气污染总量。首先，如图 9-6 所示，电力价格的上升使电力需求量降低了 1%。其次，如图 9-7 所示，转向清洁能源意味着单位发电量的污染物排放量减少。在两种变化的共同作用下，污染物显著减少：二氧

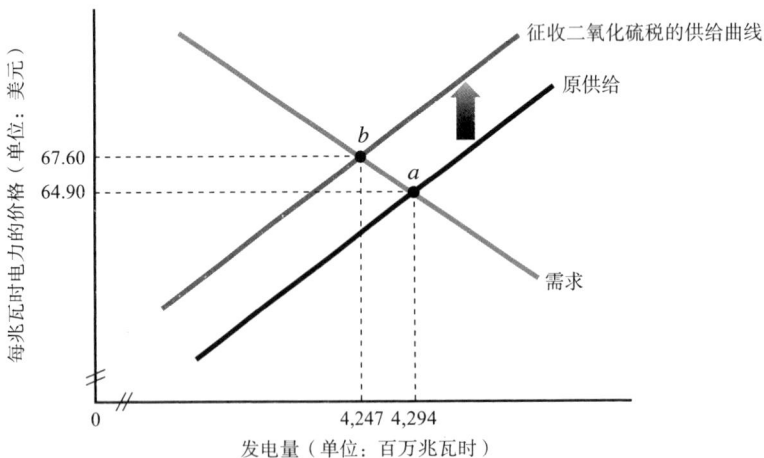

▲图 9-6

二氧化硫税和氮氧化物税对电力市场的影响

污染税增加了电力生产的成本，使市场供给曲线向上移动。市场均衡从点 a 移动至点 b。在污染税的作用下，均衡价格从每兆瓦时 64.90 美元上升至 67.60 美元，同时均衡产量减少。

化硫排放量减少了 11%，氮氧化物排放量减少了 30%。开征污染税还有一个附带的作用，政府可以通过污染税来减少其他税收，比如工资税和收入税。

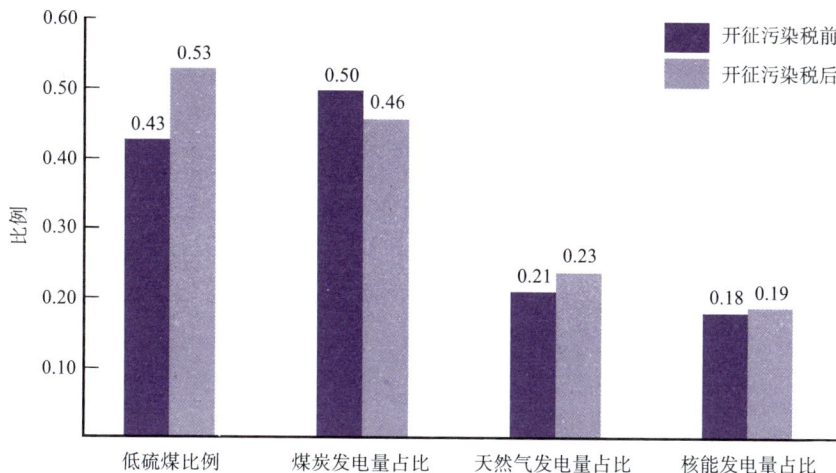

▲图 9-7

电力生产对二氧化硫税和氮氧化物税的反应

污染税使电力生产企业转向使用低硫煤和替代能源，新的能源发电时排放的二氧化硫和氮氧化物较少。

资料来源：Based on Spencer Banzhaf, Dallas Burtraw, and Karen Palmer, "Efficient Emission Fees in the U.S. Electricity Sector," *Resource and Energy Economics* 26（2004）：317-341.

案例：碳税

如何应对由温室气体引起的全球变暖是一项重要且持久的环境议题。一种解决方法是对含碳燃料征税。每吨碳含量征收 100 美元的税意味着：每加仑天然气缴税 0.28 美元，每桶原油缴税 12 美元，每吨煤炭缴税 70 美元。对煤炭征税相对较高是因为其碳含量较高。碳税会通过以下途径减少温室气体排放量：

- 汽油价格上升，使人们减少开车出行，并购买节能汽车。

- 电力价格上升，使电力需求量和化石燃料使用量减少。

- 供暖价格上升，使人们调低恒温器的设定温度，并改进房屋供热效率，比如安装节能窗户或更多的隔热材料。

- 一部分电力厂商会从煤炭转向使用天然气，后者的碳含量更少，因而碳税更低。还有一部分电力厂商会转向使用无碳能源，如风能、太阳能和地热能等。

世界上已有多个国家和地区的政府开征碳税。在加拿大的不列颠哥伦比亚省征收了一项收入中性（revenue-neutral）的碳税，该地区每吨二氧化碳排放量需缴税 30 美元。该项碳税征缴的收入通过减免个人收入和商业收入的方式返还给纳税人。自 2008 年起，该省的人均燃料消费减少了 4.5%；同时，相较于加拿大其他地区，该地区的公民使用更少的燃料，缴纳更少的收入税。根据当地观察者反映，这项收入中性的碳税对环境和纳税人都有好处，而且没有损害经济系统。[3] 美国科罗拉多州的博尔德市对生产电力的碳排放征税。在欧洲，英国、芬兰和瑞士也有不同形式的碳税。

日常生活中的经济学

农村地区和城市地区的污染税

对应的经济学问题：污染税如何随区域变化？

最近一项研究估计了美国国内 10,000 个空气污染源的边际损害（边际外部成本）。该研究揭示了污染损害呈现出显著的空间变化，污染损害随污染源附近的人口密度不同而变化。例如，就发电厂排放的二氧化硫的边际损害而言，在俄勒冈农村地区的电厂是每吨 220 美元，而在纽约城逆风区的电厂则能达到 10,860 美元。合适的污染税应该等于污染的边际损害，所以城市地区的污染企业的污染税应该远高于农村地区的企业。应对污染税系统的一种办法是，将污染转移至低人口密度地区，因为在低人口密度地区污染带来的损害要低得多。详见练习 6.6。

资料来源: Based on Nicholas Z. Muller and Robert Mendelsohn, "Efficient Pollution Regulation: Getting the Prices Right," *American Economic Review* 99, no.5（2009）: 1714-1739.

传统的政府管制政策

尽管应对污染问题的经济学方法是让污染者为其产生的废物付费，但是政府经常会走不同的途径。在传统管制政策下，政府告诉每家公司减少多少污染物，使用什么科技。

无差别减排政策

为了说明管制的效果，我们来看一个案例，一个地区拥有两家发电厂，L公司（低成本）和H公司（高成本）。假设在没有减排政策的情况下，每家公司每小时排放2吨二氧化硫。现在，政府设定了一个减排指标：每小时排放的二氧化硫减少2吨。假设政府执行无差别减排政策（uniform abatement policy），两家公司平摊减排指标，即每家公司将污染物排放量从2吨减少至1吨。

表9-3提供了以上案例的数据。L公司和H公司的边际减排成本分别是2,000美元和5,000美元。在无差别减排政策下，L公司和H公司的减排总成本分别是2,000美元和5,000美元，合计7,000美元。假设政府不执行无差别减排政策，而是采取污染税政策，每吨二氧化硫排放量征税3,000美元。在污染税政策下，L公司会减少2吨排放量，因为减排的边际成本（2,000美元）低于碳税（3,000美元）。相反，H公司会支付碳税，因为减排的边际成本（5,000美元）高于碳税（3,000美元）。当低成本公司完成所有减排目标时，减少成本只有4,000美元。

表9-3 无差别减排政策和污染税政策（货币单位：美元）

		减排成本	
	边际减排成本	无差别减排政策	污染税 = 3,000美元每吨
低成本公司	2,000	2,000	4,000
高成本公司	5,000	5,000	0
总计		7,000	4,000

无差别减排政策是无效的（高成本的），因为它没有考虑两家公司减排成本的差异。相反，污染税政策鼓励有效的（低成本的）减排者去减排。当我们公平且有差别地对待两家公司的污染问题时（两家公司每吨污染物缴纳相等的税），就可以得到有效的结果。低成本公司承担减排成本以避免污染税，同时高成本公司承担污染税，以避免高额的减排成本。

指令政策

传统管制政策的另一个手段指令控制政策（command-and-control policy）进一步增加了合规成本（compliance cost）。在指令控制政策下，政府要求每家企业产生的污染物不得超过一定限额（指令），同时明确要求减排所使用的技术（控制）。这种政策的问题在于指定的减排技术不可能是最有效的技术，原因有两点：

- 指令控制政策给所有公司指定了单一的减排技术。因为产生某种污染物的厂商经常使用不同的材料和生产技术，所以对某一家公司有效的减排技术对其他公司不一定有效。
- 指令控制政策的"指令"降低了研发更有效的减排技术的动力。该政策明确了每家公司的最大排污量，所以公司没有动力将排污量降低至限定水平以下。换句话说，研发新技术的动力不足，因为研发新技术没有回报。相反，污染税提供了激励：如果一家公司研发的技术能够削减排污量，那么这家公司就能减少缴纳的污染税。

指令控制政策导致公司使用无效的减排技术，相较于采取污染税政策的情况，此时市场的总减排成本更高。

污染管制政策的市场影响

污染管制政策与污染税政策相比，对市场的影响有哪些差别？回顾之前的内容可以知道，要达到相同减排目标，无差别减排政策成本更高，因为该政策没有考虑不同企业减排成本的差异。另外，指令控制政策的"控制"会导致公司使用成本较高的减排技术，因为公司没有动力去研发新技术。与污染税政策相比，使用管制政策时，污染物品供给曲线向上移动的幅度更大，所以均衡价格上升的幅度和均衡产量减少的幅度都更大。管制政策的无效率将传递给消费者，使消费者支付更高的价格。

指令控制政策的一个优点是可预测性强。该政策明确了每家公司可以排放的污染物数量，因此我们可以预测排污总量。相反，我们无法知道公司将如何应对污染税，公司既可能减少排污量，也可能增加排污量，取决于污染税和减排成本，因此我们无法准确预测排污总量。

"亲爱的艾比"的启示：给治理污染多种选择

传统环境管制政策面临的一个问题是缺乏灵活度，公司不会使用最有效的减排技术或方式。"答读者问"专栏作家艾比盖尔·范布伦（Abigail Van Buren）的故事给出了一些不一样的治污策略。[4]一名叫作"恐怖寒冬"的读者去信询问如何解决自己遇到的一个污染问题。她的邻居用柴炉给房屋供暖，浓烈的味道和熏烟让"恐怖寒冬"痛苦不堪，眼睛灼烧、呼吸阻塞、鼻窦发炎。她提出给领居 500 美元，请求他们不要烧柴，但是他们拒绝了她的请求。收到来信后，"亲爱的艾比"的读者们给"恐怖寒冬"提出了以下建议：

- 给邻居购买一个烧柴炉用的催化装置或燃油炉用的木片汽化器。它们能够大大减少燃烧柴火产生的污染。
- 将一条毛巾浸湿，在房间内快速挥动，烟雾会慢慢消失。
- 在每个房间里摆上一碟醋，可以消除烟味。
- 给邻居购买一个烟囱扫帚，让他们清理烟道。
- 填补并密封窗户，熏烟就无法进入屋内，而且成本不到 500 美元。
- 用 500 美元购买一个空气净化器。

这些建议说明了环境经济学的一个基本思想：解决一个特定环境问题的方法绝不止一种。经济学的问题是"减少环境问题最有效率和成本最低的方法是什么？"在某些情况下，预防污染（改造柴炉或使用另一种燃料）也许比污染发生后再去治理（使用空气净化器）更有效率。而在其他情况下，治理又比预防更有效率。

日常生活中的经济学

减少国际航运的二氧化碳排放量有多种选择

对应的经济学问题：减少污染的最有效方式是什么？

国际航运贡献了全球二氧化碳排放量的近 3%，减少航运中的二氧化碳排放量的方法有多种。边际减排成本（marginal abatement cost，简称 MAC）是比较各种可替代的减排方法的工具，它是指新增 1 吨二氧化碳减排量的成本，政策分析者会计算各种方法的 MAC 以提供针对性的建议。对于低成本方法，如航船推进器的保养和对天气敏感的航线规划，节省的燃料成本足以支付减排的成本，所以这些方法的 MAC 接近于零。其他减排方法的 MAC 相对较高：

- 将柴油发动机改为天然气发动机：每吨减排量 20 美元
- 降低速度并使用大型航船：每吨减排量 90 美元
- 安装固定帆和固定翼以利用风能：每吨减排量 105 美元

详见练习 7.7。

资料来源：Based on Magnus Eide, Tore Longva, Peter Hoffmann, Oyving Endresen, Stig Balssoren, "Future cost Scenarios for reduction of ship CO_2," *Maritime Policy Management* 38（2011），pp. 11-37.

▇▇▇ 可交易的排污许可证

近些年，政策制定者发展了一种解决环境问题的新方法——**可交易的排污许可证**（marketable pollution permits），有时也称作排污限额（pollution allowances）。排污许可证制度的运行机制要点如下所述：

- 为某个特定地区设定一个污染物排放总量目标。
- 发放满足该目标数量的排污许可证。
- 允许公司之间买卖交易许可证。

在政治上，这被称作总量管制和交易制度（cap-and-trade system）：政府通过发放固定数量的排污许可证来设定（cap）一个污染物排放总量目标，并允许公司之间交易（trade）排污许可证。

名词解释

可交易的排污许可证：又称总量管制和交易制度，指在特定区域内，设定一个污染物排放量总量目标，在此基础上，政府发放满足该目标的数量的排污许可证，并允许公司之间交易该许可证。

自愿交换和可交易的排污许可证

允许排污许可证在市场上交易是明智的决定，有了排污许可证市场，拥有不同减排成本的企业之间就可以进行互利的交换。这是自愿交换原理的又一个事例。

> **自愿交换原理**
>
> 两人之间的自愿交换能够增进双方的福利。

　　只有当交换可以使双方公司的福利都得到改善时，排污许可权的交易才会实现。不难想象，只有拥有不同减排成本的企业才会进行交易。

　　为了说明可交易的排污许可权的影响，让我们回到表 9-3 所示的两家拥有不同减排成本的发电厂的案例。假设政府给每家公司发放一个许可证（允许排放 1 吨污染物）。换句话说，政府的目标是将污染物排放总量控制在 2 吨。此时，双方企业会进行许可证的交易吗？

- H 公司最多愿意支付 5,000 美元购买一个许可证，因为其减排成本是每吨 5,000 美元。

- L 公司最多愿意支付 2,000 美元购买一个许可证，因为其减排成本是每吨 2,000 美元。

　　H 公司最多愿意支付 5,000 美元，而 L 公司最多愿意支付 2,000 美元，所以存在进行互利交易的机会。如果双方平摊差额，那么许可证的价格将是 3,500 美元，此时每家公司从交易中得利 1,500 美元。H 公司支付 3,500 美元以节省 5,000 美元的减排成本，总共节省了 1,500 美元的成本。L 公司得到 3,500 美元，但是额外支付了 2,000 美元的减排成本，总共赚取了 1,500 美元的收益。

　　许可证的可交易性会如何影响减排总成本呢？在本案例中，在不可交易的许可证制度下，减排总成本是 7,000 美元，包括 L 公司的 2,000 美元和 H 公司的 5,000 美元。相反，当 L 公司完成所有减排目标时，减排总成本变为 4,000 美元（2 乘以 2,000）。节省下的 3,000 美元相当于高成本公司和低成本公司的减排成本的差额。允许交易许可证的制度设计利用了两家公司之间的减排成本差异，使市场以较低的总成本实现了相同水平的减排目标。

　　第一个排污许可证项目起始于 1976 年，最初美国联邦环保局允许就部分大气污染物进行有限的排污许可证交易。该制度随后被应用至汽油所含的铅（1985 年）和引起臭氧层损耗的化学物质（1988 年）。

　　1990 年颁布的《清洁空气法》（Clean Air Act）为二氧化硫建立了一个可交易的

排污许可证制度。在这个总量控制与交易制度下，美国政府基于各企业1980年的排污量免费发放二氧化硫排污许可证，初始许可额度相当于各企业10年前排污量的50%～70%，并逐年增加许可额度，同时允许公司之间交易许可证。例如，当两家企业的减排成本分别为140美元和180美元时，低成本企业能够以160美元的价格向高成本企业出售许可证，此时两家企业各得利20美元：低成本企业得到销售许可证的收入为160美元，付出减排成本140美元；高成本企业付出购买许可证所需的160美元，节省减排成本180美元。美国国家酸沉降评估计划（National Acid Precipitation Assessment Program, 简称NAPAP）的一份报告显示，允许交易排污许可证使市场总减排成本降低了15%～20%。

美国环保局每年会向已有的二氧化硫污染企业发放许可证，并保留一部分许可证以满足芝加哥商品期货交易的拍卖需求。2008年，125,000吨许可额度（或者说125,000张许可证）以平均每吨390美元的价格被拍卖。个人和环境组织如果愿意也可以购买许可证，并通过从拍卖市场中撤回所购许可证的方式来减少污染。

供给、需求和可交易的排污许可证

我们可以使用一个需求供给模型来表示排污许可证的市场。图9-8描述了洛杉矶盆地推行的光化学烟雾污染物（如氮氧化物）交易制度。许可证的供给曲线是一条垂直直线，其供给量是由政府供给的一个固定数额。对许可证的需求来自希望通过购买许可证以减少排污成本的企业，这些企业愿意为许可证支付的金额等于可能节省的减排成本。图9-8中，许可证的需求曲线斜率为负，这意味着市场中许可证的数量越多，愿意为许可证支付的金额就越低。这不难理解，因为许可证和污染物越多，边际减排成本就越低。1994年许可证供给量是100张不变，均衡价格是7美元，如需求曲线与1994年的供给曲线相交的点a所示。

在洛杉矶的光化学烟雾污染物交易制度中，氮氧化物排放许可证的数量逐年减少，9年后的2003年终于实现了该项目的目标：将氮氧化物排放量降低至1994年水平的30%。[5]图9-8中，许可证的数量从100张减少至30张，这使得供给曲线向左移动，许可证的均衡价格从点a的7美元上升至点b的21美元。洛杉矶的污染企业通过增加减排量来应对许可证价格的上升。洛杉矶水电局耗资4,000万美元安装了减排设备，因为减排成本要低于购买排污许可证的成本。利比玻璃公司在工厂中安装了低污染的燃气炉，使氮氧化物排放量降低至公司拥有的许可证所允许的排放量水平以下。利比公司还将多余的许可证销售给其他企业，赚取了一笔收入。而向利比公司购买许可证的企业通过这笔交易，则能够在不更换减排设备的情况下继续生产。

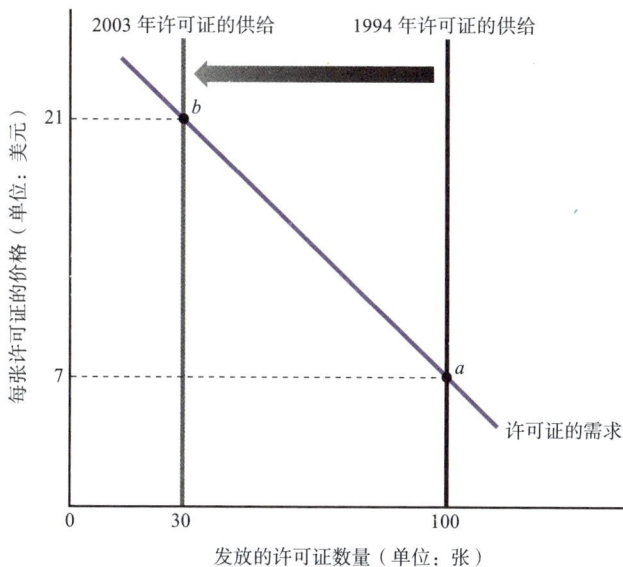

▲ 图 9-8

排污许可证市场

许可证的均衡价格由需求曲线与垂直的供给曲线的交点表示。供给曲线是垂直的，因为政府每一年设定一个固定的许可证数量。许可证数量的减少使供给曲线向左移动，均衡价格上升。

　　减排科技的进步会怎样影响排污许可证的价格呢？排污许可证可以使公司降低一定的减排成本，而且降低的减排成本越多，公司愿意为许可证支付的价格就越高。当发生技术进步时，减排成本会降低，因而刺激公司使用新科技进行减排，而不是购买许可证。在这种情况下，许可证的需求曲线向下向左移动，均衡价格降低。

　　日常生活中的经济学

天气和排污许可证的价格

对应的经济学问题：污染许可证的价格是如何决定的？

　　基于总量控制与交易制度，欧盟成员国设立了欧洲气候交易所（European Climate

exchange）作为二氧化碳排放配额（CO_2 allowances）的交易市场。排放配额的均衡价格由供给与需求的相互作用决定。欧盟确定发放排放配额的总量，并将排放配额分配给能源密集型行业的各组织机构，包括钢铁行业、建筑材料行业、纸浆和造纸行业、电力行业和供暖行业。排放配额的需求由众多因素决定，包括经济活动的水平、燃料价格以及天气。

北欧国家高度依赖水力发电来生产电力。在干旱的年份，水力发电站生产的电量相对较低，北欧国家要更多地依赖燃煤发电。例如，在异常干旱的1996年，丹麦电力行业和供暖行业的二氧化碳排放量比水利充沛的1990年的排放量多大约70%。干旱年份会引起对二氧化碳排放配额的高需求，从而提高排放配额的均衡价格。详见练习8.5和8.10。

资料来源：Based on European Climate Exchange（www.ecx.eu）。

总　结

本章中，我们讨论了市场失灵带来的影响，包括不完全信息、外部收益和外部成本等。本章要点如下：

1. 当市场交易中的一方无法区分高质量和低质量商品时，就会产生逆向选择问题。低质量商品的存在会拉低买方愿意支付的价格，使高质量商品的供给量减少，并进一步降低商品的平均质量和价格。极端情况下，市场上只剩下低质量商品。

2. 保险会使人们冒更大的风险，因为高风险行为可能导致的不利结果部分将由保险公司承担。

3. 公共物品可供每个人消费使用（消费的非竞争性），无论使用者是否付费（非排他性）。

4. 自愿捐赠制度受搭便车者的影响：人们没有动力去支持公共物品。

5. 当边际收益等于边际成本时，污染物减少量达到最优水平。

6. 对电力生产企业征收污染税，将使企业转而使用更清洁的能源，并使消费者因为电价上升减少电力消费，最终使污染量降低。

7. 与污染税相比，传统的管制政策会导致更高的生产成本和产品价格。

8. 允许企业购买和销售排污许可证会减少治理污染的总成本，因为低成本企业会完成更多的污染治理任务。

练习

1. 买家面临的逆向选择：柠檬市场问题

1.1 二手车市场中存在信息不对称问题，因为 _____（买方 / 卖方）不能区分柠檬商品和李子商品，但是 _____（买方 / 卖方）能。

1.2 高质量二手车的供给曲线位于低质量二手车供给曲线 _____（之上 / 之下）。

1.3 下表显示了三种不同的二手车交易市场的价格和数量。请填写表格最后两行的空白处。（货币单位：美元）

	市场 A	市场 B	市场 C
买到柠檬商品的预期概率	60%	80%	95%
愿意为一辆二手车支付的价格	6,000	5,000	4,500
柠檬商品的供给量	70	40	90
李子商品的供给量	30	10	10
二手车的总供给量	100	50	100
是否达到均衡？			
如果达到均衡，价格会上升还是下降？			

1.4 当李子商品（高质量汽车）最低供给价格 _____（大于 / 小于）消费者愿意为柠檬商品支付的价格时，就会产生二手车的交易清淡的市场。

1.5 当李子商品的最低供给价格降低时，供给曲线 _____（向上 / 向下）移动，得到李子商品的概率 _____（增加 / 减少）。

1.6 假设你分别愿意为低质量的二手车和高质量的二手车支付 1,000 美元和 5,000 美元。如果得到低质量的二手车和高质量的二手车的概率分别是 80% 和 20%，那么你愿意为一辆二手车支付 _____。

1.7 职业棒球投手就像 _____，因为存在 _____ 问题。投手的 _____（原球队 / 新球队）对他的健康和受伤的可能性掌握了更多的信息。

1.8 你最喜欢的棒球队刚刚宣布从自由球员市场签约了一名新投手。我们可以预计这名新投手比那些回到原球队的投手会 _____（更多 / 更少）受伤。（参见第 288 页"日常生活中的经济学"）

1.9 你想要购买一辆二手车，认定了一辆 1999 年款 Zephyr。根据《消费者报告》显示，所有上路的 1999 年款 Zephyr 汽车中有一半是柠檬商品，意味着经常出故障，需要花大量修理费。消费者分别愿意为一件柠檬商品和一件李子商品支付 2,000 美元和 5,000 美元。女巫小姐声称，"在酸市场里，二手的 1999 年款 Zephyr 的均衡价格是 2,000 美元，而在甜市场里，价格则是 2,600 美元。"

a. 作图描述两个市场。

b. 两个市场的根本区别是什么？

1.10 时尚和价格。你正在一个二手车交易市场内挑选车辆，你已经将选择的范围落到两款车上，F 款和 P 款。根据《消费者报告》显示，这两款车的柠檬商品概率都是 50%。和其他消费者一样，你愿意为一件柠檬商品支付 1,000 美元，愿意为一件李子商品支付 7,000 美元。那些购买 F 款新车的消费者都是注重时尚的人，他们每三年就会买一辆新车。那些购买 P 款新车的消费者都是不赶时髦的人。请预测两款车的均衡价格，并为两款车各作一张图解释。

1.11 阿呆和阿瓜。假设二手车的买方和卖方都是无知的：双方都不能区分李子商品和柠檬商品。你认为市场会被柠檬商品占据吗？请作一张图说明，要求完整清晰。

1.12 格劳乔俱乐部（Groucho Club）。[①] 格劳乔·马克斯（Groucho Marx）有一句名言："不要加入主动邀请你的俱乐部。"假设格劳乔希望结识优质人群（把优质人群想象成高质量商品），而且所有人都和格劳乔有一样的想法。请联系逆向选择的概念，解释格劳乔的话。

1.13 购买一车队的二手车。你准备为自己的员工购买一车队的二手车，预计购买 10 辆，并要在 B 款车和 C 款车中选定一款。根据对这两款车的经验，你预期市场中 50% 的 B 款车是柠檬商品，20% 的 C 款车是柠檬商品。你愿意为一件柠檬商品支付 1,000 美元，愿意为一件李子商品支付 3,000 美元。如果 B 款车的价格是 1,800 美元，C 款车的价格是 2,200 美元，你会选择哪一款车？

1.14 MP3 播放器的逆向选择问题。考虑一个二手 MP3 播放器的市场，在该市场中卖家信息充分，买家信息不充分。MP3 播放器中一半是柠檬商品，一半是李子商品。每名买家分别愿意为一件李子商品和一件柠檬商品支付 50 美元和 20 美元。李子商品的最低供给价格是 10 美元，柠檬商品的最低供给价格是 2 美元。

a. 在均衡状态下，该市场会有部分李子商品，还是全都是柠檬商品？作一张完整的图解释和阐明你的答案。

b. 假设在 26 美元的价格下，李子商品和柠檬商品的数量分别是 20 件

---

① 格劳乔俱乐部是位于伦敦苏豪区狄恩街的一家私人俱乐部，以格劳乔的名言"不要加入主动邀请你的俱乐部"命名，成立于 1985 年。其会员主要来自出版、媒体、娱乐和艺术行业，成立三十年来，被誉为各路艺术家的堡垒和避难所。——译者注

和 80 件。此时市场实现均衡了吗？作一张完整的图解释和阐明你的答案。

1.15 短车龄二手车的交易市场中混杂的柠檬商品和李子商品。假设一辆高质量的短车龄二手车（李子商品）的价值是 20,000 美元，而一辆低质量短车龄二手车（柠檬商品）的价值是 10,000 美元。假设在每辆车 16,000 美元的价格下，每 10 辆销售的二手车中，6 辆是李子商品，4 辆是柠檬商品。

　　a. 一名典型的消费者愿意为这个混合市场中的一辆二手车支付多少金额？

　　b. 16,000 美元的价格是均衡价格吗？如果是，为什么；如果不是，为什么？

　　c. 假设销售的每 10 辆新车中，9 辆是李子商品，1 辆是柠檬商品。为什么二手车市场中两种商品的混合比例和新车市场的不同？

1.16 买方愿意为转会棒球投手支付的价格。假设一名健康的棒球投手对于球队而言每年价值 500 万美元，而一名不健康的投手只值 100 万美元。假设联盟中一半的投手是健康的，还有一半的投手是不健康的。据一支棒球队的管理人员称："如果我的假设是正确的，那么我的球队最多愿意为自由球员市场中的一名投手支付 300 万美元。"（参见第 287 页"日常生活中的经济学"）

　　a. 该名管理人员的假设是什么？

　　b. 这些假设与现实相符吗？

2. 柠檬商品问题的解决办法

2.1 考虑一个交易清淡的二手车市场。某人刚刚研发出一项设备，该设备能够在一个二手车停车场中识别出距离该设备最近的李子商品。该项设备只能使用一次。消费者愿意为该项设备支付的最高金额等于 ＿＿＿ 减去 ＿＿＿。

2.2 退款保证服务会由 ＿＿＿（李子商品 / 柠檬商品）的所有者提供，而不会由 ＿＿＿（李子商品 / 柠檬商品）的所有者提供。

2.3 在政府对奇异果的管制下，奇异果的平均质量 ＿＿＿（上升 / 下降），平均价格 ＿＿＿（上升 / 下降）。（参见第 291 页"日常生活中的经济学"）

2.4 购买信息。你愿意为一辆高质量的二手车（李子商品）支付 7,000 美元。二手车目前的价格是 4,000 美元，每 5 辆车中，4 辆是柠檬商品，1 辆是李子商品。

　　a. 假设有一名机械师可以准确找出一件李子商品。你最多愿意支付他多少钱去帮你找李子商品？

b. 当你在购买二手车时，你可以把每辆看中的车交给你的机械师，该机械师可以彻底检查车辆，确定该车是李子商品还是柠檬商品。如果检查费是每次 400 美元，你愿意花这个钱吗？

c. 如果 10 辆二手车中只有一辆是李子商品，你对（b）问题的回答会如何变化？

2.5 超额退款保证。在交易清淡的市场中，均衡价格是 2,600 美元。假设汽车销售商提供超额退款保证服务：对所购商品不满意的买家可以在全额退款的基础上额外得到 100 美元的赔偿。

　　a. 如果一件柠檬商品的所有者以 5,000 美元的价格售出自己的汽车，那么该所有者通过提供这种保证得到的收益是 _____。

　　b. 如果一件李子商品的所有者以 5,000 美元的价格售出自己的汽车，那么该所有者通过提供这种保证得到的收益是 _____。

2.6 奇异果市场的均衡。消费者愿意为一个酸的奇异果支付 10 美分，愿意为一个甜的奇异果支付 30 美分。酸甜两种奇异果的最低供给价格分别是 6 美分和 18 美分。两条供给曲线的斜率都是每 1,000 个奇异果 1 美分。（参见第 291 页"日常生活中的经济学"）

a. 假设消费者最初预期甜酸奇异果各占一半。这是均衡的结果吗？请作图阐释。

b. 假设消费者持悲观预期，认为只有酸的奇异果。这是均衡的结果吗？请作图阐释。奇异果的价格是多少？

c. 假设州政府宣布销售酸的奇异果是违法行为，酸的奇异果随之从市场中消失。请问，奇异果的均衡价格会发生什么变化？甜的奇异果的均衡产量会发生什么变化？

3. 保险和道德风险

3.1 在保险市场中，道德风险问题是指 _____ 鼓励 _____。

3.2 在采购办公室设备时，办公室经理看到了一个灭火器专柜。打了一通电话后，这名经理决定放弃购买灭火器。这名经理是打电话给她的 _____ 并问："_____ ？"

3.3 许多职业运动员会购买保险，保障范围是可能终结职业生涯的重大伤病。我们预期投保的运动员与未投保的运动员相比，会经历 _____（更多 / 更少）伤病。

3.4 提供校园自行车失窃险的公司消失了，而且没有公司替代它的位置，我们预期校园自行车失窃率 _____（上升 / 下降）。

3.5 汽车保险会增加交通 ＿＿＿＿，因为投保司机 ＿＿＿＿。（参见第 293 页"日常生活中的经济学"）

3.6 销售 iPod 保险。在小偷学院的校园里，一半的 iPod 比较贵（重置成本是 400 美元），一半的 iPod 比较便宜（重置成本是 100 美元）。对任意一个 iPod 来说，无论是贵还是便宜，在下一年失窃的概率都是 20%。假设一家公司以每年 50 美元的价格提供 iPod 失窃险：如果投保的 iPod 失窃了，该公司会无偿更换。假设总共销售 20 份这种保险单。

a. 假设目前两种 iPod 的失窃率仍是 20%。该公司的总收入等于 ＿＿＿＿。该公司的成本（用于更换失窃的 iPod 的金额）等于更换贵的 iPod 的总金额 ＿＿＿＿（美元）加上更换便宜的 iPod 的总金额 ＿＿＿＿（美元），合计 ＿＿＿＿（美元）。当保险价格等于 ＿＿＿＿（美元）时，该公司的经济利润为零。

b. 假设推行保险不会影响失窃率，这现实吗？以下两种假设哪个更合理，失窃率会减少至 10%，还是失窃率会增加至 30%？在更合理的假设下，当只有贵的 iPod 所有者购买保险时，计算使该公司的经济利润为零的保险价格。

3.7 提问跳伞运动员。好几个朋友都邀请你去参加双人高空跳伞：用一副降落伞（主伞和备用伞）将两人捆绑在一起，你们将跳下飞机，要么安全着陆，要么坠落身亡。这几个跳伞运动员朋友技术相当，而且没有谁喜欢寻求刺激。你可以问他们一个简单的问题。

a. 你的问题是什么？

b. 你想要听到的跳伞搭档的回答是什么？

3.8 保险和防火。在一个给定的年份，伊拉的仓库发生火灾的概率是 10%，一旦发生火灾将造成 100,000 美元的财产损失。如果伊拉支出 4,000 美元用于建造一个防火工程，那么发生火灾的概率将变为零。

a. 如果伊拉没有购买火灾保险，他会花钱建造防火工程吗？

b. 如果伊拉有一张保单，可以赔付火灾导致损失的 80%，也就是 80,000 美元，他还会花钱建造防火工程吗？

3.9 强制保险。考虑一个城市，这个城市有 100 名车主和一个汽车保险的完全竞争市场。汽车保险的需求曲线是一条负斜率的直线，斜率为每名顾客 −10 美元。在初始的价格 1,500 美元下，一半的车主（50 人）会投保。这个价格刚好可以支付提供保险的所有成本，其中 50% 用于支付与未投保司机相关的成本。假设市政府强制车主购买汽车保险。请预测新的市场均衡。

3.10 农作物保险。考虑以下情况，农场主分作两种类型：高风险型和低风险型。高风险的农场主和低风险的农场主平均每年的农作物损失（也是可能的农作物保险理赔金额）分别是 1,200 美元和 200 美元。

a. 如果所有的农场主都购买保险，该保险公司的盈亏平衡价格是多少？

b. 假设只有当价格（每年的保费）低于平均农作物损失的 50% 时，农场主才会购买保险。此时均衡价格是多少？

3.11 保险公司的安全退还款政策。2010年，一家领先的保险公司推出了一个政策：任何年度内，某个保单的所有人如果没有提出理赔要求，保险公司将退还该所有人年度保费的 5%。例如，一个年保费为 1,200 美元的家庭，如果没有提出理赔，每年可以得到 60 美元的退还款。试解释这项退还款政策的基本原理。保险公司推出这项政策是为了解决什么问题？（参见第 293 页"日常生活中的经济学"）

4. 外部收益和公共物品

4.1 假设 1,000 名居民每人可以从建成水坝中得到 40 美元的收益。当建造成本低于 _____ 时，建造水坝从整个社会角度看是有效率的。如果建造成本是 30,000 美元，那么当向每人征税 _____ 时，可以得到居民对建造水坝的一致支持。

4.2 外部收益是被 _____（买家 / 买家）以外的人得到的。

4.3 一件公共物品具有消费的 _____（竞争性 / 非竞争性）和 _____（排他性 / 非排他性）。

4.4 三面钟塔是对 _____ 问题的反应，它导致了无效率的结果，因为第四面钟塔的 _____ 小于 _____。（参见第 297 页"日常生活中的经济学"）

4.5 为 Wi-Fi 网络付费。考虑一个有 1,000户家庭的小镇。该镇可以安装一个无线 Wi-Fi 网络，使小镇的所有居民都可以上网。每户家庭每年最多愿意为这个网络支付 50 美元，而安装网络的成本是每年 20,000 美元。（参见第 297 页"日常生活中的经济学"）

a. 安装 Wi-Fi 网络是有效率的吗？

b. 假设该镇管理者呼吁居民自愿捐款为这个网络筹资。预期可以得到多少捐款？

c. 假设该镇记录每一笔捐赠，并向捐款超过 20 美元的人提供网络密码。预期可以得到多少捐款？

4.6 监控厄尔尼诺暖流的成本分摊机制。假设目前监控厄尔尼诺暖流的成本是每十年 120 亿美元。在十年的监测期内，预先警报暖流的路径可以使美国、加拿大和墨西哥遭受的损失分别减少 90 亿美元、60 亿美元和 30 亿美元。

a. 如果三个国家都是单边行动，他们中谁有动力去监测？

b. 监测的社会收益大于成本吗？

c. 设计一个成本分摊机制，使三个国家都愿意出资支持监测。

4.7 野生动物保护者。在一个拥有 80,000 人口的国家里，为使野狼数量增加 1 头，每个人愿意支付 0.10 美元。但同时，每增加 1 头野狼会给牧场主造成价值 5,000 美元的牲畜损失。

a. 从社会整体的角度看，额外增加一头狼是有效率的吗？

b. 访问野生动物保护者的网站。设计一个可以使社会效益最大化的制度。

4.8 课堂参与。考虑一个拥有 40 名学生的课程，有些学生在教授解释完一个概念后仍然感到迷惑。教授自己不知道学生是否迷惑，但如果有一个学生提问，教授就会阐明这个概念。提问的学生因为透露出自己的迷惑会损失 10 点效用。当教授阐明提问涉及的概念时，每个迷惑的学生会得到 2 点效用。

a. 迷惑水平（由感到迷惑的学生总

人数来衡量）为多少时，一个迷惑的学生提问是有社会效率的？

b. 在没有课堂参与激励措施的情况下，一个迷惑的学生会提问吗？

c. 设计一个激励制度来鼓励迷惑的学生提问。

4.9 作为公共物品的焰火。一个只有甲乙丙三个人的城市在考虑办一场焰火表演。甲、乙、丙分别愿意为焰火表演支付 100 美元、30 美元和 20 美元。

a. 三人中有谁愿意独自举办焰火表演吗？

b. 如果焰火表演的成本在三人间均摊，大多数人会投赞成票吗？

c. 设计一个交易制度使所有居民都可以得利。

4.10 保护小溪。考虑一条鳟鱼小溪受到附近伐木作业的威胁。本地 10,000 个渔民中，每个人愿意支付 5 美元用于保护小溪。土地所有者需要投入 20,000 美元去调整伐木作业以保护这条小溪。

a. 从社会角度看，保护小溪有效率吗？

b. 如果土地所有者有权力随意伐木，这条小溪能得到保护吗？

c. 通过设计一项交易机制解决这个问题，使渔民和土地所有者都能受益。

5. 污染的最优水平

5.1 最佳的污染减少水平发生在治理污

染的 _____ 等于其 _____ 时。

5.2 治理污染的边际成本往往会随着污染减少水平而 _____（上升 / 下降）。

5.3 减少甲烷排放的边际成本以 _____ 速度 _____。如果减少甲烷排放的边际收益是每吨 150 美元，最佳的减排水平是 _____ 百万吨。（参见第 301 页"日常生活中的经济学"）

5.4 最佳减排。假设减少污染的边际收益恒定为每单位 12 美元，减排的边际成本是第一个单位需要 2 美元，第二个单位需要 4 美元，第三个单位需要 6 美元。画出边际收益和边际成本曲线，并表示最佳排污的水平。（参见第 301 页"日常生活中的经济学"）

5.5 薇薇安想学小提琴，但是会吵到室友。薇薇安和室友协商她的练习时间，愿意花钱减少噪音和愿意接受噪音之间存在差额，薇薇安和室友必须分担这部分成本。下面的表格表示的是她练习 1～5 小时的边际收益，以及给她的室友产生的边际成本（恒定为 5 美元）。

小时数	1	2	3	4	5
边际收益	10	8	6	4	2
边际成本	5	5	5	5	5

a. 假设薇薇安有产权，想制造多少噪音就制造多少，薇薇安会练习多少个小时？谁获得金钱补偿，获得多少补偿？

b. 假设室友对安静的屋子拥有产权，薇薇安会练习多少个小时，谁获得金钱补偿，获得多少补偿？

6. 污染税

6.1 私人生产成本包括企业承担的 _____、_____ 和 _____。

6.2 外部生产成本是 _____ 承担的成本。

6.3 社会生产成本等于 _____ 成本加上 _____ 成本。

6.4 如果税收超过 _____ 的减少，污染税将降低企业产生的污染。

6.5 污染税通过减少 _____ 和减少 _____ 两种方式减少污染。

6.6 污染带来的边际损失随 _____ 而变化，他们在 _____ 地区比在 _____ 地区更高。

6.7 上移还是下降。碳税会使家用燃料油的供给曲线 _____，使均衡价格 _____，均衡数量 _____。

6.8 碳税的市场影响。思考一个汽油市场的情况。最初的均衡状态下，价格是每加仑汽油 2.00 美元，均衡数量是 1 亿加仑。需求的价格弹性是 0.70，供给的需求弹性是 1.0。假设碳税使供给曲线上移了 0.34 美元，左移了 17%。

a. 作图表示税收对汽油均衡价格和均衡数量的影响。

b. 回顾前面章节中提到的价格弹性

公式，计算新的均衡价格和数量。新的价格是每加仑 _____ 美元，新的数量是 _____ 加仑。

c. 0.34 美元的税收中，消费者支付 _____ 美元，生产者支付 _____ 美元。

6.9 改变家用燃料油的税收。假设你是国会议员的经济顾问，有人提出一个议案，建议征收一项碳税，每吨 10 美元，说这项碳税能够改变家用燃料油的供给曲线，使供给曲线上移 0.30 美元，往左移 15%。最初（碳税前），家用燃料油的价格是 2.00 美元。

a. 用图表示税收对家用燃料油的价格和数量的影响，税收全部是由消费者支付的吗？还有谁负担？

b. 假设燃料油的供给价格弹性是 1.0，需求价格弹性是 0.50。使用前面章节提到的价格弹性公式预测新的均衡价格。消费者需要承担税收的多少？

7. 传统的政府管制政策

7.1 与污染税相比，统一的减排政策效率 _____（更高 / 更低）。因为没有考虑不同企业的 _____。

7.2 治污的指令控制政策中的指令专指针对每个企业的 _____。

7.3 指令控制政策似乎没有效果，因为它要求企业使用 _____。

7.4 污染税鼓励企业开发新的有效率的减排技术。_____（对 / 错）

7.5 上移还是下降。将污染税政策转变成统一的减排政策将会改变污染产品的供给曲线，使供给曲线 _____，均衡价格 _____。

7.6 从"亲爱的艾比"中，我们得到的启示是有时候 _____ 比 _____ 更有效率。

7.7 基于边际减排成本，按照升序为以下国际航运可以使用的 CO_2 减排技术排序：降低速度、转为天然气发动机、螺旋桨保养、加装帆和翼利用风力。（参见第 309 页"日常生活中的经济学"）

7.8 降低噪音污染的选项。詹尼斯喜欢大声播放音乐，并且为了听第一首歌愿意支付 9 美元，随后每听一首歌愿意支付的价钱要少 1 美元（第二首歌 8 美元，第三首歌 7 美元，如此递减）。对她的室友来说，噪音造成的额外成本是每首歌 4 美元。

a. 假设最初听歌的价格是 0。詹尼斯会听几首歌？作图表示。

b. 假设政府对每首歌征收 4 美元的税。詹尼斯会听几首歌？此时听歌的价格从 0 变成了 4 美元，计算税收造成的消费者剩余损失。

c. 詹尼斯可以给自己的房间加装隔音设施，消除噪声污染，这样一来她就不用支付污染税了。如果加装隔音设施需要支付 30 美元，这样做值得吗？

d. 詹尼斯也可以补偿室友，根据每个单位的噪声污染——比如每首歌进行补偿。那么需要多少补偿呢？从她的角度来看，给室友补偿比交税好还是差，或是差不多？

7.9 管制消除了市场吗？思考一下，在一个市场中，污染物最初的均衡数量是 20 吨。

a. 用图说明污染税使均衡数量降到 12 吨的影响过程。

b. 思考一下，如果使用指令控制政策最终的污染数量与使用污染税时一致，但是能使污染物的均衡数量降到 0。作图表示指令控制政策的影响。

8. 可交易的排污许可证

8.1 在可交易的排污许可证制度下，排污成本较 _____（低 / 高）的企业可以从排污成本较 _____（低 / 高）的企业那里购买许可证。

8.2 从不可变的污染许可证转变为可交易的污染许可证会 _____（增加 / 降低）总减排成本。

8.3 可交易的排污许可证减少使得许可证的供给曲线 _____，并使许可证的均衡价格 _____。

8.4 提升或降低。技术进步能够降低排污成本，并将 _____ 对可交易的排污许可证的需求，_____ 均衡价格。

8.5 北欧各国的干燥气候将 _____ 对 CO_2 排放许可的需求，并 _____ 均衡价格。（参见第 313 页"日常生活中的经济学"）

8.6 思考一下，有两家企业，每一家都有 3 张可交易的污染许可证。对企业 H 来说，减排的边际成本是 190 美元，对企业 L 来说，减排的边际成本是 130 美元。

a. 如果要交易 1 张排污许可证，有达成互利交易的空间吗？如果有，哪家企业会买排污许可证，哪家企业会卖出排污许可证？

b. 如果两家企业分担差额，1 张排污许可证的价格是多少？

c. 假设交易 1 张污染许可证后，卖掉许可证的企业排污的边际成本是 70 美元，购买许可证的企业排污的边际成本是 150 美元。两家企业会再交易 1 张排污许可证吗？还是交易到此结束了？

d. 允许公司交易污染许可证，会使减排成本下降多少？

8.7 假设企业承诺每年减排温室气体 11 吨。你可以付钱给重新造林项目进行补偿，成本是每排放 1 吨补偿 7 美元。企业减排的边际成本是第一吨 3 美元，每增加 1 吨，边际成本增加 1 美元，因此第二吨为 4 美元，第三吨为 5 美元，如此类推。

a. 减排和支持重新造林项目应该如何结合才能产生最佳效果？

b. 利用补偿方案，企业能够节省多少钱？

8.8　某国给一些电厂发放了可交易的二氧化硫排放牌照。这些牌照大部分发给了设施老旧的公有电厂。一年后，这些牌照没有进行买卖，如何解释牌照交易缺失？

8.9　更低的减排成本和牌照价格。假设新技术使减排成本下降了一半。用图表描绘减排成本降低带来的影响，可交易的排污许可证的均衡价会发生怎样的变化。利用图 9-8 作为起点，排污许可证的初始价格为 21 美元（点 b）。新的均衡价格是多少？

8.10　思考一下，欧盟对 CO_2 排放配额的需求。排放配额的供给是固定的，初始价格为每吨 20 美元。假设北欧国家气候干燥，对排放配额的需求增加 6%，对排放配额的需求价格弹性为 2.0。预测均衡价格，作图说明。（参见第 313 页 "日常生活中的经济学"）

经济学实验

掷骰子决定买到的是李子还是柠檬

- 在本实验中，学生扮演消费者，购买二手车。上路的车中，有超过一半（57%）是李子产品，剩下的车（43%）是柠檬产品。每个消费者给出愿意为一辆二手车支付的价格，然后掷骰子决定他将买到一辆李子产品还是一辆柠檬产品。掷出的数字大，消费者将买到李子产品。因此愿意支付的价格越高，就需要掷出越大的数字来获得李子产品。

- 每个消费者告诉实验指导者他愿意为一辆二手车支付的价格，然后开始掷骰子。

- 实验指导者会告诉消费者他掷出的数字是否大到能够买到李子产品。如果数字不够大，那么消费者只能拿到柠檬产品。

- 消费者的得分等于他愿意为最终得到的二手车支付的价格（李子产品 1,200 美元，柠檬产品 400 美元），和他实际支付的价钱之间的差额。比如，如果奥托支付 500 美元，买到一辆李子产品，他的得分就是 700 美元。如果卡拉支付 600 美元，买到一辆柠檬产品，那她的得分就是 −200 美元。

- 实验指导者宣布每次交易的最终结果。
- 一共进行 3～5 次购买。在最后一次交易后，每个消费者加总其得分。

自愿纳税

人们真的会搭便车吗？大部分人会自愿支付一部分钱支持公共物品吗？下面这个实验有助于回答这个问题：

- 实验指导者挑选 10 个学生，给每个学生 10 个硬币。
- 每个学生可以付钱支持公共物品，在实验中，学生向公共物品箱投硬币，以表示支持，可以投 1～3 个硬币。学生也可以选择保留全部的硬币，不支持任何公共物品。选择是自愿的：没有人知道学生到底会支付多少钱。
- 投入公共物品箱中的每个硬币，实验指导者都会加投 2 个硬币。比如，如果学生一共投入 40 个硬币，实验指导者就会投入 80 个硬币，箱中的硬币数量一共为 120 个。二换一的配对代表的思想是公共物品带来的利益将超过成本。在本实验中，这个收益成本比就是 3∶1。
- 实验指导者将公共物品箱中的硬币

平分给参与实验的 10 个学生。举例来说，如果箱中有 120 个硬币，每个学生能获得 12 个。

- 第二步到第四步可重复 4～5 轮。

我们可以修改实验模仿强制纳税制度。实验指导者要求每个学生投入 3 个硬币（最大数额），这样的改变会使学生受益更多吗？

完成实验后，回答下列练习：

玛吉是参与实验的 10 名学生中的一名，思考一下玛吉支持公共物品的动机。她用边际原理进行思考，"如果我增加 1 个硬币，会怎样影响我从中获得的回报呢？"

- a. 回答玛吉的问题，假设她投入箱中的硬币数量不会影响其他人的决定。
- b. 如果玛吉所有的决策都使用边际原理，她会增加硬币吗？

污染许可证

在这个实验中，学生扮演造纸厂的角色，他们需要买卖污染许可证。学生分成 3～5 人一组，每一组代表一个企业，每一轮实验中每个企业生产 1 吨纸。实验指导者给每个企业提供生产成本的数据。成本取决于企业排放的污染物：排放的污染物越少，生产成本越高。

实验一共进行 5 轮，每一轮中每个企业有 3 张排污许可证。如果企业保留全部

3 张排污许可证，可以排放 3 加仑污染物。如果企业卖掉 1 张排污许可证，那么它就只能排放 2 加仑污染物，而购买排污许可证的企业就可以排放 4 加仑污染物。

排放的污染物（加仑）	2	3	4
每吨生产成本（美元）	36	26	20

每一轮实验的初始阶段，企业在交易区见面，交易排污许可证。每个企业每天可以买卖 1 张许可证。一旦交易达成，买方和卖方告知实验指导者相关信息，由实验指导者在报告卡上记录交易，然后离开交易区。企业的目的是最大化利润，每个交易期间，我们计算企业的利润：

利润 = 纸张价格 − 生产成本 + 许可证销售收入 − 许可证购买成本

每一轮实验中，企业会买卖 1 张许可证，因此我们在计算企业的利润时，只需用到 3 个数字。比如根据表中的生产成本，如果纸价是每吨 50 美元，企业购买 1 张许可证是 5 美元，产生 4 加仑污染物，那么企业的利润就是：

利润 = 50 − 20 − 5 = 25 美元

如果另一家公司卖掉了 1 张许可证获得 5 美元收入，产生 2 加仑污染物，那么这家公司的利润就是：

利润 = 50 − 36 + 5 = 19 美元

到第四和第五次交易时，有一些环保组织进入交易，购买排污许可证。每个环保组织只有固定数量的金钱可以用来购买许可证，他们的目的是尽可能多地购买许可证，降低污染物的排放。

注　释

1. George Akerlof, "The Market for 'Lemons': Quality Uncertainty and the Market Mechanism," *Quarterly Journal of Economics*（August 1970）: 488–500.

2. Eric Bond, "A Direct Test of the Lemons' Model: The Market for Used Pickup Trucks," *American Economic Review* 72（September 1982）: 836–840; Michael Pratt and George Hoffer, "Test of the Lemons Model: Comment," *American Economic Review* 74（September 1984）: 798–800; Eric Bond, "Test of the Lemons' Model: A Reply," *American Economic Review* 74（September 1984）: 801–804.

3. Economist, "Greenery in Canada: We have a winner; British Columbia's carbon tax woos skeptics July 21st 2011, p. 33.

4. Abigail Van Buren, "Aid for Reader's Winter Woe," *Sacramento Bee*, February 15, 1984, http://www.epa.gov/airmarkets/auctions/（accessed July 9, 2006）.

5. Gary Polaroid, "Cost of Clean Air Credits Soars in Southland," *Los Angeles Times*, September 5, 2000.

决定劳动者收入的一个关键因素是教育程度。

2009 年，高中毕业生的中位年收入是 32,600 美元，而大学毕业生的中位年收入是 56,700 美元。[1] 也就是说，大学学位薪资溢价——大学毕业生收入比高中毕业生收入的增长比例——是 74%。在一个人的一生中，从大学学历获得的回报是 964,000 美元。过去的几十年里，大学学位薪资溢价几乎翻了一倍。

学习目标

解释为什么竞争会产生与边际收益产品相等的工资。

解释工资的增加是如何影响工作时间的。

解释为什么不同职业和不同人力资本水平的工资不同。

描述收入分配近期发生的变化。

描述政府政策对贫困人口和收入分配的影响。

到目前为止，我们一直讨论的是最终产品和服务的市场。本章将学习劳动力市场，劳动力是生产要素之一。劳动力成本占到生产成本的四分之三，对大多数人来说劳动力收入是最重要的收入来源。我们将使用供给需求模型分析有关劳动力的一系列问题，比如工资是如何决定的，为什么大学毕业生和高中毕业生、男性和女性以及不同职业的工资不同。本章还将探讨收入分配近期发生的变化，以及政府税收和转移支付政策对贫困人口和收入分配的影响。

劳动力需求

我们可以使用需求曲线和供给曲线说明工资是如何决定的，以及劳动力市场的变化如何影响工资和就业。我们先从劳动力市场的需求侧开始，了解单个公司是如何利用主要的经济学原理决定所需雇用劳动力的数量。

对劳动力和其他生产要素的需求不同于对 iPod、书籍、理发、比萨等消费产品的需求。公司使用劳动力是为了生产消费者需要的产品，因此经济学家将劳动力需求称为一种引致需求（derived demand）。也就是说，劳动力需求是由对劳动力生产的产品的需求决定的。本章我们将了解，劳动力需求由产品需求和产品价格决定。

单个公司的短期劳动力需求

思考一下，假设有一个生产橡皮球的完全竞争公司。由于该公司是完全竞争的，所以它将产品价格和投入要素价格视作给定的：该公司在雇佣市场上只需要很少部分的劳动力，所以市场工资可以视作给定的，并在该工资水平下雇用它所需的任意数量的工人；而且该公司生产的橡皮球只占很小一部分市场，所以橡皮球的价格也可视作给定的。假定橡皮球的价格是 0.50 美元。

考虑该公司短期的雇佣决策，短期是指至少有一项投入要素（比如说工厂）不能改变的一段时期。我们可以使用两个主要的经济学原理，解释公司的雇佣决策。第一个使用的原理是边际原理。

> **边际原理**
> 只要增加一项活动的边际收益大于边际成本，我们就应该不断增加该项活动，直到边际收益等于边际成本。

在该公司选择的劳动力数量之处，劳动力的边际收益等于劳动力的边际成本。无论该公司雇用多少劳动力，劳动力的边际成本始终等于每小时 8 美元。

那么劳动力边际收益呢？它等于多投入 1 小时的劳动力多生产出来的橡皮球的货币价值。表 10-1 显示了不同劳动力数量下的边际收益。第一、第二列表示劳动力数量和橡皮球产量的关系。我们要使用的第二个经济学原理是边际报酬递减原理。

表 10-1　使用边际原理做劳动力雇佣决策					
（1） 劳动力数量 （小时）	（2） 橡皮球 （小时）	（3） 劳动力的边际产品	（4） 价格（美元）	（5） 劳动力的边际收益产品（美元）	（6） 边际成本（美元）
1	26	26	0.50	13	8
2	50	24	0.50	12	8
3	72	22	0.50	11	8
4	92	20	0.50	10	8
5	108	16	0.50	8	8
6	120	12	0.50	6	8
7	128	8	0.50	4	8
8	130	2	0.50	1	8

边际报酬递减原理

假设一种产品的生产需要两种或更多的投入要素，我们保持其他要素投入不变，只增加一种要素的投入，当这种要素的投入到达某个点（边际报酬递减点）之后，产品产量将会以递减的速度增加。

名词解释
　　劳动力的边际产品：新增 1 单位劳动力所增加的产量。

劳动力的边际产品（marginal product of labor）是指新增 1 单位劳动力所增加的产量，根据边际报酬递减原理，随着劳动力数量的增加，劳动力的边际产品最初迅速上升，随后开始下降。为了简化问题，我们假定边际报酬从第二个劳动力开始递减。如表 10-1 第三列所示，劳动力的边际产品随着劳动力数量的增加而递减，从第一个劳动力的 26 降至第二个劳动力的 24，依次类推。

劳动力的边际收益产品（marginal-revenue product of labor，简称 *MRP*）是新增 1 单位劳动力所增加的收益。*MRP* 等于劳动力的边际产品与产品价格的乘积：

$$MRP = 边际产品 \times 产品价格$$

图 10-1 表示边际收益产品曲线。因为边际产品随着工人数量的增加而下降，所以 *MRP* 曲线斜率为负，*MRP* 从第三个工人的 11 美元（点 *a*）降至第五个工人的 8 美元（点 *b*），依次类推。

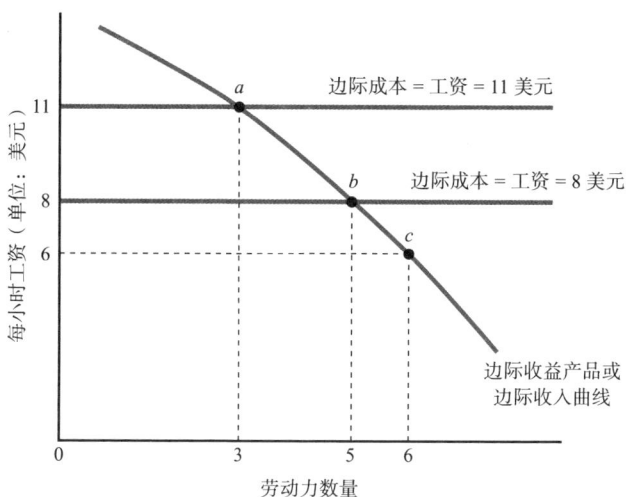

▲图 10-1

边际原理和公司对劳动力的需求

该公司使用边际原理选择合适的劳动力数量，此时边际收益（劳动力的边际收益产品）与边际成本（工资）相等。公司的短期劳动力需求曲线就是边际收益产品曲线。

　　公司可以使用边际收益产品曲线确定特定工资水平下应该雇用的劳动力数量。图 10-1 中，边际成本曲线是一条水平直线，边际成本等于工资 8 美元。完全竞争公司将工资视作给定的，因此边际成本曲线也是公司的劳动力供给曲线。边际原理在点 *b* 处满足，该点上边际成本等于边际收益产品。该公司将雇用 5 个劳动力，雇用前 5 个劳动力的边际收益大于或等于边际成本，到第六个劳动力时，边际收益小于边际成本。如果工资从 8 美元增加至 11 美元，该公司将在点 *a* 满足边际原理，公司将只雇

名词解释

短期劳动力需求曲线：表示工资和短期劳动力需求量之间的关系的曲线。

用 3 个劳动力。

边际收益产品曲线也是公司的**短期劳动力需求曲线**（short-run demand curve for labor），该曲线表示工资和短期劳动力需求量之间的关系。需求曲线回答了以下问题：在不同工资水平下，公司应该雇用多少个劳动力？我们已经利用边际收益产品曲线求解两个工资水平（11 美元和 8 美元）下，公司应该雇用的劳动力数量，该求解方法适用于任何工资水平。

劳动力需求曲线是否会发生移动？在作劳动力需求曲线的时候，我们将产品价格和劳动力的生产力视作固定不变。因此，当产品价格和劳动力的生产力变化时，劳动力需求曲线将发生移动。当产品价格上升时，劳动力的边际收益产品会增加，劳动力需求曲线随之向右移动，这表示在任意工资水平下，公司将雇用更多的劳动力，如图 10-2 所示。橡皮球价格的上升使劳动力需求曲线向右移动，这样一来，同样在 8 美元的工资水平下，公司雇用的劳动力数量从 5 增加至 7。同样，如果劳动力的生产力提高，那么劳动力的边际产品将增加，劳动力的边际收益产品增加，劳动力需求曲线向右移动。相反，价格或劳动力的生产力下降都将使劳动力需求曲线向左移动。

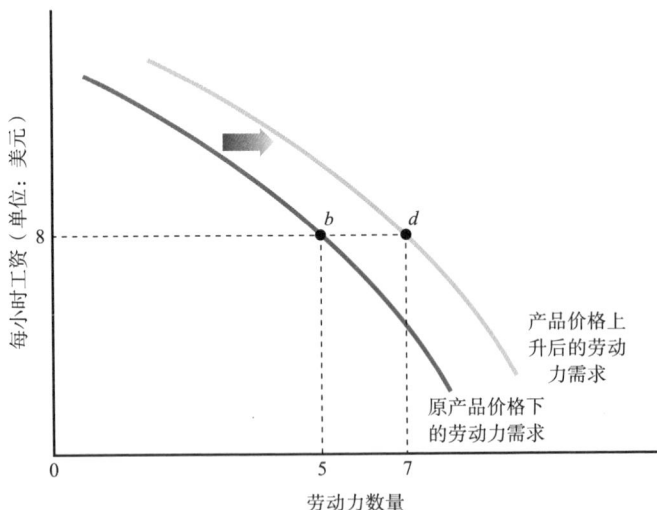

▲图 10-2

产品价格的上升使劳动力需求曲线移动

产品价格的上升使劳动力的边际收益产品上升，需求曲线向右移动。在任意工资水平下，公司的劳动力需求量增加。比如，在 8 美元的工资下，劳动力需求量从 5（点 b）增加至 7（点 d）。

市场的短期劳动力需求

要做出特定劳动力市场的短期需求曲线，我们需要将所有公司对这一劳动力的需求加总。在最简单的情况下，所有的公司同质，此时我们只需将单个公司的劳动力需求量乘以公司数量。如果市场中有 100 家公司，每家公司以 8 美元的工资雇用 5 个劳动力，则市场的劳动力需求是 500。同样，如果单个公司以 11 美元的工资雇用 3 个劳动力，则市场的劳动力需求是 300。在相对复杂的情况下，所有的公司不同质，我们需要做出所有公司的劳动力需求曲线，然后水平加总获得市场的劳动力需求曲线。

长期劳动力需求

在长期内，公司可以进入或退出市场，也能改变所有的投入要素，包括生产设施。**长期劳动力需求曲线**（long-run demand curve for labor）表示长期内工资与劳动力需求量的关系。

尽管在长期内不存在边际报酬递减问题，但是市场需求曲线斜率仍然为负。随着工资增加，劳动力需求量会因为两个原因降低：

- **产出效应**（output effect）。工资的增加会使橡皮球的生产成本上升，公司至少会把部分增加的成本转嫁给消费者，这意味着价格将上升。根据需求定律，在更高的价格下公司可以卖出的橡皮球数量将减少，此时公司对各种投入要素的需求也相应减少，包括劳动力。

- **投入要素替代效应**（input-substitution effect）。工资的增加会使公司用其他投入要素替代劳动力。在 4 美元的工资水平下，橡皮球工厂不需要使用很多机器，但是当工资上升至 20 美元，工厂就有必要加强机械化，并减少工人数量。其他投入要素对劳动力的替代会使单位产出的劳动力投入减少。

投入要素替代效应使单位产量的劳动力投入减少，而产出效应使总产量减少。两种效应都使劳动力需求量减少，所以市场需求曲线斜率为负。

投入要素替代效应的概念也适用于其他劳

> **名词解释**
>
> **长期劳动力需求曲线**：表示长期内工资与劳动力需求量的关系。
>
> **产出效应**：工资变化后，由产量变化引起的劳动力需求量变化。
>
> **投入要素替代效应**：工资变化后，由劳动力价格相对其他投入要素价格上升引起的劳动力需求量变化。

动力市场。我们可以通过对比发达国家和发展中国家的情况进一步说明这个概念。发展中国家的工资比发达国家要低得多，因此生产的劳动力密集度更高。具体的例子如下：

- 采矿业：美国公司采用大型土方设备采矿，而一些发展中国家则雇用数千名工人使用简单的工具采矿。
- 家具业：发达国家的家具制造厂使用更多更复杂的机器和设备，而一些发展中国家则更多地依赖手工。
- 会计：发达国家的会计使用电脑和复杂的软件程序，而一些发展中国家的会计则使用简单的计算器和记账簿。

短期需求对比长期需求

因为在短期内公司不能进入或离开市场，也不能调整生产设施，所以短期内公司对劳动力的需求弹性小于长期，这意味着短期需求曲线比长期需求曲线更陡峭。在第6章，我们使用同样的逻辑解释了为什么产品的短期供给曲线比长期供给曲线更陡峭。

日常生活中的经济学

美国职业棒球大联盟的边际收益产品

对应的经济学问题：劳动力的工资等于边际收益产品吗？

2011年，美国职业棒球大联盟（MLB）的平均工资是330万美元。球员真的值这么多钱吗？只有当球员的边际收益产品（MRP）不低于330万美元时，球队才会向球员支付330万美元的薪水。一名球员给球队带来的MRP等于他通过球票和电视合同为球队增加的总收入。人们愿意付钱给优胜的球队，而一名能够增加球队获胜概率的球员可以增加球队从球票和电视合同中获得的收益。例如，一名长打率较高的球员可以增加球队的获胜概率，从而增加球队的收入。

最近一项研究显示，对于某些球员，他们的工资低于MRP。一些MLB球员是自由球员，他们可以自由地与任何MLB球队签订合同。考虑到各球队都激烈地争夺自由球员，这些自由球员的工资接近于MRP。相反，两类球员不允许转会，对于他们的限制意味着他们的工资应当低于MRP。

1. Journeymen（在联盟服役 3 ~ 6 年的球员）不能转会，但是可以通过薪资谈判改变工资。

2. Apprentices（在联盟服役 0 ~ 3 年的球员）不能转会，也不能进行薪资谈判。

考虑到这两类球员的流动性较差，研究者预计他们的工资应当低于 *MRP*。数据表明，journeymen 的平均 *MRP* 大约为 108 万美元，比他们的平均工资高大约 17%；apprentices 的平均 *MRP* 约为 81 万美元，是他们平均工资的约 3.6 倍。详见练习 1.7。

资料来源：Based on Anthony Krautmann, "What's Wrong with Scully-Estimates of a Player's Marginal Revenue Product," *Economic Inquiry* 37（1999），pp. 369-381.

劳动力供给

劳动力供给曲线回答了以下问题：在不同工资水平下，人们会供给多少小时的劳动力？当我们提及一个劳动力市场时，我们指的是特定地理区域上的一个特定职业的市场。思考弗洛伦斯市的护士供给问题：在不同工资水平下，人们会供给多少小时的护士服务？要回答这个问题，我们必须考虑弗洛伦斯市有多少名护士，以及每一名护士分别工作多少小时。

个人劳动力供给决策：工作多少小时？

我们先思考一下个人如何决定工作多少个小时。工作需要牺牲一定的休闲时间：每增加 1 小时的工作就需要减少 1 小时的休闲。因此，休闲需求是劳动力供给的反面。休闲时间的价格等于牺牲 1 小时休闲赚取的收入，即每小时的工资。工资的增加，也就是休闲时间的价格上升，对休闲需求会产生两种效应：替代效应和收入效应

休闲需求的替代效应（substitution effect for leisure demand）。个人要面临休闲时间和音乐、书籍、食物、娱乐等消费品的权衡关系。莉亚每休闲 1 小时，就要损失 1 小时的工作时间，她的收入将减少 1 个小时的工资，她可以花在消费品上的钱随之减少。例如，如果每小时工资是 8 美元，她选择 1 小时的休闲就会减少 8 美元用在消费品上。如果工资增加，莉亚休闲 1 小时所损失的收入将增

> **名词解释**
>
> **休闲时间的替代效应**：工资相对于其他商品价格的变化导致休闲时间的变化。

加，她将减少休闲时间。这意味着她将增加工作时间，并赚取更多的收入。换句话说，当工资增加，她将用收入替代休闲时间。

休闲需求的收入效应（income effect for leisure demand）。对大多数人来说，休闲是一个正常商品，因为休闲需求随收入增加而增加。工资增加将使莉亚的实际收入增加，因为她可以购买更多的商品，包括休闲时间。假设莉亚每周总计有100个小时可用于休闲和工作。如果工资是10美元，她工作36小时，休闲64小时，此时她可以赚取360美元，并将这笔钱花在消费品上。当工资增加至15美元时，她的实际收入增加了，于是她可以购买更多的商品并休闲更多时间。例如，当她只工作30小时，可以购买450美元的消费品，并休闲70小时。实际收入的增加使莉亚对休闲的需求增加了，从而减少了劳动力供给。

在劳动力市场中，工资增加的收入效应和替代效应作用方向相反。替代效应减少个人对休闲的需求，而收入效应增加个人对休闲的需求。因此，我们无法预测工资增加时，个人的休闲需求会增加（劳动力供给减少）还是减少（劳动力供给增加）。

> **名词解释**
>
> **休闲时间的收入效应**：工资变化引起的实际收入的变化导致休闲时间的变化。

收入效应和替代效应的一个案例

我们可以用一个简单的案例说明为什么无法预测个人对工资增加的反应。假设弗洛伦斯市的护士每人每周工作36个小时，每小时工资是10美元。现在工资增加至12美元，面对工资增加，护士可能会有以下三种反应：

- 雷斯特工作更少的时间：如果每周工作30小时而不是36小时，他可以多获得6个小时的休闲时间，并保持收入不变。
- 萨姆工作一样的时间：如果萨姆继续每周工作36小时，他可以多获得72美元的收入，并保持休闲时间不变。
- 莫林工作更多的时间：如果莫林工作43个小时而不是36个小时，她将牺牲7个小时的休闲时间并多赚取156美元的收入。

有关劳动力市场的实证研究表明，这三种反应都是有可能的。当工资增加，有的人增加工作时间，有的人减少工作时间，有的人保持工作时间不变。在市场层面，不同市场对工资增加的反应不同。

市场的劳动力供给曲线

名词解释

市场的劳动力供给曲线：表示工资和劳动力供给量之间关系的曲线。

我们已经知道个人是如何对工资变化做出反应的，接下来我们考虑劳动力市场的供给侧。**市场的劳动力供给曲线（market supply curve for labor）** 表示工资和劳动力供给量之间的关系。在图 10-3 中，市场的劳动力供给曲线斜率为正，符合供给定律：保持其他条件不变时，工资和劳动力供给量之间存在正相关关系。工资的增加会对护士服务的供给量有三种影响：

1. **每名护士的工作时间。** 当工资增加，一些护士将增加工作时间，还有一些护士将减少工作时间，一些护士将保持工作时间不变。我们不确定平均工作时间是会增加、减少还是保持不变，但是平均工作小时数的变化可能比较小。

2. **职业选择。** 护士工资增加将使更多人从其他职业转到护士职业，并促使更多新劳动力选择护士职业。

3. **迁移。** 其他城市的护士将会迁移至弗洛伦斯市，以赚取更多的收入。

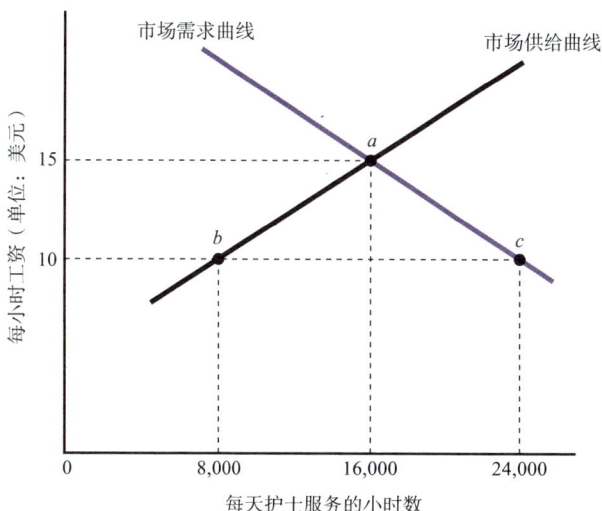

▲ 图 10-3

供给、需求和劳动力市场均衡

在市场均衡水平下（点 a），每小时工资是 15 美元，劳动力供给量是 16,000 小时。供给量等于需求量，此时劳动力既不存在超额需求也不存在超额供给。

第二种影响和第三种影响互相增强，在它们的共同作用下，工资增加会使劳动力供给量沿着市场供给曲线向上移动。当弗洛伦斯市的护士每小时工资从 10 美元增加至 15 美元，护士服务的供给量从每天 8,000 小时（点 *b*）增加至每天 16,000 小时（点 *a*）。尽管工资增加时个人不一定会增加工作时间，但是供给曲线斜率仍然为正，这是因为工资增加会改变个人的职业选择，并促进劳动力迁移。

日常生活中的经济学

出租车司机对加薪做出反应

对应的经济学问题：工资增加时，个人会增加还是减少工作时间？

出租车司机可以灵活地选择工作时间，我们可以便捷地观察他们对工资增加的反应。出租车费的增加，表示出租车司机工资的增加。最近一项对纽约市出租车市场的研究表明，出租车费的增加实际上会减少劳动力供给量。2004 年，出租车费一次性上调 19%，每辆出租车的运营里程数降低了 5.6%。总体上看，运营里程数（劳动力供给量）对每英里出租车费（工资）的弹性是 −0.22。换句话说，工资增加 10% 会使劳动力供给量减少 2.2%。详见练习 2.6 和 2.11。

资料来源：Based on Orley Ashenfelter, Kork Doran, Bruce Schaller, "A Shred of Credible Evidence on the Long Run Elasticity of Labor Supply"（working Paper 551, Industrial Relations Section, Princeton University , 2009）.

劳动力市场均衡

我们现在可以将劳动力供给和劳动力需求联系起来考虑劳动力市场的均衡。在市场均衡状态下，市场主体没有动力改变商品或服务的价格。图 10-3 显示了护士市场的均衡。供给曲线与需求曲线相交于点 *a*，此时均衡工资是每小时 15 美元，均衡产量是每天 16,000 个小时的护士服务。在均衡工资水平下，既不存在对劳动力的超额需求，也不存在劳动力的超额供给，此时市场实现均衡。

需求和供给的变化

对护士需求的变化会如何影响护士的均衡工资？我们在第 3 章学过，需求变化会使均衡价格和均衡产量朝相同方向移动：需求增加会使均衡价格和均衡产量增加，需求减少会使均衡价格和均衡产量减少。例如，假设医疗需求增加。护士是提供医疗服务的重要劳动力，因此医疗需求增加会使对护士的需求曲线向右移动：在任意工资水平下，公司会需要更多的护士服务。如图 10-4 显示，需求增加会使护士服务的均衡工资和均衡产量增加。

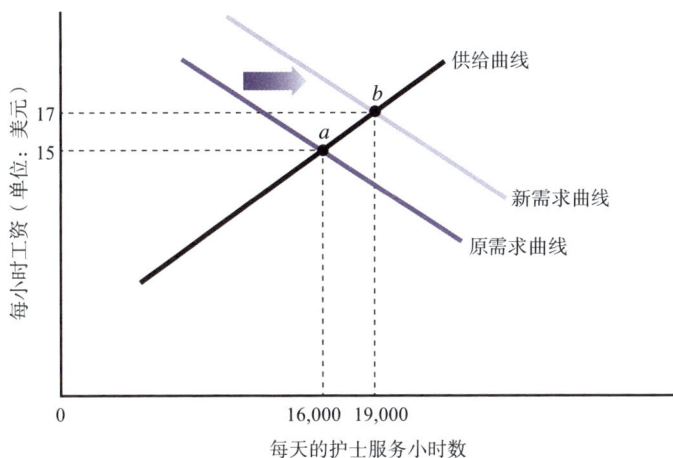

▲ 图 10-4

劳动力需求增加对市场的影响

护士服务需求增加使需求曲线向右移动，均衡点从点 a 向右移动至点 b。每小时均衡工资从 15 美元增加至 17 美元，均衡产量从 16,000 小时增加至 19,000 小时。

护士服务供给增加会如何影响护士的均衡工资？我们在第 3 章学过，供给变化会使均衡价格和均衡产量朝相反方向移动：供给增加会使均衡价格减少，同时使均衡产量增加。假设电视广告使护士职业更加具有吸引力，促使更多年轻人选择护士职业，那么护士服务供给曲线将向右移动：在任意工资水平下，护士服务的供给量增加。因此，供给增加会使均衡工资减少，同时使均衡产量增加。

最低工资的市场影响

我们可以使用劳动力市场模型说明包括联邦法定最低工资在内的各种公共政策

对总就业的影响。2012 年，联邦最低工资是每小时 7.25 美元。图 10-5 显示了最低工资对餐馆员工数量的影响。市场均衡如点 *a* 所示，均衡工资是 6.05 美元，均衡劳动时间是每天 50,000 工时（worker hour）。受 7.25 美元的最低工资影响，劳动力需求量降至 49,000 工时。也就是说，最低工资使餐馆每天的劳动力需求量降低了 1,000 工时。

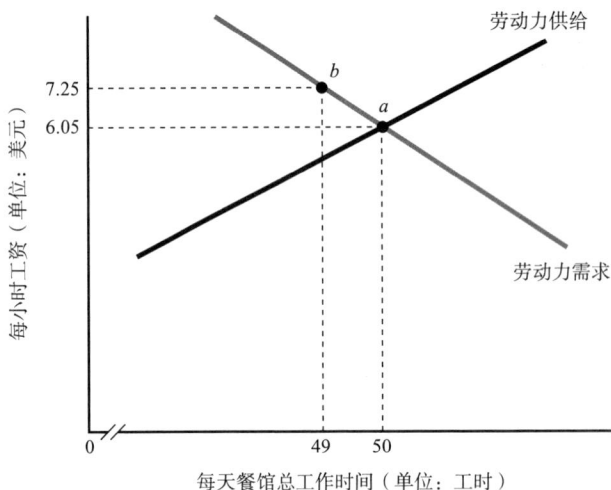

▲图 10-5

最低工资的市场影响

市场均衡如点 *a* 所示：工资是每小时 6.05 美元，劳动力数量是 50,000 工时。7.25 美元的最低工资使每天的劳动力需求量降至 49,000 工时（点 *b*）。尽管一些工人得到了更高的工资，但是其他人失去了工作或者工作的时间减少了。

与最低工资相关的权衡关系有哪些呢？对于餐馆员工和餐馆顾客来说，有积极影响也有消极影响：

- 对员工的积极影响：一些员工可以保住工作，同时获得更高的工资。
- 对员工的消极影响：一些员工将失去工作。如果餐馆员工的平均工作时间是 5 小时，那么损失的 1,000 工时的劳动力需求量将导致市场减少 200 个就业机会。
- 对餐馆顾客的消极影响：工资增加使生产成本增加，从而用餐价格增加。

最低工资政策下有人获利，有人受损。保住工作的员工获利的前提是其他员工和餐馆顾客受损。最近一项研究表明，最低工资提高 10%，就会使最低工资岗位减少 1%。[2]

为什么不同职业的工资不同

不同职业的工资差别很大。职业运动员比医生挣得多，医生比大学教授挣得多，大学教授比物业管理员挣得多。我们将看到，当一种特定职业的劳动力的供给小于需求时，工资会比较高。如图 10-6 所示，供给曲线与需求曲线相交于一个较高的工资水平。特定职业劳动力供给较小的原因很多，常见的原因如下：

- 掌握所需技能的人少。要成为职业棒球投手，一个人至少要能以 90 英里每小时的速度扔出棒球。少数拥有这种技能的人可以获得高额的报酬，因为各支球队为争夺优秀的球员展开竞争，抬高工资。同样的逻辑适用于其他职业运动员、音乐家和演员。因此少数拥有这些职业所需技能的人可以获得高额的报酬。

- 训练成本高。一些职业所需的技能可以通过教育和训练获得。例如，医生需要经过医学院的教育，律师需要经过法学院的教育。如果获得这些技能的成本高，那么只有少数人才有机会接受这些教育，从而获得较高的工资。高工资可以补偿他们的训练成本。

- 工作条件恶劣。一些职业的工作条件恶劣，工作者需要较高的工资作为补偿。当工作环境肮脏、压力大或者时间要求反常时，工资一般会较高。

- 危险。一些工作较为危险，需要较高的工资补偿受伤或死亡的危险，比如伐木工、锅炉工、出租车司机和矿工。在美国，就业人口每年的平均致死率是每 25,000 人中有 1 人。面对两倍于这个致死率的工人，工资大约要高 1%。年受伤率 2% 的行业中，男性工资溢价是 1.15%，女性工资溢价是 3.68%。钢铁行业的风险较高，该行业的工人工资溢价达到了 3.7%。[3]

- 存在人为设置的进入壁垒。政府或职业资格委员会限制了特定职业的从业者数量，工会限制了会员数。这些劳动力供给限制抬高了工资。

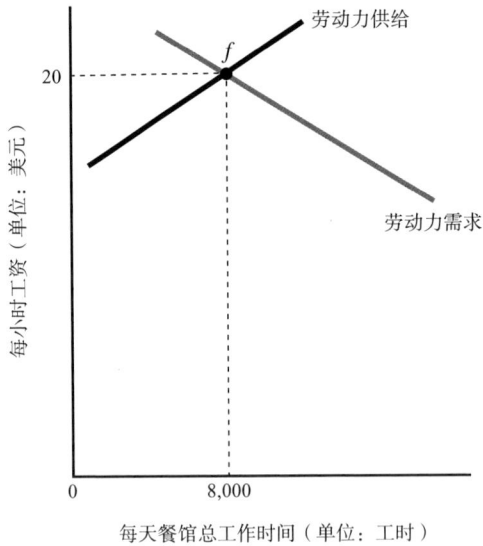

▲图 10-6

劳动力供给小于需求时的均衡工资

如果由于掌握技能的人较少、培训成本较高或工作环境恶劣，导致劳动力的供给小于需求，均衡工资将较高。

性别工资差异

为什么平均来看女性比男性的工资低？美国女性的工资是男性工资的80%。[4] 最近一项研究探讨了导致不同性别工资差异的几个因素。[5] 该研究观察到，26 ~ 34 岁的年龄群体中，不同性别工资存在约 20% 的差距，并指出了导致差异的四个原因：

- *劳动者技能和生产效率的差异。* 平均来看，女性相较男性来说，教育程度低、工作经验少，因此生产效率较低、工资较低。导致女性工作经验少的一个重要原因是他们中止了工作去生育小孩。该研究得出结论认为，生产效率差异是性别工资差异最重要的原因。
- *职业偏好差异。* 不同职业的工资不同，文员和服务员的工资比技工和专业性职业的工资低。女性对低工资职业偏好更强，对高工资职业偏好更弱。比较而言，男性对高工资职业偏好更强。总的来说，对低工资职业的偏好差异会导致性别工资差异。
- *职业歧视。* 鉴于不同职业工资不同，如果高工资职业的雇主对女性求职者有偏见，那么女性的工资将降低。该研究表明，平均来看，女性相较男性，应聘目标职业的成功率要低，雇主的这种职业歧视可以解释 7%~25% 的性别工资差异。

- 工资歧视。如果当生产效率相当时，雇主支付给女性的报酬低于男性，那么女性的工资较低。对于这个问题没有统一的研究结论，不过该研究提出了一些证据，表明工资歧视是性别工资差异的一个重要原因。

普遍的研究结论都认为，影响性别工资差异的最主要因素是生产率差异和职业歧视。女性普遍从事低工资职业，既是女性职业偏好的结果，也是由于雇主歧视使得女性难以获得高工资职业。

种族歧视

不同种族是否存在工资差异呢？在全职劳动力中，非洲裔男性的工资是白人男性的 73%，非洲裔女性的工资是白人女性的 85%。西班牙裔男性的工资是白人男性的 78%，西班牙裔女性的工资是白人女性的 65%。[6] 不同种族之间的工资差异部分归因于生产效率的差异：平均来看，白人的教育程度更高，工作经验更多，因此工资也更高。然而种族歧视也是工资差异的一个重要原因。在相似的工作岗位上，非洲裔和西班牙裔的劳动者的工资比白人更低，而且获得高收入工资的机会也更少。

工资差异多大程度上是由种族歧视引起的呢？最近的研究表明，种族歧视使非洲裔男性的工资减少约 13%，不过这个差距在过去的几十年里不断缩小，我们甚至可以说，"20 世纪 90 年代的劳动市场上，导致非洲裔和白人工资差异的原因主要是生产效率差异，而不是种族歧视"[7]。生产效率的差异由很多因素引起，包括过去的歧视造成的工作机会不平等和教育机会不平等。例如，在城市地区，三分之一的非洲裔学生在阅读和数学上的分数高于平均水平，而白人学生的这一比例则达到了三分之二。

为什么大学毕业生的工资更高？

2009 年，大学学位薪资溢价是 74%。[8] 大学教育提供了进入特定职业的必要技能，因此大学毕业生比高中毕业生的工作机会要多。大学毕业生和高中毕业生都可以申请仅要求高中学历的工作机会，因此这类工作的劳动力供给相对充足，均衡工资较低。相反，要求大学学历的工作劳动力供给较少，因此这类工作的均衡工资较高。我们将这称为大学教育的**学习效应**（learning effect），即大学生可以学习特定职业所需的技能，增加他们的人力资本。

我们也可以从大学在劳动力市场中的角色出发，解释大学学位薪资溢价。假设特定职业需要特定的技能，但雇主无法确定应聘者是否具备这些技能。例如，大多数管理工作需要雇员能有效地管理时间，但雇主无法在短期内确定应聘者是否具备这种技能。假设这种技能也要求完成大学学位。例如，为了通过所有的大学课程考核，你必须能够有效地管理时间。当你获得了大学学位，公司就可以认定你具有他们所需的技能，因此他们会雇用大学毕业生，而不是高中毕业生。我们将这称为大学教育的**信号效应**（signaling effect），完成大学教育的人向雇主释放了一个有关自身能力的信号。这种解释表明大学仅仅给学生提供了一个试验场所，使他们能够向潜在的雇主证明自己的能力。

本章开头提到，大学学位工资溢价在过去几十年内翻了一倍，导致这个现象的最重要原因是技术变化。技术变化提高了市场对大学毕业生的需求。市场的各个部门中，公司都转向使用复杂的机器设备，这些新设备需要具有更高技能的劳动力。结果，要求大学学历的工作比例逐渐增加，从而提升了市场对大学毕业生的需求。当然，大学毕业生的供给也增加了，但是不如需求增加得快，所以大学毕业生的工资增加了。受过更多教育的劳动力可以更容易地学到新技能，了解新工作，因此公司愿意提高大学毕业生的工资。

工会和工资

工会（labor union）是工人的集体组织，该组织的目标是提升工作保障，改善工作环境，增加工资和福利待遇。[9]作为一个集体组织，工会会员对他们的工资和福利待遇拥有一定的控制权。20世纪50年代，美国每三个劳动者中就有一个加入了工会，今天这个比例降低到大约八分之一。在工会入会率上，私营部门是8.2%，而公立部门是39.8%。世界各国劳动者的工会入会率差异较大，比如印度只有2%，而瑞典则高达78%。

有证据表明工会提升了工会劳动者的工资。美国学界的观点一致认为，工会劳动者比从事

> **名词解释**
>
> **学习效应**：个人通过学习特定职业所需技能，以提高自己的工资。
>
> **信号效应**：个人通过完成大学教育向潜在雇主传递有关自身技能的信息。
>
> **工会**：工会是工人为了提升工作保障，改善工作环境，增加工资和福利待遇而建立的集体组织。

相同工作的非工会劳动者的工资高 10%～20%。如本章前面所说，受产出效应和投入要素替代效应影响，工资增加会使劳动力需求量减少。考虑到工资和就业之间的权衡关系，工会劳动者工资增加，会使仍然留在工作岗位上的劳动者的工资增加，但也会使工会劳动者失去工作。

> **名词解释**
>
> **限产超雇**：增加给定产出所需的劳动力数量的工作规定。限产超雇实际上可能会减少劳动力需求量。

应对工资和就业的这种权衡关系的方法之一，是规定生产给定产量的劳动力数量，且比其通常所需的更多。这被称为**限产超雇**（featherbedding）。限产超雇的一个例子是规定最小员工数量，迫使公司为特定工作雇用超过所需数量的劳动力。例如，形成工会组织的航空公司要雇用 3 名劳动者引导飞机进入机库，而没有工会组织的航空公司只需雇用 2 名劳动者负责相同的工作。历史上，铁路工会曾强迫铁路公司为柴油火车引擎雇用司炉员（其职责是铲煤），而柴油火车引擎根本不用煤。

限产超雇不仅迫使公司增加单位产出所需的劳动力，它还降低了产量。雇用多余劳动力的公司拥有更高的生产成本，导致产品价格上升。消费者对价格上升的反应是减少购买数量，如果产量下降的幅度较大，那么公司的劳动力需求量实际上仍将减少。

我们已经看到，工会不仅使工资上升，有时它推行的规定还会导致生产效率降低，如限产超雇。总之，工会的存在会增加生产成本。那么工会对公司有什么益处呢？首先，工会可以通过促进工人和企业管理者的沟通来提升工人的生产效率。其次，工会可以降低工人的离职率。如果一名工人对工作不满意，他可以辞职。从公司的角度看，这是一种成本，因为公司会失去一名熟练的工人，同时还要训练一名新工人。但是如果这名工人属于工会，他除了辞职还有第二种选择，与企业管理者沟通。这种沟通有助于缓解问题，挽留工人。证据表明，员工加入工会的公司离职率较低。低离职率可以降低培训成本，提升工人的熟练度，并因此降低生产成本。

日常生活中的经济学

美貌薪资溢价

对应的经济学问题：怎样解释工资差异？

外表的魅力会如何影响工资？对美国劳动力市场的研究表明，长相出众的人比长相一般的人赚得多，比长相差的人赚得更多。33%的人认为自己长相出众，这部分劳动者的平均工资比整体平均工资高5%，而且在男性身上体现得更明显。认为自己长相差的劳动者平均工资比整体平均工资要低8%～10%。不同国家、不同职业都可以观察到美貌薪资溢价或者丑陋薪资折价现象。

为什么美貌的人收入更高？生物学家给出的一种解释认为，美貌预示着健康、智力等潜在特征高于平均水平。美貌的人可以获得更多的实践和学习机会，从而得到更好的工作机会。由于机会更多，初始特征的一点点差异可能会放大成收入上的巨大差异。另一种解释更为直白，雇主和顾客更愿意与美貌的人相伴，因此对美貌的人需求更高，导致他们的工资更高。详见练习3.10和3.11。

资料来源：Based on Daniel Hamermesh and Jeff Biddle, "Beauty and the Labor Market," *American Economic Review* 84（2001）: 1174-1194; "To Those That Have, Shall Be Given," *Economist*, December 22, 2007, 53-54.

收入分配

2009年美国中位家庭收入是49,777美元，这意味着有一半的家庭收入高于49,777美元，另一半家庭的收入则低于49,777美元。家庭收入存在显著的差异，有的家庭收入要高得多，有的家庭收入要低得多。本章接下来将讨论美国的收入不平等问题以及收入分配近期的变化趋势。我们还将探讨多种政府政策如何影响收入分配。

2007年的收入分配情况

在劳动力和资本市场上获得的所有收入被定义为市场收入。市场收入既包括工资，也包括在债券、股票和不动产上获得的收入。在计算市场收入时，不考虑政府税收和转移支付。我们将在本章的下一个部分讨论政府税收和转移支付的影响。

表10-2显示了1979～2007年的市场收入分配情况，1979年和2007年都是经济的顶峰年份。我们可以依次按照四个步骤计算表格中的数值：

1. 根据市场收入将美国家庭由高到低排序：收入最高的家庭置于表格的顶端，收入最低的家庭置于表格的底部。

2. 将所有的家庭分成五等分：收入最低的 20% 的家庭位于表格最低的第五个区域，收入略高的 20% 的家庭位于表格的第四个区域，依次类推。

3. 分别计算五组家庭的总收入。

4. 计算每一组家庭的市场收入份额（占全美国总市场收入的比例）。

在完全收入平等的情况下，每一组家庭的市场收入份额都是 20%。

表 10-2　市场收入分配情况

家庭组	1979 年市场收入份额（%）	2007 年市场收入份额（%）	1979 ~ 2007 年市场收入增长的百分比
第一组（0% ~ 20%）	2.9	2.5	18.3
第二组（20% ~ 40%）	10.1	7.3	27.5
第三组（40% ~ 60%）	15.3	12.2	35.2
第四组（60% ~ 80%）	22.4	19.0	43.3
第五组（80% ~ 100%）	49.6	59.9	75.6
80% ~ 99%	39.1	38.6	65.0
前 1%	10.5	21.3	277.5

资料来源：Congressional Budget Office, Trends in the Distribution of Household Income between 1979 and 2007（Washington, DC, 2011）.

表 10-2 第三列显示了 2007 年的市场收入分配情况，收入最低的 20% 的家庭市场收入份额只有 2.5%。将收入最低的两组家庭数据相加，我们发现收入最低的 40% 的家庭市场收入份额只有 9.8%。相反，收入最高的 20% 的家庭市场收入份额达到 60%，收入最高的 1% 的家庭市场收入份额更是达到了 21.3%。换句话说，这 1% 的家庭的收入是他们在完全收入平等条件下的 20 多倍，而收入最低的 20% 的家庭的收入只有他们在完全收入平等条件下的八分之一。

怎样解释市场收入的巨大差异？一般认为，市场经济体收入不平等有三个主要原因。

- 劳动技能和努力的差异。有的人拥有更好的劳动技能（更多的人力资本），因此能够赚取更多的收入。劳动技能由先天条件、教育和工作经验决定。另外，有的人工作时间更长，或者从事劳动力需求更高的工作，因此能够赚取更多的收入。
- 幸运和不幸。有的人在投资、创业和择业上更加幸运。在不幸的人中，有一部分是因为健康原因而很难赚取。在幸运的人中，有一部分人继承了财富并通过投资遗产赚取收入。

- *歧视*。有的人工资更低或者教育和工作的机会更少，是因为他们的种族或性别。

收入分配的近期变化

表 10-2 显示了 1979～2007 年市场收入的变化。最后一栏显示了 28 年间各组家庭的收入增长百分比。不难发现，收入越高的家庭组，收入增加的幅度越大。例如，最贫穷的 20% 的家庭收入仅增长了 18.3%，而最富裕的第四组和第五组家庭的收入分别增长了 43.3% 和 75.6%，最富裕的 1% 的人群竟然增长了 277.5%。

第二列和第三列显示了 28 年间收入份额的变化情况。收入排名在 100%～2% 的家庭（除最富裕的 1% 的家庭以外的家庭）的收入份额明显降低了，而最富裕的 1% 的家庭收入份额翻了一倍多，财富更加聚集于这个阶层的家庭中。

1979 年至 2007 年间，各主要来源的收入在分配时变得更加不公平。我们来考虑收入最低的 80% 的家庭的市场收入份额。如表 10-2 所示，这个群体的市场收入份额从 50.4% 降至 41.1%。该群体的劳动力收入份额从 60% 降至 50%，在资本市场、商业和不动产上获得的收入份额从 41% 降至 25%。除了各项收入份额占比降低，28 年间美国收入集中程度增加的另一个主要原因是资本所得占收入的份额上升了，而资本所得是集中度最高的收入来源。

为什么劳动力收入分配更加不平等了？劳动经济学家认为，主要的原因是"对劳动技能需求的增加"。[10] 在劳动力市场上，对高技能劳动力（受过更多教育的人）的需求相较于低技能劳动力（受过更少教育的人）的需求明显增加了。因此，两类人群的工资差距扩大了。过去的数十年间，大学学位的薪资溢价翻了一倍，而高等学历（研究生以上学历）薪资溢价也增加了。在受教育程度较低的人群中，辍学者的薪资折价（高中辍学者与高中毕业生的薪资差距）也翻了近一倍。

为什么对劳动技能的需求明显增加了？经济学家指出了两个重要的因素。

- *技术变化*。技术进步不仅减少了对教育程度低的人的需求，同时还增加了对受过大学教育和更高教育的人的需求。虽然新技术使公司可以用机器和电脑代替低技能劳动力，但是新技术也增加了对生产和使用新技术所需劳动力的需求。
- *国际贸易增加*。国际贸易增加意味着更多的进口和出口。贸易使得美国这样的发达国家可以出口需要高技能劳动力的商品，并进口只需要低技能劳动力的商品。因此过去几十年的国际贸易扩张，增加了对高技能劳动力的需求，减少了对美国本土的低技能劳动力的需求。

至于这两个因素哪个更加重要，经济学家还没有形成一致的观点。

日常生活中的经济学

移民的权衡关系

对应的经济学问题：谁可以从低技能工人移民中受益？

从大约 1850 年起，国际移民就在劳动力市场上扮演了重要的角色。第一波移民潮从 1850 年持续到 1913 年，每年有超过 100 万人移民至美国，他们大多数都来自欧洲国家。经过了数十年的战争和经济萧条，从 1945 年起新的移民潮又再次出现，这批移民大多数来自发展中国家。最近的一次移民潮始于 1990 年，它使得美国经济中的劳动力供给以每年 10% 的速度增加。

美国经济内部既有人因为移民获利，也有人受损。

劳动力供给增加使拥有相同技能水平的本土劳动力工资下降。因为，移民的受教育水平偏低，需要和本土低技能劳动力竞争，从而导致本土劳动力的工资降低。

低技能劳动力的工资降低使生产成本和产品价格降低，消费者可以从中获利。

经济学家估计了移民对美国经济的净效应。乔治·布加斯（George Borjas）表示，移民对美国具有微弱的正效应，也就是说低技能劳动力的工资损失低于消费者和公司的收益。这个结论符合交换能够促进经济效率和经济规模的理论观点。对最近的移民潮进行的多项研究表明，移民将使高中辍学者和其他低技能劳动力的工资降低。详见练习 4.5，4.6 和 4.7。

资料来源：Based on George Borjas, "The Economics of Immigration," *Journal of Economic Literature* 32（1994）：1667-1717; George Borjas, "The Labor Demand Curve Is Downward Sloping: Reexamining the Impact of Immigration on the Labor Market," *Quarterly Journal of Economics* 108（2003）：1335-1374; Gianmarco Otaviano and Giovanni Peri, "Rethinking the Gains from Immigration: Theory and Evidence form the U.S."（working paper 11672, NBER, 2005）.

收入分配及相关公共政策

影响收入分配的公共政策主要有两种：转移支付和税收。接下来，我们将讨论联邦税收政策和转移支付政策对收入分配的广泛影响。我们还将讨论用于增加贫困人口收入，改善贫困人口经济状况的具体经济政策。

税收和转移支付政策对收入分配的影响

表 10-3 展示了五组家庭在计入联邦税收和转移支付前后的收入份额。联邦政策将收入最高的 20% 的家庭的收入再分配给剩余的 80% 的家庭，使前者的收入份额降低了 7%，后者的收入份额总计上升了 7%。收入份额上升最多的是收入最低的 20% 的家庭，上升幅度达到 2.6%，其余三组家庭的收入份额上升幅度在 0.9%～1.9% 之间。

表 10-3　公共政策和收入分配			
家庭组	2007 年市场收入份额（%）	2007 年计入联邦税收和转移支付后的市场收入份额（%）	计入联邦税收和转移支付前后的收入份额变化（%）
第一组（0～20%）	2.5	5.1	+2.6
第二组（20%～40%）	7.3	9.2	+1.9
第三组（40%～60%）	12.2	14.0	+1.8
第四组（60%～80%）	19.0	19.9	+0.9
第五组（80%～100%）	59.9	52.7	−7.2
80%～99%	38.6	35.6	−3.0
前 1%	21.3	17.1	−4.2

资料来源：Congressional Budget Office, Trends in the Distribution of Household Income between 1979 and 2007（Washington, DC, 2011）.

过去数十年间，联邦税收和转移支付政策的再分配效应不断减弱。1979 年至 2007 年，政府从高收入家庭拿走的金额减少了，给予低收入家庭的金额相应也减少了，主要原因有两点：

名词解释
　　按收入调查结果确定的项目：为收入低于一定水平的人提供援助的政府福利项目。

● 尽管这一时期的转移支付项目总金额基本保持稳定，但是**按收入调查结果确定的（means-tested）转移支付项目占总金额的比例减少了**，比如贫困家庭临时救助计划（Temporary

Assistance to Needy Families，简称 TANF）。相反，不是按收入调查结果确定的转移支付项目占总金额的比例增加了，比如医疗。收入最低的 20% 的家庭从联邦转移支付项目中获得的金额比例从 1979 年的 54% 降低至 2007 年的 36%。

- 联邦总体平均税率从 1979 年的 22% 降低至 2007 年的 20%。联邦税种中再分配作用最强的个人所得税的平均税率从 1979 年的 11% 降低至 2007 年的 10%。

贫困问题及相关公共政策

美国政府对贫困家庭的定义是"总收入低于满足自身最低需求的家庭"。政府为各种家庭分别估计其最低食物预算，然后将该食物预算乘以 3，得出政府扶贫预算。收入低于政府扶贫预算的家庭即被视为贫困家庭。2010 年，双亲二孩家庭（有两个小孩的双亲家庭）的贫困预算是 22,113 美元，这个数额不到中位家庭收入的一半。2010 年，接近 4,700 万人处于贫困线以下，约占总人口的 15.2%。

表 10-4 显示了不同人群的贫困率。对于不同人群，贫困率等于该人群中贫困家庭的人数占比。

表 10-4 不同人群的贫困率（2009 年）	
人群	2010 年贫困率（%）
全国	15.2
不同种族	
白人	13.1
黑人	27.5
西班牙裔	26.7
亚裔	12.1
不同家庭结构	
双亲家庭	7.6
女性为户主的家庭	28.7
不同年龄	
18 周岁以下	22.5
65 周岁以上	9.0

资料来源：U.S. Census Bureau, Current Population Reports: Report P60-241（November 2011）.

1. 种族。黑人和西班牙裔的贫困率比白人的贫困率高 1 倍以上。

2. 家庭结构。女性为户主的家庭贫困率约为双亲家庭贫困率的 5 倍。

3. 年龄。老年人的贫困率相对较低，儿童的贫困率相对较高。

教育是确定工资水平的一个重要因素，教育程度高的劳动力贫困率较低。如本章前面所说，大学毕业生的收入平均比高中毕业生高 74%。大学毕业生的贫困率是 3%，而高中毕业生的贫困率是 9%，高中辍学者的贫困率高达 22%。

政府有大量为贫困家庭提供援助的项目。按照占总扶贫支出的比例排序，这些项目包括医疗（约占总支出的 50%）、现金救济（约占总支出的 20%）、食物救济和住房救济。这些项目被统称为"福利项目"，它们是按收入调查结果确定的转移支付项目，意味着只有收入低于一定水平的人才能得到援助。这些项目显著地降低了贫困率。表 10-4 中的贫困率是计入现金转移支付后的贫困率。现金转移支付将总贫困率降低了约 33%。表 10-4 中的贫困率没有考虑食物券之类的非现金项目的价值，而食物券使贫困率降低了约 2 个百分点。

1996 年，联邦扶贫政策进行了彻底的改革，终止了已经施行数十年的旧联邦扶贫政策，旧的扶贫政策的基础是贫困家庭有资格无偿接受现金救济和实物救济，新的联邦扶贫政策否定了这个基础。1996 年的《个人责任和工作机会复兴法》（Personal Responsibility and Work Opportunity Reconciliation Act of 1996）取消了贫困家庭获得现金救济的资格。联邦政府现在为各州提供分类财政补贴，再由各州负责实施贫困家庭临时救助计划（Temporary Assistance to Needy Families，简称 TANF）。该计划规定受援人必须完成一定的任务才能获得救济资格，同时还限制了接受救济的时间长度：

• 受援人必须参与一定的劳动活动，包括就业、在职培训、实习、社区服务和职业教育。

• 现金救济超过 60 个月后（无论救济是否中断过）将被停止。60 个月后，各州可以视情况为特定比例的受援人继续提供现金救济，但是这个比例不得超过 20%。

新的福利项目的基本理念是将无偿救济项目转变为有条件的救济项目，要求受援人工作以换取有限时间的救济。新的福利项目实施以来，接受救济的人数显著减少了。

现金救济会怎样影响贫困人口的工作动力呢？救济项目的有两个特征会影响工作动力：

- 基准收入补偿率。现金救济的原理是为收入低于基准收入的人补偿收入与基准收入的差额，所以基准收入设定得越高，受援人工作的动力就越弱。
- 救济金减少率。当一个受援人赚取市场收入，福利项目支出金额按照一定的比例减少，称为救济金减少率，各州的救济金减少率有所不同。约三分之一的州救济金减少率是 100%（1 美元的市场收入使救济金减少 1 美元），还有约三分之一的州的救济金减少率低于 50%（1 美元的市场收入使救济金减少 0.5 美元以下）。救济金减少率越低，工作的回报就越高，受援人工作的动力就越强。

劳动所得补贴项目

政府也通过税收系统为低收入家庭提供援助。2010 年，联邦政府在劳动所得补贴项目（earned income tax credit，简称 EITC））上的支出达到 550 亿美元，是 TANF 支出的两倍多。EITC 是对低收入家庭的收入补贴，补贴的标准由家庭中儿童的数量决定。以下是对拥有两个小孩的家庭的 EITC 的具体运作流程：

- 进入阶段：当收入在 0 ~ 12,590 美元之间时，补贴率是 0.40，即每 1 美元收入，政府补贴 0.40 美元。
- 平稳阶段：当收入在 12,591 ~ 15,000 美元之间时，补贴率保持 0.40 不变。
- 退出阶段：当收入超过 15,000 美元，已有的补贴金额开始以一定的比例逐渐减少。劳动所得每增加 1 美元，补贴金额减少 0.21 美元，当收入达到 40,363 美元，劳动所得补贴降至 0 美元，我们将这个比例称为补贴退出率。

孩子较少的家庭补贴率和补贴退出率都较低。

EITC 在两个方面看来是一个成功的扶贫政策。首先，该政策鼓励受援人参与劳动。EITC 最高补贴金额每增加 1,000 美元，单亲妈妈的就业率会上升约 3.6%。在 1992—1999 年间，单亲妈妈的就业率从 71% 上升至 86%，EITC 提高最高补贴金额促使单亲妈妈就业率上升。其次，EITC 可以减少贫困。2003 年，该项目使 440 万的低收入家庭的人口脱离了贫困。在 2002 ~ 2004 年间，EITC 使受援人的贫困率从 57% 降至 49%。对于在贫困线以下的家庭，EITC 使收入和贫困线的距离缩减了 31%。

日常生活中的经济学

州彩票和收入分配

对应的经济学问题：政府政策如何影响收入分配？

总计有 41 个州使用彩票为政府项目筹资。2003 年，彩票销售总额超过 400 亿美元。约有 50% 的彩票收入用于支付奖金，剩下的收入中，20% 用于支付管理成本，30% 上缴州政府。平均起来，购买彩票的回报只有 50%，所以每购买 1 美元彩票就相当于向州政府捐献 0.50 美元。不同收入群体的彩票支出有什么差异呢？

根据最近一项研究，在有彩票的州，各收入人群的人年均彩票支出基本不变。平均来看，低收入家庭、中等收入家庭和高收入家庭每年花费在彩票上的钱基本相等。换句话说，彩票会使收入分配更加不平等，因为低收入家庭的彩票支出占其收入的比例更高。详见练习 5.5。

资料来源：Based on Melissa Kearney, "The Economic Winners and Losers of Legalized Gambling," *National Tax Journal* 58（2005），pp. 281-302.

总 结

本章讨论了在完全竞争的劳动力市场中，工资是如何确定的，以及不同职业的工资为什么不同。我们还讨论了美国的收入分配状况以及收入不平等加剧的原因。本章要点如下：

1. 长期的劳动力需求曲线斜率为负，因为产出效应和投入要素替代效应的作用方向相同：工资增加会使单位产出的劳动力投入降低，并使总产出减少。

2. 工资增加引发的收入效应和替代效应作用方向相反，因此工资增加对劳动力供给量的影响是不确定的。

3. 当特定职业的供给相对于需求来说较少时，该职业的工资比较高。可能的原因有三点：（1）拥有该职业所需技能的人少，（2）培训成本高，（3）该职业比较危险或者压力大。

4. 大学毕业生比高中毕业生的收入高，因为大学教育可以使人掌握新的技能，大学毕业生可以通过大学教育向潜在雇主释放信号，说明自己拥有雇主所需的技能。

5. 最低工资的权衡关系是有的劳动者的收入会增加，有的劳动者的收入会减少。

6. 在过去几十年间，收入分配更加不平等了。联邦税收和转移支付政策能够降低收入不平等程度，但是这些政策的再分配效应减弱了。

7. 黑人、西班牙裔，以及高中辍学者和女性为户主的家庭贫困率较高。

练 习

1. 市场进入的影响

1.1 劳动力的边际收益产品等于 _____ 乘以 _____。

1.2 利润最大化公司将雇用使 _____ 等于 _____ 的劳动力数量。

1.3 你最喜欢的球队正考虑以 300 万美元的年薪雇用一名新球员。当这名球员的 _____ 大于 300 万美元时，球队的决定是明智的。

1.4 产出效应是指工资的降低将使生产成本 _____（增加 / 减少），产品价格将 _____（上升 / 下降），同时产品的需求量将 _____（增加 / 减少）。因此，劳动力的需求量将 _____（增加 / 减少）。

1.5 投入要素替代效应是指工资的降低将使单位 _____ 的劳动力投入 _____（增加 / 减少），劳动力需求量随之 _____（增加 / 减少）。

1.6 短期的市场劳动力需求曲线比长期需求曲线 _____（陡峭 / 平坦），因为短期内存在 _____。

1.7 在空白处选择性填写以下数字中的三个：75，100，117，200，200，360。MLB 中自由球员的平均 *MRP* 约为工资的百分之 _____，journeyman 和 apprentice 的对应数值分别是百分之 _____ 和百分之 _____。

1.8 对报童的需求。考虑 A 城市的报童市场。每名订阅者每月需向报社支付 2 美元，每名报童可以从这 2 美元中抽取固定比例的奖金，且有一个最初的送报区，包括 100 名订阅者。订阅的需求价格弹性是 2.0。假设 A 城市的市政委员会通过一项法律，确定了每名订阅者每月 3 美元的最低订阅价格。因此，报社将订阅价格提升了 20%。新的法律会如何影响报童每月的收入？

1.9 对民航飞行员的需求。请评价下面这段话："没有投入要素可以替代民航飞行员，总要有人驾驶飞机。因此，民航飞行员的工资增加不会改变航空公司雇用的飞行员数量。"

2. 劳动力供给

2.1 工资增加会使休闲时间的机会成本 _____（增加 / 减少），导致休闲时间 _____（增加 / 减少），劳动时间 _____（增加 / 减少）。

2.2 工资增加会使实际收入 _____（增加 / 减少），如果休闲是正常商品，那么休闲时间将 _____（增加 / 减少），劳动时间 _____（增加 / 减少）。

2.3 我们 _____（能 / 不能）预测个人对工资增加的反应，因为 _____ 效应和 _____ 效应作用的方向 _____（相反 / 相同）。

2.4 你的目标是每周赚 120 美元。如果每小时工资从 6 美元降至 4 美元，你的反应是工作 _____（更多 / 更少）时间而不是 _____（更多 / 更少）时间。换句话说，你的劳动力供给曲线斜率为 _____（正 / 负）。

2.5 如果一个特定职业的每个人每周都工作 40 个小时，那么无论工资如何变化，个人劳动力供给曲线是垂直的。_____（正确 / 错误）

2.6 对于纽约市的出租车司机，劳动力供给的弹性为 _____（正 / 负 / 零）。（参见第 338 页 "日常生活中的经济学"）

2.7 收入效应和替代效应。塞布丽娜在一个工人合作组织工作，她每周有一笔 200 美元的固定津贴（只要一周工作时间超过 15 个小时），同时每工作一小时可以得到 20 美元的工资。她最初每周工作 40 个小时。假设合作组织将塞布丽娜的固定津贴提升至 280 美元，并将每小时工资降低至 18 美元。

a. 如果塞布丽娜每周继续工作 40 个小时，那么这次薪资调整会怎样影响她的总收入？

b. 使用收入效应和替代效应预测塞布丽娜是会增加工作时间、减少工作时间还是保持工作时间不变。

2.8 城市木匠供给对比国家木匠供给。作木匠的两条供给曲线：一个是波特兰的市场，一个是美国的市场。你认为哪个市场的木匠供给弹性更高？

2.9 税率和税收。评价下面这段话："供给定律表示价格增加会使供给量增加。收入税的税率降低会使个人的净工资增加，此时个人会增加工作时间。因此，收入税的税收将增加。"

2.10 个人劳动力供给。我们讨论了雷斯特、萨姆和莫林对工资增加的反应。哪个人的反应最接近你自己？当你的工资增加，你会工作更多时间、更少时间，还是保持不变？

2.11 出租车司机工资和收入。假设纽约市将出租车费上调 20%。（参见第 338 页"日常生活中的经济学"）

    a. 对于一名典型的出租车司机，每天收入增加的比例会 _____（高于 / 低于 / 等于）20%。请解释。

    b. 假设在初始阶段，出租车费是每英里 0.60 美元，每天的运营里程数是 100 英里。请计算每天收入变化的百分比。

3. 劳动力市场均衡

3.1 护士服务供给减少将使护士服务的均衡工资 _____（增加 / 减少）和均衡产量 _____（增加 / 减少）。

3.2 对护士服务需求的增加将使护士服务的均衡工资 _____（增加 / 减少）和均衡产量 _____（增加 / 减少）。

3.3 最低工资会使劳动力需求量 _____（增加 / 减少）和劳动力供给量 _____（增加 / 减少）。

3.4 餐馆劳动者的最低工资会给 _____ 产生积极影响，但是会给 _____ 产生消极影响。

3.5 在图 10-5 中，工资的增加会使劳动力需求量减少。请使用简单的方法计算需求量的变化百分比（参见第 1 章附录部分），劳动力需求弹性是 _____。

3.6 当特定职业的劳动力 _____（需求 / 供给）比劳动力 _____（需求 / 供给）少时，工资将比较低。

3.7 如果一个城市的犯罪率较高，我们预计出租车司机的工资会比较 _____（高 / 低）。

3.8 在一些国家，给餐厅服务员小费是惯例。我们预计在这些国家支付给服务员的工资 _____（比较高 / 比较低 / 一样）。

3.9 如果一名工人从一个比较安全的工作换到炼钢厂，工资将增加大约 _____%（2，4，10，30）。

3.10 美貌者的工资溢价大约是百分之 _____，而长相一般的人工资折价大约是百分之 _____。（参见第 345 页"日常生活中的经济学"）

3.11 美貌的劳动者可以得到更多的机会去 _____，因此与生俱来的微小差异可能会导致 _____ 的较大差异。（参见第 345 页"日常生活中的经济学"）

3.12 最低生活工资和劳动力收入。考虑一个学校委托海外合同商生产印有学校 LOGO 的文化衫，对于每件文化衫，工资成本是 8 美元，工资以外的成本是 12 美元，价格是 20 美元。在 20 美元的价格下，大学每周销售 100 件文化衫。假设一个人权组织通过抗议使每件文化衫的工资提升至 10 美元，其他成本不变。

a. 文化衫的价格将从 _____ 上升至 _____，增幅为百分之 _____。

b. 假设文化衫的需求价格弹性是 3.0。在新的价格水平下，大学每周可以销售 _____ 件，文化衫的劳动力成本（总的劳动力收入）将从 _____ 增加至 _____。

c. 假设消费者愿意为劳动者获得更高工资的文化衫支付更高的价格。这个变化会怎样影响 b 小题的答案？请提供一个工资增加实际上会使总的劳动力收入增加的案例。

3.13 工资税。你是某城市的经济顾问，该城市刚刚开始征收每小时工作 1 美元的工资税。该工资税直接从劳动者的工资中扣除：每工作 1 小时，劳动者要从工资中取出 1 美元交给政府。税前每小时工资是 10 美元，总就业是每天 20,000 工时。请作图说明工资税对均衡工资和均衡就业的影响。

3.14 提高教师工资。提高教师工资的支持者指出，大多数教师拥有大学学历，而教育是一件重要的事情。

a. 既然教育工作很重要，教育也需要大学学历，为什么教师的工资没有比现在更高？

b. 假设一项新的法规出台，规定教师最低工资为现在平均工资的 120%。你预计这项法规会怎样影响教师的平均质量和普通家庭缴纳的税收？

3.15 安全环境改善和工资。考虑一项职业，最初该职业的非致命受伤率较高，均衡工资是每小时 20 美元，均衡劳动力数量是 100,000 工时。假设一项新的安全设施使非致命受伤率下降了一半，同时劳动力供给增加了 12%，也即劳动力供给曲线向右移动了 12%。

a. 作图说明安全环境改善对均衡工资和均衡就业的影响。

b. 假设劳动力供给弹性是 3.0，劳动力需求弹性是 1.0。请计算新的均衡工资。

c. 假设你所作的需求曲线是一条长期需求曲线。请解释产出效应和投入要素替代效应对劳动力需求量的影响。

3.16 服务员小费和收入。假设在一个城市中典型的服务员每天工作 5 小时，每天服务的顾客消费总额是 400 美元。小费的比例是 15%，服务员的初始工资是每小时 10 美元。假设当地服务员组织成功说服该城的餐馆老板将小费的比例从 15% 增加至 20%。

a. 作服务员劳动力的需求和供给曲线，并说明小费比例增加对劳动力市场的影响。

b. 小费比例增加会怎样影响一个典型服务员每天的收入？

4. 收入分配

4.1 政府转移支付和收入分配政策使最低收入人群的收入份额从约 _____% 增加至 _____%。

4.2 大学薪资溢价是指 _____ 的收入和 _____ 的收入的差距，当前大学薪资溢价约为 _____%。

4.3 从 1970 年到现在，收入最高的 20% 的人群的收入份额 _____（增加／减少）了，而其他人群的收入份额 _____（增加／减少）了。

4.4 收入不平等程度增强的一个重要因素是技术变化，技术变化 _____（增加／减少）对大学毕业生的需求，并 _____（增加／减少）对受教育较少的劳动力的需求。

4.5 美国移民整体上比本土居民受教育程度 _____（高／低），因此移民使 _____（高／低）技能本土居民的工资 _____（增加／减少）。（参见第 349 页"日常生活中的经济学"）

4.6 低技能劳动力的移民给 _____ 劳动力带去了净收益，因为他们可以从更低的 _____ 获利，而不会面临更低的 _____。（参见第 349 页"日常生活中的经济学"）

4.7 移民的工资效应和价格效应。在农场劳动力的初始均衡水平下，工资是每小时 10 美元。农场劳动力的供给弹性是 2.0，农场劳动力的需求弹性是 1.0。假设移民使农场劳动力的供给增加了 12%：供给曲线向右移动 12%。（参见第 349 页"日常生活中的经济学"）

a. 计算均衡工资的变化。

b. 假设农场劳动力占食物生产成本的四分之一。移民对于食物生产的成本和价格有什么影响？

5. 收入分配及相关公共政策

5.1 对于以下四对收入人群，请分别指出更贫困的那组人群。

a. 白人和西班牙裔。 _____

b. 白人和亚裔。 _____

c. 双亲家庭和女性为户主的家庭。 _____

d. 18 岁以下人群和 65 岁以上人群。 _____

5.2 政府支出和税收政策使贫困率从约 _____%（25，20，15，10）降低至 _____%（15，10，5，2）。

5.3 给贫困人口的现金救济占按收入调查结果确定的项目总支出的比例约为 _____%（90，50，30，20）。

5.4 在 TANF 项目下接受现金救济的低收入者每月接受固定金额，且救济没有时限。 _____（正确／错误）

5.5 平均来看，低收入家庭与高收入家庭相比，在彩票上的支出 _____（更多／更少／一样）。（参见第 354 页"日常生活中的经济学"）

注 释

1. Anthony Carnevale, Stephen, Rose, Ban Cheah, *The College Payoff: Education, Occupations, and Lifetime Earnings* (2009: Georgetown University Center on Education and the Workforce) .

2. Victor R. Fuchs, Alan B. Krueger, and James M. Poterba, "Why Do Economists Disagree about Policy? The Role of Beliefs about Parameters and Values," *Journal of Economic Literature* 36, no. 3 (1998) : 1387–1426.

3. Craig Olson, "An Analysis of Wage Differentials Received by Workers on Dangerous Jobs," *Journal of Human Resources* 16 (Spring 1981) : 167–185; John Leeth and John Ruser, "Compensating Wage Differentials for Fatal and Nonfatal Injury Risk by Gender and Race," *Journal of Risk and Uncertainty* 27 (2003) : 257–277; Michael French and Laura Dunlap, "Compensating Wage Differentials for Job Stress," *Applied Economics* 30 (1998) : 1067–1075; Ronald Ehrenberg and Robert Smith, *Modern Labor Economics* (Boston: Pearson Addison Wesley, 2005) .

4. U.S. Department of Labor, Bureau of Labor Statistics, www.bls.govdata/(accessed August 5, 2008) .

5. Eric J. Solberg, "Occupational Assignment, Hiring Discrimination, and the Gender Pay Gap," *Atlantic Economic Journal* 32 (2004) : 11–27.

6. U.S. Department of Labor, Bureau of Labor Statistics, www.bls.govdata/(accessed August 5, 2008) .

7. William Darity and Patrick Mason, "Evidence on Discrimination in Employment: Codes of Color, Codes of Gender," *Journal of Economic Perspectives* 12, no. 2 (1998) : 63–90; James Heckman, "Detecting Discrimination," *Journal of Economic Perspectives* 12, no. 2 (1998) : 101–116.

8. Finis Welch, "In Defense of Inequality," *American Economic Review* 89, no. 2 (1999) : 1–17.

9. Ronald Ehrenberg and Robert Smith, *Modern Labor Economics: Theory and Public Policy* (Boston: Pearson Addison Wesley, 2006) ; Richard B. Freeman and James Medoff, *What Do Unions Do?* (New York: Basic Books, 1985) .

10. Nicole Simpson, Jill Tiefenthaler, Jameson Hyde, "The Impact of the Earned Income Tax Credit on EconomicWell-Being: A Comparison Across Household Types," *Population Research Policy Review* 29 (2010) , pp. 84–864; Nada Eissa, Hilary Hoynes, "Redistribution and Tax Expenditures: The Earned Income Tax Credit," *National Tax Journal* 64 (2011) , pp. 689–730; Jeffrey Grogger, "The Effects of Time Limits, the EITC, and Other Policy Changes on Welfare Use, Work, and Income among Female-Headed Families," *Review of Economics and Statistics* 85 (2003) , pp. 394–408.

衡量国家的生产和收入

在最近的经济深度下滑中，经济学家、商业作家和政治家焦急地等待着政府发布的最新经济发展动态。

他们关注重要的数据指标，以确定经济是否开始从衰退中复苏，以及什么时候能够恢复稳定的经济活动。

与此同时，一个由诺贝尔奖获得者约瑟夫·斯蒂格利茨、阿玛蒂亚·森和法国经济学家让-保罗·菲投斯（Jean-Paul Fitoussi）领导的杰出经济学家团队，发布了一份研究报告，他们呼吁政府的统计学家应该更多地关注居民的消费水平和休闲水平，而不是只关注国家的生产力。他们还建议，我们应该更加关注当前经济活动是否具有长期的可持续性，并认识经济活动的环境限制。

这份研究报告的核心观点是，我们过度关注经济生产活动，忽略了对人们经济福利水平的测度，包括对最贫困人群的饮食和生活条件的调查。对于发达国家的居民而言，经济福利水平的测度还应该包括有关生活幸福感的民意测验分析。

学习目标

解释流动循环。

识别 GDP 的组成部分。

描述从 GDP 到收入的过程。

计算实际 GDP 和名义 GDP。

列出经济周期的各个阶段。

讨论 GDP 和社会福利的关系。

我们从本章开始学习**宏观经济学**（macroeconomics），宏观经济学是将国家经济视为一个整体进行研究的经济学分支学科。宏观经济学的主要研究内容包括：失业、通货膨胀、经济增长、贸易和国内生产总值等。我们经常可以在报纸、广播、电视和网络上看到有关这些问题的讨论。

宏观经济可以说是政治争论的核心议题。实际上，所有的总统候选人都要将宏观经济知识谙熟于胸。美国总统候选人是否能连任往往取决于第一个任期内的经济表现。如果选民相信经济运行良好，那么总统候选人很可能会成功连任。民主党人吉米·卡特和共和党人乔治·H. W. 布什分别于1980年和1992年连任失败，共同的原因就是选民对糟糕经济表现的担心。共和党人罗纳德·里根和民主党人比尔·克林顿分别于1984年和1996年成功连任，因为选民看到他们第一个任期中经济表现良好。民意测验显示总统支持率会随经济表现变动。

宏观经济事件深刻地影响着我们的日常生活。例如，如果经济不能产生足够的工作机会，劳动者失业的问题会波及整个国家，数百万人的生活将遭受影响。同样，缓慢的经济增长意味着生活水平的增长速度将下降。当商品价格迅速上升，部分国民将很难维持之前的生活水平。

本章和接下来的一章将帮助你了解宏观经济学的基本概念和体系。本章我们主要讨论国家的生产和收入。我们将学习经济学家如何衡量整个国家的收入和产品，以及经济学如何使用这些数据。下一章，我们主要讨论失业和通货膨胀。两章讨论的概念都是媒体在报道经济信息时经常使用的。

宏观经济学聚焦于两个基本问题：长期经济增长和经济波动。我们需要认识长期经济活动的过程，从而帮助我们理解现代国家生活水平上升的驱动因素。今天美国居民的生活水平远比他们的祖先要高得多，全球许多国家和地区的生活水平在数百年间都出现了显著的提升。尽管生活水平提升了，但是经济并不总是平稳增长，经济表现不断波动。在经济缓慢增长的时期，工作机会不足，大量的劳动者失业。公众和政策制定者都非常关心工作机会的不足和失业增长。

有的时候，失业不是主要的问题，我们更担心日常商品的价格大幅上涨。价格的持续增长被称为**通货膨胀**（inflation），这个问题留待下一章讨论。

名词解释

宏观经济学：将国家经济视为一个整体进行研究的经济学分支学科。主要研究内容包括：失业、通货膨胀、经济增长、贸易和国内生产总值等。

通货膨胀：所有商品和服务的平均价格持续增长。

宏观经济活动的两面：生产和收入

在学习经济增长和经济波动之前，我们需要了解相关的基本术语和概念。其中，"生产"和"收入"是最先需要了解的概念，因为它们可以说是宏观经济活动的"两面"。人们每天出门工作，生产产品或提供服务。到月末或周末，他们领着薪水或者说"收入"回家，把钱花在由其他人生产的产品和服务上。简而言之，生产产生收入，收入进一步促进生产。

本章要讨论的不是一人一家的生产和收入，那是微观经济学的问题。本章研究的是作为整体的经济的生产和收入。我们将从整体的视角出发，关注特定的指标，这些指标可以告诉我们经济正在生产多少产品以及经济是否良好运行。我们还将衡量经济中产生的总收入，并观察这些收入是如何回流到劳动者和投资者手中的。生产和收入是度量一个国家经济健康水平的两个最重要的指标。宏观经济学家收集分析生产和收入数据，从而知道多少人能得到工作，以及人们的生活水平是否会上升。政府官员使用这些数据和分析制定经济政策。

生产和收入的流动循环

我们先学习流动循环图，如图 11-1 所示。我们先认识一个简化的经济体，这个经济体既没有政府，也没有国际部门。家庭和公司在要素市场（factor market）和产品市场（product market）两个市场上进行交易。家庭既是公司的最终所有者，也为公司提供生产中使用的所有资源，包括劳动力、土地、建筑和设备（我们将这些固定设备简称为资本）。产品市场是公司将产品或服务销售给消费者的市场。

流动循环图的理念简单而基础：生产产生收入。在要素市场上，家庭向公司供给劳动力和资本，公司向家庭提供收入。家庭的收入分两块，一块是通过工作获得的工资，一块是他们给公司提供资本的利息、分红和租金。在产品市场上，家庭使用收入购买产品和服务，公司使用销售产品所得的收益支付生产要素（土地、劳动力和资本）的成本。

从公司生产产品和服务开始，收入在整个经济体中循环流动。例如，以一家计算机制造商为例。在计算机制造商生产和销售产品的同时，它也在生产的过程中获得收入。计算机制造商支付工人工资、租用办公室和工厂的租金以及贷款的利息。用销售收益扣除这些生产成本后，剩下的就是公司利润，即公司所有者的收入。工资、租金、利息和利润是各种形式的收入。

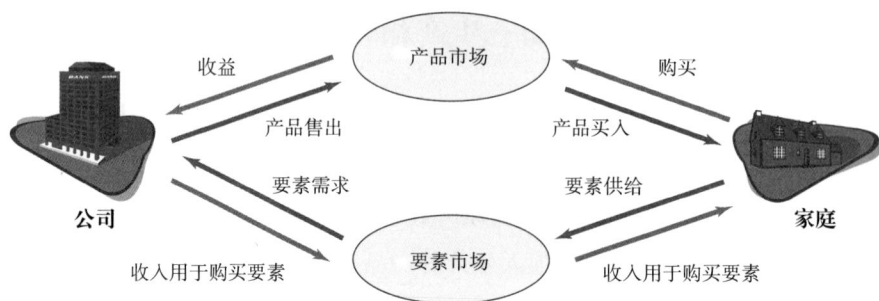

▲图 11-1

产品和收入的流动循环

流动循环图显示了产品和服务的生产为家庭带来收入的过程，以及家庭购买公司生产的产品和服务的过程。

当我们为这个简单的经济体增加一个政府时，你需要缴纳税收，这些税收被政府用于聘请校长、老师和其他员工，从而为你所在社区的学生提供教育服务，教育服务是现代经济中生产环节的重要组成部分。在提供教育服务的同时，校长、老师和其他员工通过工作获得收入。学校也许还需要租用建筑和向银行贷款。

本节的目标是了解宏观经济这枚"硬币"的正反两面——经济中的生产和收入。美国的国民生产和收入核算账户由商业部编制并公布，是美国生产和收入数据的权威来源。观察经济中的生产和收入任意一侧，我们都可以计算出国家总产出的价值。下面我们先学习如何从生产侧计算国家总产出的价值。

日常生活中的经济学

使用增加值衡量沃尔玛的真实规模

对应的经济学问题：如何通过经济分析比较一个公司的规模和一个国家的规模？

2008 年，沃尔玛的销售额接近 3,740 亿美元，约占美国 GDP 的 2.6%。一些社会评论家也许想要通过沃尔玛的销售额衡量沃尔玛的影响力。但事实没有这么简单。要产生这么多销售额，沃尔玛必须向许多公司购买产品。沃尔玛的年度报告指出，该公司的销售成本是 2,860 亿美元，用销售额扣除销售成本后，剩余的增加值约为 880 亿美元。这仍然是很大一笔钱，毕竟沃尔玛是世界上最大的零售商，但是这个数值比销售额小得多。如果我们将沃尔玛的销售额与一个国家相比，那么它的销售额相当于比利时一国的GDP，而比利时的 GDP 世界排名是 28 名。但是，如果使用增加值进行比较，那么沃尔玛的规模接近于保加利亚，保加利亚的 GDP 世界排名是 56。详见练习 3.9。

资料来源：Based on Wal-Mart Annual Report, 2008, http://walmartstores.com/sites/AnnualReport/2008/docs/finrep_00.pdf（accessed July, 2008）.

⬤ 生产法：用国内生产总值衡量国家的宏观经济活动

要衡量整个经济体的生产，我们需要将所有的产品和服务合并计算。我们不能把计算机和篮球比赛合并，但是我们可以把计算机和篮球比赛的货币价值加总。我们的目标是将整个经济体的总产量加总成一个数值，我们将其称为**国内生产总值**（gross domestic product，简称

> **名词解释**
>
> **国内生产总值**：在给定的一年内在一个经济体内部生产的所有最终产品和服务的总市场价值。
>
> **中间产品**：在生产过程中使用的产品，中间产品不被视为最终产品和服务。

GDP）。国内生产总值是指在给定的一年时间内，一个经济体内部生产的所有最终产品和服务的总市场价值。GDP 是衡量一个经济体总产出的最常用指标。GDP 定义中的所有概念都非常重要，下面对它们逐一进行分析。

"总市场价值"意味着我们要将所有产品和服务的产量分别乘以它们各自的价格，然后加总。如果一个经济体生产了 2 辆汽车和 3 台计算机，汽车和计算机的价格分别是 25,000 美元 / 辆和 2,000 美元 / 台，那么这些产品的总价值等于：

$$2 \text{ 辆汽车} \times 25{,}000 \text{ 美元 / 辆} = 50{,}000 \text{ 美元}$$
$$+$$
$$3 \text{ 台计算机} \times 2{,}000 \text{ 美元 / 台} = 6{,}000 \text{ 美元}$$
$$= 56{,}000 \text{ 美元}$$

我们选择将所有产品和服务分别乘以它们各自的价格，而不是简单地将汽车的数量加上电脑的数量。价格使我们能够以统一的度量单位表示所有产品的价值，美国用美元，其他国家则分别使用本国货币表示。

"最终产品和服务"是指销售给最终或者说最后的购买者的产品和服务。例如，对于两辆车而言，当它们被销售给家庭或者公司时，就可以视为最终产品。但是，生产汽车的过程中使用的钢材不是最终产品，而是中间产品。**中间产品**（intermediate goods）是指在生产过程中使用的产品，它不被视为最终产品和服务。

区别最终产品和中间产品是为了避免重复计算。汽车的价格已经包含了使用的钢材的价格。我们不应该重复计算钢材的价格。同样，印刷厂使用的纸张也是中间产品，因为这些纸张是印刷厂交付给顾客的最终产品的一部分。

GDP 定义中最后一个关键概念是"在给定的一年时间内"。GDP 表示的是生产的速率，也就是每年生产的最终产品和服务的总市场价值，而不是经济体中所有最终产品和服务的总市场价值。例如，2010 年美国的 GDP 是 145,260 亿美元。2009 年生产的产品，比如 2009 年生产的汽车，不被计入 2010 年的 GDP，即便汽车是在 2010 年销售出去的。GDP 计算的产品是当年新生产的产品。

我们在计算 GDP 时，使用的是产品和服务当年的价格，所以价格上升，GDP 就会上升，即便产品和服务的产量没有变化。假设第二年经济体又生产了 2 辆汽车和 3 台电脑，但是两者的价格都翻倍了：汽车和计算机的价格分别是 50,000 美元 / 辆和 4,000 美元 / 台，那么第二年的 GDP 等于

$$2 \text{ 辆汽车} \times 50,000 \text{ 美元 / 辆} = 100,000 \text{ 美元}$$
$$+$$
$$3 \text{ 台计算机} \times 4,000 \text{ 美元 / 台} = 12,000 \text{ 美元}$$
$$= 112,000 \text{ 美元}$$

GDP 看似翻了一倍，但产品和服务的产量并没有发生变化，使用新的 GDP 数据会给我们的统计带来困扰。为了解决这个问题，我们需要应用实际价值-名义价值原理。

> ✓ **实际价值-名义价值原理**
> 对人们真正重要的是金钱或收入的实际价值，即它的购买力，而不是它的表面价值。

名词解释

实际 GDP：控制价格变化后计算出的 GDP。

名义 GDP：以当前价格计算出的 GDP。

经济学应用实际价值-名义价值原理发展出**实际 GDP**（real GDP）和**名义 GDP**（nominal GDP）两个概念。当我们使用当年价格计算 GDP 时，所得结果是名义 GDP。不论价格还是产量发生变化，名义 GDP 均会随之改变。当我

们在计算 GDP 时控制价格变化，所得结果就是实际 GDP，只有当产量变化时，实际 GDP 才会变化。

下面我们用一个简单的例子进一步说明实际 GDP 的含义。假设一个经济体只生产一种产品：电脑。第一年，经济体生产了 10 台电脑，每台售价 2,000 美元。第二年，经济体生产了 12 台电脑，每台售价 2,100 美元。第一年名义 GDP 是 20,000 美元，第二年名义 GDP 是 25,200 美元，名义 GDP 的增长率是 26%。在计算实际 GDP 时，我们统一使用第一年的价格。此时，第一年实际 GDP 等于：

$$10 \text{ 台电脑} \times 2,000 \text{ 美元} / \text{台} = 20,000 \text{ 美元}$$

第二年实际 GDP 等于：

$$12 \text{ 台电脑} \times 2,000 \text{ 美元} / \text{台} = 24,000 \text{ 美元}$$

实际 GDP 的增长率是 20%。计算实际 GDP 的基本思想是使用同样的价格计算不同年份的 GDP，从而控制价格的变化。

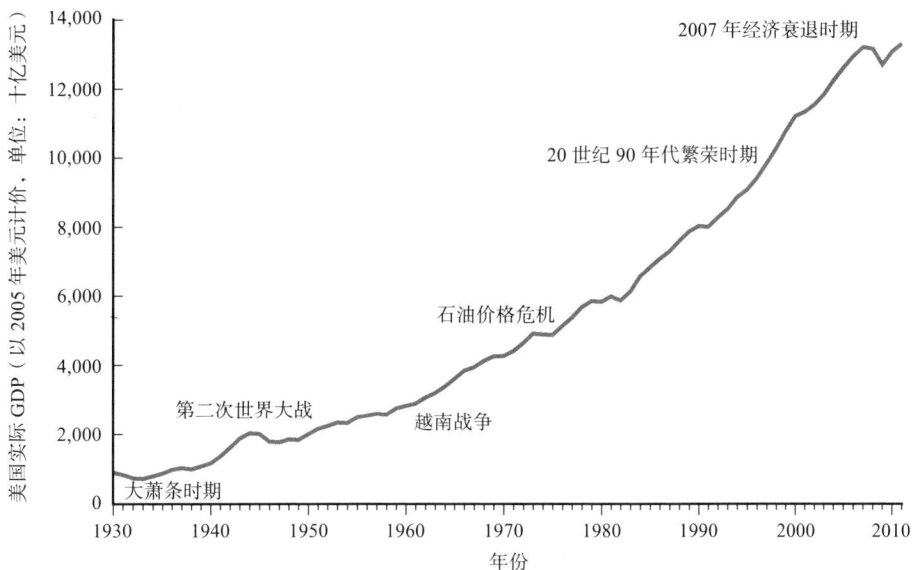

▲ 图 11-2

1930—2011 年美国实际 GDP

在 20 世纪 30 年代的大萧条时期，GDP 先是降低，然后逐渐变得平稳，没有出现显著的增长。但是，从第二次世界大战起，美国经济开始快速增长，并进入一个长期相对稳定且持续增长的时期。

资料来源：U.S. Department of Commerce.

名词解释

经济增长：一个经济体的实际 GDP 在长时期内持续增长。

图 11-2 表示 1930 年至 2011 年美国的实际 GDP。如图所示，在这一时期，实际 GDP 持续显著地增长。经济学上将这种现象称为**经济增长**（economic growth），即一个经济体的实际 GDP 在长时期内持续增长。我们将在第 13 章具体研究经济增长。本章后面，我们将仔细观察实际 GDP 在较短的时期内如何变化，在较短的时期内，GDP 会出现上下波动。实际 GDP 的减少会严重扰乱经济并导致失业问题。

GDP 的组成部分

经济学家将 GDP 分为四个组成部分，每个部分分别对应不同类型的购买。

1. 消费支出：消费者的购买。
2. 私人投资支出：公司的购买。
3. 政府购买：联邦政府、州政府和地方政府的购买。
4. 净出口：国际部门的净购买（国内出口额减去国内进口额）。

我们先看一下这四个部分在美国 GDP 中的占比。表 11-1 显示了 2011 年第三季度的 GDP 数据。2011 年第三季度的 GDP 是 151,760 亿美元。为了更直观地感受这个数据，我们来做一个简单的计算。美国人口大约是 3 亿，用 GDP 除以 3 亿，得出人均 GDP 约为 50,586 美元。

表 11-1　2011 年第三季度美国 GDP 的构成（单位：十亿美元）

GDP	消费支出	私人投资支出	政府购买	净出口
15,176	10,784	1,906	3,047	−562

资料来源：U.S. Department of Commerce.

名词解释

消费支出：消费者对当期生产的国内外的产品和服务的购买。

消费支出（consumption expenditures）。消费支出是指消费者对当期生产的国内外产品和服务的购买。这些购买包括平板电视、智能手机、汽车、服装、理发服务、珠宝、电影票、球票、食物以及其他各种消费品。我们可以将消费分为：耐用品消费、非耐用品消费和服务。耐用品是指汽车或冰箱这样可以持续使用较长时期的商品。非耐用品是指食物这样只能使用较短时期的商品。服务是指劳动者的主要作用是传送价值的工作（比如牙医填补蛀牙），服务是消费中增长最快、涉及范围最广的部分。总的来说，消费支出是美国 GDP 中最重要的组成部分，占 GDP 的 71%。

私人投资支出（private investment expenditures）。理解私人投资支出有三个组成部分：

1. 新工厂和新设备支出。如果一家公司建造了一座新工厂或者购买了一台新机器，那么这家工厂和这台机器应当计入当年的 GDP。购买已有建筑或旧的机器不计入 GDP，因为它们不是在当年生产出来的。
2. 新建住房支出。旧房子的销售不计入 GDP，因为旧房子不是在当年建造的。
3. 存货。公司当年增加的存货计入 GDP。如果一家五金店年初有价值 1,000 美元的螺母和螺栓，年末有价值 1,100 美元的螺母和螺栓，那么它的存货投资支出就是 100 美元。这 100 美元会计入 GDP。

我们将新投资支出的总和称为**总投资**（gross investment）。一年的时间里，部分旧工厂、设备和住房会损坏或废弃，我们将其称为**折旧**（depreciation），它是对资本消耗的补偿。用总投资减去折旧，可以得到**净投资**（net investmenmt）。2011 年第三季度的总投资是 19,060 亿美元，其中包括 16,070 亿美元的折旧。也就是说，当年的净投资只有 2,990 亿美元，84% 的总投资要用于补偿资本消耗。

我们在讨论 GDP 核算问题时所使用的"投资"概念有别于我们日常使用的投资概念。对于经济学家而言，GDP 账户中的投资是指公司对新的最终产品和服务的购买。日常交谈中，我们所说的投资多指证券市场投资或贵金属投资。在证券市场购买 1,800 美元的股票是对旧金融资产的购买，它不是公司对新的最终产品和服务的购买。因此，这 1,800 美元不计入 GDP。同样的道理也适用于贵金属投资。

> **名词解释**
>
> **私人投资支出**：公司对当期生产的产品和服务的购买。
>
> **总投资**：新投资支出的总和。
>
> **折旧**：一年的时间里部分旧工厂、设备和住房损坏或废弃导致的资本价值减损，折旧也称为资本消耗补贴。
>
> **净投资**：总投资与折旧的差额。

> **名词解释**
>
> **政府购买**：联邦政府、州政府和地方政府对新生产的产品和服务的购买。
>
> **转移支付**：政府支付给个体的款项，与产品和服务的生产无关。
>
> **进口**：本国从其他国家购买的产品和服务。
>
> **出口**：在本国生产销往其他国家的产品和服务。
>
> **净出口**：出口与进口的差额。

政府购买（government purchases）。政府购买是指联邦政府、州政府和地方政府对新生产的产品和服务的购买，既包括政府购买的所有产品，也包括政府职员的工资和福利，还包括政府投资支出。2011 年，政府购买是 30,470 亿美元，其中占比最高的是州政府和地方政府的购买，为 17,980 亿美元。政府购买直接影响着我们的生活。例如，美国邮政员工和联邦机场保安人员的工资都来自政府购买。

政府购买没有包含政府的全部支出，它排除了转移支付。**转移支付**（transfer payments）是政府支付给个体的款项，与产品和服务的生产无关。例如，社会保险、福利和政府债务的利息都计入转移支付，而不是 GDP 中的政府购买。接受转移支付的个体无须为转移支付提供产品或服务。但是警察、邮政员工以及国税局的工资都计入政府购买，因为这些人需要提供产品和服务。

转移支付不计入 GDP，所以联邦政府预算的很大一部分不是 GDP。2010 年，联邦政府支出约为 37,030 亿美元，其中只有 12,220 亿美元（约 33%）计入联邦政府购买。虽然转移支付不被计入 GDP，但是转移支付对 GDP 具有重要的影响。首先，转移支付会影响个体的收入、消费和储蓄行为；其次转移支付会影响联邦预算赤字的规模。后面我们会具体讨论这些问题，现在只需要记住转移支付、政府购买和政府支出之间的区别和联系。

净出口（net export）。要认识国际部门的角色，我们需要先了解三个概念。**进口**（imports）是指本国从其他国家购买的产品和服务。**出口**（exports）是指在本国生产的销往其他国家的产品和服务。净出口是总出口与总进口的差额。在表 11-1 中，我们看到 2011 年第三季度美国的净出口是 −5,620 亿美元。净出口为负表明总进口大于总出口。

消费、投资和政府购买是指消费者、公司和政府的购买，无论购买的产品和服务是否在美国国内生产。但是，GDP 度量的是美国国内生产的产品和服务。因此我们在计算 GDP 时，要减去消费者、公司和政府对外国产品和服务的购买（进口），因为它们不是在美国国内生产的。同时我们要加上在本国生产销往外国的产品和服务（出口），比如在国内制造的销往欧洲的飞机。将出口减去进口——即净出口——计入

GDP，我们就可以正确地衡量美国的生产了。

假设美国的某个居民购买了日本生产的一辆 25,000 美元的汽车。如果从最终购买的角度看，消费支出将增加，因为该消费者购买了一

名词解释

贸易逆差：进口大于出口。

贸易顺差：出口大于进口。

件商品。但是从净出口的角度看，净出口将下降，因为我们要减去增加的进口。请注意，对这辆车的购买不会影响 GDP，因为这辆车不是在美国生产的。

再假设美国的销售商将一辆 22,000 美元的汽车卖给了西班牙的一个居民。此时，净出口将增加，因为这辆汽车计入美国的出口。GDP 也会相应增加，因为这辆汽车是美国生产的。

2011 年第三季度，美国净出口是 −5,620 亿美元。换句话说，第三季度美国从国外购买的产品比销往国外的产品多 5,620 亿美元。当进口大于出口时，就会出现**贸易逆差**（trade deficit）。当出口大于进口时，则会出现**贸易顺差**（trade surplus）。图 11-3 表示 1960 年至 2011 年美国贸易顺差占 GDP 的比例。尽管有的年份美国出现了小额

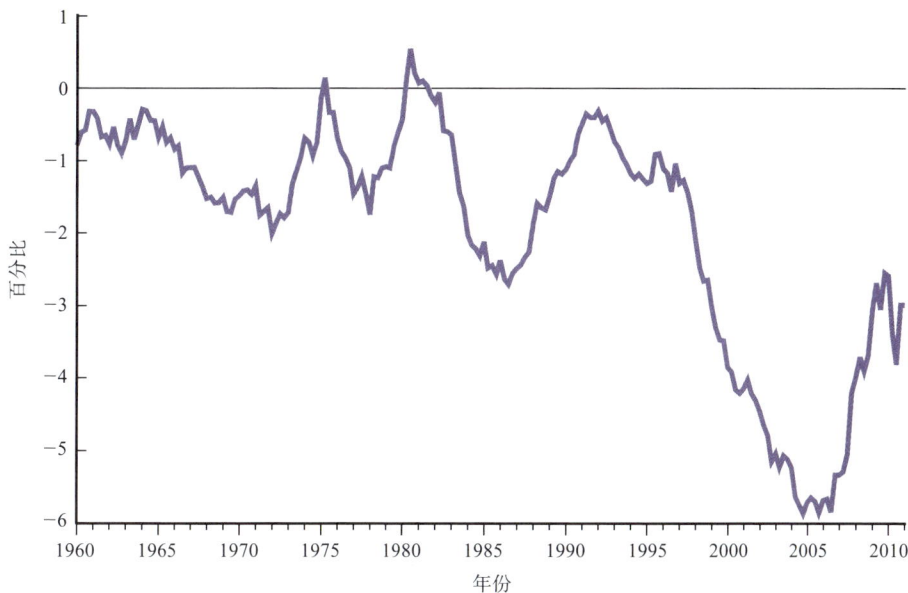

▲ 图 11-3

1960—2011 年美国贸易顺差占 GDP 的比例

20 世纪 80 年代早期，美国出现过贸易顺差。但是，在其他时间里，美国都面临贸易逆差。2004 年至 2006 年，贸易逆差超过了 GDP 的 5%，而 2009 年至 2011 年，贸易逆差接近 GDP 的 3%。

资料来源：Department of Commerce.

的贸易顺差，但大多数时候美国面对的是贸易逆差。最近几年，贸易逆差不断扩大，占 GDP 的比例在 3%~6% 之间波动。在后面的章节中，我们将专门研究贸易赤字会如何影响一个国家的 GDP。

GDP 核算公式

我们可以用一个简单的公式总结有关谁购买 GDP 的讨论，该公式包含了 GDP 的四个组成部分：

$$Y = C + I + G + NX$$

其中

$$
\begin{aligned}
Y &= GDP \\
C &= 消费 \\
I &= 投资 \\
G &= 政府购买 \\
NX &= 净出口
\end{aligned}
$$

也就是说，

$$GDP = 消费 + 投资 + 政府购买 + 净出口$$

该 GDP 核算公式是恒等式，这意味着无论公式中各变量如何变化，公式左右两边始终相等。在任何经济体中，GDP 都等于这四个组成部分之和。

日常生活中的经济学

从经济衰退中复苏

对应的经济学问题：怎样才能从经济衰退中复苏？

最近的经济衰退持久、深入而严重，美国经济经过了很长的调整才从中复苏。我们怎样衡量从衰退中复苏所需要的时间？衰退开始时，GDP 开始从峰值下降。一种有效的衡量方法是计算实际 GDP 恢复到衰退前的峰值所需的时间。

这次衰退起始于 2007 年第四季度。GDP 从该季度起开始下降，直到 2011 年第二季度才恢复到峰值，整个过程持续了 3 年半。这绝对是一次深度衰退和缓慢而波折的复苏。大多数衰退的复苏期都不会这么长。例如，1973 年第四季度开始的严重衰退经过两年时间恢复到之前的峰值。

为什么这次衰退恢复得这么缓慢？有的经济学家认为，这次金融危机引起的衰退相比其他类型的衰退，需要更长的时间才能恢复。金融危机同时扰乱了家庭和企业的经济活动，因此家庭和企业需要更长的时间进行调整。详见练习 5.6 和 5.7。

收入法：用国民收入衡量国家的宏观经济活动

在流动循环中，一个人的生产最终会变成另一个人的收入。收入是宏观经济活动的背面。因此，除了通过衡量生产，我们还可以通过衡量国民收入，来衡量国家的宏观经济活动。在本土和海外工作的美国公民的总收入被称为**国民收入**（national income）。

衡量国民收入

要衡量国民收入，经济学家先要对 GDP 做两个重要的调整。

我们要做的第一个调整是将 GDP 加上美国

> **名词解释**
>
> **国民收入**：一个国家的公民在国内外从生产产品和服务中获得的总收入。
>
> **国民生产总值**：一个国家的 GDP 与该国公民的国外净收入之和。

公司和居民的国外净收入，即给 GDP 加上美国居民和公司在国外赚取的收入，并减去外国居民和公司在美国赚取的收入。例如，我们要加上美国跨国公司在国外获得并送回美国的利润，并减去外国跨国公司在美国获得并送回国外的利润。举例来说，开设在墨西哥的沃尔玛超市获得并送回美国的利润应当加上；丰田在美国获得并送回日本的利润则应当减去。对 GDP 完成这两个调整后，我们就可以得到美国公司和居民在全世界获得的总收入，即**国民生产总值**（gross national product，简称 GNP）。

对于很多国家来说，GDP 和 GNP 没有太大差别，比如美国，其 GDP 和 GNP 的差距通常只有 1%。但是对某些国家来说，GDP 和 GNP 的差别要大得多。比如科威特，它把销售石油获取的大量利润在海外投资股票、债券和其他投资品，2006 年，海外投资的收入约占科威特 GNP 的 9%。再比如澳大利亚，很多外国公司和居民在该国投资，并将利润送回本国，2006 年澳大利亚的国外净收入为负，当年澳大利亚的 GDP 比 GNP 高出了 4.1%。

我们要做的第二个调整是从 GNP 中减去折旧。折旧是一年时间里部分旧工厂、设备和住房损坏或废弃导致的资本价值减损。从某种意义上来说，我们的收入减少是因为我们的工厂、设备和住房等损坏或废弃了。当我们用 GNP 减去折旧，得到的是国民生产净值（net national product，简称 NNP）。

经过两次调整后，再针对统计偏差做一些微调，我们就可以得到国民收入了。统计偏差产生的原因是政府的统计学家在计算时使用了同一指标但不同来源的数据。表 11-2 显示了 2011 年第三季度的国内生产总值、国民生产总值、国民生产净值和国民收入，我们可以通过表中的数据直观感受各类调整的影响。

表格 11-2　从 GDP 到国民收入，2011 年第三季度（单位：十亿美元）	
国内生产总值	15,176
国民生产总值	15,443
国民生产净值	13,480
国民收入	13,431

国民收入可以分为六个基本类别：劳动报酬（工资和福利）、公司利润、租金收入、经营者收入（来自非公司制企业的收入）、净利息（家庭从企业和国外获得的利息收入）和其他收入。大约 62% 的国民收入是劳动报酬，即劳动者获得的工资和福利。对世界上大多数国家而言，工资和福利是国民收入的最大部分。

除了国民收入，经济学家也很关心个人收入。**个人收入**（personal income）是直接流入家庭的款项。要计算个人收入，我们需要在国民收入的基础上进一步调整。先减去公司保留利润（公司保留下来的没有以分红的形式发放出去的利润），再减去生产和进口缴纳的税和社会保险税，加上从政府和消费者获得的利息收入，再加上所有的转移支付，最终得到个人收入。从个人收入中再扣除收入税，就可以得到**个人可支配收入**（personal disposable income）了。

> **名词解释**
>
> **个人收入**：家庭获得的包括转移支付在内的收入。
>
> **个人可支配收入**：个人收入扣除收入税后剩余的收入。
>
> **增加值**：一个组织产生的所有收入之和，包括工资、利息、利润和租金。对于单个公司而言，我们可以用该公司的总销售额减去它从其他公司处购买的产品和服务的价值，得到该公司的增加值。

通过增加值计算国民收入

我们还可以利用公司的增加值计算国民收入。对于一家公司来说，它的**增加值**（value

added）等于它的销售额与它从其他公司处购买的投入要素的差值。一个公司的增加值是该公司所有收入的综合，包括工资、利润、租金和利息等。将经济体中所有公司的增加值加总后，就可以得到国民收入。我们可以用一个简单的例子具体说明，如表11-3 所示。

表 11-3　计算一个简单的经济体的增加值（单位：美元）			
	汽车公司	钢铁公司	经济体
销售额	16,000	6,000	22,000
从其他公司购买的商品和服务的价值	6,000	0	6,000
增加值：工资、利润、租金和利息的总和	10,000	6,000	16,000

假设一个经济体有两家公司：一家汽车公司（该公司将汽车销售给消费者）和一家钢铁公司（该公司只将钢铁销售给汽车公司）。如果汽车公司卖给消费者一辆汽车，获得 16,000 美元，同时向钢铁公司购买了 6,000 美元的钢材，那么汽车公司的增加值就是 10,000 美元，然后它再将增加值以工资、租金、利息和利润的形式分发。如果钢铁公司销售给汽车公司钢材，获得 6,000 美元，并且没有从其他公司购买任何东西，那么钢铁公司的增加值就是 6,000 美元，然后它再将增加值以工资、租金、利息和利润的形式分发。该经济体的总增加值是两家公司的增加值之和 16,000 美元，这个增加值就是整个经济体的工资、租金、利息和利润的总和。

如这个例子所示，通过增加值计算国民收入的标准方法如下：

- 对于单个公司而言，用该公司的总销售额减去它从其他公司购买的投入要素的价值，就能得到该公司的增加值。
- 将经济体中的所有公司的增加值加总，能够得到整个经济体的增加值。

需要注意的是，在计算过程中，我们需要加总经济体中所有公司的增加值，包括生产中间产品的公司。

扩展的流动循环

我们已经考察了生产和收入，并将政府和国际部门纳入考察范围。下面我们可以对简化的流动循环进行适度的扩展，使之更加符合现实。图 11-4 描绘了一个包含政府和国际部门的流动循环图。家庭和公司均向政府缴税。政府和公司一样，在产品市场上供给产品和服务，并在要素市场上购买投入要素——劳动力和资本。净出口为正，表示产品进入产品市场，净出口为负，表示产品离开市场。

总之，我们可以从两个角度观察 GDP：我们可以问是谁购买了产品，我们也可以问生产过程中产生的收入是如何在劳动者和投资者之间分配的。从支出的角度看，我们知道接近 70% 的 GDP 由消费支出构成。从收入的角度看，我们看到 65% 的国民收入是劳动者获得的劳动报酬（工资和福利）。宏观经济学家既可以使用宏观经济的正面——生产数据，也可以使用宏观经济的背面——收入数据，到底如何选择取决于他们更关注当前的生产问题还是收入问题。

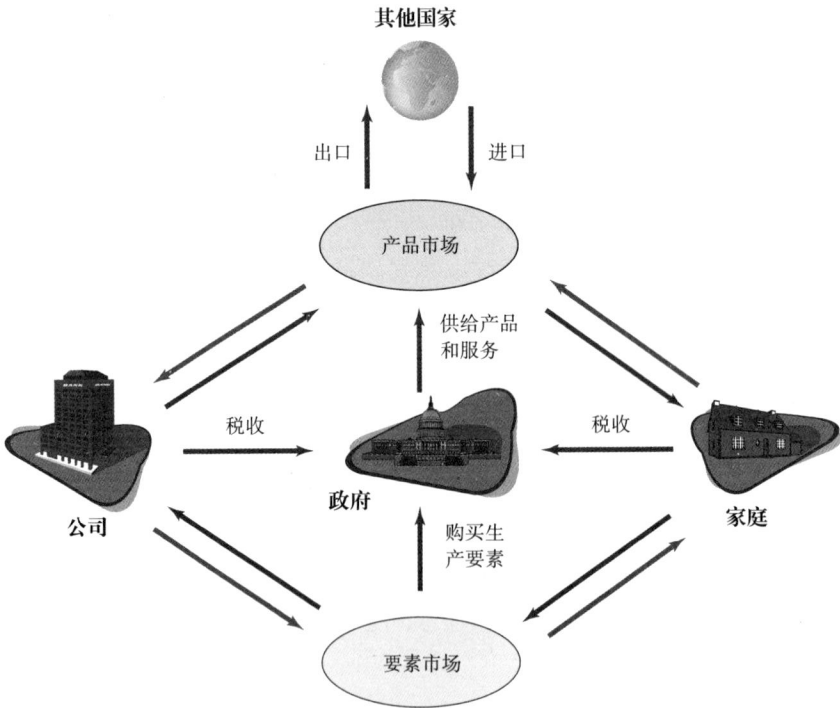

▲ 图 11-4

包含政府和国际部门的流动循环

新的箭头（用紫色表示）表示的是政府和国际部门（进口和出口）在流动循环中扮演的角色。

自评幸福感和 GDP 的联系

对应的经济学问题：国内生产总值的增加必然会转变为公民福利的改善吗？

英国的两位经济学家，达特茅斯学院的大卫·布兰奇弗劳尔（David Blanchflouer）教授和沃里克大学的安德鲁·奥兹瓦尔德（Andrew Oswald），系统地分析了一项持续近 30 年的年度调查。这项调查的内容简单直白，让受调查者描述自己的幸福状况，是"幸福""很幸福"还是"不幸福"。在 30 年的调查期内，尽管美国和英国的人均收入都大幅上涨，但是 30 年的调查结果显示：美国人的自评幸福感略微下降了，英国的自评幸福感保持不变。导致这个调查结果的原因是日常生活压力增加了吗？

但是，在任何单个年份内，调查结果显示：金钱似乎可以购买幸福。保持其他因素不变，收入更高的个人自评幸福感更高。但是"其他因素"是非常重要的。失业和离婚会显著降低幸福感。布兰奇弗劳尔和奥兹瓦尔德估计，从自评幸福感的角度考虑，稳定的婚姻相当于每年 100,000 美元的收入。

两人最有趣的发现也许是社会中不同人群的幸福感比较。虽然白人比非洲裔的自评幸福感更高，但是 30 年间两类人群的幸福感差距在不断缩小。30 年间，男性的幸福感相较于女性的幸福感增加得更快。

最后，布兰奇弗劳尔和奥兹瓦尔德在最近的研究中考察了整个生命周期中幸福感的变化。控制收入、教育和其他个人因素后，他们发现美国的男性和女性的幸福感分别在 49 岁和 45 岁达到最低点。而这两个年龄恰恰也是收入达到最高的年龄，所以这个结果说明工作是幸福感降低的重要原因。详见练习 6.2 和 6.9。

资料来源：David Blanchflower and Andrew Oswald, "Well-Being Over Time in Britain and the USA,"（working paper 7847, National Bureau of Economic Research, January 2000）and "Is Well-being U-Shaped over the Life Cycle,"（working paper 12935, February 2007）.

实际 GDP 和名义 GDP 详解

我们已经讨论了衡量一个经济体生产的两种基本方法：生产法和收入法。生产法的基本问题是谁购买产品和服务，收入法的基本问题是收入是如何分配的。在我们介绍的所有宏观经济指标中，GDP 是公众和经济学家最常用的一个指标。下面我们将仔细观察它。

衡量名义 GDP 和实际 GDP

我们先来回顾名义 GDP 和实际 GDP 的概念。名义 GDP 是指以当前价格计算的 GDP。实际 GDP 是指控制价格变化后计算的 GDP。接下来我们要详细说明现代经济中实际 GDP 是如何计算的。以一个简单的经济体为例。该经济体只生产两种产品——汽车和电脑。该经济体 2011 年至 2012 年价格产量数据如表 11-4 所示。汽车和电脑的产量增加了，但是电脑产量增加的速度更快。汽车的价格上涨，而电脑的价格保持不变。

表格 11-4　一个简单经济体的 GDP 数据（货币单位：美元）				
	产量		价格	
年份	汽车	电脑	汽车	电脑
2011	4	1	10,000	5,000
2012	5	3	12,000	5,000

我们先计算该经济体每一年的名义 GDP。名义 GDP 等于每一年的产品和服务的总市场价格。使用表格中数据可知，2011 年名义 GDP 是：

（4 辆车 × 10,000 美元 / 辆）+（1 台电脑 × 5,000 美元 / 台）= 45,000 美元

2012 年名义 GDP 是：

（5 辆车 × 12,000 美元 / 辆）+（3 台电脑 × 5,000 美元 / 台）= 75,000 美元

接下来计算该经济体的实际 GDP。要计算实际 GDP，我们要使用不变价格，先将 2011 年的价格定为不变价格。因为我们使用的是 2011 年的价格，所以 2011 年的名义 GDP 和实际 GDP 相等，均为 45,000 美元。但是 2012 年两者不相等，2012 年实际 GDP 是：

（5 辆车 × 10,000 美元 / 辆）+（3 台电脑 × 5,000 美元 / 台）= 65,000 美元

可以看出，2012 年实际 GDP 小于名义 GDP。原因是 2012 年汽车价格上升了 2,000 美元，而我们在计算实际 GDP 时使用的是 2011 年的价格。

我们现在来计算 2011 年至 2012 年该经济体中名义 GDP 的增长率和实际 GDP 的增长率。

$$名义\ GDP\ 增长率 = \frac{2012\ 年名义\ GDP - 2011\ 年名义\ GDP}{2011\ 年名义\ GDP} = 0.667$$

$$实际\ GDP\ 增长率 = \frac{2012\ 年实际\ GDP - 2011\ 年实际\ GDP}{2011\ 年实际\ GDP} = 0.444$$

实际 GDP 增长率小于名义 GDP 增长率，原因是 2012 年实际 GDP 小于 2012 年名义 GDP。

图 11-5 描绘了 1950 年至 2011 年美国的名义 GDP 和实际 GDP。实际 GDP 以 2005 年的价格计算，因此名义 GDP 曲线与实际 GDP 曲线在 2005 年交会。在 2005 年之前，名义 GDP 小于实际 GDP，因为更早年份的价格低于 2005 年的价格。在 2005 年之后，名义 GDP 大于实际 GDP，因为之后年份的价格大于 2005 年的价格。

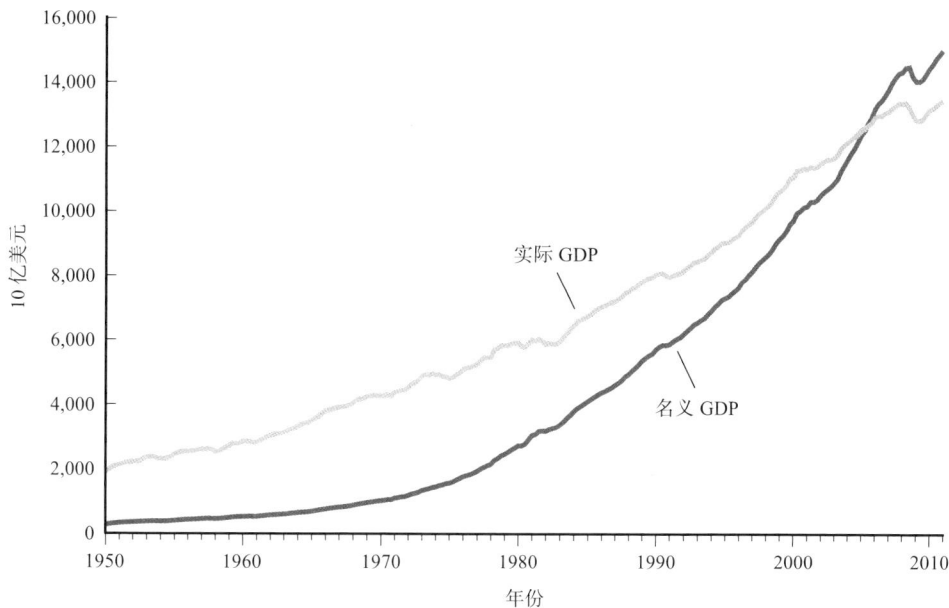

▲ 图 11-5

美国名义和实际 GDP，1950—2011 年

这张图描绘了美国的名义 GDP 和实际 GDP。实际 GDP 以 2005 年的价格计算。

如何使用 GDP 平减指数

我们也可以使用表 11-4 中的数据衡量这个经济体的价格变化。任意一年的名义 GDP 和实际 GDP 的差别都是由价格的变化引起的，所以通过比较名义 GDP 和实际 GDP，我们就能衡量经济体的价格变化。在实践中，我们创造了一个指数，**GDP 平减指数**（GDP deflator）。GDP 平减指数衡量产品和服务的价格随时间的变化。因为我们计算实际 GDP 使用的是 2011 年的价格，所以我们将基准年 2011 年的 GDP 平减指数设为 100。要计算 2012 年的 GDP 平减指数，我们可以使用以下公式：

$$\text{GDP 平减指数} = \frac{\text{名义 GDP}}{\text{实际 GDP}} \times 100$$

于是 2012 年 GDP 平减指数约等于：

$$\frac{75,000}{65,000} \times 100 = 1.15 \times 100 = 115$$

因为 2012 年和 2011 年的 GDP 平减指数分别是 115 和 100，所以这意味着从 2011 年至 2012 年价格上升了 15%：

$$\frac{115 - 100}{100} = \frac{15}{100} = 0.15$$

需要注意，15% 是汽车和电脑这两个产品的价格变化的加权平均值。

在 1996 年以前，编制和发布 GDP 数据的美国商业部一直使用这些公式计算实际 GDP 以及衡量价格变化。商业部的经济学家会选择一个基准年，并以基准年的价格衡量各年的实际 GDP。他们也将名义 GDP 和实际 GDP 的比值作为 GDP 平减指数。现在，商业部使用一种更复杂的方法计算实际 GDP 和实际 GDP 的价格指数。在我们的例子中，我们使用 2011 年的价格计算实际 GDP，但实际上我们也可以用 2012 年的价格计算实际 GDP。两种不同方法计算出的价格变化和实际 GDP 的变化会有所不同。为了避免这个问题，商业部现在使用**连锁加权指数**（chain-weighted index）。连锁加权指数的基本原理是

> **名词解释**
>
> **GDP 平减指数**：用于衡量 GDP 包含的产品和服务的价格随时间变化的指数。
>
> **连锁加权指数**：以连续多年为基准年，计算价格变化的方法。

以连续多年作为基准年（比如我们的例子就是 2011 年和 2012 年），用连续多年的平均价格变化作为基准价格，从而计算价格变化和实际 GDP。如果你查询美国商业部的网站，就可以看到以连锁价格计算的实际 GDP 和 GDP 的连锁价格指数。

● GDP 波动

我们已经讨论过，实际 GDP 不总是平稳增长，有时会突然崩溃，其结果是经济衰退。我们将实际 GDP 的波动称为经济周期。我们来观察一段从 20 世纪 80 年代末到 20 世

> **名词解释**
>
> **经济衰退**：GDP 连续超过 6 个月下降的一段时期。

纪 90 年代初的经济周期。图 11-6 描绘了 2006 年至 2010 年美国的实际 GDP。注意，2007 年实际 GDP 开始下跌。GDP 连续超过 6 个月下降的时期被称为**经济衰退**（recession）。经济学家通常习惯用季度表示，即认为 GDP 连续两个季度下降的时期

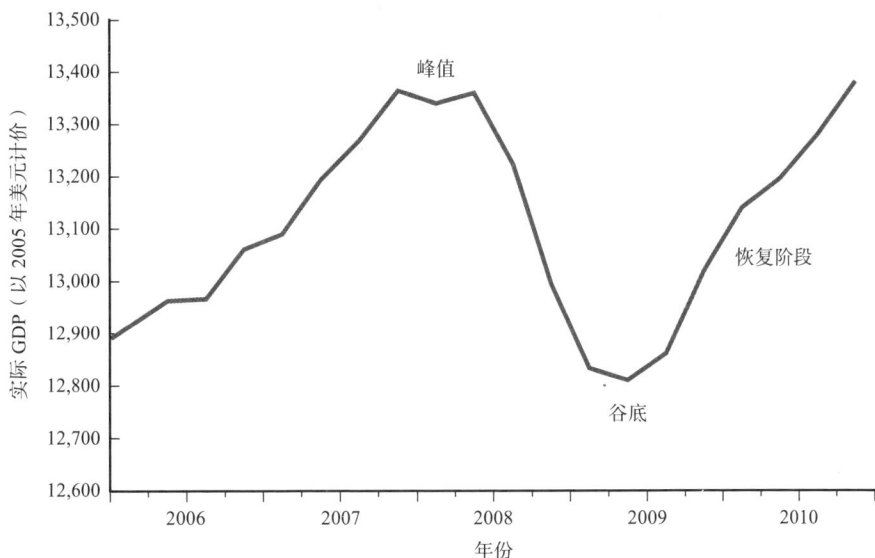

▲ 图 11-6

2007—2009 年的经济衰退

经济衰退可以简单描绘为三个部分：顶峰、谷底和扩张阶段。衰退开始的时间称为顶峰，衰退结束的时间称为谷底。谷底之后经济进入扩张阶段。2007 年至 2009 年的衰退从 2007 年 12 月开始，到 2009 年 7 月结束。资料来源：U.S. Department of Commerce.

就称为经济衰退。经济衰退开始的时间——产量开始下跌的时间——被称为**顶峰**（peak）。经济衰退结束的时间——产量开始上升的时间——被称为**谷底**（trough）。在图 11-6 中，我们可以看到经济衰退的顶峰和谷底。经过谷底之后，经济进入一个恢复时期，或者叫**扩张阶段**（expansion）。

从第二次世界大战到 2010 年，美国共经历了 11 次经济衰退。表 11-5 列出了每次衰退的顶峰和谷底的时间，从顶峰到谷底的实际 GDP 的减少百分比，以及经济衰退持续的时间长度。1973 年至 1975 年的经济衰退，是因为当时世界石油价格突然暴涨，这次经济衰退很严重。2007 年至 2009 年的经济衰退也许是第二次世界大战之后最严重的经济衰退。

表 11-5　第二次世界大战后美国的 11 次经济衰退

顶峰	谷底	实际 GDP 减少的百分比（%）	经济衰退的持续时间（月）
1948.11	1949.10	−1.5	11
1853.7	1954.5	−3.2	10
1957.8	1958.4	−3.3	8
1960.4	1961.2	−1.2	10
1969.12	1970.11	−1.0	11
1973.11	1975.3	−4.1	16
1980.1	1980.7	−2.5	6
1981.7	1982.11	−3.0	16
1990.7	1991.3	−1.4	8
2001.3	2001.11	−0.6	8
2007.11	2009.7	−4.1	18

资料来源：National Bureau of Economic Research, "Business Cycle Expansions and Contractions," http://www.dev.nber.org/cycles/cyclesmain.html.

过去 30 年里，一共出现了 4 次经济衰退，其中 3 次的起始时间分别接近于 3 个十年的起始年份：1981 年、1990 年和 2001 年。在 2001 年的经济衰退中，就业率于 2001 年 3 月开始下降，早于 "9·11" 事件。这次恐怖袭击事件扰乱了经济活动，损害了生产者和消费者的信心，经济陷入衰退。2007 年 12 月开始的经济衰退，则发端于房地产业的衰退和相关的金融业困境。2008 年 9 月和 10 月爆发的金融危机使这次经济衰退的程度进一步加深。企业和消费者越来越难以取得信贷，金融危机的影响逐渐显露，消费者减少汽车等耐用品的消费，企业减少投资。

回溯美国的整个历史，从 1860 年到第二次世界大战，发生了总计 20 次经济衰退。这 20 次经济衰退并不都非常严重，在有些经济衰退中，失业率几乎没有变化。还有些经济衰退则非常严重，比如 1893 年和 1929 年的两次。

尽管我们使用的经济衰退一般定义是 GDP 连续超过 6 个月下降的时期，但在实践中，国民经济研究局（National Bureau of Economic Research，简称 NBER）的一个经济学家委员会持有不同意见。这个委员会是位于马萨诸塞州剑桥市的一个私人研究团体，成员主要是学术经济学家，他们提出，评判美国的经济衰退开始和结束的标准不应该仅限于 GDP，应该包含一系列广泛的指标。NBER 对经济衰退的正式定义是"蔓延到整个经济体，且持续时间超过数月，可以通过生产、就业、实际收入和其他指标直接观察到的经济活动明显减少的现象"。从这个定义可以看出，NBER 使用了多种指标确定经济衰退的发生以及持续时间。

严重的经济衰退俗称**萧条**（depression）。"大萧条"指的是在 1929 年至 1933 年间发生的经济衰退，期间美国的实际 GDP 降低了超过

> **名词解释**
> **萧条**：极严重的经济衰退的俗称。

33%。这次经济衰退对日常经济生活造成的破坏堪称美国 20 世纪历史之最。大萧条席卷全球，银行倒闭、企业破产，许多居民失去了工作和一生的积蓄，失业率陡增。1933 年，超过 25% 的求职者没能找到工作。

尽管美国从那以后再也没有经历过萧条，但是其他国家经历过。过去 20 年间，几个亚洲国家（比如泰国）和拉丁美洲国家（比如阿根廷）就经历过可以称得上是萧条的严重经济动乱。

⬤ 利用 GDP 衡量福利

GDP 是衡量一个经济体产出价值的最佳指标。我们已经看到，我们可以使用 GDP 和相关指标衡量一个国家的经济增长。我们也能使用 GDP 比较不同国家的产出价值。经济学家使用 GDP 和相关指标确定一个经济体是否跌入经济衰退或进入萧条。但是，尽管 GDP 是衡量经济体健康情况的一个非常有价值的指标，它不是一个完美的指标。

利用 GDP 衡量福利的缺点

GDP 指标的构建有一些公认的缺点。我们在使用 GDP 作为经济福利的衡量指标时，需要谨慎分析，因为 GDP 遗漏了很多与经济福利相关的因素：家务活和儿童照看、休闲、地下经济以及污染等。

家务活和儿童照看。 GDP 忽视了在有组织的市场之外进行的交易。最典型的例子是一些服务，包括清扫、做饭和免费的儿童照看等人们在家中进行的自我服务。因为这些服务没有通过市场交易，所以 GDP 统计学家无法对其进行计算。如果我们要将家庭生产纳入 GDP，那么计算的 GDP 要比现在报告的数据高得多。

休闲。 GDP 没有计入休闲，因为 GDP 只能衡量发生在经济体中的生产。家庭越重视休闲，休闲时间的增加将产生更高的社会福利，而 GDP 却不会变化。

地下经济。 GDP 忽略了地下经济，地下经济是指没有向官方政府报告的交易。这些交易有的是合法的，但是人们为了避税不愿意报告交易产生的收入。例如，服务商不会上报他们得到的全部消费，跳蚤市场的交易者倾向于私下交易。还有的交易是非法的，比如非法毒品交易。2005 年，美国国税局基于 2001 年的纳税申报单估计，每年地下经济未缴纳的联邦收入税达到 3,100 亿美元。如果联邦收入税的平均税率是 20%，那么未计入 GDP 的地下经济价值将接近 15,000 亿美元，约为当年 GDP 的 15%。

经济学家使用了各种方法估计全世界的地下经济规模。通常会发现，发展中国家相较于发达国家，地下经济的规模（地下经济价值占 GDP 的比例）要大得多。例如，在高度发达的国家中，地下经济的价值约占 GDP 的比例在 15%～20% 之间。但是，在发展中国家，这一比例接近于 40%。表 11-6 列出了世界不同地区的地下经济占 GDP 比例的估计值。

表格 11-6　世界地下经济，2002—2003

地区	地下经济占 GDP 的百分比（%）
非洲	41
中美洲和南美洲	41
亚洲	30
转轨经济国家	38
欧洲、美国和日本	17
145 个国家的未加权平均比例	35

资料来源：Based on estimates by Friedrich Schneider in "The Size of Shadow Economies in 145 Countries from 1999 to 2003." unpublished paper, 2005.

污染。GDP 没有考虑生产过程中环境的价值变化。假设一家工厂生产价值 1,000 美元的产品，但是会污染周边河流，使河流的价值下降 2,000 美元。GDP 无法反映社会价值损失了 1,000 美元，只会显示 GDP 增加了 1,000 美元。这是用 GDP 衡量福利的一个重要缺陷，因为环境的变化会影响我们的日常生活。商业部曾尝试在国民收入中加上环境的积极变化，减去环境的消极变化，以此来衡量环境变化的影响，但实践效果并不理想。因为这些估计结果有很多局限，而且只考察了环境的很小一部分变化。当我们经历经济增长时，环境究竟是改善了还是恶化了？对这个问题的回答是留给下一代经济统计学家的重要挑战。

大多数人都希望生活在一个生活水准高的国家，同时没有人希望经受贫困。问题是 GDP 的上升真的会提升我们的满意度吗？

总 结

本章讨论了经济学家和政府统计学家如何衡量一个经济体的生产和收入，以及相关衡量指标如何使用。要发展出一套有价值的统计数据用于反映整个经济体有一定的难度。我们已经看到，只要谨慎使用，统计数据可以传递有用的信息。本章要点如下：

1. 流动循环图显示了产品和服务的生产为家庭带来收入的过程，以及家庭购买公司生产的产品和服务的过程。扩展的流动循环图加入了政府和国际部门。

2. 国内生产总值（GDP）是在给定的一年时间内，在一个经济体内部生产的所有最终产品和服务的总市场价值。

3. GDP 有四个组成部分：消费、投资、政府购买和净出口。下面的等式包含了这些组成部分：$Y = C + I + G + NX$。GDP 平减指数是衡量产品和服务的价格随时间变化的一个指数。下面的等式是计算 GDP 平减指数的公式：

$$GDP\ 平减指数 = \frac{名义\ GDP}{实际\ GDP} \times 100$$

4. 国民收入等于 GDP 加上美国居民和公司的净国外收入，再减去折旧。

5. 计算实际 GDP 使用的是不变价格。商业部的新计算方法是以连续多年作为基准年。

6. 经济衰退是指 GDP 连续下降超过 6 个月的一段时期。美国国民经济研究局使用的是一个更广泛的定义。

7. GDP 没有考虑非市场交易、休闲时间、地下经济或环境的变化。

练 习

1. 宏观经济活动的两面：生产和收入

1.1 流动循环描述了产品和服务的生产为家庭带来 _____ 的过程以及家庭购买公司产品和服务的 _____ 过程。

1.2 产品和服务在 _____ 市场进行交换。

1.3 哪个政府部门编制和公布国民收入和生产核算账户？

   a. 教育部

   b. 商业部

   c. 国会预算办公室

   d. 经济顾问委员会

1.4 教育服务不被计入现代经济体的产出。_____（正确／错误）

1.5 理解流动循环图。在流动循环图中，为什么收入流的箭头和产品流的箭头方向相反？

1.6 收入的种类。有时经济学家会将工资单独做一类收入，将租金、利息和利润归为另一类收入。这个分类的基础是什么？

2. 生产法：用国内生产总值衡量国家的宏观经济活动

2.1 以下哪一项不是 GDP 的组成部分？

   a. 消费

   b. 投资

   c. 生产者价格指数

   d. 政府购买

   e. 净出口

2.2 政府支出的哪个部分不计入 GDP？

   a. 国防支出

   b. 转移支付

   c. 教育支出

   d. 购买警车

2.3 如果折旧大于总投资，净投资将为 _____。

2.4 当 _____ 大于 _____ 时，会产生贸易顺差。

2.5 GDP 数据和失业工人。在经济体 A 中，政府将长期失业的工人加到工资单上并支付一定的工资，但这些"雇员"实际上并不工作。在经济体 B 中，政府不雇用长期失业的工人，而是直接向他们支付现金。两个经济体其他特征完全一致，请比较两个经济体的 GDP 数据，并解释两个经济体的 GDP 数据和实际产出水平。

2.6 儿童照看补贴。如果联邦政府为个人购买儿童照看服务提供补贴，这份补贴是否计入联邦预算？这份补贴是否应该计入 GDP？

2.7 贸易赤字的影响。有人说，"贸易赤字有负面影响，因为我们从国外购买产品，而且不是在本国生产"。贸易赤字的正面影响是什么？

2.8 折旧和耐用消费品。耐用消费品会和投资品一样折旧。假设你花 1,000 美元购买了一台冰箱，同时又花了 1,000 美元购买了一件定制裙子。请问，一年后冰箱的折旧多还是裙子的折旧多？为什么？

2.9 投资支出与中间产品。一个出版商购买纸张、墨和电脑制作教材。这三项购买中，哪些属于投资支出？哪些属于中间产品？

3. 收入法：用国民收入衡量国家的宏观经济活动

3.1 GDP 加上以下哪项可以得到 GNP？

a. 美国居民的国外净收入

b. 个人收入

c. 折旧

d. 净出口

3.2 国民收入最大的组成部分是什么？

a. 劳动报酬（工资和福利）

b. 公司利润

c. 租金收入

d. 经营者的收入（来自非公司制企业的收入）

e. 净利息

3.3 个人收入和个人可支配收入是指流入 ＿＿＿（家庭 / 公司）的资金。

3.4 国民生产总值和国民生产净值的差值是 ＿＿＿。

3.5 衡量一个智库的增加值。布鲁克林研究所是一个非营利性智库，通常不销售自己的产品。试设计一种衡量它的增加值的方法。

3.6 理解 GNP 和 GDP 的差别。如果一个国家发现了大量石油，该国将石油销往国外并用这笔钱在世界各地投资，请问如何比较该国的 GDP 和 GNP，比较结果可能是怎样的？

3.7 转移支付、国民收入和个人收入。思考转移支付的角色，解释为什么在经济衰退中，国民收入比个人收入下降得更多？

3.8 菲律宾移民。每一年菲律宾都有大量的劳动力去国外工作，包括护士、卫生人员和石油工人。试比较菲律宾的 GNP 和 GDP。

3.9 销售额和增加值。请解释为什么将一家公司与一个国家相比时，增加值是比销售额更合适的度量指标。（参见第 364 页"日常生活中的经济学"）

4. 实际 GDP 和名义 GDP 详解

4.1 特定年份的 GDP 平减指数等于名义 GDP 除以 ＿＿＿GDP，再乘以 100。

4.2 如果基准年是 2010 年，那么 2010 年的实际 GDP 和名义 GDP 相等。＿＿＿（正确 / 错误）

4.3 以下哪种方法计算的价格变化不会受选择的基准年份影响？

a. 传统的 GDP 平减指数。

b. 连锁加权 GDP 平减指数。

c. 实际 GDP。

4.4 要计算名义 GDP，重要的是使用一个准确的价格指数。_____（正确/错误）

4.5 计算实际 GDP，价格指数和通货膨胀率。使用下表中的数据，回答以下问题：

a. 使用 2011 年的价格计算实际 GDP。实际 GDP 增长的百分比是多少？

b. 以 2011 年为基准年计算 2012 年的 GDP 价格指数。价格增长了多少？

	产量		价格（美元）	
	CD	网球拍	CD	网球拍
2011	100	200	20	110
2012	120	210	22	120

4.6 使用一个新的基准年计算实际 GDP 和通货膨胀率。以 2012 年为基准年，重复练习 4.5。

4.7 理解实际 GDP 和名义 GDP 的关系。在图 11-5 中，基准年是 2005 年。请解释为什么在 2005 年之前，名义 GDP 曲线在实际 GDP 曲线之下。如果基准年变为 2000 年，两条曲线会在哪里相交？

4.8 使用美国经济数据衡量美国经济。查询圣路易斯联邦储备银行的网站（www.research.stlouisfed.org/fed2）。找出名义 GDP，以连锁价格计算的实际 GDP 和 GDP 的连锁价格指数

的数据。

a. 计算从 2000 年到最近一年间名义 GDP 的增长百分比。

b. 计算从 2000 年到最近一年间实际 GDP 的增长百分比。

c. 计算从 2000 年到最近一年间 GDP 的连锁价格指数的增长百分比，并比较 a、b、c 三题的增长百分比。

5. GDP 波动

5.1 经济衰退开始的时间被称为 _____。

5.2 第二次世界大战结束后，美国经历了 7 次经济衰退。_____（正确/错误）

5.3 经济衰退结束，产出开始增加的时间被称为 _____。

5.4 在美国记录经济衰退的权威机构是以下哪家机构？

a. 国会预算办公室

b. 商业部

c. 美国国民经济研究局

d. 经济顾问委员会

5.5 计算经济衰退的次数。观察下面的一个虚构经济体的数据：

年份和季度	2003.1	2003.2	2003.3	2003.4	2004.1	2004.2	2004.3
实际 GDP	195	193	195	196	195	194	198

从 2003 年第一季度到 2004 年第三季度，该经济体发生过几次经济衰退？

5.6 请解释为什么一个经济体从衰退到恢复之前经济水平的时间比从顶峰

到谷底的时间要长？（参见第 372 页
"日常生活中的经济学"）

5.7　最严重的经济衰退？使用表 11-5 中
　　的数据，找出第二次世界大战以后
　　美国最严重的两次经济衰退。（以从
　　顶峰到谷底的下跌程度为判断标准）
　　要判断经济衰退的严重程度，你认
　　为有哪些指标比较重要？（参见第
　　372 页"日常生活中的经济学"）

6. 利用 GDP 衡量福利

6.1　以下哪项不包含在 GDP 中？

　　a. 休闲时间

　　b. 新车销售

　　c. 杂货店草莓销售

　　d. 书店的经济学教科书销售

6.2　过去几十年间，男性的自评幸福感
　　相对于女性的自评幸福感增长更快。
　　_____（正确 / 错误）（参见第 377 页
　　"日常生活中的经济学"）

6.3　没有上报的地下经济占美国 GDP 的
　　百分比约为 _____。

6.4　非法活动没有计入 GDP 是因为它们
　　_____

　　a. 非法的

　　b. 不是生产

　　c. 没有被上报

　　d. 规模太小，不用计入

6.5　支出衡量了福利吗？假设一个城市
　　的市政府用了 100 万美元为警察部

门支付工资和购买装备。因为市政
府认为市民更加守法了，所以决定
缩减雇用的警力。随后，市政府在
警员工资上的支出减少了 80 万美
元。犯罪率保持不变。

　　a. GDP 会发生什么变化？

　　b. 在这个案例中，GDP 准确反映了
　　　福利吗？讨论这个案例反映的基
　　　本问题。

6.6　消失的树和国民收入。假设你担心
　　国民收入没有充分考虑树木减少导
　　致的问题，比如树荫减少和温室效
　　应加剧。你会如何建议商业部将这
　　个因素纳入计算中？

6.7　水力压裂法和天然气。过去数十年
　　间，美国通过水力压裂法开采的天
　　然气数量显著上升。水力压裂法是
　　一种将液体注入油气井中的开采方
　　法。虽然这种方法的应用普遍非常
　　成功，但偶尔会对供水造成污染。
　　在这种情况下，我们应当如何衡量
　　水力压裂法的贡献价值？

6.8　比较不同国家的福利。假设国家 A
　　和国家 B 的实际 GDP 相等，但是在
　　国家 A，工人留在家中的时间更多，
　　工人在家里要么做家务要么休假。哪
　　个国家的福利水平更高？为什么？

6.9　金钱可以换来幸福吗？尽管高收入
　　人群似乎比低收入人群更加幸福，
　　但是过去三十年间美国居民普遍幸

福程度降低了，即便实际 GDP 显著上升了。为什么实际 GDP 的上升并不一定意味着幸福感提升？（参见第377 页"日常生活中的经济学"）

6.10 衡量不同州的幸福感。假设统计学家从调查数据中发现，加利福尼亚州和路易斯安那州的居民自评的幸福感一样高。但是，加利福尼亚州居民的平均收入更高。试举出一种情况，使你在路易斯安那州生活比在加利福尼亚州生活更开心。

政府是否关心通货膨胀数据？阿根廷政府确实关心，但是应对方法不合理。

2002 年经济危机爆发后，阿根廷政府采取了大量行动试图复苏病弱的经济。虽然经济开始从低谷恢复，但是通货膨胀再次出现。阿根廷政府不希望国内和国际因通货膨胀而担忧，所以采取了一系列措施篡改相关数据，掩盖通货膨胀的实际情况。

阿根廷总统克里斯蒂娜·克彻娜（Cristina Kirchner）用自己任命的官员代替了主管价格数据统计机构的原主管。新主管上任后迅速命令调整统计方法，以降低通货膨胀数据。政府还直接采取行动，阻止阿根廷国内的个人经济分析家发布数据。当时阿根廷之外的机构估计的通货膨胀率是官方数据的 2 倍。

虽然阿根廷政府发布了较低的官方数据，但是真相不可能被掩埋。世界银行在 2011 年的报告中指出了阿根廷官方数据的问题，《经济学人》杂志停止在自己的表格和报告中使用阿根廷官方数据。甚至阿根廷工会在与政府谈判时也使用外部估计的通货膨胀率！

资料来源：Based in part on *The Economist*, February 25, 2012.

学 习 目 标

定义以下概念：劳动人口、劳动参与率和失业率。

区分周期性失业、结构性失业和摩擦性失业。

描述失业的成本。

讨论居民消费价格指数是如何计算的。

解释通货膨胀和价格水平之间的差别。

总结预期通货膨胀和非预期通货膨胀的成本。

本章主要讨论宏观经济学中的两个关键现象：失业和通货膨胀。对于一个人来说，失业是压力最大的经历之一。对于老年人来说，存款的购买力随着通货膨胀降低是最大的担忧之一。

我们将考察经济学家如何定义失业和通货膨胀，以及他们在衡量这两个现象时遇到的困难。在我们对失业和通货膨胀有了一个基本理解后，我们将进一步讨论现象背后的原因。

▰ 失　业

当一个经济体表现疲软，个人和整个社会就要承受压力。上一章提到，宏观经济学的核心议题之一是理解经济波动——经济的上行与下行。在经济疲软和经济增长缓慢的时期，失业会迅速上升，变成一个严重的公共问题。在经济繁荣和经济增长迅速的时期，失业率降低，但并不会消失。我们的第一个任务是理解经济学家和政府统计学家是如何衡量失业的，并学会解读相关的数据指标。

失业的定义和衡量

我们先从定义开始。失业人口是指目前没有工作并正在积极寻找工作的人，"正在积极寻找"是这个定义中不可缺少的部分。过去找过工作但现在没有在找工作的人不能被视为失业人口。就业人口是指目前有工作的人。失业人口和就业人口合并在一起构成**劳动人口**（labor force）：

$$劳动人口 = 就业人口 + 失业人口$$

失业率（unemployment rate）等于失业人口数除以总劳动人口。失业率表示失业并正在积极寻找工作的人口占劳动人口的百分比：

$$失业率 = \frac{失业人口}{劳动人口} \times 100\%$$

劳动参与率（labor force participation）等于劳动人口除以 16 岁及以上的人口。劳动参与率表示劳动人口在 16 岁及以上人口中的百

> **名词解释**
>
> **劳动人口**：劳动者的总数，包括就业人口和失业人口。
>
> **失业率**：失业人口占总劳动人口的比例。
>
> **劳动参与率**：劳动人口占 16 岁及以上的人口（适龄人口）的比例。

分比：

$$劳动参与率 = \frac{劳动人口}{16\,岁及以上的人口} \times 100\%$$

举一个简单的例子具体说明这些概念，假设在一个经济体中，16 岁及以上的人口为 200,000，其中就业人口为 122,000，失业人口为 8,000。经过计算可以得到，劳动人口是 130,000，劳动参与率是 0.65 或 65%，失业率是 0.0615 或 6.15%。

图 12-1 显示了美国的相关就业数据。2012 年 3 月 16 岁及以上的人口是 242,604,000。我们将这个人口进一步分为两类，劳动人口为 154,707,000，非劳动人口为 87,897,000。劳动参与率是 64%（154,707,000/242,604,000）。可以看到，劳动人口占美国 16 岁及以上人口的约三分之二。在劳动人口中，就业人口是 142,034,000，失业人口是 12,673,000。失业率是 8.2%（12,673,000/154,707,000）。军事人员和囚犯被排除在这些统计数据之外。

过去 50 年间，劳动人口最重要的变化趋势就是女性劳动参与率的提高。1948 年，20 岁及以上女性的劳动参与率是 32%。到 1970 年，这一比例增加至 43%，1997 年达到 60%，之后稳定在这一水平上。女性劳动参与率的急剧增加对我们的经济和生产产生了深刻的影响。

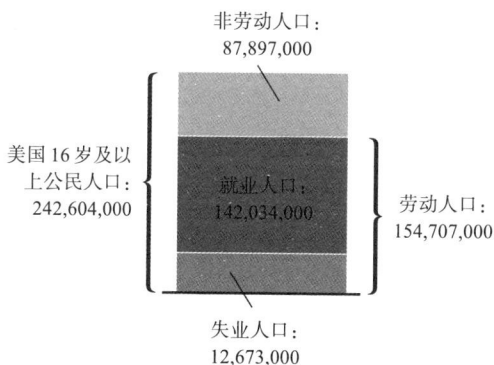

▲图 12-1

2012 年 3 月失业人口数据

总人口中约 64% 是劳动人口，2012 年 3 月失业率是 8.3%。

资料来源：Bureau of Labor Statistics, U.S. Department of Labor, 2012.

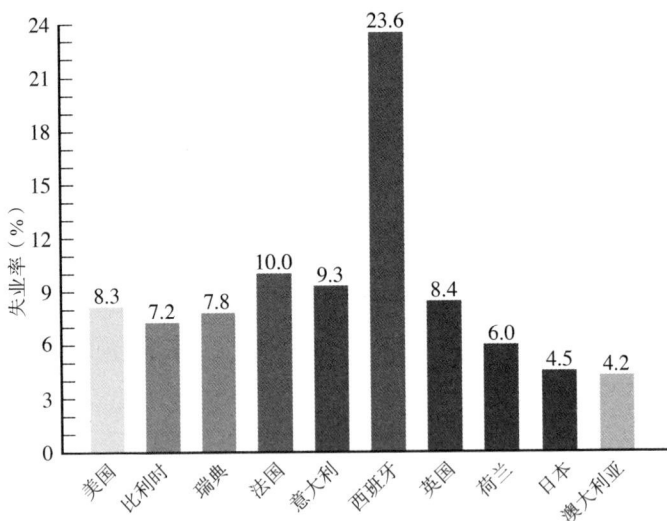

▲图 12-2

发达国家的失业率

在各个发达国家之间，失业率差别显著。

资料来源: *The Economist*, April 7, 2012.

图 12-2 显示了 2012 年多个发达国家的失业率数据。尽管这些国家都拥有现代的工业经济体系，但是失业率的差别却非常大。例如，意大利的失业率是 9.3%，而日本的失业率只有 4.5%。这些巨大的差别是由众多因素造成的，比如政府为失业人口提供的支持程度。在支持程度高，覆盖比例高的国家中，工作的动力较低，失业率较高。

衡量失业的各种口径

我们将失业人口定义为目前没有工作并正在积极寻找工作的人。了解了这个定义，我们来进一步讨论失业的各种衡量口径。要计算就业人口原理上是比较简单的，只要计算正在工作的人数。比较困难的是区分失业人口和非劳动人口。具体应该怎么做呢？美国劳工部的劳工统计局（Bureau of Labor Statistics, 简称 BLS）每月会调查大量家庭样本。BLS 会询问所有 16 岁及以上家庭成员的就业状况。如果家庭中有人没有工作，调查员就会问这些人是否正在积极寻找工作。如果答案是"是"，他就会被归为失业人口。如果答案是"否"，那么他就会被归为非劳动人口。

但是，BLS 对失业的衡量没有考察个人可能面临的所有就业状况。以三个想找全职工作但是没有找到的人为例：一名是钢铁工人，他放弃找工作是因为他认为没

有工作机会；一名是年轻女性，她不找工作是
因为她没有去工作地点的交通工具；还有一名
是计算机程序员，他现在的工作只是兼职但他
想找全职工作。这三类人都不会被计入失业人

口，前两个被视为非劳动人口，第三个被计入就业人口。由于存在这些限制，1994
年 BLS 开始发布可以反映这些就业状况的新统计数据。

想要工作且上一年在找工作，但是今年因为感觉自己找不到工作所以没有继续找
工作的人被视为**失去信心的劳动者**（discouraged workers）。注意，这些人没有计入
官方失业数据，因为他们目前没有在找工作。

除了失去信心的劳动者，还有一些人，他们想要工作，不远的过去还曾找
过工作，但是现在因为各种原因停止找工作了。这些人被视为边缘失业劳动者
（marginally attached workers）。边缘失业劳动者可以分为两类人，失去信心的劳动者
（他们退出劳动人口，因为他们找不到工作）和因为其他原因放弃寻找工作的人，比
如交通的原因或照顾儿童的原因。

还有一类人，他们想要全职工作，但目前只有兼职。这些人在 BLS 的统计中被
计入就业人口，因为他们有工作。但是，这些人想要工作更长时间。他们被视为受经
济因素影响从事兼职的人。除此之外，我们还要考虑一类人，这类人喜欢从事兼职工
作而不是全职工作。

所有这些不同口径的统计情况如何呢？图 12-3 显示了各种就业状况的统计数据。
2012 年 3 月，有 1,267 万人被官方统计为失业人口。除此之外，丧失信心的劳动者有
86 万，包括丧失信心的劳动者在内，边缘失业人口有 235 万，将边缘失业人口加上
非自愿从事兼职工作的人，总数是 1,020 万。因此，根据你想要强调的数据，失业人
口在 1,267 万（官方统计的失业人口）至 2,269 万（官方统计的失业人口加上各种寻
找全职工作但没有找到的人口）之间。如果我们将这 2,269 万人都视为失业人口，那
么 2012 年的失业率将达到 14.4%，这明显高于官方统计的 8.2%。现在我们知道，官
方的失业统计数据没有包括所有想要全职工作但没有找到的人。

谁是失业人口

失业的另一个问题是不同人群的失业率不同。图 12-4 显示了 2012 年 3 月部分人群
的一些失业数据。成年人的失业率明显低于青少年（根据美国法律，青少年［teenager］

是指年龄在 13～19 周岁的人，这里统计的是就业数据，所以特指年龄在 16～19 周岁间的人）。少数族裔的失业率更高。非洲裔青少年的失业率极高。平均来看，男性和女性的失业率相近，但是已婚男性和已婚女性的失业率要比离异女性的失业率低。

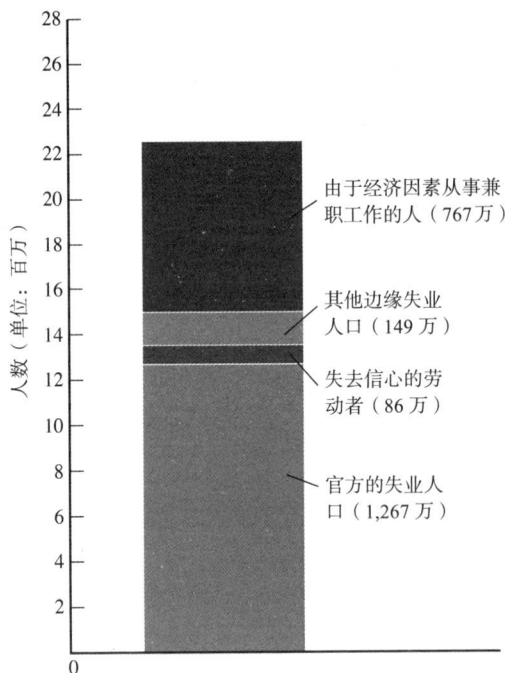

▲图 12-3
衡量失业的不同口径的数据（2012 年 3 月）
当加入失去信心的劳动者、边缘失业人口和由于经济因素从事兼职工作的人后，2012 年的失业人口从 1,267 万增加至 2,269 万。
资料来源：Bureau of Labor Statistics, U.S. Department of Labor, 2012.

不同人群的失业率差距还会随着 GDP 的变化而变化。当经济疲软时，青少年和少数族裔的失业率会急剧上升，在最近几次经济衰退期间就是如此。经济繁荣时期，各人群的失业率一般都会降低。然而，青少年和少数族裔的失业率一直都比较高。

包括就业和失业数据在内的许多经济时间序列数据都受季节性因素的影响。**季节性因素**（seasonal unemployment）是指与时间相关且不断重复发生的因素，比如天气、节假日以及学校开学和休假等。受季节性因素影响产生的失业被称为季节性失业，比如农场工

名词解释
季节性失业：受季节性因素影响导致的失业。

人和建筑工人在冬季失业率较高，青少年在初夏失业率较高，因为他们在找暑期工作。

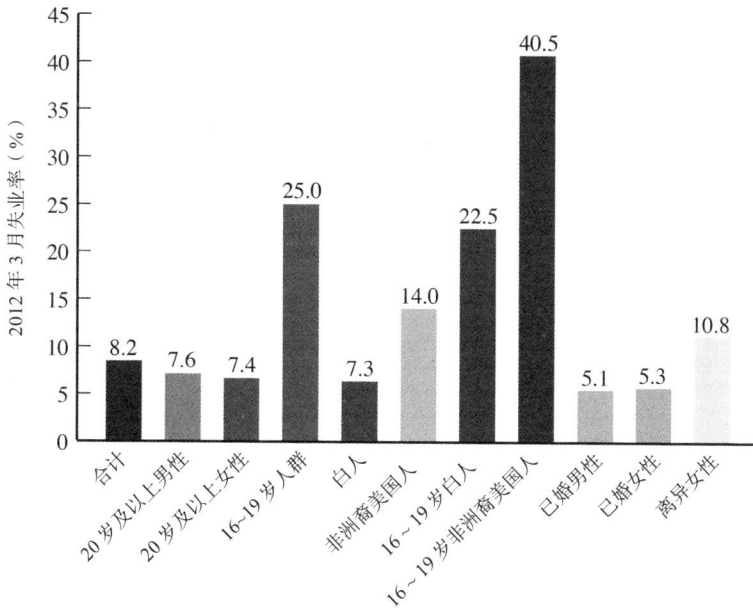

▲图 12-4

部分人群的失业统计数据（2012 年 3 月失业率）

不同人口特征的人群的失业率存在显著差异

资料来源：Bureau of Labor Statistics, U.S. Department of Labor, 2012.

BLS 使用统计程序消除这些季节性因素。统计学家季节性地调整相关统计数据，使数据的使用者可以准确地解读经济的基本趋势。季节性调整后的失业率控制了这些可预测的模式，使它们不会反映在整体的失业数据中。

日常生活中的经济学

正在下降的劳动参与率

对应的经济学问题：过去 10 年间，劳动参与率降低的主要原因是什么？

劳动参与率在 1999 年到达峰值 67.3% 之后开始降低，到 2011 年已降至 64.0%。

导致劳动参与率下降的主要因素是什么？

经济学家突出讨论的有两个因素。一种解释是，过去 10 年发生了两次经济衰退，并且经济增长从历史上看也较低，很多人可能因此认为工作前景堪忧，决定在这 10 年里退出劳动人口。另一种解释更关注婴儿潮（1946 年以后出生的一代人）的影响。随着这代人步入老龄岁月，婴儿潮一代中的很多人自然退休并退出劳动人口。

芝加哥联邦储备银行最近的一项研究表明，两个因素都发挥了作用。基于特定的统计模型，他们估计 1.5% 的劳动参与率降低是由更长时期的退休人口增加引起的。剩下的部分可以由其他因素解释，包括缓慢的经济增长。当然，缓慢的经济增长也许会推动婴儿潮一代提早退休，因此这些因素也许不是完全相互独立的。详见练习 1.8。

资料来源："Explaining the decline in the U.S. Labor force participation rate," Chicago Fed Letter, Number 296, March 2012.

失业的类型

经济学家发现通过把失业细分成多个类别，可以更好地分析劳动力市场。下面我们会看到如何对多种不同的失业进行区分。

周期性失业、摩擦性失业和结构性失业

对失业数据进行季节性调整后，我们可以将失业分成三种基本的类型：周期性失业、摩擦性失业和结构性失业。通过区分研究，我们可以知道各种类型的失业的原因。失业率和经济的整体财富情况密切相关。当实际 GDP 减少时，失业率会迅速上升，当实际 GDP 增加时，失业率会迅速下降。在 GDP 减少的时期，公司会减少雇用的劳动力数量，因为产品和服务的产量需求减少了。公司会停工或者解雇部分员工，而且不愿意招收新员工。其结果是有工作的劳动力减少，失业人口增加。经济学家将这种随实际 GDP 波动发生的失业称为**周期性失业（cyclical unemployment）**。当 GDP 减少或者以低于平常的速度增加时，周期性失业会增加；当经济繁荣时，周期性失业会减少。

名词解释

周期性失业：当实际 GDP 波动时产生的失业。

但是，即使经济在增长，失业仍然会存在。例如，美国的失业率从 1970 年开始就没有低于过 3.9%。与经济波动不相关的失业属于摩擦性失业或者结构性失业。

摩擦性失业（fictional unemployment）是在一个经济体正常运转时自然发生的失业。摩擦性失业发生的原因是劳动者找到想要的工作

名词解释

　摩擦性失业：经济正常运转时自然发生的失业，比如劳动者需要时间找到合适的工作或者公司需要时间找到合格的员工。

　结构性失业：当技能和工作不匹配时产生的失业。

和雇主找到合适的劳动者需要时间。人们换工作、换居住城市、待业找新工作的时候，或者刚开始找工作的时候，摩擦性失业就会发生。假设你大学刚毕业，花了 6 个月的时间找到合适的工作。在你找工作的这 6 个月里，你处于摩擦性失业的状态。不过，找工作当然很重要。谁不想第一份工作工资高、福利好、有前景？同样，雇主也应该多面试几个求职者，找到最好的员工，尽管这需要花时间。

如果我们把所有的招聘岗位信息和求职者的简历放在网上，然后自动地进行一对一的匹配，这样可以消除失业吗？这种自动匹配的系统也许能减少摩擦性失业的持续时间，但是它不可能完全消除摩擦性失业。比如，有的劳动者喜欢在居住地附近找工作，而不是接受系统自动匹配的在国家另一端的工作。公司也想尽可能细致地筛选员工，因为雇用和培训员工的成本很高。

结构性失业（structural unemployment）发生在经济演变的过程中。当原有的生产部门让位给新的生产部门，或者原有的工作岗位被新的工作岗位代替时，结构性失业就会产生。例如，20 世纪 80 年代唱片行业被 CD 行业替代时，一些劳动者就处于结构性失业中，这意味着他们需要花时间训练自己进入新的行业谋职。与摩擦性失业相比，结构性失业更像是"永久性状态"。

摩擦性失业和结构性失业的界限有时非常模糊。假设这样一种情况，一个高水平的软件工程师失业了，因为公司将他所在的部门迁往国外。这个工程师想要找一份待遇相当的工作，但是他在所在地区里只能找到工资更低的工作。工作是有的，但不是他想要的，而且迁往国外的部门永远不会迁回来。请问，这个人处于摩擦性失业还是结构性失业？这没有一个统一的答案。你既可以认为他处于摩擦性失业，也可以说他处于结构性失业。但是，怎么分类对实际情况没有任何影响，这个前软件工程师仍然处于失业状态。

自然失业率

一个经济体中的所有失业可以分为三种情况：周期性失业、摩擦性失业和结构性失业。不存在周期性失业时的失业水平被称为**自然失业率**（natural rate of unemployment）。自然失业率仅由摩擦性失业和结构性失业构成。自然失业率是经济学家认定的当经济体处于**充分就业**（full employment）时的失业率。这听起来有点难以理解，既然经济体处于充分就业状态，又怎么会有人失业呢？但是，一个经济体需要一定的摩擦性失业以保持高效运行；摩擦性失业可以使劳动者和公司找到合适的就业匹配。一个缺乏结构性失业的经济体会停滞不前。

> **名词解释**
>
> **自然失业率**：不存在周期性失业时的失业水平。自然失业率只由摩擦性失业和结构性组成。
>
> **充分就业**：当失业率达到自然失业率时的失业水平。

在今天的美国，经济学家估计自然失业率在 5.0%～6.5% 之间。不同时间不同国家的自然失业率不同。比如，欧洲的自然失业率估计在 7%～10% 之间。许多因素会影响自然失业率，包括经济活动的区域和政府对待失业人口的政策。

实际失业率可能高于也可能低于自然失业率。当实际 GDP 不能以正常速度增长时，就会存在正的结构性失业，此时实际失业率就会远大于自然失业率。例如，2012 年美国的失业率超过 8%。如上一章指出的，更极端的情况发生在大萧条时期，1933 年美国失业率达到 25%。当一个经济体长时间持续增长时，实际失业率将会降至自然失业率以下。受持续经济增长的鼓舞，公司更愿意雇用劳动力。20 世纪 60 年代末期，失业率降至 4% 以下，而自然失业率估计高于 5%。在这种情况下，周期性失业为负。

2000 年失业率也降至 4% 以下。当时，许多经济学家相信自然失业率已经降至接近于 5%，因此当年的周期性失业为负。

就像当引擎超负荷时汽车会过热，当经济增长过快时，经济也会过热。在低失业率的情况下，公司很难雇用劳动力，公司之间的竞争会导致工资增加。当工资增加，价格也会随之增加。经济过热的典型特征是经济体的价格水平整体上升，我们将这种现象称为通货膨胀。本章后面我们会知道，当实际失业率降至自然失业率以下时，通货膨胀会增加。

日常生活中的经济学

残疾人增加，失业减少？

对应的经济学问题：更宽松的残障保险金是否会减少失业？

　　联邦残障保险金项目为无法从事劳动生产的非老年劳动者提供收入和医疗保健。1984 年以后，该项目的方针做出了调整，劳动者进入该项目更容易了。从 1984 年到 2001 年，从该项目获取收入的非老年劳动者的数量增加了 60%，达到 530 万人。

　　经济学家大卫·奥托（David Autor）和马克·达根（Mark Duggan）研究了该项目对劳动参与率的影响。他们发现，该项目规章的一系列变化，包括提升低技能劳动者的收入，增加医疗保健服务的额度，都使得该项目的参与率增加了。他们估计，在以上因素的共同作用下，高中辍学者和其他低技能劳动者的劳动参与率降低了。这些人本来会处于失业状态，现在都退出了劳动人口。经济学家估计，联邦残障保险金项目的影响使失业率降低了 0.5%，这个影响可以说非常大。详见练习 1.4 和 1.9。

资料来源：Based on David H. Autor and Mark G. Duggan, "The Rise in Disability Rolls and the Decline in Unemployment," *Quarterly Journal of Economics*（February 2003）: 157-206.

失业的成本

　　当存在过度失业——实际失业率高于自然失业率时，社会和个人都会遭受经济损失。从社会的角度看，过度失业意味着经济体没有发挥全部的生产能力，由此造成巨大的生产损失。例如，1983 年的研究估计，当失业率平均为 9.6% 时，实际 GDP 和潜在 GDP 的差距接近 6%。简单来说，这意味着社会浪费了它可以支配的总资源中的 6%。

　　对于拥有房贷等固定债务的家庭来说，收入的损失会立刻使他们陷入艰难的处境。**失业保险**（unemployment insurance）是失业者从政府处获得的补助，它可以在一定程度上缓解问题，但是失业保险一般来说只是临时性的，不可能代替劳动者的全职收入。

名词解释

失业保险：失业者从政府获得的补助。

失业的影响也可能传导至未来。长期失业的劳动者可能会失去一些技能。例如，一名失业的股票经纪人可能无法跟进金融市场的最新发展趋势。缺乏知识和技能可能会使失业者更难找到工作。经济学家对欧洲年轻人的高失业率问题进行了研究，他们指出失去技能和工作习惯（比如准时上班）是导致长期失业的关键原因。

失业的成本不仅限于财务上。在我们的社会中，一个人的状态和地位很大程度上与他的工作相关。失业会产生严重的心理成本。一些研究发现，犯罪、离婚和自杀率的增加都与失业增加有关。

不是所有失业都会持续很长的时间。有一些失业持续的时间非常短。表 12-1 表示了失业持续时间不同的人群占总失业人口的比例。2012 年 3 月，大约 20.6% 的失业人口离开工作的时间少于 5 周。在另外一端，42.5% 的人失业时间大于等于 27 周。在经济繁荣、失业率较低的时期，短期失业增加，长期失业减少。在美国，短期失业和长期失业的比例都不低。

表 12-1　失业的持续时间（2012 年 3 月）

失业的持续时间（周）	占失业人口的百分比（%）
小于 5 周	20.6
5 至 14 周	22.0
15 至 26 周	14.9
27 周及以上	42.5

资料来源：Bureau of Labor Statistics, U.S. Department of Labor, 2012.

尽管失业保险可以暂时补偿失业导致的财务损失，但是失业保险的存在延长了失业者处于失业状态的时间。失业保险提供的额外金融缓冲使失业者要花更长的时间才能找到新的工作。换句话说，失业保险实际上延长了失业的持续时间。

日常生活中的经济学

社会规范、失业和幸福感

对应的经济学问题：如果你同辈的人普遍失业，你对失业的不安是否会减少？

我们知道个体并不喜欢失业，但是对失业的感受是否会受周围人的影响呢？经济学家安德鲁·E. 克拉克（Andrew E. Clark）连续七年仔细考察了英国失业者的行为和感知。他分析了失业者对调查问题的回答，并构建了一个失业者幸福指数。

他发现，和预期的一样，当人们失业时他们的幸福感会随之降低；而且如果周围的人失业了，有工作的人的幸福感也会降低。但是最有趣也意想不到的发现是，对于男性来说，如果他周围的人失业了，那么失业使他幸福感降低的程度会减少。换句话说，可怜人喜欢陪伴（misery loves company）。如果同侪群体中的其他人也失业了，那么一个人在失业时就不会那么难受了。

这个现象的意义是什么？克拉克还发现，一个失业者越不开心，他就会越积极地寻找工作。如果你的同侪群体中有人也失业了，你找工作的积极性可能会降低。因此对于身处这种环境的人，失业的持续时间可能会更长。详见练习 3.5。

资料来源：Based on Andrew E. Clark, "Unemployment as a Social Norm: Psychological Evidence from Panel Data," *Journal of Labor Economics* 21, no. 2（2003）：323-351.

消费价格指数和生活成本

假设你在读一本写于 1964 年的小说，书中主角的起始年薪（第一年的工资）是 5,000 美元。当时 5,000 美元是高工资还是低工资呢？要回答这个问题，我们需要知道 5,000 美元在 1964 年可以购买多少东西。换句话说，我们需要知道 1964 年美元的实际价值，也就是 1 美元的购买力。然后我们才能判断主角工资的高低。

或者换一个例子，在 1976 年，一名经济学教授的起始年薪是 15,000 美元，到 2010 年，在同样的大学，一名经济学教授的起始年薪是 90,000 美元。这 30 多年的时间里，价格肯定随着工资上涨了。问题是哪个教授的起始待遇更好呢？

这两个例子说明了五个主要经济学原理之一，实际价格-名义价格原理。

实际价值-名义价值原理
对人们来说，真正重要的是金钱或收入的实际价值，即它的购买力，而不是它的表面价值。

经济学家发展了大量的衡量指标用于跟踪生活成本随时间的变化。其中最知名的指标是**消费价格指数**（Consumer Price Index，简称 CPI）。

CPI 被广泛用于衡量消费者面对的价格变化。它衡量了固定的一揽子商品的价格变化，一揽子商品是代表一个典型消费者的购买模式的一系列商品。我们先计算这一揽子商品在给定的一年里的费用，或者说一个典型消费者在给定的一年里的生活成本。给定的一年被称为基准年，它的作用类似于计算 GDP 平减指数时所使用的基准年。然后我们计算其他年份的费用，及其相对于基准年的费用变化。K 年的 CPI 指数被定义为

$$K \text{ 年的 CPI} = \frac{\text{一揽子商品在 K 年的费用}}{\text{一揽子商品在基准年的费用}} \times 100$$

假设一揽子商品在 1992 年的费用是 200 美元，我们将 1992 年设为基准年。在 2004 年，同样的一揽子商品的费用是 250 美元。首先，1992 年的 CPI 是

$$1992 \text{ 年的 CPI} = \frac{200}{200} \times 100 = 100$$

基准年的 CPI 一定是 100。现在计算 2004 年的 CPI：

$$2004 \text{ 年的 CPI} = \frac{250}{200} \times 100 = 125$$

2004 年的 CPI 是 125。本例中，CPI 从 1992 年的 100 上升至 2004 年的 125，也就是说平均价格在 12 年的时间里增加了 25%。

接下来我们学习如何使用 CPI。假设你在 1992 年有 300 美元，到 2004 年你需要多少钱才能享受相同的购买力？答案等于用 300 美元乘以 2004 年的 CPI 与 1992 年的 CPI 的比值：

$$300 \text{ 美元} \times \frac{125}{100} = 375 \text{ 美元}$$

到 2004 年，你需要 375 美元才能维持 1992 年的 300 美元的购买力。以上是经济学家估计生活标准随时间变化的典型计算方法。

在实践中，我们如何实际计算 CPI 呢？每个月，BLS 会指派员工去采集全国范围

内的 90,000 件特定商品的价格样本。这是他们构建一揽子商品的标准做法。图 12-5 显示了 BLS 在 CPI 中使用的商品的大致分类，以及各类商品在家庭预算中的比例。租金、食物和饮料占家庭总支出的 44%。

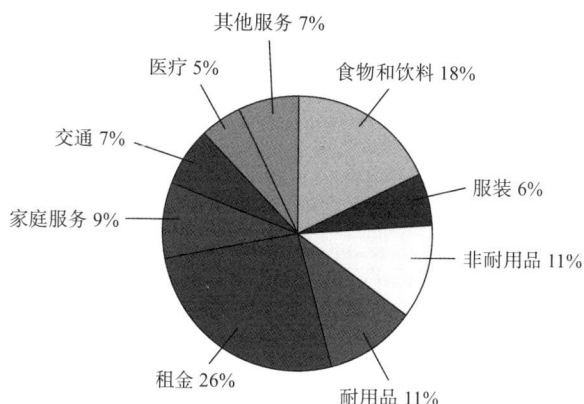

▲图 12-5

消费价格指数（CPI）的构成情况

租金、食物和饮料的支出占 CPI 一揽子商品的 44%，剩下的部分由其他多种商品和服务构成。

资料来源：Bureau of Labor Statistics, U.S. Department of Labor, 2006.

CPI 和 GDP 连锁加权指数

上一章我们学习了如何计算名义 GDP 和实际 GDP。我们提到，从 1996 年开始，商业部使用了一种连锁加权指数来衡量 GDP 中的产品和服务的价格变化。GDP 连锁加权指数和 CPI 衡量的都是一个经济体的平均价格，但是它们有几个不同点。

首先，CPI 衡量的是一揽子商品的费用。它既包括在过去生产的产品（比如旧汽车），也包括进口产品。而 GDP 连锁加权指数不衡量旧产品和进口产品，因为 GDP 只衡量本年度美国本土生产的产品和服务。

其次，与 GDP 连锁加权指数不同，CPI 回答的是本年度一揽子商品的费用与基准年度一揽子商品的费用相比较问题。因为消费者会减少对价格上升的商品的购买，所以 CPI 会高估生活成本的真实变化。例如，如果牛排的价格上涨，消费者可以转而购买鸡肉，并减少牛排的消费。但是，如果 CPI 的一揽子商品包括牛排，那么计算 CPI 时会假定价格上升了的牛排在一揽子商品中的数量不会变化。实际上，当牛排价格上涨，一揽子商品中的牛排数量肯定会减少。

最后，当新产品进入市场，也会对 CPI 的计算产生影响，因为 CPI 衡量固定的一揽子商品的费用，没有考虑新产品。虽然 BLS 最终会调整一揽子商品，加入新产品，但是需要一定的时间。

衡量价格变化时的问题

大多数经济学家相信，现实中所有的指数，包括 GDP 连锁加权指数和 CPI，都高估了价格的实际变化。换句话说，价格的增加会小于价格指数所反映的情况。之所以会高估是因为我们很难在短时期内衡量产品质量的提升。假设每一年生产的新电脑功能都更强大、更有效率，进一步假设每一年的新电脑价格保持不变。如果我们只计算价格而不考虑质量的变化，我们的判断将是电脑的价格没有变化。但实际上我们以相同的价格买到了更好的电脑。如果我们不考虑质量的变化，我们就不会知道相对于电脑功能来说价格下降了。

政府统计学家在可能的时候会尝试根据质量变化调整数据。但是现代经济中质量变化如此普遍，产品更新换代速度如此迅速，以至于统计学家无法跟上这些变化。因此，大多数经济学家相信，我们每年估计的通货膨胀率比实际值高 0.5% ~ 1.5%。过高的估值会产生重要的影响。一些政府项目，比如社会保障金，会自动地随着 CPI 的上涨而增加。一些工会合同会规定**生活费用津贴（cost-of-living adjustments, 简称 COLAs）**，即自动地根据 CPI 调整工资。如果 CPI 高估了生活费用的增幅，那么政府和企业可能分别要支付更多的社会保险金和生活费用津贴。

> **名词解释**
>
> **生活费用津贴（COLAs）：**自动地根据 CPI 增加工资或其他报酬。

日常生活中的经济学

手机的推广和 CPI 的偏差

对应的经济学问题：由于没有及时考虑新产品，CPI 的偏差究竟有多大？

今天已经很难想象一个没有手机的世界。每一个大学生，以及大多数高中生都随身携带手机。但是直到 1983 年手机才供公众使用，而且直到 15 年后的 1998 年，劳工统计局才在 CPI 中包含了手机。

MIT 的经济学家杰瑞·豪斯曼（Jerry Hausman）估计了没有及时将手机包含进 CPI 所导致的 CPI 偏差。他估计，由于这个延迟，CPI 的远程通信价格每年高估了 0.8%~1.9%。换句话说，官方发布的 CPI 显示远程通信的价格每年上涨 1.1%，但实际上该价格每年下降 0.8%。这显然是一个严重的偏差。

手机不是唯一被延迟纳入 CPI 的商品。BLS 花了 15 年才将空调纳入 CPI。新产品不断被发明和推广，因此 CPI 的偏差会很大。详见练习 4.9。

资料来源：Based on Jerry Hausman, "Cellular Telephone, New Products, and the CPI," *Journal of Business Economic Statistics* 17, no. 2（1990）: 186-194.

通货膨胀

我们已经知道了 GDP 的连锁加权价格指数和 CPI 的差别。现在，使用其中任何一种指数，我们可以计算该指数的变化百分比。一个价格指数的变化百分比被称为**通货膨胀率**（inflation rate）：

> **名词解释**
> **通货膨胀率**：价格水平的百分比变化率。

$$通货膨胀率 = 价格指数的变化百分比$$

下面是一个简单的例子。假设某个国家 1998 年的价格指数是 200，1999 年是 210。那么 1998 年至 1999 年间的通货膨胀率是：

$$通货膨胀率 = \frac{210-200}{200} = 0.05 = 5\%$$

也就是说这个国家的通货膨胀率是 5%。

我们有必要区分价格水平和通货膨胀率。在日常用语中，人们经常会将两个概念混淆。你可能听人说过"旧金山的通货膨胀率高是因为公寓的租金高"，但这不是正确使用通货膨胀率的方法。通货膨胀率指的不是价格水平，而是价格水平的百分比变化。即使旧金山的租金高，但是在两年的时间里保持不变，那么在此期间就不存在通货膨胀。

美国历史上的通货膨胀率

下面我们从历史的角度来观察通货膨胀率，图 12-6 描绘了 1875 年至 2012 年美国的 GDP 价格指数。从 1875 年一直到第一次世界大战前，价格水平几乎没有变化。价格水平在第一次世界大战期间上升，在战争结束后回落，在 1930 年早期剧烈下降。然而，这个图最显著的特征是价格水平从 20 世纪 40 年代左右开始持续上升。与此前没有显著变化趋势的时期不同，1940 年后价格水平持续迅速上升。到 2010 年，价格水平相较于 1940 年已经上升了 14 倍。表 12-2 包含了少量商品在 20 世纪 40 年代和 2010 年的价格。你不想花 0.03 美元就能买到一张邮票吗？

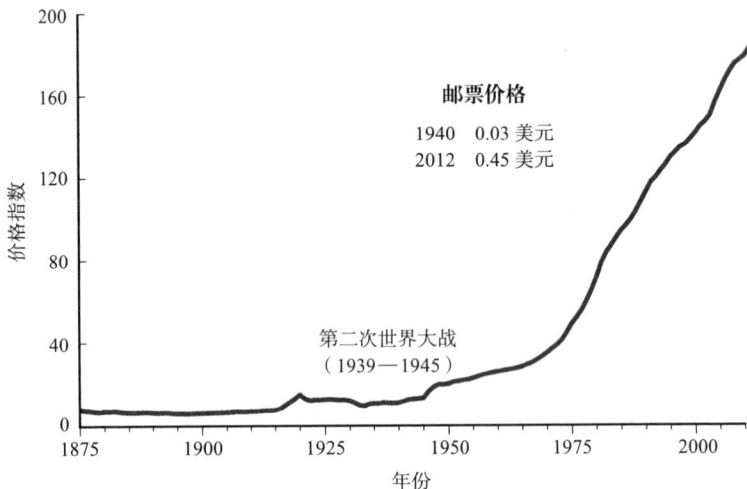

▲图 12-6

1875 ~ 2012 年美国 GDP 的价格指数

在保持了 60 年的相对平稳之后，价格水平从第二次时间大战后开始稳步上升。邮票在 1940 年和 2012 年的价格反应了这一时期的整体价格水平的变化。

资料来源：R. J. Gordon, *Macroeconomics*（New York: Harper Collins, 1993）and U.S. Department of Commerce, 2010.

请仔细观察第二次世界大战之后的这段时期，图 12-7 描绘了从 1950 年至 2011 年的通货膨胀率——价格指数的变化百分比。在 20 世纪五六十年代，通货膨胀率通常低于每年 2%。到 20 世纪 70 年代，通货膨胀率要高得多，接近每年 10%。在那段时期，经济遭受了世界石油价格多次上涨的冲击。最近几年，通货膨胀率沉降下来，保持在 2% ~ 3% 之间。

表 12-2　特定商品在 20 世纪 40 年代和 2012 年的价格（货币单位：美元）		
商品	1940 年代价格	2012 年价格
石油（加仑）	0.18	3.65
面包（块）	0.08	3.59
牛奶（加仑）	0.34	3.49
邮票	0.03	0.45
房屋	6,500	350,000
汽车	800	22,000
纽约市的理发	0.50	50
纽约市的电影票	0.25	12.00
纽约市的粗花呢运动夹克	15	189
在手臂上刺蛇文身	0.25	80.00

资料来源：Scott Derks, *The Value of a Dollar 1860-1989*（Farmington Hills, MI: Gale Group, 1993）and author's research and estimates.

通货紧缩的危害

今天，价格几乎很少下降，但是在战争时期价格确实会时不时地下降。你可能想，价格下降太棒了。但是，经济学家将价格下降的现象称为**通货紧缩**（deflation），如果你知道了通货紧缩的危害，你可能会希望它永远不会发生。

> **名词解释**
>
> **通货紧缩**：负的通货膨胀，或者说产品和服务价格的下降。

在大萧条时期，美国经历了严重的通货紧缩。价格平均下降了 33%，工资也随着价格下降。通货紧缩引起的最严重问题是，人们没有办法偿还债务。想象你欠了 40,000 美元的学费。你预计如果每年挣 27,000 美元，那么在几年内就能还清学费。如果一次严重的通货膨胀导致你的工资降至 18,000 美元，你可能就没有办法偿还 40,000 美元的债务，因为债务不会随着通货紧缩而降低。你可能被迫要在还贷上违约，就像大萧条时期的数百万人那样。

20 世纪 90 年代，日本经历了一次通货紧缩，这次通货紧缩比美国大萧条时期要温和得多，只有每年约 1%。然而，当借款人，包括大公司都开始出现债务违约，日本的银行不得不面对困难的经济时期。随着银行出现问题，日本经济开始受影响。日本在 20 世纪 90 年代的经历反映了很多国家在 20 世纪 30 年代的通货紧缩时期的经历。

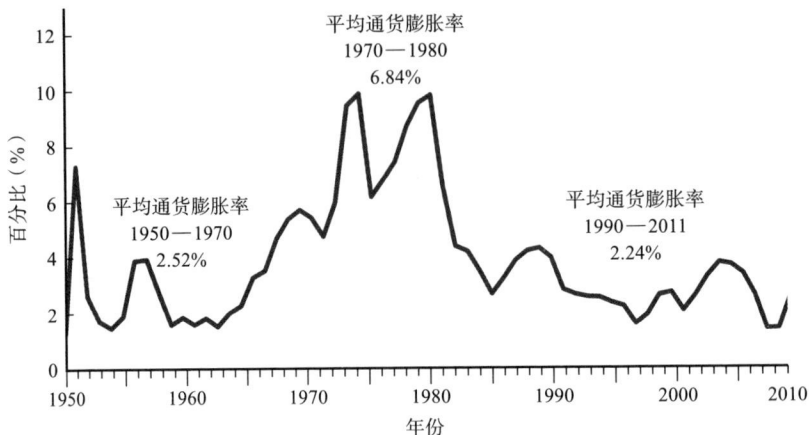

▲图 12-7

1950 ~ 2011 年美国通货膨胀率（基于连锁加权价格指数）

在 20 世纪 70 年代，受多次石油价格上涨的冲击，通货膨胀率达到了第二次世界大战以来的顶峰。最近几年，通货膨胀率相对较低。

资料来源：U.S. Department of Commerce, 2010.

通货膨胀的成本

经济学家通常会把通货膨胀的成本分为两类。一类是与意料中的通货膨胀或者说**预期通货膨胀**（anticipated inflation）相关的成本。另一类是与意料之外的通货膨胀或者说**非预期通货膨胀**（unanticipated inflation）相关的成本。在通货膨胀中，这两类成本都会发生，下面我们来分别讨论。

预期通货膨胀

我们先来讨论预期通货膨胀的成本。假设一个经济体已经连续多年保持每年的通货膨胀率为 5%，而且每一个人都已经完全适应了通货膨胀。

即使在这种情况下，通货膨胀仍然会产生一些成本。首先，价格变化会产生实际的物质成本，经济学家将其称为**菜单成本**（menu costs）。餐馆、超市和其他需要张贴价格的企

> **名词解释**
>
> **预期通货膨胀**：意料中的通货膨胀。
>
> **非预期通货膨胀**：意料之外的通货膨胀。
>
> **菜单成本**：出现通货膨胀时，与改变价格和打印新价格单相关的成本。

业，必须根据通货膨胀改变产品价格，在这个过程中会产生物质成本。例如，他们必须重新打印菜单或告示牌。经济学家认为这些成本相对较低。

> **名词解释**
>
> **鞋革成本**：出现通货膨胀时，由减少现金持有量引起的成本。

其次，通货膨胀会减少人们持有的现金的价值。人们将因此减少现金持有量。当人们持有的现金减少，他们必须更经常地去银行或者 ATM，因为他们很快就会缺少现金。经济学家使用一个术语**鞋革成本**（shoe-leather costs）来表示人们因为减少现金持有量所增加的成本。经济学家估计这类成本比较大，约占 GDP 的 1%。

在实践中，税收和金融系统不会完全根据预期通货膨胀进行调整。政府和企业不可能每次通货膨胀变化就相应改变他们常规的运行准则。以税收系统为例，我们的税收系统的收税基准通常是名义收入而不是实际收入。假设你拥有一家公司的股票，股票价值在一年内上涨了 5%。如果通货膨胀率也是每年 5%，那么从实际价值的角度考虑，你的股票并没有增值，它只是与通货膨胀率持平。然而，如果你在年末售出股票，政府将对你获得的 5% 的盈利征税，尽管你的股票实际价值没有增加。通货膨胀扭曲了我们的税收和金融系统的运行。

非预期通货膨胀

如果通货膨胀是在意料之外呢？非预期通货膨胀的成本是专横的收入再分配。假设你预期通货膨胀率将为 5%，然后你基于这个预期与老板商定自己的薪水。一方面，如果你计算错误，实际通货膨胀率高于 5%，那么你的工资的购买力将低于你的预期，你将受损，而你的老板将受益。另一方面，如果实际通货膨胀率低于 5%，你的工资的购买力将高于你的预期。在这种情况下，你将受益，你的老板将受损。只要通货膨胀率与预期值不同，就会出现收入的再分配。

这些收入再分配过程最终会给经济体带来实际的成本。我们来考虑一个类似的现象。假设你生活在一个非常安全的地区，人人夜不闭户。如果一伙入室盗窃犯突然在你所在的地区猖獗地活动（导致居民和盗贼之间专横的收入再分配），那么人们将不得不在门锁、警报和警力上增加投资。你和你的邻里为了阻止这些专横的收入再分配就会产生实际的成本。

同样的道理也适用于非预期通货膨胀。如果一个社会发生非预期通货膨胀，个人和机构将改变他们的行为。例如，潜在的房主将无法以固定利率向银行贷款，而是要接受根据通货膨胀率调整的浮动利率。如果有可能出现通货膨胀，并且会侵蚀预期现金流的实际价值，银行不会愿意以固定利率提供贷款。当银行变得不愿意提供固定利率的贷款时，房主将承担更多风险。

　　上面讨论的是在非预期通货膨胀下提供贷款可能给经济产生的成本，那么在非预期通货膨胀前放出的贷款又有怎样的影响呢？在这种情况下，债务人将在债权人利益受损的情况下获利。一方面，债权人利益受损，因为通货膨胀率会减少他们预计收回的现金流的实际价值。但是因为贷款已经放出，所以他们对此无能为力。另一方面，债务人获利，因为他们可以用通货膨胀后增加的收入偿还固定的现金流。

名词解释
超级通货膨胀：通货膨胀率超过每月 50% 的通货膨胀。

如果非预期通货膨胀变得严重，那么个人将花更多的时间试图从通货膨胀中获利而不是从事生产性工作。20 世纪 70 年代美国的通货膨胀变得更加多变，许多人为了击败通货膨胀或从中获利，把更多的时间用于在房地产市场和商品市场中投机，这导致美国经济的效率降低。拉丁美洲国家曾经经历过严重多变的通货膨胀，这些国家对通货膨胀带来的各种成本再熟悉不过了。实际上，当通货膨胀率超过每月 50% 时，我们就将其称为**超级通货膨胀**（hyperinflation）。想象一下超级通货膨胀的情况：一罐汽水年初的价格是 1.25 美元，到年末时，同样一罐汽水的价格涨到了 162.00 美元！

　　即使在通货膨胀不那么严重的情况下，通货膨胀的相关成本也不容忽视。当通货膨胀上升，相关成本会迅速上升，政策制定者将被迫采取行动降低通货膨胀。前面提到过，当失业率降至自然失业率以下时，通货膨胀会增加。类似地，在后面的章节中，我们将看到，阻止通货膨胀很可能会导致失业率超过自然失业率水平，甚至使经济陷入衰退。尽管失业和经济衰退的成本也很高，但有时为了治理通货膨胀不得不做出牺牲。

总　结

本章我们继续介绍宏观经济学的基本概念，同时探讨了失业和通货膨胀的性质。我们还学习了如何衡量失业和通货膨胀，以及失业和通货膨胀给社会带来的成本。本章要点如下：

1. 失业人口是指目前没有工作并正在积极寻找工作的人。劳动人口由就业人口和失业人口构成。失业率等于失业人口占劳动人口的百分比：

$$失业率 = \frac{失业人口}{劳动人口} \times 100\%$$

2. 经济学家对不同类型的失业进行了区分。经济活动的季节性模式会产生季节性失业。除此之外还有三种类型的失业。当经济正常运转时，部分劳动者会改变工作，部分企业会扩张和雇用新员工，此时会产生摩擦性失业。结构性失业发生的原因是劳动者的技能与工作机会不匹配。周期性失业会随着经济活动的波动而产生。

3. 不同人口特征的人群的失业率存在差异。失业的各种衡量指标会考虑想要从事全职工作但是退出了劳动人口或者目前正从事兼职工作的人。

4. 经济学家使用消费价格指数（CPI）衡量生活成本的变化，CPI 计算的基础是购买标准的一揽子商品和服务的费用。CPI 被用于衡量不同时期的平均价格变化。K 年的 CPI 指数被定义为：

$$K 年的 CPI = \frac{一揽子商品在 K 年的费用}{一揽子商品在基准年的费用} \times 100$$

5. 通货膨胀衡量的是价格水平的变化百分比。

6. 经济学家相信大多数价格指数，包括 CPI 和 GDP 连锁加权价格指数，高估了真实的通货膨胀，因为他们没有考虑产品和服务质量的提升。

7. 失业会给劳动者带来财务成本和心理成本。

8. 预期通货膨胀率和非预期通货膨胀率都会给社会带来成本。

练　习

1. 失业

1.1　以下哪一项不属于劳动人口？

　　a. 就业中的人

　　b. 没有工作并正在积极寻找工作的人

　　c. 没有工作也不想工作的人

　　d. 所有居民都属于劳动人口

1.2　根据官方的统计口径，由于经济原因从事兼职工作但想找全职工作的人被计入失业人口。_____（正确 / 错误）

1.3　劳动参与率的分子是什么？

　　a. 有工作的劳动人口

　　b. 失业的劳动人口

c. 有工作的人口

d. 劳动人口

1.4 如果一个失业者退出劳动人口，进入一个残疾人保障项目，那么失业率会发生什么变化？（参见第 401 页"日常生活中的经济学"）

1.5 新的政府就业和真实的失业。假设美国政府雇用了部分失业人口，但是没有给他们任何实际的工作。美国的失业率会发生什么变化？在这种情况下，美国失业率能准确反映基本的经济生产情况吗？

1.6 兼职工作。夫妻两人，妻子是一名股票经纪人，而丈夫从事兼职工作，以便于照顾小孩。丈夫很满意这个安排。丈夫是失业人口吗？他会被计入因为经济原因从事兼职工作的人口吗？

1.7 计算美国经济的数据。以下是 2010 年 1 月美国的部分经济数据：

16 岁及以上人口为 2.368 亿。

就业人口为 1.383 亿。

失业人口为 1,480 万。

计算美国的劳动人口、劳动参与率和失业率。

1.8 婴儿潮和劳动参与率。罗伯特今年 62 岁，失去了工程公司的工作。帕姆拉今年 53 岁，也失业了。你认为罗伯特有而帕姆拉没有的选择是什么？这会怎样影响劳动参与率？（参见第

397 页"日常生活中的经济学"）

1.9 残疾人和低技能工人。我们知道，残疾人补助占低工资工人工资的比例要高于高工资工人。整体来看，残疾人的平均补助随着平均工资的增加而增加。假设低技能工人的工资相对于高技能工人的工资急剧减少。这会怎样影响低工资工人获取残疾人补贴的动力？（参见第 402 页"日常生活中的经济学"）

1.10 六月的失业率。未经调整的数据显示几乎每年六月失业率都会上升。为什么？经过季节性调整后的数据会显示相同的结果吗？

1.11 不同口径的失业数据。一个经济体有 1,000 万就业人口，800 万失业人口和 400 万边缘失业人口。使用传统方法计算的失业率是多少？考虑边缘失业人口后的失业率是多少？

1.12 日本和美国失去信心的劳动者。日本很担心一群被称为"NEETs"的劳动者，这群劳动者处于"不在教育、就业和培训"的状态。美国也有年轻的失去信心的劳动者。请讨论你在美国最可能找到年轻且失去信心的劳动者是哪类人？

2. 失业的类型

2.1 三种类型的失业分别是周期性失业、结构性失业和＿＿＿＿。

2.2 自然失业率由 _____ 和 _____ 组成。

2.3 当经济处于充分就业时，只有周期性失业。_____（正确 / 错误）

2.4 当 iPod 和 MP3 播放器登上舞台，开始替代 CD，会产生什么类型的失业？
a. 结构性失业和摩擦性失业
b. 结构性失业和周期性失业
c. 摩擦性失业和周期性失业
d. 失去信心的失业和周期性失业

2.5 不同国家的失业问题不同。有学生根据图 12-2 的数据进行判断，他认为因为西班牙的失业率比日本要高得多，所以西班牙的周期性失业率相较于日本肯定也要高得多。请说明，在什么情况下，该学生的判断正确，在什么情况下，该学生的判断又不正确？

2.6 闲置公寓和失业。在某个大城市中，公寓的闲置率约为 5%，然而很多人仍然在找新公寓。请解释出现这种现象的原因，以及它与失业问题的相似之处。

2.7 非洲大型城市的失业率。在许多非洲国家，政府和国际组织会在主要的大城市提供高薪工作，许多人从收入非常低的农村迁移至城市。城市的失业率因此非常高。请问这个现象是否可以用摩擦性失业解释？请说明原因。

2.8 石油价格上升和摩擦性失业。请解释石油价格上升会如何影响摩擦性失业。提示：石油价格上升会使部分行业相较其他行业获得更多收益。

3. 失业的成本

3.1 几乎所有失业的持续时间都小于 5 周。_____（正确 / 错误）

3.2 大多数州的失业保险额度都可以代替个人的全部工资。_____（正确 / 错误）

3.3 失业的影响可能会传导至未来，因为：
a. 失去信心的劳动者没有被计入失业率。
b. 长时期处于失业的人可能会丧失工作技能，而且难以恢复。
c. 一个人必须积极地寻找工作，以使自己被计入失业人口。
d. 以上都不是。

3.4 2012 年，超过 40% 的失业人口的失业持续时间是 _____ 周及以上。

3.5 失业的同群效应。你可能认为，在你失业的同时如果周围的人也失业了，你会感到更难受。但是心理学证据显示了相反的结果。请解释这个现象。（参见第 402 页"日常生活中的经济学"）

3.6 失业的长期效应。20 岁时曾经失业的人与拥有同样教育水平的同龄人相比，其 40 岁时的工资会更高还是更低？试判断并说明原因。

3.7 经济衰退和失业的持续时间。在经

济衰退中，你认为失业持续时间小于5周的这部分人占总失业人口的比例会发生什么变化？你能找到数据支持你的结论吗？

4. 消费价格指数和生活成本

4.1 基准年的价格指数等于 _____。

4.2 经济学家相信 CPI 会高估生活成本随着时间的变化。_____（正确/错误）

4.3 与 CPI 不同，GDP 的连锁加权指数不包含旧产品和 _____ 产品。

4.4 一揽子商品的最大组成部分是 _____。

4.5 哪一年教授待遇更好？1976年和2010年新任的经济学助理教授起始年薪分别是 15,000 美元和 90,000 美元。2010年的 CPI 是 216.3，而 1976年的 CPI 是 56.9。请问，哪一年教授的实际收入更高？

4.6 购买力相等的实际工资是多少？一项工作在 2002年的工资是 53,000 美元。1960年和 2002年的 CPI 分别是 29.6 和 179.9。在 1960年实际工资是多少，才能与 2002年的 53,000 美元的购买力相等？

4.7 高价格和通货膨胀？请评价下面这段话："东京的生活成本很高。日本的通货膨胀率肯定很高。"

4.8 新产品和 CPI 偏差。今天，许多"手机"已不仅仅是手机，它们也是你用来查询邮件和上网的迷你电脑。假设 BLS 将今天的手机看作和老手机没有区别，这会使 CPI 产生怎样的偏差？（参见第406页"日常生活中的经济学"）

5. 通货膨胀

5.1 如果 1998年的价格指数是 50，而 1999年是 60，那么两年间的通货膨胀率是 _____。

5.2 美国在 1990年至 2009年间的通货膨胀率比 1970年至 1980年间高。_____（正确/错误）

5.3 以下哪个国家在 20世纪 90年代经历了通货紧缩？
a. 美国
b. 日本
c. 加拿大

5.4 如果 1940年的石油价格是每加仑 0.18 美元，2009年是每加仑 3.00 美元，这一时期石油的价格变化百分比是百分之 _____。

5.5 计算通货膨胀率。一个国家在 2005年的价格指数是 55，在 2006年是 60。请问，2005年至 2006年间的通货膨胀率是多少？

5.6 适用于老年人的价格指数。请使用网络找到讨论最适用于美国老年人的价格指数的文章。为什么通货膨胀率对于老年人和非老年人来说会有区别？如果研究发现，老年人面临的是不同的通货膨胀率，那这个发现会对社会保障金产生怎样的影响？

6. 通货膨胀的成本

6.1 意料之外的通货膨胀被称为 _____。

6.2 鞋革成本一般会随着通货膨胀率上升而增加。_____（正确 / 错误）

6.3 债权人可以从非预期通货膨胀中获利。_____（正确 / 错误）

6.4 网上购物和菜单成本。你认为网络和网上购物会如何影响通货膨胀的菜单成本？

6.5 股票收益的税收和通货膨胀。假设你花 100 美元购买股票，股票的实际价值一直保持不变。过了 20 年，股票的名义价格翻了一倍。如果你 20 年后售出股票，而税率是 15%，你需要缴纳多少税收？从实际价值来看，你亏损了多少？

6.6 通货膨胀和 ATM 取款。当通货膨胀增加，你每次去 ATM 取钱会多取钱还是少取钱？如当你走进 ATM，你的鞋革成本会增加还是减少？

对于很多人来说，一提到贫困，就会想起贫苦的非洲儿童。

非洲确实是一个贫穷的大陆，但是正如经济学家夏威尔·萨拉-伊-马丁（Xavier Sala-i-Martin）和马克西姆·平科夫斯基（Maxim Pinkovsky）最近的研究显示，非洲的经济正在改善。

从 1995 年开始，非洲的贫困率一直在稳定地下降。实际上，如果这个下降的趋势持续下去，贫困率可能会达到联合国设定的 2015 年的减贫目标。非洲的经济增长不是以穷人利益受损为前提的。非洲目前的收入分配比 1995 年要更加平等。贫困减少是整个非洲的普遍现象。无论是内陆国家还是沿海国家，矿产丰富的国家还是缺乏矿产的国家，或是不同农业发展水平的国家，都出现了贫困的减少。

甚至连饱受奴隶制困扰的国家也出现了贫困的减少。经济学家传递的信息是乐观的：即便是受地理和历史因素限制的国家，仍然可以通过经济增长减少贫困。

学 习 目 标

计算经济增长率。

解释资本在经济增长中的作用。

将经济增长核算应用于技术进步的衡量。

讨论技术进步的来源。

评估政府在促进经济增长上的作用。

由于人均 GDP 显著的增长，今天人类的生活水平得到了极大的提升。GDP 增长可以说是一个国家经济表现最重要的一个方面。在长期中，经济增长是提升一个经济体生活水平的唯一途径。

本章开始时，我们将观察贫穷国家和富裕国家在过去数十年间的一些经济数据。我们将看到，世界各国人均 GDP 在这段时期内的差异。然后我们将讨论经济增长是如何产生的。经济学家相信，长期中增加人均 GDP 有两种基本机制。一种是**资本深化**（capital deepening），或者说一个经济体的资本存量（比如建筑和设备）相较于劳动力的增加。另一种是**技术进步**（technological progress），经济学家认为技术进步意味着一个经济体可以更高效地运行，即以同样的投入要素（比如资本和劳动力）生产更多产品。我们将考察有关技术

> **名词解释**
>
> **资本深化**：平均每个劳动者所有的资本存量的增加。
>
> **技术进步**：更有效地组织经济活动的方式，使一个经济体能够在固定的投入要素下增加产出。
>
> **人力资本**：通过教育和经验获得的，用于生产产品和服务的知识和技能。

进步来源的不同理论，并讨论如何衡量技术进步对经济体的整体重要性。我们还将讨论教育、经验和对人的投资——也就是**人力资本**（human capital）——的作用。

经济增长率

世界各国的生活水平和经济增长率存在巨大的差异。为了认识这些差异，我们先来了解经济学家用于研究经济增长的概念和工具。

首先，什么是经济增长？要回答这个问题，我们可以使用在第 2 章学习过的一项工具：生产可能性曲线。生产可能性曲线显示了一个经济体在给定的时间点所有可能的生产选择的集合。在图 13-1 中，我们展示了一个经济体在选择生产消费品还是军用品时的权衡关系。当经济体增长，整个生产可能性曲线会向外移动。这意味着该经济体可以生产更多的这两种产品，这就是经济增长的表现。经济增长还能增加人们可以消费的产品数量。举例来说，40 年前一个典型的家庭只有一辆车，而今天许多家庭拥有两辆甚至三辆车。正如本章开篇故事强调的，我们已经熟悉的经济增长实际上是最近才发生的，而且不同国家的经济增长水平很不均衡。

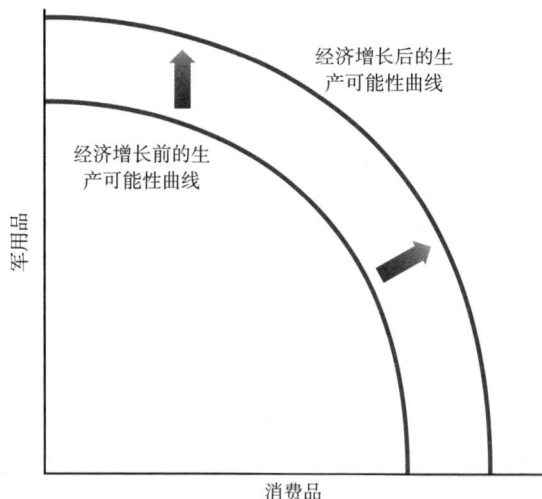

▲图 13-1

什么是经济增长?

经济增长意味着生产可能性曲线（PPC）向外扩张。

衡量经济增长

我们从前面的章节知道，国内生产总值（GDP）衡量一个经济体的最终产品和服务的总价值。因为各国的人口规模不同，所以我们希望知道各个国家每个人产生的实际 GDP，或**人均实际 GDP**（real GDP per capita）。

人均实际 GDP 一般随时间增长。描述人均实际 GDP 变化的一种简便方法是使用增长率。一个变量的**增长率**（growth rate）是这个变量从一个时间到另外一个时间的变化百分比。例如，为了计算实际 GDP 从第一年到第二年的增长率，我们假定第一年的实际 GDP 是 100，第二年的实际 GDP 是 104，这时实际 GDP 的增长率是：

名词解释

人均实际 GDP：根据价格变化调整后的每个人产生的国内生产总值。它是衡量不同时间不同国家的生活水平的通用指标。

增长率：一个变量从一个时间到另一个时间的百分比变化率。

$$增长率 = \frac{（第二年的 GDP - 第一年的 GDP）}{第一年的 GDP}$$

$$= \frac{104 - 100}{100}$$

$$= \frac{4}{100}$$

$$= 每年 4\%$$

换句话说，实际 GDP 从第一年到第二年增长了 4%。这也意味着第二年的 GDP 等于第一年的 GDP 乘以 1.04。

一个国家每年的经济增长率不同。但是我们通常会假设这样一种情况：一个国家以不变的增长率，比如说 g，连续增长了很多年。举一个简单的例子。假设一个经济体的实际 GDP 是 100，该经济体连续两年增长率为 g。两年之后实际 GDP 会变为多少？一年之后，GDP 等于 100（1+g）。两年之后，GDP 会再增加 g，也就是说

$$两年后的 GDP = 100 \times (1+g)^2$$

我们可以进一步推导该经济体以不变的增长率 g 增长 n 年的情况：

$$n 年后的 GDP = 100 \times (1+g)^n$$

更具体的例子：如果该经济体起始 GDP 是 100，然后以 4% 的增长率增长了 10 年，那么 10 年后该经济体的产出将是

$$10 年后的 GDP = 100 \times (1 + 0.04)^{10} = 148$$

这个数值比起始水平高出约 50%。

你可以使用一个经验法则帮助自己理解增长率的力量。假设你知道实际 GDP 的增长率，它是一个固定值，你想知道要经过多少年实际 GDP 可以翻番。答案可以用 **70 法则**（rule of 70）获得：

$$翻番所需年数 = \frac{70}{不变的经济增长率}$$

对于一个以 5% 的不变增长率增长的经济体，翻番需要经过

$$\frac{70}{5} = 14 年$$

比较不同国家的经济增长率

比较不同国家的实际 GDP 或 GNP 非常困难。世界各国拥有不同的货币，而且消

费模式和价格水平千差万别。可以举两个例子说明这个问题。日本的土地非常稀缺，因此日本人的住房面积比美国人的住房面积要小，住房价格也更高。还有一些发展中国家（比如印度和巴基斯坦）的价格结构和发达国家截然不同，尤其是在一些发展中国家，非贸易产品（比如家政服务或土地）比贸易产品的价格要低。换句话说，虽然世界上所有的人都要为黄金首饰支付一样的价格，但是在印度或巴基斯坦雇用一个厨子或家佣要比在美国便宜得多。

要将这些差异考虑进去是一项烦琐的工作。幸运的是，宾夕法尼亚大学的罗伯特·萨默斯（Robert Summers）和阿兰·赫斯顿（Alan Heston）领导的经济学家团队投入了数十年的时间发展出一些衡量不同国家实际 GNP 的方法。该团队的主要工作是收集各个国家的大量可比较的商品数据，并根据不同国家的相对价格和消费模式的差异对这些数据进行调整。这些方法现在已经被世界银行和国际货币基金组织所采用。

根据这些方法计算，2011 年收入水平最高的国家是卡塔尔，人均收入 102,943 美元；卢森堡排名第二，为 80,119 美元；新加坡排名第三，为 59,711 美元；而拥有丰富的石油资源的挪威排名第四，人均收入 53,471 美元。美国以 48,347 美元排名第六。

表 13-1 列出了 11 个国家 2008 年的实际国民总收入（Gross National Income, 简称 GNI）和 1960 年至 2008 年的人均 GNI 年均增长率。我们在进行国家收入水平比较时最常使用的指标就是国民总收入。英国的人均 GNI 是 36,130 美元，排在美国之后。紧跟在英国之后的是日本、法国和意大利。更具有代表性的国家有墨西哥和哥斯达黎加，2008 年的人均 GNI 分别是 14,270 美元和 10,950 美元。哥斯达黎加的人均 GNI 不到美国的 25%。一些贫穷国家的人均 GNI 非常低。比如巴基斯坦的人均 GNI 是 2,770 美元，不到美国的 6%。

在表 13-1 的第三列，我们可以看到各国增长率的差异。以日本为例，1960 日本的人均 GNI 只有法国的 50% 和美国的 25%。但是，日本的增长率是 4.09%，显著高于美国的 2.38% 和法国的 2.91%。以 70 法则来计算，日本的人均产出每 17 年（70/4.09）翻一番。以实际收入来衡量，1960 年出生的日本人在他们 34 岁时，平均生活水平已经翻了 4 倍。70 法则强化了经济增长率的差异作用。人均年 GDP 增长率为 5% 意味着生活水平每 14 年翻一番。而如果增长率只有 1%，那么生活水平翻番需要 70 年。

表 13-1　人均国民总收入和经济增长（以 2008 年美元计价）		
国家	人均国民总收入（美元）	1960—2008 年人均增长率（%）
美国	46,970	2.38
英国	36,130	2.54
日本	35,220	4.09
法国	34,400	2.91
意大利	30,250	2.92
墨西哥	14,270	2.95
哥斯达黎加	10,950	2.35
印度	2,960	2.05
巴基斯坦	2,770	1.53
尼日利亚	1,940	1.11
赞比亚	1,230	−0.60

资料来源：*World Bank Development Indicators*（2010）and Alan Heston Robert Summers, and Bettina Aten, *Penn World Table* Version 6.3, Center for International Comparisons at the University of Pennsylvania（CICUP）, October 2010.

发达国家和发展中国家的人均收入差距非常大，这深刻地反映在社会的方方面面。以童工为例。在发达国家，政府立法禁止童工并努力消除童工现象，而在一些发展中国家，政府默许企业使用童工，童工问题泛滥。经济研究表明，随着国家经济增长，童工现象会不断减少。

贫穷国家追赶上来了吗？

经济学家关注的一个问题是贫穷国家是否正在缩小与富裕国家在人均 GDP 上的差距。我们将差距缩小的过程称为**收敛**（convergence）。要实现收敛，贫穷国家必须以更快的速度增长。从 1960 年开始，日本、意大利和法国都比美国增长得更快，已经缩小了与美国的人均收入差距。

我们来看一看两名杰出的国际经济学家，加州大学伯克利分校的莫里斯·奥布斯菲尔德（Maurice Obstfeld）和哈佛大学的肯尼斯·罗格夫（Kenneth Rogoff）提供的一些证据。图 13-2 描绘了 16 个发达国家在 1870 年至 1979 年间的人均收入的年均增长率和它们在

名词解释

　　收敛：贫穷国家缩小与富裕国家在人均收入上的差距的过程。

1870 年的人均收入。每个点代表一个不同的国家。初始人均收入最低的那些国家位于图中较高的位置。也就是说，他们比其他初始人均收入高的国家的增长率更高。穿过这些点斜向下的直线也表明，初始人均收入高的国家比初始人均收入低的国家的增长速度慢。换句话说，对于目前的发达国家来说，历史的趋势是初始收入低的国家赶上了初始收入高的国家，呈现收敛的趋势。

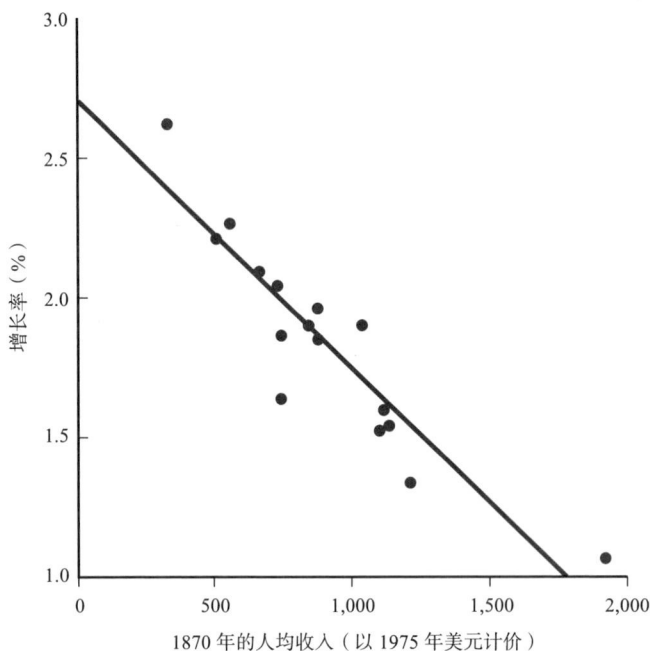

▲图 13-2

1870 ~ 1979 年 16 个发达国家的人均收入和人均收入增长率

图上的每个点分别代表一个不同的国家。注意 1870 年人均收入最低的那些国家位于图的上方。换句话说，历史的趋势是初始收入低的国家赶上了初始收入高的国家。

资料来源：M. Obstfeld and K. Rogoff, *Foundations of International Macroeconomics*（Cambridge, MA: MIT Press, 1996）, Table 7.1.

现在我们使用表 13-1 中的数据比较目前的欠发达国家和发达国家。我们看到，最近几十年并没有出现明显的收敛趋势。虽然墨西哥比美国的增长速度快，但是巴基斯坦每年的增长速度只有 1.53%，远远落后于发达国家。位于非洲的赞比亚，人均 GNI 的年增长率仅略高于 1%。总体来看，研究经济增长进程的经济学家没有找到证据来证明目前的贫穷国家和富裕国家的收入差距正在缩小。

实际上，在过去 20 年里，世界经济没有出现收敛。以色列银行行长、前 IMF 和 MIT 经济学家斯坦利·费舍尔（Stanley Fischer）发现，平均来看，1980 年人均 GDP 更高的国家在 1980 年至 2000 年间的增长速度高于 1980 年人均 GDP 更低的国家，而非洲那些最贫穷国家的增长速度最慢。但是，存在一些重要的例外情况：中国和印度，这两个人口最多的国家，增长非常迅速。好消息是，这些发展中国家拥有世界近 35% 的人口，过去 20 年间，世界上许多人的生活条件都得到了显著提升。

其他评论家则没有这么乐观。加州大学伯克利分校的布莱德·迪龙（Brad DeLong）教授提到："那些在 20 世纪初相对富裕的国家和经济体总体上出现了物质财富的增长和繁荣的扩张。而那些相对贫穷的国家虽然财富增长了，但是大多数时候增长的速度并不快。富裕国家和贫穷国家的差距在逐渐增大。从有的部落学会使用火而有的部落不懂得火开始，各部落间就出现了财富的差距。今天，国家之间财富的鸿沟比人类历史上的任何时刻都要大。"

随着国家的发展，一国内部的收入分配情况是怎样的呢？许多经济学家认为，当一国经济增长时，不同人群间的不平等程度会逐渐加剧。但是最近的研究对这种观点提出了挑战。

日常生活中的经济学

全球变暖、富裕国家和贫穷国家

对应的经济学问题：全球变暖会如何影响经济增长？

许多人相信全球变暖会损害经济发展，但是研究显示，实际影响要更加复杂。经济学家梅丽莎·戴尔（Melissa Dell）、本杰明·琼斯（Benjamin Jones）和本杰明·奥肯（Benjamin Olken）最近的研究提供了一些有用的见解。首先，温度上升的不利影响似乎主要困扰着贫穷国家，这些国家大多数依赖农业。富裕国家没有因温度上升而受损。在对拉丁美洲城市进行的一项研究中，经济学家发现温度每上升 1 摄氏度，城市的人均收入就会降低 1.2%～1.5%。随着时间推移，经济体开始适应更高的气温，高温对经济的影响大约会消失 50%。其次，温度上升的不利影响会作用于国际贸易。温度每上升 1 摄氏度，贫穷国家的出口会减少 2.0%～5.7%。这些影响主要聚集在农业部门和轻工业部门。

贫穷国家受影响而富裕国家不受影响的事实表明，气候变暖的时间是重要的。如果气候变暖可以推迟到足够远的未来，贫穷国家将有机会发展并减少气候变暖趋势造成的损失。但是，如果气候变暖发生得较快，那么贫穷国家很有可能受到不利影响。详见练习 1.9。

资料来源：Based on Melissa Dell, Benjamin Jones, and Benjamin Olken, "Temperature and Income: Reconciling Cross-Sectional and Panel Estimates," *American Economic Review Papers Papers and Proceedings*（May 2009）：199-204, and Benjamin Jones and Benjamin Olken, "Climate Shocks and Exports," *American Economic Review Papers and Proceedings*（May 2010）．

日常生活中的经济学

经济平等有助于维持经济增长

对应的经济学问题：平等和增长之间是否必然存在权衡关系？

不平等和经济增长之间存在怎样的联系呢？是否存在这样一组权衡关系：只有当不平等增加时，才会发生更高的经济增长？令人惊奇的是，最近的一些研究表明实际情况并非如此——平等可能有利于经济增长。

安德鲁·贝格（Andrew Beg）和乔纳森·奥斯垂（Jonathan Ostry）探索了一些国家比另一些国家持续增长期更长的决定因素。几乎所有国家都会发生增长，但困难的是维持增长。他们发现，当经济更加平等时，一个国家的经济增长期会变长。一些其他的重要因素是政治制度的质量和一个经济体的贸易开放程度。

为什么平等是一个有利的因素？他们推测，当经济更加平等时，政府可以拥有足够的权力和威信做出维持增长所需的困难抉择。增长和平等可能是由一些共同的因素引起的。例如，运行良好的借贷市场既有利于增长，也有利于平等。他们的研究释放了一股正能量，即促进增长不一定意味着要创造不平等。详见练习 1.10。

资料来源：Based on Andrew G. Berg and Jonathan D. Ostry, "Equality and Efficiency," *Finance and Development*, September 2011, Vol. 48, No.3.

资本深化

研究经济增长的经济学家认为，促进经济增长的最重要因素之一是资本深化，即人均资本存量的增加。

随着资本——机器、设备和建筑——进入一个经济体，该经济体的劳动者的生产效率会提高。举一个简单的例子，如果劳动者可以自由使用的机器增加了，那么他们将能够生产更多的产品。美国的现代化工厂中使用精密设备的工人与发展中国家使用较落后设备的工人相比，美国工人每天能够生产的产品要多得多。拥有资本的公司将发现，工人的生产效率提升了，因而愿意与其他公司竞争招聘工人。公司之间的竞争将提升工人的工资，这也反映了工人生产效率的提升。因此，工人的工资将随着每个工人可使用的资本的增加而增加。

当资本存量增加时，一个经济体的经济状况会更好。有了更多的资本存量，工人的工资将上升，经济体的 GDP 将增加。工人的生产效率提升是因为每个工人可使用的资本增加了。但问题是一个经济体如何增加每个工人可以使用的资本呢？答案是储蓄和投资。

储蓄和投资

我们先从最简单的情况开始讨论：一个经济体拥有不变的人口，且处于充分就业的状态。该经济体没有政府也没有国际部门。它的产出

> **名词解释**
> **储蓄**：没有消费掉的收入。

只能由消费者或公司购买。换句话说，产出仅由消费（C）和投资（I）构成。同时，产出所得收入等于产出。也就是说，产出 Y 等于收入。没有被消费掉的收入我们称之为**储蓄**（saving）。

在这个经济体中，储蓄肯定等于投资。因为根据定义，消费加上储蓄等于收入：

$$C + S = Y$$

同时收入也等于消费加投资，而收入和产出相等：

$$C + I = Y$$

对比两个等式，可以发现：

$$S = I$$

这说明，无论消费者决定储蓄多少，储蓄都会直接进入投资。我们可以用一个简

单的方法记住这个观点：一个农民生产玉米（Y）可以直接消费（C）或者储存起来用作来年的种子玉米（I）。农民没有消费并储存起来的玉米就是这个农民的储蓄（S）。

接下来，我们需要将这个经济体的投资水平与资本存量联系起来。资本存量取决于两个因素：投资和折旧。资本存量随着总投资支出的增加而增加，随着折旧增加而减少。为什么折旧会使资本存量减少？答案很简单：当资本存量，比如建筑和设备老化（折旧），它们会损坏，生产效率随之下降。企业需要用新的投资代替废弃的建筑和设备。

举例来说，假设年初的资本存量是 10,000 美元，当年总投资是 1,000 美元，折旧是 400 美元，那么年末的资本存量是 10,600 美元。

我们可以用浴缸来描述这个过程。浴缸中的水量（资本存量）取决于通过水龙头流进浴缸的水量（总投资）减去通过排水口流出的水量（折旧）。只要流进的水量大于流出的水量，浴缸的水量（资本存量）就会增加。

更高的储蓄将产生更高的总投资，从而增加生产可用的资本存量。随着资本存量的增加，折旧将增加，因为资本（建筑和设备）增加了，损坏也将增加。总投资和折旧的差值（净投资）最终决定经济体中的资本存量的变化，以及实际工资水平和产出。在浴缸的例子中，净投资等于 600 美元。

人口增长、政府和贸易如何影响资本深化

到目前为止，我们讨论的都是最简单的经济体。接下来我们来思考一个更加现实的经济体，这个经济体存在人口增长，包含政府和国际部门。

首先，考虑人口增长的影响：更多的劳动人口将使经济体有能力生产更多产品。然而，在资本存量不变而劳动人口增长的情况下，每个劳动者可使用的资本将会减少。当每个劳动者可使用的资本减少时，每个劳动者的平均产出将会减少，因为每个劳动者可以使用的机器和设备减少了。这说明了边际报酬递减原理。

> **边际报酬递减原理**
> 假设一种产品的生产需要两种或更多的投入要素，我们保持其他要素投入不变，只增加一种要素的投入，当这种要素的投入到达某个点（边际报酬递减点）之后，产品产量将会以递减的速度增加。

以印度为例，印度是世界上人口第二多的国家，人口总数超过 10 亿。尽管印度拥有大量的劳动力，但是每个劳动者可使用的资本数量较低。随着劳动力的边际报酬迅速减少，印度的人均产出很低，只有 2,960 美元。

政府可以通过支出和税收政策影响资本深化的进程。假设政府向居民征税，用于战争，或向公务员支付更高的薪水，抑或向有需要的国家提供经济援助，总之政府增加了消费支出。增加税收会减少消费者的总收入。如果消费者的储蓄是收入的一个固定比例，那么总私人储蓄（非政府部门的储蓄）将减少。征税将减少本可以用于资本深化的私人部门储蓄。

现在假设政府将所有新增的税收用于投资有价值的基础设施，比如道路、建筑和机场。这些基础设施投资将增加资本存量。我们可以用图 13-3 说明这个观点。当消费者将 20% 的收入用于储蓄，而政府向每个纳税人多征收 100 美元，那么每个纳税人的私人储蓄和投资将减少 20 美元，但是政府投资基础设施将使每个纳税人的投资增加 100 美元。换句话说，政府迫使消费者（通过征税）多投资了 80 美元。最终结果是，每个纳税人的总社会投资（私人投资加上政府投资）增加了 80 美元。

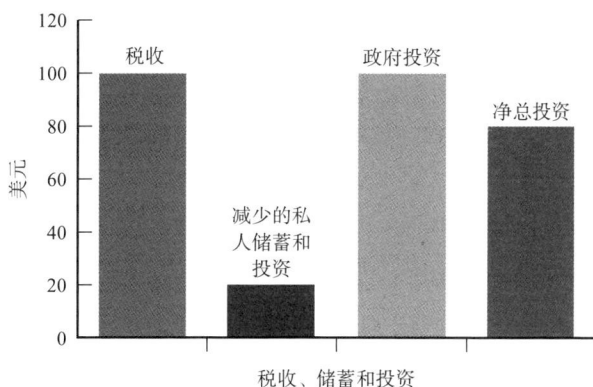

▲ 图 13-3

税收和政府投资

假设个人储蓄占收入的比例固定为 20%，当政府将税收提升 100 美元，那么每个纳税人将减少 20 美元的储蓄和投资。但是，当政府将增加的税收用于投资，那么总投资——私人投资和政府投资——将增加 80 美元。

我们现在来看国际部门是如何影响资本深化的。19 世纪，美国、加拿大和澳大利亚通过贸易逆差（trade deficits）——向其他国家销售更少的产品和服务，购买更多的产品和服务——建立了庞大的公路系统，并通过贷款弥补贸易逆差。这三个国家因此能够购买大量资本用于建设公路，并通过资本深化加速增长。最终，这些经济体必须通过贸易顺差（trade surpluses）——销售更多的产品和服务，购买更少的产品和服务——偿还国外贷款。因为经济增长使他们的 GDP 和财富增加了，所以他们有能力偿还国外贷款。对他们来说，使用贸易逆差和贷款的方式为资本深化所需的资本融资是合理的策略。

然而，不是所有的贸易逆差都会促进资本深化。假设一个经济体产生贸易赤字是为了购买更多的消费品。这个国家从国外借了许多钱，但是这些钱没有用于资本深化，而是用于增加消费支出。当这个国家不得不偿还贷款时，它没有额外的 GDP 来负担这笔费用。为了给现在的消费筹资，这个国家未来将会变得更贫穷。

技术进步的关键作用

影响经济增长的另一个机制是技术进步。经济学对于技术进步（technological progress）的定义非常特别：它意味着一个经济体的运行效率更高，也就是用固定的投入要素可以得到更多的产出。

在现实中，技术进步有多种形式。灯泡使我们可以在黑夜中阅读和工作，温度计帮助医生和护士进行诊断，一次性尿布方便了照顾婴儿。你还可以找到更多类似的例子，技术进步使社会可以生产更多的产品，而不需要投入更多的劳动力或资本。当人均产出更高时，我们就可以享受更高的生活水平。

我们可以将技术进步看作新想法的产生。这些新想法使我们能够重新安排经济活动，提升生产效率。不是所有的技术发明都一定是重大的科学突破，有些发明使用的是很基础的科学原理。汽水公司的一名员工发明了一种新口味的饮料也是参与技术进步，就像工程师和科学家一样。工人或者经理的一些常识性想法可以帮助企业更高效地利用资本和劳动力，从而以更低的价格向消费者提供更优质的产品。例如，商店经理可以决定重新调整商品的布局和收银机的位置，以帮助消费者更快更便捷地找到需要的商品和付款。这种调整也是技术进步。只要有新想法、新发明或新的做事情的方法，经济体的生产效率就会更高，人均产出就会提高。

如何衡量技术进步

一国生活水平的提升多大程度上是由技术进步引起的？如何回答这个问题？诺贝

尔奖获得者、MIT 教授罗伯特·索洛（Robert Solow）发展了一个衡量经济体技术进步的模型。和大多数好的想法一样，他的理论很简单。

索洛注意到，我们可以观察任何时期内的资本、劳动和产出的增加。使用这些信息，我们就能间接地衡量技术进步。我们首先要问的是，产出变化中的多少可以由资本和劳动力

> **名词解释**
>
> **增长核算**：确定资本、劳动力和技术进步对经济增长的贡献的核算方法。

数量的增加解释。剩余的无法解释的部分就是由技术进步引起的。索洛提出的这个衡量资本、劳动力和技术进步对经济增长的贡献的方法，被称为**增长核算**（growth accounting）。

图 13-4 列出了 1929 至 1982 年间各个增长来源对于美国经济的相对贡献，由经济学家爱德华·丹尼森（Edward Denison）使用增长核算得出。在这一时期，总产出以接近 3% 的年均速度增长。资本和劳动力每年的增长率分别是 0.56% 和 1.34%，因此剩下的每年 1.02% 的产出增长，就是技术进步的增长率了。这意味着，大约 35% 的产出增长直接来自技术进步。

近期的研究在估计技术进步对经济增长的贡献时也得出了相近的答案。例如，美国劳工统计局估计，在 1987 至 2007 年间，技术进步约占私人非农商业部门经济增长的 1.0%，这接近于丹尼森的估计。

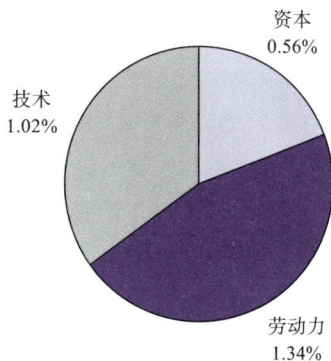

▲图 13-4

1929 ~ 1982 年不同增长来源对 GDP 增长的贡献（年均增长百分比）

资料来源：Edward F. Denison, *Trends in American Economic Growth 1929-1982*（Washington, D.C,: The Brookings Institution, 1985）.

使用经济核算

经济核算是可以用于理解经济增长各个方面的一项实用的工具。举例来说，20世纪 70 年代，全世界的经济增长都减缓了。使用经济核算方法，经济学家通常会发现经济增长减缓不是由劳动力投入要素的质量或数量引起的，也不是由资本深化引起的。剩下的因素要么是由技术进步减缓引起的，要么经济学家忽略了其他的影响因素，比如能源价格上涨。经济学家普遍怀疑，能源价格上涨是经济增长放缓的主要原因。

在进一步讨论之前，我们先来看两个生活中的案例。

日常生活中的经济学

中国和印度经济增长的来源

对应的经济学问题：我们如何使用经济分析理解不同国家的增长来源？

中国和印度是世界上人口最多的两个国家，最近这些年，两国的经济都在快速增长。从 1978 年至 2004 年，中国的 GDP 以惊人的每年 9.3% 的速度增长，而印度的增长速度虽然相对较低但非常稳定，每年为 5.4%。两个国家经济增长的来源是什么？布鲁克林研究所的经济学家巴里·博斯沃思（Barry Bosworth）和密歇根大学的苏珊·柯林斯（Susan Collins）使用增长核算回答了这个问题。

在这一时期，中国和印度的就业都以每年 2% 的速度增长，因此两国增长的差异必定是由资本深化和技术进步引起的。博斯沃思和柯林斯将资本深化分成了两个部分：物质资本（建筑、机器和设备）的增加和人力资本（劳动者的知识，用教育程度衡量）的增加。他们的分析显示，中国的经济增长率更高主要原因是更快的物质资本积累和更快的资本深化。两国的人力资本对各自经济增长的贡献很相近。为什么在这26 年间，中国比印度增长得更快？简单来说，中国比印度在物质资本上的投资多得多，而且能够使技术进步保持更快的增长速度。

展望未来，博斯沃思和柯林斯没有找出中国和印度经济增长将放缓的证据。两国的资本形成和技术进步仍然在快速进行中，印度近年来甚至还提升了技术进步的速度。尽管增长速度快，主要城市的财富迅速积累，但是两国仍然不富裕：中国的人均GNP 和印度的 GDP 分别只有美国 GNP 的 15% 和 8%。但是按照现在的趋势，这个差距未来将不断缩小。详见练习 3.3 和 3.6。

资料来源: Based on Barry Bosworth and Susan M. Collins, "Accounting for Growth: Comparing China and India," *Journal of Economic Perspectives*(Winter 2008): 45-66.

日常生活中的经济学

增长核算和无形资本

对应的经济学问题：你如何衡量技术革命？

传统的经济增长理论关注焦点是容易衡量的事物，比如工资的小时数或者物质资本的数量。但是随着经济发展，我们都意识到衡量生产的贡献因素越来越难。例如，为什么谷歌对我们的经济有如此大的影响？他们不生产机器也不生产汽车，他们生产最多的是想法和信息相关的产品。在这个新的时代，我们仍然可以使用增长核算吗？

许多经济学家对这个问题进行了漫长而艰难的探索，并在提升增长核算对新环境的适应性上，实现了重大的突破。他们的基本方法是创造一个新的衡量指标：无形资本。无形资本的衡量基础是研发、营销、设计和顾客支持的支出。经济学家将传统的衡量指标——资本和劳动力与新的衡量指标无形资本结合在一起，用于理解经济增长。

经济学家卡罗尔·卡拉多（Carol Corrado）和查尔斯·哈尔顿（Charles Hulten）的研究估计表明，无形资本是经济增长的一个重要来源。他们发现，近年来无形资本的贡献实际上已经超过了传统资本或者说有形资本的贡献。有形资本和无形资本对于经济增长的贡献大于技术进步的贡献。详见练习 3.7 和 3.8。

资料来源: Based on Carol A. Corrado and Charles R. Hulten, "How Do You Measure a 'Technological Revolution'?" *American Economic Review, Papers and Proceedings*, May 2010, pp. 99-104.

第一个案例比较了中国和印度的经济增长，第二个案例探索了当资本难以衡量时，应当如何改进增长核算。为了分析经济增长的来源，我们需要引入一个新的术语——**劳动生产率**（labor productivity）。劳动生产率是

> **名词解释**
>
> **劳动生产率**：每小时劳动的产出量。

美国经济中经常使用的一个统计指标，它是指每小时劳动的产量。该指标衡量的是，当经济体中的资本数量不变和技术进步不变时，一个典型的劳动力的生产效率。

图 13-5 显示了从 1947 年起不同时期内美国劳动生产率的增长速度。从 1947 年到 1973 年世界石油危机，劳动生产率增长迅速。劳动生产率的增长速度在石油危机后出现了显著的下降，并在接下来的 20 年里一直缓慢增长。从 2007 年起，劳动生产率的增长速度再次下降，部分原因是经济衰退。经济学家使用增长核算解释了 1947 年以来美国劳动生产率增长速度的趋势。经济研究表明，20 世纪 70 年代的石油危机减缓了技术进步，但是 20 世纪八九十年代的信息革命使技术进步复苏。

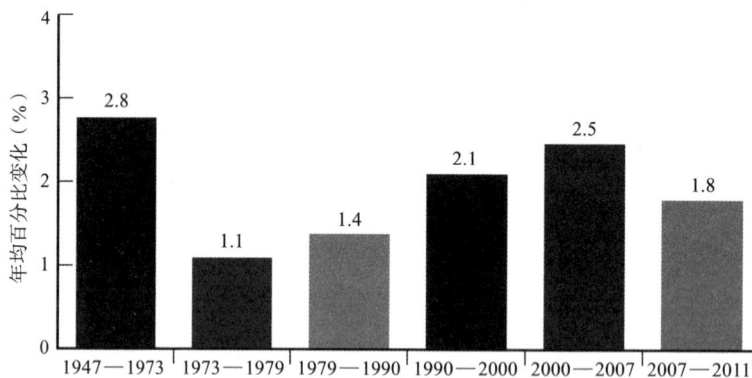

▲图 13-5

1947 ~ 2011 年美国年均劳动生产率增长速度

美国劳动生产率增长速度一直很高，直到 1973 年的石油危机出现显著的下滑。1980 年以后的几十年里，劳动生产率增长速度开始增加。

资料来源：Bureau of Labor Statistics, 2012.

技术进步的原因

技术进步是增长的一个重要来源，我们想要知道它是如何发生的，也想知道如何使用政府政策推动技术进步。经济学家已经找出了影响技术进步速度的大量因素。

资助研发

国家加强技术进步的一种方法是资助研发。如果政府或者大公司聘请工人和科学家探索基础学科的前沿领域，那么他们的工作将引发长期的技术进步。图 13-6 显示了 1999 年 7 个国家的研发支出分别占 GDP 的比例。美国的科学家和工程师数量世界第一，但是尽管美国花的钱最多，其研发支出占 GDP 的比例却低于日本。而且，美国研发支出中有很多是用于国防相关领域。有的经济学家认为，国防研发对长期技术进步的贡献不如非国防研发。不过，包括因特网在内的许多重要技术产品，都受益于军队资助的研发成果。

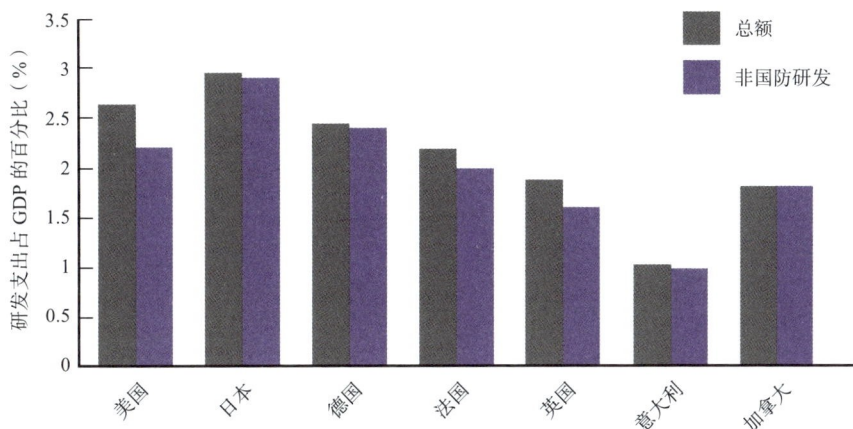

▲图 13-6

1999 年 7 个主要国家研发支出占 GDP 的百分比

美国的研发支出总额世界第一，但是从研发支出占 GDP 的百分比来看，日本比美国领先。美国研发支出有部分是用于国防相关领域的研发。

资料来源：National Science Foundation, National Patterns of R&D Resources, 2002, Washington D.C.

促进创新的垄断企业

经济学家约瑟夫·熊彼特有个著名的激进观点：垄断企业可以促进创新。根据熊彼特的观点，只有当公司能够获利时，它才会尝试创新——生产新的产品和发展更高效的生产方法。公司可以从创新中获得的是高利润，当一家公司是某种产品唯一的生产者或者垄断公司时，它可以获得高利润。其他公司将尝试新的创新，以打破这家公司的垄断地位，熊彼特把这个过程称为**创造性毁灭**（creative destruction）。熊彼特相信，如果允许更多的公司通过竞争成为垄断企业，

> **名词解释**
>
> **创造性毁灭**：认为公司为了获得垄断利润，会努力生产新产品和发明新的生产方法的观点。

那么社会将从增加的创新中获利。

政府确实会通过授予专利允许生产新产品的公司成为临时性垄断企业。专利使产品的发明者可以在专利失效前拥有垄断地位，美国现行的专利有效期是 20 年。在专利制度下，我们容忍垄断权力（在有限的竞争下提升价格的权力）是为了促进创新。

提到专利，就不得不了解知识产权保护。信息技术使产品和思想可以在全世界自由流动。软件和图书的发行商都会面临盗版问题，这些现象在一些发展中国家尤为严重。虽然这些国家的居民可以从廉价的盗版软件和书籍中获利，但是发达国家的生产者进入市场的动力将会减弱。即使在美国，盗版电影和音乐也威胁到娱乐产业的生存。大型的高利润公司也许能够在盗版的冲击下继续生产，但是其他公司可能就会失去生产的动力了。近年来，美国在与多个国家的贸易谈判中都将盗版和未授权的复制问题放在首要议程中。

市场规模

亚当·斯密强调市场规模对于经济发展具有重要作用。在更大的市场中，公司有更强的动力开发新产品和新的生产方法。正如熊彼特指出的那样，高利润的诱惑将引导公司的行为，更大的市场能够给公司提供赚取更多利润的机会。这个观点也支持了自由贸易。在自由贸易条件下，市场规模更大，参与技术进步的动力更强。

诱发性创新

有的经济学家强调，创新经常发端于降低成本的发明活动。这也被称为诱发性创新（induced innovation）。比如在 19 世纪的美国，农业中最大的成本是工资。于是有创意的农民和发明家设计了各种各样的机器和方法用于减少生产所需的劳动力。

教育、人力资本和知识积累

教育通过两种方式促进经济增长。第一，劳动者的知识和技能增长能够补充有限的物质资本投资。第二，教育能够使劳动力使用他们的技能发明新想法或者学习国外的先进产品和理念。思考一下发展中国家的情况。原则上，发展中国家可以使用发达国家积累的大量知识。但是使用这些知识通常需要高技能的劳动力，这也是为什么许多发展中国家将最优秀的学生派往发达国家留学。

增加的知识和技能构成了新的人力资本。人力资本与物质资本一样重要，甚至更加重要。许多经济学家，包括诺贝尔经济学奖获得者加里·贝克尔（Gary Becker），都对人力资本进行过细致的研究。

人力资本的一个经典例子是上大学。一名学生上大学的成本包括直接成本和机会成本，直接成本是指学费、生活费等各项费用，机会成本是指学生为了上学放弃的可能赚取的收入。上大学的收益是更高的工资和更有趣的工作机会。当这些收益大于成本时，个人会决定上大学，这时上大学是一个理性的决定。一名医学系应届毕业生也要面临类似的选择，如果继续深造成为专科医生，那么他可以赚取更高的收入，但是要放弃作为全科医生可以获得的收入。我们还可以将同样的框架用于分析在医疗和营养上的投资等。

人力资本理论对于理解经济增长有两层含义。首先，不是所有劳动力的能力都是相同的。当经济学衡量一个经济体内的劳动力投入时，他们必须根据教育水平的不同调整数据。教育水平反映的是过去对教育和技能的投资；平均来看，拥有更高教育水平的人，生产效率更高。第二，健康也会影响生产效率。在发展中国家，经济学家发现个人的身高（反应他们的健康）和他们在农业部门的收入之间存在明显的正相关关系。

人力资本理论也是重要的公共决策的基础。一个发展中国家是应该增加资本投资还是教育投资。最贫穷的国家缺乏良好的公共卫生设施，也没有有效的交通系统和农业、工业所需的资本投资。但是有限的投资资金的最佳用途也许不是桥梁、下水道，也不是道路，而是人力资本和教育。研究证明，发展中国家投资教育的回报非常高，尤其是初等教育和中等教育的投资回报经常高于传统投资的回报。在一些发展中国家，在学校多待一年平均可以使个人的年薪增加 15% ~ 20%。

新增长理论

许多年来，研究技术进步的经济学家和研究经济增长模型的经济学家几乎没有什么交集。但是从 20 世纪 80 年代中期开始，几个经济学家，包括诺贝尔经济学奖获得者芝加哥大学教授罗伯特·E. 卢卡斯（Robert E. Lucas）和斯坦福大学教授保罗·罗莫（Paul Romer），开始将技术进步纳入经济增长模型。他们的工作奠定了新增长理论的基础，**新增长理论**（new growth theory）是将技术进步计入经济增长模型的理论。

名词解释

新增长理论：试图解释技术进步的来源的新增长理论。

　　在这个领域，经济学家研究的主要内容是研发的动力、新产品开发，以及国际贸易与物质资本积累的作用关系。新增长理论使经济学家可以解决一些重要的政治问题，比如研发的补贴从社会的角度看是否合理，减少投资所得收入的税收是否会促进经济增长或增加经济福利。当前的经济增长研究建立在包含对技术进步的解释的一个大框架下。比如，新增长理论认为，在发展中国家增加综合教育的投资，可以引起技术进步率的永久增长，因为劳动者可以更好地将新想法和新技术应用在生产中。

　　一些研究者也表示，教育的类型也会影响技术创新。哈佛大学的菲利普·阿格辛（Philippe Aghion）和布朗大学的彼得·霍伊特（Peter Howitt）建立了一个情景，当一个国家远离世界的技术边界，这个国家能够采取的最好做法是投资基础教育，使劳动者可以复制发达国家的变化。但是，当一个国家接近世界的技术边界，这个国家投资高等教育的收益会更高。

　　新增长理论认为，要理解经济增长，必须全面了解有哪些因素会影响个体追求技术创新的意愿。文化因素有影响吗？历史社会学家马克思·韦伯认为，宗教信仰的变化可以帮助我们理解增长。他指出，新教强调个人，而它的崛起对于欧洲工业革命具有决定性影响。这个话题长期以来具有争议，因为宗教信仰的变化和经济或其他行为的变化之间的联系还没有得到充分的认识。最近，格里高利·克拉克（Gregory Clark）教授强调，英国中产阶级财富的增长可以解释为什么工业革命发端于英国。

日常生活中的经济学

政治因素对经济增长的影响

对应的经济学问题：不同的政治制度是如何影响经济增长的？

　　MIT 的经济学家达伦·阿西莫格鲁（Daron Acemoglu）对政治制度在经济增长中的作用进行了大量研究。阿西莫格鲁将政治制度区分为两种类型：第一种是专制制度（authoritarian institution），比如君主政权、独裁政权和严密控制的寡头政权；第二种是参与式制度（participatory institution），比如君主立宪制和民主制。历史上两种制度的国家都经历了经济增长。在不同的时期，中国、西班牙、土耳其、古希腊、古罗马都出现过科技发明和经济增长。

但是具有变革意义的经济增长，比如 18 世纪晚期在西欧开始的工业革命，通常需要更具参与性的制度。关键的原因是持续性的技术进步具有破坏性，而专制制度国家没有办法应对技术变化带来的问题。阿西莫格鲁强调，欧洲旧专制制度的衰落和君主立宪制或受限制的君主制的兴起是工业革命产生的前提条件。详见练习 4.6。

资料来源：Based on Daron Acemoglu, epilogue to *Introduction to Modern Economic Growth* (University Press, 2009)．

日常生活中的经济学

文化、社会进化和经济增长

对应的经济学问题：文化或社会进化是否激发了工业革命？

在研究工业革命前的英国经济史的过程中，格里高利·克拉克教授发现了一个有趣的事实。通过检查遗嘱和房产档案数据，克拉克发现，在英国社会中，更加富裕的人比不那么富裕的人生存概率更高。再加上几个世纪里英国人口一直缓慢增长，富人与穷人的生存率差异因而产生了重要的影响。富人的死亡率持续下降，英国人口中富人的子女后代人数越来越多。

克拉克认为，这种变化对英国社会产生了深刻的影响。富人的文化习惯渗透进整个社会中。节俭、谨慎和勤奋的社会价值更加普遍，而鲁莽、暴力的行为逐渐减少。这些文化上的变化不断积累，并最终引起了社会的质变。社会能够利用科学和技术的新发展，并接受相应的社会变化。

经济学家欧迪德·加勒（Oded Galor）和欧默·莫维（Omer Moav）提出，发展可以用更传统的社会进化理论来解释。他们认为，人类进化历程中的某些时刻，孩子数量较少的家庭可以有更多的钱投资，从而在进化过程中获得了一定的竞争优势。这些家庭的后代拥有更多的人力资本，也更容易接受技术进步和其他社会变化。按照他们的观点，人类的基因进化酝酿了工业革命。

两种观点具有一定的相似性。虽然克拉克认为进化主要是文化方面的，而加勒和莫维认为进化是基因方面的，但是他们都认为在工业革命前人们完成了自我变革。详见练习 4.10。

资料来源：Based on Gregory Clark, A farewell to Alms（Princeton University Press, 2007）and Oded Galor and Omer Moav, "Natural Selection and the Origin of Economic Growth," Quarterly Journal of Economics（November 2002）: 1133-1191.

政府的一个关键作用：提供有效的产权制度和激励制度

政府在市场经济中扮演了一个关键的角色：他必须保护市场经济的秩序，使用警力确保合同被遵守，个人财产得到保护，公司交易可以安全地进行。尽管我们对经济中的这些现象已经习以为常，但不是所有国家的市场都能获得同样的保护，比如产权保护。

产权和经济增长是什么关系？没有明晰的产权，人们就没有明确的动力在未来进行投资，而这是经济增长的核心。比如，假设你拥有的土地需要花费大量的金钱进行改善才具有价值。当你确定你可以从这份价值中获利时，你会愿意投资。但是如果存在很大的风险，比如其他人会来夺走这份价值，这时你可能就没有投资的动力了。

不幸的是，许多发展中国家都缺少明晰的产权制度。许多经济学家认为，缺少产权制度会严重损害经济增长。

政府在经济增长中更广泛的作用是设计有效的制度，促进个人和公司进行劳动、生产、储蓄和投资等经济行为。经济学家逐渐意识到这些制度对经济增长的重要性。例如，香港人普遍将他们的快速增长归功于自由、开放的制度，这些制度为重要的经济活动提供了有效的激励。香港在回归中国之前希望保持这些制度，事实上他们也确实成功地维持了一个开放的社会。

但是对许多国家来说，经济增长越来越难以实现。世界银行等国际组织多年来一直致力于促进发展，他们尝试了各种各样的方法援助发展中国家，包括国外援助、推广新机器、普及教育、遏制人口过度增长等。尽管他们做出了巨大的努力，但是世界上的一些地区，比如撒哈拉沙漠以南的非洲完全没有出现经济增长。

威廉·伊斯特利（William Easterly）是世界银行的一位前经济学家，认为世界银行和其他国际组织没有考虑经济学的一些基本规律。个人和公司会对激励制度做出反应。伊斯特利指出，发展中国家的政府无法提供合适的经济环境，个人和公司缺少采取行动促进经济发展的动力。光提供义务教育是不够的，个人需要知道他们在教育上的投资在未来可以有所回报，比如更高的工资和更理想的工作。如果缺乏良好的愿景，个人将不愿意上学。

发展中国家的政府还经常采取一些有问题的政策，比如对出口征收高额的税收，追求导致高速通货膨胀的政策和阻止银行业和金融部门的扩张。这些政策的结果可想而知：出口减少、金融环境动荡以及储蓄和投资不足。在这些政策的作用下，经济增长愿景将化为泡影。这些政策有时源自糟糕的经济建议，有时是因为激进组织或种族主义利用经济系统打击对手。

我们能做什么呢？伊斯特利认为，世界银行和其他国际组织需要停止对美好的发展蓝图的臆想。相反，他们要让各国政府为创造合适的经济环境负责。在有效的激励制度下，个人和公司终将采取行动推动经济增长。

日常生活中的经济学

缺乏产权阻碍了秘鲁的经济增长

对应的经济学问题：为什么发展中国家要实现经济增长需要明晰的产权制度？

在许多南美国家的城市，比如秘鲁的利马，大量居民生活在城市的贫民窟，其中许多人是通过"城市入侵"的方式获取居住的土地的。很多家庭已经在这些贫民窟生活了很长时间，大多数房屋有基本的供水系统、下水道和供电。但是这些居民对他们的住房没有明确的产权。

赫尔南多·德·索托（Hernado DeSoto）是一名秘鲁的经济学家，也是《资本的秘密》（*The Mystery of Capital*）的作者，他对这些"非正式的所有权"进行了细致的研究。他认为，在整个发展中世界里，人们普遍不愿意为改善居住环境做长期投资。这产生了许多重要的影响。

经济学家意识到稳定的信贷体系对于发展中国家的经济增长至关重要。但是没有明晰的产权，人们就无法使用资产作为贷款抵押品。因此，尽管穷人可能居住在高价值的土地上，却没有办法利用这块土地借钱创业。而且，投资的类型也受到信贷能力的影响。德·索托发现，在秘鲁生产棕榈油的利润丰厚，但是需要时间和金钱。而种植可卡叶——可卡因原料——不需要太多时间和金钱。要让农民从种植可卡叶转向种植棕榈树需要改善农民的借贷能力。没有明晰的产权，就很难做到这一点。详见练习 5.7。

资料来源：Based on Hernando DeSoto, *The Mystery of Capital: Why Capitalism Triumphs in the West and Fails Everywhere Else*（New York: Basic Books, 2000）.

总　结

本章我们讨论了经济增长的机制。尽管经济学家还没有完全理解增长产生的原因，但是他们已经发现了许多重要的影响因素，比如人均资本的增加、技术进步、人力资本和政府制度等。本章要点如下：

1. 不同国家的人均 GDP 存在明显的差距。就贫穷国家是否在缩小与富裕国家的差距这个问题，一直存在争论。

2. 经济体通过两种基本机制实现增长：资本深化和技术进步。资本深化是指人均资本的增加，或者说每个劳动者可使用的资本的增加。技术进步是指在投入要素不变的情况下产出增加。

3. 持续的技术进步会导致持续的经济增长。

4. 多种理论试图解释技术进步的来源，并提出促进技术进步的方法。具体包括研发支出、创造性毁灭、市场规模、诱发性创新，以及教育、人力资本和知识积累。

5. 政府的一个关键作用是，设计促进经济增长的制度，包括提供稳定的产权。

练　习

1. 失　业

1.1 为了衡量拥有不同人口的不同国家的生活水平，经济学家使用 ＿＿＿＿。

1.2 在贫穷国家中，非贸易产品（比如家政服务）相较于贸易产品（比如珠宝）的价格要比富裕国家 ＿＿＿＿。

1.3 研究经济增长的经济学家发现了强有力的证据，证明 1980 年至 2000 年间世界各国出现了收敛。＿＿＿＿（正确/错误）

1.4 以固定的每年 2% 的人均 GDP 增长率增长，一个经济体需要 ＿＿＿＿ 年使人均 GDP 翻番。

1.5 学会查询数据。登录国际货币基金组织的世界经济展望数据库网站 http://www.imf.org/external/pubs/ft/weo/2012/01/weodata/index.aspx，创建一张包含 10 个国家的表格，找出每个国家 2011 和 2012 年根据购买力平价调整后的人均 GDP 数据（以当前国际美元计价）。完成表格后，试参照本章内容进行简要的分析，形成一份分析报告。

1.6 贫穷国家会追赶上来吗？假设一个国家的 GDP 是它的富裕邻国的八分之一。贫穷国家的年增长率是 10%，而富裕国家的年增长率是 2%。请问，35 年后，哪个国家的 GDP 会更高？（提示：使用 70 法则。）

1.7 在一张图表中理解收敛。假设图 13-2 的直线是水平的。从中你可以对经济收敛做出怎样的判断？

1.8 人均 GDP 的增长。人均实际 GDP 增长率等于实际 GDP 增长率减去人口增长率。如果人口增长率是每年 1%，实际 GDP 的年增长率达到多少，才能使人均实际 GDP 在 14 年内翻番。

1.9 经济增长和全球变暖。与温度在 20 年后上升相比，如果温度现在上升，印度是否会遭受更多的损失？（参见第 425 页"日常生活中的经济学"）

1.10 平等和增长是反向因果关系吗？持续的经济增长会导致更平等吗？请给出原因。也就是说，在这个因素驱动下，持续的增长会产生平等。（参见第 426 页"日常生活中的经济学"）

2. 资本深化

2.1 在一个没有政府和国际部门的经济体中，储蓄必定等于投资，因为

a. 总需求等于消费加投资

b. 总收入等于消费加储蓄

c. 总收入等于总需求

d. 以上全部

e. 以上均不是

2.2 当其他条件保持不变，人口规模的增长将使总产出 _____，使人均产出 _____。

2.3 当私人部门将 10% 的收入用于储蓄，而政府将税收提升 200 美元用于为公共投资融资，总投资——私人投资和公共投资将增加 _____。

2.4 当一个国家通过贸易顺差为增加的当前消费融资时，它未来将减少消费以偿还借款。_____（正确 / 错误）

2.5 促进资本深化的政策。以下哪项将通过资本深化促进经济增长？

a. 提升税收，用于为居民医疗保健提供资金

b. 增加进口，用于为消费者购买新的 DVD 播放器

c. 增加进口，用于为企业购买超级计算机

2.6 资本边际报酬递减和实际工资。请解释为什么下面这段话有误："资本受边际报酬递减规律影响，所以资本供给增加将会减少实际工资。"

2.7 政府支出、税收和投资。假设一个政府对收入征收 10% 的税，并将这笔税收的一半用于投资，另一半用于公共消费品，比如阅兵。个人会将收入的 20% 用于储蓄，剩余的部分用于消费。请问总投资会增加还是减少？

2.8 贸易逆差：资本深化还是消费？假设一个国际收支平衡的国家开始运行贸易逆差。与此同时，消费占 GDP 的比例增加而投资占 GDP 的比例没有增加。你认为会出现资本深化吗？

3. 技术进步的关键作用

3.1 罗伯特·索洛给传统的生产函数增加了 _____ 用于解释技术变化。

3.2 除了劳动力，_____ 是美国 GDP 增长的最大来源。

3.3 中国的技术进步率高于印度。_____（正确 / 错误）（详见第 432 页"日常生活中的经济学"）

3.4 2007 年至 2011 年的劳动生产率增长速度比 2007 年之前的一段时间要高。（正确 / 错误）

3.5 银行业的技术进步。通过 ATM 机和电子账单支付能力，计算机使面向消费者的银行业产生了革命性的变化。为什么这些改进没有全部被计入技术进步？

3.6 国外投资和技术进步。许多经济学家相信，政府应当允许外国公司进入本国投资工厂和设备，因为本国企业可以向外国企业学习，从而加速技术进步。过去数十年里，中国对国外投资的开放度要高于印度。请解释这个现象与两国增长模式的一致性。（参见第 432 页"日常生活中的经济学"）

3.7 可口可乐和百事。软饮料公司会在营销上花费大量的金钱。请解释这些支出为什么可以被视为一种资本。（参见第 433 页"日常生活中的经济学"）

3.8 无形资本的趋势。在日常生活中的经济学案例中，研究者发现，近年来无形资本对于经济增长的贡献已经大于实物资本。你能解释他们的发现吗？（参见第 433 页"日常生活中的经济学"）

3.9 医疗保险、工资和薪酬。近年来，企业员工的总薪酬（包括福利）增加了，但是工资（不包括福利）没有增加。考虑到许多企业要为员工提供医疗保险，医疗保险的成本增长速度要

快于 GDP。请解释为什么总薪酬增加了，而工资没有增加？

4. 技术进步的原因

4.1 谁发展了市场规模的理论？

a. 约瑟夫·熊彼特

b. 米尔顿·弗里德曼

c. 亚当·斯密

d. 约翰·梅纳德·凯恩斯

4.2 人力资本的投资包括教授使用的电脑。_____（正确 / 错误）

4.3 以下哪项会影响技术进步？

a. 市场规模

b. 垄断公司

c. 研发支出

d. 以上全部

4.4 取消专利制度和版权制度会 _____（削弱 / 增强）创新的动力。

4.5 减少专利期的长度。假设一个消费者权益活动家宣称，制药企业因为对药品拥有专利所以获得了过多的利润。活动家建议将药品专利期的长度（专利的有效期）减少至 5 年。他们认为这将会使药品价格下降，因为竞争者 5 年后就可以进入市场。你认为他们的观点有什么缺陷？试评论。

4.6 独裁政权和经济增长。评价下面这段话："有了强大的经济，独裁者就可以强化军队和警察，从而巩固自己手中的权力。因此独裁者希望

快速的经济增长。"（参见第 438 页"日常生活中的经济学"）

4.7 绿色能源和诱发性创新。假设一个国家为了提升本国的石油价格，减少了石油进口。你认为这会怎样影响开发绿色能源科技的动力？

4.8 快速工业化时期的身高和体重。经济史学家发现，19 世纪中期美国和英国的平均身高和体重都出现了下降。当时社会正处于快速工业化时期，大量人口迁移至城市地区。你认为什么原因引起了身高和体重的下降，你认为这一时期的经济福利发生了怎样的变化？

4.9 50 岁去念医学院。尽管我们可能会敬佩 50 岁时决定去上医学院的人，但是从人力资本理论的角度看，为什么很少有人会这么做？

4.10 时间和经济增长的文化解释。一些经济增长文化理论的批评者指出，一些社会可以在没有明显的文化变化的情况下突然开始快速经济增长。你认为格里高利·克拉克教授的理论是否适用于近年来一些东亚国家的快速增长现象？（参见第 439 页"日常生活中的经济学"）

5. 政府的一个关键作用：提供有效的产权制度和激励制度

5.1 明晰的产权会减少经济增长，因为

生产者无法自由地利用创新。_____
（正确／错误）

5.2 世界银行没有采取以下哪种方法援助发展中国家？

a. 增加国外援助

b. 推广新机器

c. 普及教育

d. 促进人口增长

5.3 在发展中国家，教育的回报经常高于发达国家。_____（正确／错误）

5.4 新增长理论认为，消费支出会导致技术进步率的永久增长。_____（正确／错误）

5.5 多元化和经济增长。一些经济学家和政治学家认为，当一个地区种族或民族更多元化时，他们会减少教育投资，增加消费支出。假设这个理论是正确的，经济增长会受到怎样的影响？

5.6 人才流失和教育的激励措施。有的经济学家对人才流失表示担心，人才流失是指发展中国家的高学历劳动者去发达国家工作的现象。其他经济学家认为，人才流失可以为本国的人才提供激励，鼓励他们接受教育，因此会产生更多的高学历人才。请解释为什么人才流失会增加剩余居民的受教育程度。你怎样检验这个理论？

5.7 稳定的产权和离开家工作。有了稳定的产权，父母可以离开家工作，而不用一直保护他们的财产，这样他们就能获得更高的收入。请解释为什么这会减少童工。（参见第441页"日常生活中的经济学"）

经济衰退时，产出下降，失业增加。

但是为什么会发生经济衰退？经济体如何从经济衰退中复苏？

从某种意义上说，经济衰退是经济协调的大规模失灵。例如，在 20 世纪 30 年代的大萧条时期，接近四分之一的美国劳动力处于失业状态。失业的工人没有钱购买产品和服务。生产这些产品和服务的工厂不得不关闭，因为需求过低甚至接近于零。随着工厂关闭，更多的工人失业，促使更多的工厂关闭。这个残酷的循环将美国吸入了螺旋式的衰退陷阱中。经济协调的失灵不仅仅是一个历史问题。2007 年 12 月，美国经济再次陷入了严重衰退。这次衰退中破坏的链条是如何终止的呢？

同样的问题，经济体如何从经济衰退中复苏？美国经济缓慢地从大萧条中恢复，直到第二次世界大战时才达到了充分就业水平。同样，尽管政府积极地干预，2007 年经济衰退的复苏过程痛苦而缓慢。

学 习 目 标

解释黏性工资和黏性价格在经济波动中的作用。

列举总需求的决定因素。

区分短期总供给曲线和长期的总供给曲线。

描述恢复到充分就业状态的调整过程。

经济体不总是以充分就业的状态运行，也不是一直平稳地增长。有的时候，实际GDP会以低于潜在水平的速度增长，或者剧烈下降，比如大萧条时期；当实际GDP下降时，会出现经济衰退和过度失业。有的时候，GDP增长过快，失业率降至自然失业率水平以下。

太慢或者太快的实际GDP增长是经济波动的表现，它是指GDP偏离潜在GDP的变动。我们现在将注意力转向理解这些经济波动，我们有时也将它们称为经济周期。

在大萧条时期，经济协调出现了失灵。如果产品的需求更多，那么工厂本可以生产更多的产品并雇用更多的工人。英国经济学家约翰·梅纳德·凯恩斯在1936年的著作《就业、利息和货币通论》中提出，大萧条的关键问题是产品和服务需求不足。随着凯恩斯的作品发表，经济学家开始区分长期的实际GDP和短期的实际GDP。在长期内，价格能够根据需求变化进行完全的调整，而在短期内，价格没有足够的时间根据需求变化进行完全的调整。在短期内，经济协调的问题最明显。在长期内，经济学家相信经济将自动恢复到充分就业的状态，尽管经济政策可以加速恢复过程。

黏性价格及其宏观经济意义

为什么会发生经济衰退？一种可能是经济体遭受了巨大的冲击。例如，一个以农业为主的发展中国家，在经历持续的干旱后，会因为经济作物减产而遭受严重的损失。在生产中大量使用石油的现代经济体，在石油价格剧烈上涨后，会因为生产成本上升而遭受损失。当然，战争也可以摧毁经济。还有一种可能是，一系列规模较小的冲击对经济体造成了巨大的累积影响。通常情况下，价格系统可以有效地协调经济的运行，即便在复杂的经济体中也是如此。价格系统为企业提供一系列信号，包括哪些人要买哪些产品，如何生产，使用什么资源，以及从谁那里购买。例如，当消费者决定购买新鲜水果而不是巧克力时，新鲜水果的价格会上升，巧克力的价格会下降。基于这些价格信号，企业会生产更多的新鲜水果和更少的巧克力。日复一日，价格系统在幕后安静地工作，将消费者的欲望与生产者的产出进行匹配。

灵活价格和黏性价格

但是价格系统不总是立刻起作用。价格调整的过程是缓慢的，价格无法快速地为生产者和消费者提供准确的信号。此时，需求和供给就无法立刻进入均衡，经济协调就失灵了。在现代经济体中，有的价格非常灵活，有的则不然。20 世纪 70 年代，美国经济学家亚瑟·奥肯（Arthur Okun）对两种价格进行了区分：日复一日的快速调整的价格——拍卖价格（auction price）和缓慢调整的价格——惯例价格（custom price）。鲜鱼、蔬菜和其他食品的价格属于典型的拍卖价格，这些价格通常比较灵活，调整也很快。工业产品，比如钢条和机器的价格属于惯例价格，这些价格根据需求变化进行调整的过程比较慢。为了简便，经济学家经常把调整缓慢的价格称为黏性价格（就像是一个门不能立刻打开，而且有时候还会卡住）。

钢条和机器的价格属于投入要素价格。和其他投入要素价格一样，劳动力价格的调整也比较慢。劳动者经常会与企业签订长期合同，这些合同一般会规定在一年内不能改变工资。工会工人、大学教授、高中教师以及州政府和地方政府的员工都属于工资调整很慢的劳动者。遍寻整个市场，工资可以快速调整的职业很少。也许电影明星、运动员和歌星是例外，因为他们的工资随着知名度的变化会产生波动。但是他们绝不是经济体中的典型劳动者。即使是低技能、低工资的劳动者也受到最低工资法规的保护，不可能轻易降低工资。

对于大多数企业而言，最主要的经营成本就是工资。当工资具有黏性，公司的整体成本也会具有黏性。这意味着公司的产品价格将保持黏性。总之，黏性工资导致黏性价格，并阻碍了经济体在短期内使需求和供给实现平衡的能力。

需求如何在短期内决定产出

通常来说，生产中间产品比如钢铁或其他投入要素的公司，需求决定了其产出水平，而不是价格。要理解这个观点，我们可以思考一家汽车公司和一家钢材公司的例子。汽车公司从钢材公司购买材料。因为汽车公司和钢材公司业务联系已经有很多年了，关系一直稳定，所以他们签订了一份保持钢材价格在短期内固定的协议。

假设这家汽车公司生产的汽车突然开始大卖，汽车公司决定扩张生产，因此它需要更多的钢材。根据汽车公司与钢材公司之前签订的协议，钢材公司要在不能提升价格的情况下满足增加的需求，销售更多的钢材。因此，钢材的生产在短期内完全由汽车公司的需求决定，而不是由价格决定。

但是如果汽车公司发现汽车销售不佳，需要缩减计划产量呢？此时汽车公司对钢材的需求减少。根据协议，钢材公司将减少钢材的供给，但保持价格不变。再一次，需求而不是价格，决定了短期内的钢材生产。

　　类似的双方协议，无论是正式的还是非正式的，广泛地存在于整个经济体中。通常来说，在短期内，公司需要通过调整生产来满足产品的需求变化，同时产品价格不能变化或者只能有很小的变化。

　　短期内产品生产由需求决定的这种情况也适用于劳动者，因为劳动者也是生产中的投入要素。假设汽车公司雇用工会工人，签订的劳动协议规定：工人的工资在一定时期内保持不变。如果协议签订后，经济突然繁荣起来，那么汽车公司将雇用所有的工会工人，甚至可能要求一些工人超时工作。相反，如果经济突然停滞，公司将辞退部分工人，只雇用部分的工会工人。无论是哪种情况，工资都具有黏性，无法在协议期内变动。

　　零售价格对于消费者而言，就像投入要素价格对于生产者一样，也具有一定的黏性。经济学家利用邮购产品目录分析了零售价格黏性。零售价格黏性进一步证明了经济体中的许多价格调整都很慢。

　　在长期内，价格确实会变化。假设汽车公司的产品已经大卖了很长一段时间。钢材公司和汽车公司调整合同，使钢材的价格反映出上升的需求。但是，这种价格调整只会在长期中发生。在短期内，决定产出的是需求而不是价格，同时价格调整是缓慢的。

　　我们对上面的分析做一个总结。**宏观经济学的短期**（short run in macroeconomics）是指价格不变化或者变化不大的一段时期。在宏观经济学的短期内，正式或非正式的企业协议使产出的变化主要反映需求的变化，而不是价格的变化。

> **名词解释**
>
> 　　**宏观经济学的短期**：价格不变化或者变化不大的一段时期。

日常生活中的经济学

衡量消费市场的价格黏性

对应的经济学问题：消费市场的价格行为如何反映价格调整的速度？

　　经济学家使用了大量方法分析零售价格的行为。芝加哥大学的阿尼尔·迦叶波（Anil Kashyap）采取的方法是调查消费者产品目录中的价格。具体的做法是这样的，他调查了宾氏公司、REI 公司和奥维斯公司的 12 种特定商品的价格。迦叶波对 12 种商品进行了长期跟踪，包括几种不同的鞋子、篮子、羊绒衫、双筒望远镜、钓鱼竿和鱼钩。他发现了显著的价格黏性。他追踪的商品价格通常保持一年甚至更久不变，尽管每六个月就会有新的产品目录。当价格最终改变时，有的价格变化大，有的价格变化小。在高通货膨胀时期，价格和理论预期的一样，倾向于经常变化。

罗切斯特大学的马克·比尔斯（Mark Bils）和斯坦福大学的皮特·柯烈诺（Peter Klenow）根据 BLS 在 1995 年至 1997 年间未公开的数据，调查了覆盖 70% 的消费支出的 350 件产品和服务的价格变化频率。与之前的研究对比，他们发现了更经常的价格变化，一半商品的价格在 4.3 个月以内会变化。一些价格变化的频率更高。西红柿的价格变化大约每三周发生一次。但是有的商品价格变化很慢，比如投币洗衣机的价格，平均每 6.5 年才变化一次。详见练习 1.5、1.7 和 1.8。

资料来源：Based on Anil Kashyap, "Sticky Prices: New Evidence from Retail Catalogs," *Quarterly Journal of Economics* 110, no. 1（1995）: 245-274, and Mark Bils and Peter Klenow, "Some Evidence on the Importance of Sticky Prices," *Journal of Political Economy* 112, no. 5（2004）: 987-985.

总需求

在这个部分，我们会介绍一种分析总需求的图形工具——总需求曲线。下一节，我们还将介绍总供给曲线。通过总需求曲线和总供给曲线，我们可以构建一个经济模型，帮助我们分析短期或长期中分别如何确定产出和价格。这个经济模型还可以用来研究政府是如何通过支出、税收和货币创造政策稳定经济的。

什么是总需求曲线

总需求是指整个经济体中产品和服务的全部需求。换句话说，总需求是消费者、企业、政府和国际部门当前生产的 GDP 的需求。总需求是一个宏观经济概念，因为它考虑的是作为一个整体的经济，而不是单个产品或单个市场。

总需求曲线（aggregate demand curve，简称 AD）显示了实际 GDP 的需求量和价格水平的关系，如图 14-1 所示。总需求曲线描绘了 GDP 的总需求和价格水平的相关关系（注意，这里的价格水平是经济体中价格的平均水平，由一个价格指数表示）。在 AD 中，纵轴表示价格水平，横轴表示经济体中所有产品和服务的总需求量。总需求曲线是

名词解释

总需求曲线：表示实际 GDP 的需求量和价格水平的关系的曲线。

一条向下倾斜的曲线。随着价格下降，产品和服务的总需求量增加。要理解总需求曲线的含义，我们必须首先了解总需求的组成部分，为什么总需求曲线向下倾斜，影响曲线移动的因素有哪些。

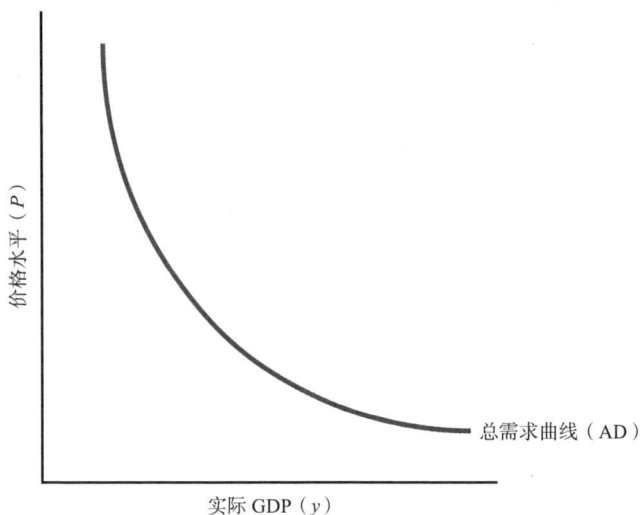

▲图 14-1

总需求

总需求曲线描绘了实际 GDP 的总需求和价格水平的相关关系。总需求曲线向下倾斜，表示总需求数量与价格水平呈负相关关系。

总需求的组成部分

在讨论GDP核算时，我们将GDP分成四个部分：消费支出（C）、投资支出（I）、政府购买（G）和净出口（NX）。这四个组成部分也是总需求的四个组成部分，因为总需求曲线表示的就是在不同价格水平下 GDP 的需求。我们后面会看到，这四个部分的需求变化都会使总需求曲线移动。

为什么总需求曲线向下倾斜

为什么总需求曲线向下倾斜，要回答这个问题，我们需要考虑经济体整体价格水平的变化产生的影响。首先，我们来考虑经济体中货币的供给。在后面的章节我们会更细致地讨论货币的供给，现在我们仅从总需求的角度来理解。货币的供给可以看作家庭、企业持有的现金和储蓄账户中的存款总量。当经济体中的价格平均水平发生变化，你拥有的货币的购买力会随之变化。这是实际价值-名义价值原理的典型例证。

> **实际价值-名义价值原理**
> 对人们来说，真正重要的是金钱或收入的实际价值，即它的购买力，而不是它的表面价值。

当货币的购买力发生变化时，总需求曲线受到三种影响：

- 财富效应
- 利率效应
- 国际贸易效应

让我们来仔细了解这三种效应。

财富效应。由于货币的实际价值随着价格水平的下降而上升，导致支出增加。这种现象被称为**财富效应**（wealth effect）。更低的价格导致更高的财富水平，更高的财富水平会使支出增加。相对地，当价格水平上升时，货币的实际价值减少，人们的财富以及对产品和服务的需求也将减少。当价格水平上升时，消费者没有办法用便宜的商品代替价格上升的商品，因为价格水平上升意味着所有东西的价格都更高了。

> **名词解释**
>
> **财富效应**：由于货币的实际价值随着价格水平的下降而上升，导致支出增加。

利率效应。在经济体的货币供给给定的条件下，更低的价格水平会导致更低的利率。利率降低时，消费者和公司能够以更低的成本借钱购买东西。因此，对一些产品和服务（消费者购买的耐用消费品和企业购买的投资品）的需求将增加。（我们会在后面的章节详细解释利率效应。）

国际贸易效应。在一个开放的经济体中，更低的价格水平意味着国内商品相对于国外商品的价格降低，因此国内商品的需求将增加。例如，当美国的价格水平下降，美国的商品相比国外商品的价格将下降，此时美国的出口将增加，进口将减少。因此，净出口将增加。

在总需求曲线上移动

价格水平下降使总需求量沿着总需求曲线向下移动，总需求量的变动有三个原因：财富效应、利率效应和国际贸易效应。如果价格水平以外的变量发生变化，总需求曲线会出现什么变化？总需求增加意味着，在价格水平不变的情况下，对实际GDP包含的所有产品和服务的总需求增加。换句话说，总需求增加使总需求曲线向右移动。相反，总需求减少使总需求曲线向左移动。

引起总需求曲线移动的因素主要有四个，我们将逐一进行分析：

- 货币供给的变化
- 税收的变化
- 政府支出的变化
- 其他需求变化

货币供给的变化。 经济体中货币供给的增加将增加总需求，使总需求曲线向右移动。我们知道，货币供给的增加将使消费者和企业的需求增加。在任意给定的价格水平下，货币供给增加意味着消费者和企业的财富的增加和对产品和服务的需求增加。相对地，货币供给的减少将使总需求减少，使总需求曲线向左移动。

税收的变化。 税收的减少将增加总需求，使总需求曲线向右移动。尽管价格水平没有变化，更低的税收将增加家庭可支配收入，并增加家庭的消费支出。税收的增加将减少总需求，使总需求曲线向左移动。更高的税收将减少家庭可支配收入，并减少家庭的消费支出。

政府支出的变化。 政府支出的增加将增加总需求，使总需求曲线向右移动。例如，政府增加国防支出或建设高速公路，社会对于产品和服务的总需求将随之增加。相对地，政府支出的减少将减少总需求，使总需求曲线向左移动。

其他需求的变化。 家庭、企业或国际部门的需求发生的任何变化都会改变总需求。例如，当中国经济迅速扩张，中国居民将购买更多的美国商品，美国总需求将增加。或者当美国家庭决定支出更多，消费将增加，总需求将增加。对于未来的预期也很重要。例如，当企业对未来持乐观预期并增加投资支出时，总需求将增加。但是，如果企业持悲观预期并减少投资支出，总需求将减少。

图14-2和表14-1总结了我们的讨论。税收的减少、政府支出的增加和货币供给的增加使总需求曲线向右移动。税收的增加、政府支出的减少和货币供给的减少会使总需求曲线向左移动。总的来说，需求的增加将使总需求曲线向右移动，需求的减

少将使总需求曲线向左移动。

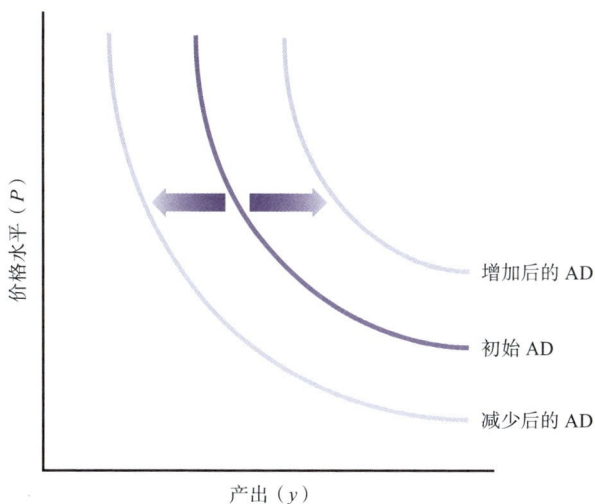

▲图 14-2

总需求曲线的移动

税收的减少、政府支出的增加和货币供给的增加可以使总需求曲线向右移动。税收的增加、政府支出的减少和货币供给的减少会使总需求曲线向左移动。

表 14-1 影响总需求变化的因素

增加总需求的因素	减少总需求的因素
税收的减少	税收的增加
政府支出的增加	政府支出的减少
货币供给的增加	货币供给的减少

乘数如何使总需求曲线的移动幅度增大

我们来进一步观察总需求曲线的移动幅度。假设政府增加了 100 亿美元的支出用于购买产品和服务。你可能认为，既然增加了 100 亿美元的政府支出，那么总需求曲线将向右移动 100 亿美元。最初，总需求确实向右移动了 100 亿美元，如图 14-3 所示，总需求曲线从 a 移动至 b。但是经过一个短暂的时期后，总需求将继续增加，如图 14-3 所示，总需求曲线从 b 移动至 c。总需求总的变化与总需求最初的变化的比值被称为**乘数**（multiplier）。

名词解释

乘数：总需求的总的变化与总需求最初的变化的比值。

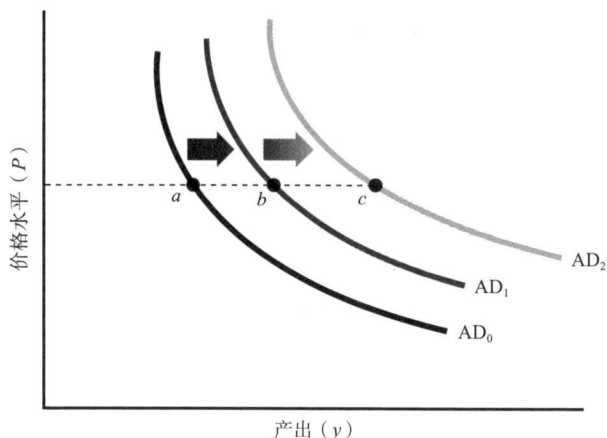

▲图 14-3

乘数

最初，政府支出增加将使总需求曲线从 a 水平向右移动至 b。不过总需求曲线最终将从 b 再移动至 c。总需求的总的变化与总需求最初的变化的比值被称为乘数。

　　为什么总需求曲线最终移动的距离比最初估计的多？经济学家约翰·梅纳德·凯恩斯对此做出了解释，他认为当政府支出增加使总需求曲线向右移动后，产出还会进一步增加。在第 11 章的流动循环中我们看到，产出增加意味着家庭收入的增加，因为企业要向家庭支付报酬购买劳动力和其他投入要素。通常来说，家庭会将部分收入用于消费，这将进一步增加总需求。正是家庭增加的消费使总需求曲线进一步移动。

　　我们可以用一个简单的例子说明乘数作用于经济体的基本原理。假设政府支出 1,000 万美元用于翻新联邦法院的一座大楼。最初，经济体中的总支出将增加 1,000 万美元。私人建筑公司将得到这 1,000 万美元，这 1,000 万美元再被分配给建筑工人和老板。假设建筑工人和老板将其中 600 万美元用于购买汽车（后面我们会看到，他们具体消费多少，或者购买什么并不影响结论）。要满足消费需求的增加，汽车公司将扩大生产，并获得额外的 600 万美元。汽车公司的工人和老板进一步将他们收入中的一部分，比如说 360 万美元，用于购买电视机。那么电视公司的工人和老板将把这 360 万美元中的一部分用于消费。以此类推。

　　要定量地分析这个过程，我们首先需要了解消费者的行为以及他们的行为是如何影响总需求水平的。经济学家发现，消费者的支出取决于经济体中的收入水平。当消费者的收入增加，他们会购买更多的产品和服务。收入水平和消费支出的关系可以用

消费函数（consumption function）表示：

$$C = C_a + by$$

其中，C_a 表示消费支出，固定不变且与收入无关。经济学家将其称为**自发消费支出**（autonomous consumption spending）。

自发消费支出是指不受收入水平影响的支出。例如，所有的消费者，无论他们现在的收入怎样，都必须购买一定量的食物。第二个部分 by 表示受收入影响的消费支出。其中 b 被称为**边际消费倾向**（marginal propensity to consume, 简称 MPC），而 y 是指经济体的收入水平。MPC 告诉我们收入每增加 1 美元，消费支出会增加多少。例如，当 b 为 0.6 时，收入每增加 1 美元，消费将增加 0.60 美元。

下面用另一种方式思考 MPC：当一个家庭得到额外的收入，这笔收入将使家庭的消费增加一定的数量。MPC 被定义为增加的消费与增加的收入的比值：

$$MPC = \frac{增加的消费}{增加的收入}$$

例如，当家庭额外得到 100 美元的收入，该家庭的消费增加了 70 美元，那么 MPC 等于：

$$\frac{70}{100} = 0.7$$

你可能会想剩下的 30 美元去哪了。家庭会将没有用于消费的收入储蓄起来。因此**边际储蓄倾向**（marginal propensity to save，简称 MPS）被定义为增加的储蓄与增加的收入的比值：

$$MPS = \frac{增加的储蓄}{增加的收入}$$

MPC 和 MPS 的和恒定为 1，因为根据定义，增加的收入要么用于消费，要么用于储蓄。

现在我们可以更好地理解乘数概念。假设政府将产品和服务的购买增加了 1,000 万美元。这最初会使总需求和收入都增加 1,000 万美元。

> **名词解释**
>
> **消费函数**：表示消费支出与收入水平的关系的函数。
>
> **自发消费支出**：与收入无关的消费支出部分。
>
> **边际消费倾向**（MPC）：增加的消费与增加的收入的比值。
>
> **边际储蓄倾向**（MPS）：增加的储蓄与增加的收入的比值。

当收入增加 1,000 万美元，消费者愿意增加的消费等于 MPC 乘以增加的收入。当 MPC = 0.6 时，消费者将增加 600 万美元的消费。此时，总需求曲线会在已经移动了 1,000 万美元的基础上继续向右移动 600 万美元，总计 1,600 万美元。

但是总需求增加的过程并没有结束。当总需求增加 600 万美元，收入也会增加 600 万美元。消费者会增加 MPC 乘以 600 万美元的消费，即 360 万美元。此时，总需求曲线会继续向右移动 360 万美元。我们看到，这个过程会一轮一轮地持续下去，如表 14-2 所示。我们将每一轮增加的总需求加总起来，可以知道总需求将增加 2,500 万美元。也就是说，总需求的总的变化与总需求最初的变化的比值是 2.5，乘数即为 2.5。

表 14-2　乘数的作用过程（货币单位：万美元）

	总需求的增加	GDP 和收入的增加	消费的增加
第一轮	1,000	1,000	600
第二轮	600	600	360
第三轮	360	360	216
第四轮	216	216	130
……	……	……	……
总计	2,500	2,500	1,500

与其一轮一轮地计算总需求的增加，我们可以使用一个简单的公式来计算乘数：

$$乘数 = \frac{1}{1 - MPC}$$

在前面的例子中，MPC = 0.6，所以乘数等于

$$\frac{1}{1 - 0.6} = 2.5$$

现在我们可以理解图 14-3 中总需求为什么是从 a 移动至 c 而不是 b 了。因为乘数在发挥作用。乘数非常重要，因为相对较小的支出变化也能导致产出的较大变化。例如，当公司削减投资支出，产出的削减将等于投资支出的削减乘以乘数，看似不大的投资支出削减可能会对经济产生较大的负作用。

实践中，当我们考虑其他现实因素如税收和金融市场的间接影响后，实际乘

数会比前面例子给出的乘数小。大多数经济学家估计的美国经济目前的乘数接近 1.5。这意味着任何一种支出增加 1,000 万美元将使美国总需求增加约 1,500 万美元。也有一些经济学家认为，乘数甚至可能接近于 1。知道乘数的具体数值具有两个价值。第一，我们可以知道经济冲击对于总需求的作用会放大多少。第二，要设计有效的经济政策使总需求曲线移动，我们需要知道乘数的确切数值，以把握政策的度。

日常生活中的经济学

确定经济衰退原因的两种路径

对应的经济学问题：我们如何确定引发经济衰退的因素？

经济学家使用总需求和总供给模型这一基本架构来解释经济衰退。当总需求剧烈减少（总需求曲线向左移动）或总供给剧烈减少（短期总供给曲线向上移动）时，经济衰退就会发生。问题是，在特定的历史时期中，是什么因素使曲线发生了移动？

这个问题很有趣，也非常有挑战性。政策制定者通常会对经济冲击做出应对。比如，当世界石油价格在 1973 年上升时，美国的价格水平开始上升，政策制定者决定减少总需求以避免价格水平进一步上升。因此，后来的经济衰退是因为（1）石油价格上升使短期供给曲线向左移动，还是因为（2）政策制定者推动的减少总需求的政策？

要回答这个问题，一种方法是使用经济模型。经济学家詹姆斯·法克乐（James Fackler）和道格拉斯·麦克米林（Douglas McMillin）建立了一个小型经济模型处理这个问题。为了区别需求冲击和供给冲击，他们使用了本章将会介绍的一种观点。对总需求的冲击只会影响长期的价格，不会影响产出。但是另一方面，对总供给的冲击会影响长期的产出。使用这种方法，他们发现，需求和供给的混合冲击造成了美国当时产出的波动。

另一种方法是传统的历史方法。经济史学家皮特·特敏（Peter Temin）回顾了从 1893 年到 1990 年美国发生的所有经济衰退，试图找出引起这些经济衰退的最终原因。根据他的分析，衰退是由各种因素引起的。有时，比如 1929 年，经济衰退是由消费者削减支出和私人部门的总需求减少引起的。有时，比如 1981 年，政府为了降低通货膨胀削减了总需求。1973 年和 1979 年的经济衰退是因为供给冲击。

综合两种方法，我们可以看出，需求冲击和供给冲击对于理解经济衰退都很重要。详见练习 3.6 和 3.9。

资料来源: Based on Peter Temin, "The Causes of American Business Cycles: An Essay in Economic Historiography," in Federal Reserve Bank of Boston Conference Series 42, *Beyond Shocks: What Causes Business Cycles*, http://www.bos.frb.org/economic /conf/conf42（accessed April 12, 2010）, and James Fackler and Douglas McMillin, "Historical Decomposition of Aggregate Demand and Supply Shocks in a Small Macro Model," *Southern Economic Journal* 64, no. 3（1998）: 648-684.

总供给

现在我们开始讨论供给侧。**总供给曲线**（aggregate supply curve, 简称 AS）显示了价格水平与最终产品的总数量，以及公司愿意且能够供给的产出之间的关系。通过总需求曲线与总供给曲线构建的宏观经济模型，我们可以将经济体对实际产出的需求和企业供给产出的意愿整合在一起分析，确定经济体的价格水平和实际 GDP。由于价格在短期具有黏性，我们要区分两种总供给曲线——长期总供给曲线和短期总供给曲线。

长期总供给曲线

首先我们要考虑**长期总供给曲线**（long-run aggregate supply curve），这里的长期是指经济体处于充分就业状态的时期。我们在上一章讨论过，充分就业状态下的产出水平，也就是潜在产出，仅取决于资本、劳动等投入要素的供给和科技水平。

在长期中，经济体在充分就业的状态下运行，价格水平的变化不会影响就业。举一个简单例子来说明，假设经济体的价格水平增加了 50%，这不仅意味着所有最终产品和服务的价格平均将增加 50%，也意味着投入要素的价格平均将增加 50%。因此，尽管价格水平增加，但是企业的利润将保持不变，产出水平也将保持不变。因为充分就业状态下的产出水平不随价格水平变化而变化，所以长期总供给曲

名词解释

> **总供给曲线**：显示价格水平和产出供给量之间关系的一条曲线。
> **长期总供给曲线**：一条垂直的总供给曲线，它反映出长期中产出只由生产要素和科技水平决定，不受价格水平影响。

线是一条垂直的直线，如图 14-4 所示。

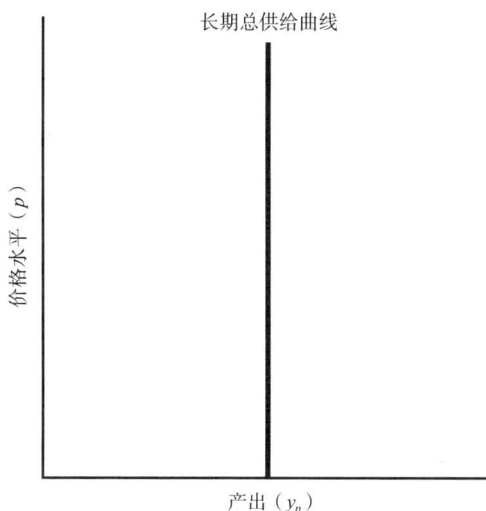

长期总供给曲线

▲图 14-4

长期总供给曲线

在长期中，产出水平不受价格水平影响。

要确定产出和价格水平，我们需要将总需求曲线和长期供给曲线结合起来分析。两条曲线的交点决定了均衡状态下的价格水平和产出水平。在交点处，总需求量等于总供给量，经济体将处于宏观经济的均衡状态。总需求曲线的准确位置将由税收、政府支出和货币供给等因素共同确定，并保持倾斜向下。长期总供给曲线的准确位置将由充分就业状态下的产出水平确定，并保持垂直。

总需求增加将使总需求曲线向右移动，如图 14-5 所示。在长期中，总需求增加将使价格水平上升，但产出水平将保持不变。总之，在长期中，总需求曲线的移动不会改变产出水平，只会改变价格水平。举例来说：当货币供给每年增加 5% 时，总需求曲线每年将向右移动 5%。在长期中，这意味着价格水平每年将增加 5%，也就是说每年的通货膨胀是 5%。这个特征具有重要的意义：在长期中，货币供给的增加不会增加实际 GDP，只会导致通货膨胀。

我们可以将长期的宏观经济特征总结如下：在长期中，产出只由人力资本、物质资本和劳动力供给决定，而不受价格影响。总需求曲线和长期总供给曲线的模型告诉我们，需求变化只会影响价格，不会影响产出。

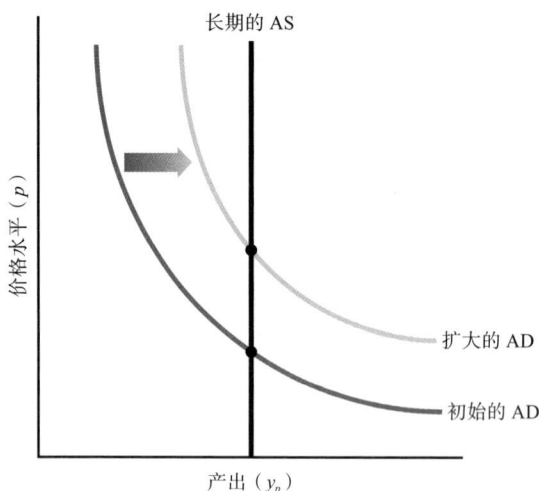

▲图 14-5

总需求和长期总供给

产出和价格由 AD 和 AS 的交点确定。总需求增加将导致价格水平上升。

短期总供给曲线

在短期中，价格具有黏性（变化缓慢），产出主要由需求决定。这也是凯恩斯对大萧条的解释。我们可以使用总需求曲线和**短期总供给曲线（short-run aggregate supply）**阐明这个观点。图 14-6 显示了一条相对平坦的短期总供给曲线（AS）。这条短期总供给曲线显示了在短期中价格水平和企业供给产出意愿的相关关系。我们先来了解短期总供给曲线的斜率和影响其移动的因素。

短期总供给曲线之所以相对平坦，是因为短期中公司会供给经济体需要的所有产出，而价格不会发生大的变化。前文我们提到，基于正式或非正式的合约，企业会供给所需的产出，并且价格不会发生大的变化。短期总供给曲线略微向上倾斜。当企业要供给更多的产出时，它们需要采取一定的措施，而这些措施会导致价格上升。例如，企业需要工人工作更长的时间，因此需要支付加班工资，又或者企业需要更多的原材料，因而需要支付比原来更高的价格。短期总供给曲线的

> **名词解释**
>
> **短期总供给曲线**：一条相对平坦的总供给曲线，它表示价格在短期中不会发生大的变化，而且公司会调整生产以满足需求。

特征与经济体中的价格行为是一致的。大多数研究发现，需求变化在短期中对价格的影响较小。因此，我们可以认为总供给曲线在一段有限的时间内相对平坦。

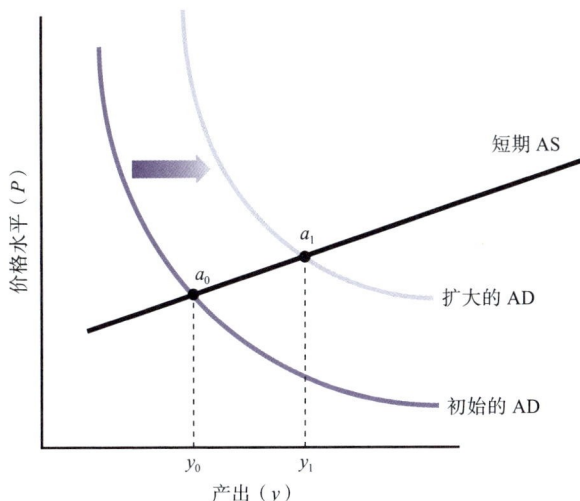

▲图 14-6

总需求和短期总供给

在短期中，总需求曲线的移动会导致产出较大幅度的变化和价格较小幅度的变化。

短期总供给曲线的准确位置将由企业的生产成本决定。更高的成本会使短期总供给曲线向上移动，而更低的成本会使曲线向下移动。更高的成本之所以会使短期总供给曲线向上移动，是因为企业需要提高价格以保持利润。哪些因素决定了企业的生产成本？最重要的因素有三个：

- 投入要素的价格（工资和原材料）
- 科技状态
- 税收、补贴和经济规制

投入要素价格的增加（比如更高的工资或石油价格）会增加企业的成本，这将使短期总供给曲线向上移动。技术的改进将使短期总供给曲线向上移动，而生产补贴将使曲线向下移动。本章后面我们会看到，当经济体不处于充分就业状态时，工资和其他成本会变化。短期总供给曲线整体随着这些成本的上升或下降而向上移动或向下移动。

AD 和 AS 的交点 a_0 确定了价格水平和产出水平。因为总供给曲线比较平坦，所以总需求主要由产出水平决定。在图 14-6 中，当总需求增加，价格将略微上升，而产出将从 y_0 移到 y_1。

当总需求曲线向左移动，产出将减少。如果总需求曲线向左移动的幅度足够大，那么经济体可能陷入衰退。总需求的突然减少是美国历次经济衰退的重要起因。但是，历次经济衰退中使总需求曲线移动的具体因素却有不同。

我们注意到，AS 和 AD 交点处的产出不一定是充分就业状态下的产出，即潜在产出。企业会根据需求调整产出。当需求很大，经济体"过热"时，产出也许会超过充分就业状态下的产出。当需求很小，经济体停滞时，产出会低于充分就业状态下的产出。因为在短时期内价格不会完全调整，所以经济体不会一直处于充分就业的状态，经济体的产出也不会一直是潜在产出。由于存在价格黏性，所以短期中的需求变化会导致经济波动、就业不足或过度就业。只有在长期中，价格才会充分调整，经济体才会处于充分就业的状态。

日常生活中的经济学

石油供给混乱、投机和供给冲击

对应的经济学问题：石油价格上涨真的是由供给冲击引起的吗？

经济学家一直认为石油供给混乱是美国经济遭受供给冲击的原因。如果事实确实如此，那么石油供给混乱就是对美国经济的一次外部冲击。但实际上，石油价格变化并不都是供给混乱引起的。石油价格上涨可能是由世界需求增加或石油市场中的投机活动引起的。

石油供给混乱对于美国经济究竟有多大的影响？经济学家鲁兹·吉里安（Lutz Kilian）通过构建石油生产国的供给混乱的衡量指标，仔细地分析了这个问题。这些衡量指标是基于石油需求的趋势和石油合同中的规定建立的。虽然吉里安确实发现了存在供给混乱的证据，但是供给混乱只能解释石油价格变动的一小部分原因。在他看来，影响石油价格变动的主要是其他因素。

石油市场投机就是这些因素之一。投机者可能是国家、企业，也可能是个人。当投机者认为价格未来将上升时，他们会增加石油购买或减少石油售出，两种行为都会增加当前石油的价格。值得注意的是，当投机者平均来看预期正确时，他们会使石油价格在长期保持平稳——比如现在提升价格，之后再降低价格。这将有利于经济体。虽然政治家经常抱怨投机者，但是在很多情况下，他们实际上帮助了经济体。当然，投机者可能会预期错误，从而使价格波动更加剧烈，在这种情况下投机者将遭受损失。详见练习 3.4 和 3.7。

资料来源: In part based on Lutz Kilian, "Exogenous Oil Supply Shocks: How Big Are They and How Much Do They Matter for the U.S. Economy?" *Review of Economics and Statistics*, May 2008, Vol. 90, No. 2, pp. 216-240.

供给冲击

到目前为止，我们一直在讨论短期和长期中总需求变化分别如何影响产出和价格。但是，即使在短期中，外部干扰也可能冲击经济体，并导致短期总供给曲线移动。**供给冲击（supply shocks）**是使总供给曲线移动的外部事件。

世界经济历史中，最著名的供给冲击发生在 1973 年至 1979 年间，当时石油价格剧烈上涨。石油是许多公司重要的投入要素，许多产品的生产和运输都离不开石油。石油价格上升使企业成本增加，利润减少。为了维持利润水平，企业会提升产品价格。正如我们看到的，企业成本的增加会使短期总供给曲线向上移动，石油价格的增加就是一个很好的例证。

图 14-7 阐释了促使价格上升的供给冲击。短期总供给曲线随着供给冲击向上移动，因为当企业成本增加时，企业将在更高的价格水平上供给产品。AS 曲线向上移动，使价格水平上升，并使产出水平从 y_0 下降到 y_1。不利的供给冲击因此可能会导致衰退（实际产出下降）和价格上升，这种现象被称为**滞胀（stagflation）**。1973 年至 1979 年间美国就发生了滞胀。在这段时期内美国经济遭受了两方面的损失：价格上升和产出下降。有利的供给冲击，比如价格下降，也有可能出现。

名词解释

供给冲击：使总供给曲线移动的外部事件。

滞胀：实际产出减少伴随价格上涨同时出现的现象。

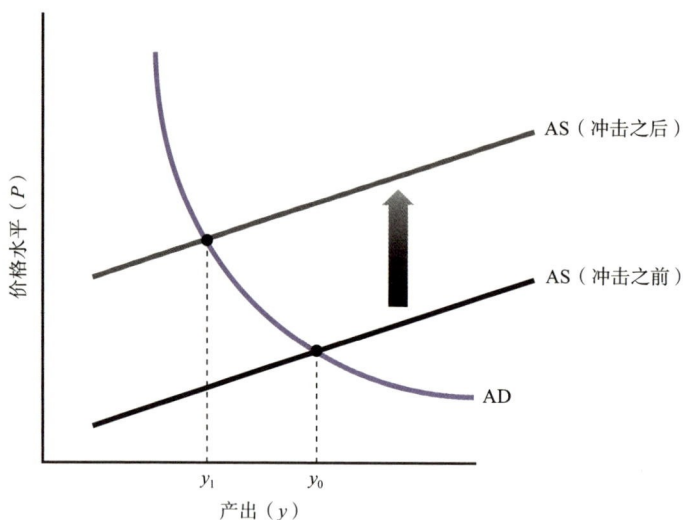

▲图 14-7

供给冲击

一次不利的供给冲击，比如石油价格的上升，会导致 AS 曲线向上移动，其结果是价格上升和产出降低。

从短期到长期

我们已经分别分析了短期和长期中总需求和总供给是如何确定产出和价格的。你可能想知道从短期变为长期需要多少时间。下面我们将简要说明短期和长期是如何连接在一起的。

在图 14-8 中，总需求曲线是与短期总供给曲线在点 a_0 处相交，产出水平为 y_0。在这张图中，我们还描绘出了总供给曲线。经济体的产出水平 y_0 大于潜在产出水平 y_p。换句话说，这是一个处于繁荣期的经济体：产出大于潜在水平。

在经济繁荣期会发生什么？因为经济体的产出大于长期的潜在水平，所以失业水平会非常低。这将使企业难以招聘和留住员工。企业购买生产所需的原材料和其他投入要素的难度也会增加。当企业要为劳动力和原材料展开竞争时，工资和价格将出现长期上升的趋势。

工资和价格的上升将使短期总供给曲线向上移动，因为经济体在投入要素上的成本上升了。图 14-9 展示了短期总供给曲线随着时间推移而不断上移。只要经济体的产出大于潜在产出水平，就会存在对劳动力和原材料的持续竞争，价格和工资就会上升。在长期中，短期总供给曲线将保持上升，直到与总需求曲线相交于 a_1。此时，经济体将达到长期均衡。

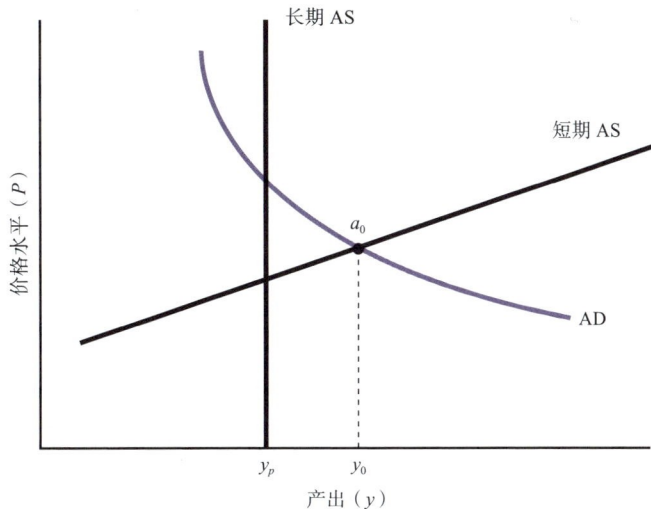

▲ 图 14-8

短期中的经济体

在短期中，经济体的产出大于潜在产出。

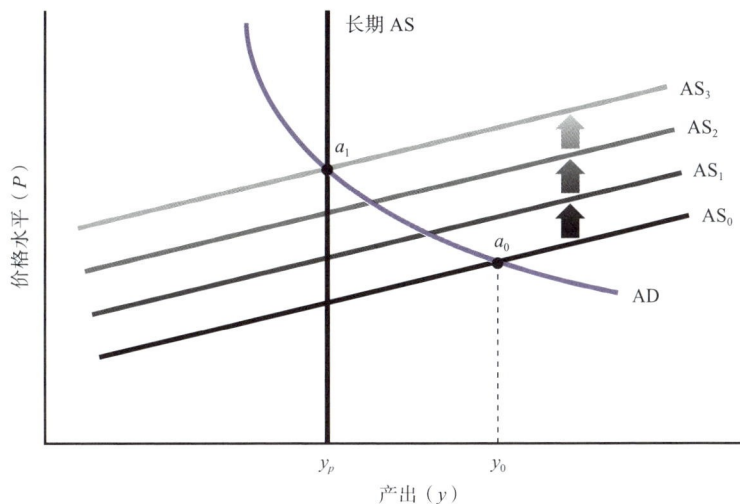

▲ 图 14-9

从短期到长期的调整过程

当产出大于潜在产出水平时，短期 AS 曲线随时间向上移动。经济体会调整至长期均衡。

当经济体的产出低于充分就业状态下的产出或潜在产出时，经济体会出现逆向的调整过程。失业率将大于自然失业率，因而存在超额失业。企业雇用和留住员工的难度会降低，而且企业将降低工人工资。当企业降低工资时，经济体的平均工资水平会下降。因为工资是生产成本最重要的组成部分，所以生产成本会随之下降，短期总供给曲线向下移动，同时价格水平将下降。

总之，工资和价格的调整将会使经济体从短期均衡进入长期均衡。这个过程可能需要几年，因此政府经常希望使用经济政策加速这个过程。接下来的几章，我们将深入学习经济政策。

总　结

本章我们讨论了黏性价格，或者说工资和价格缺乏灵活性，会导致产出在短期中由需求决定。我们发展了一个总需求总供给模型用于分析经济体的运行情况。本章要点如下：

1. 因为价格在短期中具有黏性，所以经济学家认为 GDP 在短期中主要由需求因素决定。

2. 总需求曲线描绘了价格水平和对经济体的实际产出的总需求的相关关系。总需求曲线向下倾斜，原因是受财富效应、利率效应和国际贸易效应的影响。

3. 税收减少、政府支出增加和货币供给增加都会增加总需求，使总需求曲线向右移动。税收增加、政府支出减少和货币供给减少都会减少总需求，使总需求曲线向左移动。总之，能够引起对总产品和服务需求增加的任何因素（价格变化除外）都会使总需求增加。

4. 总需求曲线总的变化大于最初的变化。总需求的总变化与总需求最初的变化的比值被称为乘数。

5. 总供给曲线描绘了价格水平和产出水平之间的关系。产出和价格由总需求曲线和总供给曲线的交点确定。

6. 长期总供给曲线是垂直的，因为在长期中，产出由生产要素的供给决定，不受价格影响。短期总供给曲线比较平坦，因为在短期中，价格基本上保持不变，产出由需求决定。生产成本决定短期总供给曲线的准确位置。

7. 供给冲击可以使短期总供给曲线发生移动。

8. 当成本发生变化，短期总供给曲线在长期中会不断变化，逐渐使经济体恢复到充分就业的状态。

练　习

1. 黏性价格及其宏观经济意义

1.1 奥肯对两种价格进行了区分：日复一日快速调整的价格——拍卖价格（auction price）和缓慢调整的价格——＿＿＿＿价格（custom price）。

1.2 对于大多数公司，做生意最大的成本是＿＿＿＿。

1.3 价格系统总是会对经济活动进行协调，即便是当价格根据需求供给变化进行调整的速度较慢时。＿＿＿＿（正确／错误）

1.4 确定以下工资根据需求和供给变化进行调整的速度是快还是慢。

　　a. 工会工人

　　b. 歌星和影星

　　c. 大学教授

　　d. 体育明星

1.5 网络和价格灵活性。网络使消费者可以搜索到各种商品的最低价格，比如书籍、音乐 CD 和飞机票。当消费者可以轻松在网络上购物时，这些商品的价格可能会变得更加灵活。你认为什么类型产品的价格会因为网络购物变得更加灵活。请给出两个例子，其中一个需要提供商品信息链接。（参见第 450 页"日常生活中的经济学"）

1.6 航空公司和稳定的石油价格。西南航空制定了一条公司政策，要求公司进行复杂的金融交易以保证石油成本稳定。为什么石油公司需要稳定的石油价格？

1.7 超市价格。在超市中，西红柿的价格变化很快，但是拖把的价格变化较慢。你能给出解释吗？（参见第 450 页"日常生活中的经济学"）

1.8 产品目录的零售价格黏性。在高通货膨胀时期，产品目录的零售价格变动频率更高。请解释原因。（参见第 450 页"日常生活中的经济学"）

2. 总需求

2.1 以下哪项不是总需求的组成部分？

　　a. 消费

　　b. 投资

　　c. 政府购买

　　d. 货币供给

　　e. 净出口

2.2 在大萧条时期，美国的价格水平下降了 33%。保持其他条件不变的情况下，这将使总需求通过三条途径增加：＿＿＿＿效应、利率效应和国际贸易效应。

2.3 巴拉克·奥巴马在 2009 年降低了税负，同时增加了政府支出。保持其他条件不变的情况下，这些行动会

使总需求曲线向 _____ 移动。

2.4 当 MPC 等 于 0.8 时，乘 数 等 于 _____。

2.5 受税收等其他经济因素影响，美国的乘数 _____（大于 / 小于）2.5。

2.6 开放出口市场。假设一个国家，最初阻止美国向该国出口，后来向美国的公司开放了市场。这会使美国的总需求曲线发生什么变化？

2.7 计算 MPS 和 MPC。在一年内，一名消费者的收入增加了 200 美元，她储蓄了 40 美元。请问她的边际消费倾向和边际储蓄倾向分别是多少？

2.8 储蓄行为和两个国家的乘数。A 国消费者的 MPS 是 0.5，B 国消费者的 MPS 是 0.4。哪个国家的乘数更大？

2.9 经济衰退的州政府和地方政府的行为。在经济衰退中，州政府通常会提高税收并削减支出以保持政府预算平衡。如果很多州政府都这样做，国家整体的总需求曲线将出现什么变化？

3. 总供给

3.1 长期总供给曲线是 _____（垂直的 / 水平的）。

3.2 原材料成本减少将使短期总供给曲线向 _____ 移动。

3.3 在长期中，总需求减少将使价格 _____，而产出将 _____。

3.4 不利的供给冲击，比如更高的石油价格，在短期中会使产出 _____，价格 _____。（参见第 464 页"日常生活中的经济学"）

3.5 更高的汽油价格、节俭的消费者和经济波动。假设汽油价格剧烈上升，驾驶汽车出行的成本随之增加。因此，消费者决定减少新车的购买，并增加储蓄。这种行为会如何影响总需求曲线？短期中，价格和产出会如何变化？

3.6 什么原因引起了经济衰退？假设经济体陷入了衰退。执政党将问题归咎于石油和食物的价格上涨。反对党则认为政府增加税收是主要原因。基于总需求和总供给模型，你认为要判断两方的观点是否正确需要寻找哪些证据？（参见第 459 页"日常生活中的经济学"）

3.7 预期的作用和供给冲击。假设一个石油生产国认为世界其他主要石油消费国将出现政治动乱，第二年石油价格将上升。你认为他们现在会增加石油销售还是减少石油销售？现在的石油价格会出现什么变化？这会影响总需求或者总供给吗？（参见第 464 页"日常生活中的经济学"）

3.8 中国经济恢复高速增长。在 2008 年的经济衰退中，中国是最早开始恢复的国家之一，中国的 GDP 增长速度迅速恢复到了经济衰退之前的水平。中国的行动会对世界其他国家的总需求产生怎样的影响?

3.9 需求冲击的长期影响。假设消费支出迅速增加,然后回落到正常水平。你认为这次短暂的冲击会对实际 GDP 产生怎样的长期影响?(参见第 459 页"日常生活中的经济学")

4. 从短期到长期

4.1 假设货币供给增加,导致产出超过充分就业状态下的产出水平。在短期中,价格将会 _____,实际 GDP 将会 _____;在长期中,价格将会 _____,实际 GDP 将会 _____。

4.2 假设货币供给减少,使产出低于充分就业状态下的产出。在短期中,价格将会 _____,实际 GDP 将会 _____;在长期中,价格将会 _____,实际 GDP 将会 _____。

4.3 在经济衰退中,实际 GDP 比潜在 GDP_____。这表明失业比自然失业率 _____,这将使工资 _____。这会导致短期总供给曲线向 _____ 移动。

4.4 一次不利的供给冲击会暂时降低产出并提升价格。冲击过后,实际 GDP 比潜在 GDP_____。这表明失业比自然失业率 _____,这将使工资 _____。这会导致短期总供给曲线向 _____ 移动。

4.5 黑客攻击。假设电脑黑客成功使美国的网络整体瘫痪了一个星期,没有人可以使用电脑。请解释这次黑客攻击会对经济造成怎样的影响。

4.6 总需求曲线的移动和成本推动型通货膨胀。当工资上升,短期总供给曲线向上移动,经济体会产生"成本推动型"通货膨胀。如果经济体最初处于完全就业水平,而总需求曲线向右移动,请解释在"成本推动型"通货膨胀下,经济体会如何调整到充分就业的水平?

4.7 出口和实际 GDP。出口增加与实际 GDP 增加相关吗?请登录圣路易斯联邦储备银行的网站找出答案(http://research.stlouisfed.org/fred2)。

经济学家普遍认为永久的减税会刺激经济并导致更高的产出，但是对于背后的原因则持有不同的观点。

总需求派：减税的支持者强调减税会增加支出和总需求。

总供给派：其他人认为减税主要的影响是改进激励和增加总供给。

我们可以通过回顾美国财政史来判断哪个观点是正确的吗？约翰·F.肯尼迪提出并在他死后实施的减税计划支持了总需求的观点。肯尼迪的经济顾问认为减税主要通过改变总需求发挥作用。另一方面，罗纳德·里根则以"供给侧"经济学而闻名。他的经济顾问极力强调，减税会改进激励，创造一个更好的经济环境。

但是经济政策永远没有那么简单。肯尼迪的减税计划也涉及意在增加总供给的激励措施，包括削减高收入人群的税率，以及为商业投资提供特定的税收激励。而里根的减税政策则降低了所有人的税率，这些措施也直接增加了家庭收入，从而使家庭支出增加。通过对政策的实际考察，我们会发现，减税的影响永远是需求和供给的混合组合。

今天，永久减税政策的支持者通常会同时引用肯尼迪政府和里根政府的政策，证明减税确实可以促进经济增长。通过强调过去的成功，减税政策的支持者希望能够从有利于自己的历史借力。

学习目标

使用总需求和总供给解释财政政策是如何作用的。

识别美国联邦政府支出和收入的主要元素。

讨论第二次世界大战以来美国实行积极财政政策的主要事件。

当美国经济在 2007 年年末和 2008 年年初开始衰退后，两党的政策制定者和政治家迅速开始呼吁政府采取行动，对抗经济衰退，并提出了各种建议。尽管不同人士提出的各种政策建议差别很大，但是通常有两个共同点：增加政府支出或减少税收。即使在经济衰退结束、缓慢的经济复苏开始后，仍然有很多声音要求政府进一步采取行动刺激经济。

在本章中，我们将讨论政府如何使用**财政政策**（fiscal policy）——影响 GDP 水平的税收和支出变化——来稳定经济。我们将讨论财政政策的基本逻辑，并解释为什么政府支出和税收的变化能够稳定经济。但是我们将会看到，在实践中，稳定经济要比理论设想的困难得多。

> **名词解释**
>
> **财政政策**：影响 GDP 水平的政府税收和政府支出变化。

本章还会介绍联邦政府的支出和税收的概况。它们是政府实施财政政策的基本工具。我们将考察联邦赤字并探讨围绕赤字支出的争论。

理解财政政策的最有效方式之一是观察现实。在本章的最后部分，我们将回顾 20 世纪 30 年代大萧条至今美国的财政政策。你将看到，公众对政府财政政策的态度并不是一成不变的，而是随时间不断变化。

财政政策的作用

在上一章中，我们讨论了产出和价格是如何由总需求曲线和总供给曲线决定的。在这一部分，我们将讨论政府如何移动总需求曲线。

财政政策和总需求

我们在上一章了解到，政府支出和税收可以影响总需求的水平。政府支出的增加或税收的减少会增加总需求，并使总需求曲线向右移动。政府支出的减少或税收的增加会减少总需求，并使总需求曲线向左移动。

为什么政府支出或税收的变化会移动总需求曲线？我们知道，总需求包含四个组成部分：消费支出、投资支出、政府购买和净出口。因此，政府购买的增加之所以会直接增加总需求，是因为政府购买是总需求的一个组成部分。同样，政府购买的减少会直接减少总需求。

税收变化对总需求的影响是间接的。例如，当政府降低消费者的税收，消费者将拥有更多的可支配收入，并将增加消费支出。因为消费支出是总需求的一个组成部分，所以总需求也将增加。税收增加会产生相反的效应。消费者的可支配收入将减少，消费支出也会减少，因此总需求将减少。税收变化也会影响企业并导致投资支出变化。例如，假设政府以一定的方式减少企业的税收，从而为企业的新增投资提供激励。投资支出是总需求的一个组成部分，所以投资支出的增加将使总需求增加。

在图 15-1 的（A）图中，我们提供了财政政策的一个简单例子。经济体的初始 GDP 是 y_0，它由总需求曲线 AD_0 和短期总供给曲线 AS 的交点确定。此时，产出水平低于充分就业状态下的产出或潜在产出。为了增加产出水平，政府可以增加政府支出，这将使总需求曲线向右移动至 AD_1。现在，新的总需求曲线与总供给曲线相交于充分就业下的产出水平。相对地，政府可以不增加支出，而选择减少消费者和企业的税收。这也会使总需求曲线向右移动。增加总需求的政府政策被称为**扩张政策**（expansionary policies）。增加政府支出和削减税收都属于扩张政策。

> **名词解释**
>
> **扩张政策**：促进总需求增加的政府政策行动。

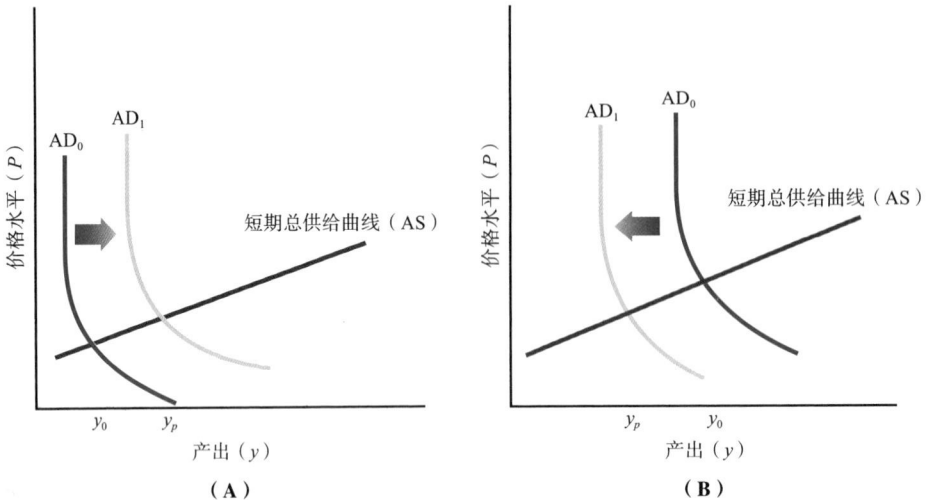

▲图 15-1

财政政策如何起作用

（A）图表示了政府支出的增加使总需求曲线从 AD_0 移到 AD_1，使经济恢复到充分就业状态。这是一个扩张政策的例子。（B）图表示税收变化使总需求曲线往左移动，从 AD_0 移到 AD_1，使经济恢复到充分就业状态。这是一个紧缩政策的例子。

当经济体的产出水平过高时，可能会出现经济过热或价格上升，此时政府也可以使用财政政策去减少 GDP。在图 15-1 的（B）图中，经济体的初始产出水平大于潜在产出水平。税

收增加可以使总需求曲线从 AD_0 移动至 AD_1，这将使经济恢复到充分就业的状态。

相对地，政府可以减少支出，使总需求曲线向左移动。减少总需求的政府政策被称为**紧缩政策**（contractionary policies）。减少政府支出和增加税收都属于紧缩政策。

两组图共同说明了政策制定者能够使用怎样的财政政策稳定经济。在这两个简单的例子中，财政政策看上去简单易懂，但我们很快会看到，实际的实施是非常困难的。

财政乘数

在上一章中，我们介绍过乘数概念。基本的思想是总需求曲线的最终变化将大于最初的变化。例如，当政府购买支出增加 100 亿美元，一开始将使总需求曲线向右移动 100 亿美元。但是，总需求曲线的总的移动将更大，比如说 150 亿美元。相对地，政府支出减少 100 亿美元将使总需求曲线向左移动 150 亿美元。

乘数效应产生的原理是产出最初的变化将影响家庭收入并改变消费支出。例如，政府支出增加 100 亿美元最初将使家庭收入增加 100 亿美元，并使消费支出增加。我们在后面的章节将看到，增加的准确数量取决于边际消费倾向和其他一些因素。接下来，消费支出的增加将进一步增加产出和收入，从而使消费支出进一步增加。乘数表示的是所有影响的总结果。

当政府制定政策稳定经济体时，它需要考虑乘数。总需求的总变化将大于初始的变化。我们将在本章后面看到，美国的政策制定者在制定经济政策时，已经将乘数考虑进去了。

稳定政策的局限

我们已经看到政府可以使用财政政策——税收水平或政府支出的变化——去改变 GDP 的水平。当 GDP 当前的水平低于充分就业状态下的产出或者说潜在产出时，政府可以使用扩张财政政策，比如减税和增加政府支出，去提升 GDP 水平并减少失业。

扩张政策或紧缩政策都属于**稳定政策**（stabilization polices），稳定政策是指旨在使经济靠近充分就业或潜在产出的政策行动。

稳定政策在实际实施中有许多困难，原因有两点。首先，稳定政策存在时滞或延迟。时滞产生的原因是决策者经常很晚才意识到经济的变化，然后才会做出反应。其次，经济学家无法了解经济的各个方面，这使他们的预测难以完全准确。尽管经济学家在理解经济运行的工作上取得了长足的进步，但是预测人的准确行为还存在很多困难，这就显著影响了我们的预测能力。

时滞。时机安排不当的政策会加剧经济波动。假设（1）经济体目前低于充分就业，并将在一年内自主恢复到充分就业水平，（2）稳定政策需要一整年才能生效。如果政策制定者现在扩张经济，他们的行动要在一年之后才会发挥作用。而一年之后经济体将会自主恢复到充分就业。如果稳定政策被实施，那么一年后经济体将受到不必要的刺激，产出将超过充分就业状态下的产出水平。

图 15-2 阐明了由时滞引起的问题。（A）图表示的是一个成功的稳定政策的例子。实线表示的是没有政策的情况下 GDP 的变化路径。成功的稳定政策可以平抑经济波动，使产出在大于潜在产出时下降，在小于潜在产出时上升。如果政策没有时滞，这个目标很容易就能实现。虚线显示了政策是如何成功平抑经济波动的。

（B）图显示了时机不当的政策的后果。假定政策需要一年的时间生效。在第一年年初，经济产出低于潜在水平。如果政策制定者在第一年年初实施扩张政策，那么政策直到第一年年末才会生效。这将使产出水平高于充分就业状态下的水平。时机不当的稳定政策会加剧经济波动。

政策的时滞源自哪里呢？经济学家认为主要有两种时滞：内部时滞和外部时滞。**内部时滞**（inside lags）是指制定政策所需的时间。**外部时滞**（outside lags）是指政策真正发挥作用所需的时间。举例来说，假设你正在驾驶一艘巨型远洋客轮，你要避免撞上隐藏的冰山。发现冰山、通知船员和启动改变航线的操作所需的时间是内部时滞。因为远洋客轮体型巨大，动量较大，所以从启动改变航线的操作到客轮完成转向需要很长的时间，这个时间是外部时滞。

内部时滞发生的原因有两点。一个原因是识别和分析问题需要时间。例如，政策制定者可用的数据可能不足而且相互矛盾。一些经济指标看上去很好，但是其他经济指标可能会存在问题。经常需要数月到一年的时间，我们才能发现经济体存在严重的问题。

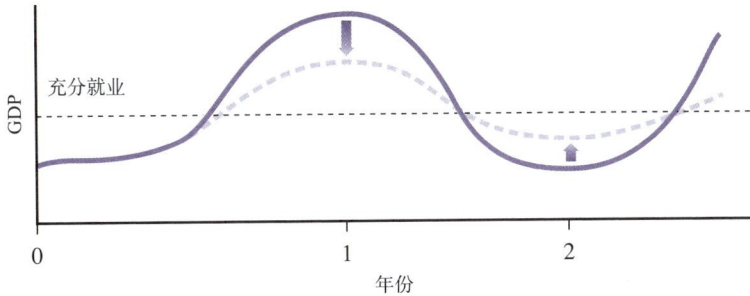

（A）成功的稳定政策可以平抑经济波动

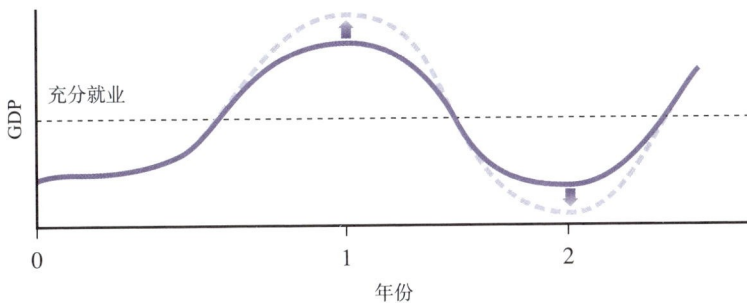

（B）时机不当的稳定政策可以加剧经济波动

▲图 15-2

稳定政策可能出现的困境

（A）是一个成功的稳定政策的例子。实线表示没有政策时 GDP 的变化，虚线表示有政策时 GDP 的变化。时机恰当的政策可以平抑经济波动。（B）是一个时机不当的稳定政策的例子。同样，实线表示没有政策时 GDP 的变化，虚线表示有政策时 GDP 的变化。我们注意到，时机不当的政策会加剧经济波动。

内部时滞的一个典型例子是大萧条初期。尽管股票市场在 1929 年 10 月崩盘，但是我们可以从报纸和杂志的内容看出，当时的商业领袖在崩盘后的一段时间内并不特别担心经济。直到 1930 年年末，公众才开始意识到萧条的严重性。

内部时滞的另一个原因是一旦问题得到确诊，政府仍然需要一定的时间采取行动。这个时滞对于财政政策是最严重的，因为税收或支出的任何变化都需要美国国会两院和总统同意。近些年来，政治反对者一直对政府的规模以及在市场中应扮演的角色表示不满，这使得政府越来越难以达成一致行动。

例如，比尔·克林顿在 1993 年就任美国总统后不久，就在总统预算案中提出了一项扩张刺激方案。这项方案包括一系列旨在增加 GDP 水平和避免衰退的支出项目。然而，这项方案被认为耗费巨大且没有必要，因此没有通过。事实证明，这项刺激方案确实没有必要，经济体在接下来的几年内迅速增长。然而，这个事件也说明了，想要及时地推动政策扩张财政并达到预计的效果是一件非常困难的事情。

政策也受到外部时滞的影响。例如，政府减税后，个人和企业需要一定的时间改变支出计划，以利用减税。因此，支出需要一定的时间才会增加，GDP 也同样如此。财政政策的外部时滞相对较短。同时，乘数效应通过经济体发挥作用的速度很快。

经济学家会构建计量经济模型，使用数学和统计的方法复制经济体的运行，并利用计量经济模型进行经济预测。经济学家还能使用模型估计外部时滞的时间长度。据模型估计，从政府支出增加到 GDP 的增加完全发挥出来，只需要 6 个月。

预测的不确定性。经济学家不总能准确预测经济体会发生什么，这就恶化了时滞问题的后果。例如，政策制定者经常要面对的一个问题就是，当经济出现减缓时，如何确定这次减缓是暂时的还是会持续下去。不幸的是，如果预测不准确，稳定政策也将无效。经济学家预测经济过热，政府采取紧缩政策，而经济体在政策生效前出现了疲软，那么后果可能是灾难性的。今天，大多数政策制定者都理解这些限制，所以在制定激进的政策时会保持谨慎。

日常生活中的经济学

预期寿命和老年人口增加使应得权益项目的成本上升

对应的经济学问题：为什么美国和许多其他国家都面临政府项目成本不断上升的压力？

随着预期寿命增加，人口老龄化，新的医疗技术使人们可以活得更久，经济学家和预算分析家预测联邦政府在退休和医疗项目上的支出将急剧上升。今天，社会保障、社会养老医疗保险和医疗补助约占美国 GDP 的 10%。专家预测，到 2075 年，现在出生的儿童将到达退休年龄，这些项目的支出将上升至美国 GDP 的 22%，这个比例比今天所有联邦政府支出占 GDP 的比例还要高！我们的社会如何应对人们对这些服务不断增加的需求呢？

一种选择是保持已有的项目安排不变，仅仅依靠增税来应对费用的增加。这种策略可能会有两种影响。首先，如果在增加这些项目支出的同时，保持其他联邦政府支出项目占 GDP 的比例不变，那么到 2075 年总的联邦政府支出占 GDP 的比例将从现在的 21% 增加至 32%。其次，未来的个人和企业将承受更大的税负。

有的经济学家建议政府应当现在就进行储蓄和投资以增加未来的 GDP，减少下一代人的税负。但是，当储蓄和投资使 GDP 增加时，应得权益项目的支出也将增加。因此，照顾老年人的相对负担将不会减少多少。

另一种选择是尝试改革应得权益项目体系，让个人和家庭为自己的退休和福利承担更多的责任。例如，我们可以提高领取退休福利的起始年龄，从而鼓励个人延迟退休、增加劳动年数。或者我们可以尝试改革医疗保健系统，鼓励更多的竞争以减少医疗保健的支出。

但是，这些变化要真正实施可以说是困难重重。一些国家，比如日本和欧洲的许多国家，它们的人口老龄化程度更高，生育率更低。这些国家将更早遭遇这些问题，挑战也更加严峻。也许美国可以向它们学习。然而，联邦预算的压力将在下一个 10 年迅速恶化，政策制定者必须早日采取措施应对这一挑战。详见练习 2.5。

联邦预算

联邦预算（说明联邦政府的支出情况以及如何为各项支出筹资）为财政政策提供了一个基本框架。在这一部分，我们将进一步观察联邦支出和税收，以及当两者不相等时会出现什么情况。联邦预算涉及金额数量巨大，联邦政府支持的项目也非常复杂。2011 年联邦支出总额为 3.59 万亿美元，约占 GDP 的 24.1%。联邦税收约占 GDP 的 15.4%。美国人口接近 3 亿，因此人均联邦支出约为 12,000 美元。

要迅速了解美国联邦预算，最好的办法可能是观察近年的数据，看看政府是怎么花钱又是怎么筹资的。当我们观察预算数据时，注意政府的预算周期是一个财政年度，而不是一个日历年度。比如，2011 财政年度是从 2010 年 10 月 1 日开始，到 2011 年 9 月 30 日结束。

州政府和地方政府也提供政府服务、征收税金。一些服务（比如教育）主要是由州政府和地方政府拨款，而其他服务，比如针对贫困人口的社会福利和医疗保健，是由联邦政府和州政府共同筹资。本章关注的焦点是联邦财政政策，所以我们主要考察联邦支出和税收。

联邦支出

联邦支出有两个组成部分：联邦政府的产品和服务采购以及转移支付。我们在介绍 GDP 核算时提到过，在联邦支出中，只有联邦政府的产品和服务采购包括在 GDP 内。转移支付不是 GDP 的组成部分，因为它计算的不是当年生产的产品和服务。

要进一步细分联邦支出，我们需要查询国会预算办公室发布的 2011 财政年度最终数据。国会预算办公室（Congressional Budget Office）是国会内的一个无党派机构，它负责发布联邦预算的预测和历史数据。表 15-1 显示了 2011 财政年度联邦支出的主要数据。

种类	总支出（十亿美元）	占 GDP 的比例（%）
总支出	3,598	24.1
自由裁量支出	1,346	9.0
国防支出	700	4.7
非国防支出	646	4.3
应得权益支出和法定支出	2,025	13.5
社会保障	725	4.8
社会养老医疗保险和医疗补助	835	5.5
其他项目	466	3.1
净利息支出	227	1.5

表 15-1   2011 财政年度的联邦支出

资料来源：Congressional Budget Office, January 2012.

2011 财政年度联邦预算的总支出是 35,980 亿美元，约占 GDP 的 24.1%。总支出分为三个部分：自由裁量支出、应得权益支出和法定支出、净利息支出。

自由裁量支出（discretionary spending）是指国会以一个财政年度为基准授权的所有项目的支出，它不是根据已有法律规定拨付的支出。自由裁量支出可以分为国防支出和非国防支出，涉及美国国防部、美国环境保护总署、美国国务院、美国内政部等多个联邦政府部门。自由裁量支出占联邦支出总额的近 40%，其中非国防支出约占 GDP 的 4.3%。

国会和总统可以将自由裁量的资金直接用于积极的财政政策。为了刺激经济，国会和总统既可以授权政府部门增加支出，也可以敦促

名词解释

自由裁量支出：国会以一个财政年度为基准授权的所有项目的支出。

政府部门加速当前的支出计划。然而，相关行动需要时间，而且即便国会授权了新的支出，也不意味着政府部门可以立刻使用相应的资金。

应得权益支出和法定支出（entitlement and mandatory spending）是指国会根据已有法律批准的所有支出。联邦政府必须批准这些支出，除非国会改变相应的法律。"应得权益"和"法定"实际上不完全准确。应得权益的覆盖范围、资格和程度完全是由国会制定的法律法规确定

> **名词解释**
>
> **应得权益支出和法定支出**：国会已经根据之前的法律授权的，旨在为个人提供支持的支出。
>
> **社会保障**：提供退休支持和许多其他福利的联邦政府项目。
>
> **社会养老医疗保险**：为老年人提供的联邦政府医疗项目。
>
> **医疗补助**：联邦政府和州政府为贫困人口提供的医疗项目。

的，而国会总是在不断地调整这些法律法规。类似地，支出是法定的也是因为国会没有改变相应法律法规。

应得权益支出和法定支出是联邦预算最大的组成部分，主要包括三类。第一类是**社会保障（social security）**。退休人员的退休金，单身老人和残疾人家庭的一些社会福利金都来自社会保障。第二类是**社会养老医疗保险（medicare）**。社会养老医疗保险向 65 岁及以上的个人提供医疗保健。第三类是**医疗补助（medicaid）**。医疗补助向贫困人口提供医疗保健，这一类由联邦政府和州政府共同承担，既有联邦支出也有州政府支出。目前，社会养老医疗保险和医疗补助的支出之和已经超过了社会保障支出。除了这三类支出，联邦政府还提供许多其他项目，比如额外的退休和残疾补贴项目（在社会保障之外）和各种农业补贴。这些项目部分是根据收入调查结果确定的（means tested）。也就是说，发放的福利水平是根据接受者的收入确定的。比如医疗补助就属于根据收入调查结果确定的项目。

净利息支出是政府向公众持有的联邦政府债务支付的利息，比如美国长期国库券、美国短期国库券和美国储蓄债券。本章后面我们将讨论政府是如何发债的。2011 财政年度，政府向公众支付的总的净利息支出是 2,270 亿美元，约占 GDP 的 1.5%。净利息支出由公众持有的总的政府债务和利率水平共同决定。政府债务增加或利率上升都会导致净利息支出增加。

随着人口的老龄化，应得权益支出和净利息支出正成为联邦预算中增加最快的部分。

联邦收入

联邦政府的收入来自向个人和企业征收的税收。表 15-2 显示了 2011 财政年度

联邦收入来源情况及各项收入来源占 GDP 的比例。

表 15-2 2011 财政年度联邦政府来源		
种类	数额（十亿美元）	占 GDP 的比例（%）
总收入	2,302	15.4%
个人所得税	1,091	7.3
社会保险税	819	5.5
公司税	181	1.2
房产遗产税、营业税和其他税收	211	1.4

资料来源：Congressional Budget Office, January 2012.

我们来仔细了解联邦收入的各项来源。联邦收入的第一大来源是个人所得税。每年 4 月 15 日之前，个人必须提交纳税申报单。纳税申报单计算了个人或家庭上一年度应缴的税收。联邦政府为了提前征收部分应缴税收，会从劳动者的工资中直接扣除一部分，这部分税款被称为预扣税（withholding tax）。无法缴纳预扣税或者通过投资获得收入的纳税人必须每个季度缴纳一次税款，这样就可以使联邦政府比较均匀地征收当年的应缴税款。

联邦收入的第二大来源是社会保障税（social security taxes）。社会保障税是从工资收入中征收的用于支付社会保障和医疗服务的税款。今天，社会保障税的规模已经非常接近个人所得税，这两类税收占联邦收入的比例超过 80%。与个人所得税不同，社会保障税基于纳税人的工资缴纳，投资收入不需要缴纳社会保障税。

其他直接由个人和家庭支付的税收主要有房产遗产税、营业税和关税。房产遗产税有时也被称为"死亡税"，它是基于个人过世后的遗产和房产征收的税款。2012 年，只有当房产遗产价值超过 500 万美元时才需要征税，至于未来这个额度是否会调高，存在很大的不确定性。房产遗产税只占总税收的很少一部分，但是却存在很大的社会争议。反对者认为它会破坏家族企业，比如从上一代人传递给下一代人的家庭农场。支持者宣称，这项税收可以预防不公平的隔代财富积累。

公司税是基于公司收入征收的税款。2011 财政年度公司税占联邦收入的比例不到 8%。这项税收过去的占比更高，不过现在它的重要性已经逐渐减弱。减弱的原因有很多，包括公司利润占 GDP 的比例降低，避税的机会增加，国会提出的一系列刺激企业投资和研发计划的实施，以及全球范围内向跨国公司征缴税收的规则越来越复杂。其他联邦收入来源占总收入的比例比较小。
联邦营业税是基于特定产品，比如汽油、轮胎、
枪支、酒精和烟草的消费额征收的税款。关税
是基于进口到美国的产品，比如汽车或葡萄酒
征收的税款。

供给经济学和拉弗曲线。政府是否能够
在减少税率的同时增加税收呢？这是每一个政
治家的梦想。公民将面对更低的税率，而政治
家可以支配的税收将增加。经济学阿瑟·拉弗
（Arthur Laffer）认为美国在 20 世纪 70 年代末就有这样的机会。拉弗的观点影响了许多
当时的政治家，并构成了供给经济学的基础。**供给经济学**（supply-side economics）
强调税收对经济体供给的作用。供给经济学家不仅关注税收对总需求的影响，也强调
税收对总供给的影响。税率减少通常会增加劳动力供给和产出。因此税收变化也会使
总供给曲线移动。

拉弗当时建立了一个模型，现在学界习惯将其称为**拉弗曲线**（Laffer curve）。假
设政府向进口产品征收了极高的关税，关税如此之高以至于没有人愿意进口任何产
品。如果出现这种情况，政府将无法从关税上获得任何收入。但是如果政府减少税
率，个人将开始购买进口产品，政府也就能从关税上获得收入。这就是拉弗的观点：
更低的税收（关税）实际上会增加政府的税收。

今天几乎所有的经济学家都认为，拉弗的税收理论不适用于收入税或工资税。对
于这些税收，减少税率只会导致政府税收减少，因为大多数经济学家认为，劳动力供
给对于税率变化的敏感度没有拉弗认为的那样高。但是对于有的税收，比如关税或者
投资收入税，拉弗的理论是适用的。

联邦预算赤字和财政政策

在给定的一年内，联邦政府的支出大于收入时，就会出现**预算赤字**（budget
deficit）。举例来说，假设政府希望支出 1,000 亿美元，但是仅从税收中得到 950 亿美
元。为了实际支出这 1,000 亿美元，政府必须从其他来源获得资金。面对 50 亿美元
的缺口，政府将通过销售政府债券向公众借钱。政府债券可以看作政府承诺日后连本
金带一定利息偿还的借据。因此，当公众购买 50 亿美元政府债券时，就会将 50 亿美

> **名词解释**
>
> **供给经济学**：强调税收在经济体的
> 产出供给上的作用的一个经济学派。
>
> **拉弗曲线**：表示税率和税收之间关
> 系的一条曲线，这条曲线显示，当经济
> 活动受到严重抑制时，提高税率会导致
> 税收降低。
>
> **预算赤字**：在给定的一年内政府支
> 出超出收入的额度。

名词解释

预算盈余：在给定的一年内政府收入超出支出的额度。

元转移给政府。未来公众将会收回这50亿美元的本金和附带利息。

在给定的一年内，政府的支出小于收入，就会出现**预算盈余**（budget surplus）。此时，政府拥有多余的资金，就可以赎回之前卖给公众的债券，清偿所欠债务。

无论是改变政府的支出或税收，还是调整财政预算赤字，做决策时都需要考虑许多政治和经济因素。在本章后面，我们将看到历史上美国如何使用财政政策，以及影响财政政策的政治因素有哪些。

自动稳定器

政府支出和税收收入对经济运行的情况非常敏感。因为征税的基础主要是个人和公司的收入。在经济衰退时期，国民收入下降，税收将迅速降低；同时，政府多个项目——比如失业保险和食物券——的转移支付也会趋向于上升。最终的结果是政府支出增加，税收减少，预算赤字增加。相对地，在经济繁荣期，税收增加，政府转移支付减少，联邦预算出现盈余的概率增大。

现在假设一个经济体拥有平衡的财政预算，既没有赤字也没有盈余。一次外部冲击（比如石油价格骤然上升或爆发旱灾）使经济体陷入衰退，税收收入下降，转移支付增加，导致财政预算赤字。无论你是否相信，赤字实际上有助于稳定经济。赤字稳定经济的作用机制有三条：

1. 增加的转移支付，如失业保险、食物券和其他福利支出，可以增加一些家庭的收入，部分补偿家庭收入的减少。
2. 收入下降的家庭缴纳的税收会减少，这可以补偿他们收入的下降。因为收入下降的程度减少了，所以消费支出下降的程度也会减少。
3. 公司税收由公司利润决定，经济衰退时公司利润会减少，所以公司税收也会减少。公司税收的减少将有助于减少公司支出下降的程度。

通过这三条机制，政府预算赤字缓解了经济衰退的不利影响，有助于稳定经济。

相对地，在经济繁荣期，转移支付减少，税收增加。这会减少家庭收入、家庭消费和投资的上升程度，也会减少公司利润和支出上升的程度。税收和转移支付在稳定经济的过程中不需要政策制定者采取特定的行动，因此被称为**自动稳定器**（automatic stabilizers）。

　　自动稳定器的特点在于总统和国会不需要采取特定的行动去改变法律，就可以平抑经济波动（美国联邦政府预算案中的支出实际上都是根据众多法案批准的）。考虑到华盛顿在支出、税收和赤字问题上的政治斗争引起的长期内部时滞，自动稳定器的价值就更加突出了。

预算赤字有什么危害吗？

　　下面我们进一步认识为稳定经济而设计的财政政策。如果预算最初是平衡的，而经济体陷入了衰退，那么税收将减少，支出将增加，政府将出现预算赤字。为了对抗经济衰退，政策制定者要么增加政府支出，要么减税。

　　尽管可能会增加预算赤字，但这么做是完全正确的。如果政策制定者试图避免预算赤字，提升税收或减少支出，将加剧经济衰退。关键问题是，在经济衰退中，我们应该关心财政政策会对经济产生影响，而不应过分在意预算赤字的变化。

　　当然，这并不是说我们不应该关心预算赤字。因为在长期中，巨大的预算赤字会阻碍经济发展。当一个经济体处于充分就业状态时，经济产出一定在消费、投资、政府购买和净出口四个部分之间分配。假设政府减少了家庭的税收，出现了预算赤字。减少税收有助于增加消费支出，因为消费者会将节省下的税收部分用于储蓄，部分用于消费。但是，因为产出是固定的，所以产出的其他组成部分肯定会减少，或被挤出。挤出是机会成本原理的一个典型例证。

机会成本原理
某事物的机会成本是指你为了获取该事物而放弃的东西。

　　在这种情况下，我们一般预计增加的消费支出的机会成本是减少的投资支出。我们已经看到，投资支出减少，未来经济的增速将减慢。因此，为增加当前消费而产生的预算赤字将使未来经济的增速减慢。这是长期预算赤字的一个危害。

　　长期预算赤字的另一个危害是它对金融市场的影响。当政府产生了巨大的预算赤字，政府将通过销售政府债券向公众借更多的钱。在金融市场中，政府将与企业产生更激烈的竞争，因为企业也需要公众为自己的投资计划融资。来自政府的竞争将使企业的融资成本上升，难度增加，因此企业的投资支出将减少。

日常生活中的经济学

孔子曲线？

对应的经济学问题：税率和税收存在怎样的关系？

虽然通过降低税率来增加税收的思想常常被认为是由经济学家阿瑟·拉弗提出的，但实际上这个思想的渊源可能要久远得多。孔门十二哲之一的有若曾经提出过一个非常类似的思想。

《论语·颜渊》中有这样一段论述。哀公问于有若曰："年饥，用不足，如之何？"有若对曰："合彻乎？"曰："二，吾犹不足，如之何其彻也？"对曰："百姓足，君孰与不足？百姓不足，君孰与足？"

这段话的大意是这样的。鲁哀公问有若："遭逢荒年，国家用度不足，应该怎么办？"有若回答："减免税收，征收百姓收成的十分之一。"哀公说："征收十分之二尚且不足，何况只征收十分之一？"有若更明确地回答："如果百姓富足了，您的收入怎么会不足？如果百姓收入不足，您的收入又怎么可能足够呢？"

很明显，有若对提高税率会增加税收的观点持怀疑态度，他认为应该降低税率。

今天，华盛顿的税收估测专家并没有充分借鉴有若的智慧。但是他们承认，降低税率可以刺激经济活动，从而部分地补偿政府潜在收入的损失。详见练习2.9。

资料来源：Based on authors' rendition of The Analects of Confucius, 12.9, http://www.iub.edu/~p374/Analects_of_Confucius_（Eno-2010）.pdf（accessed April 23, 2012）.

美国历史上的财政政策

历史上，美国国会和总统使用的财政政策不断演进变化着。在这一部分，我们将回顾影响美国财政制度的重要历史事件。

大萧条时期

财政政策的基本原则——使用政府支出和税收稳定经济运行——今天已经深入人心。这个原则早在 1920 年代就已经被提出，但经过了很长时间，政府才正式基于这些原则制定财政政策。许多人会将美国的积极财政政策与 20 世纪 30 年代大萧条时期罗斯福总统的改革联系在一起。但是，前 MIT 经济学教授 E. 凯瑞·布朗（E. Cary Brown）认为，这个观点实际上是有误的。

20 世纪 30 年代，政治家不相信今天的财政政策制度，因为他们担心政府预算赤字可能产生严重的后果。根据布朗的研究，整个大萧条时期，只有 1931 年和 1936 年两年的财政政策是扩张的。在这一时期，国会投票推翻了赫尔伯特·胡佛和富兰克林·罗斯福两任总统的反对决定，为退伍军人争取了大量的福利支出。尽管在 20 世纪 30 年代政府支出增加了，但是税收也在同一时期显著增加了，结果并没有净财政扩张。

肯尼迪政府

尽管在 20 世纪 30 年代现代财政政策还没有施行，但是从 1941 年第二次世界大战爆发起，军费支出的增加使经济体的总需求迅速增加，带动经济走出了多年的阴霾。如果我们想观察积极财政政策的实施情况，需要追溯到 20 世纪 60 年代。直到约翰·F. 肯尼迪执政的 20 世纪 60 年代初期，现代财政政策才被接受。

沃尔特·海勒（Walter Heller）是肯尼迪政府的总统经济顾问委员会主席，他是积极财政政策强有力的支持者。根据海勒的观点，经济体的运行水平远低于潜在水平，减税是使经济体回到充分就业状态的完美解决方案。肯尼迪入主白宫时，失业率是 6.7%。海勒认为，充分就业时的失业率，也就是自然失业率实际上只有 4%。他使肯尼迪相信，有必要通过减税刺激经济，肯尼迪随后提出了主要基于现代财政政策原则的一项经济计划。

除了可以刺激经济，还有两个因素使肯尼迪政府支持减税。首先，当时的税率确实非常高。收入最高的人群个人税率达到 91%，而今天这一数值只有 40%。公司税率是 52%，今天是 35%。其次，海勒使肯尼迪相信，即使减税会导致财政赤字，也不会有任何问题。1961 年，联邦赤字不到 GDP 的 1%，而且经济预测表示，随着经济增加和税收增加，联邦赤字将消失。

林登·约翰逊在肯尼迪遇刺后继任总统，他继续奉行肯尼迪的政策，减税计划终于在 1964 年 2 月实施。这项计划包括永久地降低个人和公司的税率。要估计这个减税计划对经济体的实际影响非常困难，因为要进行有效的对比，我们需要估计在没有这项政策的情况下经济会怎样运行。从 1963 年到 1966 年，实际 GDP 和消费都以每年 4% 的速度增长。我们无法排除在没有减税的情况下经济增长速度相同的可能性。然而，这一时期的快速经济增长表明减税确实如海勒预期的那样，可以刺激经济增长。

越南战争时期

美国再次大规模使用现代财政政策是在 1968 年。随着越南战争爆发，军费支出增加，失业下降至非常低的水平。从 1966 年到 1969 年，总体失业率降至 4% 以下。政策制定者开始担心经济可能过热，可能会导致通货膨胀率上升。1968 年，政府临时征收 10% 的附加税以减少产品和服务的总需求。这 10% 的附加税是一种"税上税"，使家庭缴纳的税收增加了 10%。原则上，这项临时的加税措施将在一年后终止。

但是，附加税并没有达到经济学家最初预期的效果，消费支出并没有下降多少。这个政策之所以失效，部分是因为附加税是临时性的。经济学家通过研究消费行为后发现，消费者通

> **名词解释**
> 永久收入：一个家庭长期平均收入的估计值。

常是基于对长期平均收入的估计值，即**永久收入**（permanent income），而不是基于当前收入做出消费决定。

例如，以一个销售员为例，假设她每年的收入在 50,000 美元上下略微浮动。知道自己的永久收入是 50,000 美元，她选择每年消费 45,000 美元。如果有一年她的收入达到 55,000 美元，她仍然有可能消费 45,000 美元，并将剩下的收入用于储蓄。

越南战争期间的一年期附加税也拥有类似的效果。因为消费者知道附加税不是永久的，所以他们不会对消费习惯做出大的调整。附加税会减少家庭的储蓄，却不影响消费。结果是产品和服务的需求下降程度低于经济学家的预期。

20 世纪 70 年代，税收和支出有过多次调整，但是财政政策整体变化不大。1973 年经济衰退后政府减少了税收，并在 1975 年提出一系列刺激计划，但是总体看来，财政政策的变化是温和的。

里根政府

里根在第一届任期中，于 1981 年实施了大幅的减税计划。但是，这些计划的提

出不是为了增加总需求。相反，减税的理论依据是改善经济激励，增加产出供给。换句话说，里根的计划是为了刺激供给。税收可以对劳动力供给、储蓄和经济增长产生重要影响。1981 年减税政策的支持者强调减税对供给的作用，而不强调减税对需求的作用。但实际上，减税确实增加了消费需求，使经济于 20 世纪 80 年代从经济衰退中复苏。

到了 20 世纪 80 年代中期，巨大的政府预算赤字开始出现，政策制定者变得忧虑起来。赤字增加逐渐成为关注焦点，政策制定者对使用财政政策管理经济的兴趣开始减弱，他们把重点转向了减少赤字，而不是稳定经济。尽管 20 世纪八九十年代有多次政府支出和税收的政策，但是这些政策的目的都不单纯是为了改变总需求。

克林顿政府和乔治·W. 布什政府

比尔·克林顿执政伊始就提出了增加总需求的"一揽子刺激计划"，但是这项计划并没能在国会通过。克林顿后来成功地通过了一项税收增加计划，使政府预算开始回归平衡。同时，与克林顿政见不同的共和党控制的国会选择限制政府支出。也就是说，政府收入增加，支出减少了。到 1998 年，联邦预算开始从赤字转向盈余，为后来的减税提供了基础。

乔治·布什在上任的第一年 2001 年就通过了一项 10 年期的减税计划，该计划的目标是降低税率，消除政府预算盈余，将收入返还给家庭，同时刺激由于高科技行业投资繁荣期结束而不断下降的经济。

减税计划的第一年，每对已婚夫妇的税收减少或者说收入增加了 600 美元，政府本来期望通过收入返还增加总需求。

但是 2001 年 9 月 11 日美国遭遇了历史上最严重的恐怖袭击，布什总统和国会的工作重点迅速从平衡联邦预算转向授权新的支出项目，以抚慰受害者家属和刺激经济。实际上，恐怖袭击前美国经济就已经陷入衰退。

2003 年 5 月，布什签署了另一项税收法案，目标是刺激经济，特别是增加投资支出。这项法案有许多特点，包括加速 2001 年出台的减税法案的实施，增加儿童补助金（政府向有子女的家庭或困难家庭提供补助金），以及降低股票分红和资本收入的税收。

2008 年，经济增速减缓使布什总统和国会采取了一些减税方案和投资刺激政策。这次减税的总幅度相对较大，接近 GDP 的 1%，平均 1,800 美元的税收减免惠及 1,280

万户家庭。2009 年 2 月，奥巴马总统和国会实施了美国历史上最大的刺激计划。这项刺激计划在规模和结构上都引起了巨大的争议。虽然许多经济学家相信它将使经济复苏，但是也有很多人持怀疑态度。

2001 年和 2007 年的两次经济衰退，2008 年的金融危机及其余波，各种各样的减税法案，2009 年实施的史上最大一揽子刺激计划，以及阿富汗战争和伊拉克战争引起的军费增长共同深刻地改变了本世纪头 10 年的美国财政政策图景。尽管 2006 年和 2007 年预算赤字短暂地减少过，但是在这整个 10 年中，财政情况发生了彻底的变化。到 2011 财政年度，财政预算赤字是 GDP 的 8.7%，远高于历史水平。数据预测表明，预算赤字将有可能下落，但是未来很长一段时间将保持在高位。

图 15-3 描绘了自 1996 年起支出、税收和预算赤字的变化轨迹。如图 15-3 显示，经历了 20 世纪 90 年代末短暂的预算盈余后，2002 年联邦财政预算再次出现赤字，并最终达到 2009 ~ 2011 年的高位水平。数据预测，未来预算赤字将限制美国政府实行扩张财政政策的能力，并将在很长时间内成为美国政治争论最重要的环境背景。

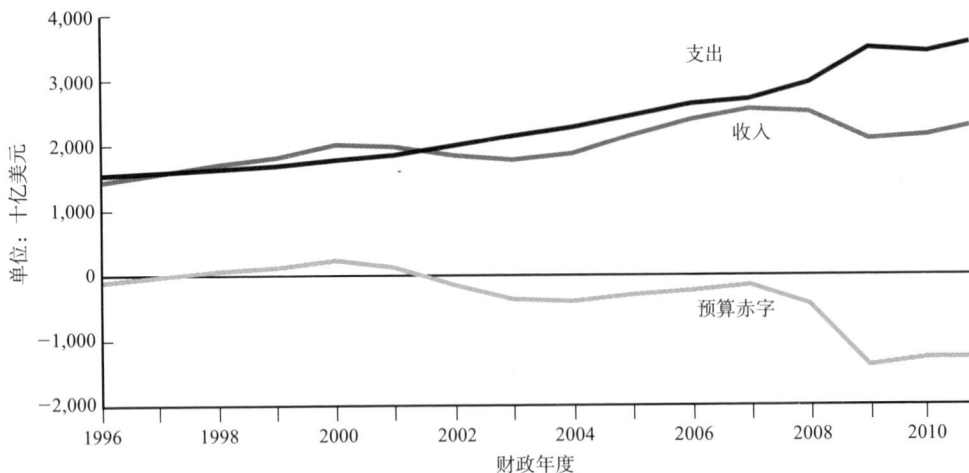

▲图 15-3

1996 ~ 2011 年各财政年度联邦税收、支出、赤字

资料来源：Congressional Budget Office, January 2012.

日常生活中的经济学

2009 年一揽子刺激计划

对应的经济学问题：2009 年财政刺激计划成功吗？

2009 年，奥巴马总统签署了美国复苏与再投资法案，该法案是美国历史上最大的财政刺激计划。尽管从 2007 年经济衰退中恢复的速度仍然缓慢，但是许多经济学家，包括国会预算办公室的经济学家相信这个刺激计划确实对经济产生了显著的影响。

然而，不是所有的经济学家都持相同的观点。斯坦福大学的约翰·B. 泰勒（John B. Taylor）仔细考察了这个刺激计划的三个关键要素：临时性减税、联邦政府产品和服务采购的扩张，为州政府和地方政府提供援助。根据泰勒的分析，他认为这个刺激计划是无效的。

泰勒首先检验了临时性减税是否会刺激消费支出。与之前的大量研究结论一致，他发现临时性减税不会刺激消费支出；减免的税收大都被储蓄起来了。至于政府采购，由于它只占整个刺激计划的很小一部分，所以即便考虑了政府支出的乘数，它的作用也很有限。

对于为州政府和地方政府提供的援助分析要更复杂。泰勒发现，州政府和地方政府增加了在转移支付项目（社会福利和医疗补助）上的支出，但是减少了产品和服务采购。泰勒认为，总的来看，州政府和地方政府只是将他们从联邦政府得到的钱存下来，用于偿还借款而已。其他经济学家反对泰勒的观点，表示如果联邦政府没有向州政府和地方政府提供援助，那么州政府和地方政府的支出和服务供给将减少更多。

奥巴马总统也承认，要在有效的时间内实施万事俱备的财政刺激计划确实不可能。虽然联邦政府可以向个人、企业、州政府和地方政府提供资金，但是让他们增加支出则要困难得多。详见练习 3.7。

资料来源：Based on John B. Taylor, "An Empirical Analysis of the Revival of Fiscal Activism in the 2000s," *Journal of Economic Literature*, 2011, v. 49, 3, pp. 687-702.

本章我们讨论了政府财政政策的作用。使用 AD-AS 模型，我们展示了财政政策是如何稳定经济的。我们还讨论了乘数和稳定政策的局限性。另外，本章简要介绍了联邦财政预算，包括支出、收入、预算赤字和预算盈余。最后，我们讨论了美国的财政政策是如何随时间变化的。本章要点如下：

1. 政府支出的增加或税收的减少将增加总需求。

2. 政府支出的减少或税收的增加将减少总需求。

3. 受乘数的影响，总需求曲线总的变化会大于最初的变化。政策制定者在制定政策时必须考虑乘数效应。

4. 内部时滞（制定政策所需的时间）和外部时滞（政策发挥作用所需的时间）都限制了积极财政政策的有效性。

5. 联邦支出的最大组成部分是应得权益支出和法定支出。

6. 联邦收入的最大组成部分是向个人征收的收入税和社会保障税。

7. 政府赤字具有自动稳定器的作用，有助于短期内稳定经济。

8. 在短期内，为了对抗经济衰退而采取的财政政策将使预算赤字增加；在长期中，预算赤字将导致投资支出被挤出。

9. 近些年来，美国在周期性地使用积极财政政策刺激经济，不过在很多时期下，对于赤字问题的担忧已经限制了财政政策的使用。

练 习

1. 财政政策的作用

1.1 要减少总需求，政府可以减少支出或 _____ 税收。

1.2 紧缩财政政策会使总需求曲线向 _____ 移动，_____ 价格水平，_____ 实际 GDP。

1.3 当税收的乘数是 −1.50 时，税收增加 1,500 亿美元最终会使总需求曲线向左移动 _____ 亿美元。

1.4 _____ 时滞是指政策制定者意识到经济问题并采取适当的行动所需的时间。

1.5 中国实验。2000 年中国政府制定了每年三次、每次一周的法定长假，希望借此刺激消费支出。基本的逻辑是增加休假可以使居民将更多的收入花费在休假上。

a. 使用 AD-AS 模型说明中国政府试图通过法定长假刺激经济的机制。

b. 尽管在长假期间消费支出上升了，但是数据显示长假前后消费下降了。这个政策发挥作用了吗？

1.6 限定使用时间的购物卡。下面是一

种不常见的财政政策：政府将向每个家庭发放一张限定使用时间的 400 美元的购物卡，居民只能用该购物卡在一个限定的时期内（比如说 3 个月）购买美国公司生产的产品和服务。假设政府在考虑是发放这种限定使用时间的购物卡，还是直接向每个家庭发放 400 美元现金。

a. 哪个方案可以最大地刺激经济？

b. 哪个方案你认为更容易管理？

c. 假设一个家庭拥有巨大的信用卡债务，并想要减少这笔债务。你认为这个家庭更倾向于哪个方案呢？

1.7 政治系统和财政政策的内部时滞。在类似英国的议会制度下，政府内部的制约与平衡（为保持政府公正并防止权力过于集中）不如美国。在议会制度下，执政党既控制立法机构也控制行政机构。你认为英国与美国相比，其财政政策的内部时滞是更长还是更短？

1.8 回头看。稳定政策的批评者认为政策制定者总是回头看——观察过去的数据，因此无法制定合适的稳定政策。尽管政策制定者必须观察过去的数据，你能为政策制定者提供辩护吗？

1.9 更短的经济周期和时滞。假设图 15-2 所示的典型的经济周期缩短了。这会使实施积极财政政策更加困难还是容易？请解释。

2. 联邦预算

2.1 2012 财政年度从 _____ 年 10 月 1 日开始。

2.2 自由裁量支出是联邦支出中最大的组成部分。_____（正确 / 错误）

2.3 应得权益支出的两个例子是 _____ 和 _____。

2.4 联邦政府收入的两个主要来源是 _____ 和 _____。

2.5 州政府和平衡预算。与联邦政府不同，几乎所有的州都规定政府必须制定或者维持一个平衡的预算。（参见第 479 页"日常生活中的经济学"）

a. 假设国家经历了一次经济衰退，这会如何影响州政府的预算。

b. 州政府为了平衡预算必须采取什么行动？

c. 用图形表示州政府采取的这些行动是如何影响国家经济运行的。

2.6 自动稳定器和产出波动。受自动稳定器的影响，拥有更多更慷慨的失业保险项目的州会经历 _____（更大 / 更小）的产出波动。

2.7 合伙制和公司税收入。近些年，许多大型组织，比如跨国会计师事务所，为了避税而选择组建合伙制企业而不是公司制企业。这意味着它们不需要缴纳公司税。越来越多的商业组织选择合伙制对于公司税的历史趋势有什么影响？

2.8 法定支出和应得权益项目。"法定支出"真的是强制不变的吗？_____（正确/错误）请说明法定支出与自由裁量支出的不同。面对应得权益支出即将产生的危机，你认为法定支出会比自由裁量支出更难改变吗？

2.9 高税率和夏季就业。假设你在考虑是否接受一份暑期工用于补贴学费。这份工作的工资是每小时 12 美元，但是你必须基于工资缴纳收入税和社会保险税。如果你面临的总税率是 50%（意味着你可以赚得 6 美元），你会接受这份工作吗？如果税率上升至 70% 呢？（参见第 486 页"日常生活中的经济学"）

3. 美国历史上的财政政策

3.1 _____是美国历史第一位有意识地使用财政政策稳定经济的总统。

3.2 沃尔特·海勒是林登·约翰逊总统的首席经济顾问。_____（正确/错误）

3.3 在 _____，美国经济见证了联邦预算盈余。

3.4 长期平均收入被称为 _____。

3.5 退税和消费支出。1999 年，国税局开始根据 1998 年变更的税法寄送退税支票。经济预测家预测消费和 GDP 将随着收入税的退税增加而增加。分别使用以下假设判断经济预测家的言论是否正确。

a. 纳税人直到完成了收入税申报才发现他们将得到收入税退税。

b. 纳税人确实知道他们将得到收入税退税，但是作为消费者，他们仅仅是基于当前的收入水平做出消费决定的。

c. 纳税人确实知道他们将得到收入税退税，而且作为消费者，他们是基于永久收入做出消费决定的。

3.6 财政盈余的上升和下降。什么因素导致美国从 20 世纪 90 年代末的联邦预算盈余陷入 21 世纪最初十年的联邦预算赤字？什么因素导致联邦预算盈余消失？

3.7 个人债务和减税。假设你有一大笔信用卡债务没有还清，将要支付高额的利息。然后你从政府收到了一次临时性的退税，于是决定清偿信用卡债务。如果经济体中有很多和你一样情况的人，这次减税还会是一次有效的刺激吗？（参见第 491 页"日常生活中的经济学"）

3.8 大学生和减税。如果一个信用卡额度上限较低的大学生收到了一笔退税，你认为他更有可能将这笔收入用于储蓄还是消费？如果不是大学生，而是一名信用卡额度上限较高的已婚中年男性呢？请解释你的推理。

3.9　公司税大幅下降。登录国会预算办公室网站（www.cbo.gov），找出 2007 年至 2009 年的公司税数据。公司税是增加了还是减少了？请给出解释。

3.10　长期预算赤字的预测。国会预算办公室会进行长期预算赤字的预测。你认为国会预算办公室这么做的主要原因是什么？

人们总是期望政府能防止银行业大规模破产。

在最近这次金融危机中，冰岛政府采取了完全相反的行动，任由本国的主要银行崩溃。

从 2003 年开始，冰岛的三家主要银行改变了商业模式，转型成为激进的国际化银行机构。它们积极地吸引外国存款，迅速地扩张贷款产品和业务。结果整个国家和银行业在金融危机之前的 5 年里获得了空前的繁荣。不幸的是，2008 年世界金融危机爆发后，这种金融模式再也无法维持下去。银行资金迅速蒸发，冰岛政府和人民面临着艰难的抉择：是使用公共资金救助银行，还是任由银行破产，让银行的投资者承担损失。

最终，令国外投资者失望的是，冰岛选择了破产的方案。与面临相似情况的爱尔兰不同，冰岛的政府和人民愿意让银行破产。尽管这个决定导致冰岛出现了严重的经济衰退，但是冰岛的经济赢得了更长远的未来。事实证明，冰岛比许多选择救助银行的国家更快地从衰退中复苏。

学习目标

识别美国经济中货币的构成。

解释存款的乘数扩张和乘数收缩。

描述联邦储备银行的结构。

讨论金融危机中联邦储备银行是如何行动的。

货币（money）一词对于经济学家有着特殊的含义，在本章中，我们将详细讨论货币的定义以及货币在经济中扮演的角色。货币的整体水平深刻影响着一个经济体的表现。在上一

> **名词解释**
> 　货币：被买卖双方广泛接受的，在经济交易或交换中经常使用的任意物品。

章中，我们了解到，货币供给的增加会使总需求增加。在短期中，价格大致固定不变，货币供给的增加会提升总需求和产出。但是在长期中，持续的货币供给增加会引发通货膨胀。

美国的中央银行联邦储备银行负责控制货币供给。在本章中，我们将了解联邦储备银行的构成和运作，以及它为什么这么重要。

什么是货币

经济学家将货币定义为，被买卖双方广泛接受的，在经济交易或交换中经常使用的任意物品。我们来具体了解货币使用的情况。

我们每天都要使用货币。在咖啡店，我们交给柜台后的老板一定数量的美元，换取一杯咖啡。这是典型的经济交换：一方转让货币，另一方提供产品和服务。为什么咖啡店老板会接受美元作为咖啡的交换物呢？原因是他可以用获得的美元进行其他经济交换。假设一杯咖啡的价格是 1.50 美元，每天售出 100 杯，那么销售者一天可以获得 150 美元。如果经营咖啡店的成本是 100 美元，那么咖啡店老板支出 100 美元的成本后，还可以保留 50 美元的利润。货币使整个经济交换过程得以实现。

在真实世界中，交易要更加复杂。咖啡店老板将每天收到的美元存入银行账户，然后用银行账户的支票支付成本。很明显，美元之所以是货币，是因为它可以用于购买咖啡。支票也发挥了货币的功能，因为它可以用于支付成本（比如给供货商货款）。在某些古文明中，珍贵的石头被用于交换。从很久之前开始，金条就一直被当作货币使用。在第二次世界大战期间，战俘营中的战俘没有钱，但是他们会获得定量的香烟供应，于是他们把香烟作为货币，交换他们需要的东西。

货币的三个职能

货币在一个特定的社会中有各种各样的用途，目的都是为了使经济交换更加便利。下面我们将介绍货币的三个主要属性或职能。

交换媒介（medium of exchange）。如咖啡店的例子所示，在经济交换中货币由买家转让给卖家以换取货物，因此货币具有交换媒介的职能。假设没有货币，你有一辆车，想要卖掉去买一艘船。那你必须找一个拥有船而且想要车的人，然后用你的车直接换他的船。这属于典型的**易货交易**（barter）：用一件商品或服务换取另一件商品或服务。

但是易货交易存在明显的缺陷。假设拥有船的人不想买车，那你就无法获得船。除非出现**双重需求耦合**（double coincidence of wants），也就是说，除非你想要用一辆车换一艘船，而且船主想要用船换你的车，否则经济交换就不会发生。双重需求耦合发生的概率非常小。即使船主想要一辆车，他也不一定想要你的车。

货币发挥交换媒介的职能，就可以解决易货交易的问题。车主可以将汽车卖给任何想买的人，并获得相应的货币作为回报。有了货币之后，车主就可以去找想要卖船的人，然后用货币购买。而船主可以自由支配卖船所得的货币。有了货币，就不一定需要双重需求耦合了。这就是为什么所有的社会都存在货币：货币使经济交换更加便利。

货币作为交换媒介的职能是自愿交换原理的典型例证。

自愿交换原理
两人之间的自愿交换能够增进双方的福利。

如果没有货币，我们就只能通过易货交易制度完成交换，那么很多本可以增进双方福利的交换就无法进行了。

记账单位（unit of account）。当所有产品和服务的价格都以货币的形式表示的时候，货币就是一种非常便捷的衡量价值的手段。假设一艘船、一辆车和一张电影票的价格分别是 5,000 美元、10,000 美元和 5 美元。原则上我们也可以用电影票来衡量其他两件商品的价值，比如船价值 1,000 张票，车价值 2,000 张票。但是因为我们是使用货币而不是电影票作为交换媒介，所以用货币的形式表示所有商品的价格更加方

便。记账单位是我们在表示和比较产品和服务
的价值时使用的标准单位。在人类社会中，货
币是记账单位，因为我们以货币的形式表示所
有的价格。将交换媒介用作记账单位是最便捷
的做法，因为在交换中使用的单位（货币）可
以同时用于表示所有产品和服务的价格。

价值储藏（store of value）。如果你把车
卖掉去买一艘船，你可能无法立刻买到船。同
时，你将持有卖车获得的货币。理想的情况
下，持有货币期间，货币价值不会降低。货币在这里发挥的就是价值储藏的职能。

> **名词解释**
>
> **价值储藏**：为了储藏价值而持有货
> 币，直到将持有的货币用于交换为止。
>
> **商品货币制度**：实际货币是一种商
> 品，比如金和银的一种货币制度。
>
> **金本位**：用金支撑纸币的一种货币
> 制度。
>
> **法定货币制度**：货币本身不具有内
> 在价值而是由政府支撑的一种货币制度。

由于存在通货膨胀，货币其实不是完美的价值储藏方式。假设通货膨胀是每年
10%，这意味着平均价格每年上升 10%。假定你以 100 美元的价格卖掉了自己的网球
拍，希望购买总价值为 100 美元的 10 张 CD，但是你需要等待一年的时间才能买到
CD。不幸的是，由于通货膨胀，到年末的时候 10 张 CD 的价格上升至 110 美元。你
持有的 100 美元将不足以购买 10 张 CD。你的货币损失了部分储藏的价值。

只要通货膨胀足够低，或者你持有货币的时间不长，那么购买力的损失不会构成
大问题。但是如果通货膨胀率上升，或者持有货币的时间较长，那么货币就不再适合
用于储藏价值。

不同类型的货币制度。在人类历史中，出现过多种货币制度。在一种制度
下，商品可以充当货币，比如金和银，这种制度被称为**商品货币制度**（commodity
money）。后来，政府开始发行纸币。最早的纸币是由一种基础商品支撑的，比如一
定数量的金对应一单位的纸币。在传统的**金本位**（gold standard）下，个人可以用纸
币交换金子。1933 年以前的美国，个人可用美元交换金子。但是从 1933 年开始，富
兰克林·罗斯福总统禁止私人拥有金子，废除了金本位。其他国家直到 1971 年仍然
可以用美元交换金子。货币制度演化的下一个阶段是消除纸币和金的联系，建立**法定
货币制度**（fiat money）。法定货币不像金和银那样拥有内在价值，它是由政府法令
创造出来的货币，在政府的控制下成为社会的正式货币。

你可能会想，既然今天的纸币没有内在价值，为什么它可以作为货币使用呢？答
案是政府通过控制法定货币的供给，从而控制它的价值。在下一章，我们将进一步介
绍政府是如何控制货币供给的。

衡量美国经济中的货币

名词解释

M1：个人和企业的现金、活期存款、其他活期存款和旅行支票的总和。

在美国和其他现代经济体中，人们能够以多种方式进行经济交换。在实践中，这导致了不同的货币衡量口径。在美国，最基本的货币衡量口径是 M1。M1 是公众持有的现金、活期存款、其他活期存款和旅行支票的总和。2012 年 3 月 M1 总计为 22,200 亿美元。表 16-1 列出了 M1 的各个组成部分和规模，图 16-1 显示了各个组成部分的占比。

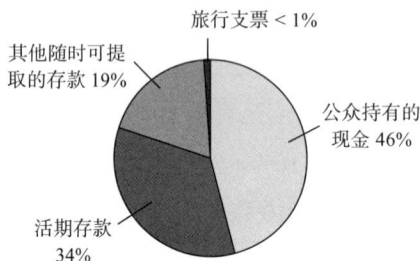

▲图 16-1

美国 M1 的构成

公众持有的现金是 M1 最大的组成部分。活期存款和其他活期存款仅次于个人和企业现金。

资料来源：Board of Governors of the Federal Reserve.

表 16-1　2012 年 3 月美国 M1 的构成（货币单位：十亿美元）	
公众持有的现金	1,028
活期存款	763
其他活期存款	424
旅行支票	4
M1 总计	2,220

资料来源：Board of Governors of the Federal Reserve.

M1 第一个组成部分是公众持有的现金，也就是银行金库之外的所有现金。第二个组成部分是活期账户中的存款，也就是活期存款（demand deposits）。直到 20 世纪 80 年代，活期账户都不支付任何利息。第三个组成部分是其他活期存款，它于 20 世纪 80 年代早期出现并支付利息。现在，这两种存款账户的差别已经不太明显了，因为当账户余额足够高时，许多活期账户都会支付利息。最后，旅行支票属于 M1 是因为它们在经济交换中经常被使用。

接下来我们进一步了解经济体中的现金数量。因为美国大约有 3 亿人口，所以 10,280 亿美元的现金相当于每个人持有 3,427 美元现金。你和你的朋友每个人都有 3,427 美元现金吗？

美国官方统计的现金中大多数都不在日常商业中使用。那么谁持有并使用这些现金呢？其中有一部分被用于非法交易，比如毒品交易。很少有毒贩会将现金存入银行账户。此外，相当一部分的美国现金是在海外持有或流转。

M1 没有包括我们用于经济交换的所有资产。M2 是广义货币，它既包括 M1，还包括储蓄账户存款、货币市场共同基金和单个账户 100,000 美元以下的定期存款。这些投资类型的资产通常无法立刻被用于交换，需要先被转换为 M1。2012 年 3 月，M2 总计 97,980 亿美元，约为 M1 的 4.5 倍。图 16-2 显示了 M2 的构成情况。

> **名词解释**
>
> M2：M1、储蓄账户存款、货币市场共同基金和单个账户 100,000 美元以下的定期存款的货币总和。

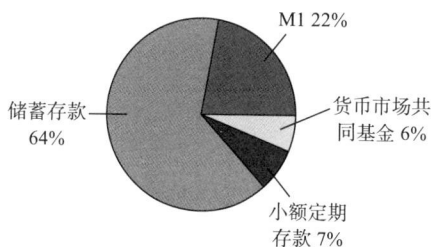

▲图 16-2

美国 M2 的构成

储蓄存款是 M2 最大的组成部分，随后依次是 M1，小额定期存款以及货币市场共同基金。

资料来源：Board of Governors of the Federal Reserve.

经济学家使用不同的货币定义，因为很难确定作为货币使用的究竟是哪些资产，或者说哪些资产主要用于经济交换，哪些资产主要用于储蓄和投资。货币市场共同基金于 20 世纪 70 年代末才出现。一些人将他们的部分资产临时储存在这些基金中，以便随时将这些资产投入风险更高、收益更高的股票市场。其他人则将货币市场共同基金当作活期账户或储蓄账户使用。当货币市场共同基金被用作活期账户时，它应该被视为 M1 的一部分。如果它被用作储蓄账户，就应该被视为 M2 的一部分。经济学家持续关注着 M1 和 M2，因为他们不能准确知道人们是如何使用这些货币市场账户的。

尽管在美国，消费者通常使用信用卡进行交易，但是信用卡不属于货币供给。原因是这样的。假设你有一张美国第一联合银行的信用卡，并用这张卡从一家电器商店购买了一台新电视。当你使用信用卡时，你实际上是在向美国第一联合银行借钱。当你从银行收到信用卡账单后，你必须开始偿还贷款。信用卡使你可以在当前购买产品和服务，并在日后偿还。与货币不同，信用卡不是交换媒介，不是记账单位，也不是价值储藏。信用卡确实使经济交换更加便利，但是他们不属于货币供给。

那么借记卡呢？如果你拥有一张借记卡，你在交易中使用它就可以获取你在活期账户中的资金。当你使用借记卡消费时，比如说去超市购物，你实际上就是在用活期账户中的资金消费。因此，借记卡不是一个独立的货币来源。货币供给是由活期账户余额加上公众持有的现金构成。

日常生活中的经济学

印有啮齿动物的货币

对应的经济学问题：巴西小城是如何使用货币推动本地商业的？

为了鼓励本地居民把钱用在本地的商店里，巴西小城席尔瓦雅尔丁想出了发行本地货币的方法。这种货币被称为 capivari，上面印有当地的一种啮齿动物。Capivari 由一家本地银行发行，这家银行每发行 1 单位 capivari，就持有 1 单位的巴西官方货币。本地商人对使用 capivari 的顾客给予一定的折扣，以此推动本地消费。

capivari 由巴西官方货币支撑，它像货币一样流通，并拥有货币的所有功能。在很多方面，capivari 就像本地消费的折扣券。Capivari 以较小的面值发行，使它可以流通，而不是被储藏起来。这个想法吸引了巴西另外的 63 个小镇，它们分别发行了属于自己的货币。详见练习 1.9。

资料来源：Based on Paulo Prada, "In Pockets of Booming Brazil, a Mint Idea Gains Currency," *Wall Street Journal*, September 21, 2011, online edition, A-Held column.

银行是如何创造货币的

在这一部分，我们将了解银行在货币创造中扮演的角色。要了解这个角色，我们首先需要了解银行是如何运作的。

银行的资产负债表：货币从哪里来，往哪里去

银行通常以存款的形式从储蓄者手中获得资金。银行不会将这些资金闲置，否则就无法盈利。相反，银行会使这些资金流转起来，向有资金需求的人发放贷款并赚取利息。要理解银行是如何创造货币的，我们可以先来看一张简化的商业银行**资产负债表**（balance sheet）。这张资产负债表将告诉我们，银行是如何筹集和使用资金的。

资产负债表由两个部分组成：资产和负债。**负债**（liabilities）是银行资金的来源。如果你去银行开设一个活期账户，并将资金存进这个账户中，那么银行就承担着当你需要时把这笔资金偿还给你的义务。如果你的存款足够多，那么银行还必须支付你一定的利息。你的存款就是银行的负债。**资产**（asset）与负债相反，可以为银行带去收入。贷款是典型的银行资产，借款人必须根据贷款规模和利率向银行支付利息。

建立银行时，银行所有者必须将他们自己的资金存入银行，使银行拥有一定的启动资金。我们将这笔资金称为**所有者权益**（owners' equity）。如果这家银行随后赚取了利润，那么所有者权益将增加；如果银行亏损，那么所有者权益将减少。

图 16-3 是一个假想的银行的资产和负债。在负债方面，银行拥有 2,000 美元的存款，同时所有者权益是 200 美元。所有者权益计入资产负债表的负债中，是因为它是银行资金的来源之一。银行的总资金等于存款和所有者权益之和 2,200 美元。

在资产方面，银行持有 200 美元的**准备金**（reserves），这笔资金不会被借出。准备金以现金的形式保存在银行的金库中，或者以存款的形式保存在中央银行（在美国就是联邦储备银行）。根据法律要求，银行需要持有与存款成固定比例的资金作为准备金，这笔资金被称为**法定准备金**（required reserves）。如果银行决定持有超过法定要求数量的准备金，那么超出法定准备金的这部分资金被称为**超额准备金**（excess reserves）。银行准备金等于法定准备

> **名词解释**
>
> **资产负债表**：表示企业的资金来源（负债）和资金使用（资产）的一张会计账单。
>
> **负债**：企业的资金来源，包括存款和所有者权益。
>
> **资产**：企业的资金使用，包括贷款和准备金。
>
> **所有者权益**：企业所有者提供给企业的资金。
>
> **准备金**：银行存款中保存在银行金库或中央银行的那部分资金。
>
> **法定准备金**：法律规定的银行应保存的与存款成固定比例的准备金。
>
> **超额准备金**：银行准备金超出法定准备金的部分。

金和超额准备金之和。

在我们的例子中，银行持有的法定准备金是存款的 10%，即 200 美元。资产的剩余部分是银行发放的贷款 2,000 美元。根据定义，总资产永远等于总负债，资产负债表会一直保持平衡。

资产	负债
200 美元 准备金	2,000 美元 存款
2,000 美元 贷款	200 美元 所有者权益
总计：2,200 美元	总计：2,200 美元

▲图 16-3

银行资产负债表

图中表示的是一个法定准备金率为 10% 的假想银行的资产负债表。银行无法通过存款获得利息，要实现盈利必须将存款放贷出去，从借款人处获得利息。从资产负债表中我们可以看出，这家银行把所有的存款都放贷出去了，没有超额准备金。

货币创造的过程

我们可以举一个简单的例子说明银行在货币供给中的作用。假设一个人走进好莱坞第一银行，开了一个活期账户并存入 1,000 美元。因为公众持有的现金和活期存款都包括在货币供给 M1 中，所以总的货币供给不会随着这个交易的发生而改变。公众持有的现金减少的数量等于活期存款增加的数量。

现在我们假设银行需要持有存款的 10% 作为准备金。这意味着**准备金率（reserve ratio）**——准备金和存款的比例——是 0.1。那么好莱坞第一银行需要将存款中的 100 美元保留下来作为准备金，这样它可用于贷款的存款为 900 美元。图 16-4 的最上面的一组数据显示了好莱坞第一银行放出贷款后的资产负债表变化。

> **名词解释**
>
> **准备金率**：准备金与存款的比例。

假设好莱坞第一银行将 900 美元存款全部借给了一名有抱负心的电影制片人。这名制片人在好莱坞第一银行开设了一个活期账户，把借来的 900 美元存进了这个账户。然后他向一名供货商购买了电影设备，供货商将收到的 900 美元支票存进了伯班克第二银行。图 16-4 的第二组数据显示了伯班克第二银行的资产负债表变化，它的债务增加了 900 美元。伯班克第二银行保留了 90 美元的准备金，然后借出了

810 美元。

假设伯班克第二银行将 810 美元借给了一名咖啡店老板，她在伯班克第二银行开设了一个活期账户，把借来的 810 美元存进了这个账户。然后她向一名咖啡供货商购买了价值 810 美元的咖啡，这名供货商把收到的货款存进了威尼斯第三银行。

威尼斯第三银行收到了 810 美元的存款。它保留了 81 美元的准备金，然后借出了 729 美元。这个过程在洛杉矶地区一直持续下去，不断在新的银行产生新的存款和贷款。帕萨迪那第四银行收到了 729 美元的存款，保留了 72.90 美元的准备金，然后借出了 656.10 美元。康普顿第五银行收到 656.10 美元的存款，然后这个过程继续进行下去……

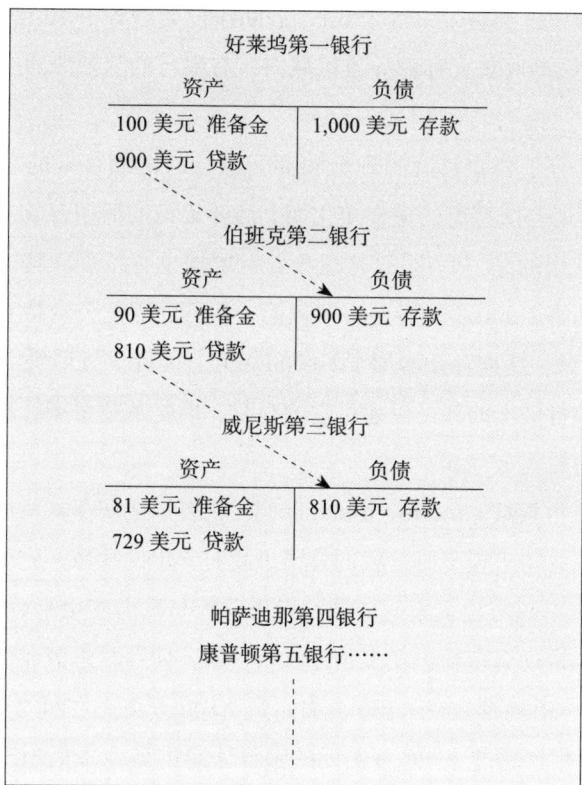

▲ 图 16-4

从资产负债表的变化看货币创造的过程

这张图显示了最初 1,000 美元的存款是如何持续扩大货币供给的。我们看到，前三家银行在收到存款后，把所有的存款都借出去了，没有保留超额准备金。但是，在现实世界中，人们会保留部分现金，而且银行不一定会把所有的存款都借出去。实际的结果是，银行创造的货币数量要小于这张图所显示的数值。

货币乘数是如何作用的

最初的 1,000 美元现金存款在整个洛杉矶地区不断创造新的活期账户余额。最终创造的货币总数是多少呢？将所有银行的活期存款账户增加的金额相加，我们可以得到：

$$1,000 + 900 + 810 + 729 + 656.10 + \cdots = 10,000 \text{ 美元}$$

一般化的公式如下：

$$\text{活期存款增加量} = \text{初始现金存款} \times \frac{1}{\text{准备金率}}$$

在我们的例子中，准备金率等于 0.1，活期账户金额等于 10 倍的初始现金存款。也就是说，最初的 1,000 美元存款导致区域内所有银行的活期账户金额增加了 10,000 美元。

货币供给 M1 等于公众持有的现金和商业银行的活期存款的总和，因此，货币供给 M1 的变化等于公众持有的现金变化加上商业银行的活期存款的变化之和。请注意，我们在这里使用的是"变化"，这意味着有增加也有减少。具体来说，在我们的例子中，公众最初将 1,000 美元存进好莱坞第一银行，因此公众持有的现金总数减少了 1,000 美元。但是，活期存款增加了 10,000 美元。因此，货币供给 M1 增加了 9,000 美元。没有哪家银行借出的钱可以超过它的存款，但是从整个银行系统来看，货币供给的增量数倍于初始现金存款。

我们称之为**货币乘数**（money multiplier），它表示活期存款增加量与初始现金存款的比值。在讨论总需求模型时，我们介绍过政府支出的乘数，它表示政府支出的增加会通过乘数效应引起产出更大的增加。货币乘数与政府支出乘数的作用原理相近，在银行系统中，初始现金存款引发多轮存款与贷款，使存款总数成倍增加。

截至 2012 年，活期存款在 1,150 万美元到 7,100 万美元之间的美国银行法定准备金率是 3%，活期存款超过 7,100 万美元的银行法定准备金率是 10%。由于大银行的法定准备金率是 10%，所以你可能会想，货币乘数应该等于 10。

但是，美国的货币乘数一般在 2～3 之间，远小于我们的计算结果。原因有两点。首先，

> **名词解释**
>
> **货币乘数**：活期存款增加量与初始现金存款的比值。

我们的公式假定所有的贷款都直接进入活期账户。但在现实中，人们会将一部分贷款作为现金保留在手中。而银行是不可能把公众持有的现金借贷出去的。公众保留的现金越多，可供借贷的存款数量就越少。这会减少货币乘数。其次，当银行持有超额准备金时，货币乘数也会减少，不过以往这不是货币乘数减少的主要因素。最近，超额准备金可以获得利息补偿的政策极大地增加了超额准备金的数量。感兴趣的朋友可以将这两个因素融入货币乘数的计算公式中。

货币乘数是如何反向作用的

货币创造的过程也可以反向进行。假设你走进银行，要求银行从你的活期账户中取出 1,000 美元。银行必须向你支付这 1,000 美元。银行的负债因此减少 1,000 美元，资产也随之减少 1,000 美元。取出 1,000 美元对于银行来说意味着两件事情。首先，如果准备金率是 0.1，那么银行可以减少 100 美元的准备金。其次，银行可以放出的贷款将减少 900 美元。银行的贷款减少后，其他银行的储蓄将减少。货币乘数持续反向作用，使货币供给减少。

你可能还想知道银行是如何减少贷款的。如果你从一家银行贷款用于投资一个商业项目，你肯定不希望银行向你催款。银行通常确实不会催收良性贷款。但是，如果有顾客从银行取走了存款，而银行又没有超额准备金，将不得不减少发放贷款。在这种情况下，潜在的借款人从银行获取贷款的难度将增加。

到目前为止，我们的讨论一直围绕着新增的现金存款展开。但是，假设有甲乙二人，甲从乙处收到一张支票，并存入甲的银行。甲的银行最终将从乙的银行得到存款，得到存款后不光甲的银行，整个银行系统的存款金额都增加，这与现金存款的货币创造过程是一样的，货币供给将扩张。

但是我们要注意，乙的银行存款减少了，整个银行系统的存款金额将减少，货币供给将收缩。当个人或企业相互开具支票时，货币供给的扩张和收缩将相互抵消。

在下一章，我们将看到联邦储备银行是如何改变货币供给以稳定经济的。本章剩下的部分我们将了解联邦储备银行的结构，以及它作为中央银行是如何稳定金融系统的。

日常生活中的经济学

超额准备金的增长

对应的经济学问题：为什么银行最近开始大量增持超额准备金？

　　2008 年 9 月，金融危机最严重的时候，美国联邦储备银行向银行注入了大量的准备金，并于当年 10 月开始基于准备金向银行支付利息。在此之前，银行不会从法定准备金或超额准备金上获得利息，这使得银行没有动机保留超额准备金。但是，当银行开始从超额准备金上获得利息后，就不一定要发放贷款才能获取利息收入了。如果贷款的机会不具有吸引力，那么银行只需要将资金保留在手中。

　　如图 16-5 所示，央行这一政策的出台使银行的运营发生了巨大的变化。政策出台前，银行很少保留超额准备金。政策出台后，超额准备金急剧增加，准备金总量远远超过了法定准备金。从长期来看，联邦储备银行需要确保银行不会借出太多的准备金，否则通货膨胀将迅速上升。详见练习 2.2 和 2.10。

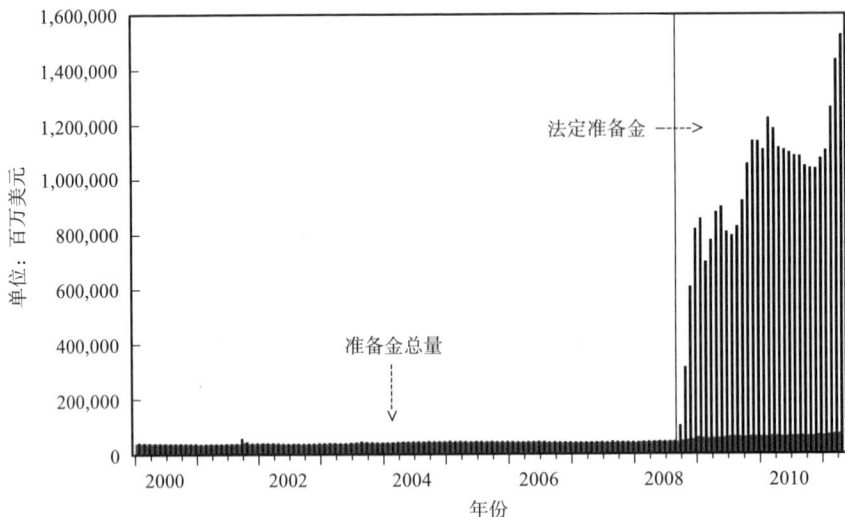

▲图 16-5

银行的法定准备金和准备金总量

在 2008 年 9 月之前，银行持有的超额准备金很少，准备金总量（用紫色表示）非常接近于法定准备金（用灰色表示）。为了应对 2008 年的金融危机，联邦储备银行在 9 月份向银行系统注入了大量准备金，并于 10 月份开始基于准备金向银行支付利息。因此，超额准备金急剧增加，准备金总量开始大大超过法定准备金。

银行的银行：联邦储备系统

美国在经历了一系列金融恐慌之后，于1913 年建立了联邦储备系统。当经济体或金融机构的稳定性出现严重问题时，就可能出现金融恐慌，大量银行遭遇挤兑，联邦储备系统可以用于发放贷款的资金耗尽。严重的经济衰退随之而来。

> **名词解释**
>
> **中央银行**：银行的银行，控制国家的货币供给的官方银行。
>
> **最后债权人**：中央银行充当了最后借款人的角色，它是处于危急状况的银行最后可以获得借款的地方。
>
> **货币政策**：联邦储备银行为了影响GDP 水平或通货膨胀而采取的一系列行动。

美国联邦储备系统就是**中央银行**（central bank），或者说"银行的银行"。联邦储备系统的主要工作之一就是充当最后债权人。在金融危机中当银行需要借款时，它们可以向作为**最后债权人**（lender of last resort）的中央银行求助。如果一家银行遭遇挤兑，那么联邦储备系统可以借给这家银行解困所需的资金。

联邦储备银行的职能

联邦储备系统有几项重要的职能。我们来简单描述它们。

向经济体供给现金。联邦储备系统负责通过银行系统向经济体供给现金。尽管现金只是经济体中货币供给的一个组成部分，但是如果个体偏好持有现金而不是活期存款，那么联邦储备银行和银行系统将促进个体的这一偏好。

支票兑取和清算系统。联邦储备系统负责使复杂的金融交易正常运转。这意味着，当甲给乙开具一张支票，联邦储备银行将监督银行，确保乙的银行从甲的银行收到相应的资金。这个过程被称为支票清算（check clearing）。当我们的经济体更多地进行电子交易时，联邦储备银行业会监督这些电子交易。

保存银行和其他储蓄机构的准备金并对银行进行监管。我们已经看到，银行必须通过联邦储备系统保存法定储备金。联邦储备系统也对银行进行监管，确保银行遵守银行经营的法律法规。最后，联邦储备系统还需要确保金融系统的安全稳定。

负责实施货币政策。联邦储备系统的重要职能之一是实施**货币政策**（monetary policy）。货币政策可以理解为影响实际 GDP 水平或通货膨胀的一系列行动。

几乎所有国家都有中央银行。印度中央银行是印度储备银行。英国的中央银行是英格兰银行。中央银行不仅充当本国银行的最后债权人，而且还要协助政府控制经济活动的水平。当经济体过热或过冷时，中央银行可以调整货币供给以避免可能出现的经济问题。在下一章，我们将看到中央银行业是如何使用货币政策影响实际 GDP 或通货膨胀的。

联邦储备银行的结构

国会在创建联邦储备系统时，政策制定者就意识到它将拥有强大的权力。因此，他们审慎地搭建这个系统的结构，确保其权力被分散，并使其远离美国主要的金融中心。他们将美国划分为 12 个联邦储备区，每个区各设一个**联邦储备银行**（Federal Reserve Bank）。各区域联邦储备银行共同提供货币政策建议，参与货币政策决策，并保持联邦储备系统与所在区域内银行的纽带关系。

联邦储备银行的 12 个储备区包括：旧金山、明尼阿波利斯、芝加哥、克利夫兰、堪萨斯城、达拉斯、圣路易斯、波士顿、纽约、费城、里士满、亚特兰大、阿拉斯加和夏威夷。其中阿拉斯加和夏威夷在第 12 区，总部位于旧金山。联邦储备系统创建之初，美国的经济和金融力量主要集中在东部和中西部。尽管现在的情况已经大不相同，但是联邦储备银行的区位分布仍然反映了联邦储备系统的历史根基。西部哪个主要城市没有联邦储备银行？答案是洛杉矶。

联邦储备系统中除了各区域联邦储备银行，还有两个重要的组成部分。总部位于华盛顿的**联邦储备委员会**（Board of Governors of the Federal Reserve）是联邦储备系统的真实权力机构，理事会由 7 位委员主持工作，所有委员由总统亲自任命和参议院确认，任期 14 年。主席 4 年一届，是美国货币政策的主要发言人。美国联邦储备委员会主席在全世界的金融市场上具有举足轻重的地位。

联邦储备系统的第三个组成部分是**联邦公开市场委员会**（Federal Open Market Committee，简称 FOMC），它负责制定货币政策。FOMC 是包括联邦储备委员会的 7 名委员在内的 12 人委员会，剩余 5 名委员分别是纽约联邦储备银行行长，以及其他四个区域联邦储备银行行长。（除了纽约联邦储备银行行长，其他区域联邦储备银行行长轮流进入该委员会剩下的 4 个席位，未进入该委员会的 7 名行长参席会议，提供意见但是没有投票权。）联邦储备委员会主席同时担任 FOMC 主席。FOMC 实际制定有关货币供给变化的决策。联邦储备委员会以及区域联邦储备银行的庞大

> **名词解释**
>
> **联邦储备银行**：联邦储备系统的 12 个区域银行。
>
> **联邦储备委员会**：总部位于华盛顿，负责领导联邦储备系统的 7 人委员会。
>
> **联邦公开市场委员会**（FOMC）：联邦储备系统中负责制定货币政策的委员会，它的成员中 7 人直接来自联邦储备委员会，剩余 5 人由 12 个区域联邦储备银行行长轮流担任。

专家团队对 FOMC 的工作进行支撑。联邦储备系统的结构如图 16-6 所示。

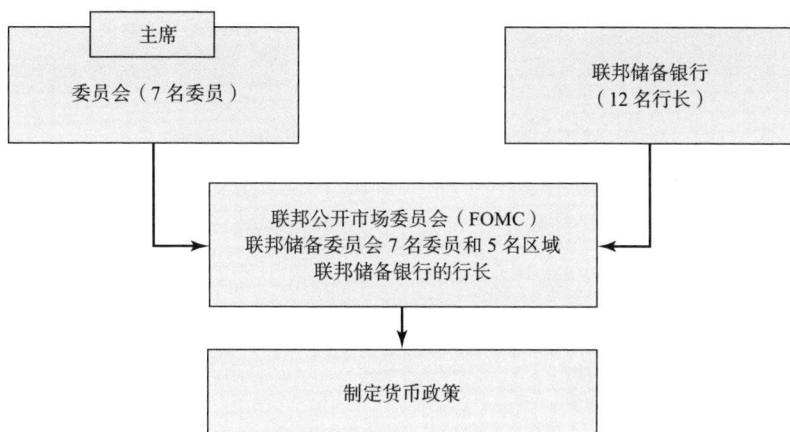

▲图 16-6

联邦储备系统的结构

美国联邦储备系统由联邦储备银行、委员会、联邦公开市场委员会（FOMC）组成。FOMC 负责制定货币政策。

理论上，决定货币政策的权力似乎分散于整个政府或国家中。但在实践中，委员会特别是主席拥有实际的控制权。委员会的运行具有相当的独立性。总统和国会议员可以对委员会进行政治施压，但是委员的 14 年任期有助于使他们不受外界压力影响。美联储目前的主席是杰罗姆·鲍威尔（Jerome Powell），他的任期开始于 2018 年 2 月 3 日。

联邦储备系统的独立性

不同国家的央行独立于政治权力的程度各不相同。在美国，联邦储备委员会主席需要定期向国会报告，但实际上联邦储备系统通常自行制定决策，事后再通知国会。联邦储备委员会主席也经常与政府行政部门会面，讨论经济事务。联邦储备系统在金融危机期间大力干预，此后国会越发希望联邦储备系统披露更多的工作信息。

美国和英国的中央银行目前的运作都具有相当的独立性，不受被选举官员的控制。在其他国家，中央银行是政府财政系统的一部分，通常会接受更加直接的政治控制。在中央银行的独立与通货膨胀的关系问题（外部政治压力更小，通货膨胀就越少出现）上，经济学家和政治学家之间存在着激烈的争论。不独立的中央银行将一直处于政治压力下，会通过创造货币为政府解决财政预算赤字的问题。当中央银行屈从于压力，结果就是通货膨胀。相对地，独立性通常意味着通货膨胀减少。

两次危机期间联邦储备系统做了哪些事情

作为最后债权人，联邦储备银行可以平息金融市场的动乱。我们来回顾历史，了解联邦储备银行是如何在 2001 年和 2008 年金融危机中行动的。

日常生活中的经济学

重压之下的金融系统：2001 年 9 月 11 日

对应的经济学问题：联邦储备系统是如何保持金融系统在"9·11"恐怖袭击之后迅速恢复正常的？

"9·11"恐怖袭击事件对联邦储备系统提出了严峻的考验。许多金融公司不保留现金，每天借款以支付持续的账单和债务。金融市场在 9 月 11 日关闭后，许多公司因此陷入困境。除非马上采取行动，否则他们将出现债务违约，这将导致其他公司的资金出现问题，从而引发连锁的债务违约。为了防范违约危机，联邦储备系统迅速采取了大量行动，为金融系统提供资金援助。

联邦储备系统使用的第一个工具是借给银行更多的钱。通常联邦储备系统向银行直接借出的资金额度比较小。9 月 12 日，联邦储备系统借出资金总额从上一周的 9,900 万美元升至 455 亿美元。

联邦储备系统还发挥了支票清算的作用。一家银行可以将它从顾客处收到的支票拿到联邦储备系统，并立即在其账户上增加一笔存款，然后由联邦储备系统从开出支票银行账户减去这笔存款。由联邦储备系统增加和减少的存款差额被称为"联储浮点"（Federal Reserve float）。"9·11"事件后联邦储备系统迅速将浮点额度从 29 亿美元增加至 229 亿美元，银行系统迅速得到了 200 亿美元资金的注入。

联邦储备系统还在公开市场回购政府证券，使个人和银行持有的资金增加了 300 亿美元。除此之外，联邦储备系统为英格兰银行等国外中央银行提供了美元，满足他们在"9·11"事件后的美元交易需求。所有这些行动总计使贷款额度增加了 900 亿美元。联邦储备银行及时有效的行动避免了可能对世界经济产生灾难性冲击的一次金融危机。详见练习 4.3 和 4.7。

日常生活中的经济学

处理次债危机引发的金融动荡

对应的经济学问题：联邦储备系统是如何成功应对 2008 年主要金融机构的崩溃的？

2008 年 3 月 16 日星期日对于联邦储备委员会来说是一个不平凡的日子。刚刚过去的一周，华尔街最著名的投资银行之一，贝尔斯登完全崩盘了。尽管贝尔斯登立即可用的资产接近 170 亿美元，但是这似乎根本不足以挽回败局。其他投资银行认为贝尔斯登进行了过多的糟糕投资，破产在所难免，因此它们开始迅速从贝尔斯登撤出资金。

联邦储备委员会担心，贝尔斯登的全面崩盘会破坏整个金融市场，投资者会希望从所有的金融机构撤出资金，市场出现资金出逃，最后发生全球性的金融恐慌。这一周中，联邦储备系统商讨了所有可能解决这次危机的途径。一种解决办法是说服另一家金融机构接管贝尔斯登，保持金融市场正常运转。但问题是，没有人知道贝尔斯登资产负债的确切情况，因此没有公司愿意冒着风险进行收购。最终，联邦储备系统说服了摩根大通完成这次收购，条件是联邦储备系统同意为摩根大通提供 300 亿美元贷款。联邦储备系统通过向一家私人投资公司提供巨额的贷款，成功避免了一次重大金融危机，但是真正承担风险的是美国纳税人。

不幸的是，贝尔斯登事件只是随后几个月里愈演愈烈的金融危机的早期征兆之一。2008 年 9 月和 10 月，次贷危机已经席卷全球金融市场。所有的银行和金融机构相互之间都不愿提供贷款，因为它们都担心贷款无法得到偿还。世界金融市场逐渐冻结，股票市场陷入严重的衰退，市场恐慌情绪持续膨胀。

与贝尔斯登事件的处理不同，联邦储备系统和财政部没有对另一家主要金融机构雷曼兄弟伸出援手，此时恐慌情绪到达了高点。世界金融市场对这一决定做出了消极的反应。但是联邦储备系统和财政部迅速改变了战术，它们授权向美国国际集团（AIG）提供总计 850 亿美元的贷款，并获得该公司 80% 的股份。联邦储备系统认为，如果 AIG 破产，将会导致资产由 AIG 承保的其他机构破产。随着危机的持续，联邦储备系统决定发展新的援助项目。第一，购买公司的短期债务（商业票据），从而将最后债权人的职能扩展到银行业之外。第二，扩大货币市场基金的贷款，从而为其中一些处于危机中的基金纾困。第三，开始购买由房贷支撑的证券，从而使资金流向房地产行业。最后，向由联邦储备系统持有的准备金支付利息，从而鼓励银行持有更多的准备金并增加联邦储备系统提供重要贷款的能力。

短短两个月，这些措施和行动彻底改变了联邦储备系统在金融市场中的角色。现在联邦储备系统已经放弃了支持商业票据市场和货币市场基金的工作，但是保留了其他援助项目。只有时间可以告诉我们，剩下的措施是会成为联邦储备系统永久的工具，还是会随着经济复苏退出市场。详见练习 4.1、4.6 和 4.8。

总　结

本章我们首先讨论了货币在经济运行中的作用以及经济学家是如何定义货币的。随后我们讨论了货币流入和流出银行的过程，以及银行是如何通过存款和贷款创造货币的。最后我们考察了联邦储备系统的机构以及中央银行是如何应对金融危机的。本章要点如下：

1. 货币是被买卖双方广泛接受的，在经济交易或交换中经常使用的任意物品。在现代经济体中，M1 由公众持有的现金和活期账户中的存款构成。

2. 银行是通过接收存款和发放贷款获取利润的金融中介。存款是银行的债务，包含在货币供给中。

3. 根据法律，银行需要持有一定比例的存款作为准备金，准备金既可以以现金的形式存放在银行金库中，也可以交由联邦储备系统保管。总的准备金等于法定准备金加上超额准备金。

4. 如果银行系统的存款增加了，那么最终增加的货币供给将是初始存款的一定倍数，这个倍数被称为货币乘数。

5. 货币政策的决策由联邦公开市场委员会（FOMC）制定。FOMC 是包括联邦储备委员会的 7 名委员和纽约联邦储备银行行长在内的 12 人委员会，剩余 4 名委员分别由剩余 11 个区域的联邦储备银行行长轮流担任。

6. 在 2001 年和 2008 年两次金融危机中，联邦储备系统有力地采取措施，稳定了经济运行。联邦储备委员会主席在美国经济乃至世界经济中都是举足轻重的人物。

练 习

1. 什么是货币?

1.1 货币解决了在 _____ 制度下经常出现的双重需求耦合的问题。

1.2 金是典型的商品货币。_____（正确 / 错误）

1.3 活期账户中的存款被包含在 M1 中，因为它是一种具有较强流动性的资产。_____（正确 / 错误）

1.4 M2 的最大组成部分是 _____。

1.5 货币市场共同基金难以归类到 M1 或 M2 中，因为人们使用它仅仅是为了促进交易。_____（正确 / 错误）

1.6 美元之所以是主要的国际通用货币，是因为美元与其他国家的货币相比更加安全。_____（正确 / 错误）

1.7 借记卡。近些年来，借记卡在美国流行起来。借记卡使持卡人可以直接用活期账户为商品和服务付款。你认为推行借记卡会怎样影响经济体中的货币数量和活期账户存款？

1.8 购物卡。越来越多的单位和个人开始把购物卡作为礼品和福利。超市、连锁书店和咖啡店大都发行了购物卡。这些购物卡应该被视为货币供给的一部分吗？它们与旅行支票有什么不同？

1.9 巴西本地货币。请解释下面这段话，"巴西小城发行的 capivari 可以视为可在当地使用的一种购物卡"。（参见第 502 页 "日常生活中的经济学"）

1.10 信用卡。为什么传统的信用卡不是货币供给的一部分？

1.11 通货膨胀和国外流通的现金。假设美国的通货膨胀每年上升约 7%。你认为这会影响外国人对美国现金的需求吗？

1.12 现金和地下经济。通过网络搜索 "currency and the underground economy"，你会发现大量的相关文章。这些文章的作者是如何使用现金的估值来衡量地下经济的规模的？

2. 银行是如何创造货币的

2.1 法律要求银行必须保留存款的一定比例作为 _____。

2.2 当央行不基于准备金向银行支付利息时，银行更倾向于保留准备金而不是放贷。_____（正确 / 错误）（参见第 508 页 "日常生活中的经济学"）

2.3 如果准备金率是 0.2，当一笔 100 美元的存款进入一家银行后，这家银行可以借出 _____。

2.4 如果准备金率是 0.2，简化的货币乘数将等于 _____。

2.5 银行的一次糟糕交易。2012 年，摩根大通银行在一次糟糕的交易中损失了 20 亿美元。请问在这次交易后该银行的所有者权益会发生什么变化?

2.6 银行和保险公司。保险公司和银行都属于金融中介。为什么宏观经济学家更多地研究银行而不是保险公司呢?

2.7 理解 M1 和 M2。如果你从你的活期账户开具一张支票到你的货币市场账户,M1 和 M2 会发生什么变化?

2.8 提取现金和货币供给变化。如果一名顾客从银行取出了 2,000 美元现金,准备金率是 0.2,你认为货币供给最多会减少多少?

2.9 货币市场共同基金,银行和准备金。货币市场共同基金一般会对容易买卖的金融产品进行投资,比如政府证券。货币市场共同基金没有法定准备金的限制,因而保留的准备金很少。相对地,银行主要的投资途径是发放贷款。如果政府撤销对银行的法定准备金的限制,你认为银行持有的准备金比例会发生什么变化,此时银行和货币市场共同基金持有的准备金比例哪个更大?

2.10 设定准备金的利率。如果联邦储备银行设定的准备金的利率接近于贷款的市场利率,你认为会产生什么问题?(参见第 508 页“日常生活中的经济学”)

3. 银行的银行:联邦储备系统

3.1 联邦储备系统是最后 _____。

3.2 旧金山联邦储备银行是西部唯一的一个联邦储备银行,因为旧金山在评选中击败洛杉矶。_____(正确/错误)

3.3 _____ 在货币政策上拥有决策权。

3.4 _____ 年的任期确保了联邦储备委员会的独立性。

3.5 联邦储备系统的一个职能之一是支票兑取和 _____。

3.6 财政部部长和联邦储备系统。偶尔有一些经济学家或政治家会建议让财政部部长进入联邦公开市场委员会。你认为这会怎样影响联邦储备系统的运作?

3.7 区域联邦储备银行是否该换地方了?考虑到自联邦储备系统创建以来,美国经济活动的区位已经发生了巨大的变化,如果根据经济活动重新分配 12 个区域银行,你认为最终的分配结果会怎样?

3.8 纽约联邦储备银行行长。纽约联邦储备银行行长一直是 FOMC 的投票成员。基于你对货币政策实施的了解,为什么有这样的惯例?

3.9 加强国会对联邦储备系统的监管? 2012 年总统候选人之一,罗恩·保罗强烈建议加强对联邦储备系统的问责和审计。加强国会对联邦储备系统的监管，优缺点分别是什么？

4. 两次危机期间联邦储备系统做了哪些事情

4.1 2008 年金融危机期间，联邦储备系统安排摩根大通 _____ 贝尔斯登。（参见第 513 页 "日常生活中的经济学"）

4.2 银行系统的 "浮点" 是指联邦储备系统进行支票结算时 _____ 和 _____ 的差距。

4.3 联邦储备系统在 "9·11" 事件之后为了确保金融市场稳定运行而采取的两个行动是 _____ 和 _____。（参见第 512 页 "日常生活中的经济学"）

4.4 大萧条时期的法定准备金。在大萧条时期，银行持有超额准备金，因为它们担心存款人可能会更多地从账户中取走资金。联邦储备系统担心超额准备金太高了，于是提高了银行的法定准备金。

   a. 假设银行出于谨慎持有超额准备金，你认为在法定准备金提高后，银行还会想继续持有超额准备金吗？请解释。

   b. 你认为法定准备金提高后，货币供给会发生什么变化？

4.5 短期贷款市场的危机。1973 年，多家大公司破产，从而无法为它们的短期贷款支付利息。这引发了短期贷款市场的危机。市场担心短期贷款市场将会崩溃，导致运营状况良好的公司也无法借款。你认为联邦储备系统当时会怎样处理这次危机？

4.6 联邦储备系统向摩根大通提供贷款。当联邦储备系统向银行或其他金融机构提供贷款时，它需要对接受贷款的机构进行资产质押（当贷款机构无法还贷时联邦储备系统可以拿走贷款机构事先确定的一部分资产，这部分资产被称为质押资产）。当联邦储备系统向摩根大通提供 300 亿美元贷款时，它允许摩根大通使用贝尔斯登的部分资产作为质押资产。为什么这笔交易中，联邦储备系统风险较高，而摩根大通风险较低？（参见第 513 页 "日常生活中的经济学"）

4.7 支票清算和 "9·11" 恐怖袭击。为了应对 "9·11" 恐怖袭击后的潜在金融危机，联邦储备系统是如何操纵支票清算程序以增加银行资金的流动性的？（参见第 512 页 "日常生活中的经济学"）

4.8 救助还是放弃？联邦储备系统对 AIG 和贝尔斯登的救助行动引起了一些人士的批评，他们认为政府不应该救助这些机构，应该让它们破产。两家公司的所有者确实都从联邦储备系统的行动中受益了，但是你能为联邦储备系统提供辩护吗？（参见第 513 页 "日常生活中的经济学"）

经济学实验

货币创造

本实验的目的是演示货币创造的过程。学生扮演银行家和投资者。银行家向投资者提供贷款，投资者再购买机器生产产品。本实验分多天进行。每一天，早晨进行贷款业务，中午进行存款业务，下午购买机器。每家银行只能接收一笔存款，发放一笔贷款。存款利率和贷款利率是可以协商的。本实验从指导者将销售政府债券所得的 625 美元存入一家银行开始。

银行的行动

在给定的一天中银行行动的顺序如下：

1. 天亮之前：清点资金。确定超额准备金的数额，包括上一天中午的存款。
2. 早晨：将所有的超额准备金一次性放贷给一名借款人，并商定这笔贷款的利率。贷款放出时，银行需要给借款人开具一张支票。
3. 中午：收到一笔存款。

4. 下午：高尔夫和游戏。

银行的规定

银行规定如下：

1. 每获得 1 美元存款，必须持有 0.20 美元的存款准备金。
2. 当银行不发放贷款时，可以通过海外投资获得 3% 的投资回报。

投资者的行动

在给定的一天中，投资者行动的顺序如下：

1. 天亮之前：在银行清点资金的时候睡觉。
2. 早晨：从一家银行借钱，并商定这笔贷款的利率。
3. 中午：将贷款存在你选择的银行里，并商定存款的利率。
4. 下午：从唯一的一家厂商处购买机器，并使用个人支票支付。每台机器耗费 1 美元，产生 1.10 美元产出后机器报废。

当学生进行实验时，老师使用一张记录单追踪所有交易。最后我们可以通过这张记录单追踪一轮又一轮的货币创造过程。你认为海外投资回报（3% 的回报率）和购买机器的回报（10% 的回报率）在本实验中发挥了怎样的作用？

记录单如下表所示：

货币创造实验记录单						
获得存款的银行	存款金额	存款利率	贷款金额	贷款利率	准备金增加的数量	货币供给变化
1	625					

2006 年 2 月 1 日，本·伯南克接掌联邦储备系统时，他完全不知道自己会遭遇一场前所未有的、复杂的金融危机。这次危机始于房价下跌，并于 2007 年和 2008 年波及整个金融系统。

与曾经在华尔街和银行业工作多年的艾伦·格林斯潘和保尔·沃尔克不同，伯南克之前主要是进行学术研究。作为普林斯顿大学经济学系前主任，伯南克的主要学术工作集中在大萧条研究，以及货币政策对于促进经济增长和控制通货膨胀的作用上。尽管没有金融市场的直接经历，但是他曾长期帮助华盛顿制定经济政策和货币政策。

事实证明，伯南克在应对金融危机时，充分利用了他的学术和政策经验。他召集纽约联邦储备银行行长和华尔街的主要金融家进行头脑风暴会议，进一步形成了他自己对于快速改变的金融结构和次债危机带给金融体系的风险的独到观点。作为研究大萧条的学者，他也认识到联邦储备系统必须采取果敢大胆的行动才能扭转这次危机。他为联邦储备委员会提前设计了应对金融危机的全新大胆策略。随后，当经济复苏过慢时，他又利用了早期的学术成果为联邦储备系统设计了刺激经济的新方法。可以说，伯南克的学术生涯带给了他应对前所未有的金融事件的能力，成就了他在金融危机中的出色表现。

学习目标

解释货币市场中需求和供给的作用。

列出联邦储备系统用于改变短期利率的工具。

使用供给和需求曲线演示联邦储备系统是如何确定短期利率的。

描述货币政策影响实际 GDP 的国内和国际渠道。

评价联邦储备系统在实施货币政策上面临的挑战。

在本章中，我们将了解为什么每个人都对联邦储备系统的行动这么感兴趣。在短期中，价格没有足够的时间改变时，我们可将价格视为暂时固定，此时联邦储备系统可以影响经济体的利率水平。当联邦储备系统降低利率时，投资支出和 GDP 会增加，因为资金成本降低了。相反，当联邦储备系统提高利率时，投资支出和 GDP 将减少，因为资金成本更高了。联邦储备系统对利率的调整影响了企业的投资决策。希望投资或购买房屋的个人也想知道联邦储备系统将如何在短期中调整利率。

货币市场

货币市场（money market）是实现货币供给和货币需求，并确定名义利率的市场。名义利率是指没有根据通货膨胀进行调整的利率。我们首先将讨论决定公众货币需求的因素。理解了影响需求的因素之后，我们将观察联邦储备系统的行动是如何确定货币供给的。然后我们再讨论货币需求和供给是如何共同决定利率的。

货币需求

现在我们先把货币简单地认为是财富的一部分。假设你所有财富的价值是 1,000 美元。你将以何种形式持有这笔财富？你应该把所有财富都投入股票市场吗？还是放进债券市场？又或者是保存为货币，也就是现金和活期账户的存款。

利率影响货币需求。 当你对股票或债券等资产进行投资时，你将从中获得收入。股票是公司所有权的份额。股票的收入来源有两种：分红（公司在利润中按一定比例支付给股票所有者的红利）和股票价值的增值。债券是承诺偿付一定利息的贷款。因此，债券和股票都会给投资者带来回报。如果你以现金或者活期账户存款的形式持有财富，你将获得很低的利息，或者零利息。而且当通货膨胀迅速上升时，你实际上还会亏损。以现金或者活期账户存款的形式持有财富，意味着你牺牲了一些潜在的收入。

不过，货币确实提供了价值。它可以促进交易。当你去杂货店购买麦片时，店主只会接收现金或者支票，你无法用股票或者债券付款。人们持有货币的主要原因是：方便日常交易。经济学家将持有货币的这个原因称为**货币的交易性需求**（transaction demand for money）。

> **名词解释**
>
> **货币市场**：实现货币供给和货币需求，并确定名义利率的市场。
>
> **货币的交易性需求**：基于促进交易的目的而产生的货币需求。

要理解货币需求，我们可以使用机会成本原理。

机会成本原理
某事物的机会成本是指你为了获取该事物而放弃的东西。

持有货币的机会成本是你以资产的形式持有财富将获得的回报。我们通常用利率来衡量持有货币的机会成本。假设长期债券的年利率是 6%。如果你以长期债券的形式持有财富，每年你将获得 6 美元。而当你持有现金时，你不会获得利息。因此以现金的形式持有 100 美元的机会成本是每年 6 美元，或者说每年 6%。

随着经济体中的利率上升，持有货币的机会成本也会增加。经济学家发现，随着持有货币的机会成本增加，公众对货币的需求会减少。货币需求量将随着利率上升而减少。

在图 17-1 中，我们作了一条货币需求曲线，它表示的是利率和货币需求量的函数关系。利率上升时，个体将希望减持货币，因为持有货币的机会成本增加了。当利率从 r_0 上升至 r_1，货币需求量从 M_0 下降至 M_1。

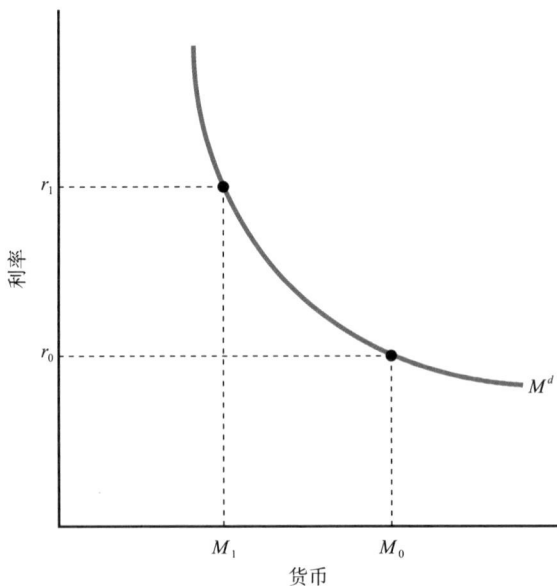

▲图 17-1

货币需求

当利率从 r_0 上升至 r_1，货币需求量从 M_0 下降到 M_1。

价格水平和 GDP 影响货币需求。货币需求还受另外两个因素影响。一个是经济体的整体价格水平。货币需求将随着价格水平增加而增加。当你想购买的杂货价格翻了一倍时，你将需要两倍的货币才能购买相同数量的杂货。人们在任意时期持有的货币数量通常会接近于他们交易所需的金额。

这是实际价值–名义价值原理的典型例证。

> **实际价值–名义价值原理**
> 对人们来说，真正重要的是金钱或收入的实际价值，即它的购买力，而不是它的表面价值。

影响货币需求的另一个因素是实际 GDP 或实际收入。很明显，随着收入增加，个人和企业将增加购买。类似地，当实际 GDP 增加，个人和企业将增加交易，为了促进这些交易，他们会希望持有更多的货币。

图 17-2 显示了价格和 GDP 的变化是如何影响货币需求的。其中（A）图显示，当价格水平上升，货币需求曲线向右移动，即在任意利率下，人们将持有更多的货币。（B）图显示，当实际 GDP 增加，货币需求曲线向右移动，即在任意利率下，人们希望持有更多的货币。这两组图显示了相同的结果。总之，价格增加或实际 GDP 的增加将增加货币需求。

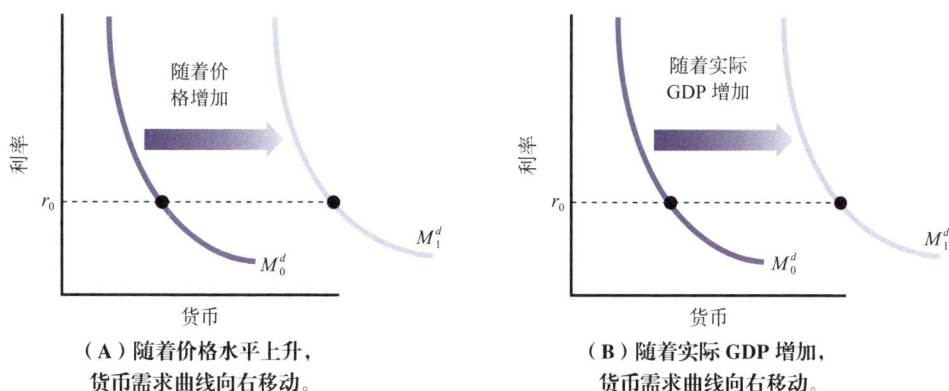

（A）随着价格水平上升，
货币需求曲线向右移动。

（B）随着实际 GDP 增加，
货币需求曲线向右移动。

▲图 17-2

货币需求曲线的移动

价格水平和实际 GDP 的变化使货币需求曲线移动

影响货币需求的其他因素。除了交易性需求，经济学家还发现了个人或企业持有货币的其他动机。如果你以某种产权的形式持有财富，比如房屋或者车辆，那么当你想在短期内获取资金时，成本将比较高。这些财富形式**流动性不足**（illiquid），意味着它们难以转化成货币。当你以现金或者活期账户的形式持有财富，你就不会有这个问题了。经济学家认为人们有**货币的流动性需求**（liquidity demand for money），他们希望持有货币是为了使交易更快地完成。

在经济动荡时期，投资者可能不想持有股票和债券，因为这些资产的价格可能下降。相反，他们会更希望将这些资产转化成储蓄账户存款或货币市场基金。这些投资的平均回报率更低，但是比价格波动较大的股票和债券的风险要小得多。这种对风险更低的资产的需求被称为**货币的投机性需求**（speculative demand for money）。例如，当股票市场在 2000 年开始下跌后，个人对于未来的信心下降，开始将资金从股票市场转移至货币市场共同基金。这种资产的转变暂时增加了 M2。当经济开始复苏，一些投资者又将资金重新投入股票市场。

总的来说，个人持有货币的动机有三个：促进交易、提供流动性和减少风险。人们想要持有的货币数量主要取决于利率、实际 GDP 水平和价格水平。

日常生活中的经济学

购买美国国债

对应的经济学问题：联邦储备系统最近是如何扩张它在金融市场上的作用的？

传统上，要实施货币政策并扩大货币供给，联邦储备系统会选择购买美国国债。当它购买国债之后，就可以增加银行准备金账户的金额，从而扩大经济体中的货币供给数量和贷款金额。联邦储备系统不会直接干预特定的证券或信贷市场，它在保持自身独立性的同时也会使私人市场保持独立。

在 2008 年金融危机后，联邦储备系统对自己的政策进行了巨大的调整。它大幅扩张了自己在经济活动中的参与程度和影响规模。一个明显的变化是，2008 年联邦储备系统的总资产从不到 1 万亿美元迅速增加至 2 万多亿美元。另一个明显的变化是联邦储备系统的资产结构。在金融危机之前，联邦储备系统的主要资产是美国国债。到 2010 年，它已经持有超过 1 万亿美元的抵押贷款证券。在金融危机期间，联邦储备系统开发了大量新项目，将资金引流至特定的信贷市场。

联邦储备系统之所以对抵押贷款市场和其他特定的信贷市场提供支持，是为了使市场平稳地渡过危机，防止金融动乱。对联邦储备系统的政策提出批评的人表示，对特定市场提供支持表明联邦储备系统跨过了政治的边界，影响了其自身的长期独立性。2009 年，联邦储备系统确实缩小了它在许多特定市场的投资，但是增加了它持有的抵押贷款证券的规模。这些金融操作使联邦储备系统在房地产市场上仍然具有巨大的直接影响。详见练习 2.7。

联邦储备系统如何调整货币供给

上一章我们讨论过，当个人和企业相互开具支票时，货币供给不会产生变化。只有当新的准备金进入银行系统时，整个系统的货币供给才能扩大。通常来说，银行系统的准备金总量固定不变，货币供给无法扩张。但是有一个机构拥有改变准备金总量的权力，那就是联邦储备系统。

公开市场操作

联邦储备系统可以通过公开市场操作改变银行系统的准备金总量，从而调整货币供给。**公开市场操作**（open market operations）是指联邦储备系统购买或销售美国政府债券的行为，它可以进一步分为公开市场购买和公开市场销售：

- 在**公开市场购买**（open market operations）中，联邦储备系统向私人部门购买政府债券。
- 在**公开市场销售**（open market sales）中，联邦储备系统向私人部门销售政府债券。

> **名词解释**
>
> **公开市场操作**：联邦储备系统购买或销售美国政府债券的行为。
>
> **公开市场购买**：联邦储备系统从私人部门购买美国政府债券的行为。
>
> **公开市场销售**：联邦储备系统向私人部门售出美国政府债券的行为。

要理解联邦储备系统是如何增加货币供给的，我们需要跟踪公开市场购买后市场的变化。假设联邦储备系统向私人部门购买了价值 100 万美元的政府债券，在这个过程中，联邦政府需要向售出债券的私人部门开具 100 万美元的支票，完成交易后联邦政府将得到这笔债券，而私人部门将得到 100 万美元并将其存入银行。银行得到 100 万美元的存款后，需要保留一定数额的准备金（比如说 10 万美元），还剩下 90 万美元资金可以用于放贷。公开市场购买就是这样增加货币供给的。

联邦储备系统拥有独一无二的权力，它不需要实际的资金就可以开具支票购买政府债券。银行之所以接受它的支票，是因为这张支票可以计入银行的准备金。

相对地，公开市场销售将减少货币供给。假设联邦储备系统向一家华尔街公司售出 100 万美元的政府债券。在这个过程中，这家公司向联邦储备系统开具 100 万美元的支票。这家公司的银行或者需要交出 100 万美元现金，或者更可能的是将总的准备金减少 100 万美元。因此公开市场销售将减少货币供给。

总的来说，当联邦储备系统希望增加货币供给刺激经济时，它将进行公开市场购买；当联邦储备系统希望减少货币供给减缓经济时，它将进行公开市场销售。

联邦储备系统的其他工具

公开市场操作是联邦储备系统改变货币供给的最重要方式，除此之外联邦储备系统还有三种方式可以改变货币供给。

调整法定准备金。第一种方式是改变法定准备金。当联邦储备系统希望增加货币供给时，它可以减少银行的法定准备金，使银行用于放贷的资金增加，这将扩张货币供给。相反，如果想要减少货币供给，联邦储备系统可以增加法定准备金。

改变法定准备金是一种强有力的工具，但是联邦储备系统并不经常使用，因为它会扰乱银行系统。假设一家银行根据法律持有 10% 的存款作为准备金，并将剩余的 90% 放贷出去。当联邦储备系统突然将法定准备金率增加至 20% 时，银行将被迫召回或取消大量贷款。这会对借款人造成严重的影响！因此，现在联邦储备系统不会对法定准备金进行大幅调整。但在大萧条时期，联邦储备系统曾经对法定准备金做出错误的大幅上调，因为它误认为银行持有了过多的超额准备金。实际上银行当时持有超额准备金是为了防止银行挤兑。结果，当联邦储备系统上调法定准备金后，银行增加了准备金，使经济体中的货币供给进一步减少。

调整折现率。联邦储备系统改变货币供给的第二种方式是调整折现率。**折现率**

（discount rate）是银行直接向联邦储备系统借款的利率。假设一名大客户向一家没有超额准备金的银行申请大额贷款。除非这家银行可以找到新的资金来源，否则它将无法放出这笔贷款。银行当然不愿意拒绝大客户。此时它可以尝试通过联邦基金市场向其他银行借准备金。**联邦基金市场**（federal funds market）是银

> **名词解释**
>
> **折现率**：银行向联邦储备银行借准备金的利率。
>
> **联邦基金市场**：银行相互借贷准备金的市场。
>
> **联邦基金利率**：银行相互借贷准备金的利率。

行之间相互借贷准备金的市场，该市场的利率被称为**联邦基金利率**（federal funds rate）。当联邦基金利率过高时，银行可以以折现率直接向联邦储备系统贷款。于是，通过调整折现率，联邦储备系统就能影响银行可以借到的准备金数量。当联邦储备系统提升折现率时，银行将不愿意借准备金，因为这样做的成本增加了。而降低折现率将使银行能借到更多的准备金。最近，联邦储备系统发明了允许银行和其他金融机构向它借准备金的新方法。

量化宽松。联邦储备系统改变货币供给的第三种方法是买进或卖出长期国债（比如十年期国债）。购买长期国债的行为被称为量化宽松（quantitative easing）。传统上，联邦储备系统通过买进或卖出短期国债（偿还期少于三个月的国债）执行公开市场操作，这样可以有效地控制短期利率并避免债券市场的混乱。

但是，有时联邦储备系统希望直接影响长期利率。通过执行量化宽松政策，联邦储备系统可以直接降低长期利率，同时向市场注入资金。联邦储备系统从 2010 年起开始使用这种政策刺激经济，加速经济复苏。

⬤ 利率是如何确定的

货币需求由个人和企业确定，货币供给由联邦储备系统确定，将货币需求和货币供给结合在一起，我们可以使用货币市场的需求供给模型来分析短期中利率是如何确定的。

如图 17-3 所示，我们简单假设货币供给不受利率影响，完全由联邦储备系统确定，因此货币供给曲线是一条垂直直线 M^s，货币需求曲线是 M^d。当货币需求量等于货币供给量时，货币市场实现均衡，此时利率为 r^*。

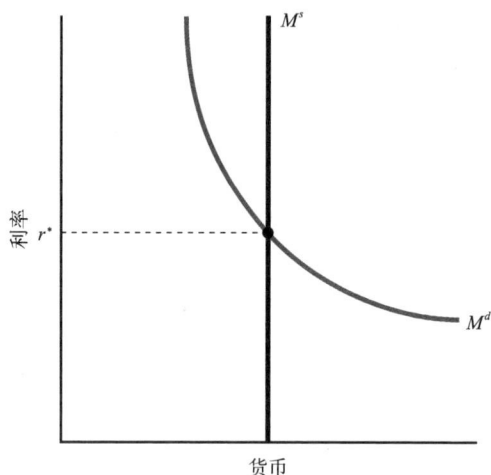

▲图 17-3

货币市场的均衡

货币市场实现均衡时利率为 r^*，此时货币需求量等于货币供给量。

在均衡利率 r^* 下，私人部门的货币需求量等于联邦储备系统的货币供给量。当利率高于 r^* 时，货币需求量将小于固定的货币供给量，市场存在超额货币供给。在产品市场中，超额供给会导致价格下降。这个原理同样适用于货币市场。利率可以视作"货币的价格"。当利率低于 r^* 时，货币需求将大于固定的货币供给量，市场存在超额货币需求。与产品市场存在超额需求时类似，此时利率将上升，直到与 r^* 相等。你将看到，货币市场均衡与任何其他市场均衡的原理相同。

我们可以使用货币市场的这个简单模型认识联邦储备系统的力量。假设联邦储备系统通过公开市场购买债券来增加货币供给。图 17-4 的（A）所示，货币供给的增加使货币供给曲线向右移动，导致利率降低。在图 17-4 的（B）中，联邦储备系统通过公开市场销售债券来减少货币供给，货币供给的减少使货币供给曲线向左移动，导致利率上升。

我们也可以从银行的角度来思考这个过程。回顾银行系统创造货币的过程。当联邦储备系统在公开市场购买债券后，联邦储备系统向私人部门支付的货币有一部分被存入银行。银行将这笔存款用于放贷，因为将这笔存款作为准备金持有不会产生任何利润。为了鼓励人们贷款，银行将降低新增贷款的利率。因此，当联邦政府进行公开市场购买后，整个经济体的利率将下降。

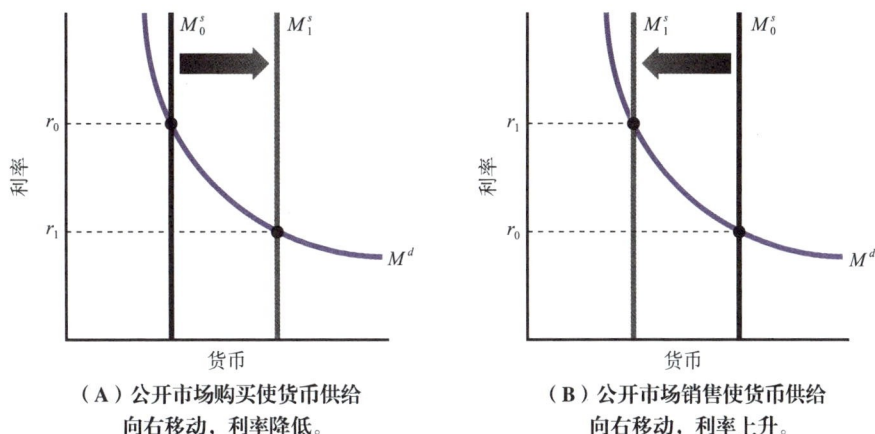

（A）公开市场购买使货币供给
向右移动，利率降低。

（B）公开市场销售使货币供给
向右移动，利率上升。

▲图 17-4

联邦储备和利率

货币供应的变化将改变利率。

现在我们理解了为什么企业家和政治家都想知道联邦储备系统未来可能的行动。联邦储备系统在短期中对利率进行直接控制，当联邦储备系统想要降低利率时，它将在公开市场购买债券，以增加货币供给。当联邦储备系统想要提升利率时，它将在公开市场销售债券，以减少货币供给。

利率如何改变投资和产出（GDP）

对于联邦储备系统来说，高利率或者低利率只是达到目的的手段。联邦储备系统的最终目的是改变产出——通过影响总需求加速经济或减缓经济。

联邦储备系统调整利率，利率接着影响投资（投资是 GDP 的一个组成部分），直至 GDP 本身。我们可以通过将货币需求和供给曲线与表示投资和利率关系的曲线结合在一起，来表示利率改变投资和产出的过程。图 17-5 的（A）图显示了利率是如何由货币的需求和供给决定的，均衡利率为 r^*。

（B）图显示，利率和投资的关系曲线倾斜向下。当利率下降，经济体的投资支出将增加。为什么利率和投资之间存在负相关关系呢？企业拥有大量可以承接的工程项目，这些项目未来都会产生回报。但是，想要承接这些项目，企业需要使用自有资金或贷款。企业使用这些资金的机会成本是将这些资金投资于金融市场可以获得的利润。当经济体的利率下降，投资所需资金的机会成本也随之下降。当机会成本降低时，投资对于企业的吸引力增加，经济体的总投资将增加。相反，当利率上升，企业的机会成本增加，投资将减少。

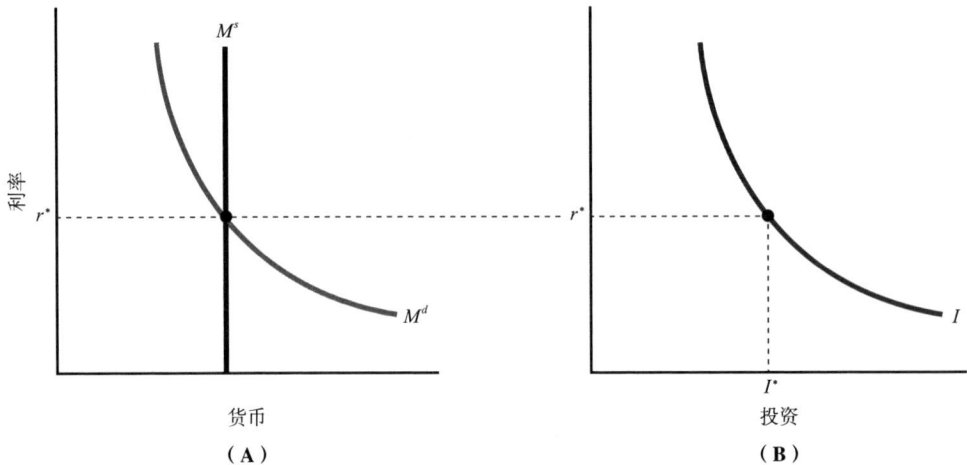

▲图 17-5

货币市场和投资支出

均衡利率由货币市场确定。在该利率水平下，投资支出是 I^*。

　　现在将（A）图和（B）图合并起来，可以看到，在均衡利率 r^* 下，投资水平是 I^*。

　　需要注意的是，消费和投资一样，也受利率影响。耐用消费品的支出，比如汽车和冰箱，与利率呈负相关关系。耐用消费品相当于家庭的投资品：当你购买一辆汽车，你现在就会产生成本，并在未来获得收益（使用汽车）。当利率上升时，投资一辆汽车的机会成本将增加，消费者将减少汽车购买。在本章中，我们主要讨论利率的变化如何影响投资，但是请记住，耐用消费品的购买也受利率影响。

　　在图 17-6 中，我们继续结合货币市场和投资市场，讨论货币供给增加带来的影响。当货币供给增加时，利率从 r_0 降低至 r_1，投资支出将从 I_0 增加至 I_1，并最终使总需求增加，使总需求曲线向右移动，这里的总需求是指对经济体中产品和服务的总需求。

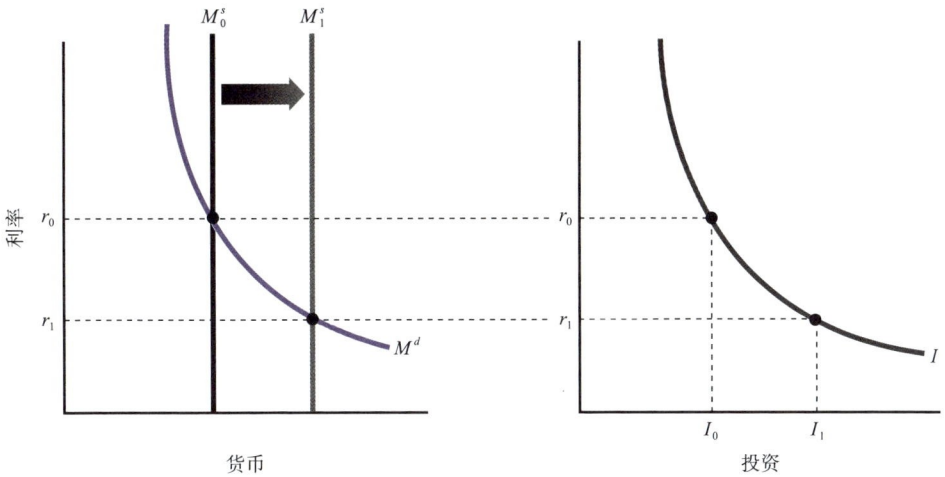

▲图 17-6

货币政策和利率

当货币供给增加时，利率从 r_0 降至 r_1；投资支出从 I_0 增加至 I_1。

　　图 17-7 显示了总需求曲线的移动。当总需求增加，短期中整个经济体的产出（y）和价格水平（P）将会增加。因此，通过降低利率，联邦储备系统可以增加经济体的产出和价格水平。

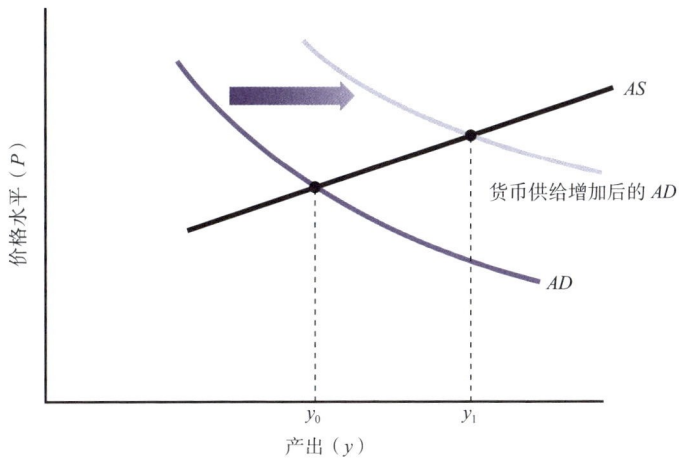

▲图 17-7

货币供给和总需求

当货币供给增加，投资支出将增加，AD 曲线向右移动。在短期中，产出和价格水平都增加。

总的来说，联邦储备系统增加货币供给，利率水平将降低，投资支出将增加。投资支出的增加最终将导致 GDP 增加。整个过程如下面的流程图所示：

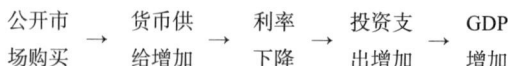

$$\text{公开市场购买} \rightarrow \text{货币供给增加} \rightarrow \text{利率下降} \rightarrow \text{投资支出增加} \rightarrow \text{GDP增加}$$

联邦储备系统减少货币供给，利率水平将上升，投资支出将减少。投资支出的减少最终将导致 GDP 减少。整个过程如下面的流程图所示：

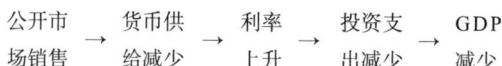

$$\text{公开市场销售} \rightarrow \text{货币供给减少} \rightarrow \text{利率上升} \rightarrow \text{投资支出减少} \rightarrow \text{GDP减少}$$

货币政策和国际贸易

前面我们在讨论货币政策时，没有考虑国际贸易和跨国金融资金的流动。把这些因素考虑进来，我们将发现货币政策发生作用的另一条途径。

假设联邦储备系统通过公开市场购买债券来降低美国的利率。美国投资者可以获得的利率随之降低，他们将会把部分资金投资海外市场。具体操作时，他们需要用美元交换投资目的地国家的货币。这将影响**汇率**（exchange rate）——市场中一种货币和另一种货币的兑换比例。当更多的投资者售出美元购买国外货币时，美元汇率将下降。美元汇率下降或者说货币价值降低被称为**货币贬值**（depreciation of a currency）。由联邦储备系统引起的利率降低会导致美元贬值。这最终将改变全球产品和服务的供给与需求，因为美元贬值意味着美国产品相对国外产品的价格降低了。我们来具体分析一下。

> **名词解释**
>
> **汇率**：市场中不同货币相互之间兑换的比例。
>
> **货币贬值**：一种货币的价值减少。

假设瑞士法郎兑美元汇率是 2，这意味着交换 1 美元需要 2 瑞士法郎。当一台美国机器的价格是 100,000 美元时，折合成瑞士法郎就是 200,000。现在假设美元贬值，瑞士法郎兑美元汇率降至 1。瑞士居民购买同样的美国机器现在只需要花原来一半的钱 100,000 瑞士法郎。换句话说，美元贬值使美国产品对外国人来说更便宜了。因此，外国居民会购买更多的美国产品，美国公司将出口更多的产品以满足增加的需求。

以上是美元贬值的积极影响。消极影响是外国产品对于美国人来说更贵了。当瑞士法郎兑美元汇率从 2 降至 1 时，美国人原本只需要 30,000 美元就能买到的瑞士化学品，现在要花费 60,000 美元。当美元贬值，进口成本增加，美国将减少进口。

总结一下前面的内容。当美元汇率降低，美国产品将变得更便宜，外国产品将变得更贵。美国将出口更多的产品，进口更少的产品，净出口将增加。净出口增加意味着 GDP 增加。这一连锁反应的源头就是联邦储备系统在公开市场购买债券以增加货币供给。整个过程如下面的流程图所示：

公开市 → 货币供 → 利率 → 汇率 → 净出口 → GDP
场购买 　 给增加 　 降低 　 降低 　 增加 　 增加

从利率到汇率，从汇率到净出口，从净出口到 GDP，货币政策通过影响国际贸易和跨国金融资金的流动作用于 GDP 的路径是清晰明确的。

当然，这条路径也可以反向运作。当联邦储备系统在公开市场销售债券，国内利率上升。此时，国外投资者可以在美国获得更高的利率，他们将会把资金转移至美国。当它们购买更多的美元时，美元汇率将增加，美元价值将增加。我们将一种货币价值的增加称为**货币增值**（appreciation of a currency）。美元增值将使美国产品对于外国人来说更贵，并使进口产品对美国人来说更便宜。假设美元升值，瑞士法郎兑美元汇率从 2 增加至 3。此时瑞士居民原本花 200,000 瑞士法郎就能购买的美国机器现在需要 300,000 瑞士法郎。而美国居民原本需要花 30,000 美元才能购买的瑞士化学品现在只需要 20,000 美元。

> **名词解释**
>
> 货币升值：一种货币的价值增加。

当美国利率因为联邦储备系统在公开市场销售债券而上升时，我们预计出口将减少，进口将增加，净出口将减少。净出口的减少将导致美国产品的需求减少，最终 GDP 将减少。整个过程如下面的流程图所示：

公开市 → 货币供 → 利率 → 汇率 → 净出口 → GDP
场销售 　 给减少 　 上升 　 上升 　 减少 　 减少

总结一下，利率上升将使投资支出（包括耐用品购买）和净出口减少。利率下降将使投资支出和净出口增加。我们可以看到，货币政策在开放经济体中比在封闭经济体中的力量更强。

联邦储备系统和其他国家的中央银行都意识到了它们采取的货币政策对汇率和国际贸易的影响。对于高度依赖国际贸易的国家（比如加拿大和瑞士），货币政策对汇率的影响对于整个国家的经济运行状况至关重要。

日常生活中的经济学

联邦储备系统的政策会促成特定商品市场的繁荣吗？

对应的经济学问题：美元贬值与商品价格上涨之间存在怎样的关联？

从 2010 年夏季开始，全球范围内一些主要商品的价格出现了上涨，比如石油和食物。这些商品价格的上涨有利于生产国，却损害了其他国家的利益。一些经济学家认为，美国的货币政策是导致全球商品价格上涨的主要原因。他们注意到，当美元贬值时，商品价格开始上涨。他们还注意到，美元贬值主要是受美国货币政策的影响。美国联邦储备系统当时正施行量化宽松政策，以刺激经济，这导致美国的利率非常低。

联邦储备系统的官员不认为他们的行动是导致全球商品价格上涨的原因。联邦储备委员会副主席珍妮特·L. 耶伦于 2011 年 4 月在纽约经济俱乐部的一次演讲中给出了自己的观点。她指出，商品价格的剧烈上涨幅度远大于美元贬值的程度。她认为，世界范围内的需求增加和供给不足是导致商品价格增加的主要原因，而联邦储备系统的行动在价格上涨中的作用很小。

耶伦确实承认，当美国降低利率时，其他国家会担心本国利率如果高出美国利率太多，过多的资本会流入本国，因而也选择降低利率。尽管联邦储备系统也许不承担直接责任，但是世界范围的低利率必然会导致商品价格上涨。详见练习 4.7。

资料来源：Janet L. Yellen, "Commodity Prices, the Economic Outlook, and Monetary Policy," speech delivered at the Economic Club of New York, April 11, 2011, available at: http://www.federalreserve.gov/newsevents/speech/yellen20110411a.htm.

联邦储备系统的货币政策挑战

既然我们已经知道了货币供给的变化会如何影响总需求，我们就会发现，短期中政府有两种改变 GDP 水平的工具：改变税收或政府支出水平的财政政策，以及改变货币供给和利率的货币政策。

当 GDP 低于充分就业状态下的产出或潜在产出时，政府可以使用减税、增加政府支出和增加货币供给等扩张政策，来提升 GDP 水平并减少失业。当 GDP 高于充分就业下的产出或潜在产出时，经济将会过热，通货膨胀率将增加。为了避免这种情况，政府可以使用紧缩政策，使 GDP 降低至充分就业状态下的产出或潜在产出。

前面，我们讨论了稳定政策的一些限制。我们发现财政政策受到时滞和其他复杂因素的影响，政党拥有不同的施政理念，多方达成一致需要相当的时间。货币政策也需要面对一些复杂的问题。

货币政策的时滞

前面提到政策有两种时滞。内部时滞是指从政策制定者意识到问题，到制定政策所需的时间。外部时滞是指让政策真正发挥作用所需的时间。

货币政策的内部时滞相对于财政政策的内部时滞较短。FOMC 每年会面 8 次，可以在任何时间对重大政策变化进行快速的决断。FOMC 甚至还会给予联邦储备委员会主席一定程度的在会议间隔期内自由量裁的权力。

当然，联邦储备系统需要一定的时间才能意识到经济体正在发生问题。一个典型的例子是 1990 年经济衰退，1990 年 8 月伊拉克入侵科威特。入侵发生后，美国国内有人担心石油价格上升和科威特政局动荡会引发高度依赖石油资源的美国经济发生衰退。然而，当时的美国联邦储备委员会主席艾伦·格林斯潘直到 1990 年 12 月才在国会作证，并表示经济还未陷入衰退。但是，我们现在回顾历史就会知道，经济衰退早在 5 个月前的 1990 年 7 月就开始了。

相比于内部时滞，货币政策的外部时滞则要长得多。大多数计量经济模型预测，要使经济体完全吸收利率下降的影响，至少需要两年时间。这个延迟意味着，联邦储备系统要实施成功的货币政策，必须要有能力准确预测两年后的情况！但是，联邦储备系统在预测经济衰退何时会发生时，往往困难重重。例如，2000 年 5 月，由于担心通货膨胀上升，联邦储备系统将联邦基金利率从 6.00% 提升至 6.50%。但是，在 2001 年 1 月 3 日，由于担心经济衰退，联邦储备系统撤销了原先的决定，将利率调回至 6.00%。然而这个调整时间太晚，程度太小，根本不足以预防 2001 年的经济衰退。联邦储备委员会也没有预测到 2008 年的这次严重经济衰退，而且在危机发生前也不相信房地产市场的问题会波及整个金融部门。

由于货币政策的时滞和预测经济的困难，许多经济学家认为联邦储备系统在稳定经济的工作上不应该过于积极。相反，他们建议联邦储备系统应该集中力量保证通货膨胀率的稳定。

货币政策的决定是由 FOMC 决定的，这会怎样影响货币政策的有效性呢？

日常生活中的经济学

委员会的有效性

对应的经济学问题：货币政策应该由一个人决定，还是由一个委员会决定？

艾伦·布林德（Alan Blinder）教授曾于 1994～1996 年担任联邦储备委员会副主席，卸任后他回到大学任教。他认为，由委员会制定货币政策不是一种有效的方法。为此，他和另一名研究者设计了一个经济学实验，试图检验个人和集体谁才能做出更好的决定。

该实验的目的是考察个人和集体需要多长时间才能区分基本趋势和随机事件。例如，当失业在 1 月份上升时，它可能是临时性问题，也可能是一次经济衰退的起点。如果它是临时问题，那么改变货币政策就是错误的决定，但如果它是一次长期趋势，那么不及时改变货币政策将导致沉重的代价。个人和集体，究竟哪一方更善于制定这种决定呢？

该实验的结果显示，委员会和个人制定决定的速度一样快，而且更加准确。而且，整个委员会的效率并不是由单个委员决定的，会议和讨论似乎有助于改善集体决策的表现。

在随后的研究中，布林德还发现，委员会是否拥有一个强大的领导者似乎并不重要。他的发现表明，是集体的智慧，而不是领导者个人的智慧在发挥作用。而且，当领导者拥有更多的权力，使委员会更多地由个人决定而不是集体决定时，货币政策实际上将更糟糕！详见练习 5.9。

资料来源：Based on Alan Krueger, "Economic Scene: A Study Shows Committees Can Be More Than the Sum of Their Members," *New York Times*, December 7, 2000, and Alan Blinder and John Morgan, "Leadership in Groups: A Monetary Experiments," （working paper no. 13391, National Bureau of Economic Research, September 2007）.

通货膨胀预期

理论上，一个经济体可以在充分就业的状态下以任意的通货膨胀率运行，也就是说维持充分就业不需要特定的通货膨胀率。要理解这个观点，可以思考经济体在充分就业的状态下运行的长期情况。我们已经知道，在长期中，总需求的变化只会影响价格，不会改变产出。如果联邦储备系统使货币供给每年增加 5%，经济体的价格水平每年将上升 5%，也就是说年通货膨胀率将为 5%。

假设通货膨胀率长期保持在这个水平，此时经济体中的所有人都会相信过去的 5% 的通货膨胀率将持续到未来。经济学家将这种信念称为通货膨胀预期（expectations of inflation）。人们的通货膨胀预期会影响经济生活的方方面面。例如，汽车厂商每年将产品价格上调 5%，他们也会预期生产成本（比如钢铁和劳动力的价格）每年将增加 5%。工人将开始相信，当购买的商品每年价格上升 5% 时，他们的工资每年也会上升 5%。持续不变的通货膨胀率此时已经成为经济生活的常态，人们会在所有的决策中将这个通货膨胀率考虑进去。例如，人们预计汽车价格明年将上升 5%。

通货膨胀预期不仅影响生产消费市场，还会影响金融市场。借款人和贷款人都会将通货膨胀考虑进信贷决策中。当存在通货膨胀时，经济学会会区分名义利率和实际利率。名义利率可以理解为市场报出的利率，而实际利率是指名义利率根据通货膨胀调整后的利率。决定经济体投资支出的是实际利率。

名义利率等于实际利率加通货膨胀率：

$$名义利率 = 实际利率 + 通货膨胀率$$

当实际利率是每年 2%，当年通货膨胀率是 5% 时，名义利率是 7%。

短期内，通货膨胀率的变化缓慢，联邦储备系统可以通过改变名义利率来影响实际利率。但在长期中，实际利率主要由储蓄和投资决定，联邦储备系统无法改变实际利率，只能影响通货膨胀率。

中央银行的决策者必须考虑通货膨胀预期。即使是制定短期政策，他们也必须意识到他们行动的长期影响。例如，假设联邦储备系统想要降低利率，以应对经济衰退。当金融市场的参与者认为这只是一次短期行动时，通货膨胀预期将不会改变，此时联邦储备系统可以通过名义货币政策有效地实现稳定经济的目标。但是，当市场参与者认为联邦储备系统未来将持续实施扩张政策时，那将导致预期的通货膨胀上升和名义利率上升，联邦储备系统将无法对实际利率产生影响，达不到稳定经济的目标。而且劳动者和企业也可能开始将更高的通货膨胀预期纳入决策中，给经济造成更严重的负担。因此，为了保持政策的有效性，联邦储备系统必须向市场放出信号，表示它将保持通货膨胀率长期稳定不变，即便它正在短期中实施扩张政策。

中央银行可以使用不同的工具释放稳定通货膨胀率的承诺信号。中央银行决策者的公开演讲或发言有时可以有效地释放信号。具有高度政治独立性的中央银行通常会受到金融市场的信赖，金融市场的参与者会相信中央银行对抗通货膨胀的承诺。而且，在有的国家，中央银行还设定了明确的通货膨胀目标，以确保自己的信誉。联邦储备委员会前主席本·伯南克认为美国也应当设定明确的通货膨胀目标。

总 结

本章讨论了货币政策是如何在短期中影响总需求和经济体的。公众的货币需求和联邦储备系统的货币供给共同决定了利率。利率的变化接着影响投资和产出。在开放经济体中，利率还会影响汇率和净出口。但是货币政策的有效实施有一定的局限性。本章要点如下：

1. 货币需求与利率呈负相关关系，与价格水平和实际 GDP 呈正相关关系。

2. 联邦储备委员会可以通过公开市场操作、调整法定准备金、调整折现率、增加向银行和其他机构的贷款，来改变利率。公开市场操作是联邦储备系统实施货币政策的主要工具。

3. 货币市场中的利率水平由货币需求和货币供给决定。

4. 要增加 GDP，联邦储备系统可以在公开市场购买债券。要减少 GDP，联邦储备系统可以在公开市场销售债券。

5. 货币供给增加会降低利率，增加投资支出并增加产出。货币供给减少会提升利率，减少投资支出并减少产出。

6. 在一个开放经济体中，利率下降将使本国货币贬值，导致净出口增加。相对地，利率上升将使本国货币升值，导致净出口减少。

7. 时滞和通货膨胀预期使有效的货币政策在实践中困难重重。

练 习

1. 货币市场

1.1 经济学家用 _____ 衡量持有货币的机会成本。

1.2 货币需求将随着价格上升而 _____（增加 / 减少）。

1.3 _____ 原理表明货币需求将随着价格上升而增加 _____。

1.4 当个人和企业在日常交易中使用货币增加时，货币的 _____ 需求会增加。

1.5 活期存款利率。在 20 世纪 80 年代，银行开始向活期存款支付利息（在此之前存款没有利息）。考虑到持有货币的机会成本，你认为活期存款利率会如何影响货币需求？

1.6 假设联邦储备系统想要将长期国债利率水平固定在每年 6%。当联邦储备系统实现这一目标时，请使用简单的需求和供给曲线说明货币需求的增加会如何改变货币供给。进一步判断下面这段话："如果联邦储备系统使利率固定，那么它将失去对货币供给的控制权。"

1.7 家门口的 ATM 机。假设一台银行的 ATM 机被安装在你家门口。

a. 这会如何影响你持有的平均现金数量。

b. 当你从这台 ATM 机上取走你的活期存款时，你的行动会怎样影响总货币需求？

1.8 二手市场和货币需求。人们经常喜欢逛二手市场，期望能发现意想不到的惊喜。二手市场的交易通常使用现金。请解释当二手市场更加活跃，交易规模扩大时，货币的流动性需求会发生什么变化。

2. 联邦储备系统如何调整货币供给

2.1 为了增加货币供给，联邦储备系统应该 _____ 债券。

2.2 增加法定准备金会使货币供给 _____ 。

2.3 _____ 市场是银行相互借贷准备金的市场。

2.4 银行以 _____ 向联邦储备系统借准备金。

2.5 购买长期国债。如果中央银行购买由公众持有的长期国债，货币供给将发生什么变化？

2.6 中国法定准备金的增加。中国政府用中国货币在外汇市场上购买美元。同时，中国央行大幅上调了法定准备金，因为它希望阻止货币供给的过快扩张。请解释这两个行动是如何阻止中国的货币供给增长的。

2.7 货币政策的其他渠道。一位经济学家曾经说过："货币政策的工具不只有调整利率而已。有时货币政策可以直接影响信贷市场。"你能找出符合这段话的联邦储备系统的货币政策行动吗？（参见第 524 页"日常生活中的经济学"）

3. 利率是如何确定的

3.1 利率通常会在经济衰退中下降，因为货币需求 _____ （部分 / 完全）取决于实际收入的变化。

3.2 当年利率是 9% 时，承诺第二年偿付 109 美元的债券的价格将等于 _____ 。

3.3 通过对货币需求的影响，价格增加将使利率 _____ 。

3.4 公开市场购买导致债券价格上升和

利率 _____。

3.5 购买债券。一张债券承诺第二年偿付 110 美元，年利率是 5%。

　　a. 这张债券的价格将是多少？

　　b. 如果年利率变为 3%，这张债券的价格将是多少？

3.6 购买或销售债券？如果你坚信联邦储备系统将做出令市场吃惊的决定，提升利率，你会买入债券还是卖出债券？

3.7 经济衰退和利率。经济体开始陷入衰退。请使用货币需求供给曲线表示利率的变化过程，并说明债券价格会发生什么变化。

3.8 股票市场风险性的减少。当投资者开始相信股票市场的风险降低时，你认为这种信念会怎样影响货币需求？M1 和 M2 哪个受到的影响更大呢？

3.9 量化宽松政策与传统的公开市场购买有什么不同？

4. 利率如何改变投资和产出（GDP）

4.1 当联邦储备系统在公开市场售出债券时，会导致经济体的投资和产出水平 _____（上升 / 降低）。

4.2 要减少产出，联邦储备系统应该在公开市场 _____（买入 / 售出）债券。

4.3 公开市场购买会 _____ 货币供给，导致利率 _____，引发投资 _____，最终使产出 _____。

4.4 货币供给增加会使本国货币 _____（贬值 / 升值）。

4.5 利率、耐用消费品和非耐用消费品。从一定程度来看，冰箱和衣服属于耐用消费品。请解释为什么购买冰箱的决策比购买衣服的决策对利率更加敏感。

4.6 货币政策在哪个国家更有力量？在一个公开经济体中，货币政策的变化会同时影响利率和汇率。请比较美国和瑞士，哪个国家的货币政策会通过改变汇率对 GDP 产生更大的影响？

4.7 商品价格、美元和货币政策。假设美国是世界商品需求的一个主要来源，而商品供给是有限的。请描述扩张型货币政策是如何分别通过国内渠道和国外渠道影响商品价格的。你认为在货币扩张之后，美元价值和商品价格之间会存在怎样的关系？（参见第 534 页 "日常生活中的经济学"）

5. 联邦储备系统的货币政策挑战

5.1 货币政策的 _____（内部 / 外部）时滞比较短。

5.2 经验证据表明，在制定货币政策决定上，个人表现 _____（劣于 / 优于）委员会。

5.3 长期利率可视为短期利率的 _____（名义值 / 实际值）。

5.4 联邦储备委员会直接控制长期利率。_____（正确 / 错误）。

5.5 开放经济体和货币政策的外部时滞。研究表明，货币政策通过改变利率、汇率和净出口影响 GDP 的速度要快于通过改变投资影响 GDP 的速度。当一个经济体更加开放时，你认为这会对货币政策的外部时滞产生怎样的影响？

5.6 用资产价格指导货币政策？一些中央银行决策者会通过观察资产价格（比如股票价格），来指导货币政策。这种做法的基本思想是，如果股票价格开始上升，可能预示着未来将出现通货膨胀或者经济过热。你认为用资产价格指导货币政策的危险在哪里？

5.7 联邦储备系统会使用什么信息？联邦储备系统在制定货币政策时，既使用计量经济学模型，也使用一般的信息和数据。要了解联邦储备系统都使用哪些信息和数据，请查询 FOMC 网站（www.federalreserve.gov/fomc）并阅读名为经济褐皮书（Beige Book）的报告。褐皮书都提供了哪些信息？

5.8 联邦储备系统的政策受到的国际影响。随着国际贸易的重要性不断增强，货币政策越来越受到外汇市场发展的影响。登录联邦储备系统网站（www.federalreserve.gov），阅读联邦储备系统官员发表的一些讲话。你认为国际因素会影响美国的政策制定者吗？

5.9 联邦储备委员会主席是不是权力过大了？经济研究显示，联邦储备委员会主席相对于其他委员会成员的权力要大得多，而且在世界主要经济体的中央银行中，美国中央银行的权力集中程度尤为突出。前面提到，布林德教授发现在制定货币政策决定上委员会比个人更为成功。请为美国传统的将权力更多地集中于联邦储备委员会主席的央行结构提供辩护。（参见第 536 页"日常生活中的经济学"）

5.10 使未来预测更加明确。最近，FOMC 的成员被要求对未来利率进行预测，并公开预测结果。你认为这项政策的依据是什么？

每个国家都希望其他国家的市场向本国产品开放。

但是如果一个国家限制其他国家的产品进入本国市场，那么其他国家很可能会对这个国家采取类似的行动。尽管美国在国际贸易市场上具有重要的地位，但是也经常陷入贸易冲突。下面是几个真实的案例。

作为北美自由贸易协定的成员国，美国被要求向来自墨西哥的卡车开放边界，但是美国却拒绝了这一要求。因此，2009 年墨西哥向美国商品征收了超过 20 亿美元的关税，这造成了美国出口企业工人的失业。

2010 年美国指控中国以低于公平市场的价格向美国倾销铝制品，并对中国企业进行了制裁。接着，中国认定美国在向中国出口的尼龙产品上采取了相同的措施，并增加了这些产品的关税。

两年后，美国又指控中国以低于成本的价格销售太阳能电池，并且认为中国政府向本国企业提供了不公平的产品补贴。美国随后对中国的相关产品施加了高额的关税。中国采取了反制措施，开始调查美国的其他产品，并施加制裁。

贸易协议可以降低国际贸易的壁垒，但是协议国仍然必须相信双方都在进行公平贸易。否则，两国很可能陷入贸易冲突。

学习目标

使用机会成本解释专业化和贸易的原理。

列举出经常使用的贸易保护政策。

总结国际贸易协议的历史。

讨论需求和供给是如何决定汇率的价格的。

列举出固定汇率制度相较于浮动汇率制度的收益和成本。

当今世界越来越全球化，这在创造大量新机会的同时，也给世界各国的人民和政府带来了新的挑战。许多人对与他国进行贸易可能产生的问题表示不安，尤其担心就业、企业和国际金融系统会受到贸易的冲击。本章我们将讨论国际贸易的理论基础以及国际贸易是如何通过国际金融系统运作的。本章还会讨论自由贸易常见的问题，以及政府在管理新的全球体系时可以采用的一系列政策。我们先来看看人们为什么愿意进行相互交易。

比较优势和交换

我们知道，市场是使人们可以进行买卖交易的一系列制度或安排。当然，人们既可以在市场中买卖交易，也可以选择自给自足，即自己生产自己所需的所有东西。不过，大多数人不会选择自给自足，而是选择专业化：我们为其他人生产一种或多种产品，然后用售出产品所得的金钱满足自己的消费需求。

专业化和贸易

我们可以使用一个只有两个人和两种产品的简单模型说明人们是如何从专业化和贸易中受益的。假设电视节目《幸存者》（survivor）剧组在一个偏远的热带岛屿完成了新一季剧集的拍摄，当剧组坐船准备回到大陆时遭遇暴风雨，船只倾覆，无人生还，除了 F 和 K 错过了船，被留在了岛上，逃过一劫。这两个真正的幸存者生产和消费两种产品，椰子和鱼。表 18-1 第一行显示了他们的生产可能性曲线。每一天 F 可以采集 2 个椰子或者抓住 6 条鱼，而 K 可以采集 1 个椰子或者抓住 1 条鱼。

表 18-1　生产力和机会成本

	F		K	
	椰子	鱼	椰子	鱼
每天的产出	2	6	1	1
单位产出的机会成本	3 条鱼	1/3 个椰子	1 条鱼	1 个椰子

我们通过分析证明，当两个幸存者每人专门生产一种产品并相互交换时，两个人的福利水平都可以得到改善。我们可以使用机会成本原理说明专业化的理论依据。

> ✓ **机会成本原理**
> 某事物的机会成本是指你为了获取该事物而放弃的东西。

F 生产 1 个椰子的机会成本是 3 条鱼，也就是他如果将收集 1 个椰子所用的时间用于抓鱼可以得到 3 条鱼。类似地，F 生产一条鱼的机会成本是 1/3 个椰子。对于 K 来说，生产 1 个椰子的机会成本是 1 条鱼，生产 1 条鱼的机会成本是 1 个椰子。

为了说明交换的必要性，我们先假设两个人最初都处于自给自足的状态，每个人都只生产足以满足他们自己欲望的两种产品。假设他们每周花 6 天寻找食物。如果 F 最初每周花 2 天收集椰子，4 天抓鱼，那么 F 每周将生产 4 个椰子和 24 条鱼，如图 18-1 第一列所示。当 K 最初每周花 1 天收集椰子，5 天捕鱼，K 每周将生产 1 个椰子和 5 条鱼。

专业化将增加幸存者经济体的总产出。两个人各自专门生产对于自己来说机会成本较低的产品，双方的福利都会得到改善。如果生产同一种产品，一个人的机会成本比另一个人的机会成本低，我们就说前者具有**比较优势**（comparative advantage）：

- F 在生产鱼上拥有比较优势，因为 F 的机会成本是每条鱼 1/3 个椰子，而 K 的机会成本是每条鱼 1 个椰子。
- K 在生产椰子上拥有比较优势，因为 K 的机会成本是每个椰子 1 条鱼，而 F 的机会成本是每个椰子 3 条鱼。

图 18-1 第二列显示了当两个人专业化后经济体的变化：F 生产 36 条鱼，K 生产 6 个椰子。两个产品的总产出增加了：椰子的数量从 5 个增加至 6 个，鱼的数量从 29 条增加至 36 条。专业化之所以增加了两种产品的产量，是因为两个人都专门生产他们最擅长生产的产品。

专业化生产之后，两人再进行交换，双方的福利都将得到改善。假设 F 和 K 同意鱼和椰子的交换比例是 2 比 1。F 可以用 10 条鱼换 5 个椰子。如图 18-1 第三列所示，完成交换后，F 总共还有 5 个椰子和 26 条鱼，与自给自足的状态相比，他拥有的两种产品都增加了，椰子多了 1 个，鱼多了 2 条。K 总共还

> **名词解释**
>
> **比较优势**：一个人或国家可以比另一个人或国家以更低的机会成本生产同一种产品的能力。

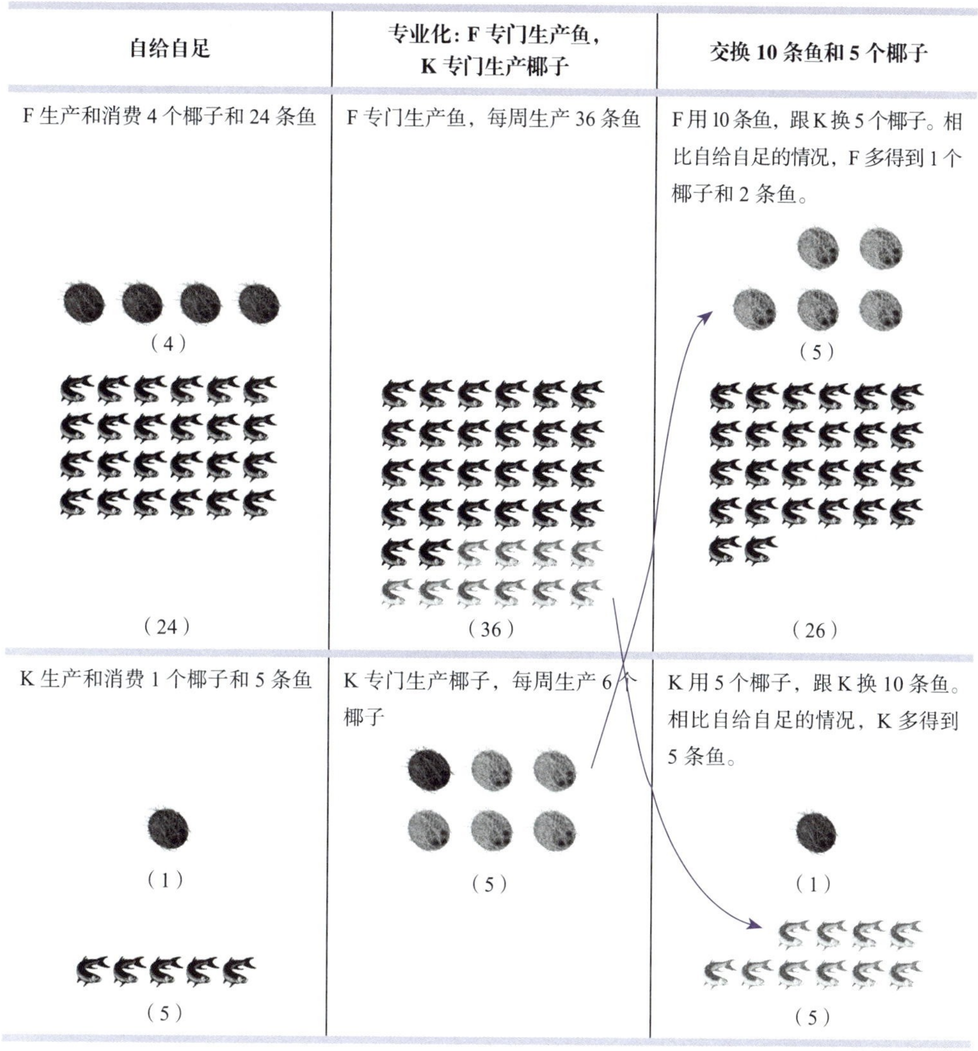
自给自足
专业化：F 专门生产鱼，K 专门生产椰子
交换 10 条鱼和 5 个椰子
F 生产和消费 4 个椰子和 24 条鱼
F 专门生产鱼，每周生产 36 条鱼
F 用 10 条鱼，跟 K 换 5 个椰子。相比自给自足的情况，F 多得到 1 个椰子和 2 条鱼。
(4)
(5)
(24)
(36)
(26)
K 生产和消费 1 个椰子和 5 条鱼
K 专门生产椰子，每周生产 6 个椰子
K 用 5 个椰子，跟 K 换 10 条鱼。相比自给自足的情况，K 多得到 5 条鱼。
(1)
(5)
(1)
(5)
(5)

▲图 18-1

专业化和贸易

剩 1 个椰子和 10 条鱼，与自给自足的状态相比，K 拥有的椰子不变，鱼增加了 5 条。专业化和交换使双方福利都得到改善，这是自愿交换原理的典型例证：

> **自愿交换原理**
> 两人之间的自愿交换能够增进双方的福利。

比较优势与绝对优势

我们已经知道一个人专门生产一种产品是明智的，因为他拥有比较优势——更低的机会成本。你可能注意到，F 在生产两种产品上都比 K 更有生产力。F 生产两种产品所需的资源（本例中所指的是劳动时间）都比 K 少，因此他在生产两种产品上都具有**绝对优势**（absolute advantage）。尽管 F 拥有绝对优势，但是他仍然能从专业化和交换中获利，因为他在生产鱼上拥有比较优势。在生产椰子上，F 的生产力是 K 的 2 倍，但是在生产鱼上，F 的生产力是 K 的 6 倍，F 在生产鱼上拥有更大的生产力优势。通过依靠 K 来生产椰子，F 可以用更多的时间生产鱼。专业化和交换不是由绝对优势决定，而是由相对优势决定的。

> **名词解释**
>
> 　　**绝对优势**：一个人或国家可以比另一个人或国家以更低的资源成本生产同一种产品的能力。
>
> 　　**进口产品**：在国外生产，由本国居民购买的产品。
>
> 　　**出口产品**：在本国生产，由外国居民购买的产品。

比较优势和国际贸易

比较优势和专业化的原理也适用于国际贸易。一个国家可以选择自给自足，只生产自己消费所需的产品，也可以选择专门生产自己拥有比较优势的产品。即使当一个国家比另一个国家在所有产品上的生产力都更高，只要一个国家在一种产品上的生产优势更大，也就是一个国家在一种产品上拥有比较优势，那么贸易就会改善两个国家的福利水平。**进口产品**（import）是在国外生产，由本国居民购买的产品。**出口产品**（export）是在本国生产，由外国居民购买的产品。

许多人对国际贸易会使所有人的福利水平改善的观点表示怀疑。亚伯拉罕·林肯总统就曾表达过他对进口的不满：

> 我知道如果我在美国买一艘船，我将拥有船，美国将得到钱，但是如果我在英国买一艘船，虽然我仍将拥有船，得到钱的却是英国。

林肯总统没有认识到，当他从英国购买一艘船，他虽然把钱给了英国，但是钱不会静止不动。最终这些钱将回流到美国，用于购买美国工人生产的产品。《已故西方经济学家思想的新解读》（*New Ideas from Dead Economists*）的作者，经济学家托德·巴克霍尔兹（Todd Bchholz）说过：

货币也许不能让地球旋转，但是货币绝对可以绕着地球流动。没有货币，产品就不能从生产效率最高的地区流转至需求最迫切的地区。

拉脱维亚的绝对优势和相对优势

对应的经济学问题：专业化和交易的基本原理是什么？

1990 年代，拉脱维亚比欧共体（European Community，简称 EC）国家的生产力要低得多。问题是，为什么生产力更高的欧共体国家会购买拉脱维亚的产品呢？下表分别显示了拉脱维亚和欧共体整体的锯木和谷物的工人生产力和机会成本。

	EC：锯木	EC：谷物	拉脱维亚：锯木	拉脱维亚：谷物
工人生产力	1,200	200	200	10
机会成本	1/6 谷物	6 锯木	1/20 谷物	20 锯木

尽管 EC 国家在两种产品上都具有绝对优势，但是它在谷物上拥有相对优势（更低的机会成本）：EC 国家生产 1 个单位谷物的机会成本是 6 个单位的锯木，拉脱维亚则是 20 个单位的锯木。拉脱维亚在锯木上拥有相对优势：拉脱维亚生产 1 个单位的锯木的机会成本是 1/20 个单位的谷物，EC 则是 1/6 个单位的谷物。根据相对优势的理论，我们可以知道当 EC 用谷物交换拉脱维亚的锯木时，双方的福利都会得到改善。EC 专门生产谷物，因为 EC 在谷物上的生产力优势最大：在谷物和锯木上，EC 与拉脱维亚的生产力比值分别是 20∶1 和 6∶1。详见练习 1.10。

资料来源：Based on Aleksandrs Fedotovs, "A small nation's comparative advantage: The case of Latvia," *Business and Economic Horizons* 1（2010），pp. 51-57.

外 包

当一家国内企业将部分生产转移到国外，我们就说这家公司在境外生产（offshoring），或者说外包（outsourcing）。在当今全球化的经济中，运输和通信的成本比较低，因此企业可以将生产分布在许多国家。利用不同国家的比较优势，一家企业能够以更低的成本生产产品，收取更低的价格，并销售更多的产出。

企业将诸如客户服务、电话销售、文件管理和医疗转录等职能转移至海外，从而减少生产成本并降低产品价格。最近对外包的研究已经取得了大量的成果：

1. 由外包导致的国内工作减少是经济健康运行的一个正常现象，因为技术和消费者偏好会随时间变化。而且，因外包而失去的工作数量只占经济健康运行时失去的总工作数量的一小部分。2004 年，美国总计 239,361 名劳动者失业，其中 9,985 份工作机会迁移至美国国内其他地方，4,633 份工作机会分包至海外，其他消失的工作机会是经济正常运行的结果。这意味着只有约 2% 的失业是由外包引起的。

2. 从一定程度上来看，因外包而失去的工作数量得到了因内包（insourcing）而产生的工作机会的补偿，内包产生的工作是从海外转移至美国的工作。

3. 外包节省了巨大的成本，消费者可以获得更低的价格，企业可以生产更多的产出。随产出增加而增加的工作机会也补偿了因外包而失去的工作数量。

贸易保护政策

我们现在已经知道了专业化和贸易的基本原理，接下来我们讨论限制性的公共政策对专业化和贸易的影响。

进口禁令

为了说明进口禁令对市场的影响，我们先来讨论一个不受限制的市场，即没有进口禁令的市场。图 18-2 显示了薯片国的衬衫市场，该国在生产电脑芯片上拥有比较优势，在衬衫上没有比较优势。国内供给曲线显示了薯片国企业供给的数量。在点 b 处，薯片国企业的衬衫供给量为零，当价格高于 17 美元时，薯片国企业才会开始供给衬衫。衬衫的总供给曲线显示了薯片国企业和衬衫国企业的供给量之和，总供给曲线位于国内供给曲线的下方。在任意价格下，衬衫的总供给量大于国内供给量，因为衬衫国企业也供给衬衫。点 c 是国内需求曲线与总供给曲线的交点，它表示自由贸易下的均衡状态，此时价格为每件衬衫 12 美元，衬衫数量 80 件。因为该价格低于国内企业的最低价格，所以国内企业不会生产衬衫，薯片国的所有衬衫都进口自衬衫国。

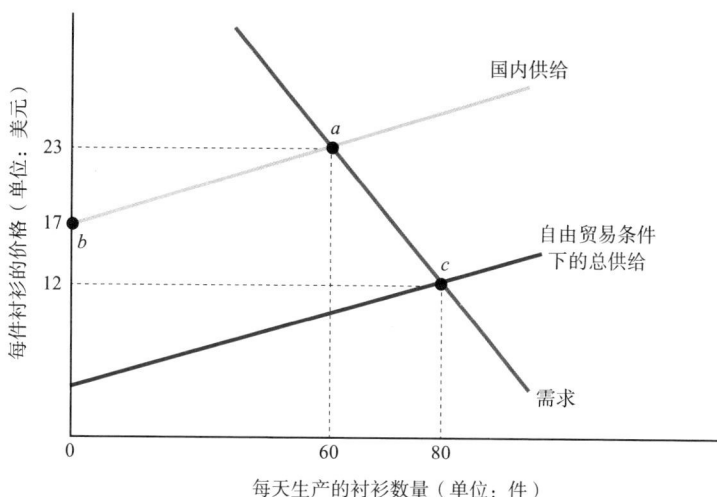

▲图 18-2

进口禁令的影响

在自由贸易的市场均衡状态下，需求曲线与总供给曲线相交于点 c，此时价格为 12 美元，产量为 80 件。当政府禁止进口衬衫，新的均衡状态如需求曲线与国内供给曲线的交点 a 所示，此时价格上涨至 23 美元。

当薯片国禁止进口衬衫时，会出现什么情况呢？外国供给者将退出薯片国的衬衫市场，此时衬衫的总供给就等于国内供给。图 18-2 中，点 a 显示了薯片国禁止进口衬衫时的均衡状态：国内需求曲线与国内供给曲线的交点 a 处价格为每件衬衫 23 美元，衬衫数量 60 件。我们可以看到，进口禁令使消费者为衬衫支付更高的价格，市场上可供购买的衬衫数量减少。

进口配额和自愿出口限制

除了进口禁令，还有一种限制进口的方法是**进口配额**（import quota）。进口配额是政府对一种商品可以进口的数量进行限制。进口配额是介于自由贸易和彻底禁止之间的一种限制性政策：进口减少了，但是没有被消除。例如，当政府对衬衫进行配额时，消费者需要支付的价格将位于自由贸易价格（12 美元）和进口禁令价格（23 美元）之间。具体的价格将取决于配额的高低。

根据国际贸易法规，进口配额属于违法行为。为了规避这些法规，出口国家有时会同意签署**自愿出口限制协议**（voluntary export restraint，简称 VER）。VER 类似于进口禁令。当一个出

> **名词解释**
>
> **进口配额**：政府对一种商品可以进口的数量进行限制。
>
> **自愿出口限制协议**：出口国自愿减少出口的协议。

口国家采用 VER，它将减少出口以避免受到来自进口国的更多限制性贸易政策的约束。尽管根据国际贸易法规，VER 是合法行为，但是它违背了国际自由贸易的协议。总之，配额和 VER 拥有同样的效果。和配额一样，VER 会增加受限制的商品的价格，有助于国内企业参与市场。

图 18-3 显示了进口配额或 VER 的影响。从点 c 的自由贸易均衡开始，进口配额会使总供给曲线向左移动：在任意价格下，衬衫的总供给量将减少，因为国外供应商的供给量受到了限制。当存在进口配额或 VER 时，总供给曲线将位于国内供给曲线和自由贸易条件的总供给曲线之间。进口配额或 VER 下的市场均衡位于点 d，需求曲线与贸易限制条件下的总供给曲线相交于该点。进口配额条件下的价格为 20 美元，大于国内企业的最低供给价格 17 美元，国内企业供给 22 件衬衫（点 e）。在自由贸易政策下，国内企业不会供给衬衫。

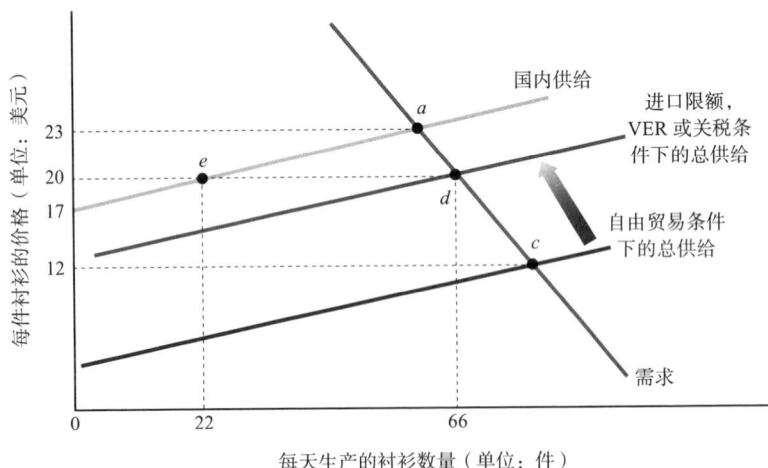

▲ 图 18-3

配额、VER 或关税的市场影响

进口配额会使供给曲线向左移动。市场均衡沿着需求曲线向上移动至点 d，点 d 位于点 c（自由贸易）和点 a（进口禁令）之间。VER 或关税也可以使供给曲线产生相同的移动。

在进口配额或 VER 下，有受益者也有受损者。受益者包括国外和国内的厂商。在我们的例子中，国外企业能够以 20 美元，而不是 12 美元的价格销售产品，同时 20 美元的价格使国内企业可以实现盈利。企业和工人都会从中受益。受损者显然是消费者，他们要支付更高的价格。在某些情况下，政府会向一些公民发放进口许可证，使他们能够以低价格 12 美元向国外企业购买衬衫，并以较高的价格 20 美元在国内市场销售。因为进口许可证可以为持有人带来高额的利润，所以获得许可证的往往是具有政治势力的企业或个人。而且，有的人为了取得进口许可证还会贿赂政府官员。

当一种商品受到贸易保护政策的控制时，消费者需要为该商品支付更高的价格，但究竟高多少呢？下面是一个真实的案例。美国在 1984 年对日本汽车的自愿出口限制使日本汽车的价格上升了约 1,300 美元，使美国国内汽车的价格上升了约 660 美元。

与进口配额和 VER 具有相似效果的政策还有进口**关税**（tariff）。进口关税是对进口商品征缴的税收。我们从前面的讨论可知，征税会使供给曲线向左移动，使均衡价格上升。图 18-3 中，假设关税使自由贸易条件下的总

> **名词解释**
>
> **关税**：对进口商品征缴的税收。

供给曲线向左移动，与需求曲线相交于点 *d*。换句话说，关税条件下的总供给曲线到达了与配额条件下的总供给曲线相同的位置：消费者支付的价格同样是 20 美元，国内企业同样生产 22 件衬衫。

进口配额和关税之间存在一个根本的区别。进口配额使进口者从国外供货商手中以低价格 12 美元购买衬衫，并以人为的高价 20 美元销售衬衫。换句话说，进口者可以从配额中赚钱。在关税条件下，得到这笔钱的是政府，付出钱的是国外企业。薯片国的居民更希望政府增收关税，而不是采取进口配额，因为政府可以用关税的收入减少其他税收或增加公共项目支出。

在现实世界中，关税会产生显著的影响。根据一位贸易专家的估计，将工业产品的关税降低 50% 可以使世界经济产出每年增加 2,700 亿美元，将农产品关税降低 50% 可以使世界食物消费支出减少 1,000 亿美元。

关税与配额的另一个不同点是，它对贫困人口的影响似乎更大。

日常生活中的经济学

关税对贫困人口的影响

对应的经济学问题：对进口产品征收关税是否会更容易损害贫困人口的利益？

经济学家发现美国关税主要损害了低收入家庭的利益。美国对纺织品、服装和鞋类征收的关税非常高。这些产品的消费占低收入家庭总消费的比例高于占高收入家庭总消费的比例。例如，鞋类消费占低收入家庭支出的比例为 1.3%，而占高收入家庭

支出的比例则为 0.5%。

而且，在高关税的产品中，关税最高的恰恰是最便宜的产品，这些产品的主要消费群体正是低收入家庭。例如，低价格的运动鞋面临 32% 的关税，而高价格的跑鞋的关税税率只有 20%。一般来说，为了保护美国工业，劳动密集型产品的关税最高。劳动密集型产品是指劳动要素投入和资本投入之比较高的产品。但是这些产品恰恰是价格较低的产品，这也就是为什么关税更多地损害了贫困人口的利益的原因。详见练习 2.7。

资料来源：Based on *Economic Report of the President 2006*, February 2006（Washington, D.C.: Government Printing Office），chap.7.

对抗贸易保护政策

一国对进口的限制可能导致对贸易的进一步限制。例如，如果薯片国禁止衬衫进口，那么衬衫国可能通过禁止从薯片国进口电脑芯片来反击。这类贸易战有可能不断升级，导致两国回到自给自足的状态，最后两国都将被迫减少消费。

许多进口限制都导致了对抗性的政策，严重缩减了贸易。最著名的案例是 1930 年的斯穆特–霍利关税法案（Smoot–Hawley Tariff Act of 1930）。当美国将进口产品的平均关税税率增加至 59% 后，贸易伙伴国的反击措施是对美国产品施加更高的关税。这场贸易战减少了全球贸易，并加剧了 20 世纪 30 年代的世界经济衰退。

一国威胁实施对抗政策可能使另一国削弱贸易保护的程度。例如，1995 年美国宣布，如果日本不削弱对汽车零部件进口的限制，美国将对日本奢侈品征收 100% 的关税。在这项关税正式生效前几个小时，美日达成了一项协议，该协议的目标是增加美国出口至日本的汽车零部件销售额。2002 年，布什总统对钢铁开始征收惩罚性关税，但是在受到欧洲的对抗性政策威胁后，布什于 2003 年取消了相关制裁。

进口限制也创造了走私货物的市场。因为进口限制使得在国外购买受限制的产品的成本和在本国销售这些产品的价格存在巨大的差额，所以走私货物的利润很高。

▉▉▉ 国际关税及贸易协定的历史简介

今天，美国的平均关税达到进口产品价值的 4.6%，这一比例接近于日本和大多数欧洲国家的平均关税。但是，从历史上来看，今天的关税非常低。20 世纪 30 年代斯穆特–霍利关税实施时，美国的平均关税惊人地达到进口产品价值的 59%。通过几次国际协定，关税才逐渐降至今天的水平。

第二次世界大战后，第一个主要的国际贸易协定是**关税及贸易总协定（General Agreement on Tariffs and Trade，简称 GATT）**。该协定由美国和其他 23 个国家发起，现在拥有超过 149 个成员国。目前已进行了九轮关于关税

> **名词解释**
>
> **关税及贸易总协定**：1947 年建立的一项减少美国和其他国家之间贸易壁垒的国际协定。
>
> **国际贸易组织（WTO）**：1995 年建立的国际组织，意在监督 GATT 和其他国际贸易协议，解决贸易争端，也为未来的贸易谈判举办论坛。

和贸易规则的 GATT 谈判，这些谈判逐渐降低了各成员国的关税。已经完成的最后一轮谈判是 1994 年乌拉圭回合谈判（Uruguay round），这次谈判使关税在之前的基础上降低了近三分之一。1995 年，**国际贸易组织（World Trade Organization，简称 WTO）** 成立，目的是为了保证 GATT 及其他国际贸易协定的有效实施。根据 GATT 的最惠国待遇条款规定，一个国家如果减少了另一个国家的关税，那么它必须减少 GATT 所有成员国的关税。该条款有力地降低了全球的关税。

最近一轮贸易谈判于 2001 年在卡特尔多哈进行，尽管这轮谈判仍然在小规模进行当中，但是主要的谈判在 2008 年失败。这轮谈判的宗旨是为了使出口农产品的发展中国家受益。基本的思想是减少发达国家的农产品补贴和关税，以促进发展中国家的农产品出口。随后，发达国家希望降低发展中国家的工业品关税。为什么这轮谈判失败了？一个原因是人口最多的两个发展中国家中国和印度更愿意增进本国的工业基础而不是农产品出口。另一原因也许是之前的贸易谈判已经获得了较大的成功，留给"重大谈判"（grand bargains）的空间太小，不足以鼓励所有国家支持新的协定。

如果全球谈判失败，是否有其他替代方法呢？除了 WTO，还有其他旨在减少贸易壁垒和促进全球贸易的多国贸易组织：

- 北美自由贸易协定（North American Free Trade Agreement，简称 NAFTA）于 1994 年生效，每 15 年进行一次谈判。该协定消除了加拿大、墨西哥和美国之间的所有关税和贸易壁垒。
- 欧盟（European Union，简称 EU）的目标是消除欧盟国家之间的所有贸易壁垒，创建一体化的市场。最初，欧盟仅由六个国家组成：比利时、德国、法国、意大利、卢森堡和荷兰。丹麦、爱尔兰和英国于 1973 年加入，1981 年希腊加入，

1986 年西班牙和葡萄牙加入，1995 年奥地利、芬兰和瑞典加入。2004 年，欧盟经历了历史上最大的一次扩张，10 个新成员国于当年加入。

- 亚太经合组织（Asian Pacific Economic Cooperation，简称 APEC）由 18 个亚洲国家的领导人创立。1994 年，APEC 签署了一项减少成员国之间贸易壁垒的非约束性协定。

- 中美洲自由贸易协定（Dominican Republic-Central America Free Trade Agreement，简称 DR-CAFTA）促进了美国、多米尼加共和国和五个中美洲国家（哥斯达黎加、萨尔瓦多、危地马拉、洪都拉斯和尼加拉瓜）之间的贸易自由化。DR-CAFTA 是仿造 NAFTA 创建的。

一些经济学家担心，这些区域贸易协定可能会阻碍根据 GATT 签署的更广泛的国际贸易协定。尽管区域贸易协定可能会降低相邻国家或成员国之间的关税，但是这些协定无助于促进全球的经济效率。例如，一家比利时公司可能会比一个南美洲国家的公司更容易向法国出口产品，尽管后者的产品生产成本实际上更低。

■ 汇率是如何确定的

在这一部分，我们将考察一种货币在世界市场上的价值是如何确定的。我们将了解影响一种货币的价值的各种因素。

什么是汇率？

拥有不同货币的国家之间要进行国际交易，必须要用一种货币交换另一种货币。**汇率**（exchange rate）是指一种货币交换另一种货币的价格。

假设一个美国作曲家将一首热门单曲的版权卖给了一个日本制作商，协定的价格是 50,000 美元。如果美元和日元之间的汇率是每 1 美元兑 100 日元，那么日本制作商需要支付 5,000,000 日元购买这首单曲的版权。因为国际贸易往往在拥有不同货币的国家之间进行，所以汇率是贸易的一个重要决定因素。汇率波动对国家进口和出口什么产品以及整体贸易收支具有重要影响。

本章中，我们将用 1 美元可兑换的国外货

> **名词解释**
>
> 汇率：在世界市场上一种货币交换另一种货币的价格。

币数量来衡量美元的汇率，比如 1 美元兑 100
日元或 1 美元兑 0.8 欧元。**欧元（euro）**是欧
洲的通用货币。在这些汇率下，用 1 美元可以
交换 100 日元或者 0.8 欧元。

名词解释

欧元：欧洲的通用货币。

我们可以将汇率看作用国外货币衡量的美元价格。一种货币相对于另一种货币的
价值增加，被称为货币升值。当美元和日元的汇率从 1 美元兑 100 日元增加至 1 美元
兑 110 日元，1 美元就能购买更多的日元。假设你去日本度春假，因为美元升值了，
所以你持有的美元可以交换更多的日元。与美元升值之前相比，你现在拥有更多的日
元用于购买日本商品，比如说 MP3 播放器、DVD 播放器或娱乐活动。从日元来看，
美元的价格上升了，换句话说，美元相对日元升值了。

货币贬值是指一种货币相对于另一种货币的价格减少。当美元和日元的汇率从 1
美元兑 100 日元减少至 1 美元兑 90 日元，你用 1 美元可以购买的日元将减少。日本
商品的价格以日元衡量保持不变，但是对美国居民来说更贵了。要购买同样数量的
MP3 播放器、DVD 播放器或娱乐活动，你需要使用更多的美元去换取日元。从日
元来看，美元的价格降低了，换句话说，美元相对日元贬值了。

在汇率关系中，一种货币升值，就意味着另一种货币贬值。例如，当美元相对日
元升值，日元相对美元就贬值。你用同样的美元可以换取更多的日元，但是这也意味
着你用同样的日元只能换取更少的美元。具体来说，当美元从 100 日元升值至 110 日
元时，你用 100 日元只能换取 0.91 美元，而不是 1.00 美元。相反，当美元相对日元
贬值，日元相对美元就升值。当美元从 100 日元贬值至 90 日元时，你用 100 日元可
以换取 1.11 美元，而不只是 1.00 美元。

我们可以用一个简单的例子说明汇率是如何在交易中发挥作用的。当你想要从法
国购买一块手表，你需要知道它的价格。你向位于法国的店主邮件询问，得知手表售
价是 240 欧元，店主表示希望你支付欧元。为了计算你需要花费的美元，你需要知道
欧元和美元之间的汇率。当汇率是 1 美元兑 0.8 欧元时，这块手表需要花费你 300 美元：

$$\frac{240 \text{ 欧元}}{0.8 \text{ 欧元} / \text{美元}} = 300 \text{ 美元}$$

当汇率是 1 美元兑 1 欧元时，这块手表只需要花费 240 美元。下面你将看到，汇
率变化会影响在世界市场上的产品价格和世界各国的进口和出口模式。

需求和供给是如何确定汇率的

汇率是如何确定的？美元和欧元是在进行美元和欧元交换的外汇市场上确定的。我们可以使用需求和供给来认识这个市场。图 18-4 中，我们描绘出用美元兑换欧元的需求和供给曲线。

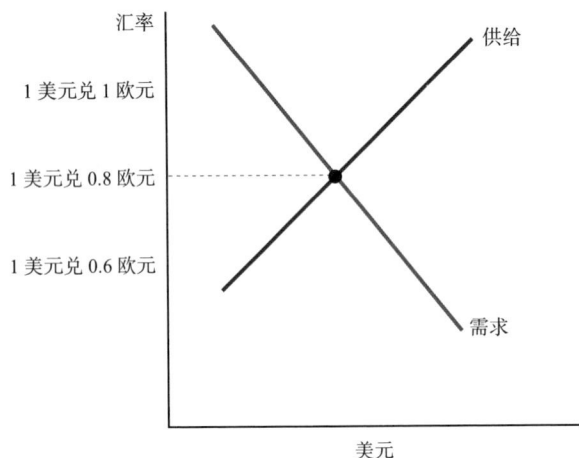

▲图 18-4

美元的需求和供给

当美元需求等于美元供给时，市场实现均衡。

供给曲线是用于交换欧元的美元的供给量。希望购买欧洲商品或资产的个人或公司需要用美元交换欧元。供给曲线的一个基本假定是：当欧元价值降低时，用于欧洲商品和资产的总支出将增加。因此，供给曲线倾斜向上：当美元价值增加，更多的美元将被供给至货币市场，用于交换欧元。

需求曲线是用于交换欧元的美元的需求量。希望购买美国商品或资产的个人或公司需要用欧元交换美元。例如，要去佛罗里达州的迪士尼乐园游玩，德国或法国的家庭必须用欧元交换美元。当美元的汇率降低时，以欧元来衡量的美元更便宜了。这使美国商品和资产对于欧洲居民来说更便宜了，因为同样的欧元可以交换更多的美元。当美国商品和资产更便宜时，欧洲居民会用更多的欧元交换美元。因此用于交换欧元的美元的需求曲线倾斜向下：美元的总需求将随着美元的价格下降（美元相对欧元贬值）而增加。

当需求曲线与供给曲线相交时，外汇市场实现均衡。图 18-4 中，均衡汇率是 1

美元兑 0.8 欧元。在这个价格下，用美元交换欧元的意愿将与用欧元交换美元的意愿匹配。此时，汇率市场处于平衡状态，以美元衡量的欧元价格是 1.25 美元 / 欧元。

均衡条件下：1 美元兑 0.8 欧元，或者说 1 欧元兑 1.25 美元。

现在假设美元和欧元之间的需求和供给力量改变了。当美元汇率 e 增加时，美元可以购买更多欧元，换句话说，以欧元衡量的美元的价格上升了。例如，当 e 从 1 美元兑 0.8 欧元增加至 1 美元兑 1 欧元时，美元价值增加了，这意味着美元相对欧元升值了。需要再次强调，汇率具有两面性：当美元相对欧元升值，欧元相对美元必定贬值。因此，当美元汇率从 1 美元兑 0.8 欧元增加至 1 美元兑 1.0 欧元时，欧元汇率就从 1 欧元兑 1.25 美元减少至 1 欧元兑 1.00 美元。

美元升值时：1 美元兑 1.0 欧元，或者说 1 欧元兑 1.0 美元。

当汇率从 1 美元兑 0.8 欧元降至 1 美元兑 0.6 欧元时，美元相对欧元贬值了，或者说以欧元衡量的美元价格减少了。当美元贬值时，1 欧元的价值增加了。在本例中，欧元的价格从 1.25 美元上升至 1.67 美元。

美元贬值：1 美元兑 0.6 欧元，或者说 1 欧元兑 1.67 欧元。

需求和供给的变化

需求的变化或供给的变化会改变均衡利率。图 18-5 中，我们显示了需求的增加是如何使利率上升的。当以欧元衡量的美元价格增加时，美元相对于欧元将变得更贵。

美元需求曲线移动的主要原因有两点：首先，美国利率上升会使美元需求增加。随着美国市场回报增加，全世界的投资者将购买美元以投资美国的资产。其次，美国价格水平下降也会使美元需求增加。例如，如果迪士尼世界的价格下降，那么美元需求将整体上升，因为更多的游客希望到迪士尼世界游玩。

图 18-6 显示了美元供给增加的影响。美元供给增加会导致美元相对欧元的价值下降。美元供给增加的主要原因也是利率和价格水平。欧洲利率上升会使美国投资者购买欧洲债券或其他支付利息的资产。购买欧洲债券需要美国投资者供给更多美元以换取欧元，这将使美元利率降低。类似地，欧洲价格水平降低会导致美元供给增加以换取欧元。

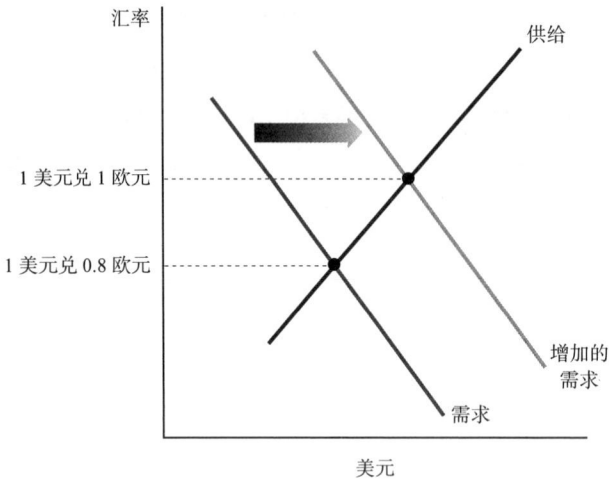

▲ 图 18-5

美元需求的移动

美元需求增加将使美元利率上升。更高的美国利率或更低的美国价格会使美元需求增加。

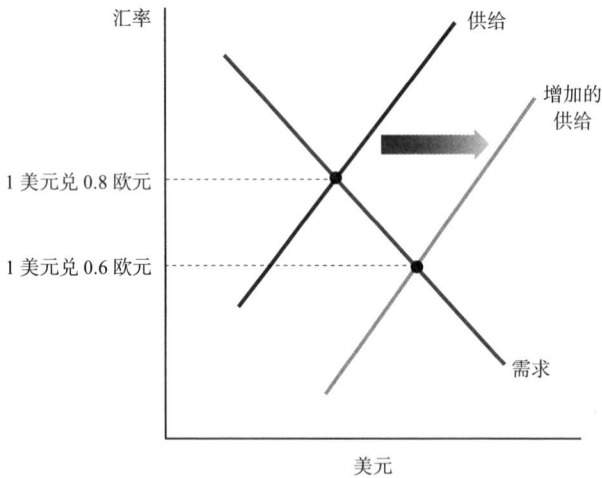

▲ 图 18-6

美元供给的移动

美元供给增加会使美元汇率降低。更高的欧洲利率或更低的欧洲价格会使美元供给增加。

我们以美元兑欧元为例说明了外汇市场的需求和供给，现在我们来总结一下外汇市场的关键事实。

1. 美元需求曲线表示的是用于交换欧元的美元的需求。该曲线向下倾斜。当美元贬值时，用于交换欧元的美元的需求量将增加。

2. 美元供给曲线表示的是用于交换欧元的美元的供给。该曲线向上倾斜。当美元升值时，用于交换欧元的美元的供给量将增加。

3. 美国利率上升或美国价格水平下降会使美元需求增加，导致美元升值。

4. 欧洲利率上升或欧洲价格水平下降会使美元供给增加，导致美元贬值。

固定汇率和浮动汇率

在学习汇率制度之前，我们来回顾一下前面的内容。一国货币的汇率上升会产生两个基本的影响：

1. 一国货币汇率上升，该国居民进口产品的成本将下降。例如，当美元相对欧元升值时，对于美国消费者来说，欧洲手表的价格就下降了。美国消费者希望美元升值，因为这会降低他们的生活成本。

2. 一国货币的汇率上升，其他国家购买该国出口产品的成本将增加。例如，当美元相对欧元升值时，对于欧洲消费者来说，加利福尼亚州的葡萄酒的价格就上升了。总的来说，美元汇率上升会增加进口，减少出口。

由于出口减少和进口增加，净出口将减少。同样，当一国货币的汇率下降时，也会产生两个基本的影响：

1. 当美元相对日元贬值时，美国居民进口日本产品的价格将上升，美国居民的生活成本因而上升。

2. 同时，美国产品在世界市场上将更便宜。美国出口将上升，进口将减少，美国净出口将增加。

固定汇率

有的时候国家不希望汇率变化，因为货币贬值会导致居民的生活成本剧烈上升，而且货币升值会导致净出口减少。为了阻止货币价值的变化，政府可以进入外汇市场影响外汇价格。经济学家将影响汇率的这些努力称为**外汇市场干预**（foreign exchange market intervention）。

在美国，正式承担外汇干预职能的是财政部，不过财政部经常需要和联邦储备系统合作。其他国家的政府也会干预外汇市场。为了影响一种货币与另一种货币的交换价格，政府必须影响本国货币的需求或供给。要增加本国货币的价值，政府必须增加本国货币的需求。要减少本国货币的价值，政府必须增加本国货币的供给。

图 18-7 中，我们可以看到政府是如何固定货币的价值的。假设美国和欧洲的政府希望汇率保持在 1 美元兑 0.8 欧元，但是目前的均衡汇率（需求和供给相等时的汇率）只有 1 美元兑 0.6 欧元。要增加美元的价格，政府需要增加美元的需求。为了实现这个目标，美国或者欧洲央行需要在外汇市场上售出欧元，换取美元。这将使美元需求曲线向右移动，直到美元价格上升至 1 美元兑 0.8 欧元。

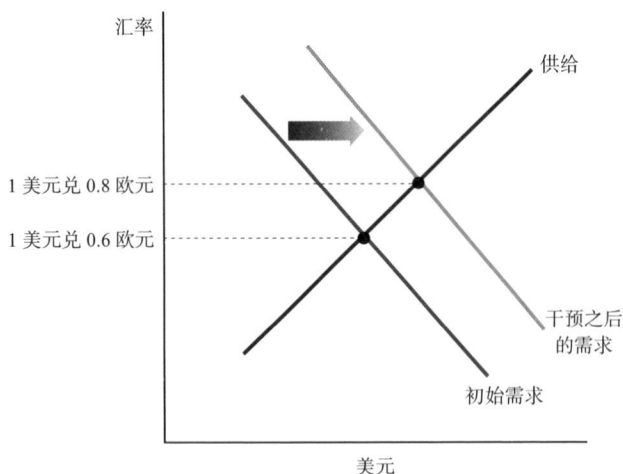

▲图 18-7

政府干预以提升美元价格

为了提升美元价格，美国政府售出欧元，交换美元。这使美元需求曲线向右移动。

相对地，当政府想要使美元相对欧元的价格降低时，政府将售出美元，交换欧元，从而增加美元的供给。美元价格因此下降，而欧元价格上升。我们注意到，要影响欧元相对美元的价格，美国政府必须用欧元换取美元。当政府想要提升欧元价格时，需要获取和积累欧元。当政府想要提升美元价格时，需要将积累的部分欧元卖出。但是如果美国政府没有欧元呢？美国可以向欧洲借入欧元或劝说欧洲政府卖出欧元换取美元。

固定汇率和浮动汇率的比较

接下来，我们先讨论两种不同类型的汇率制度，然后再简要回顾美国汇率政策的历史和当今世界汇率的发展。

浮动汇率制度。 如果汇率由自由市场决定，那我们就处于**浮动汇率制度**（flexible exchange rate system）。如果是完全浮动汇率制度，一种货币的价格只会在需求超过供给时增加，在需求少于供给时减少。我们已经知道，决定汇率的因素有多种，主要包括国内利率、国外利率、国内价格和国外价格。市场心理等其他因素也会影响一个国家的货币价值。无论起因如何，货币需求的增加会提升货币的价格。我们还看到，政府会进行干预以阻止货币价值的变化。在最极端的情况下，一种货币的价值完全不会变化。

固定汇率制度。 无论你是在加利福尼亚、纽约还是印第安纳，所有的价格都用美元标注。没有人会问你的美元是来自旧金山还是迈阿密。只要在美国国内，1 美元就是 1 美元。但是，假设每个州都有自己的货币，比如说加利福尼亚州是加州美元，俄勒冈州是俄勒冈州美元。理论上说，这些美元相互之间的汇率可以不同，具体取决于各州美元相互之间的需求和供给。例如，得克萨斯州美元兑俄勒冈州美元的比例可以是 1.2∶1。

想象一下在这样的货币制度下做生意得有多复杂。为了从缅因州的一家邮购公司购买商品，你必须找出你所在州的美元与缅因州美元之间的汇率。那些在 50 个州都有经营业务的大型公司不得不投入大量的精力跟踪各州之间汇率的波动。美国的经济效率将会降低，因为个人和公司需要花费精力关注汇率。

同样的道理也适用于国家之间。如果所有的国家都使用同样的货币或者保持相互之间的汇率固定不变，人们就不需要担心汇率的波动，那该有多好。我们将政府试图保持本国货币与另一种货币的汇率不变的货币制度称为**固定汇率制度**（fixed exchange rate system）。第二次世界大战后，世界经济曾

> **名词解释**
>
> **浮动汇率制度**：汇率由自由市场决定的货币制度。
>
> **固定汇率制度**：政府为阻止本国货币波动而使汇率固定的货币制度。

基于布雷顿森林体系这一固定汇率制度运行。1944 年，世界各国代表在新罕布什尔州的布雷顿森林镇举行会议，确立了以美国为中心的货币制度：所有国家都将本国货币相对美元的汇率保持固定。

　　在典型的固定汇率制度中，各个国家为了保持与中心国家的汇率不变，必须在必要的情况下干预外汇市场。例如，当一国货币的需求和供给不相等时，该国政府就必须干预。

　　国际收支逆差和顺差。假设在固定汇率制度下，一国货币的供给超过了需求。固定汇率制度下一国货币的超额供给被称为**国际收支逆差**（balance of payments deficit）。当经常账户的逆差没有得到私人部门对外国人的资产净销售的匹配时，就会出现国际收支逆差。例如，经常账户的逆差为 1,000 亿美元，而对外国人的资产净销售为 800 亿美元，这意味着存在 200 亿美元的超额货币供给。当一国货币在货币市场上存在超额供给时，如果政府不进行干预，该货币将贬值。为了阻止货币贬值和保持固定汇率，政府必须销售外国货币，换取本国货币。正如前面我们在讨论外汇市场干预时看到的，如果一个国家售出外汇，它持有的外汇将减少。因此你可以知道，当一个国家出现国际收支逆差时，它会减少持有的外汇。

　　在固定汇率制度下，一国货币的需求也有可能超过供给。固定汇率制度下一国货币的超额需求被称为**国际收支顺差**（balance of payments surplus）。当经常账户的顺差没有得到私人部门对外国人的资产净购买的匹配时，就会出现国际收支顺差。当一国货币在货币市场上存在超额需求时，如果政府不进行干预，该货币将升值。为了阻止货币升值和保持固定汇率，政府必须销售本国货币，换取外国货币。因为该国购买外汇，所以它持有的外汇将增加。

　　在固定汇率制度下，当一国出现国际收支逆差或顺差时，该国必须采取正确的行动。如果国内政策行动（比如调整税收、政府支出或货币供给）无法解决问题，该国最终必须改变固定汇率水平。当一国出现国际收支逆差时，它可以降低固定汇率水平，以增加净出口，这一过程被称为**法定贬值**（devaluation）。相对地，当一国出现国际收支顺差时，它可以提升固定汇率水平，以减少净出口，这一过程被称为**法定升值**（revaluation）。

历史上的美国货币制度

第二次世界大战后，世界各国建立了以美元为中心的布雷顿森林体系这一固定汇率制度。20 世纪 70 年代，布雷顿森林体系被今天仍在使用的浮动汇率制度代替，在这个制度中，汇率主要由供给和需求决定。

如果固定汇率制度使贸易更加便捷，那么为什么布雷顿森林体系崩溃了呢？固定汇率制度要求国家必须维持类似的经济政策，特别是要维持相近的通货膨胀率和利率。举例来说，假设美国和德国之间的汇率是固定的，但是美国和德国的年通货膨胀率分别是 6% 和 0%。因为美国的价格水平每年要上涨 6%，所以美国相对德国的实际汇率每年增加 6%。实际汇率的差别会导致美国产生贸易赤字，因为美国产品在包括德国在内的世界市场上越来越贵。只要通货膨胀的差异持续下去，同时汇率保持固定，美国的实际汇率就会不断上升，美国贸易赤字就会不断扩大。很明显，这一系列事件必须在协商一致的固定汇率制度下才可能被终止。

20 世纪 60 年代末，美国通货膨胀开始超过其他国家的通货膨胀，美国因此出现了国际收支逆差。1971 年，尼克松总统决定进行法定贬值，降低了美元相对其他国家货币的固定汇率。这严重偏离了布雷顿森林体系的准则。尼克松希望通过美元的一次性贬值可以在减少美国国际收支逆差的同时，维持固定汇率制度。

但是，美元的贬值没有阻止美国国际收支逆差。德国试图通过在外汇市场上购买美元，来维持德国马克与美元的固定汇率。德国这样做实际上是在从美国引入通货膨胀。具体来说，当美国国际收支逆差持续，德国必须不断购买美元以防止马克升值。德国于是用德国马克购买美元。这些德国马克然后进入流通。德国的马克供给因此增加，从而使德国的通货膨胀率上升。

私人部门投资者知道德国为了不产生持续的贸易顺差会从美国引入通货膨胀。投资者预计德国会使马克相对美元法定升值，也就是德国会提升马克相对于美元的价值。他们会用美元兑换马克，购买大量的德国资产，因为他们相信马克的价值最终会大幅上升。他们的行动迫使德国政府不得不购买更多的美元，以使马克的价格上涨至与美元平齐的水平。但是，流入德国的金融资本极其巨大，德国政府放弃了保持马克与美元汇率固定的努力。德国政府最终允许汇率由自由市场决定。这意味着布雷顿森林体系的终结。

日常生活中的经济学

陷入困境的欧元

对应的经济学问题：欧元陷入困境的根本原因是什么？

当欧元于 1999 年开始发行时，欧元的创建者设计的蓝图是利用货币同盟进一步实现欧洲在政治和经济上的统一，建立与拥有整合的商品市场和金融市场的美国比肩的一个巨大的经济统一体。他们认为，通过创建单一货币，配套大量精妙的财政规则，可以实现经济稳定和经济增长。

可惜，现实远比梦想复杂。在欧元的保护之下，全世界的投资者疯狂地涌入西班牙和爱尔兰，催生了不可持续的房地产泡沫，向面临严重财政预算困境的希腊、意大利和葡萄牙各国的政府提供过多的贷款。当房地产泡沫破灭和财政压力因 2007 年世界范围的经济衰退而加大时，这些国家的银行和政府无法偿还债务的现实已成定局。同时，由于欧元区的单一货币制度，国家无法通过货币贬值及时进行调整。欧洲面临的选择无比惨淡：要么从德国等成功国家争取大规模的财政转移支付，要么大幅削减财政预算，并延长失业期以降低工资水平。

人们意识到，美国不仅仅拥有单一的货币，还拥有统一的财政体系，使陷入经济困境的州和地方可以得到及时的转移支付。没有合适、强大、统一的财政体系支持的货币联盟难以持久。详见练习 5.4 和 5.8。

今天的汇率制度

布雷顿森林体系崩溃后，浮动汇率制度运转良好，世界贸易持续快速增长。而且，浮动汇率制度平稳地适应了复杂的世界局势，包括 20 世纪 70 年代的两次重大石油危机，80 年代的美国政府预算逆差，以及过去二十多年对日本和中国的巨额经常账户顺差。

在布雷顿森林体系时期，许多国家对金融资本流动实施了限制，例如不允许本国居民购买外国资产，或限制外国人购买本国资产。到 20 世纪 70 年代，这些限制开始消除，私人部门的资产交易迅速增长，金融市场上大量资金的交易使得政府难以使汇率保持在固定的水平。

尽管如此，联系紧密的经济体往往希望保持固定的汇率。避免不同国家间固定汇率困难的一种方法是废除不同的货币，建立一种单一的货币，欧盟采取的就是这种方法。他们在整个欧洲使用一种单一的货币——欧元，并建立一个单一的中央银行来控制货币的供给。这些欧洲国家希望像一个大型国家一样，使用单一的货币，以提高经济贸易效率。不幸的是，与欧元的设计者预想的不同，实际情况要复杂得多。英国、丹麦和瑞典决定独立于欧洲单一货币制度之外。这三个国家的货币和欧元、美元、日元一样，在欧洲地区流通。一些其他国家则将它们的汇率与美元或日元绑定。有的经济学家认为，世界最终将形成三大货币区：欧元、美元和日元。

总　结

本章我们讨论了专业化和贸易的好处，探究了贸易保护政策背后的权衡关系。我们还讨论了汇率是如何确定的，以及世界金融体系是如何促进贸易的。本章要点如下：

1. 当一个国家相对另一个国家在生产某种产品上具有比较优势时（机会成本更低），专业化和贸易可以使两个国家同时受益。

2. 进口禁令或进口配额会增加价格水平，保护本国企业，但承担成本的是本国消费者。

3. 关税是对进口产品征收的税收，它会给政府带来收入。进口配额是对进口的限制，它会给外国企业或进口商带来收入。

4. 今天，汇率在外汇市场上由供给和需求决定。

5. 政府可以通过在外汇市场上购买或售出货币，改变货币价值。购买一种货币会增加该货币的价值，而售出货币则会减少该货币的价值。

6. 固定汇率制度可以给商业提供更好的环境，但是需要国家将通货膨胀率和利率保持在一定的范围内。

练　习

1. 比较优势和交换

1.1　考虑一家只有两个会计师 Q 和 S 的会计公司。

a. 填写下表空白处。

	Q		S	
	财务报告	纳税申报单	财务报告	纳税申报单
每小时产出	2	8	1	1
机会成本				

b. Q 在 ＿＿＿＿ 上拥有比较优势，而 S 在 ＿＿＿＿ 上拥有比较优势。

1.2 M 是一家洗车行的经理，他比所有工人的洗车效率都要高，请问他应该自己洗车吗？＿＿＿＿（应该 / 不应该）

1.3 P 和 T 经营着一家园林绿化公司，该公司开展两项业务：修剪草坪和修剪树木。在两项业务上，P 都比 T 更具有生产力。当 P 在修剪草坪上拥有 ＿＿＿＿ 时，P 应该修剪草坪，T 应该修剪树木。

1.4 亚当·斯密列出了专业化提高生产力的三个原因：(1) ＿＿＿＿；(2) ＿＿＿＿；(3) ＿＿＿＿。

1.5 林肯总统之所以对进口不满，是因为他没有意识到英国得到的钱最终会 ＿＿＿＿。

1.6 外包会 ＿＿＿＿（增加 / 减少）生产成本并 ＿＿＿＿（增加 / 减少）消费者价格。

1.7 2004 年的前三个月，美国转移至其他州的工作数量 ＿＿＿＿（大于 / 小于）转移至其他国家的工作数量。

1.8 2004 年前三个月失去的工作数量的百分之多少是由外包引起的？＿＿＿＿（2% / 10% / 25%）

1.9 考虑一个自行车厂商的案例，该企业雇用了 200 名生产工人和 10 名客户服务人员。当该企业将客户服务部门外包至印度时，10 名客户服务人员失去了工作。

a. 请解释为什么外包实际导致减少的工作机会少于 10 个。

b. 在什么情况下，该企业的工作数量实际上将增加？

1.10 尽管在大多数产品上，拉脱维亚的生产力都低于欧共体国家，但是贸易是互利共赢的，因为拉脱维亚在 ＿＿＿＿ 上拥有 ＿＿＿＿ 优势。（参见第 547 页 "日常生活中的经济学"）

1.11 岛国经济体的交换。R 和 T 被遗落在一个荒弃的海岛上，他们只消费两种产品，椰子和鱼。每一天 R 可以抓住 2 条鱼或收集 8 个椰子，T 可以抓住 1 条鱼或收集 1 个椰子。

a. 使用这些数据制作一个类似表 18-1 的表格。R 和 T 谁在抓鱼上具有相对优势？谁在收集椰子上具有相对优势？

b. 假设两个人每周工作 6 天，最初都处于自给自足的状态。R 每周可以生产和消费 32 个椰子和 4 条鱼，T 可以生产和消费 3 个椰子和 3 条鱼。作一张类似图 18-1 的图说明专业化和交换（3 个椰子换 1 条鱼）如何使 R 可以在鱼的消费数量不变的情况下消费更多的椰子，以及 T 可以在椰子的消费数量不变的情况下消费更多的鱼。

1.12 技术创新和交换。回顾表 18-1 显示的 F 和 K 的例子。假设出现了一项技术创新——绳梯。绳梯同时增加了两个人的生产力。F 现在每天可以生产 3 个椰子，K 每天可以生产 2 个椰子。鱼的生产力没有变化。假设他们同意鱼和椰子的交换比例是 1∶1。请问两个人都会从专业化和交换中受益吗？

1.13 在销售上的比较优势。在两个城市 A 和 B 中，S 都比 M 的销售能力强。

	S	M
每天在城市 A 的销售量	48	24
每天在城市 B 的销售量	40	10

    a. 如果一个人负责一个城市，目标是最大化总销售量，S 和 M 各自应该负责哪个城市。

    b. 你对（a）的回答与比较优势理论一致吗？

1.14 出口和进口的数据。通过网络搜索美国统计概况（Statistical Abstract of the United States），下载对外商业和援助（Foreign Commerce and Aid）部分的所有表格。其中一张表格列出了美国的特定的标准行业贸易分类（Standard Industrial Trade Classification，简称 SITC）商品的进口和出口情况。检索最近一年的数据，填写下表空白处。（货币单位：百万美元）

商品	出口	进口	净出口
咖啡			
玉米			
豌豆			
飞机			
鞋类			
车辆			
原油			

1.15 一国的贸易平衡。通过网络搜索美国统计概况，下载对外商业和援助部分的所有表格。其中一张表格列出了美国的出口和进口情况以及一些国家的商品贸易收支情况。检索最近一年的数据，填写下表空白处。（货币单位：百万美元）

国家	出口	进口	商品贸易收支情况
澳大利亚			
中国			
意大利			
日本			
墨西哥			
荷兰			
沙特阿拉伯			
新加坡			

2. 贸易保护政策

2.1 当一个国家禁止一种商品的进口时，市场均衡将由 _____ 曲线和 _____ 曲线的交点确定。

2.2 进口配额条件下的均衡价格 _____（高于 / 低于）进口禁令条件下的均衡价格，_____（高于 / 低于）自由贸易条件下的均衡价格。

2.3 从政府的角度来看，_____（关税／配额）更好。

2.4 考虑下面的情况：当一国不向另一国开放进口市场时，后者威胁对前者的出口产品实施关税。后者的政策属于 _____ 政策。

2.5 走私的动机。如果一个国家禁止进口，走私犯也许会试图潜入该国的市场。假设 C 国禁止衬衫进口，这导致一些进口商去贿赂玩忽职守的海关官员，让他们为走私犯运入衬衫提供便利。你的工作是打击衬衫走私。使用图 18-3 的信息回答以下问题：

　　a. 假设进口商可以在世界市场上以 12 美元的价格销售衬衫。请问一家进口商最多愿意为每件走私衬衫向海关官员提供多少贿赂？

　　b. 贸易政策怎样改变会使你的工作负担减轻？

2.6 电脑芯片关税。假设一个国家为了保护本国的电脑芯片行业，对电脑芯片征收关税。请问，该国的哪些企业可能会反对这项政策。

2.7 关税和贫困人口。在历史上，服装和纺织品遭受了高额的关税。请解释为什么这对低收入家庭的利益损害要高于高收入家庭。（参见第 551 页 "日常生活中的经济学"）

2.8 拍卖进口许可证。在本节中，我们

解释了关税和进口配额可以产生同样的影响。但是，当政府实施进口配额时，政府无法获得任何收入。假设政府将进口许可证拍卖给出价最高者。这时从进口配额拍卖得到的收入和实施关税的收入相比，哪个更高？为什么？

3. 国际关税及贸易协定的历史简介

3.1 GATT 最新一回合的谈判是 _____ 谈判。

3.2 1995 年成立的 _____ 是为了确保 GATT 的有效实施。

3.3 NAFTA 是 _____、墨西哥和美国之间的自由贸易协定。

3.4 美国现在的平均关税税率大约为 _____%。

3.5 指出美国贸易政策的一次主要变化。在 2006 年总统经济报告（Economic Report of the President, www.gpoaccesss. gov/eop/download.html）的第七章中，作者们讨论了 1934 年颁布的互惠贸易协定法案引起的贸易政策重大变化。他们认为该法案是斯穆特-霍利关税法案后美国转向更加开放的贸易政策的起点。请指出该法案引起了贸易政策的哪些重大变化？

3.6 欧盟扩张。当欧盟创立时，成员国普遍拥有相近的生活水平。但是，在最近的这次史上最大的扩张中，许多欠发达国家加入欧盟。这些新国家的加入会对欧盟发达国家内部的工资不平等产生怎样的影响？

3.7　知识产权贸易。国际产权贸易（专利、许可证和版税协议）一直饱受争议。登录 WTO 网站的知识产权板块（http://www.wto.org/english/tratop_e/trips_e/trips_e.htm），找出一些相关案例研究。你认为发展中国家是否和发达国家一样，有动力保护知识产权？

4. 汇率是如何确定的

4.1　当欧洲中央银行提升利率时，美元相对欧元 _____。

4.2　当美元相对欧元升值时，欧元相对美元就 _____。

4.3　当美国通货膨胀率增加时，美元相对欧元会 _____。

4.4　欧元需求增加和美元需求减少会使美元相对欧元 _____。

4.5　使用需求和供给分析。作一张英镑的需求和供给图，判断以下事件对英镑和日元汇率的影响。（纵坐标表示 1 英镑可以兑换的日元数量）

　　a. 日本利率上升

　　b. 英国产品价格上升

　　c. 英国利率上升

4.6　日本政策变化的影响。在 20 世纪 80 年代以前，日本一直要求大型保险公司只能将它们持有的巨额资金用于投资日本的证券。在美国的劝说下，日本放松了限制，允许这些公司投资世界上的任何地方。你认为这对日元对美元汇率和两国的贸易平衡会产生什么影响？

4.7　汇率和政府债务违约的谣言。假设市场中出现谣言，表示一个财政困难的国家准备违约债务。你认为这会对该国的汇率产生怎样的影响？

5. 固定汇率和浮动汇率

5.1　当美国政府希望将汇率固定在更高的水平时，它需要 _____（卖出外国货币换取美元 / 卖出美元换取外国货币）。

5.2　在固定汇率制度下，当一国货币出现超额供给时，会产生国际收支 _____（逆差 / 顺差）。

5.3　布雷顿森林体系于 20 世纪 _____（60 年代 / 70 年代 / 80 年代）终结。

5.4　当欧洲国家合力创建欧元时，它们同时创建了一个强大的中央财政部门以统一各成员国的财政。_____（正确 / 错误）（参见第 564 页"日常生活中的经济学"）

5.5　贬值的预期和投资。2006 年，准备在土耳其投资的个人有两个选择。第一个选择是投资 2007 年到期的土耳其国内债券，利息是 14.7%，到期偿付的货币是土耳其里拉。第二个选择是投资土耳其国际债券，利息只有 5.2%，但是到期偿付的货币是美元。从数据来看，你认为市场预期土耳其里拉相对美元会升值还是贬值？请解释。

5.6 美元化。一些国家决定以美元或某种外国货币作为本国的官方货币。这种政策被称为"美元化"。为什么一个国家会放弃本国货币，使用外国货币作为官方货币呢？

5.7 理解美国汇率政策。假设美国宣布，从上一年开始，美国已经增加了持有的外国货币。你认为美国上一年实施了怎样的外汇政策？这一政策会产生怎样的影响？

5.8 西班牙和欧元危机。和希腊不同，西班牙政府没有过多地增加政府支出。但是由于大量资金在房地产繁荣期进入西班牙，西班牙的工资和价格水平显著上升。试说明这给西班牙的国际收支平衡带来了怎样的问题，并说明原因。

图书在版编目（CIP）数据

经济学究竟是什么 /（美）亚瑟·奥沙利文，（美）史蒂文·谢弗林，（美）斯蒂芬·佩雷斯著；宋迎昌，翟文译 . -- 北京：九州出版社，2021.12

ISBN 978-7-5225-0517-6

Ⅰ.①经… Ⅱ.①亚… ②史… ③斯… ④宋… ⑤翟… Ⅲ.①经济学 Ⅳ.① F0

中国版本图书馆 CIP 数据核字 (2021) 第 197250 号

Authorized translation from the English edition, entitled SURVEY OF ECONOMICS: PRINCIPLES, APPLICATIONS, AND TOOLS, 6th Edition by O'SULLIVAN, ARTHUR; SHEFFRIN, STEVEN; PEREZ, STEPHEN, published by Pearson Educations, Inc, ISBN: 9780132948852

仅限于中华人民共和国境内（不包括中国香港、澳门特别行政区和中国台湾地区）销售发行。

本书封底贴有 Pearson Education（培生教育出版集团）激光防伪标签。无标签者不得销售。

著作权合同登记号：图字：01-2020-6214

经济学究竟是什么

作　　者	［美］亚瑟·奥沙利文　史蒂文·谢弗林　斯蒂芬·佩雷斯　著
	宋迎昌　翟　文　译
责任编辑	周　春
出版发行	九州出版社
地　　址	北京市西城区阜外大街甲 35 号（100037）
发行电话	（010）68992190/3/5/6
网　　址	www.jiuzhoupress.com
印　　刷	华睿林（天津）印刷有限公司
开　　本	787 毫米 × 1092 毫米　　16 开
印　　张	36.5
字　　数	580 千字
版　　次	2021 年 12 月第 1 版
印　　次	2021 年 12 月第 1 次印刷
书　　号	ISBN 978-7-5225-0517-6
定　　价	108.00 元